자본시장법과 금융투자분쟁

변호사 맹 신 규

Law BUB 법률&출판

머리말

자본시장의 공정한 거래질서를 유지하고 투자자를 보호하기 위해 제정된 자본시장법이 시행된 지 벌써 8년이 지났습니다. 자본시장법은 금융투자상품의 개념을 포괄적으로 정의하였고, 금융투자업자의 업무를 확대하였으며, 투자자보호를 위한 여러 제도들을 도입하였습니다.

1990년대 후반부터 새로운 금융상품인 선물, 옵션, 주식워런트증권(ELW), 주가연계증권(ELS), 집합투자증권(펀드) 등이 등장하게 되었고, 투자자들은 저금리와 고령화 시대에 새로운 투자대안으로 고위험인 금융투자상품에 관심을 가지게 되었습니다.

일반 투자자들은 적극적으로 신종 금융투자상품의 특징들을 이해하려고 하기보다 단지 수익률을 기준으로 투자하였고, 일부 금융투자업자도 일반 투자자에게 과대한 위험성이 수반된 금융투자상품을 권유하기도 하였습니다. 이로 인해 2000년 중반부터 금융투자상품 관련 분쟁이 폭발적으로 증가하게 되었습니다.

금융투자상품에 대한 투자의 위험은 투자자가 부담한다는 자기책임의 원칙이 적용됩니다. 다만 금융투자업자와 투자자 사이의 전문성 및 상품의 정보에 대한 현저한 차이가 있으므로, 자기책임의 원칙은 투자자가 위험부담의 중요한 사항에 대해서 정확한 정보가 제공되고 그에 근거해서 투자자의 투자결정이 적정하게 이루어지는 것을 전제로 합니다.

대법원 1994. 1. 11. 선고 93다26205 판결에서 최초로 고객보호의무위반에 따른 불법행위의 성립요건을 설시한 이후 투자자 보호범위를 유가증권에서 수익증권 등으로 확대하였습니다. 이러한 대법원 판례를 반영하여 현행 자본시장법에서 적합성원칙과 설명의무를 명시하고 있습니다.

2000년대 중반부터 금융투자상품관련 분쟁에 있어 중요한 대법원 판결들이 나오기 시작하였고, 현재는 2000년대 발생한 금융투자상품의 분쟁들에 관한 대법원 판결이 거의 대부분 선고되었습니다. 이에 저자는 2000년대부터 선고된 대법원 판결들에 기초하여 본서를 저술하였습니다. 본서는 이론적이거나 학문적이라기보다 대법원 판례를 충실하게 정리한 책입니다.
본서는 자본시장법 중 투자자와 금융투자업자간 금융투자상품에 관한 분쟁을 주제로 하였습니다.
먼저 투자매매업과 관련하여 금융투자상품의 정의와 투자권유절차에 대해 서술하고, 투자권유와 관련된 분쟁의 사례를 열거하였습니다.
둘째 투자중개업과 관련한 증권거래의 분쟁은 매매주문관련 분쟁, 임의매매, 과당매매로 구분하여 서술하였습니다.
셋째 증권의 발행과 관련 증권의 모집 및 매출, 증권신고서 제도, 투자설명서 제도 등을 서술한 후 증권의 발행공시 위반에 따른 손해배상제도를 상세히 서술하였습니다.
넷째 증권의 유통과 관련 사업보고서 제도 등를 서술한 후 유통공시 위반에 따른 손해배상제도를 서술하였습니다.

본서는 금융투자상품의 분쟁에 관한 대부분의 대법원 판결 및 하급심 판결을 포함하고 있으므로, 금융투자업에 종사하는 실무자 및 변호사들이 금융투자분쟁을 이해하는데 큰 도움이 될 것으로 사료됩니다.
이 책이 나오기 까지 많은 분들의 도움이 있었습니다. 먼저 저를 법조인으로 이끌어 주신 사법연수원 교수님이었던 민일영 교수님(전 대법관), 박병대 교수님(현 대법관), 정명호 교수님에게 감사를 드립니다. 자본시장법을 가르쳐 주시고, 이 책이 나오기까지 많은 도움을 주신 김정수 교수님에게 감사를 드립니다. 또한 2013년도에 자본시장법 최고위 리더십 과정에서 자본시장법을 함께 공부한 원우분들께도 감사를 드립니다. 이 책의 교정을 해 주신 강채은님에게도 감사를 드리며, 마지막으로 이 책을 준비하는 동안 옆에서 아낌없이 후원을 보내준, 아내와 진영, 지윤에게도 고마움과 미안함을 표합니다.

2017. 5.

서초동 사무실에서
맹신균 변호사

일러두기

문장내 일부 법령은 아래와 같이 약칭함.

'자본시장과 금융투자업에 관한 법률' 은 '자본시장법' 으로, '자본시장과 금융투자업에 관한 법률 시행령' 은 '시행령' 으로, '자본시장과 금융투자업에 관한 법률 시행규칙' 은 '시행규칙' 으로 각각 약칭함

'주식회사의 외부감사에 관한 법률' 은 '외감법' 이라 약칭함

각 문장의 끝의 인용법령의 표시는 다음과 같음.

'자본시장과 금융투자업에 관한 법률' 은 '법' 으로, '자본시장과 금융투자업에 관한 법률 시행령' 은 '시행령' 으로, '자본시장과 금융투자업에 관한 법률 시행규칙' 은 '시행규칙' 으로 각각 약칭함

'증권의 발행 및 공시 등에 관한 규정' 은 '증발공 규정' 이라 약칭함

'금융투자회사의 영업 및 업무에 관한 규정' 은 '영업 및 업무규정' 이라 약칭함

<목 차>

참 고 문 헌

[단행본]

김정수, 자본시장법원론, SFL그룹(2014. 5.)

임재연, 자본시장법, 박영사(2012. 1.)

한국증권법학회, 자본시장법 주석서 I, II, 박영사(2015. 8.)

나지수・허세은, 증권분쟁 해결법리, 박영사(2017. 1.)

이상복, 자본시장법상 기업공시(이론과 실무), 박영사(2012. 6.)

금융감독원, 기업공시 실무안내(2016. 12.)

한국거래소, 2013 주식시장 매매제도의 이해(2013. 6.)

한국거래소, KRX 파생상품시장의 이해(2009. 12.)

한국거래소, ETF 시장의 이해(2011. 12.)

한국거래소, ELW 시장의 이해(2010. 12.)

전국투자자교육협의회, 알기쉬운 금융상품 가이드북

금융감독원, 자본시장법 시대의 현명한 투자자를 위한 가이드(2009. 3.)

김운섭・강철준・노상규, 파생금융상품의 이해(2012. 2.)

[판례집]

한국거래소, 증권분쟁 해결법리 및 판례정선(2007. 12.)

한국거래소, 최신 자본시장 판례정선(2012. 12.)

한국거래소, 2013 증권분쟁 판례정선(2013. 12.)

금융감독원, 자본시장 불공정거래및기업공시 판례분석(기업공시편)(2015. 12.)

박준・정순섭, 자본시장법 기본 판례, 소화(2016. 11.)

금융투자협회, 금융투자 분쟁조정 주요사례・판례요약(2016년)

제1장 금융투자상품의 권유절차

제1절 금융투자상품

I. 금융투자상품의 의의

1. 금융투자상품의 정의

자본시장법상 금융투자상품이란 이익을 얻거나 손실을 회피할 목적으로 현재 또는 장래의 특정 시점에 금전, 그 밖의 재산적 가치가 있는 것(금전등)을 지급하기로 약정함으로써 취득하는 권리로서, 그 권리를 취득하기 위하여 지급하였거나 지급하여야 할 금전등의 총액이 그 권리로부터 회수하였거나 회수할 수 있는 금전등의 총액을 초과하게 될 위험(투자성)이 있는 것을 말한다(법 제3조 제1항).

금융투자상품은 일반적으로 투자목적 또는 동기가 이익을 얻거나 손실을 회피하기 위한 것이어야 한다. 원본손실가능성이 있다하더라도 이익 획득/ 손실 회피 목적이 없는 상품은 금융투자상품에서 제외된다. 즉 가치변동이 있는 실물자산을 '소비목적'으로 매입한 경우 등이 이에 해당한다.

투자대상이 계약상의 권리이어야 하며, 현재 시점에 금전등을 지급하는 것은 증권의 특성에 해당하며, 장래 특정 시점에 금전등을 지급하는 것은 파생상품의 특성에 해당한다.

2. 투자성

투자성은 투자결과 원본의 손실이 발생할 수 있는 위험, 즉 원본손실가능성을 말하며, 원본손실가능성은 당해 금융상품의 구조 및 유통과정상의 가치변화(시장위험) 등을 포괄하여 판단한다. 전통적 예금 등 원본이 보장되는 금융상품은 금융투자상품에서 제외된다.

금융투자상품이란 투자성(원본손실 가능성) 있는 모든 금융상품을 의미하고, 은행의 예금, 보험회사의 보험상품이 아닌 금융상품은 원칙적으로 금융투자상품에 포함된다. 예금과 보험상품 중 원본손실 가능성(투자성)이 있는 예금, 보험은 금융투자상품에 해당된다.

투자성 판단시 투자원본 산정시 제외되는 금액과 회수금액 산정시 포함되는 금액은 아래와 같다(시행령 제3조).

① 투자원본 산정시 제외되는 것 : 판매수수료 등 용역의 대가로서 투자자가 지급하는 수수료, 보험계약에 따른 사업비・위험수수료 등

② 회수금액 산정시 포함되는 것 : 1) 환매・해지 수수료 등 투자자가 중도해지등에 따라 지급하는 수수료, 2) 각종 세금, 3) 발행인・거래상대방의 채무불이행으로 인한 미지급액등

채권이나 기업어음등 채무증권의 경우 원본손실위험은 발행인의 채무불이행으로 인한 손실위험은 고려하지 아니하고, 유통과정에서의 투자원본 손실위험만 고려대상이 된다.

3. 금융투자상품의 제외

자본시장법에 의하면 ① 원화로 표시된 양도성 예금증서(CD), ② 수익증권발행신탁이 아닌 관리형신탁의 수익권[1], ③ 상법 제340조의2 또는 제542조의3에 따른 주식매수선택권(스톡옵션)을 금융투자상품에서 명시적으로 제외하고

---

1) 법 제3조 제1항 제2호
「신탁법」 제78조제1항에 따른 수익증권발행신탁이 아닌 신탁으로서 다음 각 목의 어느 하나에 해당하는 신탁(제103조제1항제1호의 재산을 신탁받는 경우는 제외하고 수탁자가 「신탁법」 제46조부터 제48조까지의 규정에 따라 처분 권한을 행사하는 경우는 포함한다. 이하 "관리형신탁"이라 한다)의 수익권
가. 위탁자(신탁계약에 따라 처분권한을 가지고 있는 수익자를 포함한다)의 지시에 따라서만 신탁재산의 처분이 이루어지는 신탁
나. 신탁계약에 따라 신탁재산에 대하여 보존행위 또는 그 신탁재산의 성질을 변경하지 아니하는 범위에서 이용·개량 행위만을 하는 신탁

있다(법 제3조 제1항).

원화표시 CD는 만기가 짧아 금리변동에 따른 가치변동이 크지 않으며, 사실상 예금에 준하여 취급되는 점을 고려하였고, 관리형신탁의 수익권은 신탁업자가 처분권한을 갖지 않은 점을 고려하였으며, 주식매수선택권은 그 취득시 금전등의 지급이 없고 유통가능성이 없다는 점을 고려한 것이다.

4. 금융투자상품의 구분

자본시장법은 금융상품을 투자원본의 손실 가능성을 기준으로 금융투자상품과 비금융투자상품으로 구분하고, 금융투자상품을 투자원본의 초과손실 가능성을 기준으로 증권과 파생상품으로 구분하며, 파생상품을 거래소 시장의 거래여부를 기준으로 장내파생상품과 장외파생상품으로 구분한다(법 제3조 제2항).

<증권과 파생상품의 구분>

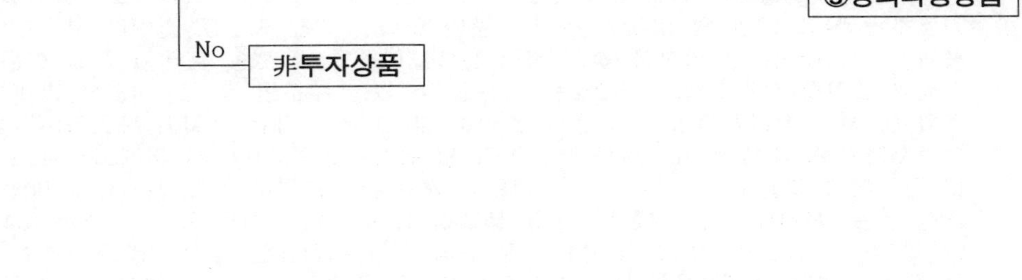

5. 금융투자상품의 거래 판단기준

어떤 거래가 자본시장법의 규율을 받는 금융투자상품의 거래에 해당하는지 여부는 ① 그 거래 구조가 기업에 자금을 조달하거나 경제활동에 수반하는 다양한 위험을 회피 또는 분산할 수 있는 순기능을 할 수 있는 것인지 아니면 ② 그러한 순기능을 전혀 할 수 없고 오로지 투기 목적으로만 사용될 수밖에 없는 것인지, ③ 그리고 거래의 내용과 목적 등에 비추어 볼 때 그 거래를 새로운 금융투자상품으로 발전·육성시킬 필요가 있는 것인지, ④ 그 거래 참여자들을 투자자로서 보호할 필요는 있는 것인지, ⑤ 특히 투기성이 강한 거래라면 투자자의 이익을 제대로 보호하고 건전한 거래질서를 유지할 수 있는 적절한 규제방법이 마련되어 있는지 등을 종합적으로 고려하여 신중하게 판단하여야 한다.[2)]

고객이 피고인 운영의 홈페이지에 접속하여 'GBP/AUD'의 매수와 매도 포지션 중 어느 한쪽을 선택한 후 피고인이 지정하는 계좌로 렌트 사용료를 입금한 다음, 그 후 사전에 약정한 일정 폭의 환율 변동이 발생하면 자동으로 거래가 종료되면서, 환율의 상승 또는 하락 여부에 따라 고객이 이미 지급한 렌트 사용료를 포기하거나 아니면 피고인이 고객에게 위 렌트 사용료에다가 다시 렌트 사용료의 90%를 더해 지급하기로 하는 내용인 FX 마진거래와 관련 자본시장법상 파생상품 또는 증권에 해당하지 않는다고 판시한 사례가 있다.[3)]

---

2) 대법원 2015. 9. 10. 선고 2012도9660 판결

3) 대법원 2015. 9. 10. 선고 2012도9660 판결은 "① 이 사건 거래는 고객이 1회에 지불하는 돈이 10만 원 이하의 소액일 뿐만 아니라 거래 시간도 길어야 몇 시간에 불과한 것이어서, 그 속성상 투기 목적으로만 이용될 수 있을 뿐이고 환율 변동의 위험을 회피하는 경제적 수단으로는 사용될 수 없는 구조인 점, ② 이러한 거래 구조와 이 사건 참여자들의 의사 등에 비추어 볼 때 위 거래는 투자자 보호라든지 금융투자업의 육성·발전과는 하등의 관계가 없어 보이는 점, ③ 위 거래에서 피고인이 고객에게 지급하기로 한 돈, 즉 렌트 사용료에다가 다시 렌트 사용료의 90%를 더한 돈은 '사전에 미리 약정한 돈'에 불과하지, 구 자본시장법 제5조 제1항 제1호나 제2호의 '기초자산의 가격이나 지수 등에 의하여 산출된 금전'이라고 할 수 없는 점, ④ 일반적으로 옵션 매수인은 기초자산의 가격이 유리하게 움직이면 권리를 행사하여 가격 변동에 따른 이익을 실현하고, 반대로 기초자산의 가격이 불리하게 변동하면 권리행사를 포기하게 되므로, 구 자본시장법 제5조 제1항 제2호의 옵션거

Ⅱ. 증권의 종류

1. 증권의 의의

자본시장법 제정시 자본시장의 기능제고의 취지에 비추어 새로운 상품에 대한 수요와 자본시장의 경쟁력을 확보하고 나아가 투자자 보호를 강화하기 위하여 포괄성을 원칙으로 하고 법적 불확실성을 보완하기 위하여 예시에 의한 예시적 포괄주의방식으로 금융투자상품의 개념을 도입하였다.

증권은 주식, 채권 등과 같은 전통적 유가증권과 지급청구권, 지분권, 수익권 등 권리가 표시된 것으로서 현재 존재하고 있는 것 뿐 아니라 앞으로 출현할 다양한 종류의 새로운 증권을 모두 포함한다.

증권은 내국인 또는 외국인이 발행한 금융투자상품으로서 투자자가 취득과 동시에 지급한 금전등 외에 어떠한 명목으로든지 추가로 지급의무를 부담하지 아니하는 것을 말한다(법 제4조 제1항).

증권은 추가 지급의무가 없다는 점(투자 원본 범위내에서만 손해)에서 투자원본의 추가손실가능성이 있는 파생상품과 구분된다. 추가지급의무를 판단함에 있어 투자자가 기초자산에 대한 매매를 성립시킬 수 있는 권리를 행사함으로써 부담하게 되는 추가지급의무는 제외한다(예 : 워런트의 권리행사 등).

래에서 옵션 매수인의 이익은 무제한인 반면 손실은 프리미엄(옵션거래에서 옵션 매수인이 사거나 팔 수 있는 권리를 취득하는 대가로 옵션 매도인에게 지불하는 것)으로 한정되는 특징이 나타나는데, 이 사건 거래는 고객이 렌트 사용료의 90%의 이익을 얻거나 아니면 렌트 사용료 상당의 손실을 입는 구조로서 앞서 본 일반적인 옵션거래의 손익구조에 부합하지 않을 뿐만 아니라, 위 거래에서 고객이 입을 수 있는 손실은 고객이 얻을 수 있는 이익을 상회한다는 점에서 위 렌트 사용료를 프리미엄이라고 볼 수 없는 점, ⑤ 또한 위 거래는 단시간 내에 종료되는 것으로 구 자본시장법 제5조 제1항 제1호에서 말하는 '장래'의 특정 시점에 인도할 것을 약정한 것이라고도 볼 수 없는 점 등을 종합하면, 이 사건 거래는 10만 원 이하의 소액을 걸고 단시간 내에 환율이 오를 것인지 아니면 내릴 것인지를 맞추는 일종의 게임 내지 도박에 불과할 뿐, 구 자본시장법 제5조 제1항 제1호나 제2호의 파생상품에 해당한다고는 볼 수 없다. 그리고 위 거래가 같은 법 제5조 제1항 제3호의 파생상품이나 제4조의 증권에 해당하지 않음은 그 문언상 분명하다."라고 판시하였다.

① 투자계약증권, ② 상법에 따른 합자회사・유한책임회사・합자조합・익명조합의 출자지분이 표시된 증권(집합투자증권 제외)은 제2편제5장(온라인소액투자중개업자 등에 대한 특례), 제3편제1장(증권신고서)(제8편부터 제10편까지의 규정 중 제2편제5장, 제3편제1장의 규정에 따른 의무 위반행위에 대한 부분을 포함한다) 및 제178조(부정거래행위 등의 금지), 제179조(부정거래행위 등 배상책임)를 적용하는 경우에만 증권으로 본다.

자본시장법은 "증권에 표시될 수 있거나 표시되어야 할 권리는 그 증권이 발행되지 아니한 경우에도 그 증권으로 본다(법 제4조 제9항)." 고 규정하고 있다. 따라서 투자자보호라는 관점에서 투자대상이 증권이라는 서면에 표창되어 있는지 여부를 중요하게 여기지 않는다.

<증권의 종류>

종류	개념
채무증권[4]	국채증권, 지방채증권, 특수채증권[5], 사채권[6], 기업어음증권[7], 그 밖에 이와 유사한 것으로서 지급청구권이 표시된 것
지분증권[8]	주권, 신주인수권이 표시된 것[9], 법률에 의하여 직접 설립된 법인이 발행한 출자증권, 상법에 따른 합자회사[10]・유한책임회사・유한회사・합자조합・익명조합의 출자지분, 그 밖에 이와 유사한 것으로서 출자지분[11] 또는 출자지분을 취득할 권리가 표시된 것
수익증권	법 제110조의 수익증권, 법 제189조의 수익증권, 그 밖에 이와 유사한 것으로서 신탁의 수익권이 표시된 것[12]
투자계약증권	특정 투자자가 그 투자자와 타인(다른 투자자 포함) 간의 공동사업에 금전등을 투자하고 주로 타인이 수행한 공동사업의 결과에 따른 손익을 귀속받는 계약상의 권리가 표시된 것
파생결합증권	기초자산의 가격・이자율・지표・단위 또는 이를 기초로 하는 지수 등의 변동과 연계하여 미리 정하여진 방법에 따라 지급하거나 회수하는 금전등이 결정되는 권리가 표시된 것[13][14]
증권예탁증권	상기 5종의 증권을 예탁받은 자가 그 증권이 발행된 국가 외의 국가에서 발행한 것으로서 그 예탁받은 증권에 관련된 권리가 표시된 것[15]

---

4) 채무증권의 경우 발행인에 의하여 원본이 보장되나, 유통과정에서 원본손실이 발생할 수 있으므로 증권에 해당됨.
5) 특수채증권은 법률에 의하여 직접 설립된 법인(예 : 산업은행, 기업은행 등)이 발행한 채권을 말함
6) 상법 제469조제2항제3호에 따른 사채의 경우에는 자본시장법 제4조 제7항제1호(이자연계 파생결합채권)에 해당하는 것만 채무증권에 포함됨.
7) 채무증권으로서의 기업어음증권은 기업이 사업에 필요한 자금을 조달하기 위하여 발행한 약속어음으로서 기업어음증권이란 문자가 인쇄된 어음용지를 사용하고 기업의 위탁에 따라 은행이 지급대행을 하는 것을 말함(시행령 제4조).
8) 지분증권은 발행인이 원본을 보장하지 않고, 출자 회수시에 투자원본의 손실이 발생할 수 있으므로 증권에 해당됨.
9) 실질적으로 출자지분이 표시된 것으로 볼 수 없으나, 주권에 대한 인수권을 표시하는 것이므로 지분증권으로 분류됨.
10) 합명회사의 지분, 합자회사의 무한책임사원 지분은 무한책임사원 지분을 특성에 비추어 지분출자증권에서 제외함.
11) 민법상 조합의 출자지분은 추가지급의무가 있어 지분증권에서 제외함.
12) 주택저당증권유동화회사법이나 한국주택금융공사법에 의한 주택저당증권, 자산유동화법상 유동화전문회사가 발행하는 수익증권등이 수익증권에 해당함.
13) 주가연계증권(ELS), 주가연계워런트(ELW), 파생연계증권(DLS), 신용연계증권(CLN), 재해연계증권(CAT Bond) 등이 파생결합증권에 해당됨.
14) 파생결합증권에서 제외되는 증권(법 제4조 제7항, 시행령 제4조의2)
  1. 발행과 동시에 투자자가 지급한 금전등에 대한 이자, 그 밖의 과실(果實)에 대하여만 해당 기초자산의 가격·이자율·지표·단위 또는 이를 기초로 하는 지수 등의 변동과 연계된 증권(이자연계 파생결합채권)
  2. 법 제5조제1항제2호에 따른 계약상의 권리(제5조제1항 각 호 외의 부분 단서에서 정하는 금융투자상품은 제외한다) (옵션)
  3. 해당 사채의 발행 당시 객관적이고 합리적인 기준에 따라 미리 정하는 사유가 발생하는 경우 주식으로 전환되거나 그 사채의 상환과 이자지급 의무가 감면된다는 조건이 붙은 것으로서 제165조의11제1항(신종사채의 발행)에 따라 주권상장법인(「은행법」 제33조제1항제2호 또는 제3호에 따라 해당 사채를 발행할 수 있는 자는 제외한다)이 발행하는 사채
  3의2. 「은행법」 제33조제1항제2호부터 제4호까지의 규정에 따른 상각형 조건부자본증권, 은행주식 전환형 조건부자본증권 및 은행지주회사주식 전환형 조건부자본증권
  4. 상법 제469조제2항제2호(교환사채 또는 상환사채), 제513조(전환사채) 및 제516조의2(신주인수권부사채)에 따른 사채
  5. 상법 제420조의2에 따른 신주인수권증서 및 같은 법 제516조의5에 따른 신주인수권증권
15) 국내 증권예탁증권(KDR), 외국 증권예탁증권(GDR, ADR 등)

2. 집합투자증권

가. 집합투자증권의 종류

"집합투자"란 2인 이상의 투자자로부터 모은 금전등을 투자자로부터 일상적인 운용지시를 받지 아니하면서 재산적 가치가 있는 투자대상자산을 취득·처분, 그 밖의 방법으로 운용하고 그 결과를 투자자에게 배분하여 귀속시키는 것을 말한다(법 제6조 제5항). "집합투자증권"이란 집합투자를 수행하기 위해 설정 또는 설립한 집합투자기구에 대한 출자지분(투자신탁의 경우 수익권을 말함)이 표시된 것을 말한다(법 제9조 제21항).

집합투자(펀드)는 거래비용이 절감되고 여러 종목에 분산 투자되므로 투자위험을 줄일 수 있는 특징이 있다. 집합투자는 다수로부터 자금을 모을 수 있기 때문에 개인으로서는 투자할 수 없는 대형투자를 소액으로도 참여할 수 있어 투자자에겐 투자의 기회를 넓히는 역할을 한다.

집합투자기구는 운용대상에 따라 분류하면 증권집합투자기구, 부동산집합투자기구, 특별자산집합투자기구, 혼합자산집합투자기구, 단기금융집합투자기구 등 5가지가 있다.

증권집합투자기구는 집합투자재산의 50%를 초과해 증권에 투자하는 집합투자기구를 말한다. 실무적으로 증권집합투자기구 중에도 어떤 증권에 주로 투자하는지에 따라 주식형, 채권형, 혼합형 등으로 나뉜다.

부동산집합투자기구는 집합투자재산의 50%를 초과해 부동산에 투자하는 집합투자기구를 말하며, 특별자산집합투자기구는 특별자산(증권 및 부동산 제외한 자산)에 50%를 초과하여 투자하는 것을 말한다. 혼합재산집합투자기구는 집합투자기구내 자산의 투자대상에 제한을 받지 않는다. 단기금융집합투자기구는 흔히 MMF라고 말하며 재산의 전부를 단기금융상품에 투자한다.

특수한 형태의 집합투자기구로서 환매금지형 집합투자기구, 종류형 집합투자기구, 전환형 집합투자기구, 모자(母子)형 집합투자기구가 있다.

환매금지형 집합투자기구는 투자된 자금이 집합투자기구에서 정한 특정한 조건성취시점까지 환매가 금지되는 집합투자기구를 말한다. 환매가 불가능하기 때문에 환매자금 마련을 위한 포트폴리오 내 현금 보유비율을 낮출 수 있어 집합투자재산을 보다 안정적으로 운용할 수 있다. 이런 폐쇄형 집합투자기구는 주로 유동성이 떨어지는 자산(부동산, 특별자산)을 운용하는 경우에 주로 이용되며 투자자 보호를 위해 일정한 조건을 갖추도록 하고 있다.

종류형 집합투자기구는 (멀티)클래스 펀드라고 통칭하며, 판매보수, 판매수수료 및 환매수수료를 다르게 적용한 집합투자기구로 이에 따라 기준가격에 차이를 보인다. 일반적으로 판매보수 설정과 동시에 우선 부과하는 선취형, 투자금액에 따라 보수가 차등 적용되는 클래스 등 판매에 따른 여러 수요를 맞추고자 만들어졌다.

전환형 집합투자기구는 일명 엄브렐러(Umbrella)펀드라고 하고, 투자자의 판단에 따라 하나의 펀드에서 다른 펀드로 투자 전환할 수 있다. 구별 실익은 전환시 환매수수료를 징구하지 않는데 있다.

모자(母子)형 집합투자기구는 동일한 투자대상과 투자전략을 가지는 다수의 집합투자기구(자펀드)의 자산을 하나의 집합투자기구(모펀드)에 모아서 통합 운용하는 집합투자기구이다.

나. 상장지수집합투자기구의 집합투자증권(ETF)

상장지수집합투자기구 집합투자증권(ETF : Exchange Traded Fund)은 KOSPI200과 같은 특정 지수 및 특정자산의 가격 움직임과 수익률이 연동되도록 설계된 집합투자기구로서 거래소에 상장되어 주식처럼 거래(유통)되는 집합투자기구를 말한다.

주식의 성격을 갖추게 된 ETF는 개별주식의 장점인 매매 편의성과 인덱스펀드의 장점인 분산투자, 낮은 거래비용 뿐만 아니라 투명성 또한 높다. 국내에서는 2002년 10월 KOSPI200과 KOSPI50을 기초지수로 하는 4개의 ETF가 처음 도입되었다.

ETF는 특정 인덱스 수익률을 운용목표로 한다는 점에서 인덱스펀드와 유사하다. 인덱스 펀드는 일반 펀드와 마찬가지로 판매사를 통해 설정/환매되며, 현금을 납입하거나 돌려 받는다. 이에 반해 ETF는 발행시장에서 특정 CU에 해당하는 주식현물을 지정참가회사에 납입하거나 돌려받을 수 있고, 주식시장에서 매매를 통해 설정 및 환매 기능을 대신한다.

3. 주식워런트증권(ELW) 및 주가연계증권(ELS) 등

주식워런트증권, 주가연계증권은 투자 당시에 지급된 금전 이외에는 어떠한 명목으로도 추가 지급의무를 부담하지 않는다는 측면에서 개념상 '증권' 에 해당하고, 미리 정하여진 조건에 따라 기초자산의 가격 등의 변동과 연계하여 장래에 지급금액 또는 회수금액이 결정되는 파생상품의 실질을 가지고 있으므로 그중에서도 '파생결합증권' 에 해당한다.

가. 주식워런트증권(ELW)

주식워런트증권(ELW : Equity-Linked Warrant)은 투자매매업자가 발행하는 파생결합증권으로서 당사자 일방의 의사표시에 따라 증권시장 또는 외국증권시장에서 매매거래되는 특정 주권의 가격이나 주가지수의 수치의 변동에 연계하여 미리 정하여진 방법에 따라 주권의 매매나 금전을 수수하는 거래를 성립시킬 수 있는 권리를 표시한 것이다.

즉 미래의 특정시점(만기)에 미리 정해진 가격(행사가격)으로 기초자산(삼성전자 주식 등 특정주식이나 KOSPI200 주가지수)을 사거나(call 옵션) 팔 수 있는(put 옵션) 권리를 가진 금융투자상품(증권)이다.

주식워런트증권은 2002. 2. 9. 구 증권거래법 시행령에서 처음으로 유가증권으로 편입되었고, 2005. 12. 1. 한국거래소에 ELW시장이 개설되었다.

주식워런트증권은 발행인이 금융투자업자에 한정된다. 금융투자업자의 설계에 따라 다양한 주식워런트증권이 나올 수 있으며, 결제이행에 따른 위험은 발행자인 금융투자업자가 부담한다. 주식워런트증권의 가격이나 투자자의 투자의사결정에 중요한 영향을 미치는 발행조건으로는 기초자산(주식/주가지수), 권리유형(콜/풋), 행사가격, 만기, 권리행사기간(유럽형/미국형), 만기결제방식

(현금결제/실물인수도결제), 전환비율 등이다.

금융투자업자가 공모를 거쳐 발행한 주식워런트증권중 거래소의 유가증권시장 상장규정에서 정한 요건[16]을 충족한 주식워런트증권은 거래소시장에 상장될 수 있다.

<ELW와 옵션의 비교>

	ELW	개별주식 옵션
법적 특성	파생결합증권	파생상품(장내)
발행주체	투자매매업, 증권, 장외 파생상품, 일반투자자 및 전문투자자 인가를 회득한 금융투자회사	거래소
의무이행자	발행자	매도포지션 보유자
계약이행보증	발행자의 자기신용	거래소의 결제이행보증
유동성공급	1개 이상의 유동성 공급자	시장의 수요와 공급
대상종목	주요 국내의 주가지수, 주요 개별주식	주가지수를 포함한 30개 종목
계약기간	3개월 - 3년	결제월제도에 따름
표준화	원칙적으로 비표준상품	표준화된 조건
결제수단	현금 또는 실물	현금

16) 유가증권시장상장규정 제140조

나. 주가연계증권(ELS)

주가연계증권(ELS : Equity-Linked Securities)은 투자매매업자가 발행하는 파생결합증권으로서 유가증권시장, 코스닥시장 또는 이와 유사한 시장으로서 외국에 있는 시장에서 매매거래되는 특정 주권의 가격이나 주가지수의 수치의 변동과 연계하여 주권의 매매나 금전을 수수하는 거래를 성립시킬 수 있는 권리를 표시하는 것을 말한다. 주가연계증권은 발행자인 금융투자업자가 자기의 신용으로 발행 및 판매하는 금융투자상품이다.

주가연계증권은 2003. 2. 24. 구 증권거래법시행령상에서 유가증권으로 편입되었다. 주가연계증권중 원금에서 발생하는 이자만을 기초자산에 연계하도록 설계되어 사실상 원금이 보장되도록 한 경우 파생결합증권에서 제외되는바, 원금이 보장되는 주가연계증권은 채무증권으로 취급된다.

2008년 이후에는 글로벌 금융위기의 여파와 주가연계증권과 연계한 연계불공정거래가 논란이 되었다. 이에 따라 기초자산이 특정주권에 연계된 주가연계증권의 경우에는 연계불공정거래의 논란을 피하기 위하여 중도상환 또는 만기평가를 특정일을 기준으로 하는 대신에 통상 3일간의 평균주가를 기준으로 정하고 있다.

주가지수 및 개별주식에 연동되어 수익이 지급되는 장외 파생상품으로는 주가연동예금(ELD : Equity Linked Deposit)과 주가연계펀드(ELF : Eguity Linked Fund)가 존재한다. 2002년 하반기부터 은행권이 판매하기 시작한 ELD는 정기예금으로 분류되고 있어 예금자 보호를 받을 수 있는 장점이 있다. 집합투자업자가 판매하는 ELF는 자산의 대부분을 안정적인 채권에 투자하고 동 채권에서 발생하는 이자발생액만큼을 장외 파생상품인 ELW나 기타 옵션에 투자하여 원금보전을 추구하거나 최대손실액을 원금 일부에 국한되도록 설계된 수익증권이다. 실무상 대다수 ELF는 증권사가 사모로 발행하는 ELS에 펀드자산의 대부분을 투자하는 형태이다.

<주가연계 금융상품>

구분	ELD(은행)	ELS(증권)	ELF(펀드)
발행기관	은행	증권회사	집합투자업자
투자형태	정기예금 가입	유가증권 매입	수익증권 매입
만기수익	약속된 수익률	약속된 수익률	운용실적 배당
원금보장	100% 보장	보전추구/비보전	보전추구/비보전
중도해지	중도해지 가능	대부분 중도 해지 불가	중도환매 가능 (환매수수료 있음)
예금보호	보장(5천만원까지)	없음	없음
소득구분	이자소득	배당소득	이자 또는 배당
특징	펀드보다 관리 및 운용수수료 낮음	발행 증권사 신용등급에 따라 안전성 차이 발생	채권부분의 운용전략 및 운용역량 중요

다. 협의의 파생결합증권(DLS)

협의의 파생결합증권(DLS : Derivatives-Linked Securities)은 주가가 포함되어 있더라도 신용위험, 환율, 원자재, 부동산 등 다른 여러 자산과 함께 기초자산이 되는 하이브리드 증권의 경우를 말한다.

협의의 파생결합증권은 옥수수, 커피, 대두, 미달러, 금 등 실물선물과 양도성예금증서의 금리를 기초자산으로 한 상품 등이 있다.

부도, 채무감면, 파산신청 등과 같은 신용사건(credit event)과 관련된 파생결합증권을 신용연계증권(Credit -Linked Notes)이라고 한다. 이외 역변동 금리

증권(Inverse Floater), 이중지표증권, Range Accrual증권, 펀드연계증권(Fund-Linked Note) 등이 있다.

4. 파생상품

가. 자본시장법상 파생상품의 정의

파생상품이란 원본손실의 위험이 있는 금융투자상품으로서 다음 어느 하나에 해당하는 계약상의 권리를 말한다(법 제5조 제1항).

① 기초자산이나 기초자산의 가격・이자율・지표・단위 또는 이를 기초로 하는 지수 등에 의하여 산출된 금전등을 장래의 특정 시점에 인도할 것을 약정하는 계약(선도, 선물)

② 당사자 어느 한쪽의 의사표시에 의하여 기초자산이나 기초자산의 가격・이자율・지표・단위 또는 이를 기초로 하는 지수 등에 의하여 산출된 금전등을 수수하는 거래를 성립시킬 수 있는 권리를 부여하는 것을 약정하는 계약(옵션)

③ 장래의 일정기간 동안 미리 정한 가격으로 기초자산이나 기초자산의 가격・이자율・지표・단위 또는 이를 기초로 하는 지수 등에 의하여 산출된 금전등을 교환할 것을 약정하는 계약(스왑)

④ 제1호부터 제3호까지의 규정에 따른 계약과 유사한 것으로서 대통령령으로 정하는 계약

파생상품은 거래소 내에서의 거래여부를 기준으로 장내파생상품과 장외파생상품으로 구분된다. 장내파생상품은 특정 거래소(국내의 경우 한국거래소)에서 계약조건(거래 상품의 규격 및 품질, 거래단위, 인수도방법 및 시기, 호가단위)이 표준화되어 거래되는 상품이다. 우리나라의 장내파생상품은 선물과 옵션으로 대별되고, 스왑은 장내파생상품으로 거래되고 있지 않다. 장외파생상품은 거래소 시장 밖에서 거래당사자 협의 하에 조건을 정하여 거래되는 파생상품이며, 거래당사자의 목적에 맞게 다양한 형태가 가능하다.

<장내파생상품 및 장외파생상품의 종류>

기초자산	장내파생상품		장외파생상품		
	선물	옵션	선도	스왑	옵션
금리	국채금리선물 (3년, 5년, 10년) 통안증권선물	-	금리선도 거래(FRA)	이자율스왑 (IRS)	이자율캡 이자율칼라
통화	미국달러선물 일본엔선물 유로선물	미국달러옵션	통화선도 거래	통화스왑 (CRS)	통화옵션
주식	KOSPI200선물 개별주식선물 스타지수선물	KOSPI200옵션 개별주식옵션	주식선도	주식스왑	주식옵션
상품	금선물 돈육선물	-	-	-	-
신용	-	-	-	신용스왑 (CDS)	신용옵션 (CO)

나. 선도, 선물거래

선물거래(futures transactions)는 매매계약 체결일로부터 일정기간 후에 거래 대상물과 대금이 교환되는 매매예약거래의 일종으로서 매매계약의 체결과 동시에 상품의 인도와 대금의 결제가 이루어지는 현물거래에 대응되는 거래이다. 선물거래는 가격변동위험의 전가, 미래시장가격에 대한 정보제공, 금융상품거래의 활성화, 금융시장의 효율적인 자원배분 등 다양한 경제적, 사회적 기능을 지니고 있다. 또한 현물시장에서 가격변동위험을 관리하기 위한 헤지기능과 장래 가격변동을 예상하여 이익을 추구하는 투기거래기능이 있다.

선도거래와 선물거래는 경제적인 기능면에서는 차이가 없으나 거래실행의 제도적인 측면에서 상이한 특징을 지니고 있다. 선도거래는 선도금리계약(forward rate agreement : FRA)이나 선물환거래(forward exchange transaction)와 같이 거래 당사자 간에 사적인 계약에 의해 자유롭게 거래가 이루어진다. 일반적으로 선도거래는 계약만기일에 매매 대상물과 대금이 인수도됨으로써 계약이 종료된다. 또한 계약 이행 여부는 오직 거래당사자의 신용에 의해 결정된다.

이에 반하여 선물거래는 공인된 거래소(exchange) 내에서 표준화된 상품을 대상으로 공개경쟁입찰 방식에 의해 거래가 이루어지며 청산소라는 공적 기구에 의해 계약의 이행이 보증된다. 선물거래는 계약의 만기일에 상품을 인수도하고 대금을 결제하거나 만기일 이전이라도 언제든지 반대매매를 통해 계약을 청산하고 매매가격의 차액을 정산함으로써 계약을 종결시킬 수 있다.

선물거래는 거래대상물에 따라 상품선물(commodity futures)거래와 금융선물(financial futues)거래로 나누어진다. 금융선물거래는 주요국 통화를 대상으로 하는 통화선물(Currency futures) 거래, 각종 주가지수를 대상으로 하는 주가지수선물(stock index futures) 거래, 각종 채권을 거래대상으로 하는 금리선물(interest rate futures) 거래, 그 밖에 금융선물 그 자체를 대상으로 선택권을 부여하여 거래하는 금융선물옵션거래(financial futures options) 등이 있다.

국내의 대표적인 선물로는 주가지수(KOSPI200) 선물, 3년국채선물, 미국달러선물 등이 있다.

다. 옵션

옵션(Option)이란 어떤 상품의 일정량을 정해진 가격으로 일정기간 내에 '매입할 수 있는 권리(Call Option)' 또는 '매도할 수 있는 권리(Put Option)'를 말하며, 옵션거래는 해당 권리를 매매하는 것이다. 옵션거래는 장래 대상물의 가격에 대한 예상이 적중할 경우 옵션권리를 행사함으로써 현물시장에서의 손실을 보존해 주는 헤지기능과 가격이 예상과 다른 방향으로 움직일 경우 옵션권리를 포기하고 현물가격에 의한 거래를 통해 이익추구가 가능한 투자기능의 양면을 가지고 있다.

옵션은 매입할 권리를 부여하느냐 아니면 매도할 권리를 부여하는냐에 따라 콜옵션(Call Option)과 풋옵션(Put Option)으로 구분된다. 콜옵션은 매입자가 콜옵션을 행사하면 매도자로부터 기준물을 매입하는 결과가 나타나며 콜옵션 매도자는 기준물을 매입자에게 매도하는 결과가 된다. 반면, 풋옵션은 매입자가 옵션을 행사하면 기준물을 매도자에게 매도하는 결과가 나타나며 풋옵션 매도자는 매입자로부터 기준물을 매입한 결과가 나타난다.

옵션을 행사하였을 경우 기준물이 무엇이냐에 따라 기준물이 현물일 경우에는 현물옵션(Physical Option 또는 Option on Actuals)이라고 하며, 선물일 경우 선물옵션(Futures Option 또는 Option on Futures Contracts)이라 한다.

국내의 대표적인 옵션으로는 주가지수(KOSPI200)옵션이 있다.

라. 스왑(swap)

스왑거래는 두 개의 상품 또는 자산에서 파생되는 장래 현금흐름(Cash Flow) 또는 가격지수 등을 계약 상대방과 일정기간마다 교환(swap)하기로 약정하는 파생상품거래이다. 스왑거래는 장기 금리리스크 관리수단 뿐만 아니라 장래 현금흐름을 다양하게 재단하는 기능을 제공한다.

스왑계약에서 교환의 대상으로는 서로 다른 통화표시 자금이나 이자(Interest Rate Swap : 'IRS'), 시장가격이나 지수, 투자수익, 신용(Credit Default Swap) 등 다양하다. 각 결제일에 결제를 할 때는 상대방과 주고받는 금액을 총액결제하는 것보다 차액결제하는 방식이 점점 더 일반화되고 있다.

5. 기초자산의 확대

파생결합증권 및 파생상품과 관련된 기초자산이란 다음 어느 하나에 해당하는 것을 말한다(법 제4조 제10항).

① 금융투자상품

② 통화(외국의 통화를 포함함)

③ 일반상품(농산물 · 축산물 · 수산물 · 임산물 · 광산물 · 에너지에 속하는 물품 및 이 물품을 원료로 하여 제조하거나 가공한 물품, 그 밖에 이와 유

사한 것을 말함)

④ 신용위험(당사자 또는 제삼자의 신용등급의 변동, 파산 또는 채무재조정 등으로 인한 신용의 변동을 말함)

⑤ 그 밖에 자연적·환경적·경제적 현상 등에 속하는 위험으로서 합리적이고 적정한 방법에 의하여 가격·이자율·지표·단위의 산출이나 평가가 가능한 것

2005. 3. 28. 주식 이외의 이자율, 환율, 신용위험, 일반상품을 기초자산으로 허용한 파생결합증권이 추가로 편입되었고, 위 ⑤은 자본시장법 제정시 추가되었다.

파생상품은 금융투자상품의 수익 등이 주가, 환율 등 외생적 지표에 연계되는 금융상품이므로, 연계대상이 되는 기초자산을 금융투자상품, 통화, 일반상품, 신용위험 이외에 자연적, 환경적, 경제적 현상 등으로 확대함으로써 자연재해, 날씨, CO2배출권, 사회현상 등 모든 변수를 기초로 하는 금융투자상품이 허용되었다.

제2절 투자권유 등

I. 투자권유

1. 투자자보호절차

투자자는 기본적으로 자기책임 하에 증권, 파생상품 등에 투자한다. 즉 금융투자상품은 가격 등락의 위험을 투자자 스스로 부담한다는 점에서 원본과 이자의 지급이 보장되는 예금과 본질적으로 구별된다.

따라서 금융투자와 관련된 투자자보호제도의 목적은 투자자의 원본 또는 금융투자상품의 가치 자체를 보장하는 데 있는 것이 아니라 투자자가 금융투자에 대하여 합리적 판단을 할 수 있는 기초자료가 충분하고 적합하게 제공하고 투자자의 합리적 판단을 방해하는 행위를 금지 또는 규제하는 데 있다.[17]

자본시장법은 금융투자가 자기책임의 원칙하에 이루어지는 것임을 분명히 하면서, 투자자 보호를 위하여 금융투자업자가 일반투자자에게 금융투자상품을 투자권유할 때 투자권유절차로서 고객알기의무(투자자의 투자성향파악의무), 투자성향에 적합한 투자권유의무, 주요사항 설명의무 등을 부과하고 있다.

투자권유대행인의 투자권유시에도 적합성원칙, 적정성원칙, 설명의무, 부당권유의 금지, 직무관련 정보의 이용금지, 손실보전 등의 금지 등이 준용된다(법 제52조 제6항).

---

17) 이형기 "증권거래의 투자자보호" 상사법 연구 제20권 제1호(2001), 한국상사법학회, 502면

2. 투자권유의 의의

가. 투자권유의 의의

투자권유란 특정 투자자를 상대로 금융투자상품의 매매 또는 투자자문계약·투자일임계약·신탁계약(관리형신탁계약 및 투자성 없는 신탁계약을 제외함)의 체결을 권유하는 것을 말한다(법 제9조 제4항).

따라서 단순한 상품의 설명, 특정상품의 매매, 계약체결의 권유가 수반되지 않는 단순한 상담이나 금융투자상품의 안내는 투자권유에 해당하지 않는다. 다만 E-Mail 등을 통한 광고 또는 안내행위가 사실상 '투자권유'에 해당할 수 있다. 불특정한 투자자를 대상으로 하는 광고는 투자권유에 해당하지 않는다. 비실시간 통신수단에 의한 경우에는 투자광고에 해당할 가능성이 높다.

투자권유와 구분되는 개념으로 청약의 권유가 있다.

청약의 권유란 권유받는 자에게 증권을 취득하도록 하기 위하여 신문·방송·잡지 등을 통한 광고, 안내문·홍보전단 등 인쇄물의 배포, 투자설명회의 개최, 전자통신 등의 방법(법 제249조의5에 따른 투자광고의 방법을 포함함)으로 증권 취득청약의 권유 또는 증권 매도청약이나 매수청약의 권유 등 증권을 발행 또는 매도한다는 사실을 알리거나 취득의 절차를 안내하는 활동을 말한다(시행령 제2조 제2호).

나. 투자권유준칙

금융투자업자는 투자권유를 함에 있어서 금융투자업자의 임직원이 준수하여야 할 구체적인 기준 및 절차(투자권유준칙)를 정하여야 한다. 다만 파생상품 등에 대하여는 일반투자자의 투자목적, 재산상황 및 투자경험 등을 고려하여 투자자 등급별로 차등화된 투자권유준칙을 마련하여야 한다(법 제50조 제1항). 금융투자업자는 투자권유준칙을 정한 경우 이를 인터넷 홈페이지 등을 이용하여 공시하여야 한다. 투자권유준칙을 변경하는 경우에도 또한 같다(법 제50조 제2항).

금융투자협회는 금융투자업자가 공통으로 사용할 수 있는 '표준투자권유준칙'을 제정하여 보급하고 있다. 이하에서 투자권유에 관한 설명은 위 '표준투자권유준칙'에 의한다.

다. 온라인에 의한 투자권유

일반 금융투자상품과는 달리 온라인은 펀드에 투자시 투자권유가 있거나 투자자가 원하는 경우 적합성원칙 등 투자권유절차를 구현할 수 있는 시스템을 온라인상에 구축하여야 한다. 투자자가 본인의 투자성향 및 투자하고자 하는 펀드의 위험도를 온라인 상에서 확인할 수 있어야 한다.

투자권유를 희망하지 않는 경우 투자자가 회사의 투자권유 없이 투자한다는 사실을 인지하고 투자할 수 있도록 온라인 화면을 구축하여야 한다.

파생상품 펀드의 경우 적정성의 원칙에 따라 투자자정보를 파악하고 투자자가 적정하지 않은 상품 거래를 원할 경우 경고 등을 하여야 한다.

정부는 2013. 11. 26. 펀드시장의 활성화를 위해 펀드판매채널의 획기적인 개선책을 강구하였고, 집합투자업자들은 2014. 4. 24. 공동으로 온라인 펀드슈퍼마켓(www.fundsupermarket.co.kr)을 설립하였다. 온라인 펀드슈퍼마켓에서는 원칙적으로 시중에 출시되는 모든 공모펀드를 판매하고, 펀드가입시 받는 선취수수료를 원칙적으로 면제하며, 펀드보수도 현행 오프라인 펀드에 비해 1/3 수준으로 정하고 있다.

3. 투자권유를 희망하지 않는 투자자

일반투자자가 투자권유를 희망하지 않아 투자자정보를 제공하지 않는 경우 해당 투자자는 자본시장법상 투자자보호절차를 적용받지 못한다.[18] 다만 금융

---

18) 서울고등법원 2013. 2. 6. 선고 2012나62907 판결 "적합성 원칙과 설명의무는 투자자 보호의 필요에 따라 금융투자업자가 투자자를 상대로 투자권유를 하는 경우에만 적용되는 것이고, 금융투자업자의 투자권유에 의하지 아니하고 투자자가 자발적인 의사로 투자를 하는 경우에는 적용된다고 할 수 없다."라고 판시하였다.

투자업자가 일반투자자에게 파생상품을 판매함에 있어 일반투자자가 투자권유를 희망하지 않은 경우에도 금융투자업자는 일반투자자의 정보를 파악하여야 한다.

금융투자업자는 투자자에 대한 투자권유 여부와 상관없이 투자자가 자본시장법 제120조 제1항에 따라 증권신고의 효력이 발생한 증권에 투자하고자 하는 경우에는 판매 전에 해당 투자설명서를 투자자에게 교부하여야 한다. 다만 자본시장법 시행령 제132조에 따라 투자설명서의 교부가 면제되는 투자자는 제외된다(법 제124조 제1항).

집합투자증권의 경우에는 투자자가 투자설명서 교부를 별도로 요청하지 아니하는 경우 간이투자설명서 교부로 갈음할 수 있으며, 이 경우 투자자에게 투자설명서를 별도로 요청할 수 있음을 알려야 한다(법 제124조 제3항, 제4항).

4. 투자권유에 해당한다고 판시한 사례

가. 증권사 직원이 투자일임계약상품을 적극 소개·설명한 경우

금융투자업자가 과거 거래 등을 통하여 자신을 신뢰하고 있는 고객에게 다른 금융투자업자가 취급하는 금융투자상품 등을 단순히 소개하는 정도를 넘어 계약 체결을 권유함과 아울러 그 상품 등에 관하여 구체적으로 설명하는 등 적극적으로 관여하였다.

나아가 그러한 설명 등을 들은 고객이 해당 금융투자업자에 대한 신뢰를 바탕으로 다른 금융투자업자와 계약 체결에 나아가거나 투자 여부 결정에 있어서 그 권유와 설명을 중요한 판단요소로 삼았다.

위와 같은 경우 해당 금융투자업자는 자본시장법 제9조 제4항에서 규정하는 ‘투자권유’를 하였다고 평가할 수 있는바 해당 금융투자업자는 직접 고객과 사이에 금융투자상품 등에 관한 계약을 체결하는 것이 아니라 하더라도 고객에 대하여 해당 금융투자상품에 관한 적합성 원칙의 준수 및 설명의무를 부담

한다.[19]

나. 특정금전신탁의 구체적 운용방법을 정해 놓은 경우

신탁회사가 특정금전신탁의 신탁재산인 금전의 구체적인 운용방법을 미리 정하여 놓고 고객에게 그 계약 체결을 권유하는 경우에는 실질적으로 자본시장법상 투자권유에 해당한다.

따라서 신탁회사는 신탁재산의 구체적 운용방법을 포함한 신탁계약의 특성 및 주요 내용과 그에 따르는 위험을 고객이 이해할 수 있도록 명확히 설명하여야 한다. 또한 신탁업자는 신탁재산의 구체적 운용방법에 따르는 수익구조와 위험요인을 합리적으로 조사하여 올바른 정보를 고객에게 제공하여야 한다.[20]

만약 신탁업자가 이러한 설명의무를 위반한 결과 고객에게 손해가 발생한 때에는 불법행위로 인한 손해배상책임을 부담한다.[21]

---

19) 대법원 2015. 1. 29. 선고 2013다217498 판결은 투자자들이 증권회사로부터 코스피200지수의 변동에 따라 손실이 변동되는 선물옵션 거래 관련 투자자문사의 투자일임계약 상품을 소개받았고, 이때 증권회사는 투자자들에게 동 상품이 주가변동에 관계없이 수익을 내고 손실이 크지 않은 안정한 상품이라고 안내하였음

20) 대법원 2015. 12. 23. 선고 2015다231092 판결

21) 대법원 2015. 9. 10. 선고 2013다6872 판결

제3절 적합성의 원칙과 적정성 원칙

I. 전문투자자와 일반투자자의 구분

1. 전문투자자와 일반투자자

자본시장법은 일반투자자에 한하여 적합성의 원칙(법 제46조), 적정성의 원칙(법 제46조의2), 설명의무(법 제47조)를 적용하고 있으므로, 투자자가 일반투자자인지 전문투자자인지의 구분이 중요하다. 따라서 금융투자업자는 투자권유를 하기 전에 해당 투자자가 일반투자자인지 전문투자자인지의 여부를 확인하여야 한다(법 제46조 제1항).

전문투자자란 금융투자상품에 관한 전문성 구비여부, 소유자산규모 등에 비추어 투자에 따른 위험감수능력이 있는 자를 말하며(법 제9조 제5항), 현재 자본시장법에서는 국가, 한국은행, 대통령령이 정하는 금융기관 및 법인, 주권상장법인, 금융투자상품 투자액이 100억원이상인 법인 및 5억원이상인 개인 등을 전문투자자로 보고 있다. 전문투자자는 투자에 따른 위험을 충분히 인지할 수 있는 전문가이기 때문에 투자권유절차를 간편하게 하기 위하여 일반적인 투자자보호제도가 적용되지 않는다.

일반투자자란 전문투자자가 아닌 투자자를 말한다(법 제9조 제6항).

2. 자발적 전문투자자 등

가. 자발적 전문투자자

전문투자자 대우를 받고자 하는 법인(금융투자상품 잔고 100억 이상 보유) 및 개인(금융투자상품 잔고 5억원 이상 보유)으로서 일정 요건을 갖추었음을 금융위원회에 신고한 자는 금융위원회 확인 후 2년간 전문투자자 대우를 받을 수 있다(시행령 제10조 제3항 제16호, 제17호).

나. 전문투자자의 일반투자자로 전환

금융투자업자는 법 제9조 제5항 단서에 따라 일반투자자로 전환할 수 있는 전문투자자[22]가 일반투자자와 같은 대우를 받겠다는 의사를 회사에 서면으로 통지하는 경우 정당한 사유가 있는 경우를 제외하고는 이에 동의하여야 한다(법 제9조 제5항 단서). 이 경우 일반투자자와 동일한 투자자보호절차가 적용

22) 시행령 제10조 제3항 제12호부터 제17호에 해당하는 전문투자자
시행령 제10조 제3항
12. 법률에 따라 설립된 기금(제10호 및 제11호는 제외한다) 및 그 기금을 관리·운용하는 법인
13. 법률에 따라 공제사업을 경영하는 법인
14. 지방자치단체
15. 해외 증권시장에 상장된 주권을 발행한 국내법인
16. 다음 각 목의 요건을 모두 충족하는 법인 또는 단체(외국 법인 또는 외국 단체는 제외한다)
가. 금융위원회에 나목의 요건을 충족하고 있음을 증명할 수 있는 관련 자료를 제출할 것
나. 관련 자료를 제출한 날 전날의 금융투자상품 잔고가 100억원(「주식회사의 외부감사에 관한 법률」에 따라 외부감사를 받는 주식회사는 50억원) 이상일 것
다. 관련 자료를 제출한 날부터 2년이 지나지 아니할 것
17. 다음 각 목의 요건을 모두 충족하는 개인. 다만, 외국인인 개인 및 「조세특례제한법」 제91조의18제1항에 따른 개인종합자산관리계좌에 가입한 거주자인 개인(같은 조 제3항제2호에 따라 신탁업자와 특정금전신탁계약을 체결하는 경우 및 이 영 제98조제1항제4호의2 및 같은 조 제2항에 따라 투자일임업자와 투자일임계약을 체결하는 경우로 한정한다)은 제외한다.
가. 금융위원회에 나목부터 라목까지의 요건을 모두 충족하고 있음을 증명할 수 있는 관련 자료를 제출할 것
나. 관련 자료를 제출한 날 전날의 금융투자상품 잔고가 5억원 이상일 것
다. 금융투자업자에 계좌를 개설한 날부터 1년이 지났을 것
라. 소득액 또는 재산가액이 금융위원회가 정하여 고시하는 기준을 충족할 것
마. 관련 자료를 제출한 날부터 2년이 지나지 아니할 것

된다. 금융투자업자가 정당한 사유없이 일반투자자 전환에 동의하지 않는 경우 이는 불건전 영업행위에 해당한다(시행령 제68조 제5항 제1호).

국가, 한국은행, 금융기관, 주권상장법인, 금융관련기관[23)]은 일반투자자로 전환할 수 없다.

다. 장외파생상품 거래시 특례

일반투자자로 전환할 수 있는 전문투자자(시행령 제10조 제3항 제12호부터 제17호까지의 어느 하나에 해당하는 자)와 주권상장법인이 금융투자업자와 장외파생상품 거래를 하는 경우 위 주권상장법인 등은 원칙적으로 일반투자자로 취급된다. 다만 주권상장법인 등이 전문투자자와 같은 대우를 받겠다는 의사를 금융투자업자에게 서면으로 통지하는 때에 한하여 전문투자자로 본다(법 제9조 제5항 제4호, 시행령 제10조 제3항 단서).

---

23) 시행령 제10조 제3항
1. 「예금자보호법」에 따른 예금보험공사 및 정리금융회사
2. 「금융회사부실자산 등의 효율적 처리 및 한국자산관리공사의 설립에 관한 법률」에 따른 한국자산관리공사
3. 「한국주택금융공사법」에 따른 한국주택금융공사
4. 「한국투자공사법」에 따른 한국투자공사
4의2. 삭제 <2014.12.30.>
5. 협회
6. 법 제294조에 따라 설립된 한국예탁결제원
7. 거래소
8. 「금융위원회의 설치 등에 관한 법률」에 따른 금융감독원
9. 집합투자기구
10. 「신용보증기금법」에 따른 신용보증기금
11. 「기술보증기금법」에 따른 기술보증기금

Ⅱ. 투자자 정보 파악 등

1. 투자자 정보파악

금융투자업자는 일반투자자에게 투자권유를 하기 전에 면담·질문 등을 통하여 일반투자자의 투자목적·재산상황 및 투자경험 등의 정보를 파악하여야 한다(법 제46조 제2항). 투자자의 정보파악은 금융투자상품의 권유에 있어서 투자자의 지식과 경험에 비추어 적합한 투자권유를 하기 위한 전제조건이다.

실무상 금융투자업자는 일반투자자의 면담 등을 통해 투자자정보 확인서를 작성하고 있다. 투자자정보 확인서 작성시 ① 투자자의 투자에 대한 일반적인 태도를 나타내는 '일반적 투자자성향' 파악을 위한 정보와 ② 현재 투자하려고 하는 목적 및 투자예정기간 등의 '현재 투자자금성향' 파악을 위한 정보로 구분하는 경우도 있다.

금융투자업자는 원칙적으로 투자자 본인으로부터 투자자정보를 파악하여야 하며, 투자자의 대리인이 그 자신과 투자자의 실명확인증표 및 위임장 등 대리권을 증빙할 수 있는 서류 등을 지참하는 경우 대리인으로부터 투자자 본인의 정보를 파악할 수 있다. 이 경우 금융투자업자는 위임의 범위에 투자자정보 작성 권한이 포함되어 있는 지를 확인하여야 한다.

금융투자업자는 단기금융집합투자기구의 집합투자증권, 국채증권, 지방채증권, 특수채증권, 그 밖에 이에 준하는 것으로서 위험이 높지 않은 금융투자상품만을 거래하는 투자자 및 환매조건부매매를 하는 투자자에 대하여는 투자자정보를 간략하게 파악할 수 있다.

금융투자업자는 투자자가 장외파생상품을 거래하고자 하는 경우 투자권유 여부와 상관없이 "장외파생상품 투자자정보 확인서"를 이용하여 투자자 정보를 파악하여야 한다.

금융투자업자는 투자자로부터 별도의 변경 요청이 없으면 투자자정보를 파악한 날로부터 특정기간(투자자정보 유효기간) 동안 투자자정보가 변경되지 않은 것으로 간주할 수 있다.

금융투자업자가 이미 투자자정보를 알고 있는 투자자에 대하여 투자권유를 하고자 하는 경우 투자자정보 유효기간 경과 여부를 확인하고, 유효기간이 지난 경우에는 투자자정보를 다시 파악하여야 한다.

일반투자자와 투자일임계약이 체결된 경우에는 투자자의 재무상태 및 투자목적 등 변경여부를, 금전신탁계약(투자자가 운용대상을 특정종목과 비중 등 구체적으로 지정하는 특정금전신탁은 제외함)이 체결된 경우에는 재무상태 등 변경여부를 매분기 1회 이상 확인하여야 한다.

2. 투자자성향 분석

실무상 투자자성향 파악을 위한 배점기준 등은 금융투자업자가 자율적으로 정하고 있고, 투자자의 투자자성향을 특정 유형별로 분류하고자 하는 경우 투자자정보 확인서를 참조하여 아래의 표에 따라 투자자성향 유형을 정하고 있다.

제1방식	제2방식	제3방식	제4방식
☐ 고위험-고수익형 ☐ 중위험-중수익형 ☐ 저위험-저수익형	☐ 파생상품형 ☐ 주식선호형 ☐ 성장형 ☐ 이자·배당형	☐ 위험선호형 ☐ 적극형 ☐ 성장형 ☐ 안정성장형 ☐ 위험회피형	☐ 공격투자형 ☐ 주식선호형 ☐ 주식펀드선호형 ☐ 고수익채권형 ☐ 혼합투자형 ☐ 안정투자선호형 ☐ 이자소득형

금융투자업자는 일반투자자로부터 투자자정보 확인서 및 투자자성향에 관하여 서명(전자서명법 제2조제2호에 따른 전자서명을 포함함), 기명날인, 녹취, 전자우편, 그 밖에 이와 비슷한 전자통신, 우편, 전화자동응답시스템의 방법으

로 확인을 받아 이를 유지·관리하여야 한다(법 제46조 제2항). 금융투자업자는 투자자에게 지체 없이 투자자정보확인서 및 투자자성향을 제공하여야 한다(법 제46조 제2항).

3. 금융투자상품의 위험도 분류

금융투자업자는 다음의 요소들을 감안하여 각 금융투자상품별 위험도를 분류하며, 장외파생상품에 대한 위험도 분류는 다른 금융투자상품과 별도로 기준을 정한다.

① 정량적 요소 : 과거 가격의 변동성, 원금손실가능범위, 기초자산의 종류 및 구성 비중, 신용등급, 만기, 레버리지 정도 및 금융투자상품의 목표투자기간 등

② 정성적 요소 : 상품구조의 복잡성, 거래상대방위험, 조기상환가능성 및 유동성 등

금융투자업자는 "금융투자상품 위험도 평가 고려요소(예시)"를 참조하여 주식, 채권, 파생결합증권, 파생상품, 집합투자증권 등의 금융투자상품에 대한 위험도를 분류한다. 위험도를 분류하는 경우 모든 정량적·정성적 요소들을 감안할 필요는 없고, 금융투자상품별로 필요한 항목을 선별하여 적용할 수 있다. 장외파생상품에 대한 위험도 분류는 그 외의 금융투자상품과 별도로 제정·운영하여야 한다.

<장외파생상품 위험도 분류 예시>

가. 주의 : 금리스왑, 옵션매수 (원금 초과 손실이 가능하나, 손실범위가 제한적인 상품)

나. 경고 : 통화스왑, 옵션매도, 선도거래 (손실범위가 무제한이나, 구조가 단순한 상품)

다. 위험 : 가, 나를 제외한 그 밖의 장외파생상품 (손실범위가 무제한이고, 구조가 복잡한 상품)

금융투자상품의 위험도는 투자자성향 분류 단계(예: 3단계 또는 5단계 등) 및 실제 투자자성향 분포를 감안하여 분류하며, 시장 환경 등의 변화에 따른 금융투자상품의 위험도 변화를 반영하여 주기적으로 조정하는 것이 바람직하다.

금융투자업자는 투자자가 해당 금융투자상품의 위험도를 쉽게 이해할 수 있도록 금융투자업자의 "금융투자상품 위험도 분류표"를 상담창구에 비치하고, 투자권유시 이를 활용하여 다른 금융투자상품과의 비교 등의 방법을 통해 상대적인 위험수준을 설명하여야 한다.

금융투자상품 위험도 분류표는 금융투자상품의 위험도에 따라 3가지 색상(적색, 황색, 녹색)으로 구분하여 금융투자상품의 위험도에 대한 투자자의 직관적인 이해도를 높여야 한다.

금융투자업자는 포트폴리오투자의 경우, 이를 구성하는 개별 금융투자상품의 위험도를 투자금액 비중으로 가중 평균한 포트폴리오 위험도를 사용할 수 있다. 다만, 포트폴리오의 구성, 운용전략 및 위험도 책정 등을 회사의 전문조직에서 결정하는 경우 이에 따르도록 한다.

Ⅳ. 금융상품의 투자권유

1. 적합한 금융상품의 투자권유

자본시장법 제정 이전에도 대법원은 “거래경위와 거래방법, 고객의 투자상황(재산상태, 연령, 사회적 경험 정도등), 거래의 위험도 및 이에 관한 설명의 정도 등을 종합적으로 고려한 후, 당해 권유행위가 고객의 투자상황에 비추어 과대한 위험성을 수반하는 거래를 적극적으로 권유한 경우에 해당하여 결국 고객에 대한 보호의무를 저버려 위법성을 띤 행위” 라고 판시하였다.[24] 자본시장법은 종전 대법원 판례에서 인정한 적합성 원칙을 법률상의 의무로 규정한 것이다.

금융투자업자는 일반투자자에게 투자권유를 하는 경우에는 일반투자자의 투자목적·재산상황 및 투자경험 등에 비추어 그 일반투자자에게 적합하지 아니하다고 인정되는 투자권유를 하여서는 아니 된다(법 제46조 제3항).

적합성의 원칙은 일반 투자자에게 적합하지 않은 거래를 권유해서는 안된다는 소극적인 의무이고, 최적의 상품을 찾아서 권유할 의무까지 요구하는 것은 아니다. 적합성은 투자의 결과가 확정된 후에 이루어지는 사후적 또는 결과적인 적합성이 아니라 권유시점을 기준으로 사전적 또는 예측적인 적합성을 의미한다.

금융투자업자는 투자자의 투자자성향을 특정 유형별로 분류한 경우 금융투자업자가 정한 투자자 성향분류와 금융투자상품 위험도 평가 분류를 참조하여 투자권유의 적합성 여부를 판단할 수 있는 기준을 정하여야 한다.

금융투자업자는 투자자가 보유 자산에 대한 위험회피 목적으로 투자하거나 적립식으로 투자하는 등 해당 투자를 통하여 투자에 수반되는 위험을 낮추거나 회피할 수 있다고 판단하는 경우에는 금융투자상품 위험도 분류 기준보다 완화된 기준을 적용하여 투자권유를 할 수 있다.

---

24) 대법원 1994. 1. 11. 선고 93다26205 판결, 대법원 2010. 11. 11. 선고 2010다55699 판결

만약 금융투자업자가 이미 알고 있는 투자자성향에 비해 위험한 금융투자상품에 투자자가 스스로 투자하고자 하는 경우에는 투자자성향과 금융투자상품의 위험수준을 확인시켜주고 해당 투자가 투자자에게 적합하지 아니할 수 있다는 사실을 알려주어야 한다.

금융투자업자는 신규투자자, 고령투자자 및 초고령투자자에게 주가연계증권(ELS), 주가연계펀드(ELF), 주가연계신탁(ELT), 파생연계증권(DLS), 파생연계펀드(DLF), 파생연계신탁(DLT) 상품을 판매하고자 하는 경우 투자자의 올바른 투자판단을 유도하기 위하여 추천사유 및 유의사항 등을 기재한 적합성보고서를 계약체결 이전에 투자자에게 교부하여야 한다.

금융투자업자는 고령투자자(70세 이상)에게 금융투자상품을 판매하는 경우 적합성판단기준과 '고령투자자에 대한 금융투자상품 판매시 보호기준'을 준수하여야 한다.

2. 장외파생상품에 대한 특칙

금융투자업자는 장외파생상품의 매매 및 그 중개·주선 또는 대리의 상대방이 일반투자자인 경우에는 투자권유 여부와 상관없이 그 투자자가 보유하고 있거나 보유하려는 자산·부채 또는 계약 등(위험회피대상)에 대하여 미래에 발생할 수 있는 경제적 손실을 부분적 또는 전체적으로 줄이기 위한 거래를 하는 경우로서 다음의 요건을 모두 충족하는 경우에 한하여 거래할 수 있다(법 제166조의2 제1항 제1호, 시행령 제186조의2).

① 위험회피대상을 보유하고 있거나 보유할 예정일 것

② 장외파생거래 계약기간 중 장외파생거래에서 발생할 수 있는 손익이 위험회피대상에서 발생할 수 있는 손익의 범위를 초과하지 아니할 것

투자매매업자 또는 투자중개업자는 일반투자자가 장외파생상품 거래를 통하여 회피하려는 위험의 종류와 금액을 확인하고, 관련 자료를 보관하여야 한다.

금융투자업자는 일반투자자에게 장외파생상품을 투자권유하고자 하는 경우

에는 투자목적이 위험회피인 경우로 한정되므로, 파생상품이 아닌 금융투자상품이나 장내파생상품과는 별도로 적합성 판단기준을 정하고 있다.

금융투자업자는 장외파생상품에 대한 투자권유를 하는 경우 아래의 표에 따라 적합하지 아니하다고 인정되는 투자권유를 하여서는 아니된다.

<table>
<tr><th colspan="2" rowspan="2">구분</th><th colspan="3">장외파생상품에 대한 투자 경험</th></tr>
<tr><th>1년 미만</th><th>1년 이상 ~ 3년 미만</th><th>3년 이상</th></tr>
<tr><td rowspan="2">개인</td><td>만 65세 이상</td><td>금리스왑
옵션매수</td><td>금리스왑, 통화스왑,
옵션매수, 옵션매도,
선도거래</td><td>기타 위험회피
목적의 모든
장외파생상품</td></tr>
<tr><td>만 65세 미만</td><td>금리스왑, 통화스왑,
옵션매수, 옵션매도,
선도거래</td><td colspan="2">기타 위험회피 목적의 모든 장외파생상품</td></tr>
<tr><td rowspan="2">법인 및 개인사업자</td><td>주권 비상장법인, 개인 사업자</td><td colspan="2">금리스왑, 통화스왑,
옵션매수, 옵션매도, 선도거래</td><td>기타 위험회피
목적의 모든
장외파생상품</td></tr>
<tr><td>주권 상장 법인</td><td>금리스왑, 통화스왑,
옵션매수, 옵션매도,
선도거래</td><td colspan="2">기타 위험회피 목적의 모든 장외파생상품</td></tr>
<tr><td colspan="5">* 장외파생상품의 경우 ‘주의’, ‘경고’, ‘위험’ 등 3단계로 분류하며, 각 위험도에 해당하는 금융투자상품의 예시는 “16. 금융투자상품의 위험도 분류”의 회사참고사항을 참조할 것
* ‘경고’ 위험도에 적합한 투자자 중 위험관리능력, 장외파생상품 투자경험, 상품에 대한 지식 등이 충분하다고 인정되는 투자자는 기타 위험회피 목적의 모든 장외파생상품에 투자할 수 있음</td></tr>
</table>

3. 투자일임 및 금전신탁에 대한 특칙

투자자문계약, 투자일임계약, 신탁계약의 체결을 권유하는 것도 투자권유에 해당하므로, 금융투자업자가 일반투자자에게 투자일임계약 또는 신탁계약의 체결을 권유할 경우 금융투자업자는 투자자보호절차를 준수하여야 한다.

투자일임업자는 투자자의 연령·투자위험 감수능력·투자목적·소득수준·금융자산의 비중 등 재산운용을 위해 고려가능한 요소를 조사하여 투자자를 유형화하고 각 유형에 적합한 방식으로 투자일임재산을 운용한다(금융투자업규정 제4-77조 제5호).

신탁업자는 금전신탁의 경우 투자자의 연령·투자위험 감수능력·투자목적·소득수준·금융자산의 비중 등 재산운용을 위해 고려가능한 요소를 반영하여 투자자를 유형화하고 각 유형에 적합한 방식으로 신탁재산을 운용하여야 한다(금융투자업규정 제4-93조 제26호).

투자일임 및 금전신탁(투자자가 운용대상을 특정종목과 비중 등 구체적으로 지정하는 특정금전신탁은 제외함)의 경우 아래 사항을 추가 또는 우선하여 적용한다.

① 투자일임업자 또는 신탁업자는 면담·질문 등을 통하여 투자자의 투자목적, 재산상황, 투자경험, 투자연령, 투자위험 감수능력, 소득수준 및 금융자산의 비중 등의 정보를 투자자정보확인서에 따라 조사하여 투자자를 유형화하고 투자자로부터 서명등의 방법으로 확인을 받아 이를 유지·관리하여야 한다. 다만, 전문투자자가 투자자를 유형화하기 위한 조사를 원하지 아니할 경우에는 조사를 생략할 수 있으며, 이 경우 전문투자자가 자기의 투자 유형을 선택할 수 있다.

<일반투자자 유형별 분류 예시>

공격투자형	위험선호형	1단계	고위험
적극투자형	적극형	2단계	↑
위험·수익중립형	성장형	3단계	↕
안정추구형	안정성장형	4단계	↓
안정형	위험회피형	5단계	저위험

1단계	공격투자형
2단계	주식선호형
3단계	주식펀드선호형
4단계	고수익채권형
5단계	혼합투자형
6단계	안정투자선호형
7단계	이자소득형

② 투자일임업자 또는 신탁업자는 투자자정보의 내용 및 투자자의 유형을 투자자에게 지체 없이 제공하여야 한다.

③ 투자일임업자 또는 신탁업자는 하나 이상의 자산배분유형군을 마련하여야 하며, 하나의 자산배분유형군은 둘 이상의 세부자산배분유형으로 구분하여야 한다.

< 투자자유형과 세부자산배분유형 (예시) >

투자자 유형 / 자산배분 유형	고위험선호		↔	저위험선호
유형군1 (주식)	주식 1	주식 3		-
	주식 2	주식 4		
유형군2 (채권)	투기등급회사채, 주식관련사채(BW 등)		↔	초우량 회사채, 국채
유형군3 (펀드)	주식형펀드, 파생상품형 펀드, 변동성이 큰 펀드		↔	국공채형 펀드, 변동성이 작은 펀드, MMF
유형군4 (이종자산)	주식, 파생상품, 투기등급회사채, 주식관련사채, 주식워런트, 원금비보존형ELS (DLS), ELW, 이머징국가채권, 외화 주식		↔	국채, MMF, 원금보존형 ELS

* 회사채는 채권의 위험도(ex. 보증유무, 신용등급, 후순위채권 여부 등)에 따라 회사 자체적으로 판단하여 세부자산배분유형 분류

<table>
<tr><th colspan="2">주식</th><th colspan="2">채권</th><th rowspan="2">펀드</th><th rowspan="2">기타</th></tr>
<tr><th>국내</th><th>해외</th><th>국내</th><th>해외</th></tr>
<tr><td>- 가치주
- 성장주
- 섹터주
- 대형/ 중소형주
- 코스닥주</td><td>- 선진국
-이머징마켓
- 섹터 및 특정 지역 관련 주</td><td>- 국공채
- 회사채
-하이일드채
- 후순위채
- 주식관련 사채</td><td>- 국공채
- 회사채
-하이일드채
- 후순위채</td><td>- 주식형
- 혼합형
- 채권형
- MMF
- 재간접펀드
- 해외(선진/ 이머징)</td><td>- 구조화 상품 (원금보장/ 비보장)
- 대체투자 등 (금, 원자재, 리츠 등)</td></tr>
<tr><td colspan="6">* 주식의 경우 세부자산배분유형간 분류를 종목이나 발행기업 자본금 규모 등으로 더 세분화할 수 있고, 채권의 경우도 신용등급 등을 기준으로 더 세분화할 수도 있으며, 펀드의 경우 변동성 등을 기준으로 더 세분화할 수도 있음</td></tr>
</table>

④ 투자일임업자 또는 신탁업자는 투자자 유형에 적합한 세부자산배분유형을 정하고 계약을 체결하여야 한다.

투자일임업자 또는 신탁업자는 투자일임·금전신탁계약 체결전에 투자자에게 다음 사항을 설명하여야 한다.

① 세부자산배분유형간 구분 기준, 차이점 및 예상 위험수준에 관한 사항
② 분산투자규정이 없을 수 있어 수익률의 변동성이 집합투자기구 등에 비해 더 커질 수 있다는 사실
③ 투자자 유형 위험도를 초과하지 않는 범위내에서 투자일임·금전신탁재산의 운용에 대해 투자자가 개입할 수 있다는 사실
④ 성과보수를 수취하는 경우 성과보수 수취요건 및 성과보수로 인해 발생 가능한 잠재 위험에 관한 사항

4. 장외파생상품과 적합성원칙 위반여부

가. 높은 위험성과 적합성원칙

투자자가 금융기관의 권유를 받고 어느 특정한 상품에 투자하거나 어떠한 투자전략을 채택한 데에 단지 높은 위험이 수반된다는 사정만으로 일률적으로 금융기관이 적합성의 원칙을 위반하여 부당하게 투자를 권유한 것이라고 단정할 수는 없다.[25)]

투자자로서도 예상 가능한 모든 위험을 회피하면서 동시에 높은 수익률이 실현될 것을 기대할 수는 없고 위험과 수익률의 조합을 스스로 투자목적에 비추어 선택할 수밖에 없는 것이다.

나. 적합한 환헤지 상품 권유

은행은 환 헤지 목적을 가진 기업과 통화옵션계약을 체결함에 있어서 해당 기업의 예상 외화유입액, 자산 및 매출 규모를 포함한 재산상태, 환 헤지의 필요 여부, 거래 목적, 거래 경험, 당해 계약에 대한 지식 또는 이해의 정도, 다른 환 헤지 계약 체결 여부 등 경영상황을 미리 파악한 다음, 그에 비추어 해당 기업에 적합하지 아니하다고 인정되는 종류의 상품 또는 그러한 특성이 있는 통화옵션계약의 체결을 권유해서는 아니 된다.

은행이 그러한 의무를 위반하여 해당 기업의 경영상황에 비추어 과대한 위험성을 초래하는 통화옵션계약을 적극적으로 권유하여 이를 체결하게 한 때에는, 이러한 권유행위는 이른바 적합성의 원칙을 위반하여 고객에 대한 보호의무를 저버리는 위법한 것으로서 불법행위를 구성한다.[26)]

특히 장외파생상품은 고도의 금융공학적 지식을 활용하여 개발된 것으로 예측과 다른 상황이 발생할 경우에는 손실이 과도하게 확대될 위험성이 내재되

---

25) 대법원 2010. 11. 11. 선고 2010다55699 판결

26) 대법원 2013. 9. 26. 선고 2013다26746 전원합의체 판결, 대법원 2013. 9. 26. 선고 2012다1146 전원합의체 판결

어 있고, 다른 한편 은행은 그 인가요건, 업무범위, 지배구조 및 감독 체계 등 여러 면에서 투자를 전문으로 하는 금융기관 등에 비해 더 큰 공신력을 가지고 있어 은행의 권유는 기업의 의사결정에 강한 영향을 미칠 수 있으므로, 은행이 위와 같이 위험성이 큰 장외파생상품의 거래를 권유할 때에는 다른 금융기관에 비해 더 무거운 고객 보호의무를 부담한다고 봄이 타당하다.[27)]

다. 적합성 원칙과 자기책임의 원칙

은행 등 금융기관과 금융상품 거래를 하는 고객은 그 거래를 통하여 기대할 수 있는 이익과 부담하게 될 위험 등을 스스로 판단하여 궁극적으로 자기의 책임으로, 그 거래를 할 것인지 여부 및 거래의 내용 등을 결정하여야 한다. 이러한 자기책임의 원칙은 장외파생상품 거래와 같이 복잡하고 위험성이 높은 거래라고 하여 근본적으로 달라지는 것이 아니다.

따라서 기업이 환 헤지 목적이 아니라 환율변동을 이용하여 환차익을 얻고자 하는 등 투자 내지 투기적 목적으로 통화옵션계약을 체결하고자 할 경우에는, 금융기관이 고객에게 그 계약에 내재된 위험성 등을 충분히 고지하여 인식하게 한 이상 그러한 목적의 계약체결을 저지하거나 거부하지 않았다고 하여 곧 적합성의 원칙을 위반하고 고객 보호의무를 다하지 아니한 것이라고 단정할 수는 없다.[28)]

이는 은행이 다른 금융기관에 비해 더 큰 공신력을 가지고 있다는 점을 고려하더라도 마찬가지이다.

---

27) 대법원 2013. 9. 26. 선고 2011다53683 전원합의체 판결은 “원고는 ① 이미 유사한 거래경험이 있는 상태에서 ② 부분적 환 헤지 상품이라는 이 사건 각 통화옵션계약의 특성과 ③ 당시 국내외 기관의 장래 환율에 대한 전망 등을 고려하여 시장환율보다 높은 행사환율이 보장되는 환 헤지거래의 목적으로 이 사건 각 통화옵션계약을 체결한 것으로 보이고, ④ 그 콜옵션 계약금액이 원고의 예상 외화유입액의 범위를 넘지 않는 등 이 사건 각 통화옵션계약이 원고의 매출규모나 환 헤지 거래경험 등 경영상황에 비추어 과대한 위험을 초래하는 것이라고 볼 수도 없으므로, 비록 피고들이 은행으로서 장외파생상품 거래에 관하여 엄격한 고객 보호의무를 부담한다고 하더라도 이 사건 각 통화옵션계약을 원고에게 권유한 행위가 적합성의 원칙을 위반하여 고객에 대한 보호의무를 저버린 것으로 평가하기는 어렵다고 할 것이다.”라고 판시하였다.

28) 대법원 2013. 9. 26. 선고 2013다26746 전원합의체 판결

라. 선물환거래와 부분 환헤지

헤지거래는 현재 보유하고 있거나 보유할 것으로 예상되는 현물의 거래에 따른 가격변동위험을 전체적 또는 부분적으로 줄이기 위한 거래로서, 그 헤지 거래에 따른 손익이 현물의 가격변동에 따른 손익과 전체 구간에서 반대방향인 거래에 한정되지 아니하고, 특정구간에서만 반대방향인 거래도 포함한다.

따라서 헤지거래를 하려는 당사자가 현물의 가격변동과 관련하여 특별한 전망이나 목적을 가지고 있는 경우에는 특정구간에서만 위험회피가 되는 헤지거래도 다른 거래조건들을 함께 고려하여 선택할 수 있으므로, 전체 구간에서 위험회피가 되지 아니한다는 이유만으로 구조적으로 헤지에 부적합하다고 단정할 수 없다.[29]

또한 콜옵션 계약금액 상당의 외환현물을 보유하거나 장래에 보유할 것으로 예상하는 고객이 그 외환현물에 대한 환 헤지 목적으로 통화옵션계약을 체결하였다면 환율 상승의 정도와 관계없이 전체적인 손익은 변화가 없다.

---

29) 대법원 2013. 9. 26. 선고 2012다13637 전원합의체 판결

V. 적정성의 원칙

1. 파생상품 등

금융투자업자가 일반투자자에게 위험성이 높은 파생상품 또는 파생상품결합증권 등을 판매하는 경우 일반투자자가 투자권유를 희망하지 않는 경우에도 금융투자업자는 일반투자자의 정보를 파악하여야 한다. 이를 적정성의 원칙이라 한다.

적정성의 원칙은 파생상품 및 다음의 금융투자상품(파생상품등)의 판매시에 적용된다(법 제46조의2 제1항, 시행령 52조의2 제1항).

① 파생결합증권. 다만, 금적립계좌등은 제외함.

② 파생상품 매매에 따른 위험평가액이 집합투자기구 자산총액의 10%을 초과하여 투자할 수 있는 집합투자기구의 집합투자증권. 다만, 금융위원회가 정하여 고시하는 집합투자기구의 집합투자증권은 제외함[30].

③ 집합투자재산의 100분의 50을 초과하여 파생결합증권에 운용하는 집합투자기구의 집합투자증권

④ 해당 사채의 발행 당시 객관적이고 합리적인 기준에 따라 미리 정하는 사유가 발생하는 경우 주식으로 전환되거나 그 사채의 상환과 이자지급

30) 금융투자업규정 제4-7조의2(적정성의 원칙) 영 제52조의2제1항제2호에서 “금융위원회가 정하여 고시하는 집합투자기구의 집합투자증권”이란 집합투자재산을 운용함에 있어 장외파생상품이나 파생결합증권에 투자하지 아니하는 집합투자기구의 집합투자증권으로서 당해 집합투자규약 및 투자설명서에서 정한 운용방침이나 투자전략이 기초자산의 가격 또는 기초자산의 종류에 따라 다수 종목의 가격수준을 종합적으로 표시하는 지수의 변화에 연동하여 운용하는 것을 목표로 하는 집합투자기구(당해 집합투자기구가 연동하고자 하는 기초자산의 가격 또는 지수가 시행령 제246조 각 호의 요건을 모두 갖추고, 집합투자기구의 집합투자증권의 1좌당 또는 1주당 순자산가치의 변동율과 집합투자기구가 목표로 하는 지수의 변동율의 차이가 100분의 10 이내로 한정되는 집합투자기구에 한한다)의 집합투자증권을 말한다. 다만, 상장지수집합투자기구가 목표로 하는 지수의 변화에 1배를 초과한 배율로 연동하거나 음의 배율로 연동하여 운용하는 것을 목표로 하는 상장지수집합투자기구의 집합투자증권은 제외한다. (예 : 인덱스 펀드)

의무가 감면된다는 조건이 붙은 사채(조건부자본증권)

⑤ 파생상품이나 위 ①부터 ④까지의 금융투자상품에 운용하는 금전신탁계약에 의한 수익권이 표시된 수익증권(이와 유사한 것으로서 신탁의 수익권이 표시된 것을 포함함)

2. 일반투자자의 정보 파악

금융투자업자는 일반투자자에게 투자권유를 하지 아니하고 파생상품등을 판매하려는 경우에는 면담·질문 등을 통하여 그 일반투자자의 투자목적·재산상황 및 투자경험 등의 정보를 파악하여야 한다(법 제46조의2 제1항). 고객 정보를 파악하지 못하면 금융투자업자는 일반투자자에게 파생상품등을 판매할 수 없다.

3. 투자목적 부적정시 고지의무 등

금융투자업자는 일반투자자의 투자목적·재산상황 및 투자경험 등에 비추어 해당 파생상품등이 그 일반투자자에게 적정하지 아니하다고 판단되는 경우에는 다음의 사실을 알려야 한다(법 제46조의2 제2항, 시행령 제52조의2 제2항).

① 해당 파생상품등(법 제46조의2제1항에 따른 파생상품등을 말함)의 내용

② 해당 파생상품등에 대한 투자에 따르는 위험

③ 해당 파생상품등이 일반투자자의 투자목적·재산상황 및 투자경험 등에 비추어 그 일반투자자에게 적정하지 아니하다는 사실

금융투자업자는 일반투자자로부터 해당 파생상품등이 그 일반투자자에게 적정하지 않다는 통지사실에 관하여 서명, 기명날인, 녹취, 전자우편, 그 밖에 이와 비슷한 전자통신, 우편, 전화자동응답시스템의 방법으로 확인을 받아야 한다(법 제46조의2 제2항).

만약 투자권유행위가 없었다 하더라도 파악된 고객 정보에 맞지 않는 거래

를 원하는 경우에는 해당 거래를 거절하거나 해당 거래의 투자위험성을 고지하고 투자위험성을 고지 받았다는 사실을 서명등의 방법으로 확인받아야 한다.

4. 파생상품등에 대한 일반투자자 보호장치

파생상품등에 대한 일반투자자 보호장치는 다음과 같다.

① 주권상장법인은 일반적으로 전문투자자로 간주되지만 장외파생상품 거래시에는 일반투자자로 대우를 받게 된다. 다만, 주권상장법인이 전문투자자의 대우를 받겠다는 의사를 금융투자업자에게 서면으로 통지한 경우 장외파생상품 거래시에도 전문투자자로 대우받게 된다(법 제9조 제5항).

② 금융투자업자는 파생상품등의 투자권유시 투자목적·경험 등을 고려하여 일반투자자 등급별로 차등화된 투자권유준칙을 마련해야 한다(법 제50조).

③ 파생상품등에 대해서는 투자권유대행 위탁이 불허된다(법 제51조).

④ 금융투자업자가 일반투자자와 장외파생상품 매매를 할 경우 '일반투자자가 위험회피목적의 거래를 하는 경우'로 한정된다(법 제166조의2).

제4절 설명의무

I. 설명의무

1. 설명의무의 의의

가. 설명의무의 내용

자본시장법 제정이전 대법원 판례는 “(금융투자업자는) 유가증권의 가치에 중대한 영향을 미치는 중요정보를 고객에게 제공하고 설명할 의무를 부담한다.[31)]” 라고 판시함으로써 금융투자업자에 대한 설명의무를 인정하였고, 현행 자본시장법은 금융투자업자의 설명의무를 명시적으로 규정하고 있다.

금융투자업자는 투자자에게 투자권유를 하는 경우 ① 금융투자상품의 내용, ② 투자에 따르는 위험, ③ 금융투자상품의 투자성에 관한 구조와 성격, ④ 투자자가 부담하는 수수료에 관한 사항, ⑤ 조기상환조건이 있는 경우 그에 관한 사항, ⑥ 계약의 해제·해지에 관한 사항(‘투자설명사항’)을 투자자가 이해할 수 있도록 설명하여야 한다. 또한 금융투자업자는 투자자가 금융투자업자로부터 설명받은 내용에 대해 이해하였다는 것을 서명등의 방법으로 확인받아야 한다(법 제47조, 시행령 제53조).[32)]

나. 전문투자자에 대한 설명의무

자본시장법 제47조에 의한 설명의무는 금융투자업자가 일반투자자에 대하여

31) 대법원 2006. 6. 29. 선고 2005다49799 판결 : 기업어음(CP)에 있어서 발행자의 신용도를 측정하는 지표인 신용등급은 그러한 중요정보에 해당함
32) 법 제449조 제21호 : 위반시 5천만원 이하 과태료

부담하는 의무이다. 금융투자업자가 전문투자자에게 설명의무를 위반한 경우 전문투자자는 금융투자업자에게 자본시장법상 손해배상책임이 아닌 민법상 불법행위로 인한 손해배상책임을 물을 수 있다.

투자매매업자는 투자자에게 펀드의 수익구조와 위험요인에 관한 올바른 정보를 제공함으로써 투자자가 그 정보를 바탕으로 합리적인 투자판단을 할 수 있도록 보호하여야 할 주의의무를 부담한다. 이러한 투자권유단계에서 투자매매업자의 투자자 보호의무는 투자자가 일반투자자가 아닌 전문투자자라는 이유만으로 배제된다고 볼 수 없다. 다만 펀드의 특성과 위험도 수준, 투자자의 투자경험이나 전문성 등을 고려하여 투자자 보호의무의 범위와 정도를 달리 정할 수 있다.[33]

다. 투자자나 대리인이 위험성 등을 인지하고 있는 경우

투자자나 그 대리인이 금융투자상품의 특성, 주요내용 및 위험성 등을 충분히 알고 있는 경우에는 투자매매업자는 해당 일반투자자에게 설명의무를 부담하지 않는다.[34][35][36]

---

33) 대법원 2015. 3. 26. 선고 2014다214588(본소), 2014다214595(반소) 판결, 대법원 2015. 2. 26. 선고 2014다17220 판결

34) 대법원 2010. 11. 11. 선고 2010다55699 판결은 “원고는 비록 1차 선물환계약의 체결 당시에는 선물환계약의 위험성에 관하여 제대로 알지 못하였다고 하더라도, 1차 선물환계약의 만기일에 이 사건 펀드를 해지하지 않고 선물환계약만을 정산하면서 당시 이 사건 펀드의 손실과 상승한 환율로 인하여 2천만 원이 넘는 정산금을 입금하면서 선물환계약의 의미와 위 정산금의 발생내역에 관한 설명을 다시 들었으므로, 그 무렵에는 앞에서 본 바와 같은 선물환계약의 특별한 위험성에 관하여 잘 알게 되었다고 보아야 할 것이다.”라고 판시하였다.

35) 대법원 2013. 9. 26. 선고 2013다26746 전원합의체 판결은 “설령 피고가 (환율 급등으로 인한 위험이나 그로 인한 손실의 정도 등)에 관한 구체적인 설명을 하지 않았다 하더라도, 앞에서 살펴본 바와 같은 원고의 환위험 관리 실태, 이 사건 각 통화옵션계약을 포함한 각 계약 체결 당시 피고의 원고에 대한 설명 내용, 다수의 통화옵션계약 체결 및 녹인·녹아웃 경험, 원고 직원이 이 사건 각 통화옵션계약의 체결 및 거래조건 설정에 관여한 정도 등으로 보아 위와 같은 내용은 원고가 이 사건 각 통화옵션계약의 기본적인 구조와 위험을 이해한 상태라면 충분히 알 수 있는 내용이라고 보는 것이 타당하다.”라고 판시하였다.

36) 대법원 2015. 2. 26. 선고 2014다17220 판결, 대법원 2015. 4. 23. 선고 2013다17674 판결, 대법원 2015. 9. 15. 선고 2015다216123 판결

2. 설명의무의 이행정도

가. 투자자가 충분히 이해할 수 있는 정도

금융투자업자는 투자자 본인에게 금융투자상품의 위험성 등에 관한 설명을 하여야 한다. 금융투자업자가 투자자 본인에게 설명 및 자료를 교부하지 않았다하더라도 투자자의 대리인에게 설명하고 자료를 교부한 이상 적법한 설명, 교부의무를 이행한 것으로 볼 것이다.[37]

금융투자업자는 투자자가 투자설명사항(거래상 중요정보)을 충분히 이해할 수 있도록 설명하여야 하고, 설명의무의 이행여부는 투자 대상인 상품의 특성 및 위험도의 수준, 고객의 투자 경험 및 능력 등을 고려하여 종합적으로 고려하여 판단된다.[38][39]

---

37) 대법원 2001. 7. 27. 선고 2001다23973 판결

38) 대법원 2003. 7. 11. 선고 2001다11802 판결, 대법원 2006. 5. 11. 선고 2003다51057 판결, 대법원 2015. 9. 15. 선고 2015다216123 판결

39) 대법원 2013. 9. 26. 선고 2011다53683 전원합의체 판결은 “i) 원고의 자금업무 담당자인 소외인은 이 사건 각 통화옵션계약 체결 당시 이미 여러 차례 환 헤지 목적의 거래를 한 경험이 있었던 사실, ii) 이 사건 ① 계약은 소외인이 이미 거래한 경험이 있는 통화선도거래와 비교하면 일정 환율 이하로 하락할 경우에 환 헤지 효과를 일정한 금액으로 제한하고 레버리지 조건을 부가하는 대신 행사환율을 높인 차이만 있는 정도여서 소외인이 그 거래의 구조나 위험성을 이해하기 어렵지 아니하였을 것으로 보이는 사실, iii) 원고는 이 사건 ② 내지 ⑥ 계약을 체결하기 전에 다른 통화옵션계약을 통하여 레버리지 조건 성취에 따른 2배의 매도의무와 녹아웃 조건 성취를 경험하였던 사실, iv) 피고들의 담당직원이 소외인에게 옵션의 의미, 당해 통화옵션계약의 주된 내용과 거래조건, 만기환율에 따라 원고가 입게 되는 손익에 대한 시나리오 분석 및 녹인 조건, 녹아웃 조건, 레버리지 조건, 조기종결조건 등으로 인하여 원고가 입을 수 있는 위험에 대한 추가적인 고지항목이 기재되어 있는 거래제안서 등을 이메일로 보낸 다음 전화로 소외인과 이 사건 각 통화옵션계약의 구체적 거래조건들에 관하여 협의하면서 설명한 사실을 알 수 있고, v) 여기에다 원심이 적절하게 인정한 이 사건 각 통화옵션계약 특성 및 위험의 수준, 원고의 거래경험과 능력 등의 사정을 더하여 앞서 본 법리에 비추어 보면, 당시 소외인이 피고들 담당직원의 설명이나 거래제안서의 내용을 명확하게 이해하지 못하거나 오해하고 있었다는 사정이 인정되지 아니한 이상, 이 사건 각 통화옵션계약의 구조와 주요 내용, 원고가 이 사건 각 통화옵션계약을 통하여 얻을 수 있는 이익과 환율 변동으로 인하여 부담하게 될 우려가 있는 위험이나 발생 가능한 손실의 구체적 내용 등에 대하여는 원고가 이해할 수 있을 정도의 충분한 설명이 적절한 방법에 의

금융투자업자는 설명의무를 이행하는 경우 해당 금융투자상품의 복잡성 및 위험도 등 상품측면과 투자자의 투자경험 및 인식능력 등 투자자측면을 고려하여 설명의 정도를 달리할 수 있다.

투자자가 투자설명사항을 이해할 수 있도록 설명하고 이해하였음을 확인받아야 하므로 모든 투자자에 대하여 동일한 수준으로 기계적으로 설명할 필요는 없다. 즉, 설명의 정도는 금융투자상품의 성격 및 투자자의 지식·경험에 따라 달라질 수 있다.

따라서, 신규 상품, 구조가 복잡한 상품이나 위험상품을 판매하는 경우 또는 금융지식이 부족한 투자자나 취약투자자에게 판매하는 경우에는 일반적인 경우보다 설명이 좀 더 필요할 수 있다.

집합투자증권의 투자권유시 원금 손실의 발생 가능성과 그 지표 및 그 지표의 변동으로 수익 및 원금 손실이 발생할 수 있는 구조 등에 관하여 설명하여야 한다.

나. 합리적으로 예측할 수 없는 투자위험

파생금융상품의 판매회사의 담당직원이 누구도 예측하기 어려운 미래 사실인 파생금융상품의 손실 발생 가능성을 스스로 예측하여 고객에게 그 가능성과 범위에 관하여 명확히 설명할 의무를 부담하지 않는다.[40)]

또한 투자매매업자는 투자권유 당시 합리적으로 예측할 수 있는 투자위험이 아닌 경우 그러한 사항에 대해서까지 설명의무를 부담하지 않는다.[41)]

3. 장외파생상품의 설명의무

금융기관이 일반 투자자와 사이에 전문적인 지식과 분석능력이 요구되는 장

하여 이루어졌다고 보는 것이 타당하다."라고 판시하였다.

40) 대법원 2010. 11. 11. 선고 2008다52369 판결

41) 대법원 2010. 11. 11. 선고 2010다55699 판결, 대법원 2015. 2. 26. 선고 2014다17220 판결

외파생상품 거래를 할 경우에는 고객이 그 거래의 구조와 위험성을 정확하게 평가할 수 있도록 거래에 내재된 위험요소 및 잠재적 손실에 영향을 미치는 중요인자 등 거래상의 주요 정보를 적합한 방법으로 명확하게 설명하여야 한다.[42)]

금융기관이 고객에게 설명하여야 하는 거래상의 주요 정보에는 당해 장외파생상품 계약의 구조와 주요 내용, 고객이 그 거래를 통하여 얻을 수 있는 이익과 발생 가능한 손실의 구체적 내용, 특히 손실발생의 위험요소 등이 모두 포함된다 할 것이다.[43)]

특히 당해 금융상품이 고도의 금융공학적 지식에 의하여 개발된 것으로서 환율 등 장래 예측이 어려운 변동요인에 따라 손익의 결과가 크게 달라지는 고위험 구조이고, 더구나 개별 거래의 당사자인 고객의 예상 외화유입액 등에 비추어 객관적 상황이 환 헤지 목적보다는 환율변동에 따른 환차익을 추구하는 정도에 이른 것으로 보이는 경우라면, 금융기관으로서는 그 장외파생상품 거래의 위험성에 대하여 고객이 한층 분명하게 인식할 수 있도록 구체적이고 상세한 설명을 하여야 한다.[44)]

그러나 당해 장외파생상품의 상세한 금융공학적 구조나 다른 금융상품에 투자할 경우와 비교하여 손익에 있어서 어떠한 차이가 있는지까지 설명하여야 한다고 볼 것은 아니다.

또한 금융기관과 고객이 제로 코스트 구조의 장외파생상품 거래를 하는 경우에도 수수료의 액수 등은 그 거래의 위험성을 평가하는 데 중요한 고려요소가 된다고 보기 어렵다. 따라서 수수료가 시장의 관행에 비하여 현저하게 높지 아니한 이상 그 상품구조 속에 포함된 수수료 및 그로 인하여 발생하는 마이너스 시장가치에 대하여까지 설명할 의무는 없다.[45)]

---

42) 대법원 2010. 11. 11. 선고 2010다55699 판결, 대법원 2013. 9. 26. 선고 2012다13637 전원합의체 판결, 대법원 2013. 9. 26. 선고 2013다26746 전원합의체 판결

43) 대법원 2013. 9. 26. 선고 2011다53683 전원합의체 판결

44) 대법원 2013. 9. 26. 선고 2012다13637 전원합의체 판결

45) 대법원 2013. 9. 26. 선고 2011다53683 전원합의체 판결은 "피고들이 이 사건 각 통화옵션계약에서 녹인 또는 녹아웃될 확률, 개별 옵션의 이론가, 환율이 급상승하는 최악의 시나리오를 가상한 결과 및 환율 변동에 영향을 미치는 근본 요소에 관한 분석 결과나, 이 사건 각 통화옵션계약의 중도해지 가부와 중도청산금의 산정

장외파생상품 거래는 일반적인 계약과 마찬가지로 중도에 임의로 해지할 수 없는 것이 원칙이다. 설령 중도에 해지할 수 있다고 하더라도 금융기관과 고객이 중도청산금까지 포함하여 합의하여야 가능한 것이다. 따라서 특별한 사정이 없는 한 금융기관이 고객과 장외파생상품 거래를 하면서 그 거래를 중도에 해지할 수 있는지와 그 경우 중도청산금의 개략적인 규모와 산정방법에 대하여도 설명할 의무가 없다.[46)]

4. 동일 또는 유사상품의 투자권유시 설명의무

동일 또는 유사 상품에 대한 투자 경험이 있거나 해당 상품에 대한 지식수준이 높은 투자자 등에게는 보다 간단한 설명이 가능할 것이다. 유사 상품에 대한 투자 경험 또는 지식수준에 대한 획일적인 기준을 제시하기는 어려우므로 임직원은 동일한 유형의 상품에 대한 투자자의 투자경험 및 해당 상품에 대한 간략한 질문 등을 통해 투자자의 이해수준을 객관적으로 파악해볼 필요가 있다.

예를 들어, 해당 회사에 동일한 유형의 상품에 투자한 기록이 남아있거나 투자자가 다른 회사에서 동일한 유형의 상품에 투자한 경험 등을 이유로 간략한 설명 등을 희망하는 경우에는 해당 상품의 구조와 위험성에 대한 간단한 질문을 통해 파악된 투자자의 이해수준에 맞게 설명의 정도를 간략히 할 수 있을 것이다.

특정 투자자를 상대로 계속하여 동종의 금융상품을 판매하는 경우에, 그러한 종류의 상품 자체 또는 그 과세여건에 새롭게 설명의무를 부담하는 내용이 추가되었고 그 내용이 이미 판매한 상품에 대하여도 동일하게 적용되는 것이

방법 등에 대하여 설명하지 아니하였다고 하더라도 설명의무를 위반하였다고 보기는 어렵고, 또한 앞서 본 바와 같이 이 사건 각 통화옵션계약의 콜옵션 계약금액을 기준으로 한 수수료율이 다른 금융거래에 비하여 현저하게 높다고 볼 수 없다고 본 원심의 판단을 수긍할 수 있는 이상, 피고들이 이 사건 각 통화옵션계약의 구조 내에 포함된 수수료 및 그로 인하여 발생하는 마이너스 시장가치에 대하여 설명하지 아니한 점을 들어 설명의무 위반이라고 할 수도 없다."라고 판시하였다.

46) 대법원 2013. 9. 26. 선고 2011다53683 전원합의체 판결

라면, 그 임직원은 투자권유의 상대방인 그 투자자에 대하여 기존에 판매한 상품에 대하여도 추가된 부분을 손쉽게 설명할 수 있을 것이므로 그에 대한 설명의무를 부담한다고 판시한 사례가 있다.[47)]

계속적 거래가 발생되는 단순한 구조의 상장증권(예: 주식, ETF 등) 및 장내파생상품(예: 선물옵션) 등을 거래소시장에서 거래하는 경우에는 실질적으로 매 투자권유시마다 거래의 방법 및 위험성 등을 설명하기 곤란하므로, 최초 계좌개설 또는 투자권유시에만 설명의무를 이행하는 것도 가능하다.

5. 외화증권 또는 조건부자본증권의 설명의무

가. 외화증권 등에 대한 설명의무 특칙

1) 외화증권의 투자권유시 다음의 사항을 포함하여 설명하여야 한다.
  가. 투자대상 국가 또는 지역의 경제·시장상황 등의 특징
  나. 투자에 따른 일반적 위험 외에 환율변동 위험, 해당국가의 거래제도·세제 등 제도의 차이
  다. 투자자가 직접 환위험 헤지를 하는 경우 시장 상황에 따라 헤지 비율 미조정시 손실이 발생할 수 있다는 사실

2) 해외자산에 투자하는 집합투자기구의 집합투자증권을 투자권유하는 경우 다음의 사항을 포함하여 설명하여야 한다.
  가. 투자대상 국가 또는 지역의 경제여건 및 시장현황에 따른 위험
  나. 집합투자기구 투자에 따른 일반적 위험 외에 환율변동 위험, 해당 집합투자기구의 환위험 헤지 여부, 환헤지 비율의 최대치가 설정된 목표 환헤지비율, 환헤지 대상 통화, 주된 환헤지 수단 및 방법
  다. 환위험 헤지가 모든 환율 변동 위험을 제거하지는 못하며, 투자자가

47) 서울중앙지방법원 2012. 3. 15. 선고 2011가단195363 판결

직접 환위험 헤지를 하는 경우 시장 상황에 따라 헤지 비율 미조정시 손실이 발생할 수 있다는 사실

라. 모자형 집합투자기구의 경우 투자자의 요청에 따라 환위험 헤지를 하는 자펀드와 환위험 헤지를 하지 않는 자펀드간의 판매비율 조절을 통하여 환위험 헤지 비율을 달리(예:20%, 40%, 60%)하여 판매할 수 있다는 사실

3) 해외자산에 투자하는 신탁계약을 투자권유하는 경우에는 다음의 사항을 포함하여 설명하여야 한다.

가. 투자대상 국가 또는 지역 및 투자대상 자산별 투자비율

나. 투자대상 국가 또는 지역의 경제·시장상황 등의 특징

다. 신탁계약 체결에 따른 일반적 위험 외에 환율변동 위험, 해당 신탁계약의 환위험 헤지 여부 및 헤지 정도

라. 과거의 환율변동추이가 미래의 환율변동을 전부 예측하지는 못하며, 통화간 상관관계는 미래에 변동할 수 있다는 사실

마. 환위험 헤지가 모든 환율 변동 위험을 제거하지는 못하며, 투자자가 직접 환위험 헤지를 하는 경우 시장 상황에 따라 헤지 비율 미조정시 손실이 발생할 수 있다는 사실

나. 조건부자본증권에 대한 설명의무 특칙

조건부자본증권 투자를 권유하는 경우에는 다음의 사항을 포함하여 설명하여야 한다.

가. 일정한 사유가 발생하면 원리금이 전액 상각되거나 보통주로 전환되는 특약이 있다는 사실

나. 상각·전환의 사유 및 효과

다. (이자지급제한에 관한 특약이 있는 경우) 특정한 사유 발생시 또는 발행인의 재량에 따라 이자가 지급되지 않을 수 있다는 사실

라. (만기가 장기이거나 발행인의 임의만기연장 특약이 있는 경우) 장기간

현금화가 불가능하거나 유동성이 보장되지 않을 수 있다는 사실

마. (중도상환 조건이 있는 경우) 만기가 짧아질 수 있다는 사실

바. 사채의 순위

6. 허위사실의 제공금지

금융투자업자는 투자자에게 설명을 함에 있어서 중요사항을 거짓 또는 왜곡하여 설명하거나 중요사항을 누락하여서는 아니 된다. 중요사항이란 투자자의 합리적인 투자판단 또는 해당 금융투자상품의 가치에 중대한 영향을 미칠 수 있는 사항을 의미하고, 왜곡이란 불확실한 사항에 대하여 단정적 판단을 제공하거나 확실하다고 오인하게 할 소지가 있는 내용을 알리는 행위를 말한다(법 제47조 제3항).

Ⅱ. 투자설명서 등 교부

1. 투자설명서 교부

금융투자업자는 일반투자자에게 투자설명사항이 명시된 설명서를 증권을 매도하기 이전 미리 교부하여야 한다(법 제124조). 집합투자증권을 권유하는 경우 투자자가 투자설명서 교부를 별도로 요청하지 아니하는 경우에는 간이투자설명서를 교부하여도 된다(법 제124조).

투자자가 서면, 전화·전신·모사전송, 전자우편 등의 방법으로 설명서의 수령을 거부하는 경우 금융투자업자는 일반투자자에게 설명서를 교부하지 않을 수 있다(법 제124조, 시행령 132조 제2호, 투자업규정 4-20조 제1항 제9호 나목).

금융투자업자는 설명서를 각 영업점에서 투자자의 접근이 용이한 장소에 비치하거나 전자통신 등의 방법에 따라 공시하는 등 투자자가 언제든지 열람할 수 있도록 하는 조치를 취하여야 한다(투자업규정 4-20조 제1항 제9호 다목).

금융투자업규정(제4-20조 제1항 제9호 나목)에서는 설명서의 구체적인 내용을 금융투자협회가 정하도록 하고 있는데 금융투자협회는 8가지[48]의 매매거래에 대한 권고안을 제공하고 있다.

상품안내서 등의 교부를 통하여 투자신탁의 운용개념 및 방법과 신탁약관에서 정하는 사항에 대한 개략적인 정보를 제공한 경우에는 투자신탁설명서나 약관 등을 직접 제시하거나 교부하지 않았다고 하여 설명의무 위반이 된다고 단정할 수 없다.[49]

48) ① 장내파생상품, ② 해외파생상품거래, ③ 유사해외통화선물거래, ④ 장외파생상품, ⑤ 외화증권, ⑥ 주식워런트증권, ⑦ 신용거래, ⑧ 신용파생결합증권

49) 대법원 2003. 7. 25. 선고 2002다46515 판결, 대법원 2003. 8. 19. 선고 2002다49163 판결, 대법원 2006. 5. 11. 선고 2003다51057 판결

2. 핵심설명서 교부

금융투자업자는 일반투자자가 ① 공모의 방법으로 발행된 파생결합증권(주식워런트증권 제외)을 매매하고자 하거나 ② 신용융자거래 또는 ③ 유사해외통화선물거래를 하고자 하는 경우 핵심설명서를 추가로 교부하고 그 내용을 충분히 설명하여야 한다(영업 및 업무규정 제2-5조 제3항). 모든 파생결합증권에 대하여 모두 적용되는 것은 아니고 공모의 방법으로 발행되는 것에 한하며, 주식워런트증권은 제외된다.

증권의 공모발행시 청약의 권유는 투자설명서, 간이투자설명서 또는 예비투자설명서(증권신고서 효력 발생 전)로만 가능한데, 공모 파생결합증권의 경우에는 감독당국에 신고한 간이투자설명서를 교부하는 경우 핵심설명서를 별도로 교부하지 않아도 된다.

핵실설명서의 경우 설명을 위한 추가 자료일 뿐 이를 설명한다고 해서 설명의무를 다한 것이라고 볼 수 없기 때문에 설명서는 교부하지 않고 핵심설명서만 교부해서는 아니 된다.

3. 위험고지

가. 일중매매거래(day trading)

일중매매거래란 같은 날에 동일 종목의 금융투자상품을 매수한 후 매도하거나, 매도한 후 매수함으로써 해당 금융투자상품의 일중 가격등락의 차액을 얻을 목적으로 행하는 매매거래를 말한다.

금융투자업자는 일반투자자가 주식, 주식워런트증권, 상장지수증권 및 장내파생상품의 거래를 위하여 계좌를 개설하고자 하는 경우 해당 금융투자업자가 자율적으로 정한 설명서(일중매매거래 위험고지서)를 교부하고 이를 충분히 설명한 후 서명 또는 기명날인을 받아야 한다(영업 및 업무규정 제2-6조).

금융투자업자는 자신의 인터넷 홈페이지 및 온라인거래를 위한 컴퓨터 화면에 설명서(일중매매거래 위험고지서)를 게시하여야 한다.

나. 시스템매매

시스템매매란 투자자 자신의 판단을 배제하고 사전에 내장된 일련의 조건에 의하여 금융투자상품 매매종목, 매매시점 또는 매매호가에 대한 의사결정정보를 제공하거나 이에 의하여 자동매매주문을 내는 전산소프트웨어에 의하여 금융투자상품을 매매하는 투자방법을 말한다.

이 경우 투자자가 자신의 판단으로 일부 조건을 설정하는 경우라도 해당 소프트웨어에서 제공되는 조건이 한정되어 있고 그 조건이 금융투자상품의 가격예측에 관한 특정한 이론을 내재하고 있으면 해당 소프트웨어에 의한 금융투자상품의 매매도 시스템매매로 본다.

금융투자업자는 일반투자자가 시스템매매 프로그램에 의한 매매거래를 신청하는 경우 다음의 유의사항을 고지하여야 하며, 해당 금융투자회사가 자율적으로 정한 설명서(시스템매매 위험고지서)를 교부하고 충분히 설명한 후 서명 또는 기명날인을 받아야 한다(영업 및 업무규정 제2-7조).

① 시스템매매가 반드시 수익을 보장해 주지는 않는다는 내용

② 해당 프로그램에 대한 올바른 이해 없이 증권 또는 장내파생상품의 매매거래를 하는 경우 커다란 손실을 입을 수 있다는 내용

금융투자업자는 일반투자자가 시스템매매 프로그램에 의한 매매거래를 신청하는 경우 프로그램에 내재된 가격예측이론 및 사용방법 등에 대한 사전교육 이수여부를 확인하여야 한다.

금융투자업자는 자신의 인터넷 홈페이지 및 온라인거래를 위한 컴퓨터 화면에 설명서(시스템매매 위험고지서)를 게시하여야 한다.

4. 유사투자자문업자에 대한 유추적용 여부

가. 미등록 투자자문업자에 대한 자본시장법 미준용

자본시장법은 금융투자업자가 일반투자자를 상대로 투자권유를 하는 경우에 준수하여야 할 적합성원칙(법 제46조)과 설명의무(법 제47조)에 관하여 규정하고 있는데, 여기서 금융투자업자란 '투자자문업 등 자본시장법 제6조 제1항 각 호에 정한 금융투자업에 대하여 금융위원회의 인가를 받거나 금융위원회에 등록하여 이를 영위하는 자'를 말한다(법 제8조 제1항).

따라서 금융투자업자를 대상으로 하는 자본시장법상의 적합성원칙 및 설명의무가 유사투자자문업 신고를 하고 불특정 다수인을 대상으로 간행물, 출판물, 통신물 또는 방송 등을 통하여 투자조언을 하는 유사투자자문업자(제101조)나 등록 없이 투자자문업을 하는 미등록 투자자문업자에게는 적용된다고 볼 수 없다.[50]

그리고 위 적합성원칙과 설명의무는 특정 투자자를 상대로 하여 그 투자자로부터 그의 투자목적·재산상황·투자경험 등의 정보를 얻어 그에게 적합한 투자권유를 할 의무와 금융투자상품의 내용 등에 관하여 그 특정 투자자가 이해할 수 있을 정도로 설명을 할 의무를 말하므로, 불특정 다수인을 상대로 투자조언을 하는 유사투자자문업자에게는 적합성원칙과 설명의무에 관한 규정이 유추적용된다거나 같은 내용의 신의칙상 의무가 인정된다고 할 수 없다.

또한 미등록 투자자문업자의 경우 투자자문을 받는 자와의 계약에서 자본시장법이 정한 투자자문업자의 의무와 같은 내용의 의무를 부담하기로 약정하였다는 등의 특별한 사정이 없는 이상, 미등록 투자자문행위에 대하여 자본시장법 위반을 이유로 형사처벌을 받는 것은 별론으로 하고, 미등록 투자자문업자에게도 자본시장법이 정한 적합성원칙과 설명의무가 유추적용된다거나 그러한 내용의 신의칙상 의무가 인정된다고 할 수 없다.

나. 유사투자자문업자의 민법상 불법행위책임

50) 대법원 2014. 5. 16. 선고 2012다46644 판결, 하급심인 서울동부지방법원 2011. 7. 8. 선고 2010가합4903 판결에 의하면 유사투자자문업무는 피고 회사 소속 전문가들이 투자클럽에 가입한 회원일반을 상대로 방송 등의 방법으로 일방적으로 제공하는 투자조언 서비스에 해당함(인터넷 증권방송).

자본시방법상 유사투자자문업자로서 인터넷 증권방송을 제공하는 자는 자본시장법상 투자자보호의무 관련 규정들이 적용되지 않는다.

유사투자자문업자가 투자자에게 금융투자상품에 대한 투자판단 또는 금융투자상품의 가치에 관한 정보를 제공하고 조언을 할 때 고객의 투자판단에 영향을 미칠 수 있는 중요한 사항에 관하여 허위의 정보를 제공하거나 아무런 합리적이고 객관적인 근거가 없는 정보를 마치 객관적인 근거가 있는 확실한 정보인 것처럼 제공하였고, 고객이 위 정보를 진실한 것으로 믿고 금융투자상품에 관한 거래를 하여 손해를 입었다면, 고객은 유사투자자문업자에 대하여 민법 제750조에 따라 불법행위책임을 물을 수 있다.[51)]

유사투자자문업자와 고용 등의 법률관계를 맺고 그에 따라 유사투자자문업자의 업무를 직접 수행하는 자의 경우에도 민법상 불법행위책임을 부담한다.

---

51) 대법원 2015. 6. 24. 선고 2013다13849 판결은 "① 삼성전자와의 1,000억 원대 대형계약, 회사인수합병 등은 알티전자 주가에 영향을 미치는 중요한 정보이고, ② 감사보고서의 제출 역시 상장폐지 여부를 결정짓는 중요한 투자정보라고 할 것인데, 피고 2는 피고 회사의 증권방송을 진행하면서 고객의 투자판단에 영향을 미치는 이러한 중요한 정보에 관하여, 주식 관련 일을 한다는 소외인이라는 사람으로부터 전해 들었다는 것 외에는 아무런 합리적이고 객관적인 근거가 없음에도, i) 양해각서의 체결 및 발표 또는 ii) 감사보고서의 작성 확인과 같은 구체적인 사실을 고지하는 등 마치 그것이 객관적인 근거를 갖는 확실한 정보인 것처럼 말하면서 알티전자 주식의 매수 및 그 보유를 적극 추천 내지 권유하였고, 원고는 피고 2가 제공한 위 정보가 진실한 정보인 것으로 믿고 알티전자 주식을 매수하였다가 손해를 입었으므로, 피고 회사의 유사투자자문업무를 직접 수행한 피고 2는 민법 제750조에 기하여 위와 같은 근거 없는 정보의 제공으로 원고에게 발생한 손해를 배상할 책임이 있다."라고 판시하였다.

Ⅲ. 집합투자증권 판매와 설명의무

1. 집합투자업자의 올바른 정보제공의무

집합투자업자는 투자신탁을 설정하고 투자신탁재산을 운용하는 자로서 투자신탁에 관하여 제1차적으로 정보를 생산하고 유통시켜야 할 지위에 있다. 투자자도 집합투자업자의 전문적인 지식과 경험을 신뢰하여 집합투자업자가 제공하는 투자정보가 올바른 것이라고 믿고 그에 의존하여 투자판단을 한다.

따라서 집합투자업자는 판매회사나 투자자에게 투자신탁의 수익구조와 위험요인에 관한 올바른 정보를 제공함으로써 투자자가 그 정보를 바탕으로 합리적인 투자판단을 할 수 있도록 하여야 한다.[52)]

집합투자업자가 제3자로부터 투자신탁재산의 운용대상이 되는 자산에 관한 정보를 제공받은 경우 집합투자업자는 제3자가 제공한 정보의 진위를 비롯한 투자신탁의 수익구조 및 위험요인에 관한 사항을 합리적으로 조사한 다음 올바른 정보를 판매회사와 투자자에게 제공하여야 한다.

만약 합리적인 조사를 거친 뒤에도 투자신탁의 수익구조와 위험요인에 관한 정보가 불명확하거나 불충분한 경우에는 판매회사나 투자자에게 그러한 사정을 분명하게 알려야 한다.[53)]

집합투자업자가 투자신탁에 관한 투자설명서를 작성하여 투자자에게 제공·전달한 경우에 투자자에게 중요한 사항에 대하여 오해를 유발할 수 있는 표시나 투자신탁의 수익과 위험에 관하여 균형성을 상실한 정보를 담고 있었고, 그것이 투자자의 투자판단에 영향을 주었다면, 집합투자업자는 투자권유단계

---

52) 사모투자전문회사의 설립·운영자 책임과 관련 대법원 2016. 10. 27. 선고 2015다216796 판결은 “사모투자전문회사의 설립·운용자가 제공한 부정확한 정보로 인하여 투자자가 투자판단에 영향을 받아 손해를 입은 이상, 사모투자전문회사의 설립 당시에 유한책임사원으로 참여한 경우는 물론이고 기존의 유한책임사원에게서 사모투자전문회사의 지분을 양수한 경우에도 마찬가지로 사모투자전문회사의 설립·운용자에 대하여 불법행위책임을 물을 수 있다.”라고 판시하였다.

53) 대법원 2015. 11. 12. 선고 2014다15996 판결

에서의 투자자 보호의무를 다하였다고 볼 수 없다.[54)]

또한 집합투자업자가 투자신탁의 운용에 관한 구체적 기준이 담긴 투자설명서를 투자자에게 교부·제시한 경우 그 투자설명서가 개별약정에 해당한다고 볼 수 없더라도 그 내용은 집합투자업자의 운용단계에서의 투자자보호의무 내지 선관주의의무의 위반 여부를 판단하는 중요한 자료가 된다.[55)]

2. 투자설명서에 의한 설명

투자신탁설명서는 그 성질상 수익증권을 취득하고자 하는 자에게 투자신탁의 운용개념과 방법 등을 개괄적으로 설명, 제공하는 자료이다. 신탁재산에서 투자된 회사채 및 기업어음의 내역은 집합투자업자의 신탁재산 운용지시에 따라 수시로 변동된다. 또한 투자신탁에 편입된 유가증권의 발행회사에 대한 신용평가 역시 시장상황 혹은 평가주체, 평가시점 등에 따라 유동적이다.

따라서 유가증권 내역 또는 유가증권의 신용평가 등을 변동될 때마다 안내자료 또는 투자설명서에 수록하는 것이 반드시 필요하다거나 적절한 조치라고는 보기 어렵다.

투자신탁약관에서 편입채권의 신용등급이 BBB(-) 이상일 것을 요구하고 있으나, 투자신탁설명서에서 투자대상 채권을 '편입일 기준 BBB(-) 이상의 평가등급을 받은 채권'이라고 기재한 경우 편입채권의 신용등급 준수 여부는 편입일을 기준으로 하는 것이 타당하다.

집합투자업자가 최초 편입 당시에는 기준 신용등급에 적합하였다가 투자자 수익증권 취득을 전후하여 일부 신용평가기관의 신용평가에서 기준 신용등급에 미달하게 된 대우채가 투자신탁에 편입된 경우 집합투자업자는 투자신탁설명서에 신용등급이 미달된 대우체와 관련된 구체적으로 명시, 설명하여야 법령, 계약 혹은 신의칙상 의무가 존재한다고 볼 수 없다.[56)]

54) 대법원 2007. 9. 6. 선고 2004다53197 판결, 대법원 2011. 7. 28. 선고 2010다101752 판결, 대법원 2011. 7. 28. 선고 2010다76368 판결, 대법원 2012. 11. 15. 선고 2011다10532 판결, 대법원 2015. 11. 12. 선고 2014다15996 판결

55) 대법원 2007. 9. 6. 선고 2004다53197 판결

3. 판매회사의 투자설명서 숙지 의무

투자매매업자는 수익증권의 판매에 있어서 단순히 집합투자업자의 대리인에 불과한 것이 아니라 투자자의 거래상대방의 지위에서 투자매매업자 본인의 이름으로 투자자에게 투자를 권유하고 수익증권을 판매하는 지위에 있다.

이러한 투자매매업자가 경험이 부족한 일반 투자자에게 거래행위에 필연적으로 수반되는 위험성에 관한 올바른 인식형성을 방해하거나 또는 고객의 투자 상황에 비추어 과대한 위험성을 수반하는 거래를 적극적으로 권유함으로써 투자자에 대한 보호의무를 위반한 위법행위를 하여 투자자에게 손해를 가하는 경우, 투자매매업자는 불법행위로 인한 손해를 배상할 책임을 진다.[57]

투자매매업자는 수익증권 판매를 위하여 투자자에게 수익증권의 취득을 권유함에 있어 집합투자업자로부터 제공받은 투자설명서를 투자자에게 제공하고 그 주요내용을 설명하여야 한다.

또한 투자매매업자는 투자자에게 중요한 사항에 대하여 오해를 유발할 수 있는 표시행위를 해서는 아니 되고, 투자자에게 실적배당 및 원본의 손실가능성 등 간접투자의 특성과 투자위험에 관한 신탁약관 및 투자설명서의 주요내용을 충분하고 정확하게 알려야 한다.

따라서 투자매매업자는 집합투자업자가 제공한 투자설명서의 내용을 숙지하고, 그 의미가 명확하지 않은 부분은 집합투자업자로부터 정확한 설명을 들어 그 내용을 스스로 명확하게 이해한 다음, 투자자에게 그 투자신탁의 운용방법이나 투자계획 및 그로 인한 수익과 위험을 투자자가 정확하고 균형 있게 이해할 수 있도록 설명하여야 한다.

단지 투자매매업자가 집합투자업자로부터 제공받은 판매보조자료의 내용이 정확하고 충분하다고 믿고 그것에 의존하여 투자신탁에 관하여 설명하였다는 점만으로는 투자자보호의무를 다하였다고 볼 수 없다.[58]

---

56) 대법원 2006. 5. 11. 선고 2003다51057 판결
57) 대법원 1998. 10. 27. 선고 97다47989 판결
58) 대법원 2011. 7. 28. 선고 2010다101752 판결

4. 판매회사가 투자신탁을 사실상 주도한 경우

판매회사는 특별한 사정이 없는 한 집합투자업자로부터 제공받은 투자설명서나 운용제안서 등의 내용을 명확히 이해한 후 이를 투자자가 정확하고 균형 있게 이해할 수 있도록 설명하면 된다. 따라서 판매회사는 투자설명서 또는 운용제안서의 내용이 진실한지를 독립적으로 확인하여 이를 투자자에게 알릴 의무가 없다.

그러나, 판매회사가 투자신탁재산의 수익구조나 위험요인과 관련한 주요 내용을 실질적으로 결정하는 등으로 투자신탁의 설정을 사실상 주도하였다고 볼 만한 특별한 사정이 있는 경우에는 판매회사 역시 집합투자업자와 마찬가지로 투자신탁의 수익구조와 위험요인을 합리적으로 조사하여 올바른 정보를 투자자에게 제공하여야 할 투자자보호의무를 부담한다.[59)]

5. 투자설명서의 구속력

투자신탁계약의 내용은 신탁약관에 기재되어 있지만 전문적인 금융지식이 부족한 일반투자자로서는 신탁약관 및 취득하고자 하는 수익증권의 내용을 이해하기가 쉽지 않다. 이에 금융투자업자가 신탁약관 및 수익증권의 내용을 보충적으로 설명하고 구체화하는 내용의 투자설명서를 작성하여 투자자에게 제공함으로써 간접투자에서 정보의 비대칭성을 극복하고 투자자로 하여금 신탁약관 및 취득하고자 하는 수익증권의 내용을 충분히 이해할 수 있도록 하려는 데 있다.[60)]

투자설명서의 기재 내용 자체가 투자신탁계약의 당사자 사이에서 당연히 계약적 구속력이 있다고 볼 수는 없다. 다만 투자설명서에 기재된 내용이 신탁약관의 내용을 구체화하는 내용인 경우에 신탁약관의 내용과 결합하여 계약적

59) 대법원 2015. 11. 12. 선고 2014다15996 판결
60) 대법원 2013. 11. 28. 선고 2011다96130 판결

구속력을 가진다고 할 것이다.

투자설명서의 기재 내용이 개별약정으로서 구속력이 있는지 여부는 투자설명서에 기재된 구체적인 내용, 그러한 내용이 기재된 경위와 당사자의 진정한 의사 등을 종합적으로 고려하여 판단하여야 할 것이다.61)

현재 대법원 판례는 투자설명서의 구속력을 인정하지 않는 사례가 많다.

6. 투자설명서의 구속력 판단 사례

가. 운용계획서의 구속력 부인

이 사건 운용계획서는 투자자 모집을 위한 참고자료로 활용되도록 하기 위하여 작성된 문서로서, 그 내용도 투자대상을 일정 등급 이상의 회사채와 기업어음에 한정한다는 명시적인 내용이 아니고, 단지 작성 당시의 예상수익률을 제시하고 그 예상수익률의 산출 근거로서 일정 등급 이상의 회사채와 기업어음 위주로 편입시킨다는 것을 예시적으로 설명한 것으로 보인다.

위와 같은 작성 목적과 명의, 형식 및 내용 등에 비추어 보면 이 사건 운용계획서는 작성 당시 예견할 수 있었던 제반 경제상황을 바탕으로 향후의 펀드 운용에 대한 계획을 나타내는 문서에 지나지 않는다고 할 것이므로, 그것이 판매회사인 OOO 주식회사를 통하여 수익자인 투자자에게 전달되었다고 하더라도 곧바로 집합투자업자와 수익자 간의 개별약정의 내용이 되어 금융투자업자에게 구속력을 가진다고 볼 수는 없다고 판시한 사례가 있다.62)

나. 사모펀드에서의 투자설명서 구속력 부인

이 사건 운용계획서는 사모펀드인 이 사건 펀드의 설정에 앞서 집합투자업

---

61) 대법원 2007. 9. 6. 선고 2004다53197 판결, 대법원 2012. 11. 15. 선고 2011다10532 판결, 대법원 2013. 11. 28. 선고 2011다96130 판결

62) 대법원 2007. 9. 6. 선고 2004다53197 판결

자가 투자자들에게 투자를 권유하면서 부동산투자신탁 개요, 대여금 회수계획 및 리스크 점검, 사업주체 현황 등을 설명하기 위한 목적에서 작성한 자료이다.

이 사건 운용계획서의 구체적 내용으로 상품개요, 투자구조, 사업개요, 주변 아파트 매매가 및 분양가 현황, 분양현황, 기분양분 분양대금 수입일정, 투자 원리금 회수계획, 리스크 요인 및 안정성 확보방안 등을 담고 있다.

이 사건 운용계획서는 통상의 계약서 형식이 아니라 금융상품안내서에 주로 이용되는 메모 형식을 취하고 있는 사실을 알 수 있다.

이러한 사실관계에 비추어 보면 이 사건 운용계획서의 내용이 투자자들과 집합투자업자 사이에서 개별약정으로 성립하였다고 섣불리 단정하기 어렵다고 판시한 사례가 있다.[63]

다. 투자설명서상 거래상대방의 구속력 부인

집합투자업자는 펀드자금이 조성된 후에 자산운용단계에서 조성된 펀드자금의 규모 등을 고려하고 구체적인 교섭을 거쳐 거래상대방을 확정하게 되므로, 신탁단계에서는 거래상대방을 미리 확정하기 어렵고 그 때문에 신탁약관에 거래상대방에 관한 사항을 기재하지 않는 것이 일반적이다.

이 사건 투자신탁계약의 내용을 이루는 이 사건 신탁약관 역시 제36조 제1항 제1호에서 투자대상인 장외파생상품에 관하여 한국전력공사 보통주 및 우리금융지주 주식회사 보통주의 가격변동에 연동하여 사전에 정한 조건에 의해 금전을 지급하는 성격을 가지는 것으로 규정하고, 제37조에서 이 사건 펀드의 투자대상과 관련하여 자산의 등급 및 편입비율에 대하여 규정하고 있을 뿐 장외파생상품의 거래상대방에 관해서는 아무런 규정을 두지 않고 있다.

따라서 이 사건 투자설명서에 장외파생상품의 거래상대방을 비엔피 파리바로 기재한 부분은 신탁약관의 내용을 구체화하는 것이라고 볼 수 없으므로 그 기재 내용이 당연히 투자신탁계약의 내용에 편입되어 계약적 구속력이 있다고는 할 수 없다고 판시한 사례가 있다.[64]

---

63) 대법원 2012. 11. 15. 선고 2011다10532 판결

제5절 부당권유 및 영업행위규칙

I. 부당권유 등

1. 부당권유의 금지

금융투자업자는 투자권유를 함에 있어서 다음의 어느 하나에 해당하는 행위를 하여서는 아니 된다(법 제49조, 시행령 제54조, 제55조).

① 거짓의 내용을 알리는 행위[65]

② 불확실한 사항에 대하여 단정적 판단을 제공[66]하거나 확실하다고 오인하게 할 소지가 있는 내용을 알리는 행위[67]

③ **불초청 권유 금지** : 투자자로부터 투자권유의 요청을 받지 아니하고 방문·전화 등 실시간 대화의 방법을 이용하는 행위. 다만, 증권과 장내파생상품에 대하여 투자권유를 하는 행위는 가능함(사실상 장외파생상품에 대해서만 적용됨).

④ **의사에 반하는 재권유 금지** : 투자권유를 받은 투자자가 이를 거부하는 취지의 의사를 표시하였음에도 불구하고 투자권유를 계속하는 행위.
다만, 다음의 어느 하나에 해당하는 행위는 가능하다.
- 투자권유를 받은 투자자가 이를 거부하는 취지의 의사를 표시한 후 금

---

64) 대법원 2013. 11. 28. 선고 2011다96130 판결

65) 법 제445조 제6호 : 3년 이하의 징역 또는 1억원 이하의 벌금

66) 대법원 2001. 10. 12. 선고 2000다28537 판결은 “원고 회사의 소외 황OO 대리가 과대한 위험성을 수반하는 주식의 매수에 대한 피고의 판단을 그릇되게 하거나 그 매수를 피고에게 적극적으로 권유함으로써 법 제52조 제3호(단정적 판단의 제공에 의한 권유행위) 소정의 고객에 대한 보호의무를 위반하였으므로, 원고 회사는 위 황OO의 사용자로서 그로 인하여 피고가 입은 손해를 배상할 책임이 있다.”라고 판시하였다.

67) 법 제445조 제6호 : 3년 이하의 징역 또는 1억원 이하의 벌금

융위원회가 정하여 고시하는 기간(1개월)이 지난 후에 다시 투자권유를 하는 행위

- 다른 종류의 금융투자상품에 대하여 투자권유를 하는 행위. 이 경우 다른 종류의 구체적인 내용은 금융위원회가 정하여 고시한다.[68]

부당권유금지의무는 일반투자자 뿐만 아니라 전문투자자에게도 적용된다.

2. 손실보전 등의 금지

가. 원칙적 손실보전 금지

금융투자업자는 금융투자상품의 매매, 그 밖의 거래와 관련하여 다음의 어느 하나에 해당하는 행위를 하여서는 아니 된다. 금융투자업자의 임직원이 자기의 계산으로 하는 경우에도 또한 같다(법 제55조).[69]

---

68) 금융투자업규정 제4-8조 제2항
다음 각 호 각 목의 어느 하나에 해당하는 금융투자상품의 매매 또는 계약의 체결에 대한 투자권유는 각 호 각 목별로 각각 같은 종류의 투자권유로 본다. 이 경우 금융감독원장은 금융투자상품의 특성 등을 고려하여 각 호 각 목별 투자권유를 서로 다른 종류의 투자권유로 분류할 수 있다.
1. 금융투자상품
가. 채무증권
나. 지분증권
다. 수익증권
라. 투자계약증권
마. 파생결합증권
바. 증권예탁증권
사. 장내파생상품
아. 장외파생상품
2. 투자자문계약 또는 투자일임계약
가. 증권에 대한 투자자문계약 또는 투자일임계약
나. 장내파생상품에 대한 투자자문계약 또는 투자일임계약
다. 장외파생상품에 대한 투자자문계약 또는 투자일임계약
3. 신탁계약
가. 법 제103조제1항제1호의 신탁재산에 대한 신탁계약
나. 법 제103조제1항제2호부터 제7호까지의 신탁재산에 대한 신탁계약

69) 법 제445조 제10호 : 3년 이하의 징역 또는 1억원 이하의 벌금

① 투자자가 입을 손실의 전부 또는 일부를 보전하여 줄 것을 사전에 약속하는 행위
② 투자자가 입은 손실의 전부 또는 일부를 사후에 보전하여 주는 행위
③ 투자자에게 일정한 이익을 보장할 것을 사전에 약속하는 행위
④ 투자자에게 일정한 이익을 사후에 제공하는 행위

나. 손실보전이 허용되는 경우

금융투자업자는 다음의 경우 투자자에게 손실보전등을 할 수 있다(법 제55조, 금융투자업규정 제4-20조 제1항 제7호).[70)]

① 손실의 보전 또는 이익의 보장이 허용된 신탁상품(연금, 퇴직금)(법 제103조제3항)
② 사전에 준법감시인[71)]에게 보고한 경우로서 다음의 어느 하나에 해당하는 행위
- 투자매매업자·투자중개업자 및 그 임직원이 자신의 위법(과실로 인한 위법을 포함함)행위여부가 불명확한 경우 사적 화해의 수단으로 손실을 보상하는 행위. 다만, 증권투자의 자기책임원칙에 반하는 경우에는 그러하지 아니하다.
- 투자매매업자 또는 투자중개업자의 위법행위로 인하여 손해를 배상하는 행위
- 분쟁조정 또는 재판상의 화해절차에 따라 손실을 보상하거나 손해를 배상하는 행위

다. 손실보전약정의 효력

손실보전·수익보장의 금지를 정한 자본시장법 제55조는 공정한 증권거래질

70) 대법원 2011. 1. 27. 선고 2010다15776(본소), 2010다15783(반소) 판결에서 '정당한 사유'가 인정되지 않아 손실보전약정이 무효라고 판시하였다.
71) 준법감시인이 없는 경우에는 감사 등 이에 준하는 자를 말한다.

서의 확보를 위하여 제정된 강행법규이고, 손실보전·수익보장 약정은 강행법규에 위반되어 무효이다. 손실보전·수익보장 약정은 위험관리에 의하여 경제활동을 촉진하는 증권시장의 본질을 훼손하고 안이한 투자판단을 초래하여 가격형성의 공정을 왜곡하는 행위로서 증권투자에 있어서의 자기책임원칙에 반한다. 따라서 정당한 사유 없이 손실보전의 약속 또는 그 실행행위 역시 사회질서에 위반되어 무효이다.[72)]

투자자가 손실보전약정기간동안 어떠한 법적 조치 등을 하지 않기로 약정한 경우 위 약정은 손실보전약정이 유효함을 전제로 한 것이므로, 위 손실보전약정이 무효로 되는 한 투자자의 법적 조치 등을 취하지 않기로 하는 약정도 당연히 무효이다[73)]

금융투자업자가 먼저 고객에게 수익보장약정을 제의하였다 하더라도 금융투자업자의 위 수익보장약정의 무효 주장은 신의칙에 위반되는 권리의 행사라고 볼 수 없다.[74)]

무효인 손실부담약정에 기하여 투자자가 금융투자업자로부터 지급받은 이익금은 결국 금융투자업자의 손실에 기한 법률상 원인이 없는 부당이득이라 할 것이므로, 투자자는 금융투자업자에게 위 손실부담약정에 의해 지급받은 금원을 반환하여야 한다.[75)]

일체로 체결된 주식매매거래계좌설정약정, 투자수익보장약정 및 일임매매약정중 투자수익보장약정이 무효인 경우에도 나머지 약정은 유효하다고 판시한 사례가 있다.[76)]

---

72) 대법원 2002. 12. 26. 선고 2000다56952 판결
73) 대법원 2003. 1. 24. 선고 2001다2129 판결
74) 대법원 1999. 3. 23. 선고 99다4405 판결
75) 대법원 1997. 2. 14. 선고 95다19140 판결, 대법원 1980. 12. 23. 선고 79다2156 판결
76) 대법원 1996. 8. 23. 선고 94다38199 판결은 "원고들과 피고 회사 사이에 이 사건 주식매매거래계좌설정약정 및 투자수익보장약정, 일임매매약정을 체결한 동기와 경위에 비추어 보면, 원고들과 피고 회사 사이에 체결된 이 사건 주식매매거래계좌설정약정은 위 투자수익보장약정 및 일임매매약정과 결합하여 그 전체가 경제적, 사실적으로 일체로서 행하여진 것으로 보아야 할 것이고 서로 별도로 체결된 약정이라는 원심의 판단은 잘못이라고 할 것이지만, 앞서 본 바와 같이 원고 오만식은 이 사건 주식투자 이전에 이미 1986. 8.경부터 증권회사에 주식거래 구좌를 개설하고 상당한 기간 주식거래를 하여 온 이상 원심 인정과 같이 같은 원고가 이 사건

라. 사인간 수익보장약정

자본시장법상 증권회사 또는 그 임직원이 고객에 대하여 수익을 보장하는 약정의 사법적 효력을 부인하는 것은, 증권시장에서의 가격이 공정하게 형성되도록 노력할 책무가 있는 증권회사나 그 임직원이 고객에 대하여 수익을 보장하는 약정을 하고 이를 이행하기 위하여 부득이 불건전한 거래 또는 변칙적인 거래를 함으로써 증권시장의 공정한 거래질서의 왜곡을 가져올 위험성이 있다는 점 등을 고려한 것이다.

따라서 증권회사 및 그 임직원과 고객 사이가 아닌 사인들 사이에 이루어진 수익보장약정에 대하여 자본시장법상 수익보장금지 원칙을 곧바로 유추적용하기는 어렵다. 사인간의 수익보장약정은 유효하다.[77)]

마. 불법행위 구성여부

금융투자업자의 임직원이 투자자에게 투자수익을 보장하면서 투자를 권유할 경우 투자수익약정은 무효라 하더라도 금융투자업자는 투자자에게 부당권유로 인한 손해배상책임을 부담할 수 있다.[78)]

피고 구영서가 자신만이 알고 있으나 이를 밝힐 수 없는 확실한 투자정보가 있다면서 원고로 하여금 대한중석의 주식을 대량으로 매수하도록 유도하고, 그 후 원고의 거듭된 매도 요청에도 불구하고 손실을 보전해 주겠다는 각서까지 써 주면서 이를 거부한 것은, 증권회사의 직원으로서 고객에게 과대한 위험을 수반하는 거래를 적극적으로 권유하면서 그에 수반되는 위험성에 대한

투자수익보장약정 당시 이와 같은 약정이 무효임을 알았거나 알 수 있었다고 보여질 뿐만 아니라 위와 같은 약정 자체가 주식투자에 있어서 부수적 약정에 불과하고, 이 사건 주식매매거래계좌설정약정이나 일임매매약정에 기하여 주식거래가 계속되어 새로운 법률관계가 계속적으로 형성되어 온 이상 위 투자수익보장약정이 무효라고 하여 주식매매거래계좌설정약정이나 일임매매약정까지 무효가 된다고 할 수는 없다."라고 판시하였다.

77) 대법원 2010. 7. 22. 선고 2009다40547 판결

78) 대법원 1996. 8. 23. 선고 94다38199 판결, 대법원 2003. 1. 24. 선고 2001다2129 판결 등

인식을 방해한 행위 즉, 고객에 대한 보호의무를 위반한 행위에 해당한다고 할 것이므로 원고에 대한 관계에 있어서 불법행위를 구성한다.[79]

3. 투자매매업자 또는 투자중개업자의 투자권유시 금지행위

투자매매업자 또는 투자중개업자는 투자권유와 관련하여 다음 어느 하나에 해당하는 행위를 하여서는 아니된다(금융투자업규정 제4-20조 제1항 제5호).

① 과당매매의 권유금지

일반투자자를 대상으로 빈번한 금융투자상품의 매매거래 또는 과도한 규모의 금융투자상품의 매매거래를 권유하는 행위.

이 경우 특정거래가 빈번한 거래인지 또는 과도한 거래인지 여부는 다음의 사항을 감안하여 판단한다.

- 일반투자자가 부담하는 수수료의 총액
- 일반투자자의 재산상태 및 투자목적에 적합한지 여부
- 일반투자자의 투자지식이나 경험에 비추어 당해 거래에 수반되는 위험을 잘 이해하고 있는지 여부
- 개별 매매거래시 권유내용의 타당성 여부

② 자기매매를 위한 권유 금지

투자자를 거래상대방으로 하여 매매하는 경우 외에 금융투자상품시장에서 자기계산에 따라 금융투자상품 매매를 유리하게 또는 원활히 할 목적으로 투자자에게 특정 금융투자상품의 매매를 권유하는 행위

③ 합리적 근거 없는 투자권유 금지

신뢰할 만한 정보·이론 또는 논리적인 분석·추론 및 예측 등 적절하고 합리적인 근거를 가지고 있지 아니하고 특정 금융투자상품의 매매거래나

79) 대법원 2003. 1. 24. 선고 2001다2129 판결

특정한 매매전략·기법 또는 특정한 재산운용배분의 전략·기법을 채택하도록 투자자에게 권유하는 행위

④ 중대한 이해관계 사실 미고지

해당 영업에서 발생하는 통상적인 이해가 아닌 다른 특별한 사유[80]로 그 금융투자상품의 가격이나 매매와 중대한 이해관계를 갖게 되는 경우에 그 내용을 사전에 일반투자자에게 알리지 아니하고 특정 금융투자상품의 매매를 권유하는 행위.

다만, 다음의 어느 하나에 해당하는 사유로 이를 알리지 아니한 경우는 불건전 영업행위에서 제외된다.

- 투자자가 매매권유 당시에 당해 이해관계를 알고 있었거나 알고 있었다고 볼 수 있는 합리적 근거가 있는 경우. 다만, 조사분석자료에 따른 매매권유의 경우는 제외한다.
- 매매를 권유한 임직원이 그 이해관계를 알지 못한 경우. 다만, 투자매매업자 또는 투자중개업자가 그 이해관계를 알리지 아니하고 임직원으로 하여금 당해 금융투자상품의 매매를 권유하도록 지시하거나 유도한 경우는 제외한다.
- 당해 매매권유가 투자자에 대한 최선의 이익을 위한 것으로 인정되는 경우. 다만, 조사분석자료에 따른 매매권유의 경우는 제외한다.

⑤ 조사분석자료 작성자의 이해관계 미고지

조사분석자료를 작성하거나 이에 영향력을 행사하는 자가 자신의 재산적 이해에 영향을 미칠 수 있는 금융투자상품의 매매를 일반투자자에게 권유하는 경우 그 재산적 이해관계를 고지하지 아니하는 행위. 이 경우 재산적 이해의 범위, 고지의 내용과 방법에 관한 사항은 협회가 정한다.

⑥ 투자권유로 인한 재산적 이익 수수

---

80) ① 인수계약 체결, ② 지급보증의 제공, ③ 대출채권의 보유, ④ 계열회사 관계 또는 ⑤ 자기가 수행 중인 기업인수 및 합병 업무대상, ⑥ 발행주식총수의 1% 이상 보유 등

특정 금융투자상품의 매매를 권유한 대가로 권유대상 금융투자상품의 발행인 및 그의 특수관계인등 권유대상 금융투자상품과 이해관계가 있는 자로부터 재산적 이익을 제공받는 행위

⑦ **후순위사채 등 고위험 채무증권 권유**
중대한 이해관계사실을 고지한 경우에도 i) 일반투자자를 상대로 자신 또는 계열회사가 발행한 증권 중 증권의 발행인이 파산할 경우에 타 채무를 우선 변제하고 잔여재산이 있는 경우에 한하여 당해 채무를 상환한다는 조건이 있거나(후순위 사채), ii) 투자적격 등급에 미치지 아니하거나 또는 신용등급을 받지 아니한 사채권, 자산유동화증권, 기업어음증권 및 이에 준하는 고위험 채무증권(고위험 채무증권 등)의 매매를 권유하는 행위

4. 집합투자증권의 판매

가. 금융투자업규정상 금지행위

투자매매업자 또는 투자중개업자는 집합투자증권의 판매와 관련하여 다음의 어느 하나에 해당하는 행위를 하여서는 아니된다(금융투자업규정 제4-20조 제1항 제10호).

① **차별적 판매촉진**
특정 집합투자증권 취급시 자기가 받는 판매보수 또는 판매수수료가 다른 집합투자증권 취급시 받는 판매보수 또는 판매수수료보다 높다는 이유로 일반투자자를 상대로 특정 집합투자증권의 판매에 차별적인 판매촉진노력(영업직원에 대한 차별적인 보상이나 성과보수의 제공 및 집중적 판매독려 등)을 하는 행위.
다만, 투자자의 이익에 부합된다고 볼 수 있는 합리적 근거가 있어 판매

대상을 단일집합투자업자의 집합투자증권으로 한정하거나 차별적인 판매촉진노력을 하는 경우는 제외한다.

② 집합투자재산의 매매주문에 관한 배정요구

자기가 행한 집합투자증권의 판매의 대가로 집합투자업자를 상대로 집합투자재산의 매매주문을 자기나 제3자에게 배정하도록 직접 또는 간접으로 요구하는 행위.

다만, 집합투자업자가 사전에 투자설명서에 최선의 매매조건을 제시하는 투자매매업자 또는 투자중개업자가 둘 이상 있는 때에는 판매실적을 감안하여 매매를 위탁하는 투자매매업자 또는 투자중개업자를 선정하겠다고 사전에 공시한 집합투자증권을 투자매매업자 또는 투자중개업자가 판매하는 경우 그 공시내용을 근거로 판매의 대가로 집합투자업자에 대하여 매매주문을 요구하는 경우는 제외한다.

③ 집합투자재산의 매매거래관련 높은 수수료 요구

집합투자증권의 판매의 대가로 자기에게 위탁하는 집합투자재산의 매매거래에 대하여 유사한 다른 투자자의 매매거래보다 부당하게 높은 수수료를 요구하는 행위

④ 예상수익률 보장 등

특정 집합투자증권의 판매와 관련하여 투자자를 상대로 예상수익률의 보장, 예상수익률의 확정적인 단언 또는 이를 암시하는 표현, 실적배당상품의 본질에 반하는 주장이나 설명 등을 하는 행위

⑤ 계열회사의 펀드에 50% 초과 판매

매 사업연도별로 집합투자증권의 총 판매금액 중 계열회사 또는 계열회사에 준하는 회사인 집합투자업자가 운용하는 집합투자기구의 집합투자증권의 판매금액의 비중이 100분의 50을 초과하도록 계열회사 또는 계열회사에 준하는 회사[81]가 운용하는 집합투자기구의 집합투자증권을 판

매하는 행위.

다만, 다음의 어느 하나에 해당하는 집합투자기구의 집합투자증권은 판매금액을 산정함에 있어서 제외한다.

(1) 법 제229조제5호에 따른 단기금융집합투자기구

(2) 전문투자자만을 대상으로 사모로만 발행하는 집합투자기구

⑥ 펀드의 해지 또는 해산 회피 목적 1인 펀드 판매

법 제192조제2항제5호, 법 제202조제1항제7호(제211조제2항, 제216조제3항 및 제217조의6제2항에서 준용하는 경우를 포함함) 및 법 제221조제1항제4호(제227조제3항에서 준용하는 경우를 포함함)에 따른 해지 또는 해산을 회피할 목적으로 투자자의 수가 1인인 집합투자기구가 발행한 집합투자증권을 다음의 어느 하나에 해당하는 자에게 판매하는 행위

1) 해당 집합투자기구를 운용하는 집합투자업자

2) 해당 집합투자증권을 판매하는 투자매매업자 또는 투자중개업자

3) 해당 집합투자기구의 집합투자재산을 보관·관리하는 신탁업자

4) 1)부터 3)까지에 해당하는 자의 임직원

나. 영업 및 업무규정상 금지행위

금융투자협회에서 제정한 '금융투자업자의 영업 및 업무에 관한 규정'에 의하면 집합투자증권을 판매하는 회사(판매회사)와 그 임직원은 다음의 행위를 하여서는 아니 된다(영업 및 업무규정 2-8조).

① 자기가 판매하는 집합투자기구의 집합투자재산에 관한 정보(시행령 제51조 제3항 제1호부터 제3호까지의 정보를 말함)를 고유재산의 운영 또는 자기가 판매하는 다른 집합투자기구의 판매를 위하여 이용하는 행위

② 집합투자증권의 판매와 관련하여 허위의 사실, 그 밖에 근거 없는 소문

81) 자기가 해당 회사의 발행주식(의결권 없는 주식은 제외한다) 총수의 100분의 30 이상을 소유한 회사, 상호간 임원 겸임 또는 계열회사로 인정될 수 있는 영업상의 표시행위 등의 사실이 있는 회사 등을 말한다

을 유포하는 행위

③ 집합투자기구의 수익률에 대하여 단정적인 판단을 제시하는 행위

④ 집합투자회사가 판매회사와 그 임직원을 통하여 집합투자기구를 판매함으로써 취득하게 된 투자자에 관한 정보를 이용하여 집합투자기구의 집합투자증권을 직접 판매하는 행위. 다만, 집합투자회사가 판매회사의 금융지주회사(금융지주회사법 제2조제1항제1호의 금융지주회사를 말함)인 경우 동법 제48조의2 제2항의 정보에 대하여는 그러하지 아니하다.

⑤ 판매회사의 직원이 집합투자업과 관련된 수탁업무·자산보관업무·일반사무관리업무 또는 고유재산 운용업무를 겸직하는 행위

⑥ 판매회사 변경과 관련하여 부당하게 다른 판매회사의 고객을 유인하는 등 공정한 거래질서를 해하거나, 그 임직원 또는 투자권유대행인으로 하여금 이를 행하도록 하는 행위

⑦ 정당한 사유 없이 공모로 발행되는 집합투자증권의 판매를 거부하는 행위

⑧ 집합투자증권의 판매의 대가로 집합투자회사에게 집합투자재산의 매매주문을 회사나 제3자에게 배정하도록 요구하거나, 유사한 다른 투자자의 매매거래보다 부당하게 높은 거래 수수료를 요구하는 행위

⑨ 투자자로부터 집합투자증권취득자금 수취와 관련하여 다음의 어느 하나에 해당하는 행위

- 판매회사의 임직원 이외의 자를 통해 자금을 받는 행위
- 판매대금을 분할 납부하도록 하거나 판매회사 또는 임직원이 선납하는 행위
- 자금의 실제 납입이 이루어지기 전에 납입이 이루어 진 것으로 처리하는 행위

⑩ 일반투자자에게 계열회사등(금융투자업규정 제4-20조 제1항 제10호 가목 (2)의 “계열회사 또는 계열회사에 준하는 회사”를 말함)인 집합투자회사가 운용하는 집합투자기구의 집합투자증권만을 투자권유하거나 안내하는 행위

Ⅱ. 기타 금융투자업자의 영업행위 규칙

1. 이해상충의 관리 및 정보교류의 차단

가. 이해상충의 관리 등

금융투자업자는 금융투자업의 영위와 관련하여 금융투자업자와 투자자 간, 특정 투자자와 다른 투자자 간의 이해상충을 방지하기 위하여 이해상충이 발생할 가능성을 파악·평가하고, '금융회사의 지배구조에 관한 법률' 제24조에 따른 내부통제기준이 정하는 방법 및 절차에 따라 이를 적절히 관리하여야 한다(법 제44조 제1항).

금융투자업자는 이해상충이 발생할 가능성을 파악·평가한 결과 이해상충이 발생할 가능성이 있다고 인정되는 경우에는 그 사실을 미리 해당 투자자에게 알려야 하며, 그 이해상충이 발생할 가능성을 내부통제기준이 정하는 방법 및 절차에 따라 투자자 보호에 문제가 없는 수준으로 낮춘 후 매매, 그 밖의 거래를 하여야 한다.

금융투자업자는 이해상충이 발생할 가능성을 낮추는 것이 곤란하다고 판단되는 경우에는 매매, 그 밖의 거래를 하여서는 아니 된다(법 제45조 제1항).

나. 사내정보교류의 차단

금융투자업자는 그 영위하는 금융투자업(고유재산 운용업무를 포함함) 간에 이해상충이 발생할 가능성이 큰 경우에는 다음의 어느 하나에 해당하는 행위를 하여서는 아니 된다.

① 금융투자상품의 매매에 관한 정보 등을 제공하는 행위

② 임원(대표이사, 감사 및 사외이사가 아닌 감사위원회의 위원을 제외함) 및 직원을 겸직하게 하는 행위

③ 사무공간 또는 전산설비를 공간적으로 분리하지 않고 공동으로 이용하는 행위
④ 그 밖에 이해상충이 발생할 가능성이 있는 행위로서 대통령령으로 정하는 행위

다. 사외정보교류의 차단

금융투자업자는 금융투자업의 영위와 관련하여 계열회사 등과 이해상충이 발생할 가능성이 큰 경우 다음의 어느 하나에 해당하는 행위를 하여서는 아니 된다.
① 금융투자상품의 매매에 관한 정보 등을 제공하는 행위
② 임원(비상근감사를 제외함) 및 직원을 겸직하게 하거나 파견하여 근무하게 하는 행위
③ 사무공간 또는 전산설비를 공간적으로 분리하지 않고 공동으로 이용하는 행위
④ 그 밖에 이해상충이 발생할 가능성이 있는 행위로서 대통령령으로 정하는 행위

2. 직무관련 정보의 이용 금지

가. 금융투자업자의 직무관련 정보 이용 금지

금융투자업자는 직무상 알게 된 정보로서 외부에 공개되지 아니한 정보를 정당한 사유 없이 자기 또는 제삼자의 이익을 위하여 이용하여서는 아니 된다(법 제54조).[82]

규제대상의 정보는 '직무상 알게 된 정보' 및 '외부에 공개되지 아니한

82) 제445조 제9호 : 3년 이하의 징역 또는 1억원 이하의 벌금

정보' 모두의 요건에 해당하여야 한다. 위 정보에는 미공개중요정보가 포함될 수 있고, 기관투자자를 비롯한 투자자의 거래상황 등 거래에 관한 정보, 즉 시장정보도 포함된다.

자본시장법은 금융투자업자의 개별영업행위규칙에서 직무상 취득정보의 이용금지에 관하여 구체적으로 정하고 있다.

나. 투자매매업자 또는 투자중개업자의 직무관련 정보 이용금지

투자매매업자 또는 투자중개업자는 다음의 어느 하나에 해당하는 행위를 할 수 없다(법 제71조 재1호, 제2호, 제4호)

① 선행매매금지

투자자로부터 금융투자상품의 가격에 중대한 영향을 미칠 수 있는 매수 또는 매도의 청약이나 주문을 받거나 받게 될 가능성이 큰 경우 이를 체결시키기 전에 그 금융투자상품을 자기의 계산으로 매수 또는 매도하거나 제삼자에게 매수 또는 매도를 권유하는 행위

② 조사분석자료의 부당이용행위 금지

특정 금융투자상품의 가치에 대한 주장이나 예측을 담고 있는 자료(조사분석자료)를 투자자에게 공표함에 있어서 그 조사분석자료의 내용이 사실상 확정된 때부터 공표 후 24시간이 경과하기 전까지 그 조사분석자료의 대상이 된 금융투자상품을 자기의 계산으로 매매하는 행위

③ 기업공개시 조사분석자료의 공표

주권 등의 모집 또는 매출과 관련한 계약을 체결한 날부터 그 증권이 증권시장에 최초로 상장된 후 40일 이내에 그 증권에 대한 조사분석자료를 공표하거나 특정인에게 제공하는 행위

다. 집합투자업자의 직무관련 정보 이용 금지

집합투자업자는 집합투자재산을 운용함에 있어서 금융투자상품, 그 밖의 투자대상자산의 가격에 중대한 영향을 미칠 수 있는 매수 또는 매도 의사를 결정한 후 이를 실행하기 전에 그 금융투자상품, 그 밖의 투자대상자산을 집합투자업자 자기의 계산으로 매수 또는 매도하거나 제삼자에게 매수 또는 매도를 권유하는 행위를 하여서는 아니된다(법 제85조 제1호, 선행매매 금지).

라. 투자자문업자 또는 투자일임업자의 직무관련 정보이용 금지

투자자문업자가 투자자문에 응하거나 투자일임업자가 투자일임재산을 운용하는 경우 금융투자상품등의 가격에 중대한 영향을 미칠 수 있는 투자판단에 관한 자문 또는 매매 의사를 결정한 후 이를 실행하기 전에 그 금융투자상품등을 자기의 계산으로 매매하거나 제삼자에게 매매를 권유하는 행위를 하여서는 아니된다(법 제98조 제1항 제5호, 선행매매 금지).

마. 신탁업자의 직무관련 정보이용 금지

신탁업자는 신탁재산을 운용함에 있어서 금융투자상품, 그 밖의 투자대상자산의 가격에 중대한 영향을 미칠 수 있는 매수 또는 매도 의사를 결정한 후 이를 실행하기 전에 그 금융투자상품, 그 밖의 투자대상자산을 자기의 계산으로 매수 또는 매도하거나 제삼자에게 매수 또는 매도를 권유하는 행위를 하여서는 아니된다(법 제108조 제1호, 선행매매 금지).

3. 약관

금융투자업자는 금융투자업의 영위와 관련하여 약관을 제정 또는 변경하고자 하는 경우에는 미리 금융위원회에 신고하여야 한다(법 제56조 제1항).

금융투자업자는 다음의 어느 하나에 해당하는 경우에는 약관을 제정 또는 변경한 후 7일 이내에 금융위원회 및 협회에 보고하여야 한다(법 제56조 제1항).

① 약관내용 중 투자자의 권리 또는 의무와 관련이 없는 사항을 변경하는 경우

② 표준약관을 그대로 사용하는 경우

③ 제정 또는 변경하고자 하는 약관의 내용이 다른 금융투자업자가 이미 금융위원회에 신고한 약관의 내용과 같은 경우

④ 전문투자자만을 대상으로 하는 약관을 제정 또는 변경하는 경우

금융투자업자는 약관을 제정 또는 변경한 경우에는 인터넷 홈페이지 등을 이용하여 공시하여야 한다. 금융투자협회는 건전한 거래질서를 확립하고 불공정한 내용의 약관이 통용되는 것을 방지하기 위하여 금융투자업 영위와 관련하여 표준이 되는 약관(표준약관)[83]을 제정할 수 있다.

4. 투자광고의 규제

금융투자업자가 아닌 자(금융투자협회, 증권의 발행인 등 제외)는 금융투자업자의 영위업무 또는 금융투자상품에 관한 광고(투자광고)를 하여서는 아니 된다(법 제57조 제1항).

금융투자업자는 투자광고(집합투자증권에 대한 투자광고를 제외함)를 하는 경우에는 그 금융투자업자의 명칭, 금융투자상품의 내용, 투자에 따른 위험 등[84]이 포함되도록 하여야 한다(법 제57조 제2항).

---

83) 금융투자협회는 15개의 표준약관을 제정하여 보급하고 있다. ① 매매거래계좌설정약관, ② 파생상품계좌설정약관, ③ 외화증권매매거래계좌설정약관, ④ 신용거래약관, ⑤ 증권 대차거래 약관, ⑥ 연금저축계좌설정약관, ⑦ 대고객환매조건부매매약관, ⑧ 기관간 환매조건부매매약관, ⑨ 기업어음증권거래약관, ⑩ 전자금융거래 이용에 관한 기본약관, ⑪ 외국집합투자증권 매매거래에 관한 표준약관, ⑫ 수익증권저축약관, ⑬ 해외파생상품시장거래중개계좌설정약관, ⑭ 해외파생상품시장거래총괄계좌설정약관, ⑮ 유사해외통화시장(FX Margin Trading) 거래 약관

84) 시행령 제60조 제1항

1. 법 제57조제2항에 따른 금융투자업자는 금융투자상품에 대하여 충분히 설명할 의무가 있다는 내용

금융투자업자는 집합투자증권에 대하여 투자광고를 하는 경우 다음의 사항이 포함되도록 하여야 한다(법 제57조 제3항).

① 집합투자증권을 취득하기 전에 투자설명서 또는 간이투자설명서를 읽어 볼 것을 권고하는 내용

② 집합투자기구는 운용결과에 따라 투자원금의 손실이 발생할 수 있으며, 그 손실은 투자자에게 귀속된다는 사실

③ 집합투자기구의 운용실적을 포함하여 투자광고를 하는 경우에는 그 운용실적이 미래의 수익률을 보장하는 것은 아니라는 내용

금융투자업자는 투자광고를 함에 있어서 손실의 보전 또는 이익의 보장을 하는 경우를 제외하고는 손실보전 또는 이익보장으로 오인하게 하는 표시를 하여서는 아니 된다(법 제57조 제4항).

금융투자업자는 투자광고를 하는 경우 다음의 사항을 준수하여야 한다(시행령 제60조 제3항).

① 수익률이나 운용실적을 표시하는 경우에는 수익률이나 운용실적이 좋은 기간의 수익률이나 운용실적만을 표시하지 아니할 것

② 금융투자상품의 비교광고를 하는 경우에는 명확한 근거 없이 다른 금융투자상품이 열등하거나 불리한 것으로 표시하지 아니할 것

③ 준법감시인(준법감시인이 없는 경우에는 감사 등 이에 준하는 자를 말함)의 사전확인을 받는 등 금융위원회가 정하여 고시하는 방법에 따를 것

분쟁의 대상이 된 펀드가 유럽 부동산지수와 일본 부동산지수의 수익률과 연계된 만기 3년의 장외파생상품에 투자하여 장외파생상품의 가격상승에 따른 수익달성을 추구하는 상품인 점에 비춰 보면 위 투자 포인트의 기재[85]는 그러

---

2. 금융투자업자로부터 제1호에 따른 설명을 듣고서 투자할 것을 권고하는 내용
3. 법 제58조제1항에 따른 수수료에 관한 사항
4. 투자광고를 하는 자, 투자광고의 내용, 투자광고의 매체·크기·시간 등을 고려하여 금융위원회가 정하여 고시하는 사항

85) '변동성이 적어 안정적인 수익을 추구하는 새로운 투자대안 - 주식, 채권과 상관관계가 낮아 분산투자를 극대화할 수 있으며, 안정적으로 글로벌 부동산 시장에 간접투자'라는 문구가 기재되어 있고, 위 상품안내서 하단부분에는 '운용기간 중 2개

한 상품의 특성을 강조한 표현에 불과할 뿐 이를 허위·과장광고라 볼 수는 없고, 원금 100%의 손실가능성을 기재한 부분은 이 사건 펀드와 같은 상품에 있어서 예상하기 어려운 특별한 사정이 발생한 경우 원금의 100%까지도 손실이 발생할 수 있는 가능성을 언급한 것이므로 그 내용이 이 사건 펀드의 일반적인 특성을 기재한 위 투자 포인트와 모순되거나 양립하기 어려운 것이라고 볼 수도 없다라고 판시한 사례가 있다.86)

5. 계약서류의 교부 등

금융투자업자는 투자자와 계약을 체결한 경우 그 계약서류를 투자자에게 지체 없이 교부하여야 한다(법 제59조 제1항).

금융투자업자는 다음의 경우 그 계약서류를 교부하지 아니할 수 있다(시행령 제61조 제1항).

① 매매거래계좌를 설정하는 등 금융투자상품을 거래하기 위한 기본 계약을 체결하고 그 계약내용에 따라 계속적 · 반복적으로 거래를 하는 경우

② 투자자가 계약서류를 받기를 거부한다는 의사를 서면으로 표시한 경우

③ 투자자가 우편이나 전자우편으로 계약서류를 받을 의사를 서면으로 표시한 경우로서 투자자의 의사에 따라 우편이나 전자우편으로 계약서류를 제공하는 경우

금융투자업자는 금융투자업 영위와 관련한 자료를 종류별로 일정기간 동안 기록 · 유지하여야 하고, 금융투자업자는 기록 · 유지하여야 하는 자료가 멸실되거나 위조 또는 변조가 되지 아니하도록 적절한 대책을 수립 · 시행하여야 한다(법 제60조).

투자매매업자 또는 투자중개업자는 금융투자상품의 매매가 체결된 경우에는 그 명세를 서면교부 등의 방법에 따라 투자자에게 통지하여야 한다(법 제73

지수 중 하나라도 최초 기준 지수 대비 종가 기준 35% 이상 하락한 적이 있는 경우 : 더 많이 하락한 지수의 만기수익률로 최대 100%까지 손실가능'이라는 문구

86) 서울중앙지방법원 2011. 6. 22. 선고 2011나8002 판결

조).

집합투자업자는 자산운용보고서를 작성하여 해당 집합투자재산을 보관·관리하는 신탁업자의 확인을 받아 3개월마다 1회 이상 해당 집합투자기구의 투자자에게 교부하여야 한다(법 제88조 제1항).

투자일임업자는 투자일임보고서를 작성하여 3개월마다 1회 이상 투자일임계약을 체결한 일반투자자에게 교부하여야 한다(법 제99조 제1항).

6. 파생결합증권의 손실요건발생사실 통지

원금이 보장되지 않는 파생결합증권(ELS 및 DLS)의 수익구조는 여러 가지이지만 상당수가 만기시 요건과 함께 만기전 기초자산의 가격 수준이 손실 여부를 결정하는 조건이 된다.

이와 같이 만기 전 조건에 따라 만기시 손실여부에 영향을 미치는 파생결합증권의 경우에는 일반투자자에게 만기 전(또는 최종 환매청구일 전)에 손실요건이 발생한 경우 지체없이 다음의 사항을 알려야 한다(영업 및 업무규정 제2-5 제4항).

① 원금손실 조건에 해당되었다는 사실

② 조기상환조건 및 조기상환시 예상수익률

③ 환매청구방법, 환매청구기한 및 환매수수료 등

이는 고객이 손실요건에 도달하였음을 미리 알게 함으로써 중도 환매의 기회를 주기 위함이다. 물론 만기시 기초자산가격 수준에 따라 손실이 발생하지 않을 수도 있으며, 손실 폭이 예상보다 작을 수도 있지만 원금비보장형은 만기시 상황이 좋지 않을 경우 원금 대부분을 잃을 수도 있기 때문이다.

고지방법은 일반투자자가 미리 지정한 서신, 전화, 전자우편 등 전자통신의 방법으로 하여야 한다. 모든 파생결합증권에 대하여 적용되는 것은 아니고 공모로 발행되는 상품에 한하며, 고지 대상도 일반투자자만이다. 주식워런트(ELW)은 시장에서 매매되는 상품이라서 고지 대상 고객을 파악하기가 어렵기 때문에 위험고지 대상상품에서 제외된다.

제2장 투자권유관련 분쟁사례

제1절 금융투자분쟁과 손해배상

I. 금융투자분쟁 일반

1. 당사자의 확정

금융실명거래 및 비밀보장에 관한 법률에 따라 실명확인 절차를 거쳐 예금계약을 체결하고 그 실명확인 사실이 예금계약서 등에 명확히 기재되어 있는 경우에는, 일반적으로 그 예금계약서에 예금주로 기재된 예금명의자나 그를 대리한 행위자 및 금융기관의 의사는 예금명의자를 예금계약의 당사자로 보려는 것이라고 해석하여야 한다.

그리고 이와 같은 예금계약 당사자의 해석에 관한 법리는, 예금명의자 본인이 금융기관에 출석하여 예금계약을 체결한 경우나 예금명의자의 위임에 의하여 자금 출연자 등의 제3자(출연자 등)가 대리인으로서 예금계약을 체결한 경우 모두 마찬가지로 적용된다.

예금명의자가 아닌 출연자 등을 예금계약의 당사자라고 볼 수 있으려면, ① 금융기관과 출연자 등과 사이에서 실명확인 절차를 거쳐 서면으로 이루어진 예금명의자와의 예금계약을 부정하여 예금명의자의 예금반환청구권을 배제하고, ② 출연자 등과 예금계약을 체결하여 출연자 등에게 예금반환청구권을 귀속시키겠다는 명확한 의사의 합치가 있는 극히 예외적인 경우로 제한되어야 할 것이다. 이러한 의사의 합치는 금융실명법에 따라 실명확인 절차를 거쳐 작성된 예금계약서 등의 증명력을 번복하기에 충분할 정도의 명확한 증명력을 가진 구체적이고 객관적인 증거에 의하여 매우 엄격하게 인정하여야 한다.[87)]

대법원 2009. 3. 19. 선고 2008다45828 전원합의체 판결 이전에는 당사자간

87) 대법원 2009. 3. 19. 선고 2008다45828 전원합의체 판결

명시적 또는 묵시적 약정이 있을 경우 예금명의자가 아닌 출연자를 예금계약의 당사자로 보았으나, 위 대법원 전원합의체 판결이후 예금명의자를 예금계약의 당사자로 해석하고, 출연자를 예금계약의 당사자로 인정하지 않고 있다.

금융실명제 이후 명의자가 아닌 출연자가 실질적으로 타인 명의의 계좌를 이용하여 매매거래를 한 경우 출연자가 명의자로부터 포괄적인 대리권을 수여받은 자로 인정[88]하거나 주문대리인으로 인정하고 있다.[89]

2. 착오·기망에 의한 계약의 취소

가. 민법의 규정

의사표시는 법률행위의 내용의 중요부분에 착오가 있는 때에는 취소할 수 있다. 그러나 그 착오가 표의자의 중대한 과실로 인한 때에는 취소하지 못한다(민법 제109조). 사기나 강박에 의한 의사표시는 취소할 수 있다(민법 제110조). 따라서 투자자는 민법상 착오나 기망을 이유로 금융투자계약을 취소할 수 있다.

나. 기업어음(CP)의 신용등급

기업어음(CP) 거래에 있어서 발행자의 신용도, 즉 신용등급은 그 수익률과 함께 가장 중요한 평가요소 중 하나이다. 투자자는 이 사건 기업어음(CP)이 통장에 표시된 바와 같은 A3+등급 내지는 적어도 종전과 마찬가지로 투기적

---

88) 대법원 2011. 11. 10. 선고 2011다50769 판결에서 갑이 을 증권회사 지점에서 주식거래 계좌를 개설하였는데 갑의 누나인 병이 위 계좌를 통하여 미수거래를 하자, 을 회사가 갑을 상대로 미수금에 관한 지급명령을 신청하여 이를 발령받은 사안에서, 제반 사정에 비추어 갑이 위 계좌를 개설한 것은 병에게 이를 이용하여 주식 매매거래를 하도록 하는 데 있었고 이에 따라 병이 거래한 것으로 보이므로, 갑은 병에게 위 계좌를 이용하여 주식 매매거래를 할 수 있는 포괄적 대리권을 수여한 것으로 볼 여지가 크다고 판시하였다.

89) 서울고등법원 2013. 2. 6. 선고 2012나62907 판결

요소가 없는 안정적 등급이라는 인식하에 이 사건 기업어음(CP)를 매입하였다. 위와 같은 사정에 비추어 금융투자업자가 투자자의 착오를 유발하여 실제로 투자자가 그와 다른 신용등급의 CP를 매입하였다고 볼 수 있다. 따라서 이 사건 기업어음(CP) 매매는 그 법률행위의 내용의 중요부분에 착오가 있었다고 판시한 사례가 있다.[90]

다. 금융투자업자의 수수료 고지의무

일반적으로 재화나 용역의 판매자가 자신이 판매하는 재화나 용역의 판매가격에 관하여 구매자에게 그 원가나 판매이익 등 구성요소를 알려주거나 밝힐 의무는 없다.

이는 은행이 고객으로부터 별도로 비용이나 수수료를 수취하지 아니하는 이른바 제로 코스트 구조의 장외파생상품 거래를 하는 경우에도 다르지 아니하다.

또한 은행이 장외파생상품 거래의 상대방으로서 일정한 이익을 추구하리라는 점은 시장경제의 속성상 당연하여 누구든지 이를 예상할 수 있으므로, 달리 계약 또는 법령 등에 의하여 가격구성요소의 고지의무가 인정되는 등의 특별한 사정이 없는 한 은행은 고객에게 제로 코스트인 장외파생상품의 구조 내에 포함된 옵션의 이론가, 수수료 및 그로 인하여 발생하는 마이너스 시장가치에 대하여 고지하여야 할 의무가 없다.

금융투자업자가 수수료 등을 고지하지 아니하였다고 하여 그것이 고객에 대한 기망행위가 된다거나 고객에게 당해 장외파생상품 거래에서 비용이나 수수료를 부담하지 아니한다는 착오를 유발한다고 볼 수 없다고 판시한 사례가 있다.[91]

라. 환헤지의 부적합성과 사기·착오

---

90) 대법원 2006. 6. 29. 선고 2005다49799 판결

91) 대법원 2013. 9. 26. 선고 2013다26746 전원합의체 판결, 대법원 2013. 11. 28. 선고 2013다23891 판결

투자자는 이 사건 통화옵션계약이 환 헤지에 적합하지 아니함에도 금융투자업자가 환 헤지에 적합한 것처럼 투자자를 기망하거나 투자자의 착오를 유발하였다고 주장하였다.

이 사건 통화옵션계약은 환 헤지에 적합한 금융상품이 아니라고 할 수 없다. 투자자는 금융투자업자 직원으로부터 계약의 기본 구조와 같은 주요 내용에 관하여 설명을 들은 후 환율이 대체로 녹아웃과 녹인 환율 사이에서 변동하리라는 기대와 예상 하에 환율 하락에 따른 환차손에 대비하거나 시장환율보다 높은 행사환율로 풋옵션을 행사할 목적으로 이 사건 각 통화옵션계약을 체결하였다.

투자자는 통화옵션계약 체결 과정에서 주로 행사환율을 높이는 데 관심을 기울였으나 행사환율을 높이기 위하여는 다른 계약조건의 불리함을 감수하여야 하고, 풋옵션에 녹아웃 조건이 붙어 있으면 조건 성취로 인하여 환위험에 노출되며, 계약이 A/B파트(1 · 2계약기간) 구조로 되어 있으면 2계약기간에서 계약조건이 불리해지는 점을 분명하게 인식하였다.

이와 달리 녹아웃 조건이 성취되면 환 헤지를 할 수 없게 된다거나 녹인 조건이 성취되면 레버리지 조건으로 인하여 가중된 위험이 발생한다는 사실에 관하여 투자자가 착오를 일으켰다거나 금융투자업자가 기망하였다는 사실을 인정할 증거가 없다고 판시한 사례가 있다.[92)]

마. 모의투자내역서상 신용등급

i) 금융투자업자의 담당직원이 지점을 방문한 투자자와 신탁계약을 체결하는 자리에서 신용평가서를 교부하면서 신용등급이 ‘A3’임을 확인하여 주었던 점, ii) 모의투자내역서는 계약 체결이후에 교부된 것으로서 신용등급을 나타내기 위한 자료가 아니고 수익률, 세금, 수수료 등을 계산하기 위한 자료인 점 등에 비추어 볼 때 금융투자업자가 기업어음의 신용등급에 관하여 투자자를 기망하였다고 보기 어렵다.

---

92) 대법원 2013. 9. 26. 선고 2011다53683 전원합의체 판결

투자자가 금융투자업자와 특정금전신탁계약을 체결한지 8일만에 기업어음 발행회사에 대한 공동관리 절차가 개시되었다는 사실만으로 금융투자업자가 계약체결 기업어음 발행회사의 재무적 위험성이 높고 기업어음의 만기 상환 가능성이 낮다는 사실을 알고 있으면서도 고지하지 않았다고 보기 어려우므로, 금융투자업자의 기망사실을 인정할 수 없다고 판시한 사례가 있다.93)

바. 자칭 주식고수의 투자기법 현혹

갑은 오랜 연구 결과 수학적·통계적 기법을 이용한 주식차트 이해법 등의 독자적 투자기법을 구축했다며 회원가입비와 승급비를 내면 5단계 회원등급별로 주식정보를 제공하겠다면 회원을 모집하였다.

투자자들은 2,600만원 - 4,300만원의 돈을 냈지만 갑의 추천이 별다른 투자기법이라 할 만한 내용이 없음을 알게 되자 가입비 등을 되돌려 달라며 소송을 제기하였다.

갑은 이전에 비교적 작은 규모의 주식투자를 했을 뿐이고 해당 투자에서 오히려 손실을 입기도 했다. 갑의 종전 투자규모, 수익률 등을 감안했을 때, 투자자들은 갑의 투자능력, 투자기법 등에 대해 착오를 일으킨 것으로 보인다.

이에 법원은 투자자들이 갑의 주식능력에 대한 착오를 일으켜 계약을 체결한 것이므로 계약 취소사유가 된다고 판단해 갑은 받은 돈을 모두 돌려주라고 판단하였다.94)

사. 제일저축은행 후순위채95)

① 이 사건 후순위사채는 연 8.5%의 이자를 매월 지급하고 2015. 1. 22. 원금을 전액 상환함을 주된 내용으로 하는 것으로서, 증권신고서와 투자설명서에 기재된 '증권의 취득에 따른 위험요소'는 투자자 보호를 목적으로 작

---

93) 서울남부지방법원 2011. 7. 8. 선고 2010가합13955 판결
94) 서울고등법원 2015. 8. 27. 선고 2014나2019187 판결
95) 대법원 2015. 11. 27. 선고 2013다211032 판결

성·공시하도록 한 것일 뿐 계약의 내용에 직접 편입되는 것은 아니다.

② 후순위사채는 연 8~9%의 높은 수익률을 보장하지만 발행회사가 파산하는 경우에는 후순위특약에 따라 원금을 반환받지 못하는 높은 위험성도 갖고 있으므로, 투자자는 발행회사가 제시하는 증권신고서와 투자설명서에 기재되어 있는 BIS비율뿐 아니라 재무상황 및 수익의 안정성, 계속기업으로서의 존속 가능성과 향후 수익성 등도 종합적으로 고려하여 자신의 책임하에 투자 여부를 결정하여야 한다.

③ 이 사건 후순위사채의 증권신고서와 투자설명서는 투자위험요소와 관련하여 상호저축은행 업계의 전반적인 자산건전성 지표가 여전히 취약하고 발행회사인 제일저축은행도 자산건전성이나 재무상태가 악화될 수 있다는 취지의 설명을 첨부하였다.

위와 같은 사정에 비추어 볼 때 원고가 제일저축은행의 재무상태에 관하여 허위의 내용을 기재한 증권신고서와 투자설명서를 믿은 것과 원고의 이 사건 후순위사채계약 체결 사이의 인과관계를 인정할 수 없으므로, 이 사건 후순위사채계약을 민법 제110조의 사기에 의한 의사표시에 해당하는 것으로 보아 취소할 수 없다.

아. 삼화저축은행 후순위채[96]

㈜▲▲저축은행은 분식회계된 재무제표로 산정된 BIS 비율 8% 이상, 부실대출비율 8% 미만의 조건을 강조하여 이 사건 각 후순위채 판매를 홍보·설명했다.

후순위채의 경우 일반 사채보다 고율의 이자를 지급하는 반면, 만기가 장기이고 만기 전에 상환받을 수 없으며 발행회사가 파산하는 경우 다른 채권의 변제가 모두 완료된 후에야 상환받을 수 있다는 점에서 발행회사의 재무건전성은 투자자가 후순위채에 투자를 결정함에 있어 중요한 고려사항이라고 할 것이다.

96) 서울중앙지방법원 2013. 11. 8. 선고 2011가합56779 판결, 서울고등법원 2016. 4. 15. 선고 2014나2000572 판결(확정)

그러나 일반적으로 투자자들은 금융투자상품의 위험성과 수익성을 비교·평가하여 투자 여부를 결정하는 것이고, 그 위험의 실현가능성에 대한 예측과 평가 및 감수할 수 있는 위험의 정도는 개별 투자자들마다 판단과 성향이 다른 것이다.

또한 후순위채는 발행회사가 우량한 저축은행에는 해당하지 않는다고 하더라도 만기까지 발행회사가 파산 등의 절차에 들어가지 않는다면 전부 상환받을 수 있는 것이므로, 결국 후순위채 투자의 판단 요소 중 위험성 부분은 발행회사의 파산가능성이다.

그런데 발행회사의 재무상태는 이를 통해 파산가능성을 예측하는 표지로 작용하는 것이므로, 발행회사의 재무상태가 실제보다 양호하게 표시되었다고 하더라도 그로써 바로 투자자들이 파산가능성에 대한 평가 및 더 나아가 후순위채 투자 여부의 판단에 결정적인 영향을 미쳤다고 볼 수 없고, 결국 투자자들이 위험성에 대한 착오에 빠져 후순위채 투자를 결정했는지를 판단하기 위해서는 그 착오의 정도, 즉 분식회계를 통해 재무상태가 실제와 다르게 표시된 정도를 살펴봐야 한다.

따라서 이 사건 각 후순위채 발행 당시 분식회계의 규모를 살펴보면, 일단 관련 형사사건에서 ㈜▲▲저축은행의 39기 재무제표상 350억 원 상당의 대손충당금이 누락되었음이 밝혀졌다.

그러나 나아가 원고들이 주장하는 다른 분식회계 내용, 즉 업무용부동산 자산가치의 과대계상 부분, 금융감독원의 2008년 부문검사에서 최초 지적된 대손충당금 부분, ㈜▲▲저축은행이 이면관리대장을 통해 관리하던 대출의 대손충당금 부분은 이 사건 각 후순위채 발행 당시 분식회계 되어 있는 상태라고 단정하기 어렵다.

아래 금융감독원에 대한 판단 부분에서 보는 바와 같이 업무용부동산의 경우 과대평가되었다고 단정하기 어렵고, 2008년 부문검사 시 최초 지적된 대손충당금의 경우 그 이후 이 사건 각 후순위채 발행 당시까지 대손충당금 설정의 사유가 해소되었을 수 있거나 혹은 위 형사판결에서 대손충당금 과소설정으로 지적된 대출과 연결되는 것일 수 있어 이를 인정하면 대손충당금을 중복해서 계산하는 문제가 발생할 수 있으며, 이면관리대장에 기재된 대출의 경우 실제 이로 인해 설정되어야 할 대손충당금의 규모를 알기 어려울 뿐만 아니라, 위 대출 역시 이 사건 각 후순위채 발행 당시까지 대손충당금 설정의 사유가 해소되지 않은 상태였다고 단정할 수 없기 때문이다

만약 대손충당금 설정의 사유가 해소되지 않은 상태였다면 금융감독원이 2011년 1월경 실시한 부책검사 과정에서 발견 · 지적되어 위 형사판결에서 그 부분까지 포함된 유죄판결을 받았을 가능성이 높으나, 결국 위 형사판결에서 유죄로 인정된 부분은 위 350억 원에 한하기 때문이다.

따라서 이 사건 각 후순위채 발행 당시 분식회계 되었다고 인정되는 부분은 위 대손충당금 350억 원 상당에 한한다.

이를 반영할 경우 38기 반기 재무제표(2008. 12. 31. 기준)에 의한 BIS 비율은 4.65%(기존 8.13%), 부실대출비율은 12.71%(기존 7.55%)로, 39기 재무제표(2009. 6. 30. 기준)에 의한 BIS 비율은 5.46%(기존 8.73%), 부실대출비율은 12.28%(기존 7.13%)로 예상된다[갑 제24호증(한울회계법인 보고서)]. 즉, 위 분식회계로 BIS 비율은 3% 정도 높게, 부실대출비율은 5% 정도 작게 조정한 것이다.

여기에 ① 이 사건 각 후순위채는 이자율이 높은 반면(제1회 후순위채 연 8.5%, 제2회 후순위채 연 8.3%), 만기가 장기(제1, 2회 후순위채 5년)인데다가 발행은행이 파산할 경우 사실상 회수가능성이 없는 고위험 · 고이율의 상품인 점, ② 이 사건 후순위채의 투자설명서에는 위와 같은 투자위험이 기재되어 있고, 원고들 역시 이러한 위험의 존재 자체는 알고 있었던 것으로 보이는 점, ③ ㈜▲▲저축은행에서 파산가능성의 정도에 대해 분식회계를 통해 기망한 사실은 인정되지만 파산할 경우 투자금을 회수할 수 없다는 사실 자체에 대해서는 적극적으로 기망했다고 볼 수 없는 점, ④ 위 투자설명서에는 부동산 경기 침체로 PF 대출에 의한 신용위험이 크게 증가하고 있고, PF 대출비중은 26.34%, PF 대출연체율은 12.37%이며, 총 대출의 86%가 기업대출로 그 중 대부분이 비교적 부도가능성이 높은 중소기업에 대한 대출이어서 경기침체로 자산건전성이 악화될 우려가 있다고 기재되어 있는 점 등의 사정을 감안하면, ㈜▲▲저축은행이 BIS 비율이나 부실대출비율을 허위로 표시 · 설명함으로써 원고들이 ㈜▲▲저축은행의 파산가능성 정도에 대해 착오에 빠졌다고 볼

수 있지만, 나아가 원고들이 그러한 착오에 의해 이 사건 각 후순위채에 투자하기로 결정했다고 단정하기 어렵다.

3. 집합투자증권과 계약해지

투자자의 환매 등 요청으로 집합투자업자가 투자신탁을 전부 또는 일부 해지하는 경우 집합투자업자 등은 고유재산이 아닌 투자신탁재산에 속하는 자산으로만 투자자들에게 환매대금을 지급한다.

집합투자업자는 선량한 관리자의 주의로써 집합투자재산을 관리할 의무를 부담하고, 만일 이에 위반하여 투자자에게 손해를 발생시킨 때에는 고유재산으로 그 손해를 배상하도록 하고 있으나, 집합투자업자의 자산의 취득·매각 등 집합투자자산의 운용지시로 인한 거래에 대한 이행책임은 투자신탁재산을 한도로 부담하도록 하고 있다.

위와 같은 규정을 종합하면, 일단 투자신탁재산이 유효하게 성립하여 신탁재산이 형성되고 그 신탁관계가 유효하게 존속하고 있는 경우에는 투자자의 투자신탁에 대한 재산적 권리는 위탁회사나 수탁회사의 고유재산이 아닌 신탁재산에만 한정된다. 즉 투자자들은 투자신탁을 해소하고자 하는 경우에도 신탁재산으로부터 투자금액을 회수할 수 있을 뿐 투자신탁계약의 해제에 따른 소급효를 주장하여 집합투자업자나 수탁회사 또는 판매회사의 고유재산으로부터 개별적으로 원래 투자금액 전부를 회수할 수 없다.

투자신탁계약의 사후적 위반행위가 있는 경우에는 집합투자업자 등의 의무위반행위에 따른 손해배상규정에 의하여 집합투자업자 등의 고유재산으로 그 손해를 배상받으면 충분한 것이고, 더 나아가 그 위반행위를 이유로 투자신탁계약을 해지하고 지급한 원래의 투자금액 전부를 원상회복으로 구하는 것까지 허용할 수는 없다.

이와 달리 유효한 투자신탁계약 성립 후에도 투자자들의 계약해제 주장을 인정하여 원래의 투자금액을 신탁재산에서 모두 원상회복할 수 있다고 본다면, 집합투자신탁에서 증권의 종류나 매매의 시기 및 방법 등에 의하여 그 수익률이 변동함으로 인하여 항상 위험이 따르고 그 위험은 원칙적으로 투자자가 부담하여야 한다는 자기책임의 원칙의 하나인 실적배당의 원칙이나 그 실적이 오로지 수익증권 구좌수라는 투명한 기준에 의하여 수익자에게 균분되는 수익자평등의 원칙에 반하여 다른 수익자들의 투자가치에까지 부당한 영향을 미칠 위험을 배제할 수 없다. 따라서 유효한 투자신탁계약 성립이후에는 민법상 계약해제가 허용되지 않는다.[97)]

97) 서울고등법원 2011. 9. 1. 선고 2009나121028 판결

Ⅱ. 자본시장법상 손해배상

1. 설명의무위반으로 인한 손해배상

금융투자업자는 설명의무(법 제47조제1항 또는 제3항)를 위반한 경우 이로 인하여 발생한 일반투자자의 손해를 배상할 책임이 있다(법 제48조).

금융투자상품의 취득으로 인하여 일반투자자가 지급하였거나 지급하여야 할 금전등의 총액에서 그 금융투자상품의 처분, 그 밖의 방법으로 그 일반투자자가 회수하였거나 회수할 수 있는 금전등의 총액을 뺀 금액은 투자자의 손해액으로 추정한다(법 제48조).

① 지급하였거나 지급하여야 할 금전
투자원금, 수수료, 환매・해지수수료, 옵션・선물 증거금 및 미수금 등

② 회수하였거나 회수할 수 있는 금전
투자이익, 펀드 확정수익금, 중도환매수령금, 계좌 출금액, 계좌 예탁금 잔액 등

오늘날 복잡하고 고도화된 금융투자거래로 인한 손해액을 일반투자자가 증명하기란 매우 어렵다. 이에 자본시장법은 설명의무위반으로 인한 손해배상에 있어 손해액의 추정제도를 마련하였다.

2. 자본시장법령 등에서 정한 의무위반행위로 인한 손해배상

금융투자업자는 법령・약관・집합투자규약・투자설명서(법 제123조제1항에 따른 투자설명서를 말함)에 위반하는 행위를 하거나 그 업무를 소홀히 하여 투자자에게 손해를 발생시킨 경우에는 그 손해를 배상할 책임이 있다(법 제64조 제1항). 설명의무 위반으로 인한 손해배상이외 자본시장법 위반으로 인한 손해배상에 있어 손해액 추정규정을 두고 있지 않다.

투자매매업·중개업과 집합투자업 겸영에 따른 이해상충과 관련된 불건전 영업행위로 인한 손해에 대하여는 그 금융투자업자가 상당한 주의를 다하였음을 증명하거나, 투자자가 거래시 그 사실을 안 경우에는 배상책임을 부담하지 않는다(법 제64조 제1항).

금융투자업자가 자본시장법령, 약관, 투자설명서 등에 위반하는 행위로 인한 손해배상책임을 지는 경우로서 관련되는 임원이 귀책사유(歸責事由)가 있는 경우에는 그 금융투자업자와 관련되는 임원이 연대하여 그 손해를 배상할 책임이 있다(법 제64조 제2항).

3. 투자설명서의 중요사항 누락 등으로 인한 손해배상

투자설명서(예비투자설명서 및 간이투자설명서를 포함함) 중 중요사항에 관하여 거짓의 기재 또는 표시가 있거나 중요사항이 기재 또는 표시되지 아니함으로써 증권의 취득자가 손해를 입은 경우에는 투자설명서를 작성하거나 교부한 자는 그 손해에 관하여 배상의 책임을 진다(법 제125조 제1항).

다만, 배상의 책임을 질 자(투자설명서 작성자 또는 교부자)가 상당한 주의를 하였음에도 불구하고 중요사항의 거짓기재 또는 누락사실을 알 수 없었음을 증명하거나 그 증권의 취득자가 취득의 청약을 할 때에 중요사항의 거짓기재 또는 누락사실을 안 경우에는 배상의 책임을 지지 아니한다(법 제125조 제1항).

투자설명서의 중요사항의 거짓 기재 또는 누락에 따라 배상할 금액은 청구권자가 해당 증권을 취득함에 있어서 실제로 지급한 금액에서 다음의 어느 하나에 해당하는 금액을 뺀 금액으로 추정한다(법 제126조).

① 손해배상을 청구하는 소송의 변론이 종결될 때의 그 증권의 시장가격(시장가격이 없는 경우에는 추정처분가격을 말함)

② 변론종결 전에 그 증권을 처분한 경우에는 그 처분가격

배상책임을 질 자(투자설명서 작성자 또는 교부자)는 청구권자가 입은 손해액의 전부 또는 일부가 중요사항에 관하여 거짓의 기재 또는 표시가 있거나

중요사항이 기재 또는 표시되지 아니함으로써 발생한 것이 아님을 증명한 경우에는 그 부분에 대하여 배상책임을 지지 아니한다(법 제126조 제2항).

배상책임은 그 청구권자가 해당 사실을 안 날부터 1년 이내 또는 해당 증권에 관하여 증권신고서의 효력이 발생한 날부터 3년 이내에 청구권을 행사하지 아니한 경우에는 소멸한다(법 제127조).

4. 자본시장법상 손해배상청구와 민법상 손해배상청구

자본시장법상의 손해배상 책임과 민법상 불법행위 책임의 요건이 동시에 충족되는 경우 투자자는 2개의 청구권을 모두 행사할 수 있다.[98]

자본시장법상 손해배상청구권은 인과관계에 관한 입증책임이 손해배상의무자에게 전환되거나 손해배상액이 추정되므로, 통상 투자자는 자본시장법에 의한 손해배상청구권을 행사하는 것이 유리하다.

자본시장법에 규정된 단기의 제척기간이 경과한 경우 투자자는 민법에 의한 불법행위로 인한 손해배상청구권을 행사하게 된다.

---

98) 대법원 1998. 4. 24. 선고 97다32215 판결

Ⅲ. 민법상 불법행위와 손해배상

1. 고객보호의무와 불법행위

일반적으로 금융투자상품은 직접투자나 간접투자를 막론하고 증권의 종류나 매매의 시기 및 방법 등에 의하여 그 수익률이 변동함으로 인하여 항상 위험이 따르게 마련이다. 따라서 원칙적으로 투자자는 자신의 책임 아래 자신에게 개시되어진 정보를 기초로 당해 거래의 위험성을 판단하여 투자하고 그에 따른 위험을 부담하는 것이다(자기책임의 원칙).[99][100]

투자자가 감수하여야 할 위험과 예상되는 수익은 당연히 비례하기 마련이고, 예상 가능한 모든 위험에 완벽하게 대처하면서 동시에 높은 수익률이 실현될 것을 기대할 수는 없다. 따라서 투자자가 금융기관의 권유나 추천을 받고 어느 특정한 상품에 투자하거나 어떠한 투자전략을 채택한 데에 단지 높은 위험이 수반된다는 사정만으로 일률적으로 금융기관이 투자자 보호의무를 위반하여 부당하게 투자를 권유한 것이라 단정할 수 없다.

다만 금융투자회사의 권유행위가 ① 경험이 부족한 일반 투자자에게 거래행위에 필연적으로 수반되는 위험성에 관한 올바른 인식형성을 방해(위험성 인식형성 방해)하거나 또는 ② 고객의 투자상황에 비추어 과대한 위험성을 수반하는 거래를 적극적으로 권유(과도한 위험거래 적극 권유)한 경우 금융투자회사는 불법행위로 인한 손해배상책임을 부담한다.[101]

부당한 권유행위는 거래경위와 거래방법, 고객의 투자상황(재산상태, 연령,

---

99) 대법원 1994. 1. 11. 선고 93다26205 판결은 "증권거래는 본래적으로 여러 불확정요소에 의한 위험성을 동반할 수밖에 없는 것으로서 투자가로서도 일정한 범위내에서는 자신의 투자로 인해 발생할지 모르는 손실을 스스로 부담해야 한다."라고 판시하였다.

100) 대법원 2014. 2. 27. 선고 2011다112407 판결은 "기본적으로 금융상품의 투자자는 자기책임의 원칙에 따라 투자하고자 하는 금융상품의 개념과 내용, 손익구조, 투자위험성 등에 관하여 신중히 검토한 다음 투자 여부를 결정하여야 한다."라고 판시하였다.

101) 대법원 1994. 1. 11. 선고 93다26205 판결

사회적 경험 정도 등), 거래의 위험도 및 이에 관한 설명의 정도 등을 종합적으로 고려하여 판단하여야 한다.

대법원 1994. 1. 11. 선고 93다26205 판결은 증권회사의 임직원이 강행규정에 위반된 이익보장을 하면서 일반투자자에게 증권투자를 권유한 사안에서 불법행위책임의 인정요건을 설시하였고, 대법원 1998. 10. 27. 선고 97다47989 판결에서 증권투자신탁회사의 수익증권거래에도 위 고객보호의무가 인정되었다. 대법원 2001. 10. 12. 선고 2000다28537, 28544 판결에서는 '단정적 판단의 제공에 의한 권유행위'의 경우에도 불법행위를 인정하였다.

2. 민법상 손해배상액 산정

가. 손해배상액의 산정

민법상 불법행위책임에 있어 위법한 가해행위로 인한 재산상의 손해는 위법한 가해행위로 인하여 발생한 재산상의 불이익, 즉 위법행위가 없었더라면 존재하였을 재산상태와 위법행위가 가해진 현재의 재산상태의 차이로서, 기존의 이익이 상실되는 적극적 손해와 장차 얻을 수 있을 이익을 얻지 못하는 소극적 손해를 포함하는 것이다.[102] 현실적으로 손해가 발생하였는지 여부는 사회통념에 비추어 객관적이고 합리적으로 판단하여야 한다.[103]

비상장 주식에 관하여 객관적 교환가치가 적정하게 반영된 정상적인 거래의 실례가 있으면 그 거래가격을 시가로 보아 주식의 매수가액을 정하여야 한다.[104] 상장폐지된 회사의 주식을 코스닥 시장에서의 마지막 정리매매일의 1주당 종가를 기준으로 평가한 사례가 있다.[105]

---

102) 대법원 1992. 6. 23. 선고 91다33070 전원합의체 판결, 대법원 1998. 8. 25. 선고 97다4760 판결, 대법원 2011. 7. 28. 선고 2010다101752 판결

103) 대법원 1998. 8. 25. 선고 97다4760 판결, 대법원 2011. 7. 28. 선고 2010다76368 판결, 대법원 2016. 9. 30. 선고 2015다19117 판결

104) 대법원 2006. 11. 23.자 2005마958 판결

105) 서울동부지방법원 2012. 6. 13. 선고 2011가합15764 판결

금융투자업자의 불법행위로 인한 손해액은 특별한 사정이 없는 한 투자자가 금융투자업자의 고객보호의무 위반행위로 인하여 투자하게 된 금액에서 현재 남아 있는 잔고를 공제한 차액이라 할 것이다.[106)]

선물옵션투자약정과 손실보전약정이 전체로서 일괄하여 부당권유라는 하나의 불법행위를 구성하는 경우 투자자는 ① 불법행위가 없었다면 투자한 원금의 합계에 상당하는 금액이 계좌에 남아 있었을 것인데 ② 불법행위가 종료된 후, 즉 증권회사 직원과의 이 사건 거래를 중단한 후에는 최종적으로 인출한 계좌 잔고액만 남아 있는 상태이므로, 그 차액(불법행위 이전 계좌의 잔고 - 거래중단후 최종 인출시 계좌 잔고)이 불법행위로 인한 투자자의 손해액이다.[107)]

나. 손해배상액 입증책임

손해배상청구자(원고, 투자자)는 불법행위가 없었더라면 존재하였을 재산상태와 불법행위가 가해진 이후의 재산상태가 무엇인지에 관하여 증명할 책임을 진다.[108)]

"이 사건 담보설정부지의 가치는 NZ$ 620,000 내지 NZ$ 850,000 정도로 평가되고, 2010. 10. 21. 진행된 경매절차에서 NZ$ 810,000에 매각된 적도 있으므로, 이 사건 담보설정부지를 처분하여 원고의 이 사건 수익증권에 대하여 상환할 수 있는 금원이 전혀 없다고 볼 수는 없다. 또한 원고가 이 사건 수익증권에 기하여 상환받을 수 있는 금원이 얼마인지에 관한 증명책임은 피고가 아닌 원고가 부담하므로, 원심으로서는 그 금원이 얼마나 되는지 등에 관하여 원고에게 그 증명을 촉구하는 등으로 심리하여 그 금원 상당을 원고의 손해액에서 공제하여야 한다." 라고 판시한 사례가 있다.[109)]

---

106) 대법원 2002. 7. 12. 선고 2000다59364 판결
107) 대법원 2007. 4. 12. 선고 2004다62641 판결
108) 대법원 2012. 12. 13. 선고 2011다25695 판결
109) 대법원 2012. 12. 13. 선고 2011다25695 판결

다. 선물・옵션계좌와 주식계좌 연계

투자자가 증권회사에 위탁계좌를 개설하였다고 하더라도 선물옵션거래를 하기 위해서는 이와 별도로 선물옵션계좌를 따로 개설하여야 하는바, 양 계좌는 서로 연계되어 있어서 자유로운 대체 입・출금이 가능할 뿐만 아니라 이 사건 약정서에는 위탁계좌와 선물옵션계좌가 모두 약정대상으로 명시되어 있으므로, 이 사건 손해액을 산정함에 있어서는 연계계좌에 대체 입・출금된 금액은 손해액 산정과는 무관하므로 이를 제외하고 양 계좌에 실질적으로 입금된 금액에서 양 계좌로부터 실질적으로 출금된 금액을 통합하여 계산하여야 할 것이다.[110]

라. 위자료 인정여부

일반적으로 타인의 불법행위로 인하여 재산권이 침해된 경우에는 특별한 사정이 없는 한 그 재산적 손해의 배상에 의하여 정신적 고통도 회복된다고 보아야 할 것이고 재산적 손해의 배상만으로는 회복할 수 없는 정신적 손해가 있다면 그 위자료를 인정할 수 있다고 할 것이다.[111] 실무상 불법행위로 인한 손해배상에 있어 위자료는 거의 인정되지 않고 있다.

3. 일실이익

불법행위로 인한 재산상 손해는 적극적 손해와 소극적 손해(장차 얻을 수 있을 이익을 얻지 못하는 손해)를 포함하는 것이다.

투자자들은 이 사건 불법행위가 없었더라면 종래의 자금운용방식이나 이 사

---

110) 대법원 2007. 4. 12. 선고 2004다62641 판결

111) 대법원 1996. 11. 26. 선고 96다31574 판결, 1997. 2. 14. 선고 96다36159 판결, 1998. 7. 10. 선고 96다38971 판결, 대법원 2003. 7. 25. 선고 2003다22912 판결

건 수익증권 매입대금의 성격 등에 비추어 적어도 정기예금 이자율이 보장되는 금융상품에 투자하였을 것으로 추인되고, 금융투자업자로서도 그러한 사정을 알 수 있었다고 봄이 상당하다. 따라서 이 사건 불법행위로 인하여 투자자들이 입은 손해액은 이 사건 수익증권의 매입원금과 이에 대한 매입일로부터 투자자들이 수익증권의 상환을 청구한 이 사건 투자신탁의 만기일까지 시중은행 정기예금 이자율에 의한 이자 상당액의 합계액에서 투자자가 이미 수령한 이익분배금(원천징수세액을 포함한 금액)을 공제한 금액이라고 판단한 사례가 있다.[112)]

투자자들의 자금운용방식이나 투자행태, 수익증권의 만기, 매입 당시의 이자율 등 제반사정에 비추어 보면 투자자는 수익증권에 투자한 원금을 적어도 연 8%이상이 보장되는 안정적인 금융상품에 투자하였을 것으로 보이고, 금융투자업자도 이러한 사정을 알거나 알 수 있었다고 보이므로, 금융투자업자는 투자자에게 수익증권의 예탁원금에 대한 매입일부터 만기일까지 연 8% 이자율에 의한 수익(소극적 손해)을 배상하라고 판시한 사례가 있다.[113)]

수익증권의 만기가 6년으로 장기이고, 위험성이 적은 금융상품과 비교하여 해당 수익증권의 판매활동을 전개한 점 등에 비추어 투자자는 특별한 사정이 없는 한 수익증권에 투자한 원금을 최소한 정기예금이자 상당의 이율이 보장되는 안정적인 금융상품에 투자하였을 것으로 보이므로, 금융투자업자는 투자자에게 수익증권 가입원금에 대한 연 5%의 일실수익율을 반영하여 손해액을 산정해야 한다고 판시한 사례가 있다.[114)][115)]

하급심에서도 연 5% 상당의 정기예금 이자를 일실수익으로 인정한 사례가 있다.[116)]

---

112) 대법원 1998. 10. 27. 선고 97다47989 판결, 대법원 2003. 7. 11. 선고 2001다11802 판결
113) 대법원 2005. 7. 15. 선고 2003다28200 판결
114) 대법원 2011. 7. 28. 선고 2010다101752 판결, 대법원 2011. 7. 28. 선고 2010다76368 판결
115) 서울고등법원 2012. 5. 24. 선고 2011나62184 판결 : 손해액 = 가입원금 + 3년 만기 정기예금 이자율인 연 5% 상당의 이자상당액(가입일부터 환매금 수령일까지) - 분기별 확정수익금 - 환매수령금
116) 서울중앙지방법원 2012. 3. 15. 선고 2011가단195363 판결

4. 과실상계 또는 책임의 제한

가. 과실상계의 참작

민법은 불법행위로 인하여 발생한 손해를 가해자와 피해자가 형평의 원칙에 따라 공평하게 분담하도록 하기 위하여 '불법행위의 피해자에게 과실이 있는 때에는 법원은 손해배상의 책임 및 그 금액을 정함에 이를 참작하여야 한다.' 고 규정하고 있다(민법 제763조, 제396조). 불법행위로 인한 손해배상사건에서 피해자에게 손해의 발생이나 확대에 관하여 과실이 있는 경우에는 배상책임의 범위를 정함에 있어서 당연히 이를 참작하여야 한다.[117)]

주식거래는 원래 주가에 영향을 미치는 여러 가지 요인들의 불확실성에 근거하여 주가의 등락에 따라 수익을 얻거나 손실을 입는 것으로서 일정한 위험을 수반하는 거래이고, 이러한 주식거래에 참여하는 투자자들은 그러한 위험을 회피하기 위하여 주식을 매수함에 있어 스스로 당해 주식과 관련한 제반 위험성을 검토하여 신중하게 해당 주식을 매수하고, 그 손실의 확대를 방지하여야 할 의무가 있다.

따라서 금융투자관련 분쟁에서 과실상계 또는 책임의 제한은 광범위하게 인정되고, 법원 실무적으로 금융투자업자의 책임을 30%로 제한하는 사례도 많다.[118)]

불법행위로 인한 손해배상 사건에서 과실상계 사유에 관한 사실인정이나 그 비율을 정하는 것은 그것이 형평의 원칙에 비추어 현저히 불합리하다고 인정되지 않는 한 사실심의 전권사항에 속한다.[119)] 과실상계 또는 책임의 제한이 형평의 원칙에 비추어 현저히 불합리하다고 인정되는 경우에는 위법한 것으로서 허용되지 않는다.[120)]

---

117) 대법원 2007. 6. 14. 선고 2006다78336 판결, 대법원 2013. 1. 24. 선고 2012다29649 판결

118) 대법원 2011. 7. 28. 선고 2010다101752 판결

119) 대법원 2002. 1. 8. 선고 2001다62251, 62268 판결, 대법원 2006. 2. 10. 선고 2005다57707 판결

120) 대법원 1992. 11. 27. 선고 92다32821 판결, 대법원 2014. 11. 27. 선고 2011

나. 고의로 인한 불법행위와 과실상계

피해자의 부주의를 이용하여 고의로 불법행위를 저지른 자가 바로 그 피해자의 부주의를 이유로 자신의 책임을 감하여 달라고 주장하는 것이 허용되지 아니하는 것은, 그와 같은 고의적 불법행위가 영득행위에 해당하는 경우 과실상계와 같은 책임의 제한을 인정하게 되면 가해자로 하여금 불법행위로 인한 이익을 최종적으로 보유하게 하여 공평의 이념이나 신의칙에 반하는 결과를 가져오기 때문이다.

고의에 의한 불법행위의 경우에도 공평의 이념이나 신의칙에 반하는 결과가 초래되지 않는 경우에는 과실상계나 공평의 원칙에 기한 책임의 제한은 얼마든지 가능하다.[121] 가해행위가 사기, 횡령, 배임 등의 영득행위인 경우 등 과실상계를 인정하게 되면 가해자로 하여금 불법행위로 인한 이익을 최종적으로 보유하게 하여 공평의 이념이나 신의칙에 반하는 결과를 가져오는 경우에만 예외적으로 과실상계가 허용되지 않는다.[122]

다. 공동불법행위책임에 있어 과실상계

공동불법행위로 인한 손해배상책임의 범위는 피해자에 대한 관계에서 가해자들 전원의 행위를 전체적으로 함께 평가하여 정하여야 한다. 손해배상액에 대하여는 가해자 각자가 그 금액의 전부에 대한 책임을 부담하는 것이며, 가해자의 1인이 다른 가해자에 비하여 불법행위에 가공한 정도가 경미하다고 하더라도 피해자에 대한 관계에서 그 가해자의 책임 범위를 위와 같이 정하여진 손해배상액의 일부로 제한하여 인정할 수는 없다.[123]

다68357 판결, 대법원 2016. 9. 30. 선고 2013다85172 판결

121) 대법원 2007. 10. 25. 선고 2006다16758 판결, 대법원 2013. 9. 26. 선고 2012다13637 전원합의체 판결

122) 대법원 2007. 10. 25. 선고 2006다16758, 16765 판결, 대법원 2013. 9. 26. 선고 2012다1146 전원합의체 판결

123) 대법원 1998. 10. 20. 선고 98다31691 판결, 대법원 2001. 9. 7. 선고 99다70365 판결

한편 공동불법행위의 경우 법원이 피해자의 과실을 들어 과실상계를 함에 있어서는 피해자의 공동불법행위자 각인에 대한 과실비율이 서로 다르더라도 피해자의 과실을 공동불법행위자 각인에 대한 과실로 개별적으로 평가할 것이 아니고 그들 전원에 대한 과실로 전체적으로 평가하여야 할 것이다.[124)]

피해자의 부주의를 이용하여 고의로 불법행위를 저지른 자가 바로 그 피해자의 부주의를 이유로 자신의 책임을 감하여 달라고 주장하는 것은 신의칙에 반하여 허용될 수 없다.[125)]

다만 불법행위자 중의 일부에게 신의칙에 반하여 과실상계주장이 허용되지 않는다고 하여 그러한 사유가 없는 다른 불법행위자까지도 과실상계의 주장을 할 수 없다고 해석할 것은 아니다.[126)]

라. 손해배상 추정규정과 과실상계

손해배상 추정규정(자본시방법 제 125조 등)이 적용되는 손해배상청구소송에 있어서도 손해의 공평 부담이라는 손해배상법의 기본 이념이 적용된다는 점에 있어서는 아무런 차이가 없다. 따라서 피해자에게 손해의 발생 및 확대에 기여한 과실이 있다는 점을 이유로 과실상계를 하거나 공평의 원칙에 기한 책임의 제한을 하는 것은 여전히 가능하다.[127)]

특히, 주식 가격의 변동요인은 매우 다양하고 여러 요인이 동시에 복합적으로 영향을 미치는 것이기에 어느 특정 요인이 언제 어느 정도의 영향력을 발휘한 것인지를 가늠하기가 극히 어렵다.

이러한 점을 감안할 때, 허위공시 등의 위법행위 이외에도 매수시점 이후 손실이 발생할 때까지의 기간 동안의 당해 기업이나 주식시장의 전반적인 상황의 변화 등도 손해 발생에 영향을 미쳤을 것으로 인정되나 성질상 그와 같

124) 대법원 1998. 11. 10. 선고 98다20059 판결, 대법원 2000. 4. 11. 선고 99다34055 판결
125) 대법원 1987. 7. 21. 선고 87다카637 판결, 대법원 1995. 11. 14. 선고 95다30352 판결
126) 대법원 2007. 6. 14. 선고 2005다32999 판결
127) 대법원 2007. 10. 25. 선고 2006다16758 판결

은 다른 사정에 의하여 생긴 손해액을 일일이 증명하는 것이 극히 곤란한 경우가 있을 수 있고, 이와 같은 경우 손해분담의 공평이라는 손해배상제도의 이념에 비추어 그러한 사정을 들어 손해배상액을 제한할 수 있다.

5. 손익상계

가. 손익상계의 의의

가해행위로 피해자가 불이익을 받는 동시에 이익을 얻는 경우가 있다. 그러한 경우에는, 불이익에서 이익분을 공제한 잔액이 배상하여야 할 손해가 된다. 이를 손익상계라 한다.

채무불이행이나 불법행위 등이 채권자 또는 피해자에게 손해를 생기게 하는 동시에 이익을 가져다 준 경우에는 공평의 관념상 그 이익은 당사자의 주장을 기다리지 아니하고 손해를 산정함에 있어서 공제되어야만 하는 것이다.[128)]

손해배상액의 산정에 있어 손익상계가 허용되기 위해서는 손해배상책임의 원인이 되는 행위로 인하여 피해자가 새로운 이득을 얻었고, 그 이득과 손해배상책임의 원인인 행위 사이에 상당인과관계가 있어야 한다.[129)]

나. 일임매매 종료후 손해배상금 지급

증권회사 직원이 투자자에게 손실금 지급약정에 따라 금 1억원을 지급하였는바, 비록 위 손실금 지급약정이 사회질서에 위반되는 것을 내용으로 하는 것으로서 무효라고 할지라도, 투자자가 직원과 이 사건 약정에 따른 선물옵션거래를 중단하기로 한 이후에 손해배상금의 일부로서 지급한 것이므로, 위 1억원은 손익상계의 대상에 해당한다.[130)]

---

128) 대법원 2002. 5. 10. 선고 2000다37296, 37302 판결

129) 대법원 1992. 12. 22. 선고 92다31361 판결, 대법원 2007. 11. 30. 선고 2006다19603 판결, 대법원 2009. 12. 10. 선고 2009다54706 판결

130) 대법원 2007. 4. 12. 선고 2004다62641 판결

다. 펀드의 확정수익금 또는 중도환매수령금

수익증권을 매입한 후 투자자가 환매시까지 확정수익금을 수령하였거나 중도환매시 일정 금액을 수령하였다면 투자자의 손해배상액 산정시 위 확정수익금 또는 중도환매수령금을 손해배상액에서 공제되어야 한다. 다만, 투자자들이 수령한 확정수익금은 과실상계 이전에 투자자들의 손해액을 산정하는 요소에 해당하는 것이지, 이를 제외하고 산정된 손해액에 과실상계를 한 금액을 기준으로 다시 공제되어야 할 이득에 해당한다고 볼 수는 없다.[131)]

손해배상액의 산정은 아래의 산식에 의한다.

손해배상액 = [(펀드의 가입원금 - 중도환매수령금 - 분기별 확정수익금) × 과실상계비율] - 손익상계

라. 일임매매기간중 손실보장약정금의 투자금 충당

증권회사 직원이 손실보장약정에 의하여 계좌에 입금시킨 위 1억 5,000만 원이 다시 이 사건 거래에 포함되어 투자금으로 사용되었고 그 후 발생된 손실의 충당에 반영되어 계좌 잔고에 반영되었다면, 위 1억 5,000만 원의 지급은 전체 거래 중 일부를 구성하는 개별 거래에 관한 손실·이득의 경우와 마찬가지로 거래 전체에 관한 손해액으로 파악하여야 한다.[132)] 즉 별도의 손익상계 대상이 아니다.

마. 이자에 대한 소득세 공제주장

131) 대법원 2011. 7. 28. 선고 2010다101752 판결, 대법원 2011. 7. 28. 선고 2010다76368 판결
132) 대법원 2007. 4. 12. 선고 2004다62641 판결

이 사건 펀드 가입당시 금융투자업자가 제시한 3년 만기 정기예금 이자 상당액은 소득세법에서 정한 '금전 사용에 대한 대가'로 볼 수 없고, 이는 금융투자업자가 불법행위로 인하여 투자자에게 발행한 특별손해에 상당한 금원이어서 이자소득액 등 공제주장을 인정하지 아니한 사례가 있다.[133]

6. 지연손해금의 기산일

가. 지연손해금의 기산일

불법행위가 없었더라면 피해자가 그 손해를 입은 법익을 계속해서 온전히 향유할 수 있었다는 점에서 불법행위로 인한 손해배상채무에 대하여는 원칙적으로 별도의 이행 최고가 없더라도 공평의 관념에 비추어 그 채무성립과 동시에 지연손해금이 발생한다.[134]

그러나, 불법행위에 있어 위법행위 시점과 손해발생 시점 사이에 시간적 간격이 있는 경우에 불법행위로 인한 손해배상청구권의 지연손해금은 손해발생 시점을 기산일로 하여 발생한다.

나. 환매가능한 집합투자증권의 경우

금융투자업자의 투자자보호의무 위반으로 인하여 투자자가 입은 손해액은 투자원금에서 그 투자로 인하여 취득한 수익증권에 기하여 회수하였거나 회수할 수 있는 금전의 총액을 뺀 금액이 된다.

여기서 회수할 수 있는 금액은 특별한 사정이 없는 한 만기일 이후 또는 중도환매가 허용되는 경우에는 환매일 이후로서 수익증권의 잔존가치의 산정이 가능한 때에 확정된다.

따라서 만기시점 또는 중도환매시점은 투자자가 입은 손해가 현실적·확정

---

133) 서울고등법원 2012. 5. 24. 선고 2011나62184 판결
134) 대법원 2011. 1. 13. 선고 2009다103950 판결

적으로 발생한 시점으로서 불법행위로 인한 손해배상청구권의 지연손해금 기산일이 된다.[135] 즉 수익증권의 판매시가 아니라 환매시부터 지연이자가 가산된다.

나. 사모투자전문회사의 설립·운용자의 정확한 정보제공의무 위반

특정 투자를 목적으로 사모투자전문회사를 설립하여 그 무한책임사원 겸 업무집행사원이 된 자(사모투자전문회사의 설립·운용자)는 투자자들에게 투자참여를 권유하는 과정에서 계획된 투자대상 및 투자방법과 투자회수구조에 관하여 정확한 정보를 제공할 의무를 부담한다.

사모투자전문회사의 설립·운용자가 정확한 정보제공의무를 위반함으로 말미암아 사모투자전문회사의 유한책임사원으로 투자에 참여한 투자자가 입은 손해액은 사모투자전문회사의 지분을 취득하기 위하여 지급한 금전 총액에서 그 지분으로부터 회수하였거나 회수할 수 있는 금전의 총액을 뺀 금액('미회수금액')이다.

따라서 사모투자전문회사의 설립·운용자가 정확한 정보제공의무를 위반함에 따른 투자자의 손해는 미회수금액의 발생이 확정된 시점에 현실적으로 발생한다고 할 것이다. 즉 위 시점이 투자자가 사모투자전문회사의 설립·운용자에게 갖는 손해배상청구권에 대한 지연손해금의 기산일이 된다.[136]

7. 손해배상책임과 소멸시효

가. 소멸시효기간

불법행위에 의한 손해배상청구권은 피해자나 그 법정대리인이 그 손해 및

---

135) 대법원 2013. 1. 24. 선고 2012다29649 판결, 대법원 2011. 7. 28. 선고 2010다101752 판결
136) 대법원 2016. 9. 30. 선고 2015다19117 판결

가해자를 안 날로부터 3년 동안 이를 행사하지 아니하면 시효로 인하여 소멸하고, 불법행위를 한 날로부터 10년이 경과한 때에도 시효로 인하여 소멸한다(민법 제766조).

'손해 및 가해자를 안 날'이라고 함은 손해의 발생, 위법한 가해행위의 존재, 가해행위와 손해의 발생과의 사이에 상당인과관계가 있다는 사실 등 불법행위의 요건사실에 대하여 현실적이고도 구체적으로 인식하였을 때를 의미한다.[137]

또한 '손해를 안다는 것은' 단순히 손해발생의 사실만을 아는 것으로는 부족하고 가해행위가 불법행위로서 이를 원인으로 하여 손해배상을 소구할 수 있다는 사실까지를 아는 것을 의미하는 것이다.[138]

나아가 피해자 등이 언제 위와 같은 불법행위의 요건사실을 현실적이고도 구체적으로 인식한 것으로 볼 것인지는 개별적 사건에 있어서의 여러 객관적 사정을 참작하고 손해배상청구가 사실상 가능하게 된 상황을 고려하여 합리적으로 판단하여야 한다.[139]

불법행위의 가해자에 대한 형사사건의 제1심에서 무죄판결이 선고되었다가 항소심에서 유죄판결이 선고된 사안에서, 위 가해자가 수사단계에서부터 혐의를 극력 부인하고 위 형사사건의 제1심에서 무죄판결이 선고되기까지 하였으므로, 피해자로서는 위 형사사건의 항소심에서 유죄판결을 한 때에 이르러서야 비로소 불법행위의 가해자를 현실적이고 구체적으로 인식하였다고 봄이 상당하다고 한 사례가 있다.[140]

하급심 판결에서는 관련사건(약속어음금 청구소송)의 판결확정 후 투자자가 금융투자업자의 불법행위로 인한 구체적인 손해 발생을 알 수 있었으므로, 소멸시효는 관련사건의 판결확정시부터 진행한다고 판시한 사례가 있다.[141]

---

137) 대법원 2010. 5. 27. 선고 2010다7577 판결
138) 대법원 1975. 3. 25. 선고 75다233 판결, 1981. 1. 13. 선고 80다1713 판결, 1990. 1. 12. 선고 88다카25168 판결, 대법원 1996. 8. 23. 선고 95다33450 판결
139) 대법원 1998. 7. 24. 선고 97므18 판결, 대법원 1999. 9. 3. 선고 98다30735 판결, 대법원 2008. 4. 24. 선고 2006다30440 판결, 대법원 2010. 5. 27. 선고 2010다7577 판결
140) 대법원 2010. 5. 27. 선고 2010다7577 판결
141) 서울동부지방법원 2008. 10. 23. 선고 2008가합5859 판결

나. 가해행위와 손해발생간 시간적 간격이 있는 경우

가해행위와 이로 인한 현실적인 손해의 발생 사이에 시간적 간격이 있는 불법행위에 기한 손해배상채권에 있어서 소멸시효의 기산점이 되는 불법행위를 안 날이라 함은 단지 관념적이고 부동적인 상태에서 잠재하고 있던 손해에 대한 인식이 있었다는 정도만으로는 부족하고 그러한 손해가 그 후 현실화된 것을 안 날을 의미한다.142)

다. 임의매매의 경우

HTS에 접속하여 매매 및 잔고내역을 확인하였거나 월간매매내역통보서를 수령한 날 또는 손실보상을 요구한 날 등에 투자자가 임의매매사실을 알았다고 보아야 할 것이다.

라. 과당매매의 경우

과당매매는 포괄적 일임매매의 약정 등 증권업자에 의한 투자자의 계좌지배를 그 성립요건으로 하고 있을 뿐만 아니라 일반 투자자의 입장에서 주식거래 전문가인 증권회사나 그 직원의 충실의무 위반 사실이나 손해와의 상당인과관계를 파악하는 것은 용이한 일이 아니다.

이와 같은 점을 감안하면 설령 투자자가 거래내역 및 잔고현황에 관한 통지를 매달 수령함으로써 이 사건 주식계좌의 예탁자산이 감소되고 있다는 사실을 알았다고 하더라도 그러한 사정만으로 주식전문가가 아닌 투자자가 증권회사 직원의 주식거래행위가 충실의무를 위반하여 투자자의 이익을 무시하고 회사의 영업실적만을 증대시키기 위한 위법한 행위인지, 그 위법행위와 원고의 손해 사이에 상당인과관계가 존재하는지 까지 알게 되었다고 보기 어렵다고

142) 대법원 1992. 12. 8. 선고 92다29924 판결, 대법원 2001. 1. 19. 선고 2000다11836 판결

판시한 사례가 있다.[143)]

마. 사업보고서, 감사보고서의 허위기재

'당해 사실을 안 날' 이란 청구권자가 사업보고서의 허위기재나 기재누락의 사실을 현실적으로 인식한 때라고 볼 것이고, 일반인이 그와 같은 사업보고서의 허위 기재나 기재 누락의 사실을 인식할 수 있는 정도라면 특별한 사정이 없는 한 청구권자도 그러한 사실을 현실적으로 인식하였다고 봄이 상당하다.[144)]

'당해 사실을 안 날' 이란 청구권자가 감사보고서의 기재누락이나 허위기재를 현실적으로 인식한 때이다.[145)]

바. 소멸시효와 신의칙

다음의 경우 채무자가 소멸시효의 완성을 주장하는 것이 신의성실의 원칙에 반하여 권리남용으로서 허용될 수 없다.[146)]

① 채무자가 시효완성 전에 채권자의 권리행사나 시효중단을 불가능 또는 현저히 곤란하게 한 경우

② 채무자가 채권자의 권리행사 또는 시효중단 조치가 불필요하다고 믿게 하는 행동을 한 경우

③ 객관적으로 채권자가 권리를 행사할 수 없는 장애사유가 있는 경우

④ 일단 시효완성 후에 채무자가 시효를 원용하지 아니할 것 같은 태도를

---

143) 부산지방법원 2009. 1. 8. 선고 2008가합7720 판결

144) 대법원 1997. 9. 12. 선고 96다41991 판결, 대법원 2008. 11. 27. 선고 2008다31751 판결, 대법원 2010. 8. 19. 선고 2008다92336 판결

145) 대법원 2008. 7. 10. 선고 2006다79674 판결은 "소외 1 주식회사의 분식회계에 관한 금융감독원의 조사 결과가 발표된 2002. 3. 14.경 이후에는 원고도 소외 1 주식회사의 1999 회계연도 재무제표가 원심 판시와 같이 분식되었고 감사업무를 수행한 피고가 이를 밝혀내지 못하였다는 사실을 알았으리라고 추단할 수 있다."라고 판시하였다.

146) 대법원 1999. 12. 7. 선고 98다42929 판결, 대법원 2002. 10. 25. 선고 2002다32332 판결

보여 권리자로 하여금 그와 같이 신뢰하게 한 경우

⑤ 채권자보호의 필요성이 크고, 같은 조건의 다른 채권자가 채무의 변제를 수령하는 등의 사정이 있어 채무이행의 거절을 인정함이 현저히 부당하거나 불공평하게 되는 경우

8. 중도환매가능 수익증권

가. 중도환매가능 수익증권의 손해배상액 산정

금융투자업자들의 투자자보호의무 위반으로 인하여 투자자들이 입은 손해는 수익증권을 매수함으로써 회수하지 못하게 되는 투자금액과 장차 얻을 수 있을 이익을 얻지 못한 일실수익의 합계액이라고 할 것이다.

금융투자업자들의 투자자보호의무 위반으로 인한 투자자들의 투자결정은 원칙적으로 수익증권을 만기까지 보유하는 것을 전제로 이루어졌고, 다만 금융투자업자들에게 만기 이전에 수익증권을 환매할 수 있는 선택권이 부여되어 있을 뿐이다.

해당 수익증권(집합투자증권)은 만기까지 분기별 확정수익금이 지급되고 기준가격이 변동하는 구조로서 만기시점까지 회수할 수 있는 금액을 미리 예측하기도 어렵다.

이 경우 금융투자업자들의 위법행위로 인한 투자자들의 손해는 만기 시점이나 투자자들이 실제 환매한 시점에서야 현실적, 확정적으로 발생하고, 그 시점을 기준(만기시점 또는 환매한 시점)으로 그때까지 발생한 투자자들의 손해는 금융투자업자들의 가해행위와 인과관계가 있다.[147]

금융투자업자들이 투자자들에게 환매에 관한 안내문을 송달하거나 투자자들이 중도 환매할 수 있었다 하더라도 환매에 관한 안내문을 송달받은 시점이나 그 직후 중도 환매할 수 있었던 시점까지의 손해만으로 제한되는 것이 아니다.

147) 대법원 2011. 7. 28. 선고 2010다101752 판결

펀드를 중도 환매하지 않고 또 그 만기가 도래하지 않은 상태에서 투자자가 금융투자업자를 상대로 손해배상을 청구한 사안에서 손해액을 구체적으로 확정할 수 없다는 이유로 기각한 사례가 있다.[148]

나. 중도 환매가격에 관한 설명의무 위반과 손해배상

중도 환매가격에 관한 설명의무 위반으로 입게 된 손해의 범위는, 그 설명의무 위반으로 투자자가 중도 환매가격에 관하여 오해를 함으로써 갖게 된 기대이익의 상실 즉, 중도 환매 시 원금 전액에서 소정의 수수료를 제외한 금액과 중도 환매 시 지급받거나 받을 수 있는 금액과의 차액을 넘을 수 없다고 보아야 한다.

그리고 언제든지 중도 환매를 할 수 있는 수익증권의 특성과 손해의 공평·타당한 분담을 이념으로 하는 손해배상제도의 취지 등에 비추어 보면, 손해액의 산정시점은 특별한 사정이 없는 한 투자자가 수익증권의 중도 환매를 할 수 있었던 시점을 기준으로 한다.

따라서 투자자가 금융투자업자로부터 수익증권의 환매가격이 원금의 50% 정도에 불과하다는 사실에 관하여 설명을 들었고, 투자자가 그에 관하여 이의를 제기하며 원금 전액의 반환과 손해배상 등을 요구하였다면 설명의무위반으로 인한 손해배상은 위 투자자의 손해배상 요구시점을 기준으로 산정하여야 한다.[149] 즉, 투자자의 손해배상 요구시점 이후부터 만기시까지의 손해액은 인정되지 않는다.

148) 서울고등법원 2010. 8. 12. 선고 2009나87876 판결
149) 대법원 2010. 11. 11. 선고 2008다52369 판결

Ⅳ. 사용자 책임

1. 민법의 규정

타인을 사용하여 어떤 사무에 종사하게 한 자 및 사용자에 갈음하여 그 사무를 감독하는 자는 피용자가 그 사무집행에 관하여 제3자에게 손해를 준 때에 그 피용자의 선임 및 사무감독을 게을리하지 않았음을 입증하지 못하면 그 손해를 배상할 책임이 있다(민법 제756조).

기업의 피용자가 외부의 제3자에게 준 손해는 이를 기업으로 하여금 배상케 하는 것이 공평할 뿐만 아니라 피해자 쪽에서 보더라도 자력이 없는 피용자를 상대로 하는 것보다는 기업을 상대로 하는 편이 훨씬 충분한 구제를 얻을 수 있다. 민법 제756조의 책임은 이른바 기업책임으로서 특별히 중요한 기능을 가진다.

2. 사용자와 피용자의 관계

가. 사용관계의 의미

사용자책임이 성립하려면 사용자와 불법행위자 사이에 어떤 사무에 종사하게 하는 사용・피용의 사용관계가 있어야 한다.

민법 제756조의 사용자와 피용자의 관계는 반드시 유효한 고용관계가 있는 경우에 한하는 것이 아니고, 사실상 어떤 사람이 다른 사람을 위하여 그 지휘・감독 아래 그 의사에 따라 사업을 집행하는 관계에 있을 때에도 그 두 사람 사이에 사용자, 피용자의 관계가 있다고 할 수 있다.[150)]

---

150) 대법원 1994. 9. 30. 선고 94다14148 판결, 대법원 1996. 10. 11. 선고 96다30182 판결, 대법원 2003. 12. 26. 선고 2003다49542 판결

나. 사실상 지휘·감독관계 인정사례

증권회사는 소외인이 증권회사의 압구정지점 내에 설치된 고객용 사이버트레이딩룸에서 증권회사 소속 투자상담사들과 함께 투자자의 계좌를 운용하여 선물·옵션거래 업무를 수행하는 것을 용인하였고, 또한 위 압구정지점의 직원들이 소외인을 증권회사의 내부 직위로 오인할 만한 '이사'의 직함으로 호칭하도록 방치하였다.

소외인은 투자자에게 증권회사 압구정지점에 계좌를 개설하도록 권유한 후, 자신이 증권회사의 이사인 것으로 행세하였다.

증권회사는 투자자들의 이 사건 선물·옵션거래로 인하여 수익한 수수료의 일부를 소외인과 증권회사 소속 투자상담사들에게 지급하였다.

위와 같은 점에 비추어 증권회사가 ① 그 소속 직원이 아니면서도 사실상 고객에 대한 투자상담사로서의 업무를 수행하는 자에게 그 영업지점 내의 사무실을 제공하거나 사무실의 사용을 묵인·방치하고, ② 증권회사의 직원들이 그를 내부 직원으로 오인할 만한 직함으로 호칭하도록 방치하면서, ③ 그에게 투자상담행위에 따른 수수료까지 지급하였다면, 증권회사와 그러한 자 사이에는 비록 유효한 고용관계가 없다 하더라도 사실상의 지휘·감독관계가 있다고 인정한 사례가 있다.[151]

① 특정 종목의 주식 등에 투자하는 행위는 증권회사의 주요 업무인 점, ② 관련 거래가 증권회사가 담당직원에게 제공한 사무실에서 증권회사의 영업시간 중에 이루어진 점, ③ 증권회사는 계약직 직원에 불과한 담당직원에게 '투자상담실장' 이라는 호칭의 사용을 허락하여 투자자가 담당직원을 증권회사의 간부 직원으로 오인했을 수도 있는 점, ④ 증권거래법 위반 전과가 있는 담당직원을 투자상담사로 채용하였고 참여거래가 이루어지고 있음을 알았음에도 시정하지 않은 점 등을 고려하면 담당직원의 행위는 외형상 증권회사의 사무집행행위 또는 그와 관련된 행위로 볼 수 있다고 판시한 사례가 있다.[152]

---

151) 대법원 2007. 7. 12. 선고 2006다53344 판결
152) 대법원 2009. 5. 14. 선고 2007다75921 판결

다. 사실상 지휘·감독관계 부정사례

증권회사 지점의 소외 상주고객이 'HTS룸'을 사실상 혼자 사용하다시피 한 사실은 인정되나, ① 'HTS룸'은 고객의 편의를 위해 인터넷 주식거래를 할 수 있도록 한 방으로 원래는 고객이라면 누구든지 이용할 수 있는 시설인 점, ② 소외 상주고객은 직위와 성명이 기재된 직원 명찰과 회사배지를 부착하지 않고 있었던 점, ③ 투자자와 소외 상주고객 사이에 체결된 약정서에 소외 상주고객이 직원임을 표시하는 문구가 기재되지 않은 점, ④ 당시 투자자와 소외 상주고객을 '사장'으로 불러 온 사실 등으로 볼 때 투자자가 소외 상주고객을 증권회사 직원으로 오인했다고 보기 어려우며 설령 오인했더라도 이는 투자자의 중대한 과실에 기인하므로 증권회사의 책임을 묻기 어렵다고 판시한 사례가 있다.[153]

증권회사가 비록 고객에게 투자상담사실의 빈자리를 제공하여 그 자리에 비치된 컴퓨터와 책상을 이용하여 주식거래를 하도록 한 사실은 인정되나, ① 증권회사가 고객이 사용하던 책상위에 명패를 부착하지도 않고 직원증을 발급하지도 않은 사실, ② 증권회사 직원들이 고객을 '이여사님'이라고 호칭하고 다른 고객들에게 고객이 직원이 아니라고 소개한 사실, ③ 증권회사가 지점내에 영업직원의 이름과 사진을 게재하고 무자격자의 투자상담에 주의하라는 취지의 경고문을 부착한 사실, ④ 그밖에 투자자 역시 고객과의 전화연락을 부탁할 때 '이여사님'을 바꿔달라고 한 사실 등을 종합하면 증권회사가 고객에게 직원의 외관을 부여하였다거나 투자자가 고객을 직원으로 오인하였다고 보기 어려워 사용자책임을 인정할 수 없다고 판시한 사례가 있다.[154]

라. 명의대여관계

타인에게 어떤 사업에 관하여 자기의 명의를 사용할 것을 허용한 경우에 그

---

153) 서울동부지방법원 2009. 4. 24. 선고 2008나5313 판결
154) 서울중앙지방법원 2006. 2. 16. 선고 2005가합26494 판결

사업이 내부관계에 있어서는 타인의 사업이고 명의자의 고용인이 아니라 하더라도 외부에 대한 관계에 있어서는 그 사업이 명의자의 사업이고 또 그 타인은 명의자의 종업원임을 표명한 것과 다름이 없으므로, 명의사용을 허용받은 사람이 업무수행을 함에 있어 고의 또는 과실로 다른 사람에게 손해를 끼쳤다면 명의사용을 허용한 사람은 민법 제756조에 의하여 그 손해를 배상할 책임이 있다.[155)]

또한 명의대여관계의 경우 민법 제756조가 규정하고 있는 사용자책임의 요건으로서의 사용관계가 있느냐 여부는 실제적으로 지휘·감독을 하였느냐의 여부에 관계없이 객관적·규범적으로 보아 사용자가 그 불법행위자를 지휘·감독해야 할 지위에 있었느냐의 여부를 기준으로 결정하여야 한다.[156)]

피고 갑은 자신이 고객들에게 제공하여야 할 증권정보 서비스를 이 사건 용역계약에 따라 피고 을에게 위탁하여 대신 제공하도록 하였고, 피고 을은 피고 갑이 운영하는 인터넷 사이트에서 피고 갑 소속 주식투자 전문가로 활동하면서 증권방송을 진행하였던 사실 등에 비추어 피고 갑은 객관적·규범적으로 보아 위와 같은 인터넷 증권방송 등을 통한 증권정보 서비스 제공에 있어서 피고 을이 불법행위로 타인에게 손해를 가하지 아니하도록 지휘·감독하여야 할 사용자로서 그 사무집행과 관련된 피고 을의 원고에 대한 불법행위에 관하여 사용자책임을 부담한다고 판시한 사례가 있다.[157)]

3. 투자권유대행인의 불법행위와 사용자책임

민법 제756조는 투자권유대행인이 투자권유를 대행함에 있어서 투자자에게 손해를 끼친 경우에 준용하므로(법 제52조 제5항), 금융투자업자는 투자자에게

155) 대법원 1998. 5. 15. 선고 97다58538 판결, 대법원 2001. 8. 21. 선고 2001다3658 판결
156) 대법원 1997. 4. 11. 선고 97다386 판결, 대법원 2001. 8. 21. 선고 2001다3658 판결
157) 서울동부지방법원 2012. 6. 13. 선고 2011가합15764 판결, 대법원 2015. 6. 24. 선고 2013다13849 판결로 확정됨.

투자권유대행인의 불법행위로 인한 손해를 배상하여야 한다.

증권회사의 전담투자상담사는 일반고객을 상대로 주식 및 채권의 매매거래에 관한 위탁을 권유하거나 투자에 관한 상담 등을 하는 자인 바, 증권회사의 전담투자상담사인 소외 이00이 그 개인 명의의 통장으로 투자자들의 투자금을 입금받고 이례적으로 높은 수익률을 보장하는 등 정상적인 주식, 채권 거래를 벗어난 행위를 한 점은 인정되나, ① 증권회사의 전담투자상담사인 소외 이00이 테니스 동호회에서 알게 된 투자자 문00에게 자신이 증권회사 00지점의 투자상담실장이라고 소개하면서 투자를 권유한 점, ② 이에 투자자들은 주식, 채권 등에 투자할 것을 마음먹고 증권회사 00지점에 내점하여 위 이00로부터 투자 상담을 받고 위 이00에게 주식, 채권 등의 매매거래를 포괄적으로 위탁한 점에 비추어 볼 때, 전담투자상담사로서 위 이00의 본래 직무와 이 사건 불법행위는 상당히 관련되어 있다.

전담투자상담사는 증권회사의 일반직원과 달리 거래실적에 따라서 수수료를 지급받기 때문에 그 업무 특성상 일반직원에 비해 고객에게 과도하게 투자를 권유하거나 투자자의 주식계좌를 이용하지 않고 차명계좌를 이용하여 투자금을 운용하는 등의 위법하거나 불건전, 부당한 행위를 할 위험성이 높다. 이러한 위험을 방지하기 위하여 증권회사의 영업행위에 관한 규정에서 증권회사에 전담투자상담사에 대한 감독의무를 특별히 규정하고 있다.

증권회사는 고객 유치를 위하여 일반직원 외에 소외 이00과 같은 전담투자상담사와 계약을 맺고 이들을 활용하면서 수수료의 절반 정도를 이00에게 지급하는 점에 비추어 고객유치 및 영업실적의 상당부분을 상담사에게 의존하는 것으로 보인다.

소외 이00이 개인통장으로 투자금을 입금받아 차명계좌로 그 돈을 관리하고 있다는 것을 증권회사 00지점의 부지점장인 민00, 남00 과장, 제00 과장 등은 알고 있었고 일부는 위 이00의 지시에 따라 일부 거래를 처리해 주기도 하였다.

위와 같은 사실에 비추어 볼 때, 증권회사는 전담투자상담사인 위 이00의 위법한 행위를 방지하기 위하여 상당한 주의를 기울였어야 함에도 불구하고 이를 게을리한 책임이 있다고 판시한 사례가 있다.[158]

4. 사무집행 관련성

가. 사무집행 관련성의 판단기준

민법 제756조에 규정된 사용자책임의 요건인 '사무집행에 관하여' 라는 뜻은 피용자의 불법행위가 외형상 객관적으로 사용자의 사업활동 내지 사무집행 행위 또는 그와 관련된 것이라고 보여질 때에는 행위자의 주관적 사정을 고려함이 없이 이를 사무집행에 관하여 한 행위로 본다는 것이다.[159]

외형상 객관적으로 사용자의 사무집행에 관련된 것인지의 여부는 ① 피용자의 본래 직무와 불법행위의 관련 정도 및 ② 사용자에게 손해 발생에 대한 위험창출과 방지조치 결여의 책임이 어느 정도 있는지를 고려하여 판단하여야 한다.[160]

나. 외형상 사무집행에 관한 행위 인정례

증권회사의 지점장인 직원이 투자자로부터 위탁받은 주식을 매도한 다음, 위 주식매도대금을 지급받기 위하여 증권회사 영도지점에 찾아온 투자자에게 '지점장으로서 실적을 쌓아야 하는데 도와 달라.' 고 하면서 위 주식매도대금의 일부인 466,726,096원(이 사건 금원)을 국채 등 채권에 투자하겠으니 이를 다시 위탁할 것을 권유하였고, 이에 투자자가 이 사건 금원을 증권회사 직원에게 위탁하였다는 것인바, 직원의 투자 권유 및 이 사건 금원을 위탁받은 행위는 외형상 증권회사의 사무집행과 관련된 행위에 해당한다고 판시한 사례가 있다.[161]

---

158) 서울남부지방법원 2007. 7. 5. 선고 2006가합5209 판결
159) 대법원 1992. 2. 25. 선고 91다39146 판결, 대법원 2003. 12. 26. 선고 2003다49542 판결, 대법원 1999. 1. 26. 선고 98다39930 판결, 대법원 2006. 9. 14. 선고 2004다53203 판결, 대법원 2009. 5. 14. 선고 2007다75921 판결
160) 대법원 1992. 2. 25. 선고 91다39146 판결, 대법원 2003. 12. 26. 선고 2003다49542 판결, 대법원 1999. 1. 26. 선고 98다39930 판결, 대법원 2006. 9. 14. 선고 2004다53203 판결, 대법원 2009. 5. 14. 선고 2007다75921 판결

증권회사의 투자상담사가 투자자로부터 주식거래를 포괄적으로 일임받아 거래하던 중 그를 기망하여 작성한 출고전표 등을 이용하여 투자자의 주식을 편취·횡령한 경우 법원은 증권회사의 사용자책임을 인정하고 있다.

소외 1의 주식 편취와 횡령행위는 소외 1이 증권회사의 투자상담사로 활동하면서 그 업무와 관련하여 투자자와의 사이에 포괄적인 주식일임매매약정을 체결하고 그 약정에 따라 투자자 명의 계좌에서의 주식거래를 포괄적으로 일임받아 거래하는 과정에서 기망적 방법으로 투자자로 하여금 출고전표에 날인하게 하거나 이를 위조한 후 이를 이용하여 이 사건 주식을 대체출고하는 방법으로 한 것이므로 결국 소외 1의 위 불법행위는 외관상 투자상담사로서의 그 업무와 관련된 행위인 것으로 봄이 상당하고, 또한 피용자인 소외 1이 그 업무수행과정에서 투자자의 주식을 편취, 횡령하는 불법행위를 하였다는 점에서 증권회사에게 사용자책임이 인정된다고 판시한 사례가 있다(증권회사 직원의 횡령행위).[162]

증권회사의 직원인 이00가 투자자로부터 지속적으로 투자금을 수령한 행위 및 투자자에게 수익금 명목의 금원을 지급하고 잔고내역서를 교부하는 등의 행위는 투자금을 편취하고자 하는 이00의 주관적 사정과 관계없이 외형상 객관적으로 증권회사의 사무집행행위에 해당한다고 판시한 사례가 있다.[163]

증권회사의 직원은 투자자 법인의 자금담당직원의 허위 잔고증명서 발급 요청이 정상이 아님을 알았거나 알 수 있었음에도 상부 보고 등의 조치를 취하지 아니하고 허위잔고증명서를 발급하여 범죄행위를 용이하게 하였고, 위 투자자 법인으로 하여금 동 범죄행위의 발견을 어렵게 하였으므로 증권회사의 사용자책임이 인정된다고 판시한 사례가 있다(증권회사 직원의 잔고증명서의 허위발급).[164]

증권회사 담당직원이 투자자에게 투자를 권유하여 국공채 등 투자금 명목으로 돈을 받은 행위는 투자상담사의 업무를 처리하는 담당직원의 고유업무와 밀접한 관련을 갖는 것일 뿐만 아니라 외관상으로도 직무수행과 유사하여 직

---

161) 대법원 2007. 4. 12. 선고 2006다11562 판결
162) 대법원 2006. 9. 14. 선고 2004다53203 판결
163) 서울중앙지방법원 2012. 5. 11. 선고 2011가합45175 판결
164) 서울동부지방법원 2008. 10. 23. 선고 2008가합5859 판결

무행위에 속하는 것으로 보여지므로 증권회사는 담당직원의 사용자로서 투자자에게 손해를 배상할 책임이 있다.165)

① 증권회사의 직원이 투자자에게 투자를 권유하고 자문한 것은 증권회사 업무중의 하나인 점, ② 증권회사 직원이 투자자를 물색하던 중 투자자 법인의 관리직원으로부터 투자자 법인을 소개받아 지점에서 투자권유와 상담이 이루어진 점, ③ 각서상 증권회사명과 증권회사 직원명이 함께 기재되어 있고, 또 다른 증권회사 직원이 현금보관증을 교부한 점, ④ 증권회사 계좌에서 금원이 인출되고 매수된 주권이 증권회사 계좌로 입고된 점 등에 비추어 증권회사 직원의 부당권유 행위는 외형상 객관적으로 사용자의 사업활동 내지 사무집행행위 또는 그와 관련된 것이라고 봄이 상당하다고 판시한 사례가 있다.166)

다. 외형상 사무집행에 관한 행위 부정례

투자자가 증권회사에 자신의 계좌가 존재함에도 소외 지점장 계좌에 금원을 입금하고 지점장으로부터 '채권자 투자자', '채무자 지점장' 으로 기재된 현금보관증을 교부받은 점, 지점장이 특별히 투자자에게 투자를 권유한 사실이 없는데도 투자자가 지점에 현금을 가지고 와서 상담을 요청한 경위를 쉽사리 납득할 수 없는 점 등에 비추어 보면 달리 지점장이 증권회사의 업무와 관련하여 투자자로부터 돈을 받은 것이라는 점을 인정할 증거가 없다.167)

가사 지점장이 투자자로부터 증권회사 후순위채를 매입해주겠다고 하면서 금원을 받았다고 하여도 투자자가 지점장과의 과거 거래사실이 없으면서도 현금보관증만 받고 1년간 실제로 후순위채를 매입하였는지 여부에 대하여 전혀 확인을 하지 않은 점 등에 비추어 보면 투자자에게 중과실이 있었다고 보여지므로 투자자는 증권회사에게 손해배상 책임을 물을 수 없다고 판시한 사례가 있다.168)

---

165) 대전고등법원 2006. 4. 27. 선고 2004나6793 판결(투자자 60% 과실상계)
166) 서울고등법원 2006. 3. 8. 선고 2005나48408 판결
167) 서울중앙지방법원 2005. 11. 11. 선고 2005나9134판결
168) 서울중앙지방법원 2005. 11. 11. 선고 2005나9134판결

① 투자자는 증권회사의 담당직원이 제공한 약속어음을 담보로 제공하면서 돈을 투자할 것을 권유받은 후 이를 담당직원에게 주었다는 것인데, i) 증권회사 직원이 남긴 서식에 금전차입 사실이 기재되어 있고, ii) 투자자가 증권회사 직원으로부터 약속어음을 교부받은 사실에 비추어 보면, 투자자가 증권회사 직원에게 개인적으로 돈을 대여한 것이 아닌지 의문이 들고, ② 통상 금융기관의 직원이 투자자에게 담보로 약속어음을 교부하면서 돈을 투자할 것을 권유한 경우 투자자가 조금만 더 주의를 기울였다면 직원이 증권회사의 업무와 관련이 없는 용도로 돈을 사용할 것이라는 것을 쉽게 알 수 있었을 것이므로 중대한 과실이 있다고 하면서 증권회사의 사용자책임을 부인한 사례가 있다.[169)]

라. 차명계좌 투자금 입금에도 사용자 책임 인정례

투자자들이 증권회사 방배지점에 증권거래계좌를 개설하지 않았거나 이미 개설되어 있는 증권거래계좌를 이용하지 않은 채 이와는 별도로 증권회사가 아닌 소외인 증권회사 직원과 사이에 특정금원을 투자하여 관리하도록 하고 자신은 그로부터 비교적 고율의 이자를 받는 등의 방법으로 개인적인 자금투자거래관계를 맺어 오고 있었다는 사정만으로 곧바로 투자자들이 증권회사 직원의 위와 같은 행위가 증권회사의 사무집행행위에 해당하지 않음을 알았다거나 중대한 과실로 알지 못하였던 것이라고 단정할 것은 아니라고 판시한 사례가 있다.[170)]

증권회사 직원은 증권회사의 법인투신본부장으로 투자자로부터 ELS 등 금융상품에 투자하겠다며 자신의 차명계좌로 투자금을 입금받아 금융상품에 투자하지 아니하고 선물・옵션거래를 한 사안에서 ELS 등 금융상품에 대한 투자권유행위는 법인투신본부장인 증권회사 직원의 고유업무와 밀접한 관련이 있는 행위이므로, 외형상 객관적으로 증권회사의 사무집행과 관련된 행위라고

---

169) 수원지방법원 2011. 5. 13. 선고 2010나33412 판결

170) 대법원 1998. 3. 27. 선고 97다19687 판결, 대법원 2009. 5. 14. 선고 2007다75921 판결

봄이 상당하므로 증권회사의 사용자책임이 인정된다고 판시한 사례가 있다.[171)]

① 선물의 경우 상품의 종류가 많고 가격이 다양하며 거래에 수반되는 위험성이 높아 그에 관한 지식이 어느 정도 있어야 거래를 할 수 있고, 증권회사 직원들이 고객의 투자금을 위탁받아 관리하는 일임매매 방식이 편법으로 흔히 사용되고 있었던 것으로 보이는 점, ② 투자자는 00선물 또는 이00 명의로 수익금을 지급받았고, 증권회사 명의의 잔고내역서를 교부받았기 때문에 자신의 투자가 정상적으로 이루어지고 있었다고 믿었을 것으로 보이는 점 등에 비추어 보면, 단순히 투자자가 황00과 친분관계를 맺고 있고, 황00, 이00의 투자권유에 따라 이들 명의의 계좌에 투자금을 송금하였다는 사정만으로는 투자자의 사용자책임을 부정하기에 부족하다고 판시한 사례가 있다.[172)]

마. 차명계좌 투자금 입금시 사용자책임 부정례

① 투자자가 자기 명의의 선물옵션계좌를 증권회사에 개설하지 않고 증권회사 직원 명의의 개인계좌로 이 사건 투자금을 입금한 사실, ② 투자자는 증권회사 직원이 개인적으로 펀드를 만들어 차명계좌를 통하여 선물옵션거래를 하는 사실을 잘 알면서 보다 효과적인 투자를 하기 위하여 증권회사 직원의 펀드에 투자하는 형식으로 이 사건 투자를 한 사실, ③ 투자자가 증권회사 직원으로부터 이 사건 투자의 실제 수익과 무관하게 매월 고율의 수익배당을 받고, 원금반환을 보장받으며 소외인이 위약하는 경우 그 배상을 받기로 약정하면서 다른 투자자들과 달리 구두약정 외에 이 사건 투자계약서까지 작성받은 사실, ④ 투자자가 증권회사 직원으로부터 별도로 각 투자금에 대한 개인 명의의 현금보관증을 받아 둔 사실, ⑤ 투자자가 2년 4개월 동안 34회에 걸쳐 증권회사 직원으로부터 약정된 고율의 수익배당을 수령하면서 증권회사는 물론 직원에 대하여도 투자에 따른 거래내역을 점검하지 않은 사실, ⑥ 투자자와 직원은 이 사건 투자를 증권회사를 포함한 제3자에게 비밀로 하되, 이를

171) 서울중앙지방법원 2009. 5. 15. 선고 2008가합107127 판결
172) 서울중앙지방법원 2012. 5. 11. 선고 2011가합45175 판결

위반할 경우 투자자는 투자금 반환을 요구할 수 없도록 약정한 사실, ⑦ 투자자가 직원에게 투자금 대출에 따른 대출수수료를 공제한 금액을 투자금으로 입금하면서도 계산상으로는 위 대출수수료를 투자 원금에 포함하고, 직원으로부터 위 약정된 수익배당 외에 위 투자에 따른 대출금 이자도 수령한 사실 등을 인정한 다음, 위 인정 사실을 종합하면 투자자는 증권회사와 무관하게 직원 개인에게 고율의 수익배당을 받을 목적으로 선물옵션의 매매위탁을 하여 왔으므로 소외인의 행위를 외관상 증권회사의 사무집행에 관하여 한 행위로 보기 어렵다고 판시한 사례가 있다.[173)]

5. 피해자의 중대한 과실

가. 피해자의 중대한 과실

피용자의 불법행위가 외관상 사무집행의 범위 내에 속하는 것으로 보이는 경우에 있어서도, 피용자의 행위가 사용자의 사무집행행위에 해당하지 않음을 피해자 자신이 알았거나 또는 중대한 과실로 알지 못한 경우에는 사용자에 대하여 사용자책임을 물을 수 없다.[174)]

나. 법인의 대리인에 의한 배임적 대리행위

법인이 피해자인 경우 법인의 업무에 관하여 포괄적 대리권을 가진 대리인이 가해자인 피용자의 행위가 사용자의 사무집행행위에 해당하지 않음을 안 때에는 피해자인 법인이 이를 알았다고 보아야 하고, 이러한 법리는 그 대리인이 본인인 법인에 대한 관계에서 이른바 배임적 대리행위를 하는 경우에도 마찬가지라고 할 것이다.[175)]

---

173) 대법원 2006. 12. 7. 선고 2004다30170 판결

174) 대법원 1996. 4. 26. 선고 94다29850 판결, 대법원 1996. 12. 10. 선고 95다17595 판결, 대법원 2009. 5. 14. 선고 2007다75921 판결

증권회사 직원이 피해자 회사의 경리이사와 공모하여 환매조건부채권 예금계좌에 입금한 피해자 회사의 자금으로 임의로 주식거래를 한 사안에서, 위 증권회사 직원의 행위가 증권회사의 사무집행행위에 속하지 않는다는 것을 위 경리이사가 알고 있었으므로 피해자 회사가 이를 알았다고 보아 피해자 회사는 위 증권회사에 대하여 사용자책임을 물을 수 없다고 한 사례가 있다.[176)]

허위잔고증명서 발급행위가 증권회사 직원의 직무범위 내에서 적법하게 이루어지지 않은 것과 관련하여 피해자가 법인인 경우 법인의 업무에 관하여 포괄적인 대리권을 가진 대리인이 가해자인 피용자의 행위가 사용자의 사무집행행위에 해당하지 않음을 안 때에는 사용자책임을 물을 수 없으나 투자자 법인의 자금담당직원이 투자자 법인으로부터 포괄적인 대리권을 수여받은 대리인이라 볼 수 없으므로, 투자자가 이러한 사정을 알았다고 보기도 어렵다고 판시한 사례가 있다.[177)].

다. 피해자의 중대한 과실을 부정한 사례

증권투자의 경험이 없는 투자자가 투자금에 대하여는 주식매도대금을 운용하여 원금보장과 함께 이자를 지급하겠다는 증권회사 직원의 말만 듣고 이에 대한 구체적인 운용방법과 그 지급시기, 이자율 등에 대하여 확인하지 아니한 채 이를 증권회사 직원에게 별도로 위탁하면서도, 그로부터 명함 뒷면에 이 사건 주식매도대금인 466,726,096원과 차이가 있는 470,000,000원의 금액 등이 수기로 기재되고 단지 증권회사 직원의 개인 서명만이 있는 영수증만을 교부받았을 뿐, 그 외에 증권회사의 통장이나 잔고증명서, 입금증 등 위 돈이 증권회사에 예탁되었음을 나타내는 서류를 교부받지 않았고, 직원이나 증권회사에 대하여 위 위탁금의 운용현황 등을 확인하거나 그 자료를 요구한 적도 없었다는 사정만으로, 직원의 투자권유와 투자금수령행위가 그의 사무집행의 범위를 벗어난 것이라는 사실을 투자자가 알았다거나 중대한 과실로 알지 못하

175) 대법원 2005. 12. 23. 선고 2003다30159 판결, 대법원 2007. 9. 20. 선고 2004다43886 판결

176) 대법원 2007. 9. 20. 선고 2004다43886 판결

177) 서울동부지방법원 2008. 10. 23. 선고 2008가합5859 판결

였다고 단정할 수는 없다고 판시한 사례가 있다.178)

투자자가 금전을 담당직원에게 교부함에 있어 담당직원 개인 명의의 예금계좌를 통하여 입금하였고, 증권투자 수익과 관계없이 매월 고율의 확정이자를 지급받기로 하였으나 이와 같은 사정만으로 담당직원의 투자권유와 금전의 수령행위가 증권회사의 사무집행의 범위를 벗어난 것이라는 것을 투자자가 알았거나 알 수 있었다고 보기 어렵다고 판시한 사례가 있다.179)

라. 피해자의 중대한 과실을 인정한 사례

투자자도 과거 주식투자 경험이 있어 적어도 시세조종행위가 법률상 금지되는 위법한 행위라는 사정 정도는 인식하고 있었을 것인 점, 그럼에도 불구하고 투자자는 작전세력의 시세조종행위에 편승하여 자신의 투자이익을 챙길 목적으로 본건 주식을 매수하였던 점 등 제반 사정을 고려해 보면 투자자는 당시 증권회사 직원의 권유행위가 그 직무권한내에서 적법하게 이루어진 행위가 아니라는 사정을 알았거나 약간의 주의만을 기울였더라도 이를 충분히 알 수 있었을 것으로 인정되므로 결국 증권회사에 대하여 사용자책임을 물을 수는 없다고 판시한 사례가 있다.180)

수익증권 환매대금을 증권회사 담당직원에게 지급하고 투자자 명의의 허위의 수익증권통장을 교부한 형태의 거래는 담당직원 개인에게 투자금을 위탁하는 개인적인 거래라고 봄이 상당하며, 가사 위 행위가 외관상 증권회사의 사무집행에 관한 행위로 보인다고 하더라도 투자자들의 대리인은 위 행위가 증권회사의 사무집행의 범위에 속하지 않음을 알았거나 적어도 중대한 과실로 알지 못하였다고 보이므로 증권회사의 사용자책임을 인정할 수 없다고 판시한 사례가 있다.181)

마. 증권회사 직원의 행위가 증권회사의 대리행위로 볼 수 없음을 투

178) 대법원 2007. 4. 12. 선고 2006다11562 판결
179) 대전고등법원 2006. 4. 27. 선고 2004나6793 판결(투자자 60% 과실상계)
180) 대전고등법원 2006. 1. 13. 선고 2005나6370 판결
181) 부산지방법원 동부지원 2008. 11. 27. 선고 2008가합1193 판결

자자의 대리인이 인지한 경우

진의 아닌 의사표시가 대리인에 의하여 이루어지고 그 대리인의 진의가 본인의 이익이나 의사에 반하여 자기 또는 제3자의 이익을 위한 배임적인 것임을 그 상대방이 알았거나 알 수 있었을 경우에는 민법 제107조 제1항단서의 유추해석상 그 대리인의 행위에 대하여 본인은 아무런 책임을 지지 않는다.

상대방이 대리인의 표시의사가 진의 아님을 알았거나 알 수 있었는가의 여부는 표의자인 대리인과 상대방 사이에 있었던 의사표시 형성과정과 그 내용 및 그로 인하여 나타나는 효과 등을 객관적인 사정에 따라 합리적으로 판단하여야 할 것이다.[182]

증권회사 직원은 증권회사를 대리하여 투자자와 사이에 수익증권저축계약을 체결할 의사가 없음에도 있는 것처럼 행동하여 투자자로부터 그 수익증권저축금 명목의 돈을 지급받아 이를 임의로 사용하였다. 위와 같이 증권회사 직원의 투자자에 대한 수익증권저축계약 체결의 의사표시는 증권회사의 이익과 의사에 반하여 자신의 이익을 위하여 이루어진 '진의 아닌 의사표시'라고 봄이 상당하다.

투자자 명의의 금융거래가 실제로 대리인에 의하여 모두 이루어진 경우 증권회사 직원의 위 배임적 대리행위를 알았거나 알 수 있었는지는 투자자의 대리인을 기준으로 판단하여야 한다.

① 증권회사 담당직원이 투자자의 대리인에게 선물옵션투자를 해보자는 제의를 하자 투자자의 대리인이 이에 응하여 투자금을 담당직원이 지정한 은행계좌에 송금하거나 직접 교부한 사실, ② 그 이후 투자에 대한 수익금 조로 금전을 투자자의 대리인 자신의 은행계좌로 송금받거나 직접 교부받은 사실, ③ 수익증권 환매자금 출금 당시 증권회사의 다른 직원이 증권회사가 아닌 은행계좌로 송금하는 것이 의심스러워 투자자의 대리인에게 유선 확인하였는데

182) 대법원 1998. 2. 13. 선고 97다43826 판결, 1999. 1. 15. 선고 98다39602 판결, 대법원 2004. 2. 26. 선고 2003다59662 판결(신용협동조합의 상무가 정상이자와는 별도의 고율의 이자를 먼저 지급하고 이른바 부외거래의 수법으로 예탁금을 받아 임의로 유용한 사안에서 민법 제107조 제1항 단서를 유추적용하여 예금계약의 성립을 부인함)

투자자의 대리인이 이상 없음을 확인한 사실 등으로 볼 때 투자자의 대리인은 증권회사의 담당직원이 개인적으로 선물옵션거래를 하고 있었다는 점을 알고 있었다고 볼 수 있다. 즉 투자자의 대리인 자신도 증권회사와의 수익증권거래를 위해서가 아닌 개인적 투자목적으로 담당직원에게 위 금전을 지급한 것이라고 봄이 상당하다.

따라서 증권회사 담당직원의 행위는 증권회사를 위한 대리행위로 성립할 수 없으므로 투자자와 증권회사 간에 위 수익증권계약이 성립했다고 볼 수 없다고 판시한 사례가 있다.[183)]

6. 사용자책임과 과실상계 등

가. 과실상계

사용자가 피용자의 과실에 의한 불법행위로 인한 사용자책임을 부담하는 경우와 마찬가지로 피용자의 고의에 의한 불법행위로 인하여 사용자책임을 부담하는 경우에도 피해자에게 그 손해의 발생과 확대에 기여한 과실이 있다면 사용자책임의 범위를 정함에 있어서 이러한 피해자의 과실을 고려하여 그 책임을 제한할 수 있다.[184)]

공동불법행위책임은 가해자 각 개인의 행위에 대하여 개별적으로 그로 인한 손해를 구하는 것이 아니라 가해자들이 공동으로 가한 불법행위에 대하여 그 책임을 추궁하는 것이므로, 법원이 피해자의 과실을 들어 과실상계를 함에 있어서는 피해자의 공동불법행위자 각인에 대한 과실비율이 서로 다르더라도 피해자의 과실을 공동불법행위자 각인에 대한 과실로 개별적으로 평가할 것이 아니고 그들 전원에 대한 과실로 전체적으로 평가하여야 한다.[185)]

183) 부산지방법원 동부지원 2008. 11. 27. 선고 2008가합1193 판결

184) 대법원 1994. 2. 22. 선고 93다53696 판결, 1999. 2. 26. 선고 98다55529 판결, 1999. 10. 8. 선고 99다30367 판결, 2002. 9. 24. 선고 2002다32110 판결, 대법원 2002. 12. 26. 선고 2000다56952 판결

185) 대법원 1991. 5. 10. 선고 90다14423 판결, 대법원 1998. 6. 12. 선고 96다

그러나 이는 과실상계를 위한 피해자의 과실을 평가함에 있어서 공동불법행위자 전원에 대한 과실로 전체적으로 평가하여야 한다는 것이지, 공동불법행위자 중에 고의로 불법행위를 행한 자가 있는 경우에는 피해자에게 과실이 없는 것으로 보아야 한다거나 모든 불법행위자가 과실상계의 주장을 할 수 없게 된다는 의미는 아니다.186) 즉 피용자가 고의로 불법행위를 한 경우에도 사용자의 손해액 산정시 피해자의 과실을 참작할 수 있다.

나. 피용자의 일부 변제의 효력

공동불법행위자로서 타인에게 손해를 연대하여 배상할 책임이 있는 경우 그 불법행위자들의 손해배상 채무액이 동일한 경우에는 불법행위자 1인이 그 손해액의 일부를 변제하면 절대적 효력으로 인하여 다른 불법행위자의 채무도 변제금 전액에 해당하는 부분이 소멸하는 것이나, 불법행위자의 피해자에 대한 과실비율이 달라 배상할 손해액의 범위가 달라지는 경우에는 누가 그 채무를 변제하였느냐에 따라 소멸되는 채무의 범위가 달라지는 것이다.

즉 적은 손해액을 배상할 의무가 있는 자가 불법행위의 성립 이후에 손해액의 일부를 변제한 경우에는 많은 손해액을 배상할 의무 있는 자의 채무가 그 변제금 전액에 해당하는 부분이 소멸하는 것은 물론이나 많은 손해액을 배상할 의무가 있는 자가 손해액의 일부를 변제하였다면 그 중 적은 범위의 손해액을 배상할 의무가 있는 자의 채무는 그 변제금 전액에 해당하는 채무가 소멸하는 것이 아니라 적은 범위의 손해배상책임만을 부담하는 쪽의 과실비율에 상응하는 부분만큼만 소멸하는 것으로 보아야 할 것이다.187)

위와 같은 이치는 사용자의 손해배상책임에 있어서 피용자 본인이 손해액의 일부를 변제한 경우에도 동일하다고 할 것이므로 피용자 본인의 변제금 중에서 사용자의 배상채무가 소멸하는 효력이 있는 범위는 사용자가 배상책임을 부담하여야 할 그의 과실비율에 상응하는 부분에 해당하는 액수에 한정된다고

55631 판결

186) 대법원 2007. 6. 14. 선고 2006다78336 판결

187) 대법원 1994. 2. 22. 선고 93다53696 판결

할 것이다.

따라서 피용자의 불법행위로 인한 모든 손해액을 밝혀 과실상계를 한 다음 여기서 피용자 본인의 변제금 중 사용자의 과실비율에 상응하는 부분만 채무소멸 효과가 있다고 보아야 할 것이다.

이러한 법리는 피용자 본인이 불법행위의 성립 이후에 피해자에 대하여 일부 금원을 지급함에 있어서 명시적으로 손해배상의 일부변제조로 지급한 것은 아니고 그 불법행위를 은폐하거나 아니면 기망의 수단으로 지급한 경우에도 마찬가지로 적용되어 이러한 채무소멸 효과가 있다고 하여야 할 것이다.[188)]

---

188) 대법원 1994. 8. 9. 선고 94다10931 판결, 대법원 1995. 3. 10. 선고 94다5731 판결

제2절 채무증권 및 지분증권

1. 기업어음 및 회사채의 신용평가

기업어음 신용등급은 신용도에 따라 A1에서 D까지 6개의 등급으로 구성되어 있다. 각각의 등급 정의는 아래와 같다.

A1	적기상환능력이 최상이며 상환능력의 안정성 또한 최상임.
A2	적기상환능력이 우수하나 그 안정성은 A1에 비해 다소 열위임.
A3	적기상환능력이 양호하며 그 안전성도 양호하나 A2에 비해 열위임.
B	적기상환능력은 적정시되나 단기적 여건변화 따라 그 안정성에 투기적인 요소가 내포되어 있음.
C	적기상환능력 및 안정성에 투기적인 요소가 큼.
D	상환불능 상태임.

※ 상기등급 중 A2부터 B등급까지는 +, -부호를 부가하여 동일 등급 내에서의 우열을 나타냄

신용평가기관이 부여한 등급에 신용상태 변화요인이 발생할 경우 신용평가기관이 등급변경 검토에 착수하였음을 외부에 공시하는 Watchlist 등록제도(신용상태감시대상 제도)를 시행하고 있고, Watchlist 등록 시 투자자들의 판단을 돕고자 상향검토, 하향검토, 미확정검토 등 세 가지 방향성을 부여하여 공시하고 있다.

기업어음 신용등급은 결산 재무제표 기준일로부터 1년 6개월까지만 유효하다.

회사채는 원리금 지급능력의 정도에 따라 AAA부터 D까지 10개 등급으로 분류된다. 각각의 등급 정의는 아래와 같다.

AAA	원리금 지급능력이 최상급임.
AA	원리금 지급능력이 매우 우수하지만 AAA의 채권보다는 다소 열위임.
A	원리금 지급능력은 우수하지만 상위등급보다 경제여건 및 환경악화에 따른 영향을 받기 쉬운 면이 있음.
BBB	원리금 지급능력이 양호하지만 상위등급에 비해서 경제여건 및 환경악화에 따라 장래 원리금의 지급능력이 저하될 가능성을 내포하고 있음.
BB	원리금 지급능력이 당장은 문제가 되지 않으나 장래 안전에 대해서는 단언할 수 없는 투기적인 요소를 내포하고 있음.
B	원리금 지급능력이 결핍되어 투기적이며 불황시에 이자지급이 확실하지 않음.
CCC	원리금 지급에 관하여 현재에도 불안요소가 있으며 채무불이행의 위험이 커 매우 투기적임.
CC	상위등급에 비하여 불안요소가 더욱 큼.
C	채무불이행의 위험성이 높고 원리금 상환능력이 없음.
D	상환 불능상태임.

※ 상기 등급 중 AA부터 B등급까지는 +, - 부호를 부가하여 동일 등급 내에서의 우열을 나타냄.

회사채 신용등급은 신용등급이 첨부되어 있는 당해 채권의 만기 시까지 그 등급이 유효하다.

2. 대한해운 회사채 사건

가. 사실관계[189]

대한해운 주식회사는 무보증사채권인 이 사건 회사채를 공모 발행하기 위하여 2개 신용평가회사로부터 이 사건 회사채에 관한 신용평가를 받았는데, 2개 회사 모두 그 신용등급을 투자등급인 'BBB+'로 평가하였다.

금융투자업자는 이 사건 회사채 중 200억 원 상당을 인수하여 일반투자자들에게 판매하였는데, 금융투자업자의 직원들은 그 과정에서 투자자들에게 이 사건 회사채의 신용등급이 'BBB+'라는 것과 원본 손실이 발생할 수 있음을 알렸다.

투자자들 대부분은 금융투자업자에게 투자설명서 수령거부 확인서를 작성하여 제출하고 금융업자들로부터 투자설명서 대신 이 사건 회사채에 관한 위 신용평가서를 받았는데, 거기에는 대한해운의 사업위험 및 재무위험에 관한 설명이 구체적으로 기재되어 있었다.

투자자들 일부는 이전에 회사채에 투자한 경험이 있었다.

나. 회사채에서의 설명대상

회사채의 취득과 관련하여 부담하는 위험은 ① 시장금리 수준에 따른 회사채 시가의 변동 위험과 ② 원리금이 만기에 지급되지 아니할 위험, 즉 발행기업의 신용위험 및 ③ 그로 인한 원본 손실 가능성이라고 할 것이다.

따라서 회사채 투자권유시 금융투자업자는 투자자들에게 ① 회사채의 시가변동의 위험 및 ② 회사채 발행기업의 신용위험이 존재하고 ③ 그로 인하여 원본 손실 가능성이 있다는 사실 등을 설명하여야 한다.

사채권의 신용등급은 금융위원회의 인가를 받은 신용평가회사가 사채권의 신용상태를 평가하여 그 결과에 대하여 기호, 숫자 등을 사용하여 표시한 등

---

189) 대법원 2015. 9. 15. 선고 2015다216123 판결

급으로서 사채권을 발행한 기업의 원리금 지급능력 내지 위험을 나타내는 지표이다.

따라서 금융투자업자가 투자자에게 ① 사채권의 신용등급과 아울러 ② 해당 신용등급의 의미와 ③ 그것이 전체 신용등급에서 차지하는 위치에 대하여 투자자가 이해할 수 있도록 설명하여야 한다. 금융투자업자가 위와 같은 사항을 설명하였다면 특별한 사정이 없는 한 금융투자업자는 사채권의 원리금 상환 여부에 영향을 미치는 발행기업의 신용위험에 관하여 설명을 다하였다고 볼 것이다.

다만, 금융투자업자는 투자자들에게 증권신고서와 투자설명서에 기재된 발행기업의 영업환경이나 재무상황에 관하여 구체적으로 설명할 의무를 부담하지 않는다.[190]

다. 법원의 판단

금융투자업자는 투자자들에게 이 사건 회사채의 신용등급이 'BBB+'라는 것과 원본 손실 가능성이 있음을 설명하였고, 투자자들 대부분에게 대한해운의 사업위험 및 재무위험에 관한 내용이 구체적으로 기재된 신용평가서를 교부하였는데 이러한 경우 이 사건 회사채에 관한 투자판단에 필요한 대한해운의 신용위험에 관한 정보를 제공하였다고 볼 수 있다.[191]

금융투자업자가 투자자들에게 이 사건 증권신고서나 투자설명서에 기재된 대한해운의 영업환경이나 재무상황에 관하여 구체적으로 설명하지 아니하였다거나 투자설명서에 기재된 투자위험에 관하여 따로 주의를 촉구하지 아니하고 투자설명서를 교부하지 아니하였다는 사정만으로는 금융투자업자가 일반투자자들에게 이 사건 회사채의 투자와 관련한 중요사항에 관한 설명을 하지 아니하여 합리적인 투자판단을 그르쳤다고 단정하기 어렵다.

190) 대법원 2015. 9. 15. 선고 2015다216123 판결
191) 대법원 2015. 9. 15. 선고 2015다216123 판결

3. LIG건설 기업어음(CP) 사건

가. 사실관계[192)]

금융투자업자는 투자자에게 신탁계약 체결을 권유하면서 ○○ 그룹의 갑 회사에 대한 지원 가능성을 적극 홍보하였고, 투자자는 금융투자업자로부터 갑 회사가 발행한 CP(기업어음)에 3억원을 투자하였다.

갑 회사가 유동성 위기에 직면하게 되자, ○○ 그룹 이사회는 갑 회사에 대한 아무런 지원을 하지 않기로 결의하였다. 이에 갑 회사는 회생신청을 하게 되었고, 법원의 갑 회사에 대한 회생절차 개시결정으로 인하여 투자자는 투자금의 일부를 회수하지 못하였다.

나. 신용평가기관의 기업어음에 대한 신용등급 부여

한국신용평가 주식회사는, 갑 회사가 주택 및 해외사업 위주의 사업구조로 인한 영업 위험 가능성이 존재하지만 우수한 자본구조 및 재무안정성을 견지하고 있고 유사시 신용도 우수한 그룹계열사 지원 여력이 있는 점 등을 감안하여 이 사건 기업어음의 신용등급을 A3-로 평가하였다(한신정평가 주식회사도 이 사건 기업어음의 신용등급을 A3-로 평가함).

다. 투자설명 자료의 주요내용

금융투자업자가 제작한 투자설명 자료에 ① 갑 회사는 주식회사 건영이 2006년 ○○그룹의 자회사로 편입되어, 그룹의 대주주가 주식회사 ○○타스자동차손해를 통해 89.28%의 지분을 보유하고 있는 회사인 점, ② 갑회사는 ○○ 그룹 편입 후 신규 수주활동을 전개하고 있으며 현금성 자산과 우수한 자본구조 그리고 우량 그룹사들의 지원가능성 등을 고려할 때 안정성이 긍정

192) 대법원 2015. 4. 23. 선고 2013다17674 판결

적이라는 점, ③ ○○ 그룹은 대주주가 직접 투자하고 있는 ○○ 손해보험, ○○ 홀딩스, ○○타스 자동차손해 등이 나머지 계열사를 소유하는 구조로 되어 있어 재무구조가 안정적이라는 점, ④ ○○ 그룹은 손해보험시장에서 1위 삼성화재 다음의 2위권을 유지하는 우량회사인 ○○ 손해보험을 주축으로 ○○ 넥스원과 ○○ 투자증권 등 10여 개 계열사를 보유하고 있다는 점 등이 기재되어 있다.

라. 하급심의 판단

금융투자업자는 일반투자자 또는 그 대리인에게 이 사건 기업어음에 대한 투자를 권유하면서 투자에 따르는 위험 등에 대하여 제대로 설명하였어야 함에도, 불확실한 상태였던 ○○ 그룹의 지원 가능성 등에 대하여 일반투자자의 입장에서 확실하다고 오인할 수 있을 정도로 그 지원 가능성이 강조되어 있는 신용평가 자료 및 투자설명 자료를 제공하는 등으로 합리적인 투자판단이나 이 사건 기업어음의 가치에 중대한 영향을 미칠 수 있는 사항을 왜곡하여 설명하였으므로, 금융투자업자는 투자자에게 그로 인한 손해를 배상할 책임이 있다.[193)]

마. 기업어음의 신용등급에 대한 설명의무

기업어음의 투자에 따른 위험은 기업어음이 만기에 지급되지 아니할 위험, 즉 발행기업의 신용위험 및 그로 인한 원금손실가능성이라 할 것이다. 따라서 금융투자업자는 투자자에게 기업어음의 신용위험이 존재하고, 이로 인하여 원본 손실의 가능성이 있다는 사실 등을 설명하여야 한다.

기업어음의 신용등급은 금융위원회의 인가를 받은 신용평가회사가 기업어음의 신용상태를 평가하여 그 결과에 대하여 기호, 숫자 등을 사용하여 표시한 등급으로서 기업어음 발행기업의 적기상환능력 내지 위험을 나타내는 지표이다.

193) 서울남부지방법원 2011. 12. 9. 선고 2011가합13570 판결

따라서 금융투자업자는 투자자에게 ① 기업어음의 신용등급과 아울러 ② 신용평가 내용을 고지하고, ③ 해당 신용등급의 의미와 ④ 그것이 전체 신용등급에서 차지하는 위치에 대하여 투자자가 이해할 수 있도록 설명하여야 한다.[194]

만약 금융투자업자가 위와 같이 신용등급의 의미 등을 설명하였다면 이는 재무상황이나 자산건전성 등을 포함해 발행기업의 긍정적인 요인과 부정적인 요인을 종합적으로 평가한 결과로서의 발행기업의 신용위험이 어느 정도인지를 설명했다고 볼 수 있다.

바. 대법원의 사안에 관한 판단

금융투자업자가 신용등급의 의미와 체계를 알고 있던 투자자 대리인에게 CP 신용등급이 'A3-'임을 고지했을 뿐만 아니라 발행기업인 갑의 부도위험 및 그로 인한 원본 손실 가능성에 대해 설명했고, 나아가 갑의 긍정요인과 부정요인이 모두 기재돼 있는 신용평가서까지 교부하였으므로, 기업어음 발행기업의 신용위험이 존재하고 그로 인한 원금 손실의 가능성이 있다는 사실을 설명한 것으로 볼 수 있다.

비록 금융투자업자가 신용평가서를 바탕으로 신용등급 평가의 근거가 된 갑의 재무상황이나 자산건전성 등에 대해 일일이 구체적으로 설명하지 않았다거나, 투자설명자료에 갑의 긍정적인 요인이 강조되어 있는 것을 토대로 설명했더라도 그러한 사정만으로 금융투자업자가 신탁계약 체결에 따르는 위험에 대해 합리적인 투자판단을 그르치게 할 정도로 균형성을 상실한 설명을 했다고 단정할 수 없다.[195]

---

194) 대법원 2015. 4. 23. 선고 2013다17674 판결
195) 대법원 2015. 4. 23. 선고 2013다17674 판결

4. 기업어음(CP)의 신용등급 잘못 고지

CP의 신용등급은 적기상환능력, 투자위험도, 장래 환경변화에 영향을 받을 가능성 등에 따라 가장 안정적인 등급인 A1에서 A2, A3, B, C, D 순서로 그 등급이 낮아지고, 그 중 A2부터 B등급까지 그 등급 옆에 첨부되는 +, - 기호는 같은 신용등급 내에서의 상대적 우열을 나타내는 표시이다.

신용등급이 A3+에서 A3-로 변경되었다고 하여 신용등급을 구분하는 본질적인 표지가 달라지는 것은 아니라고 하지만, 일반 투자자의 입장에서 본 발행인의 신용도라는 측면에 있어서는 엄연히 적지 않은 차이가 있다고 볼 수 있다.

맨 끝에 첨부된 '등급감시' 기호(↓)는 등급에 영향을 미치는 특정 사건이나 환경의 변화가 발생하여 기존 등급을 재검토할 필요가 있다고 판단한 때에 부여하고 통상적으로 검토기간은 90일을 초과하지 않는다.

A3-등급에서 하향조정될 경우 B등급이 되는데 이는 통상 증권거래법령에 따라 증권회사가 유가증권으로서 거래할 수 있는 CP 중 최하위의 신용등급에 해당하고 적기상환능력은 인정되지만 엄연히 투기적 요소가 내재되어 있다.

투자자가 종전에 A3↓ 또는 B등급의 CP를 주저 없이 매입한 경력이 있었다거나 등급감시 대상으로 분류되게 한 사건이나 환경변화가 무엇인지 등을 정확히 알고 있었다는 등의 사정이 전혀 나타나지도 않는 상태에서 투자자가 실제의 신용등급을 알고 이 사건 CP를 매입하였다고 단정하는 것은 무리이다.

따라서 금융투자업자가 이 사건 CP의 신용등급을 제대로 고지하지 않았다면, 달리 투자자가 이미 그 신용등급을 알고 있었다거나 신용등급을 제대로 고지하였더라도 이 사건 CP를 매수하였으리라는 등의 특별한 사정이 없는 한, 이로써 고객보호의무 위반으로 인한 손해배상책임이 성립한다.[196]

---

196) 대법원 2006. 6. 29. 선고 2005다49799 판결

5. 비상장회사인 증권회사의 직접공모와 부당권유행위

증권회사의 임직원이 고객에게 유가증권에 대한 투자를 권유할 때는 고객이 합리적인 투자판단과 의사결정을 할 수 있도록 유가증권 및 발행회사의 중요 정보를 올바르게 제공하여야 한다.

비상장회사인 증권회사가 자신의 고객을 상대로 자신이 발행하는 유가증권을 공모하면서 그 유가증권 및 증권회사에 대한 정보를 제공하는 경우에는 장래 유가증권 가격의 상승 또는 하락에 대하여 단정적 판단을 제공하거나, 고객의 의사결정에 중대한 영향을 미칠 수 있는 사실을 합리적인 근거 없이 주장하거나 과장하여서는 아니 된다.

당해 유가증권 매수의 청약을 권유하는 행위가 거래행위에 필연적으로 수반되는 위험성에 관한 고객의 올바른 인식형성을 방해한 경우에는 위 비상장회사는 투자자들에게 불법행위책임을 부담한다.[197]

비상장회사인 갑 증권회사가 ① 이 사건 실권주 공모를 위한 청약 안내문 등에 코스닥시장 등록에 관한 사항과 코스닥 등록시 가격과 수익률을 확정적으로 기재하고, ② 외자유치 계획이 있을 뿐 아직 본격적으로 외자유치에 관한 협상이 이루어지지 아니하였음에도 외자유치협상이 완료되고 미발표일 뿐이라고 기재하였으며, ③ 피고 푸르덴셜증권의 직원들이 그러한 내용을 원고들에게 설명하며 이 사건 실권주 공모에 참여하도록 권유하였다. 위와 같은 갑 증권회사의 실권주 공모참여 권유행위는 원고들을 포함한 고객의 의사결정에 중대한 영향을 미칠 수 있는 주식의 환금성 등에 관한 사실을 합리적 근거 없이 주장한 것으로서 불법행위에 해당한다.[198]

---

197) 대법원 2010. 1. 28. 선고 2007다16007 판결, 대법원 2010. 1. 28. 선고 2007다15981 판결

198) 대법원 2010. 1. 28. 선고 2007다16007 판결, 대법원 2010. 1. 28. 선고 2007다15981 판결

6. 채무증권 등 부당투자권유

가. 투자상품을 정기예금처럼 투자권유[199)]

신탁업자는 가정주부에게 원금손실 가능성이 있어 예금자보호상품이 아닌 특정금전신탁 상품을 판매하면서 정기예금처럼 안정성이 있고 이자율은 8%라며 투자를 권유하였다.

이에 법원은 원금손실 가능성이 있는 투자상품을 권유하면서 정기예금처럼 안정성을 강조하여 상품 설명을 소홀히 하였고, 통장표지에 저축성 통장이라 적혀 있으며, 손실위험확인서도 직원이 대신 날인하였음을 근거로 손해배상책임을 인정하였다.

나. 원금보장약속 및 시세조종목적 투자권유[200)]

투자자는 금융투자업자의 담당직원으로부터 투자자 계좌의 손실금액에 대하여 책임진다는 취지의 각서를 교부받고 담당직원에게 투자자의 계좌에서 주식거래를 할 수 있는 권한을 위임하였다.

담당직원은 투자자 계좌의 기존 보유주식을 처분하는 거래 외에는 특정주식의 매매거래에 집중하였는데 결국 투자원금의 절반 이상에 해당하는 손실이 발생하였다.

담당직원이 집중매매한 특정회사는 전년도에 발행한 전환사채의 전환가격을 높게 유지하기 위하여 위 특정회사 대주주가 대학동창인 담당직원에게 특정회사 주가를 끌어올려줄 것을 부탁하였고, 이를 승낙한 담당직원은 투자자의 계좌를 이용하여 인위적으로 주가관리를 하다 법원으로부터 유죄의 확정판결을 받았다.

금융투자업자의 담당직원이 투자자에게 투자권유를 한 동기는 특정주식의

199) 서울중앙지방법원 2015. 1. 9. 선고 2013가합70946 판결 : 금융회사의 책임은 40%로 제한함.

200) 서울중앙지방법원 2006. 2. 8. 선고 2005가합68252 판결

주가를 인위적으로 관리하는 작업에 소요되는 자금과 계좌가 필요하였기 때문이었을 것으로 보인다. 담당직원은 투자자에게 시세조종거래의 위험성에 대한 설명을 제대로 하지 않은 채 시세조종자금 마련을 위하여 기존 주식을 처분하는 거래 이외에는 오로지 특정주식의 시세조종을 위한 매매거래에만 집중하여 주식매매에 있어 위험을 분산시키지 않았다.

위와 같은 담당직원의 투자권유 동기, 거래의 위험성 및 이에 대한 설명정도 등을 종합적으로 고려할 때 담당직원의 행위는 부당권유에 해당한다고 판시한 사례가 있다.

다. 고수익 및 원금보장 약속[201)]

증권회사 담당직원은 투자자에게 특정종목의 주식에 호재가 있어 투자하면 6개월내 최소 20%의 수익을 낼 수 있으며, 만약 손실이 발생하면 원금을 보장해 주겠다고 권유하여 투자를 포괄적으로 일임받았다. 증권회사의 직원은 투자자의 자금으로 특정종목 주식에 대한 시세조종을 시도하였으나 실패하여 손실이 발생하였다.

투자권유 당시 해당 특정종목의 주식에는 단기에 주가가 크게 상승할 만한 호재는 없었으며 증권회사 직원은 동 자금으로 시세조종을 도모하고 있었던 점, 시세조종행위는 불법적인 행위일 뿐만 아니라 변칙적인 거래로 실패로 손실을 입을 위험이 있음에도 확실하게 수익을 올릴 수 있다는 취지로 권유한 점 등을 고려하면 증권회사 직원은 투자자에게 고객보호의무의 위반으로 인한 손해를 배상하여야 한다고 판시한 사례가 있다.

라. 시세조정목적 투자권유[202)]

증권회사 직원은 투자자의 계좌를 이미 자신이 2007. 1.경부터 행하고 있던 시세조정 행위에 이용하여 00주식의 주가를 상승시키려고 한 것이었으면서도,

---

201) 서울중앙지방법원 2009. 9. 23. 선고 2008가합122133 판결
202) 서울남부지방법원 2010. 11. 26. 선고 2009가합16149 판결

지점장 손00을 통하여 마치 증권회사 직원으로서의 전문가적인 주식매매 기법 내지는 투자 기법에 따라 00주식에 대한 투자를 한 것처럼 투자자를 기망하여 투자자로부터 이 사건 증권계좌를 이용한 00 주식에 대한 투자를 위한 포괄적인 권한을 위임받은 것으로 인정할 수 있다. 따라서 증권회사 직원은 위와 같은 불법행위로 인하여 투자자가 입은 손해를 배상할 책임이 있다.

마. 손실보전 각서 작성203)

증권회사 직원이 자신만이 알고 있으나 이를 밝힐 수 없는 확실한 투자정보가 있다면서 고객으로 하여금 주식을 대량으로 매수하도록 유도하고, 그 후 거듭된 매도 요청에도 불구하고 손실을 보전해 주겠다는 각서까지 써 주면서 이를 거부한 것은, 증권회사의 직원으로서 고객에게 과대한 위험을 수반하는 거래를 적극적으로 권유하면서 그에 수반되는 위험성에 대한 인식을 방해한 행위 즉, 고객에 대한 보호의무를 위반한 행위에 해당한다고 할 것이므로 불법행위를 구성한다고 판단한 사례가 있다.

바. 원금보장 약정204)

① 투자자가 위험선호형의 투자자라고 보기는 어려움 점, ② 본건 주식투자는 코스닥 등록이 되지 않을 경우 손실이 불가피하여 위험성이 높은 투기적인 거래이었던 점, ③ 그럼에도 증권회사 직원이 투자자에게 그러한 위험에 대하여 설명하였다는 어떠한 증거도 없는 점, ④ 증권회사 직원은 원금보장 약정이 효력이 없고 이를 통한 투자권유가 금지되어 있다는 사실을 알고 있었음에도 원금보장 약정까지 하면서 적극적으로 투자를 권유하고 투자수익금의 일부를 자신이 갖기로 한 점 등에 비추어 보면 증권회사 직원의 행위는 부당권유에 해당한다고 판시한 사례가 있다.

---

203) 대법원 2003. 1. 24. 선고 2001다2129 판결
204) 서울남부지방법원 2005. 5. 19. 선고 2004가합11095 판결

7. 장외거래

가. 상장주식의 장외거래 등[205)]

탁○만은 증권회사 반포지점의 지점장으로서 개인적 친분에 의하여 투자자에게 주식투자를 권유하여 증권매매거래계좌를 개설하게 하고 개인적으로 취득한 정보에 의존하여 대한투자금융주식의 매수를 권유하였다가 그 주가가 예상대로 상승하지 않음으로써 투자자가 손해를 볼 처지에 놓이게 되었다.

증권회사 지점장은 투자자에게 '이 사건 장외거래에 관하여 증권회사가 개입하지 않는다' 거나 '상장주식의 장외거래가 어떤 방법으로 이루어지며 그 거래에 따르는 위험성은 어떠한 것인지' 에 관하여 적절한 설명없이 부당하게 그 거래를 권유하였다.

증권회사 반포지점 차장인 이○기는 이 사건 장외거래를 함에 있어서 선○자(이 사건 장외거래 제안함)에 대한 신원을 확인함이 없이 매매당사자가 아니라 중개인에 불과한 선○자에게 주권을 교부함으로써 투자자로 하여금 손해를 입게 하였다.

지점장 탁○만과 차장 이○기의 위와 같은 행위는 부당권유행위 등에 해당되어 손해배상책임이 인정된다고 판시한 사례가 있다.

나. 장외시장에서 워런트(warrant) 매수권유행위[206)]

증권회사의 창구를 통하지 않고 매매당사자 사이에 직접 거래가 이루어지는 장외시장에서 증권의 매도인은 증권회사 임직원의 고객 보호의무와 유사한 매수인 보호의무를 부담하지 않는다.

장외시장에서 증권을 거래하면서 증권투자 경험이 있는 매도인이 그러한 경험이 없는 매수인에게 투자 손실의 위험성이 높은 증권의 매수를 적극적으로 권유하였고 그 결과 매수인이 손실을 보았더라도, 매수 여부나 매수 가격을

205) 대법원 2003. 1. 10. 선고 2000다34426 판결
206) 대법원 2006. 11. 23. 선고 2004다62955 판결

결정하는 데 기초가 되는 거래의 중요한 사항에 관하여 구체적 사실을 신의성실의 원칙에 비추어 비난받을 정도의 방법으로 허위로 고지하여 기망하는 등의 위법행위가 없다면 매도인의 불법행위가 성립하지 않는다.

일반적으로 매매거래에 있어서 매수인은 목적물을 염가로 구입할 것을 희망하고 매도인은 목적물을 고가로 처분하기를 희망하는 이해상반의 지위에 있다. 매도인, 매수인 각자가 자신의 지식과 경험을 이용하여 최대한으로 자신의 이익을 도모할 것으로 예상되기 때문에, 당사자 일방이 알고 있는 정보를 상대방에게 사실대로 고지하여야 할 신의칙상의 주의의무가 인정되지 않는다.

매도인이 목적물의 시가를 묵비하여 매수인에게 고지하지 아니하거나 또는 시가보다 높은 가액을 시가라고 고지하였다 하더라도 상대방의 의사결정에 불법적인 간섭을 하였다고 볼 수 없으므로 불법행위가 성립한다고 볼 수 없다.[207] 주식과 같은 투기성 있는 객체의 거래에 있어서도 동일하다.

장외시장에서 워런트(warrant, 주식회사가 신주인수권부사채를 발행하면서 사채권과 별도로 신주인수권을 양도할 수 있도록 분리하여 발행한 신주인수권증권)를 직접 매도하거나 그 매매를 소개하면서, 워런트의 매수를 적극적으로 권유하고 워런트의 구입가격을 말하지 않은 채 다소 과장되거나 일부 허위의 사실이 포함된 표현을 썼다고 하더라도, 그 매수권유행위가 불법행위는 아니라고 본 사례가 있다.

8. 손해배상책임이 부정된 사례

가. 증권투자경험 있는 투자자[208]

① 원고가 이 사건 증권거래를 하기 이전에도 증권투자를 해왔음은 원심판시와 같고, ② 원심이 밝힌 거래내용만에 의하더라도 그 투자규모가 작지 아

207) 대법원 1959. 1. 29. 선고 4291민상139 판결, 대법원 2001. 7. 13. 선고 99다38583 판결

208) 대법원 1994. 1. 11. 선고 93다26205 판결

니한 것으로 보여 원고로서도 이와 같은 증권투자를 해 오면서 증권투자에 대한 상당한 정도의 지식과 경험을 축적한 것으로 보이고, ③ 한편 기록에 의하면 원고는 이 사건 증권거래 당시 만 37세(1952.4.14.생)의 남자로서 요식업에 종사하고 있었던바, ④ 이 사건 거래 이전인 1988년에도 당시 주식회사 한흥증권에 근무하던 피고를 통하여 처명의로 증권거래를 해 오다가 피고가 위 서울증권으로 직장을 옮기자 다시 위 서울증권에 장모 명의로 구좌를 개설하여 이 사건 거래에 이르렀을 뿐, 피고의 적극적인 권유가 있어 이 사건 증권거래를 하기에 이르른 것으로는 보이지 아니하고, ⑤ 이 사건의 거래에 있어서도 원고가 피고에게 유가증권의 종류, 종목과 매매의 구분, 방법 등을 포괄적으로 위임하기는 하였으나 매월 위 서울증권으로부터 잔고현황, 거래내역을 공식적으로 통지받는 것 외에 피고로부터 매도 또는 매수가 이루어질 때마다 이를 바로 전화 및 팩시밀리로 보고받아 그 거래상황을 충분히 파악해 왔었던 사실 등을 엿볼 수 있다.

이와 같은 이 사건 거래의 경위, 거래방법, 원고의 투자상황(재산상태, 사회적 경험 및 투자경험) 등에 비추어 본다면, 피고가 위와 같은 이익보장의 약정을 하면서 원고에게 증권거래를 권유함에 있어 동 증권거래행위에 수반되는 위험성에 관한 올바른 인식형성을 방해한 것이라거나 또는 원고의 투자상황에 비추어 과대한 위험성을 수반하는 거래를 적극적으로 권유한 것이라고는 보기 어렵다고 판시한 사례가 있다.

나. 투자자의 투자경험 및 코스닥 상장예정 주식 권유[209)]

① 투자자가 매입 당시 비상장주식 거래 전문사이트 등 인터넷상으로 거래정보를 쉽게 얻을 수 있었던 점, ② 투자자가 증권회사 직원으로부터 주식거래에 관하여 도움을 받고 금전을 지급하기도 해왔던 점, ③ 투자자가 다방면으로 주식투자를 해왔고, 오랜 기간 목재 무역판매업을 해온 점, ④ 증권회사 직원이 이들 회사를 소개하고 수량과 가격을 제시하며 매수의사를 타진해오자 투자자가 이에 응하여 본건 거래가 이루어진 점 등에 비추어 고객보호의무 위

209) 서울중앙지방법원 2005. 3. 24. 선고 2003가합25923 판결

반이 아니라고 판시한 사례가 있다.

다. 투자자의 투자경험 및 매수협의 과정 참작[210)]

증권회사 직원은 투자대상 회사가 코스닥 등록심의를 통과한 지 얼마 지나지 않은 회사로서 주가가 최저점에 도달하였다는 스스로의 판단만을 믿고 최근 영업실적이나 재정상태 등에 대한 자료를 확인하지 아니한 채 투자자에게 권유한 사실이 인정된다.

그러나, ① 투자자가 코스닥시장 주식에 대하여 상당한 투자경험과 지식을 가지고 있었던 사실, ② 투자자가 본건 주식의 매수여부를 협의하기 위하여 증권회사 직원과 수차례의 전화통화를 하면서 주가현황을 확인하고 기업서베이를 보면서 영업실적이 좋지 않다는 사실을 확인한 것으로 보이는 사실 등에 비추어 보면 증권회사 직원의 부당권유를 인정하지 않은 사례가 있다.

라. 손실보전약정을 투자자가 제안한 경우[211)]

① 투자원리금반환의 약정은 증권회사 직원이 투자자의 투자를 권유하기 위하여 적극적으로 제안한 것이라기보다는 투자자가 주식거래 도중에 이미 상당한 손실을 보게 되자 자신의 손실을 보전하기 위한 목적에서 증권회사 직원에게 요구하여 받아낸 것으로 인정되는 점, ② 투자자는 당시 52세의 남자로서 자신이 직접 회사를 운영하고 있는 자인 점. ③ 투자자는 이 사건 주식거래에 있어서 처음에는 증권회사 직원으로 하여금 구체적인 승낙을 통하여 거래를 하게 하다가 상당한 이익을 보게 되자 약 1주일 이후부터는 증권회사 직원에게 주식거래를 포괄적으로 일임하였을 뿐만 아니라 ④ 증권회사로부터 주식의 매도·매수상황을 부정기적으로나마 상당기간 내에 통보받아 왔고, ⑤ 나아가 주문표에 거래에 대한 확인·서명을 하여 왔던 점 등에 비추어 증권회사의 부당권유행위를 부정한 사례가 있다.

---

210) 부산지방법원 2005. 1. 20. 선고 2004가합9018 판결
211) 서울고등법원 2002. 5. 24. 선고 2001나13046 판결

마. 투자자가 투자의 위험성을 인식한 경우[212)]

① 투자자가 이 사건 계좌를 통한 주식거래를 시작하기 전인 1998.경부터 수익증권투자거래를 해 오면서 이를 통하여 주식투자의 위험성을 어렴풋이나마 알고 있었던 것으로 보이는 점, ② 더욱이 투자자가 2000. 4.경 추가로 1억원을 투자할 당시에는 이미 투자자가 기존에 투자한 1억 3천만원의 원금이 거의 다 손실된 상태였는바, 이로써 투자자는 주식투자의 위험성을 직접 체험하였다고 볼 수 있다는 점, ③ 2000. 4. 27.경 BB와 증권회사의 직원 AA가 작성한 이 사건 각 차용증은 투자자의 요구에 의하여 작성된 것으로 보이는 점 등에 비추어 증권회사의 부당권유행위를 부인한 사례가 있다.

바. 과거 증권회사 근무경력있는 지인에게 투자위임한 경우[213)]

법당의 신도로 증권회사 근무경험이 있는 갑이 스님(투자자)에게 돈을 맡기면 선물・옵션에 투자해 돈을 불려주겠다고 하였고, 이에 스님(투자자)은 갑의 말을 믿고 갑에게 돈을 맡겼으나(수익금 50:50 분배 약정), 예상치 못한 큰 낙폭으로 인하여 원금손실을 보았다.

투자자가 친분관계에 기초해 스스로 갑의 능력을 믿고 투자를 위임한 이상, 결과가 손실이더라도 갑이 본인의 투자능력이나 경력을 속이는 등 구체적인 기망행위를 했다는 사실이 인정되지 않는 한 갑은 투자자에게 손해배상책임을 부담하지 않는다.

212) 부산지방법원 2007. 1. 24. 선고 2005가합25208 판결
213) 서울중앙지방법원 2016. 2. 11. 선고 2014가단148849 판결

제3절 집합투자증권(펀드)

1. 집합투자증권의 분쟁 일반

집합투자 또는 간접투자는 스스로의 자력과 능력으로 증권투자를 하기 곤란한 일반 공중의 자금을 모아서 집합투자기구를 등록한 후 전문가인 집합투자업자에게 그 운용을 맡겨서 그 분산투자의 과실을 일반 공중의 투자자로 하여금 향수케 하는 것이다.

집합투자는 집합투자업자가 지정한 운용방법 및 자산운용에 따라 그 수익률이 변동함으로써 항상 위험이 따르고, 그 위험은 집합투자업자가 집합투자재산의 운용에 대하여 선량한 관리자로서의 주의의무를 다하지 아니하였다는 등의 특별한 사정이 없는 한 모두 수익자에게 귀속된다. 즉 집합투자는 자기책임주의와 실적배당주의를 그 본질로 하고 있다.[214]

집합투자증권에 투자한 투자자의 자기책임은 금융투자업자가 투자자에게 위험부담의 중요한 사항인 집합투자기구의 구성, 투자대상, 투자비중 등에 관하여 정확한 정보가 제공되고 이에 따라 투자자의 투자결정이 적정하게 이루어질 것을 전제로 한다.[215]

금융투자업자가 투자자에게 집합투자증권의 투자종목이나 대상 등에 관하여 올바른 정보를 제공하지 않은 경우 금융투자업자는 투자자가 입은 손해를 배상할 의무가 있다.

집합투자증권의 판매와 관련한 분쟁의 대표적인 유형은 ① 수익보장과 손실보존, ② 적합성 원칙 위반, ③ 단정적 판단의 제공, ④ 설명의무 위반으로 구분된다.

수익보장은 통상 수익률보장각서를 교부하는 형태로 행해지는 반면 손실보

---

214) 대법원 1998. 10. 27. 선고 97다47989 판결, 대법원 2007. 11. 29. 선고 2005다64552 판결

215) 대법원 2007. 9. 6. 선고 2004다53197 판결

전은 사후 운용손실을 보전해 주기로 약속하는 행위유형을 말한다. 종종 투자자가 먼저 수익보장 내지 손실보전을 제시하는 경우도 있다.

투자권유가 투자자의 지식, 투자경험, 투자목적 및 재산상황 등에 비추어 명백히 과대한 위험을 수반하는 부적합한 거래를 적극적으로 권유하는 것과 같이 부당하게 투자를 권유하는 행위는 고객보호의무 위반행위로서 불법행위를 구성한다.

집합투자증권을 권유하는 경우 예금금리와 비교하면서 설명하는 것이 보통인데, 이 경우 수익률이 상대적으로 높다는 점을 강조하는 경향이 있다. 특히 이 경우 수익률에 단정적으로 판단을 제공하는 반면 원본손실 가능성에 대해서는 설명하지 않는 경우가 수반되기도 한다. 또는 수익률을 보장할 수 없지만 고수익이라는 것을 강조하고 원본손실 가능성에 대해서는 설명을 하지 않는 경우가 있다.

설명의무 위반은 원본손실 가능성에 대해 일체 언급하지 않는 경우는 물론, 설명을 하더라도 충분한 설명으로 인정할 수 없는 경우가 있다. 대표적으로 투자의 유리성에 과도하게 치우친 설명을 하거나 펀드의 유형과 내용에 대해 형식적인 설명에 그치는 경우가 있다. 또는 투자자가 투자적격 여부를 판단하는 데 충분한 정보를 제공하지 않는 경우도 있다.

2. 해외국공채 투자대상 펀드(러시아국채 펀드) 사건

가. 이 사건 판매경위[216)]

금융투자업자는 1997. 1. 21.경 주로 러시아 국공채를 투자대상으로 하고 당시의 3년 만기 국내 회사채의 연수익률보다 3-4% 높은 수익률을 예상수익률로 잡은 공사채형, 단위형, 모집식 증권투자신탁인 국민베스트인컴투자신탁('이 사건 투자신탁')을 설정・운용하기로 하고, 위 투자신탁의 수익증권 매입을 청약할 고객을 모집하는 한편, 수탁회사인 주식회사 한국외환은행과 사이에

216) 대법원 2003. 7. 11. 선고 2001다11802 판결

위 투자신탁에 관한 투자신탁계약을 체결하였다.

투자자들은 여유자금을 국내 공사채형 투자신탁상품이나 신탁형 저축상품 또는 일반 은행예금 등에 투자하여 왔을 뿐 이 사건 수익증권과 같은 해외 공사채형 투자신탁상품에 투자한 경험은 전혀 없는데, 금융투자업자의 직원들로부터 이 사건 투자신탁 상품에 가입할 것을 권유받고, 기존에 가입해 있던 위 신탁상품계약을 해지하고 지급받은 금원으로 이 사건 투자신탁 상품의 수익증권을 매입하였다.

금융투자업자의 직원들은 투자자들에게 위 상품에의 가입을 권유함에 있어, 이 사건 투자신탁상품의 수익증권에 관한 투자신탁설명서나 약관을 제시 또는 교부하거나 투자신탁의 운용방법이나 손익부담에 따른 위험성 등에 관하여 구체적으로 설명하지 아니하였고 투자설명회를 열지도 아니한 채, 단순히 수익률이 높아 우수고객에게만 권유하는 특별한 고수익 상품이라는 점만을 강조하여 투자자들에게 수익증권의 매입을 적극 권유하였다.

금융투자업자가 고객의 이해를 돕기 위하여 만든 투자신탁상품설명서에는 신탁재산은 금융투자업자의 고유재산과 분리되고 투자대상에 따라 탄력적으로 기금을 운용하므로 안전하고 주로 러시아 및 동유럽 등 신흥시장의 국공채에 투자하므로 안정적인 수익을 도모할 수 있다는 내용이 기재되어 있었다.

나. 이 사건 펀드의 투자대상

이 사건 수익증권의 약관에는 신탁재산을 해외 유가증권 및 유동성 자산에 50% 이상, 국내 유가증권 및 유동성 자산에 50% 이하를 투자하고 동일 종목의 유가증권에 10%를 초과하여 투자하지 아니하며 다만 국채 등의 경우에는 30%까지 투자할 수 있으며, 해외 수익증권에 투자하는 경우에는 투자신탁재산의 100%까지 투자할 수 있다는 규정이 있다.

금융투자업자는 고객에게 제시한 예상 수익률을 달성하기 위하여 러시아 단기국채(GKO)에 집중 투자하기로 하고 대우증권 주식회사와 동양증권 주식회사의 유럽 현지 법인이 설립한 역외펀드가 위 현지 법인의 상환보증 아래 발행한 달러화 표시 노트('이 사건 노트')를 이 사건 투자신탁의 신탁재산으로 매입하였다.

위 역외펀드는 그 자금으로 러시아 국내 발행(루블화 표시) 단기 국채를 매입하는 한편, 수익률을 더욱 높이는 방편으로 위와 같이 매입한 러시아 국채를 담보로 하여 해외 금융기관으로부터 투자원금의 25% 정도를 차입하여 이를 러시아 국채 매입에 재투자하는 이른바 레버리지(leverage) 투자를 병행하였다.

위와 같은 투자과정에서 국제환거래에 따른 환차손을 피하는 방편으로 러시아 국내 은행과는 루블화-달러화 선물환계약이, 국내은행과는 달러화-원화 선물환계약이 각 체결되었다.

그 결과, 금융투자업자는 전 신탁재산의 27% 정도를 이 사건 노트에 투자하고, 나머지는 주로 스위스의 러시아 전문 투자기관인 엠씨트러스트 코퍼레이션이 운용하고 러시아 국채를 주 투자대상으로 하는 레드스퀘어펀드에 투자하였다.

다. 러시아 정부의 지불유예와 손해발생

그런데 1998. 8.경 러시아 정부가 외화채권 등에 대한 지불유예(moratorium) 등의 조치를 하였고, 이로 인하여 이 사건 투자신탁의 계약기간 동안에 러시아 국채 시장이 형성되지 아니하고 사실상 루블화의 평가절하를 초래하여 러시아 국내 은행의 선물환계약이 이행불능 상태에 빠짐으로써 이 사건 노트의 추정 평가액이 지불유예 선언 이전의 5.9% 정도에 불과하고, 나머지 신탁재산을 합한 이 사건 투자신탁 재산의 원화 표시 잔존가치의 추정액은 신탁 원본액의 10.2% 정도에 불과하게 되었고, 여기에 달러화-원화 선물환계약의 불이행으로 인하여 선물환계약의 상대방에게 배상하여야 할 손해액을 고려하면 이 사건 투자신탁의 잔존가치는 영(0)에 가깝게 되었다.

라. 투자권유에 관한 법원의 판단

금융투자업자가 이 사건 투자신탁에 관하여 높은 예상수익률을 제시할 수 있었던 주된 이유는 그 당시 러시아의 단기국채가 다른 어느 신흥공업국의 국채보다 이자율이 높기 때문이었다. 이는 곧 금융시장에서 러시아의 정치・사회적 불안까지 감안한 국가신용의 위험이 높게 평가되었다는 것을 의미한다.

그러므로, 채권시장에서의 가격 변동의 위험과 국가신용의 위험이 크고, 선물환계약에 의하여 환율 변동에 따른 위험이 어느 정도 제거될 수 있다는 점을 감안하더라도 러시아의 금융시장에 커다란 변동이 생기는 경우에는 선물환계약의 당사자 중 일방인 러시아 국내 은행이 드러낼 신용위험에 그대로 영향을 받을 수밖에 없었다.

금융투자업자가 해외 공사채형 투자신탁상품에 투자한 경험이 전혀 없는 투자자들에게 이 사건 투자신탁의 투자를 권유할 경우 금융투자업자는 투자자에게 ① 채권시장의 위험, ② 국가신용의 위험 및 ③ 환율변동에 따른 위험에 관하여 명확히 설명하는 것은 물론, ④ 이 사건 투자신탁 재산의 대부분을 러시아 단기국채에 집중투자할 계획이라는 점을 알려주어야 할 주의의무가 있다.

금융투자업자의 직원들이 투자자들에게 이 사건 투자신탁 재산의 운용방법이나 투자계획 등에 관하여 구체적으로 설명하지 아니한 채 단순히 수익률이 높은 특별한 고수익상품이라는 점만을 강조하여 이 사건 투자신탁의 수익증권의 매입을 적극 권유한 것은 위 고객 보호를 위한 주의의무를 게을리 한 것이라고 할 것이고, 이는 투자자들에 대한 관계에서 불법행위가 된다.[217)]

마. 자산운용에 관한 선관주의의무

집합투자업자는 이 사건 투자신탁의 신탁재산을 처음부터 러시아 단기국채에 집중투자하여 운용하기로 하고, 그에 따라 예상수익률을 산정하고 실제로 러시아 단기국채에 집중투자 하였다.

이 사건 투자신탁의 투자대상은 동일한 종목의 러시아 국채에 한정된 것이 아니라 여러 차례에 걸쳐 발행된 여러 종류의 러시아 국채로 나뉘어 있었고, 그 하나의 종목에 투자한 금액이 이 사건 신탁재산의 100분의 10을 초과하지

217) 대법원 2003. 7. 11. 선고 2001다11802 판결

않았다.

한편, 집합투자업자는 1998. 6.경까지도 러시아 경제의 전반적인 문제를 검토한 끝에, 러시아가 외화채권 등에 대한 지불유예 등의 조치를 취할 가능성은 희박하고 선물환계약의 일방인 러시아 은행이 러시아 5대 우량은행 중 하나이고 만일의 문제가 발생하는 경우에는 러시아 정부가 개입할 것으로 예상하여 투자금의 안전성이 확보된 것으로 판단하였다.

그 이후 러시아가 외화채권 등에 대한 지불유예 등의 조치를 취한 1998. 8. 경까지 사이에 집합투자업자가 위와 같은 판단을 변경해야만 할 급격한 경제사정의 변동이 생겼다고 단정하기도 어렵다.

따라서 집합투자업자가 이 사건 투자신탁재산을 러시아 단기국채에 집중투자 하였다는 것만으로는 투자신탁의 약관이나 구 증권투자신탁업법 제33조 제1호의 규정을 위반한 것이라고 할 수 없고, 집합투자업자가 러시아의 지불유예 등의 조치가 있기 이전에 그 투자금을 회수하거나 투자 종목을 변경하는 등의 조치를 취하지 아니하였다고 하여 신탁재산의 운용과정에서 선량한 관리자로서의 주의의무를 해태한 것이라고도 할 수 없다.[218]

3. 국내부동산 투자대상 펀드 사건

가. 운용계획서상의 기재내용[219]

이 사건 운용계획서의 '리스크 요인 및 안전성 확보방안' 항에는 "시공사 부도 등의 사유 발생 시 시공권 및 이에 관한 일체의 권리를 포기하도록 하고, 대체시공사 선정 후 공사를 진행할 수 있도록 약정함. 일반분양분은 대한주택보증의 주택분양보증, 조합분은 건설공제조합의 공사계약보증에 가입되어 있어 공사준공 리스크가 낮음" 이라고 기재되어 있다.

또한 "펀드로 투자된 대여원리금은 사업시행자[채무자: 우정건설(주)]의 일

---

218) 대법원 2003. 7. 11. 선고 2001다11802 판결
219) 대법원 2012. 11. 15. 선고 2011다10532 판결

반적인 기업신용도와 관계없이 본 사업의 분양대금으로 상환하며…”, “펀드 운용기간 중 대상사업에서 발생하는 기분양분 수입금 약 133억원 및 미분양 매출액 221억원 등 총 354억원의 분양수입금이 당 대출원리금의 상환재원으로 확보되어 원리금 회수 Risk 낮음” 이라고 기재되어 있다.

나. 공사중단 및 투자금 회사 불가능

이 사건 사업에 의해 신축되는 아파트는 지하 1층, 지상 19층의 아파트 3개동, 총 212세대 규모로서, 그 준공예정일은 2008. 5.경이었고, 이 사건 펀드가 설정된 2006. 2.경 분양률은 57%, 공정률은 7.31% 정도였다가, 2007. 12.경 분양률이 100%, 공정률이 74.97% 정도에 이르렀으나, 2008. 2. 1. 공동시행사 겸 시공사인 우정건설의 부도가 발생하여 공사가 중단되었다.

우정건설의 부도발생 이후 이 사건 아파트는 보증시공사인 대한주택보증 주식회사와 건설공제조합이 보증시공을 하였고, 그 후 이 사건 아파트의 분양대금은 금융투자업자의 분양대금수납계좌가 아닌 시공보증회사의 자금관리계좌로 입금되어 더 이상 집합투자업자가 분양대금을 관리할 수 없게 되었다. 그 결과 이 사건 분양대금을 실질적 담보로 삼으려 하였던 이 사건 펀드 투자원리금 회수계획 역시 불가능하게 되었다.

다. 투자권유시 정확한 정보 미제공으로 인한 책임

우선 우정건설이 분양수입금을 모두 수령하기 전에 부도로 공사를 중단하게 되면 대체시공사에 의하여 공사가 계속되더라도 분양수입금이 집합투자업자가 관리하는 이 사건 자금관리계좌에 더 이상 입금되지 않고 대체시공사가 우정건설의 이 사건 대출금채무를 인수할 의무를 부담하는 것도 아니다.

따라서 이 사건 펀드에는 우정건설의 일반적인 기업신용위험에 따라 원금손실이 발생할 위험이 있고 실제로 이러한 위험이 현실화되어 투자자들에게 회수 불가능한 투자원금 상당의 손해가 발생하였다.

집합투자업자는 이 사건 운용계획서에서 이 사건 대출금이 우정건설의 일반적 기업신용위험과 분리되어 분양수입금에 의하여 그 상환이 담보됨으로써 그 원금손실이 발생할 위험성이 거의 없다는 오해를 유발할 수 있는 표현을 사용하였다고 보아야 한다.

투자자들은 이 사건 운용계획서의 기재내용으로 인하여 우정건설의 부도와 관계없이 대체시공사의 시공으로 이 사건 대출원리금의 미회수 위험이 회피되고 이 사건 아파트의 분양수입금으로 공사비 및 기타 사업경비에 우선하여 이 사건 대출원리금이 상환된다는 신뢰를 가지게 되었다.

따라서 집합투자업자는 투자자들에게 합리적인 투자판단을 할 수 있도록 이 사건 펀드에 대하여 올바른 정보를 제공하지 못하였으므로 손해배상책임을 부담해야 한다.[220]

라. 자산운용에 관한 선관주의의무 위반

이 사건 펀드는 그 운용대상인 이 사건 대출원리금이 채무자인 우정건설의 신용에 의하여 담보되는 것이 아니라 이 사건 사업의 분양대금 수입을 주된 재원으로 하여 상환되는 구조이다. 따라서 집합투자업자는 그 분양대금 수입에 의하여 이 사건 대출원리금의 원활한 상환이 이루어질 수 있도록 합당한 주의의무를 다하여야 한다.

집합투자업자는 대여원금 상환을 위한 분양대금 유보 및 우선변제권 확보에 관하여 운용계획서상의 자금관리기준과 달리 우정건설로 하여금 질권이 설정되지 않은 유보계좌를 개설하여 보유할 수 있도록 하였다. 나아가 집합투자업자가 대여원금의 상환을 위하여 운영계좌에 유보하기로 한 자금까지 유보계좌로 이체하여 수익활동에 사용할 수 있도록 허용하였다. 위와 같은 집합투자업자의 행위는 자산운용회사로서의 선관주의의무를 위반한 것이라고 봄이 상당하다.[221]

---

220) 대법원 2012. 11. 15. 선고 2011다10532 판결
221) 대법원 2012. 11. 15. 선고 2011다10532 판결

4. 해외부동산 투자대상 펀드사건

가. 신탁약관의 주요내용[222)]

이 사건 신탁약관 제29조 제1항 제1호는 투자신탁재산의 투자대상 및 투자방법으로 '부동산 관련 자금대여'을 명시하고 있다.

신탁약관 제29조 제5항 : 자금을 대여하는 경우에 다음 각 호의 1의 요건을 갖추어야 한다. 이 경우 담보가액 또는 보증금액은 대여금 이상의 금액으로 채권을 회수하기 위하여 충분한 금액이어야 한다.

제1호 : 부동산에 대하여 담보권을 설정할 것

제3호 : 시공사 등으로부터 대여금 상환액의 지급이 보증될 것(시행사가 대출계약상의 채무를 이행하지 않을 것으로 예상되는 경우 시공사의 자금보충 약정 또는 시행사가 대출계약상의 채무를 이행하지 않는 것이 일정한 기간 계속될 경우 시공사로부터 동 투자신탁에 대한 채무를 인수한다는 약정을 체결한 경우 이를 포함한다)

나. 운용제안서의 내용

운용제안서상 집합투자업자가 취할 주요 채권확보 조치

'사업부지 담보 : 현재가치 NZ$(뉴질랜드 달러) 15,250,000 / 개발 후 가치 NZ$ 39,060,000(감정평가서 참조)',

'국내법인 지급보증 : 대여원리금 전체에 대하여 국내 건설법인 주식회사 미래홈이앤씨에서 지급보증(2002년 설립, 2005년 매출액 546억원, 당기순이익 20억원, 대표자 소외인)'

사업부지 담보의 현재가치로 표시된 NZ$ 15,250,000은 그 무렵 환율로 계산할 경우 원화 약 91억원 상당으로서 이 사건 펀드의 총 투자신탁재산 규모 90억원을 약간 넘는 금액이다.

222) 대법원 2012. 12. 13. 선고 2011다25695 판결

다. 근저당 설정 및 자금대출

집합투자업자는 수탁회사에게 이 사건 펀드의 총 투자신탁재산 90억원을 사업시행사에게 대여할 것을 지시하였고, 수탁회사는 이에 따라 사업시행사로부터 이 사건 사업부지 중 일부인 13.4735ha의 토지('이 사건 담보설정부지')에 관하여 저당권을 설정받고 미래홈이앤씨의 연대보증하에 사업시행사에게 90억원을 대출하였다.

라. 담보설정부지의 시가

이 사건 담보설정부지의 시가는 총 투자신탁재산 내지 대여금 규모의 4.133% 내지 5.667%에 불과한 NZ$ 620,000 내지 NZ$ 850,000 정도이다. 그런데 집합투자업자는 운용제안서 및 운용경과보고서 등을 작성하면서, 이 사건 담보설정부지의 현재가치가 NZ$ 15,250,000에 달한다는 취지로 기재하였다.

마. 담보설정부지에 대한 감정평가방법

담보설정부지의 담보가치는 더 내셔날 골프클럽 리미티드(The National Golf Club Ltd.)의 의뢰에 따라 베이 밸류에이션 리미티드(Bay Valuation Ltd.)에서 2005. 5. 31. 기준으로 작성한 감정평가서에 따른 것이다.

위 감정평가기관은 이 사건 담보설정부지에 대한 현재가치를 평가하면서 대상 토지를 개발하였을 때 예상되는 총 매매가격에서 개발비용을 제외한 나머지를 대상 토지의 현재가치로 평가하는 방법인 '가정적 주거분양방법(Hypothetic Residental Subdivisional Technique)'을 사용하였다.

우리나라에서는 부동산 가격공시 및 감정평가에 관한 법률, 같은 법 시행령, 감정평가에 관한 규칙에 의하여 공시지가를 기준으로 감정평가를 하고 있어 위 가정적 주거분양방법은 참고가격이나 최종평가금액의 적정성을 파악하기 위한 정도로만 활용되는 실정이다.

바. 사업부지의 담보설정에 의한 채권확보의무

이 사건 신탁약관 제29조 제5항 제1, 3호의 규정 취지는 자산운용회사인 집합투자업자가 부동산 관련 사업에 자금을 대여하는 경우 사업시행사의 신용위험에 대비하여 부동산에 대한 담보권을 확보하여 투자자를 보호하기 위한 것이다.

이 때 담보가액 또는 보증금액은 어떠한 경우에나 대여금 채권을 확보하는 수준에 이르러야 한다고 볼 수는 없으나, 펀드를 설정할 당시에는 일반적으로 예상되는 신용위험을 회피할 수 있을 정도의 부동산에 대한 담보권 또는 지급능력이 있는 시공사의 보증이 확보되어야 한다.

특히 이 사건 펀드의 경우 사업시행사와 보증인이 부도났을 경우 궁극적으로 이 사건 사업부지에 관한 담보에 의하여만 채권의 보전이 가능하므로, 집합투자업자는 이 사건 신탁약관 제29조 제5항 제1호의 규정에 따라 이 사건 사업부지에 대한 담보의 설정을 통하여 이 사건 펀드의 설정 당시를 시점으로 일반적으로 예상되는 신용위험을 회피하기 위하여 충분하거나 적절한 수단을 확보하여야 할 의무가 있다[223)]

집합투자업자는 이 사건 펀드를 설정할 당시 시행사, 보증인 등의 신용위험을 회피하고 채권을 보존하기 위한 충분하거나 적절한 수단을 확보하지 않은 잘못으로 투자자 보호의무를 다하지 않았으므로, 투자자에 대한 손해배상책임을 부담한다.

바. 평가방법의 부적정성 확인 의무

집합투자업자가 자금대여 시 부동산에 대한 담보권을 취득하도록 규정한 이 사건 신탁약관 제29조 제5항 제1호의 규정 취지는 자금을 차용한 사업시행사가 부동산에 대한 개발을 마쳤을 경우뿐만 아니라 개발을 마치지 못하고 중도에 사업시행사가 부도났을 경우의 신용위험에도 대비하기 위한 것이다.

---

223) 대법원 2012. 12. 13. 선고 2011다25695 판결

부동산을 개발하였을 때 예상되는 총 매매가격에서 개발비용을 제외한 나머지를 대상 토지의 현재가치로 보는 가정적 주거분양방법은 그 규정 취지에 부합하는 적절한 평가방법이라고 할 수 없다.

집합투자업자는 이 사건 담보설정부지의 평가방법이 국내에서 일반적으로 통용되지 않는 가정적 주거분양방법이라고 한다면 그 평가방법의 부적절성을 확인하고, 이 사건 담보설정부지에 대한 담보권을 실행하게 되는 경우 투자신탁재산을 충분히 회수할 수 있는지 여부를 검토하여 투자자 보호를 위한 적절한 조치를 취하였어야 한다.[224]

5. 장외파상상품 투자대상 펀드(우리파워인컴펀드) 사건

가. 펀드의 수익구조[225]

이 사건 펀드는 설정일을 2005. 11. 11.로, 만기를 2011. 11. 22.로 하는 장외파생상품 투자신탁인데, 그 신탁자산의 대부분을 이 사건 장외파생상품에 투자하기 때문에 그 수익구조는 이 사건 장외파생상품의 수익구조와 연계되어 있다.

이 사건 장외파생상품은 112종목의 해외 특정 주식의 가격을 기초자산으로 한 롱숏 주식디폴트스왑(long/short Equity Default Swaps 또는 long/ short EDS) 포트폴리오와 담보채권을 주요자산으로 하여 손실부담순위에 따라 발행된 합성부채담보부증권(Synthetic Collateralized Debt Obligation)이다.

이 사건 장외파생상품의 분기별 확정수익금과 만기상환금은 그대로 이 사건 펀드의 분기별 확정수익금과 만기 상환금에 반영된다. 그 결과 이 사건 펀드의 투자원금 중 만기에 상환되는 금액은 투자원금의 0%에서 100% 사이에서 결정되고, 상환금액이 얼마인지를 결정하는 것은 2008. 11. 19.부터 만기까지 약 3년간 매주 목요일에 기초자산이 되는 112개 종목의 주가를 관찰함으로써

224) 대법원 2012. 12. 13. 선고 2011다25695 판결
225) 대법원 2011. 7. 28. 선고 2010다101752 판결

산출되는 '펀드이벤트 수' 이다.

'펀드이벤트 수' 는 위 3년 기간 동안의 위험포트폴리오이벤트 개수의 합에서 위 기간 동안의 보험포트폴리오이벤트 개수의 합을 공제하여 산출된다.

위험포트폴리오이벤트는 기초자산이 되는 112개 종목의 주식 중 위험포트폴리오에 편입된 56개 종목의 주식에 이벤트가 발생하는 것, 즉 기준주가(2005. 11. 18.로부터 3영업일의 종가 평균)의 35% 미만으로 주식가격이 하락하는 것을 말한다.

또한 보험포트폴리오이벤트는 위 112개 종목의 주식 중 보험포트폴리오에 편입된 56개 종목의 주식에 이벤트가 발생하는 것, 즉 기준주가의 35% 미만으로 주식가격이 하락하는 것을 말한다.

그런데 위험포트폴리오와 보험포트폴리오에 속한 1종목 당 최대 이벤트의 개수는 10회로 제한된다.

만기에 펀드이벤트 수가 58 미만일 경우에는 투자원금 전액이 회수되나, 91 이상이면 투자원금 전액을 상실하며, 58 이상 91 미만이면 '회수금액 = 원금 × [1 - (펀드이벤트 수 - 57.4) / 33.6]' 의 산식에 따라 투자원금의 일부가 회수된다.

한편 이 사건 펀드는 만기에 회수되는 원금이 얼마인지에 관계없이 설정일로부터 만기일까지 매분기마다 최초투자신탁 설정일의 5년 만기 국고채금리에 연 1.2%를 더한 연 6.70%의 확정수익금을 수익자에게 지급하는데, 이 확정수익금은 이 사건 장외파생상품의 위험포트폴리오에서 발생하는 주식디폴트스왑 프리미엄과 보험포트폴리오에서 지출되는 주식디폴트스왑 프리미엄의 차익 및 담보채권의 이자를 재원으로 한다.

나. 상품요약서 등에 펀드의 안정성 강조문구

이 사건 장외파생상품에 대하여는 그 발행 당시 신용평가회사인 무디스(Moody's)로부터 A3의 투자적격 신용등급을 받았는데, 이 사건 장외파생상품과 같은 구조화된 채권의 신용평가는 발행회사의 원리금 지급능력을 평가하는 것이 아니라 채권의 수익구조, 발행 참여기관의 신용도, 주가변동의 시나리오에 따른 현금흐름을 종합하여 원리금 지급 가능성을 통계적 기법으로 평가한 것으로 그 등급평가방법이 일반 채권과는 다르다.

이 사건 투자설명서에는 이 사건 장외파생상품이 무디스로부터 A3의 신용등급을 받았다는 점에 대하여 특별한 언급이 없다.

금융투자업자가 작성하여 배포한 이 사건 각 광고지나 Q&A 자료, 상품요약서, 상품제안서에는 이 사건 펀드가 원금 손실의 가능성이 있다는 점이 기재되어 있기는 하지만 그 글자체가 작거나 상대적으로 강조가 되지 아니하여 쉽게 알아보기 어렵다.

한편 위 자료에는 이 사건 펀드가 매분기별로 지급하는 확정수익금의 이율이 시중고금리 상품인 시중은행 후순위채, 국민주택채권, 시중은행 특판예금과 비교하여 높고, 이 사건 장외파생상품이 무디스로부터 A3 등급을 받아 이 사건 펀드의 원금손실가능성이 대한민국 국채의 부도 확률과 유사한 수준의 안정성을 갖추고 있고, 시중은행채보다 신용등급이 더 높아 안정성이 훨씬 좋으며 은행예금보다 원금보존의 가능성이 더 높다는 취지의 문구와 표현이 강조되어 있다.

다. 펀드의 판매 경위

이 사건 장외파생상품의 운용사인 CSFBi가 금융투자업자에게 송부한 파생상품거래확인서의 추가정보부록에는 ‘투자시 고려사항’이라는 제목으로 이 사건 장외파생상품의 위험요소를 적시하면서 “이 사건 각 장외파생상품은 상당한 위험을 수반하므로 장외파생상품 투자의 위험 및 장단점을 평가하는 데 필요한 금융 및 경영문제에 대한 지식 및 경험을 보유한 투자자로서 투자결정 전 제반 위험요소를 스스로 검토하고, 필요한 조사를 하여 궁극적으로 투자금 전액의 손실 위험을 감수할 수 있는 자에게만 적합하다”는 취지로 기재되어 있다.

그러나 금융투자업자는 퇴직금이나 기타 여유 자금을 연금식으로 장기간 안정적으로 운용하려는 투자자들을 대상으로 이 사건 펀드의 판매활동을 하였다.

금융투자회사의 직원들은 이 사건 펀드의 수익증권을 투자자들에게 판매하면서 펀드의 구조에 대하여 제대로 교육을 받지 아니하여 그 특성이나 위험성을 이해하지도 못한 채, 투자자들에게 단순히 "우리파워인컴 펀드는 대한민국 신용등급으로 '5년 만기 국고채금리 + 연 1.2%' 수준의 고정금리로 확정수익금을 6년 동안 매 분기마다 지급하는 안정한 파생상품이다" 라고 이 사건 펀드가 고수익상품으로서 안전하다는 점만을 강조하고, 만기에 지급되는 상환금액이 결정되는 구조와 위험성에 대하여는 제대로 설명하지 아니하였다.

라. 법원의 판단

이 사건 펀드의 주된 투자대상인 이 사건 장외파생상품은 매우 생소한 금융기법인 주식디폴트스왑(EDS)에 근거하여 발행된 구조화된 채권으로서 투자원금의 손실가능성의 결정요인이 일반 채권이나 은행예금과는 다르고, 주식디폴트스왑 프리미엄을 주요 재원으로 한 분기별 확정수익금도 통상의 금리와는 그 성격이 다르다는 점을 투자자들이 제대로 알기 어려웠다.

그렇다면 금융투자업자로서는 이 사건 장외파생상품 투자의 수익과 위험을 정확하게 이해한 뒤, 투자자들이 합리적인 투자판단을 할 수 있도록 균형을 갖춘 올바른 정보를 제공하고 그 내용을 투자자들이 이해할 수 있도록 설명함으로써 투자자들을 보호할 의무가 있다.

그러나 금융투자업자는 무디스가 그 시점에서 이 사건 장외파생상품에 A3의 신용등급을 부여한 점의 의미를 과도하게 부각시켜 이 사건 광고지나 Q&A 자료, 상품요약서, 상품제안서 등 판매보조자료를 통하여 이 사건 각 장외파생상품과 대한민국 국고채, 시중은행 후순위채, 은행예금의 이율과 신용등급을 직접 비교함으로써 중요한 사항에 대하여 오해를 유발할 수 있는 표시를 사용하거나 투자신탁의 수익과 위험에 관하여 균형성을 상실한 정보를 판매회사와 투자자들에게 제공하였으므로, 금융투자업자는 투자자들에게 손해배상책임을 부담해야 한다.[226)]

226) 대법원 2011. 7. 28. 선고 2010다101752 판결

6. 파생결합증권 투자대상 펀드

가. 펀드의 상품구조[227)]

이 사건 수익증권은 신탁재산의 대부분을 코스피(KOSPI) 200지수의 변동률에 따라 손익이 결정되는 주가지수연계증권(Equity Linked Securities)에 투자한다.

이에 따라 이 사건 수익증권은 2004. 8. 16.의 코스피 200지수('기준지수')와 만기인 2007. 8. 16.의 코스피 200지수를 비교하여 그 변동률이 20% 이내인 경우('수익발생요건')에는 수익증권 보유자가 원금 및 이에 대한 연 7 내지 9%의 수익금을 상환받는다. 만약 위 변동률이 20%를 초과하는 경우에는 [(변동률-20%)×1.74]의 비율에 따른 원금손실이 발생한다.

만기 전이라도 2004. 8. 16.부터 매 6개월 단위로 총 5회에 걸쳐(5회의 기일을 '만기 전 기준일'이라 함) 그날의 코스피 200지수와 기준지수를 비교하여 수익발생요건이 충족되면 수익증권 보유자가 원금 및 이에 대한 연 7 내지 9%의 수익금을 조기에 상환받고 수익발생요건이 충족되지 아니하는 경우에는 원금손실이 결정되지는 아니한 채 6개월 후의 다음 기준일로 자동연장되는 구조로 되어 있다.

나. 중도 환매가격에 대한 오해유발 부실 표시

이 사건 수익증권은 만기에 이르러 수익발생요건이 충족되지 아니할 경우에 비로소 원금손실이 발생하고 만기 전 기준일에는 수익발생요건이 충족되지 아니하더라도 6개월 후의 다음 기준일로 자동연장될 뿐 원금손실이 결정되지는 않는 구조를 갖고 있으면서도 만기 전에 환매하는 경우에는 환매가격이 원금에 미달될 수 있는 특성을 갖고 있다.

---

227) 대법원 2010. 11. 11. 선고 2008다52369 판결

이 사건 상품설명서에는 이러한 사실이 명확히 설명되지 아니한 채 "환매수수료 : 장외파생상품의 투자일의 익영업일로부터 장외파생상품 만기일 전일까지 환매금액의 5%, 따라서 중도 환매 시에 원금 손실을 초래할 수 있으며 펀드 조기 상환 시에는 환매수수료가 없습니다" 라고 기재되어 있다. 위 기재내용에 의하면 마치 중도 환매 시에는 환매 수수료만을 공제하고 이 때문에 원금손실이 발생하는 것처럼 오해할 소지를 제공하고 있다.

이러한 상황하에서 이 사건 수익증권을 판매하는 은행의 직원 소외인이 만기 전 기준일에는 원금손실이 결정되지 않는다는 점을 설명하면서 만기 전에 환매하는 경우에 환매가격이 원금에 미달될 수 있다는 점에 대하여 설명하지 아니한다면, 파생금융상품이나 이에 투자하는 투자신탁의 수익증권을 매수한 경험이 없는 투자자로서는 만기 전에 언제든지 환매하더라도 원금에서 환매수수료만을 공제할 뿐 그 이외에는 원금을 환급받을 수 있는 금융상품이라고 오해할 수 있다.

다. 금융투자업자의 손해배상 책임

금융투자업자의 직원이 투자자에게 이 사건 수익증권의 매수를 권유하면서 중도 환매가격에 대하여 오해를 불러일으킬 수 있는 부실한 표시가 기재된 이 사건 상품설명서를 제공하고, 그 환매가격에 대한 명확한 설명을 하지 아니함으로써 투자자로 하여금 중도 환매 시 지급받을 수 있는 환매가격에 관하여 오해하게 한 것은, 고객이 올바른 정보를 바탕으로 합리적인 투자판단을 할 수 있도록 고객을 보호하여야 할 주의의무를 위반한 것으로 투자자에 대하여 불법행위를 구성한다고 할 것이다.[228)]

---

228) 대법원 2010. 11. 11. 선고 2008다52369 판결

7. 선박 투자대상 펀드

가. 집합투자업자(산은자산운용)의 중요사항 확인의무[229)]

이 사건 펀드는 브리지마린이 이 사건 선박에 관하여 한진해운과 체결한 정기용선계약에서 얻는 용선료 수입 등을 재원으로 하여 투자금을 상환하는 구조로 되어 있다. 따라서 용선계약의 내용 특히 용선계약의 상대방 및 용선기간 등은 브리지마린이 안정적으로 용선료를 지급받을 수 있는지와 관련하여 원고들의 투자판단에 영향을 주는 중요사항이라고 할 것이다.

더욱이 집합투자업자인 산은자산운용은 이 사건 정기용선계약[230)]이 체결된 이후에야 이 사건 펀드의 설정에 관여하여 계약 체결 경위에 관하여 잘 알지 못하였고, 이 사건 펀드는 이 사건 정기용선계약이 체결된 후 상당한 기간이 지나서 설정되었기 때문에 그 사이 계약 내용이 변경될 여지도 있었다.

따라서 집합투자업자인 산은자산운용으로서는 브리지마린이 작성한 이 사건 정기용선계약서의 내용을 단순히 신뢰하는 데에 그치지 아니하고 독립적으로 한진해운에 용선기간 등 계약 내용을 확인한 후 그에 관하여 올바른 정보가 담긴 운용제안서를 작성하여 이를 판매회사인 에스케이증권과 투자자들에게 제공하였어야 하였다.

그러나 집합투자업자인 산은자산운용은 이러한 조사를 하지 아니하였고, 그 결과 2차 정기용선계약[231)]의 체결로 용선기간이 변경된 사실을 알지 못하여

---

229) 대법원 2015. 11. 12. 선고 2014다15996 판결

230) 브리지마린은 **2006. 7. 4.** 한진해운과 "이 사건 선박에 관하여 용선기간은 최초 2년으로 하되 이후 1년씩 총 4차례에 걸쳐 계약을 갱신할 수 있도록 정하고, 용선료는 최초 2년은 1일 미화(이하 생략함) 10,500달러, 이후 계약이 갱신될 경우 1일 11,000달러로 하는 내용"의 이 사건 정기용선계약 체결함.

231) 브리지마린의 대표이사인 소외 3은 **2006. 7. 20.경** 한진해운의 직원에게 이 사건 선박을 브리지마린이 설립한 외국 법인인 갤럭시마리타임에 재용선하여 달라고 요청하였다. 이에 따라 한진해운은 **2006. 7. 25.** 갤럭시마리타임과 "이 사건 선박에 관하여 용선기간은 6개월로 하되 6개월 연장 가능, 용선료는 1일 11,000달러로 하는" 재용선계약을 체결하였고, **같은 날** 브리지마린과도 위 계약의 내용을 반영하여 "이 사건 정기용선계약의 용선기간을 최초 6개월로 확정하고 이후 6개월 연장하는 것"으로 변경한 2차 정기용선계약을 체결함.

투자자들에게 사실과 다른 정보를 제공하였으므로, 산은자산운용의 이러한 행위는 투자자 보호의무를 게을리한 것이다.[232]

나. 펀드설정을 사실상 주도한 판매회사의 중요사항 확인의무

판매회사인 에스케이증권은 브리지마린과 이 사건 선박의 매수자금 마련을 위한 펀드를 설정하기로 합의한 후 용선기간을 비롯한 이 사건 펀드의 구조를 미리 정하여 집합투자업자인 산은자산운용에 자산운용회사로 참여할 것을 권유하는 등 이 사건 펀드의 설정을 사실상 주도하였다.

에스케이증권은 비록 판매회사의 지위에 있었더라도 독립적이고 객관적인 방법으로 한진해운에 확인하는 등으로 브리지마린과 한진해운 사이에 체결된 정기용선계약의 내용을 조사하여 올바른 정보를 원고들에게 제공할 필요가 있었다.

판매회사인 에스케이증권은 브리지마린이 제출한 계약서의 내용을 그대로 믿고 이를 직접 조사하지 아니하여 투자자들에게 중요사항인 용선계약의 상대방 및 용선기간에 관하여 사실과 다른 정보를 제공함으로써 투자자들에 대한 투자자보호의무를 위반하였다.[233]

다. 집합투자업자의 선관주의의무

브리지마린의 대표이사인 소외 3은 이 사건 정기용선계약에서 정한 최초 2년의 용선기간이 경과할 무렵인 2008. 8.경 “브리지마린이 한진해운과 이 사건 정기용선계약을 용선기간은 이 사건 펀드의 만기까지 남은 3년 동안 확정하고, 용선료는 최초 6개월은 1일 7,500달러, 나머지 2년 6개월은 1일 10,000달러로 변경” 하는 것으로 이 사건 재정기용선계약서를 위조한 후 위 이 사건 재정기용선계약서를 산은자산운용에 제출하면서 이 사건 신탁약정의 일부 조건을 변경해 달라고 요구하였다.

---

232) 대법원 2015. 11. 12. 선고 2014다15996 판결
233) 대법원 2015. 11. 12. 선고 2014다15996 판결

산은자산운용은 2008. 9. 10. 투자자들의 동의를 얻어 이 사건 신탁약정을 일부 변경하였는데 그 과정에서 한진해운에 정기용선계약의 내용을 확인하는 등의 조치를 하지 아니하였다.

이 사건 정기용선계약의 내용 중 용선계약의 상대방이나 용선기간 및 용선료에 관한 사항은 이 사건 펀드의 수익 및 위험에 영향을 주는 중요사항이므로, 이 사건 펀드의 자산운용회사인 산은자산운용은 계약 내용이 브리지마린에 유리하게 변경되었는지와 상관없이 정기용선계약의 변경 여부 및 변경된 계약의 내용을 정확히 조사·확인하여 이를 판매회사나 원고들에게 알릴 의무가 있다고 할 것이다.

그런데도 산은자산운용은 브리지마린의 대표이사인 소외 3이 위와 같이 위조한 이 사건 재정기용선계약서의 내용만을 신뢰한 채 이를 한진해운에 확인하는 등의 조치를 하지 아니하여 위 계약서가 위조된 사실과 이 사건 정기용선계약 내용이 변경된 사실을 알아내지 못하였는바, 이는 투자자들에 대하여 자산운용회사로서의 선량한 관리자의 주의의무를 위반한 것이다.[234]

8. 항공기 리모델링 및 리스 투자대상 펀드

가. 펀드의 상품구조[235]

이 사건 펀드는, ① ATA항공 관련 특수목적법인인 스카이블루 유한회사(SPC)가 발행한 기업어음을 매입하고, ② SPC는 중고 항공기(항공기 동체와 엔진 2기) 및 스페어 엔진 1기를 구매하여 리모델링 및 수리를 한 후 이를 펀드의 상환을 위한 담보로 제공하고, ATA항공의 계열회사인 태국 법인 스카이스타에 이 사건 항공기 등을 대여하며, ③ 스카이스타는 항공료 수입으로 SPC에 이 사건 항공기 등 임대료를 지급하고, SPC는 위 임대료로 이 사건 어음을 상환하는 구조로 되어 있다.

---

234) 대법원 2015. 11. 12. 선고 2014다15996 판결
235) 대법원 2015. 2. 26. 선고 2014다17220 판결

나. 사실관계

수리비 미지급 및 매각

SPC는 2007. 12. 27. 중고 항공기 및 스페어 엔진 1기를 매수하고 리모델링 및 수리를 위하여 이 사건 항공기는 중국 수리업체인 GAMECO에, 스페어 엔진은 싱가폴 수리업체인 ESA에 각 인도하였다.

GAMECO 및 ESA는 위 미지급 리모델링 및 수리비 채권에 기하여 이 사건 항공기 동체 및 스페어 엔진에 대하여 유치권을 행사하였고, 이 사건 항공기 동체의 중국내 반입기간이 도과되어 중국세관의 압류처분에 처하게 되자 자산운용사는 GAMECO와 협의하여 이 사건 항공기 동체를 분해하여 부품과 스크랩 상태로 180,000달러에 매각하였다.

유치권 행사의 원인

수리업체가 이 사건 항공기 동체 및 스페어 엔진에 대하여 유치권을 행사한 이유는, 베이징 올림픽으로 인하여 부품조달에 문제가 있고 수리과정에서 엔진에 심각한 결함이 발견되어 소요기간 및 비용이 예상보다 증가하였는데, SPC가 자금 사정으로 수리업체에 수리비를 제때 지급하지 못하였기 때문이다.

ATA항공 및 스카이스타의 자금 대여 불가능

이 사건 펀드 구조상 이 사건 항공기 등이 운항에 사용되기 전에는 SPC가 수익을 창출할 수 없고, SPC는 이 사건 펀드의 상환 및 제반 비용이 부족하게 될 위험에 대비하기 위하여 ATA항공, 스카이스타로부터 부족자금을 차용하기로 하는 내용의 금전소비대차약정을 체결한 바 있다.

그러나 SPC가 수리업체에 이 사건 항공기 등의 수리비를 지급할 수 없는 상황이 발생하였는데도 ATA항공 및 스카이스타는 경영상황 악화로 SPC에 부족자금을 대여할 수 없었다.

다. 투자자의 경험 등

투자자의 유사 펀드 경험

투자자는 이 사건 펀드 투자 전인 2007. 10.경 피닉스 펀드에 45억 원을 투자하였는데, 피닉스 펀드의 구조는 ATA항공 관련 SPC인 그랜드스타 유한회사가 발행하는 기업어음을 매입하고 그랜드스타 유한회사가 그 항공기를 스카이스타에 대여, 운항하여 그 항공료 수입으로 기업어음을 상환하도록 설계되어 있었으며, 위 기업어음이 리파이낸싱되어 조기 상환되면서 투자자는 피닉스 펀드로부터 투자수익을 얻은 경험이 있다.

투자자의 상품구조 인식

SPC가 이 사건 항공기 등을 구매한 후 수리업체를 통하여 리모델링 및 수리를 거쳐 스카이스타에 대여된다는 점은 이 사건 펀드 설계 단계부터 예정되어 있었고, 투자자도 투자제안서 및 판매회사 측의 설명을 통하여 투자 결정 전에 이미 알고 있었다.

라. 대법원의 판단

① 수리업체가 유치권을 행사함으로써 SPC가 이 사건 항공기 등의 처분권을 제대로 행사할 수 없는 위험과 ② 이 사건 동체 엔진이 펀드 자금의 회수를 위한 담보로서 실효성을 상실할 위험은 판매회사가 투자자에게 이 사건 펀드의 투자를 권유할 당시 합리적으로 예상할 수 있었던 위험이 아니다. 위와 같은 위험요소는 이 사건 펀드의 운용 단계에서 스카이스타의 배임적인 행위로 발생한 것이다. 위의 위험요소는 투자자도 이 사건 펀드의 투자판단에 중요하게 고려하였을 투자위험이라고 할 수 없다.

한편 ATA항공, 스카이스타의 SPC에 대한 부족자금 대여약정은 SPC의 자금부족 상황에 대한 일종의 인적 담보라고 할 수 있는데, 인적 담보의 경우 담보의무자의 자력 범위 내에서 변제가 가능하므로 담보의무자의 자력이 부족한 경우 충분한 변제를 받지 못할 위험이 존재한다는 점은 담보의 성질상 당연한 것으로 별도의 설명이 필요한 사항이라고 보기 어렵다.

그리고 판매회사가 투자자에게 이 사건 펀드에 투자를 권유할 당시 담보의 무자인 ATA항공이나 스카이스타의 경영상황이 악화되어 SPC에 부족자금을 대여할 수 없는 상황이 발생할 수 있음을 합리적으로 예상할 수 있었다고 보기도 어렵다.

결국 위와 같은 투자위험은 피고가 이 사건 펀드의 투자권유 당시 합리적으로 예상할 수 있었던 위험이 아니거나, 투자자가 그 내용을 충분히 알고 있는 사항에 해당한다고 할 것이므로, 그러한 사항에 대하여서까지 전문투자자라고 할 수 있는 투자자에게 수익증권 판매회사가 설명의무를 부담한다고 할 수는 없다.

9. 수익보장약정에 의한 투자권유

가. 수익보장확약서 작성 및 투자권유236)

투자자는 그동안 여유자금을 주로 양도성예금증서의 매입 등 고금리의 금융상품에 투자하면서도 금융투자업자와는 채권형 수익증권 거래만을 하였을 뿐 이 사건 수익증권과 같은 주식형 투자신탁상품에는 투자한 적이 없는 보수적 자금운용을 하여 왔다.

그런데 금융투자업자의 춘천지점장과 담당직원이 직접 투자자를 찾아와 높은 수익을 보장하며 이 사건 주식형 종목의 매입을 적극 권유하면서 무려 4회에 걸쳐 수익보장확약서를 작성하여 주었다.

나아가 만기에 예탁원리금의 반환을 요구하는 투자자에게 재차 수익보장의 약속을 하며 만기를 연장하여 줄 것을 적극 요구하여 이를 믿고 이 사건 수익증권의 매수 및 그 만기 연장을 하였다.

위와 같은 사안에서 금융투자회사의 불법행위책임을 인정하였다.

---

236) 대법원 1998. 10. 27. 선고 97다47989 판결

나. 연간 수익률 보장약속[237)]

투자자는 여유자금을 은행 또는 신협중앙회에 확정금리로 예탁하거나 비교적 안정적인 공사채형 수익증권을 매입하는 등 보수적으로 운영하였고, 금융투자업자의 담당직원인 유호범이 연간 수익률 15% 이상을 보장하여 주겠다고 하여 이를 믿고 전환형인 이 사건 각 수익증권을 매입하였다.

그 후 이 사건 각 수익증권이 주식형으로 전환된 이후에도 유호범이 연간 수익률 15% 이상을 보장하여 주겠다고 거듭 다짐하자 주식형으로 전환한 것을 사후 추인하였다.

그러나 만기에 이르러 주식시장의 불황으로 그 평가액이 원금에도 훨씬 못 미치게 됨으로써 손해를 입게 되었다.

법원은 위와 같은 사안에서 이 사건 거래의 경위와 거래방법, 투자자의 투자상황, 거래의 위험도 등에 비추어 볼 때, 유호범의 수익률 보장을 앞세운 권유행위 및 거듭된 수익률 보장행위는 투자자에 대한 보호의무를 저버린 위법한 행위에 해당한다고 판시하였다.

10. 손해배상책임 부정례

가. 펀드 편입이후 신용등급 미달[238)]

피고가 최초 편입 당시에는 기준 신용등급에 적합하였다가 원고의 수익증권 취득을 전후하여 일부 신용평가기관의 신용평가에서 기준 신용등급에 미달하게 된 판시 대우그룹 계열사 발행 유가증권(대우채)이 이 사건 투자신탁에 편입되어 있는 사정을 투자신탁설명서에 구체적으로 명시, 설명하여야 법령, 계약 혹은 신의칙상 의무가 존재한다고 볼 수 없다.

나아가 위와 같은 제반 사정하에서는 위 투자부적격유가증권의 투자신탁 내

---

237) 대법원 2005. 7. 15. 선고 2003다28200 판결
238) 대법원 2006. 5. 11. 선고 2003다51057 판결

편입사실을 원고에게 별도로 알리지 아니한 피고의 조치가 위탁회사의 수익자에 대한 일반적인 선관주의의무 혹은 충실의무 등 위반행위에 해당한다고 보기도 어렵다고 판시한 사례가 있다.

나. 투자위험 방어 가능 투자자의 경우[239]

투자자들은 일본 모 대학교 비즈니스스쿨의 최고경영자과정에 참가한 자들이고, 북경올림픽 관련 기념품을 제작, 판매하는 기업에 대해 발생한 금전채권을 투자하는 사모특별자산투자신탁에 투자하였다.

투자자들은 본건 투자신탁에 관하여 이미 법률자문업무를 수행한 변호사를 대리인으로 지정하여 본건 수익증권을 매수한 점, 본건 투자신탁은 투자위험을 스스로 방어할 능력이 있는 투자자들을 상대로 하여 공모방식이 아닌 사모방식에 의하여 투자자를 모집하는 사모투자신탁으로 관련 법령은 사모투자신탁에 대해서는 일반투자자를 보호하기 위해 마련된 여러 조항들의 적용을 배제하는 것으로 규정하고 있는 점 등을 고려할 때 증권회사가 투자자들에게 본건 투자신탁의 손실발생 위험성 등에 관하여 적극적으로 설명하여야 할 고객보호의무를 부담한다고 보기 어렵다고 판시한 사례가 있다.

다. 투자경험이 있는 배우자 동석[240]

투자자의 처 소외 김00은 투자자가 증권회사에 펀드계좌를 개설하기 이전부터 00은행을 통하여 24회에 걸쳐 펀드상품을 매수한 경험이 있고, 그 중 3개 상품은 이 사건 각 펀드와 같은 손익구조의 상품이며, 투자자가 증권회사와 사이에 각 펀드에 관한 거래를 할 당시에 투자자는 항상 김00와 함께 증권회사를 찾아와 상담하고 이 사건 각 펀드를 매수하였다. 위와 같은 사정에 비추어 투자자가 이 사건 각 펀드의 손익구조 및 원금 손실 가능성에 관하여 몰랐다는 것은 상식적으로 납득하기 어렵다고 판시한 사례가 있다.

---

239) 서울중앙지방법원 2009. 6. 9. 선고 2008가합114781 판결
240) 서울중앙지방법원 2009. 5. 29. 선고 2008가합100409 판결

11. 집합투자업자의 선관주의의무 위반

가. 집합투자업자의 선관주의의무

집합투자업자는 투자자에 대하여 선량한 관리자의 주의로서 집합투자재산을 운용하여야 하고, 투자자의 이익을 보호하기 위하여 해당 업무를 충실하게 수행하여야 한다(법 제79조).

집합투자업자의 선관주의의무 위반여부는 구체적으로 특정한 시점에서 투자종목 및 비율을 어떻게 정하여야 하는지는 관계 법령과 투자신탁 약관의 내용, 신탁재산의 운용목표와 방법, 그 시점에서의 시장 상황 및 전망 등 제반 사정을 종합적으로 감안하여 판단하여야 할 것이다.[241]

집합투자업자가 가능한 범위 내에서 수집된 정보를 바탕으로 집합투자재산의 최상의 이익에 합치된다는 믿음을 가지고 신중하게 집합투자재산의 운용에 관한 지시를 하였다면 자본시장법에서 말하는 선량한 관리자로서의 책임을 다한 것이라고 할 것이다. 설사 그 예측이 빗나가 신탁재산에 손실이 발생하였다고 하더라도 그것만으로 집합투자재산 운용단계에서의 선량한 관리자로서의 주의의무를 위반한 것이라고 할 수 없다[242]

나. 장외파생상품의 거래상대방 변경[243]

신탁재산 대부분을 장외파생상품에 투자하는 펀드의 수익증권을 취득한 갑 등 투자자들이 투자신탁의 자산운용회사인 을 주식회사를 상대로 을 회사가 투자설명서에 기재된 장외파생상품의 거래상대방을 투자자들의 동의 없이 임의로 변경하는 바람에 손해를 입었다며 채무불이행 또는 불법행위에 따른 손

---

241) 대법원 2003. 7. 11. 선고 2001다11802 판결

242) 대법원 2003. 7. 11. 선고 2001다11802 판결, 대법원 2013. 11. 28. 선고 2011다96130 판결

243) 대법원 2013. 11. 28. 선고 2011다96130 판결

해배상을 청구하였다.

위 사안에서, 제반 사정에 비추어 볼 때, ① 투자설명서에 장외파생상품의 거래상대방을 기재한 부분은 신탁약관의 내용을 구체화하는 것이라 볼 수 없어 기재 내용이 당연히 투자신탁계약의 내용에 편입되어 계약적 구속력을 갖는다고 할 수 없고, ② 그 부분이 을 회사와 갑 등 사이의 개별약정에 해당하여 을 회사가 거래상대방을 투자설명서에 기재된 대로 정하여 투자자산을 운용할 계약상 의무를 부담한다고 볼 수 없으며, ③ 을 회사가 장외파생상품의 거래상대방을 변경한 것이 간접투자자산 운용업법 제19조에서 정한 투자설명서에 위배되는 행위 또는 자산운용회사로서 선량한 관리자의 주의의무를 위반한 행위에 해당한다고 할 수 없다고 판시한 사례가 있다.

다. 신탁약관과 달리 기재된 투자설명서와 손해배상[244)]

이 사건 운용계획서가 투자자 모집을 위한 자료로 활용되도록 하기 위하여 작성된 문서라고 하더라도, 이 사건 펀드 운용에 관한 향후의 계획을 기재한 것으로서 투자 여부를 결정하는 데에 중요한 요소인 예상수익율과 그 산출 근거인 펀드구성(Trading과 Buy&Hold), 투자대상(국공채, 회사채, 기업어음 등), 투자비중을 기재하고 있다.

위 운용계획서에는 펀드구성의 투자대상으로 일정한 등급의 국공채, 회사채, 금융기관채 및 기업어음 등을 구체적으로 명시하고 있을 뿐 아니라, 비록 약관에는 투자대상인 기업어음에 관하여 신용평가등급에 대한 아무런 제한을 두고 있지 않지만 이와 같은 사정을 제대로 알려주지 않음에 따라, 투자자로서는 향후 집합투자업자가 이 사건 펀드를 운용함에 있어서 특별한 사정이 없는 한 위 계획에서 수익률 산정의 근거로 제시한 투자대상인 일정 등급 이상의 기업어음에 투자하리라는 신뢰 내지 기대를 가지게 되었다.

즉, 집합투자업자는 판매회사인 OO증권을 통하여 기업어음 투자 등급에 관하여 약관과 달리 기재된 이 사건 운용계획서를 투자자에게 교부하여 잘못된 정보를 제공함으로써 투자자가 이 사건 수익증권을 매수하는 데 수반하는 위

---

244) 대법원 2007. 9. 6. 선고 2004다53197 판결

험성이나 투자내용에 관하여 정확한 인식을 형성하지 못하는 데 중요한 원인을 제공하였고 이로 말미암아 투자자가 정확한 정보에 기초한 합리적인 투자판단을 할 수 없도록 하였다.

운용계획서에 잘못된 정보를 믿고 투자한 투자자를 보호하기 위하여, 향후 이 사건 펀드를 운용하면서 투자자이외 다른 투자자를 보호할 필요가 있는 경우 등을 비롯하여 특별한 사정이나 합리적인 사정이 없다면 가능한 한 이 사건 운용계획서에서 명시한 일정 등급 이상의 기업어음을 매입할 필요가 있다.

만약 특별한 사정이나 합리적인 사정이 없음에도 불구하고 원투자자의 신뢰를 저버리고 이와 달리 운용함으로써 피해가 발생하였다면 투자자 보호를 위하여 그로 인한 손해를 배상할 책임이 있다.

라. 펀드에 편입된 해외 헤지펀드가 일명 "Madoff Ponzi" 금융사기에 연루되어 손실이 발생한 경우[245)]

① 집합투자업자가 이 사건 각 헤지펀드를 편입할 당시에 그 편입 여부 등에 관하여 리스크관리위원회의 심의·의결을 거치지 않았고, BMIS가 이 사건 각 헤지펀드의 운영 및 수탁을 겸임하고 있다는 점 및 ② 이 사건 각 헤지펀드의 정확한 구조를 인식하지 못하였으며, 이에 따라 이러한 점을 이 사건 각 재간접펀드의 투자자에게 고지하지 아니한 사실, ③ 이 사건 각 헤지펀드에 관한 운영제안서에 기재된 투자대상과 회계감사보고서상의 자산구성에 일응 차이가 있고, 이 사건 각 헤지펀드가 최초 설정 이후 지속적인 수익률을 보였으며, ④ 집합투자업자가 이 사건 각 헤지펀드 및 BMIS에 대하여 투자자가 이 사건 소에서 주장하는 수준의 평판조회 등을 거치지 않은 사실이 인정된다. 그러나 ① 이 사건 헤지펀드를 편입시킨 경위, ② 그 편입 당시 집합투자업자가 이 사건 각 헤지펀드의 수익률 및 손실률 등을 분석·평가한 내용, ③ 이 사건 각 헤지펀드에 대한 회계감사보고서의 내용, ④ 집합투자업자 역시 Madoff의 폰지 사기 혐의가 밝혀지기 전까지는 이 사건 각 헤지펀드의 자산운용 구조 및 BMIS의 역할을 정확하게 인식하기 어려웠을 것으로 보이는데다,

245) 서울중앙지방법원 2010. 10. 8. 선고 2010가합21776 판결

⑤ 설령 집합투자업자가 이를 알 수 있었다고 하더라도 이 사건 각 헤지펀드의 운용 기간, 실적, 공신력 있는 기관의 평가 및 미국의 금융당국조차 2008. 12.경까지 BMIS에 대한 혐의를 밝혀 내지 못한 점 등의 사정을 종합하면, 집합투자업자가 이 사건 각 헤지펀드를 편입하면서 투자자 보호의무 및 선관주의의무를 위반하였다고 볼 수 없다고 판시한 사례가 있다.

마. 판매회사의 자산운용에 관한 책임[246)]

수익증권의 판매업무만을 수행하는 투자매매업자는 투자신탁재산의 운용에 관하여 구체적인 고의·과실이 인정되지 않는 한 집합투자재산의 운용에 관한 손해배상책임을 부담하지 않는다.

12. 해외펀드 비과세조치

가. 해외펀드에 대한 과세

투자자가 해외펀드에 투자함으로써 얻는 최종적인 손익은 펀드 자산의 가치 변동에 따른 손익과 환율변동에 따른 손익이 통합된 것이라고 할 수 있다. 또한 금융 상품의 경우에는 투자가가 그로부터 얻는 최종 수익의 크기를 결정하는데 과세가 차지하는 비중이 월등히 크므로 금융상품에 대한 과세여건의 변경은 투자판단에 있어 중요한 의미를 갖는다.

해외펀드에 대한 과세는 해외펀드에서 발생한 채권이나 주식의 매매 및 평가차익('양도차익'), 채권의 이자, 주식의 배당금, 환차익이 모두 하나의 과세표준(배당소득)으로 통산되어 과세된다.

즉 해외펀드의 경우 국내펀드와 달리 환차익이라는 과세대상이 추가되기는 하나 환매시에 주식가격의 변동에 따른 손익과 환율변동에 따른 손익이 별개

---

246) 대법원 2003. 12. 12. 선고 2003다8886 판결

의 과세항목을 구성하지 아니한다.

따라서 해외펀드 환매시 발생하는 양도차익 및 환차익(이자나 배당금의 비중은 크지 않다)이 함께 배당소득을 구성함으로 ① 환차익과 양도차손이 함께 발생하는 경우와 ② 환차손과 양도차익이 함께 발생하는 경우 모두 그 손익이 서로 상쇄되어 과세대상인 배당소득이 산정된다. 즉, 양도차손이 발생 하고서도 소득세를 부담하게 되는 경우는 극히 예외적인 경우가 된다.

나. 해외펀드에 관한 비과세 조치(2007. 6. 1.부터 2009. 12. 31.까지)

해외펀드에 관하여 2007. 6. 1.부터 2009. 12. 31.까지 주식의 매매 또는 평가로 인한 손익을 포함하지 아니하였으나, 환율 변동에 따른 손익을 주식가격의 변동에 따른 손익으로 보아 과세하였다.

주가가 하락하는 시기에는 주가의 변동에 따른 손실이 반영되지 않으면서도, 환율변동에 따른 손익이 발생한 경우에 이를 수익으로 인식하는 결과, 펀드 전체에 손실이 발생하여 수익률이 음(-)인 경우에도 환차익에 대한 과세로 최종 수익률 하락이 더욱 심해지는 경우가 발생하였다. 이에 환율 변동에 따른 손익에 관한 과세가 타당한지 문제가 되었다.

소득금액은 원칙적으로 과세권을 가진 국가의 통화에 의하여 산정하여야 하므로, 국외에 있는 자산의 가격 변동에 따른 거주자의 소득을 과세대상으로 하는 경우 그 소득금액은 환율 변동에 따른 손익을 통산하여 계산하여야 한다.

이 사건 법률 조항[247)][248)]은 거주자의 해외투자를 활성화하기 위하여 2009.

---

247) 구 조세특례제한법(2008. 12. 26. 법률 제9272호로 개정되기 전의 것) 제91조의2 제2항(이하 '이 사건 법률 조항'이라 한다)은 '거주자가 구 소득세법 제17조 제1항 제5호의 요건을 갖춘 투자신탁(이하 '투자신탁'이라고만 한다)으로부터 받는 배당소득금액에는 구 소득세법 제17조 제1항에 불구하고 당해 투자신탁이 직접 취득하는 주식으로서 국외에서 발행되어 국외에서 거래되는 주식(증권거래법에 따른 유가증권시장 또는 코스닥시장과 유사한 외국의 시장에 상장된 것에 한한다, 이하 '국외 상장주식'이라 한다)의 매매 또는 평가로 인하여 2009. 12. 31.까지 발생한 손익을 포함하지 아니한다'고 규정함

248) 구 조세특례제한법 시행령(2009. 2. 4. 대통령령 제21307호로 개정되기 전의 것) 제92조의2 제3항(이하 '이 사건 시행령 조항'이라 한다)은 '이 사건 법률 조항

12. 31.까지 한시적으로 국외 상장주식의 매매 또는 평가로 인하여 발생한 손익을 배당소득금액에서 제외하고 있는데, 국외 상장주식의 매매·평가손익을 원화로 환산하는 과정에서도 주식가격의 변동에 따른 손익과 환율 변동에 따른 손익이 통산될 수밖에 없다. 즉 이 사건 법률 조항과 시행령 조항에 의하여 배당소득금액에서 제외되는 국외 상장주식의 매매·평가손익은 주식가격의 변동에 따른 손익과 환율 변동에 따른 손익을 통산한 것을 의미한다.

따라서 국외 상장주식의 외화표시 가격이 하락하고 외화대비 원화표시 환율이 상승한 경우에도, 주식가격의 변동에 따른 손실과 환율 변동에 따른 이익을 구분 산정하여 환율 변동에 따른 이익만을 배당소득금액에 포함할 수는 없다.[249]

해외펀드의 비과세 조치시에도 환율변동에 따른 이익만을 과세대상으로 보지 않는다.

에 따른 주식의 매매 또는 평가로 인하여 발생한 손익에는 주식가격의 변동에 따른 손익만을 포함한다. 다만 주식가격의 변동에 따른 손익과 환율 변동에 따른 손익이 동시에 발생한 경우에는 환율 변동에 따른 손익을 주식가격의 변동에 따른 손익으로 보아 계산한다.'고 규정함

249) 대법원 2015. 12. 10. 선고 2013두6107 판결, 대법원 2015. 12. 10. 선고 2013다44669 판결

제4절 파생결합증권

1. 주가연계증권(ELS)의 상품구조

가. 상품의 개요

상품종류	2Star Step-down 6Chance
위험등급	고위험
고객투자성향	고위험투자형
기초자산	EUROSTOXX50지수, NKY225 지수
판매예정한도	200억원(예정)
최저가입금액	100만원 이상, 1만원 단위
청약기간	2014년 3월 17일 - 2014년 3월 23일
만기일(예정)	2017년 3월 24일

나. 상환조건 및 수익률

구분	상환조건	수익률(세전)
자동조기상환	각 중간 기준가격 결정일에 각 기초자산의 종가가 모두 행사가격 이상인 경우	연 5%
만기상환	각 기초자산의 최종기준가격이 모두 최초기준가격의 75% 이상인 경우	15%(연5%)
	하나의 기초자산이라도 종가가 최초기준가격의 35% 미만인 적이 없는 경우	15%(연5%)

	하나의 기초자산이라도 종가가 최초기준가격의 35% 미만인 적이 있으며, 하나의 기초자산이라도 최종기준가격이 최초기준가격의 75% 미만인 경우	-100% ~ -25%

다. 자동조기상환

6개월마다 자동조기상환 시점을 두어, 각 기초자산의 중간기준가격이 모두 해당 시점의 행사가격 이상인 경우 → 원금 + 세전 연 5% 수익 지급

자동조기상환시점	자동조기상환 행사가격 (최초기준가격 대비)	자동조기상환 수익률(세전)
6개월	95% 이상	2.5%
12개월	95% 이상	5%
18개월	90% 이상	7.5%
24개월	85% 이상	10%
30개월	80% 이상	12.5%

라. 만기상환

자동조기상환이 발생하지 않은 경우

(1) 각 기초자산의 최종기준가격이 모두 최초기준가격의 75% 이상인 경우 → 원금 + 세전 15%(연5%) 수익지급

(2) 위 (1)의 경우가 발생하지 않고,

- 투자기간 동안 하나의 기초자산이라도 종가가 하락한계가격 미만

인 적이 없는 경우 → 원금 + 세전 15%(연 5%) 수익지급
- 투자기간 동안 하나의 기초자산이라도 종가가 하락한계가격 미만인 적이 있는 경우 → (원금손실발생 : -100% ~ -25%)
- 하락한계가격 : 최초기준가격의 35%

마. 상품구조 그래프

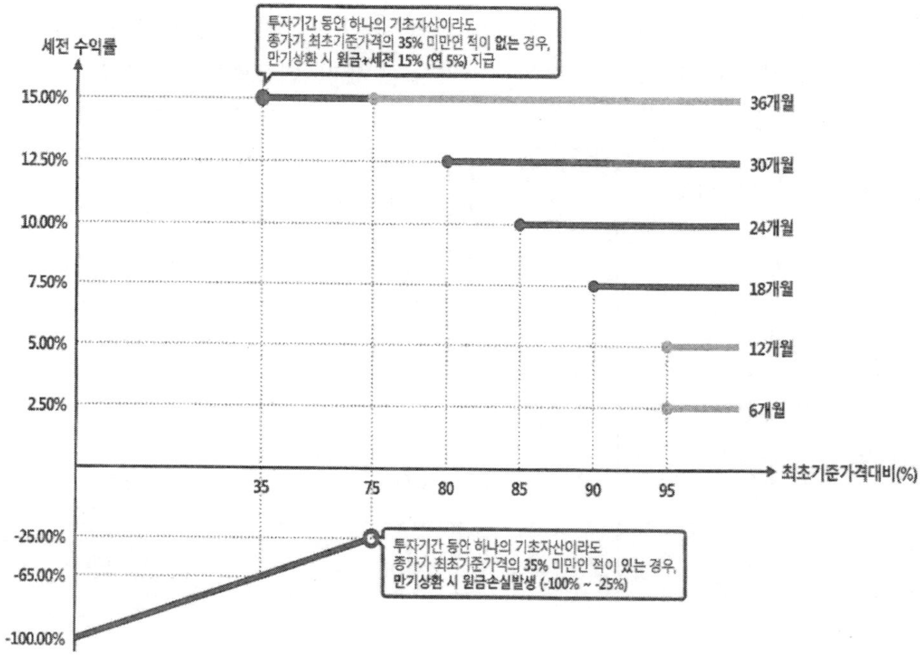

바. 기준일 및 주요내용

최초기준가격 : 2014년 3월 24일(EUROSTOXX50지수, NKY225 지수 종가)
최종기준가격 : 2017년 3월 24일(EUROSTOXX50지수, NKY225 지수 종가)
발행일 : 2014년 3월 27일 / 만기일 2017년 3월 24일

중간기준가격 결정일(6개월 단위 해당 기초자산 종가로 결정)
1차 : 2014년 9월 22일, 2차 : 2015년 3월 23일,
3차 : 2015년 9월 21일, 4차 : 2016년 3월 22일
5차 : 2016년 9월 24일
자동조기상환금액 및 만기상환금액 지급일 : 중간기준가격 결정일(불포함) 또는 최종기준가격 결정일(불포함) 이후 [3]영업일

사. 중도상환

중도상환요청 가능일	[발행일](불포함) 이후 매 영업일
기준가 적용 기준시각	오전 11시(서울시간 기준)
중도상환금액 결정일	<1> 중도상환 요청일 기준시각 이전 중도상환 요청한 경우 : 중도상환 요청 당일. 단, 거래소 영업일이 아닌 경우, 중도상환 요청일(불포함) 후 [1]거래소 영업일 <2> 중도상환 요청일 기준시각 경과후 중도상환 요청한 경우 : 중도상환 요청일(불포함) 후 [1]거래소 영업일
중도상환금액 지급일	중도상환금액 결정일(불포함) 후 [2]영업일 단, 중도상환금액 결정일에 발행회사의 자동조기상환의무 또는 만기상환의무가 발생하는 경우 중도상환금액 지급일은 연기될 수 있음.
중도상환금액의 수준	<1> [발행일](불포함) 이후 [2014년 9월 22일(6개월)](포함) 이전까지 중도상환을 요청한 경우 : 중도상환금액 결정일 후 [1]영업일에 공시되는 평가금액의 96%이상의 가격 <2> [2014년 9월 22일(6개월)](불포함) 이후 만기일(불포함) 이전까지 중도상환을 요청한 경우 : 중도상환금액 결정일 후 [1]영업일에 공시되는 평가금액의 98% 이상의 가격 중도상환시 결정된 상환금액에 따라 원금손실 발생 가능

2. 파생결합증권과 투자권유

가. 파생결합증권의 설명사항

주가연계증권(ELS)의 투자 권유시 금융투자업자는 투자자에게 ELS의 특성과 주요내용을 명확히 설명하여야 하고, 구체적인 설명사항은 ① 기초자산, ② 중도의무상환 요건, ③ 중도상환(해지) 요건, ④ 중도상환 및 만기시 지급될 상환금액, ⑤ 기초자산의 가격 변동에 따라 만기시 원금 손실의 가능성 유무 및 범위 등이다.[250)]

공모로 발행된 파생결합증권(주식워런트증권 제외)이 만기일 또는 최종 환매청구일 이전에 최초로 원금손실 조건에 해당되는 경우 금융투자업자는 일반투자자에게 다음의 내용을 지체 없이 통지하여야 한다(영업 및 업무규정 제2-5조 제4항).

① 원금손실 조건에 해당되었다는 사실

② 조기상환조건 및 조기상환시 예상수익률

③ 환매청구방법, 환매청구기한 및 환매수수료 등

나. 투자자의 대리인이 금융투자상품 매입경험이 있는 경우

① 투자자의 대리인은 육군 대령으로 전역한 자로서 2002년경부터 금융투자업자의 조언을 받아 금융투자업자가 판매하는 금융상품에 가입하는 등의 방법으로 대리인 및 투자자의 자금을 관리하여 왔던 사실, ② 금융투자업자는 이 사건 ELS 매입 직전 대리인, 투자자에게 수익발생 조건, 수익률, 원금 손실가능성 및 6개월 이후 중도해지가 가능하다는 점 등 개략적인 내용을 설명한 사실 등에 비추어 보면, 금융투자업자가 적합성 원칙 또는 설명의무를 위반하지 않았다고 판시한 사례가 있다.[251)]

---

250) 대법원 2003. 7. 11. 선고 2003다11802 판결

251) 서울고등법원 2009. 1. 16. 선고 2008나7750 판결

다. 동일 또는 유사 ELS를 매입하는 경우

① 투자자는 이 사건 ELS 매입당시 63세로서 원금손실이 있을 수 있으나 다소 안정적이라고 할 수 있는 채권형 내지 혼합형의 금융상품에 주로 투자한 사실, ② 투자자는 금융투자업자로부터 받은 ELS 213, ELS 214의 조기상환금을 이 사건 ELS에 재투자하였는데, 위 ELS들은 이 사건 ELS와 기초자산의 종목, 만기, 수익률 등에 차이가 있을 뿐 기본구조는 동일한 금융상품인 점, ③ 투자자는 20여년 동안 50개 이상의 금융투자업자의 계좌를 개설하여 거래를 하면서 이 사건 ELS의 매입이전에도 다양한 금융상품에 투자를 하였는데 그 중에는 이 사건 ELS와 같이 원금이 보장되지 않는 상품도 다수 포함되어 있었던 사실, ④ 이 사건 ELS의 기초자산은 한진해운 보통주 및 삼성물산 보통주로서 우량주에 해당하고, 세계적인 금융위기로 인하여 한진해운 및 삼성물산의 주가가 급격하게 하락하여 손실이 난 사실, ⑤ 투자자의 투자성향은 상대적이라 할 수 있고, 그 투자성향이 변하기도 하는 점, ⑥ 이 사건 ELS의 기초자산인 한진해운 보통주, 삼성물산 보통주는 우량주이고, 3차에 걸친 조기상환의 기회도 있으며, 주식의 가격이 15% 내지 25% 이상 내려가지 않는다면 원금이 보장되는 등 이 사건 ELS가 고위험 금융상품이라고 단정하기 어려운 점 등에 비추어 금융투자업자의 투자권유가 적합성원칙에 위배되지 않는다고 판시한 사례가 있다.[252)]

라. 안정선호형 고객에게 조기상환 빈도가 높은 ELS의 권유

투자자의 ELS 매입신청 당시 작성된 계좌등록신청서에 '가장 비중 있게 고려하는 것은 투자수익률보다 원금보장 여부이다. - 안정선호 -' 라고 기재된 부분에 '∨' 표시 되어 있고, '상담자 의견' 란에 투자자가 '안정선호형 고객' 이라고 기재된 사실 인정되나, ① 투자자는 2004. 5. 경 금융투자업자로부터 1천만원 정도를 투자할 금융상품에 대한 상담요청을 받고 당시 우량주식이었던 삼성전자 주식의 수익률이 코스피 지수의 수익률보다 높다는 점과

252) 부산고등법원 2011. 1. 19. 선고 2010나6949 판결

과거 주가변동추이에 비추어 이 사건 ELS의 조기상환 빈도가 거의 100% 가깝게 예상되는 점에 비추어 안정선호형 고객에게 적합한 상품이라는 판단 하에 투자자에게 이 사건 ELS를 추천하였던 사실, ② 그 당시 금융투자업자는 투자자에게 투자설명서 및 리플릿을 이용하여 이 사건 ELS의 내용 및 수익구조에 대하여 설명하면서 원금손실의 가능성을 고지하였고, ③ 위 투자설명서에는 도표를 이용하여 '최고 24%(연 8% × 3년 만기)에서 최하 -100%까지의 수익률이 발생할 수 있다.'는 점에 대하여 알기 쉽게 기재되어 있는 사실, ④ 투자자는 이와 같은 설명을 듣고 이 사건 ELS(주가연계증권) 청약신청서에 '본인은 주가연계증권 투자와 관련하여 투자유의사항 및 사업설명서의 내용을 숙지하였으며, 증권의 발행조건과 이와 관련된 모든 위험 요소를 충분히 인지하고 있습니다.'라고 기재된 고객사항 옆에 투자자 명의의 인감도장을 날인한 사실에 비추어 금융투자업자의 적합성원칙 또는 설명의무를 위반하지 않았다고 판시한 사례가 있다.[253]

3. 주가연계증권(ELS)의 델타헤지거래와 투자자보호의무

가. 이 사건 ELS의 구조[254]

주가연계증권의 기초자산 : 삼성SDI 보통주(1매의 액면가 10,000원)

기준가격 : 2005. 3. 16.의 삼성SDI 보통주 종가인 108,500원

중간평가일 및 만기평가일의 평가가격 : 삼성SDI 보통주 종가

중간평가일 : 2005. 7. 18.(1차), 2005. 11. 16.(2차), 2006. 3. 16.(3차), 2006. 7. 18.(4차), 2006. 11. 16.(5차), 2007. 3. 16.(6차), 2007. 7. 16.(7차), 2007. 11. 16.(8차) 총 8차

만기평가일 : 2008. 3. 17.

중도상환 :

253) 청주지방법원 2009. 2. 3. 선고 2008나2754 판결

254) 대법원 2015. 5. 14. 선고 2013다2757 판결

① 각 중간평가일에 삼성SDI 보통주 중간평가가격이 기준가격보다 높거나 같을 경우 또는

② 기준가격 결정일 다음 날인 2005. 3. 17.부터 해당 중간평가일까지 삼성SDI 보통주 가격이 장중가를 포함하여 한 번이라도 기준가격의 110% 이상으로 상승한 적이 있는 경우

: 주가연계증권의 액면금에 각 차수가 도래할 때마다 액면금의 3%씩 증액된 수익금(연 9%의 수익금) + 원금

만기상환 :

① i) 만기평가가격이 기준가격보다 높거나 같은 경우 또는 ii) 8차 중간평가일 다음 날부터 만기평가일까지 삼성SDI 보통주의 가격이 장중가를 포함하여 한 번이라도 기준가격의 110% 이상으로 상승한 적이 있는 경우 : 주가연계증권 액면금액의 127%

② 위 조건이 충족되지 아니한 상태에서 삼성SDI 보통주 가격이 2005. 3. 17.부터 만기평가일까지 한 번도 기준가격 대비 40% 이상 하락한 적이 없는 경우 : 액면금액

③ 위 두 조건이 모두 충족되지 아니한 경우 : '액면금액 × (만기평가가격 / 기준가격)' 으로 계산한 금액

나. 증권회사의 델타헤지방법

주가연계증권을 발행한 증권회사는 자기 또는 제3자를 통하여 기초자산의 가격변화에 대한 옵션가치의 민감도를 표현하는 단위인 델타값에 근거하여 적정한 수량의 기초자산을 보유하여 옵션의 손익과 보유하는 기초자산의 손익이 상쇄되도록 하는 금융기법인 이른바 '델타헤지(delta hedge)' 를 하는 방법으로 기초자산을 거래함으로써 그 가격변동으로 야기되는 위험을 관리함과 동시에 그 과정에서 얻는 이익을 주가연계증권의 상환재원으로 활용할 수 있다.

금융투자업자도 삼성SDI 보통주를 기초자산으로 하여 운용하는 주가연계증권 전체를 합하여 델타헤지거래를 하였는데, 2005년 7월 중순부터 이 사건 중간평가일까지는 대체로 델타값보다 약 15% 정도 많게 주식 보유량을 유지하

면서 델타값의 증감에 따라 이를 조절하였다.

다. 이 사건 중간평가일의 거래상황

이 사건 주가연계증권의 2차 중간평가일인 2005. 11. 16.(이 사건 중간평가일)의 삼성SDI 보통주는 기준가격인 108,500원에 거래되기 시작하여 같은 날 12:00경부터 거래가 종료되기 10분 전인 14:50경까지는 위 기준가격 이상인 108,500원 또는 109,000원의 가격으로 거래되고 있었다.

한편 금융투자업자는 그 전날인 2005. 11. 15. 장 종료 무렵 삼성SDI 보통주 287,221주를 보유하고 있었고, 금융투자업자가 삼성SDI 보통주를 기초자산으로 하여 운용하는 주가연계증권 전체의 델타값은 이 사건 중간평가일 종가가 108,500원으로 결정될 경우에는 -127,137이고, 종가가 108,000원으로 결정될 경우에는 -192,137이었다.

금융투자업자는 이 사건 중간평가일에 금융투자업자의 장외거래(OTC) 파생상품부 상품계좌를 통해 삼성SDI 보통주에 관하여 접속매매시간대에 180,000주, 단일가매매시간대(14:50 - 15:00)에 134,000주의 매도 주문을 하여 그중 98,190주를 매도하였고, 그 결과 이 사건 중간평가일의 종가는 108,000원으로 결정되어 이 사건 주가연계증권의 중도상환조건이 성취되지 아니하였다.

금융투자업자가 이 사건 중간평가일 단일가매매시간대에 삼성SDI 보통주에 관하여 한 매도 주문 수량은 전체의 약 79%에 이르렀고, 계약체결관여율도 약 95%에 달하였다.

라. 금융투자업자의 이해상충방지의무

금융투자업자는 유가증권의 발행, 매매 기타의 거래를 함에 있어 투자자의 신뢰를 저버리는 내용 또는 방법으로 권리를 행사하거나 의무를 이행하여서는 아니 된다고 할 것이다. 따라서 금융투자업자는 투자자와 사이에 이해상충이 발생하지 않도록 노력하고 이해상충이 불가피한 경우에는 투자자가 공정한 대우를 받을 수 있도록 적절한 조치를 취하여야 한다. 또한 금융투자업자는 정당한 사유 없이 투자자의 이익을 해하면서 자기 또는 제삼자의 이익을 추구하여서는 안 된다.

따라서 금융투자업자가 약정 평가기준일의 기초자산 가격 또는 지수에 연계하여 투자수익이 결정되는 유가증권을 발행하여 투자자에게 판매함으로써 발생한 기초자산의 가격변동에 따른 위험을 회피하고 자산운용의 건전성을 확보하기 위하여 위험회피거래를 하더라도, 약정 평가기준일의 기초자산 가격 또는 지수에 따라 투자자와 금융투자업자 사이의 이해상충이 발생하는 경우에는 그 기초자산과 관련된 금융투자업자의 위험회피거래는 그 시기, 방법 등에 비추어 경제적 합리성이 인정되어야 하고, 그 과정에서 기초자산의 공정한 가격형성에 영향을 주어 투자자의 이익과 신뢰를 부당하게 훼손하여서는 안 된다.[255)]

마. 대법원의 판단

금융투자업자는 상환조건 성취 여부와 무관하게 보유한 삼성SDI 보통주 중 상당량을 이 사건 중간평가일의 접속매매시간대 전체에 걸쳐 분산하여 매도함으로써 중도상환조건 성취 여부를 결정하는 요소인 종가 결정에 미치는 영향을 최소화하여야 할 주의의무가 있었다.

그럼에도 금융투자업자는 이 사건 중간평가일의 접속매매시간대에는 매도주문 시 그 호가 대부분을 직전체결가보다 높게 제시하여 대부분의 계약 체결이 무산되는 결과를 초래하고 오히려 매수 주문을 내기도 하는 한편, 단일가매매시간대에 같은 시간대 전체 매도 주문의 약 79%를 차지하는 134,000주에 관하여 매도 주문을 하면서 그중 94,000주에 관하여는 기준가격인 108,500원에 미치지 못하는 호가를 제시하였고, 그 결과 삼성SDI 보통주의 이 사건 중간평가일 종가가 108,000원으로 결정되어 이 사건 주가연계증권의 중도상환조건 성취가 무산되었다.

금융투자업자의 이러한 행위는 투자자들에 대한 투자자보호의무를 소홀히

---

255) 대법원 2015. 5. 14. 선고 2013다2757 판결, 대법원 2015. 5. 14. 선고 2013다3811 판결

한 것으로 신의성실에 반하여 이 사건 주가연계증권의 중도상환조건 성취를 방해한 것이라고 볼 여지가 충분하다.[256)]

바. 유사판례[257)]

(1) 이 사건 주가연계증권은 투자자에게 상환될 금액이 기초자산의 상환기준일 종가에 따라 결정되는 구조로 되어 있다.

(2) 이 사건 기준일 당시 이 사건 주식의 가격이 손익분기점인 이 사건 기준가격 부근에서 등락을 반복하고 있었으므로, 피고로서는 이 사건 주식의 기준일 종가를 낮추어 수익만기상환조건의 성취를 무산시킴으로써 한국투자증권에 지급할 금액을 절반 가까이 줄이고자 할 동기가 충분히 있었다고 보인다.

(3) 이 사건 주식매도행위의 태양을 보더라도, 접속매매시간대 중 이 사건 주식의 가격이 올라간 오후에 집중적으로 주식을 매도하고 특히 단일가매매시간대에 이르러서는 이 사건 주식의 예상체결가격이 이 사건 기준가격을 근소하게 넘어서는 시점마다 가격하락효과가 큰 시장가주문 방식으로 반복적으로 주식을 대량 매도하였고 그 매도관여율이 매우 큰 비중을 차지함에 따라 실제로 예상체결가격이 하락한 사정에 비추어 볼 때, 피고가 이 사건 주식의 가격을 낮출 의도로 이 사건 주식의 가격 내지 예상체결가격의 추이를 줄곧 살피면서 이 사건 주식매도행위를 하였다고 볼 여지가 많다.

따라서 이 사건 주식매도행위는 이 사건 주가연계증권과 관련하여 수익 만기상환조건이 성취되지 않도록 이 사건 주식의 기준일 종가를 낮추기 위하여 이루어진 자본시장법에서 금지하고 있는 시세조종행위 내지 부정거래행위에 해당한다고 볼 수 있으며, 이 사건 주식매도행위가 이 사건 주가연계증권과 관련하여 피고 자신을 위한 위험 회피 목적으로 이루어졌다 하여 달리 볼 수 없다.

---

256) 대법원 2015. 5. 14. 선고 2013다2757 판결
257) 대법원 2016. 3. 24. 선고 2013다2740 판결

4. ELS의 델타헤지거래와 시세의 고정행위

가. 헤지거래와 시세조정행위[258)]

금융투자업자가 파생상품의 거래로 인한 위험을 관리하기 위하여 시장에서 주식 등 그 기초자산을 매매하는 방식으로 수행하는 헤지(hedge)거래가 시기, 수량 및 방법 등의 면에서 헤지 목적에 부합한다면 이는 경제적 합리성이 인정되는 행위라고 할 것이다.

헤지거래로 인하여 기초자산의 시세에 영향을 주었더라도 파생상품의 계약조건에 영향을 줄 목적으로 인위적으로 가격을 조작하는 등 거래의 공정성이 훼손되었다고 볼만한 특별한 사정이 없는 한 이를 시세조종행위라고 할 수는 없다.[259)]

나. 접속매매시간대의 매도주문

피고 비엔피 파리바 은행은 이 사건 기준일의 접속매매시간대(9:00~14:50)에 1,645,080주에 대하여 상환기준가격인 15,562.5원을 350원 이상 상회함과 동시에 직전체결가와 같거나 높은 가격인 15,950원에서 16,600원 사이의 호가에 매도 주문을 하였다. 이는 처분이 필요한 수량에 근접한 규모이고 그 호가도 피고 비엔피 파리바 은행과 함께 이 사건 주가연계증권에 관한 헤지거래를 담당하였던 유비에스 은행이 한 매도 호가와 비교하여도 과도하게 높은 가격이라고 보이지 아니한다.

특히, ① 피고 비엔피 파리바 은행은 이 사건 기준일 정오 이전에는 주가상승을 예상하여 직전체결가보다 높은 호가를 제시하였다가 주가가 상승하지 아니하자 정오를 지나서는 대부분 물량을 직전체결가의 2호가 이내로 나누어 매도 주문하여 555,080주를 매도한 점이나 ② 피고 비엔피 파리바 은행이 한 매도 주문 수량은 유비에스 은행의 그것보다 2배 이상 많았기 때문에 더 폭넓은

258) 대법원 2016. 3. 10. 선고 2013다7264 판결
259) 대법원 2016. 3. 10. 선고 2013다7264 판결

호가의 주문이 필요했을 것으로 보이는 점 등에 비추어 피고 비엔피 파리바 은행이 이 사건 기준일 접속매매시간대에 한 매도 주문이 허수 주문이라고 보기 어렵다.

다. 단일가매매시간대의 주식대량 매도행위

피고 비엔피 파리바 은행이 이 사건 기준일 단일가매매시간대에 한 이 사건 주식 대량매도행위는 다음과 같은 이유로 델타헤지를 위한 거래로 보인다.

① 단일가매매시간대 직전의 이 사건 주식의 주가는 15,950원에서 형성되어 있어 당일 종가가 상환기준가격 이상에서 결정될 가능성이 컸기 때문에, 피고 비엔피 파리바 은행은 그 경우의 델타값에 따라 주식 보유 수량을 조절하고 나아가 투자자에 대한 상환자금 마련을 위해 아직 처분하지 못한 이 사건 주식 약 100만 주를 단일가매매시간대에 매도할 필요가 있었다.

② 피고 비엔피 파리바 은행이 이 사건 기준일 14:57:03부터 14:58:04까지 3회에 걸쳐 이 사건 주식에 관하여 20만 주씩 합계 60만 주에 대하여 시장가로 한 매도 주문은 피고 비엔피 파리바 은행이 당일 장 종료 전에 상당한 수량을 매도할 필요가 있었던 점, 시장가 주문은 지정가 주문보다 우선하여 계약 체결을 하기 위한 주문으로 다른 증권회사 등도 많이 사용하고 있는 주문인 점 등에 비추어 가격 하락을 목적으로 한 주문으로 보기 어렵다.

③ 피고 비엔피 파리바 은행이 같은 날 14:58:32와 14:58:49에 20만 주씩 호가 15,600원에 한 매도 주문은 그 전에 시장가로 한 60만 주의 매도 주문과 함께 이 사건 주식의 종가가 15,600원 이상으로 결정되어 상환조건이 성취되는 경우 처분하여야 하는 물량인 약 100만 주에 맞추기 위한 주문으로 보이고, 그 호가도 상환기준가격을 넘는다.

④ 피고 비엔피 파리바 은행이 같은 날 14:59:13와 14:59:21에 20만 주씩 호가 15,500원에 한 매도 주문은 이 사건 기준일 종가가 15,600원으로 결정되어 상환조건이 성취되더라도 그 전에 한 호가 15,600원의 40만 주 매도 주문이 시간 순서에서 후순위로 밀려 계약 체결이 무산될 것을 대비한 것으로 보인다.

라. 대법원의 판단[260][261]

이 사건 주식 대량매도행위는 아래와 같은 사정에 비추어 시장요인에 의한 정상적인 수요·공급으로 볼 수 있는 델타헤지를 위한 주식 매매에 해당한다고 보아, 피고 비엔피 파리바 은행이 이를 통하여 이 사건 주식의 시세를 고정시키거나 안정시켰고 제3자로서 이 사건 주가연계증권의 상환조건 성취를 위법하게 방해하였다는 원고의 주장을 모두 배척하였다.

5. ELS의 델타헤지거래와 시세의 고정행위

가. 조기상황 무산 유인의도[262]

ELS의 발행사는 델타헤지에 의한 기초자산의 매매로 투자자들에 대한 상환자금을 마련하게 되는데 이 사건 ELS의 경우 그 기초자산인 공소외 2 회사 주식과 공소외 3 회사 주식의 헤지거래에서 큰 손실을 보고 있다가 이 사건 기준일에 이르러서야 수익이 발생하기 시작하였으므로, 피고인으로서는 위 기초자산들을 차회 조기상환기준일 내지 만기상환기준일까지 운용하여 그동안의 손실을 만회할 기회를 얻기 위하여 이 사건 기준일에 조기상환을 무산시킬 유인이 있었다고 볼 수 있다.

나. 주식보유량 증대

피고인은 이 사건 기준일에 가까워질 무렵 증가하는 델타값에 따라 공소외

260) 대법원 2016. 3. 10. 선고 2013다7264 판결
261) 대법원 2016. 3. 24. 선고 2012다108320 판결도 동일 취지(하급심 서울고등법원 2012. 11. 1. 선고 2011나104712 판결)
262) 대법원 2015. 6. 11. 선고 2014도11280 판결

3 회사 주식을 매수하여 그 보유량을 늘렸으나, 이 사건 기준일이 지남으로써 델타값이 감소될 것이 예정되어 있었으므로 이 사건 기준일에 이르러는 공소외 3 회사 주식을 상당량 매도할 필요가 있었음에도 불구하고, 이 사건 기준일 오전 상승세에 5,000주를 매도한 외에는 현실성 없이 높은 가격으로 100,000주의 매도주문만을 한 채 14:30경까지 공소외 3 회사 주식의 보유량을 그대로 유지하고 있었다.

다. 주가변동과 피고인의 주식매매

이 사건 기준일에 공소외 3 회사 주식의 주가는 09:40경 이후 14:30경까지 비교적 안정적으로 상환기준가격인 96,000원을 상회하고 있었고 공소외 2 회사 주식의 주가는 상환기준가격을 훨씬 상회하고 있었으므로 이 사건 기준일에 이 사건 ELS의 조기상환조건이 성취될 가능성이 상당히 높았었다.

피고인은 위와 같이 공소외 3 회사 주식의 보유량을 유지하고 있다가 단일가매매 시간대 직전 20분 동안 60,500주를 직전가격 대비 저가 및 동일가로 매도함으로써 14:30경 97,000원대에 있던 공소외 3 회사 주식의 주가를 단일가매매 시간대 시작 시점에 상환기준가격인 96,000원까지 하락시켰다.

단일가매매 시간대에 들어서는, 한국거래소의 거래시스템에 의하여 실시간으로 예상체결가격과 예상체결수량을 확인할 수 있는 상태에서, 14:52:00경 당시 예상체결가격보다 500원 낮은 95,500원에 7,000주의 매도주문을 하여 예상체결가격이 95,500원으로 하락하고 예상체결수량이 매도주문량에 가깝게 증가하는 것을 보고 당시의 시장상황을 확인한 다음, 장 마감 1분 10초 전인 14:58:50경 예상체결가격이 97,400원인 상황에서 이보다 1,500원이나 낮은 95,900원에 무려 50,000주의 매도주문을 하여 예상체결가격을 상환기준가격 아래인 95,900원으로 하락시켰다.

이후 단일가매매 시간대의 거래방식을 고려하여 96,000원 이상의 매수주문이 유입되더라도 공소외 3 회사 주식의 주가가 상승하는 것을 원천적으로 차단할 생각으로 장 마감 12초 내지 5초 전인 14:59:48경, 14:59:50경 및 14:59:55경 각 95,800원에 10,000주씩 합계 30,000주의 매도주문을 하여, 결국 추가매수세의 유입에도 불구하고 이 사건 기준일에 공소외 3 회사 주식의 종가가 상환기준가격인 96,000원보다 100원 낮은 95,900원에서 결정되도록 하였다.

라. 대법원의 판단

거래의 동기와 태양 및 그 밖에 앞서 본 이 사건 ELS에 관하여 제기된 민원에 대한 공소외 1 회사의 대처 내용 등에 비추어 보면, 피고인은 이 사건 기준일에 공소외 3 회사 주식의 종가를 이 사건 ELS의 상환기준가격인 96,000원 미만으로 인위적으로 형성 및 고정시킬 목적으로 앞서 본 바와 같은 방식으로 장 마감 직전에 단일가매매 시간대 전체 공소외 3 회사 주식 거래량의 80%가 넘는 87,000주에 대하여 상환기준가격보다 낮은 가격으로 집중적인 매도주문을 함으로써 자본시장법 제176조 제3항에 정한 시세고정행위를 하였다고 봄이 상당하다.[263)]

비록 델타헤지를 위하여 위와 같은 수량의 공소외 3 회사 주식을 매도할 필요가 있었다고 하더라도 그러한 사정의 존재가 피고인에 대한 시세고정목적의 인정에 방해가 되지는 않는다.

6. ELS관련 증권관련집단소송 허가

가. 증권관련 집단소송법

증권의 거래과정에서 발생한 집단적인 피해를 효율적으로 구제하고 이를 통하여 기업의 경영투명성을 높이기 위하여 민사소송법에 대한 특례를 정한 '증권관련 집단소송법'이 제정되었다.

증권관련집단소송이란 증권의 매매 또는 그 밖의 거래과정에서 다수인에게 피해가 발생한 경우 그 중의 1인 또는 수인이 대표당사자가 되어 수행하는 손

---

263) 대법원 2015. 6. 11. 선고 2014도11280 판결

해배상청구소송을 말한다.

증권관련집단소송의 소는 ① 자본시장법 제125조(거짓의 기재 등으로 인한 배상책임)에 따른 손해배상청구, ② 자본시장법 제162조(거짓의 기재 등에 의한 배상책임)(제161조에 따른 주요사항보고서의 경우는 제외함)에 따른 손해배상청구, ③ 자본시장법 제175조(미공개중요정보 이용행위의 배상책임), 제177조(시세조종의 배상책임) 또는 제179조(부정거래행위 등의 배상책임)에 따른 손해배상청구, ④ 자본시장법 제170조(회계감사인의 손해배상책임)에 따른 손해배상청구에 한정하여 제기할 수 있다.

나. 상품의 구조[264)]

한화증권은 2008. 4. 22. 포스코 보통주와 에스케이 보통주를 기초자산으로 한 '한화스마트 주가연계증권 제10호'(이 사건 주가연계증권)를 발행하였다.

이 사건 주가연계증권은 3개월 단위의 조기 및 만기 상환기준일에 두 기초자산 모두의 종가가 상환기준가격(포스코 보통주는 494,000원, 에스케이 보통주는 159,500원을 기준가격으로 하여 3개월 단위로 기준가격의 90%, 85%, 80%, 75%에 해당하는 금액) 이상으로 결정되면 액면금에 연 22%의 수익금을 더하여 상환하고, 두 종목 중 하나라도 만기 상환기준일의 종가가 만기 상환기준가격 미만에서 결정되는 경우에는 원금손실을 보게 설계된 상품이다.

다. 스와프(Swap) 계약 등

한화증권은 2008. 4. 25. 이 사건 주가연계증권의 상환조건이 성취될 경우 투자자들에게 일정한 상환금을 지급해야 하는 위험을 회피하기 위하여 로얄뱅크와 이 사건 주가연계증권과 동일한 구조의 파생상품을 매매하는 내용의 스와프(Swap) 계약을 체결하였다.

투자자들은 이 사건 주가연계증권의 발행일 무렵에 한화증권으로부터 이를 매입하였다.

---

264) 대법원 2015. 4. 9. 자 2013마1052 결정

라. 만기 상환기준일의 대량매도 등

이 사건 주가연계증권의 만기 상환기준일인 2009. 4. 22. 에스케이 보통주는 만기 상환기준가격(기준가격의 75%인 119,625원) 이상인 120,000원에서 124,000원 정도의 가격으로 거래되고 있었다.

그런데 로얄뱅크는 장 종료 무렵에 보유하고 있던 에스케이 보통주를 대량으로 매도하였고, 그 결과 에스케이 보통주의 종가는 119,000원으로 결정되어 이 사건 주가연계증권의 상환조건이 성취되지 아니하였다.

이 사건 주가연계증권의 투자자들은 만기일인 2009. 4. 27. 이후 한화증권으로부터 만기상환금으로 투자금의 약 74.6%에 해당하는 금액을 지급받았다.

마. 투자자들의 증권관련집단소송 허가신청

투자자들은 로얄뱅크가 만기 상환기준일에 에스케이 보통주를 대량으로 매도한 것이 기초자산의 주가를 인위적으로 하락시켜 이 사건 주가연계증권의 상환조건 성취를 방해한 것이어서 자본시장법 제178조 제1항 제1호 위반행위에 해당한다는 이유로 상대방에 대하여 자본시장법 제179조에 따른 손해배상을 구하는 소송을 제기하면서 증권관련집단소송의 허가를 구하고 있다.

바. 대법원의 판단

이 사건 주가연계증권은 투자자에게 상환될 금액이 기초자산의 상환기준일 종가에 따라 결정되는 구조로 되어 있으므로, 상대방이 자본시장법 제178조 제1항 제1호를 위반하여 기초자산인 에스케이 보통주의 주가를 인위적으로 하락시킴으로써 이 사건 주가연계증권의 상환조건 성취가 무산되었고 그로 인하여 이 사건 주가연계증권을 보유한 투자자들이 만기에 투자금 중 일부만 상환받아 손해를 입었다고 주장하며 손해배상을 구하는 투자자들의 청구는 자본시장법 제179조 제1항에 따른 손해배상청구에 해당한다고 할 것이다.[265]

따라서 투자자들의 이 사건 소송허가신청은 증권관련 집단소송법 제3조가 정한 요건을 갖추었다.

7. 주식워런트증권(ELW)과 자본시장법 위반

가. 일반투자자의 ELW 주문 등 통상의 전산 처리 과정[266]

통상 일반투자자가 ELW를 매매할 경우, 한국거래소 회원사인 증권회사 전산망 외부에서 일반투자자 개인 컴퓨터(PC)의 HTS(Home Trading System) 프로그램을 이용하여 ELW 매매주문을 발송하는바, 인터넷 통신망을 통하여 ① 증권회사 내부 접속서버(일명 BEP 서버)에 접속한 다음, ② 증권회사의 상품주문 서버에서 원장체크절차(본인확인·계좌유효성체크·증거금체크 등) 등 금융상품 매매주문처리가 이루어진 후, ③ 한국거래소와 직접 연결된 증권회사 내부 대외계 서버(일명 FEP 서버)를 거쳐 한국거래소에 매매주문이 도달된다.

또한, 일반투자자가 특정 ELW 매매의사 결정을 위해 필수적인 정보인 해당 ELW 및 그 기초자산과 관련된 시세정보(KOSPI200 지수 선물 등)는 한국거래소의 자회사인 ○○○(○○○) → 〔증권회사 시세 FEP 서버〕 → 시세정보 편집이 이루어지는 증권회사 시세 서버 → 증권회사 BEP 서버〕→ 일반투자자 PC 순서로 전달된다.

나. 스캘퍼가 ELW 시세차익을 확보하기 위한 필요조건

ELW 시장에서는 스캘퍼가 매매차익을 얻기 위해서는 LP가 ELW 가격 변동요인을 ELW 가격에 반영하기 전에(즉, LP가 기존 호가를 취소하고 새로운 호

265) 대법원 2015. 4. 9. 자 2013마1052 결정
266) 대법원 2014. 1. 16. 선고 2013도4064 판결

가를 제시하기 전에) 기존 매도 호가로 매수한 다음 새로운 호가가 제시되면 이를 매도하여야 하고, 이를 위해서는 LP가 ELW 호가를 변동시킬 것으로 예상되는 특정 ELW 종목에 대한 스캘퍼의 매매주문이 일반투자자나 다른 스캘퍼보다 빠르게 증권회사를 거쳐 한국거래소에 도달하도록 하여 매매가 체결되도록 할 필요가 있다.

특히 ELW 거래를 통한 시세차익을 확보하기 위하여 컴퓨터 프로그램을 이용한 초단타 매매 전략을 사용하는 스캘퍼의 입장에서는, 자신의 매매 프로그램(알고리즘)이 탑재된 컴퓨터에서 이루어진 ELW 매매주문이 인터넷 통신망을 통하여 증권회사에 전송될 경우에 나타날 수 있는 '매매 정보 등 DATA 전송 속도의 저하'를 방지하고 그 DATA 전송 속도를 가능한 한 빠르게 하여야 하며, 또한 1초당 수십 건까지 계속하여 자동으로 발송될 수 있는 스캘퍼의 ELW 매매주문이 증권회사 내에서 신속히 처리되도록 'ELW 주문 처리 속도를 향상'시키는 것이 ELW 시세차익 확보의 필요조건이 된다.

다. 증권회사의 스캘퍼에 대한 편의제공

증권회사는 스캘퍼들에게 다음과 같은 편의를 제공하였다.

(1) DATA 전송 소요시간을 단축시키기 위해, ELW 매매주문이 행해지는 스캘퍼 컴퓨터와 한국거래소 사이 전산망의 물리적 총 거리를 단축시키거나 스캘퍼 컴퓨터와 증권회사를 인터넷으로 연결하여 ELW 매매 DATA를 전송하는 경우 반드시 거치게 되는 중계 및 보안장치(라우터, 방화벽 등) 등을 거치지 않도록 하는 방법이 필요하고, 이를 위해서는 스캘퍼의 ELW 알고리즘 매매 프로그램이 탑재된 컴퓨터를 증권회사 내부 전산망에 직접 연결시켰다(증권회사 내부 전산망을 이용).

(2) 스캘퍼 전용 증권회사의 BEP·상품주문처리 서버·FEP 서버를 설치 및 전용(專用)하였다(스캘퍼 전용 증권회사 서버 이용).

(3) 일반투자자의 ELW 매매주문시 고객 전체 Database(이하 'DB')에서 고객 정보를 가져와 각 매매주문마다 일일이 주문의 유효성 관련 항목을 모두 체크하는 반면, 스캘퍼 ELW 주문에는 ① 소수의 스캘퍼 정보로만 구성된 DB를

구축, 사용하여 스캘퍼 정보를 검색, 확인하는데 소요되는 시간을 단축시키고, ② 주문 유효성 관련 체크 항목 역시 일반투자자에 비해 일부를 생략시켜 스캘퍼 ELW 매매주문 정보의 처리 소요시간을 단축시켰다(가원장체크).

(4) 또한 스캘퍼는 자신의 ELW 자동 매매주문 결정을 일반투자자나 다른 스캘퍼보다 빨리하여야 하고, 이는 ELW 자동 매매주문 프로그램(위 ELW 알고리즘 매매 프로그램)의 입력변수인 ELW 및 그 ELW 기초자산에 관한 시세정보를 상대적으로 빨리 받을 수 있는지에 달려 있는바, 스캘퍼는 증권회사의 시세정보 편집 등의 절차가 생략된 채 시세정보를 받았다(시세정보 우선제공).

라. 증권회사와 스캘퍼의 공생관계

스캘퍼는 증권회사로부터 내부 전산망 이용, 스캘퍼 전용 증권회사 서버 이용, 가원장체크, 시세정보 우선 제공 등의 부정한 수단을 제공받아 스캘퍼 1인당 매월 평균 수백억 원에 이르는 대량·초단타 ELW 매매를 할 수 있게 되고 이 과정에서 ELW 시세차익을 일반투자자나 여타 스캘퍼와 비교하여 월등히 확보할 수 있게 된다.

게다가 스캘퍼는 이러한 대량 ELW 매매를 한 결과로 부담해야 할 수수료를 일반투자자나 여타 소규모 스캘퍼에게는 허용되지 아니하는 파격적인 업계 최저수수료율을 적용받아 더욱더 용이하게 자신의 ELW 대량·초단타 매매를 할 수 있게 되고, 그 외 계속적으로 ELW 매매 처리 속도 측정 및 속도 향상을 위한 컴퓨터 장치 업그레이드 서비스를 받거나, 증권회사 내부에 트레이딩 룸을 제공받는 등의 혜택을 누리게 된다.

증권회사는 스캘퍼에게 위와 같은 부정한 수단 및 특별○○를 제공해주는 대가로, 스캘퍼가 매월 수조 원의 대량·초단타 ELW 매매 거래를 하게 될 때 최저 우대 수수료율을 적용하더라도 이 경우 발생하는 수수료 수입으로 매월 수억 원을 취득할 수 있었고, 증권회사의 시장 점유율을 상승시키는데 결정적인 기회가 될 수 있었다. 결국 증권회사와 스캘퍼 사이에 이루어지는 위와 같은 부정한 수단의 제공은 증권회사와 스캘퍼 사이에 형성되는 공생 관계 유지의 기초가 된다.

마. 검사의 자본시장법 위반 기소

누구든지 금융투자상품의 매매와 관련하여 부정한 수단, 계획 또는 기교를 사용하여서는 아니 되고, 또한 금융투자업자는 신의성실의 원칙에 따라 공정하게 금융투자업을 영위하여야 하고 정당한 사유 없이 투자자의 이익을 해하면서 자기가 이익을 얻거나 제3자가 이익을 얻도록 하여서는 아니 됨에도, ○○○○○증권의 임원들은 일반투자자와 달리 특정 스캘퍼에게 일반투자자는 모르는 부정한 수단 및 특혜(증권회사 내부 전산망 이용, 스캘퍼 전용 증권회사 서버 이용, 스캘퍼 DB구축, 가원장확인, 시세정보우선제공)를 제공하였음을 이유로 검사는 증권회사 직원을 자본시장법 위반으로 기소하였다.

바. 대법원의 판단

대법원은 다음과 같은 사유로 증권회사가 일부 투자자들에게 이 사건 속도 관련 서비스를 제공하여 ELW를 거래하도록 한 것이 자본시장법 제178조 제1항 제1호의 '부정한 수단, 계획 또는 기교를 사용하는 행위'에 해당한다고 보기 어렵다고 판시하였다.

① 증권회사가 고객의 주문을 접수하는 방식은 주문전표 방식, 전화·전보·모사전송 등의 방식, 전자통신 방식 및 고객이 자신의 주문을 직접 통제하면서 증권회사 전산 시스템을 이용하여 거래소에 주문을 전송하여 주문 처리 속도를 높이는 DMA(Direct Market Access,) 방식으로 다양한데, 서로 다른 방식으로 접수된 주문들 사이의 접수시점을 언제로 볼 것인지에 대한 명확한 기준이 없고, 시계 일치에 필요한 기술적인 한계를 극복할 방법 또한 없어서 접수 순서대로 주문이 체결되도록 하는 것은 사실상 불가능하다.

② 유가증권시장 업무규정 시행세칙 제123조를 비롯한 관련 규정과 금융위원회, 금융감독원, 한국거래소 등 감독 당국의 각종 행정지도 공문들을 근거로 "주문 처리 과정에서 속도의 차이가 없어야 한다."라는 법적인 의무를 도출하기도 어렵다.

③ 증권회사에 위와 같은 법적 의무가 인정되지 아니하는 이상 이를 전제로 공소외 주식회사가 일부 투자자들에게 ELW(주식워런트증권, Equity Linked Warrant) 매매 주문 속도를 높일 수 있도록 증권회사 내부 전산망 및 전용서버 이용, 별도의 데이터베이스 구축, 가원장확인, 시세정보 우선제공 등의 DMA 서비스(이 사건 속도 관련 서비스)를 제공한 것을 합리적 이유 없이 의도적으로 특정 고객들의 주문을 우선하여 처리함으로써 자본시장법상 신의성실의 원칙에 반하는 행위를 한 것이라고 평가할 수 없다.

④ 공소외 회사가 일부 투자자에게 이 사건 속도 관련 서비스를 제공할 무렵에는 다른 증권회사들도 ELW 전용 전산 시스템을 개발한 후 고객 유치를 위하여 이를 광고하였고 대부분 증권회사가 고객들에게 DMA 서비스를 제공하였으며 그러한 사실이 증권가와 금융감독당국에 널리 알려져 있었으므로, 임원들이 일부 투자자에 대하여만 배타적으로 이 사건 속도 관련 서비스를 제공하였다고 볼 수 없고, DMA 서비스를 제공받은 투자자와 그렇지 못한 투자자 사이에 이해충돌의 가능성이 작고 DMA 서비스의 공시에 관한 규정이나 감독기관의 행정지도가 없었던 점에서 이 사건 속도 관련 서비스를 공시할 의무가 있다고 보기도 어렵다.

⑤ ELW 시장은 투자자와 유동성 공급자인 LP(Liquidity Provider,) 사이에 대향적 관계가 형성되어 있어 대부분의 거래가 양자 사이에서 이루어지는 특수한 구조이고, 일반투자자들은 개인용 컴퓨터에 설치된 전산주문프로그램으로 인터넷을 통하여 ELW를 매매함에 반하여 LP는 자동화된 알고리즘 매매프로그램을 이용하여 DMA 방식을 통하여 그보다 훨씬 빠른 속도로 ELW를 거래하므로, 일반투자자들이 기초자산의 가격 변동 이후 LP가 ELW의 호가를 변경하기에 앞서 변경 전의 가격으로 ELW를 매매하려 시도하더라도 그러한 거래가 성공할 가능성이 거의 없었고, 그 결과 DMA 방식으로 LP와 비슷하거나 더 빠른 속도로 ELW를 거래하는 일부 투자자들과 일반투자자는 예외적인 경우를 제외하고는 직접적인 이해충돌의 문제가 발생하지 않는다.[267][268]

---

267) 대법원 2014. 1. 16. 선고 2013도4064 판결
268) 대법원 2014. 1. 16. 선고 2013도9933 판결도 동일한 취지로 판시함.

제5절 파생상품

1. Window KIKO Target Forward (1:2) 상품

가. 상품의 내용

매월 1백만 달러/2백만 달러씩, 24백만 달러 윈도우 키코거래(총 12개월)

(1) Window 관찰기간 : 매 1개월 씩
Barrier Touch 여부를 한 시리즈당 특정월 1달씩만 관찰함.

(2) Strike(행사가격) : 964원
기업은 은행에게 행사 환율(964원)에 외화를 매도할 수 있는 풋옵션 보유함.

(3) KI(Knock In) : 982월
관찰 기간 동안 환율이 녹인 환율(982원)보다 상승하는 경우 은행은 기업으로부터 행사 환율에 외화를 매수할 수 있음(콜옵션 보유)

(4) KO(Knock Out) : 910원
관찰기간 동안 환율이 녹아웃(knok-out) 환율(910원) 이하로 하락하면 당해 계약은 소멸하게 됨(녹아웃 조건)

(5) 고객 Down & Out Put Buy(행사가격 : 964원, Barrier : 910원) 1단위

(6) 고객 Up & In Call Sell(행사가격 : 964원, Barrier : 982원) 2단위
환율이 녹인 환율(982원)보다 상승하는 경우 은행이 기업으로부터 행사 환율에 외화를 매수할 수 있는 콜옵션을 보유하는데, 이 때의 외화 결제 금액은 풋옵션 금액보다 통상 2배로 정해짐(녹인 및 레버리지 조건).

(7) 선도거래의 가격은 950원임.

나. Window KIKO Target Forward (1:2) 고객의 손익구조

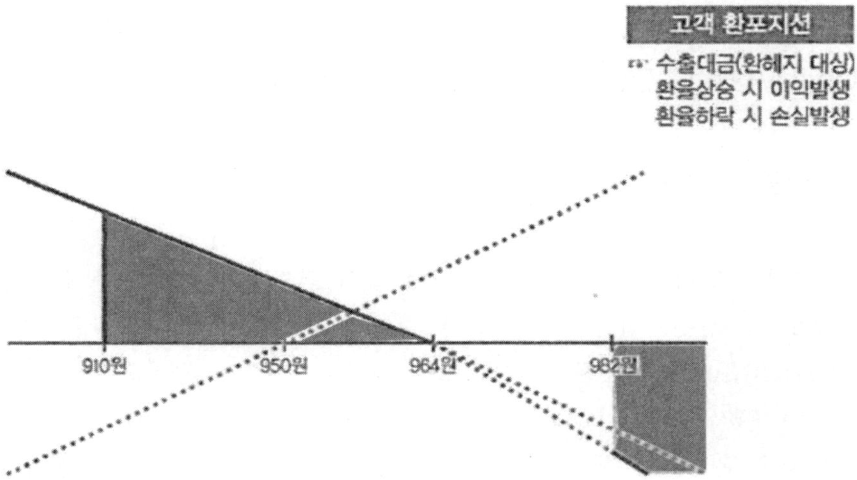

① 관찰기간 동안 시장환율이 녹아웃 환율인 910원 이하로 1회라도 하락하는 경우 : 관찰기간에 해당하는 계약 소멸, 기업은 환율 하락 위험에 노출됨.

② 관찰기간 동안 시장환율이 녹아웃환율인 910원 이하로 1회라도 하락하지 않고, 만기환율이 행사환율인 964원 보다 낮은 경우(910원 〈 환율 〈 964원) : 기업은 풋옵션을 행사하여 은행에게 100만달러를 행사환율(964원)에 매도함. 환율 하락에 따른 환차손 방지.

③ 관찰기간 동안 시장환율이 녹아웃환율인 910원 이하로 1회라도 하락하지 않고, 만기환율이 행사환율인 964원보다 높고, 982원보다 낮은 경우(964원 〈 환율 〈 982원) : 기업은 은행에 풋옵션을 행사하지 않음. 기업은 100만 달러를 시장환율에 매도함으로써 환차익을 얻음.

④ 만기환율이 녹인환율 982원보다 높은 경우 : 은행은 기업에게 콜옵션을 행사함. 기업은 은행에게 200만 달러를 964원에 매도하여야 함.
만약 수출로 유입되는 외화가 KIKO 계약 금액(200만달러)보다 적은 경우 기업은 실제 손해가 발생함.

다. KIKO 상품의 특징

통화옵션계약은 외환시장의 거래원리, 환율 변동의 전망, 옵션 가치의 평가 등 다양한 정보와 전문지식을 활용한 고도의 첨단 금융공학에 의하여 개발된 새로운 형태의 계약이다.

위 통화옵션계약은 환위험 관리뿐만 아니라 투자나 투기를 위한 금융상품으로도 이용될 수 있고, 결제일에 현물이 확보되지 못한 상태에서 예측과 다른 상황이 발생하였을 경우 그로 인한 손실이 무제한 확대될 위험성이 있다.

만기 환율이 녹인(knock-in) 환율(982원) 이상인 구간은 2배의 레버리지 구조로 설계되고, 환율 상승 시 실제 수출실적이나 외화 유입이 부족하면 무한대 손실을 볼 가능성이 있다. 또한 환율 변동의 확률 분포상 시간이 흐를수록 그 변동성이 커져 고객이 위와 같은 손실을 볼 위험이 증가한다.

라. KIKO의 환헤지 적합성

장외파생상품을 이용한 환 헤지(hedge)거래의 목적은 이익을 극대화하려는 것이 아니라 미래의 환율 변동과 관계없이 현재 시점에서 장래에 적용받을 환율을 일정 환율로 고정함으로써 기초자산인 외환현물의 가격변동에 따르는 위험을 제거하려는 데 있다.

키코 통화옵션상품의 경우에도, 콜옵션 계약금액 상당의 외환현물을 기초자산으로 보유하고 있거나 장래에 보유할 것으로 예상하는 고객이 그 외환현물에 대한 환 헤지 목적으로 계약을 체결하였다면, 환율이 상승할 경우 당해 통화옵션계약 자체에서는 손실이 발생하지만 외환현물에서는 그만큼의 환차익이 발생하기 때문에 환율이 상승하더라도 전체적인 손익은 변화가 없게 되는 것이고, 이로써 통화옵션계약을 체결하여 환 헤지를 하고자 한 본래의 목적을 이루게 되는 것이다.

이러한 점에 비추어 보면, 통화옵션계약이 고객과 은행 사이에 상호 부여하는 옵션의 이론가에 차이가 있다거나 환율이 상승할 경우에는 고객에게 불리할 수 있다고 하여, 그러한 통화옵션계약을 체결하면 계약 체결 이전보다 오히려 더 큰 환위험에 노출된다고 할 수는 없다.[269]

2. 세신정밀의 KIKO 사례

가. 제1, 제2계약의 체결[270]

치과의료용 핸드피스, 치과기공용 마이크로 모터 핸드피스 등을 생산, 수출하는 '세신정밀공업사'를 운영하던 고객은 수출에 의하여 수취하는 달러에 대한 환위험을 회피하기 위하여, 제일은행과 2007. 8. 28. 이 사건 제1 계약을 체결하고, 이어 2007. 10. 29. 이 사건 제2 계약을 체결하였는데, 이 사건 제1, 제2 계약의 콜옵션 계약금액 합계는 월 1,000,000달러이었고, 환율 상승으로 인해 2007. 11.경의 결제일부터 손실이 발생하였다.

나. 제3계약의 체결

신한은행의 직원은 2008. 2.경 고객을 방문하여 키코 통화옵션상품을 설명하던 중 이미 제일은행과 이 사건 제1, 제2 계약을 체결하였고, 처음 몇 개월 동안은 수익을 올렸지만 2007. 10. 이후부터는 손실이 발생하고 있다는 사실을 들었다.

그 후 신한은행의 직원은 다시 고객의 사무실을 방문하여 고객으로부터 제일은행과 체결한 이 사건 제1, 제2 계약에서 콜옵션을 행사받고 있는데 수출대금으로 유입된 달러로 현물결제를 하는 대신 원화로 차액결제를 하는 방식을 취하면서 달러 현물은 환율이 높은 시점에 매도하는 전략을 취하고 있다는 사실을 듣고, 환율이 연초 대비 상승하였다가 다시 하락하는 상황에서 국내외 전문가들이 예측한 바와 같이 환율이 다시 900원대 중반 이하로 떨어질 확률

---

269) 대법원 2013. 9. 26. 선고 2012다1146 전원합의체 판결
270) 대법원 2013. 9. 26. 선고 2012다1146 전원합의체 판결

등을 고려하여 위 수출대금에 대해 다시 키코 통화옵션계약을 체결하여 헤지할 것을 권유하였다.

신한은행의 직원이 고객에게 추가로 키코 통화옵션계약을 체결할 것을 권유하던 중, 환율이 2008. 3. 17. 1,029원에 달하였다가 점차 하락하자 고객은 신한은행에 새로운 통화옵션상품에 가입할 의사를 표명하였고, 그에 따라 2008. 4. 11. 신한은행과 콜옵션 계약금액이 월 1,000,000달러인 이 사건 제3 계약을 체결하였다.

고객이 이 사건 제3 계약 체결 직후 신한은행에 제출한 서류에 의하면, 2008년도 예상수출액은 12,500,500달러였다.

다. 제3계약의 투기적 성격

고객은 2008년도 예상수출액을 고려하여 제일은행과 체결한 두 건의 통화옵션계약을 통해 이미 콜옵션 계약금액 기준으로 연 12,000,000달러의 환 헤지거래를 하고 있었는데, 신한은행의 직원의 권유로 이 사건 제3 계약을 추가로 체결함으로써 환율 상승으로 녹인 조건이 성취될 경우 이 사건 각 통화옵션계약에 따른 콜옵션 계약금액을 결제할 현물환의 예상 보유액이 부족하게 되는 이른바 오버헤지(over-hedge) 상태가 되었다. 그러므로 이 사건 각 통화옵션계약과 그 기초자산인 현물환을 함께 고려하면 이 사건 제3 계약은 투기적 성격을 지닌 거래라고 봄이 상당하다.

라. 제3계약의 권유와 적합성원칙 위반

고객은 이 사건 제1, 제2 계약을 환 헤지 목적으로 체결하였고, 이 사건 제3 계약에 대해서도 신한은행의 직원으로부터 헤지거래라고 권유받아 체결한 점 등에 비추어, 고객이 투기적 목적에서 이를 체결한 것으로는 보이지 않는다.

이 사건 제3 계약의 계약금액이 이 사건 제1, 제2 계약의 계약금액 합계와 동일한 점으로 보아 신한은행의 직원은 이 사건 제1, 제2 계약의 계약금액을 알고 있었다고 보인다. 따라서 신한은행의 직원은 이 사건 제1, 제2 계약 외에 추가로 이 사건 제3 계약을 체결하게 되면 이 사건 각 통화옵션계약에 따른 콜옵션 계약금액의 합계가 고객에게 유입될 것으로 예상되는 수출대금을 초과하리라는 점도 충분히 알고 있었다고 보인다.

이와 같은 이 사건 제3 계약의 성격과 체결 경위, 고객의 거래 목적, 재무상황 등 제반 사정을 종합적으로 고려하면, 신한은행의 직원은 투기거래의 목적이 없는 고객에게 과대한 위험성을 수반하는 투기적 성격을 지닌 이 사건 제3 계약을 환 헤지 목적의 거래라고 하면서 적극적으로 권유하여 체결하게 한 것이니, 이는 적합성의 원칙을 위반하여 고객에 대한 보호의무를 저버린 것이라고 평가함이 상당하다.[271)]

마. 제3계약의 위험성에 대한 설명의무

이 사건 제3 계약의 체결에 이르기까지의 경과 및 계약 내용 등에 비추어 보면, 고객은 이 사건 제3 계약 자체의 구조와 위험성은 인식하고 있었지만 이 사건 제1, 제2 계약 및 현물환의 예상 보유액을 함께 고려한 위험성까지는 미처 인식하지 못하였던 것으로 보인다.

신한은행 직원이 실제로는 투기적 성격을 가진 이 사건 제3 계약을 헤지거래라고 설명함으로써 고객으로 하여금 이를 오인하여 계약을 체결하게 하였으므로, 이 사건 제3 계약의 체결과 관련하여 신한은행은 설명의무를 다하지 아니한 위법이 있다고 할 것이다.[272)]

---

271) 대법원 2013. 9. 26. 선고 2012다1146 전원합의체 판결
272) 대법원 2013. 9. 26. 선고 2012다1146 전원합의체 판결

3. 비엠씨어페럴의 KIKO 사례

가. 기업의 매출액 등[273)]

고객은 2004. 3. 8. 설립되어 중국에서 제조한 의류의 수출이 매출의 대부분을 차지하는 직원 5명 내외의 기업으로, 대표이사의 남편이 업무 전반을 총괄하고 있다.

고객은 2005. 10.경부터 한국외환은행의 국제전자센터지점을 주거래은행 겸 유일한 거래은행으로 하여 수입신용장 등 금융거래를 하여 왔는데, 이 사건 통화옵션계약 체결 전까지 환위험 회피를 위한 통화옵션상품 등에 가입한 경험은 없었고 별도의 환위험 관리부서도 없었다.

고객의 매출액은 2005년 약 3억 3천만 원, 2006년 약 76억 8천만 원, 2007년 약 82억 원이었고, 수출액은 2006년 약 790만 달러, 2007년 약 870만 달러였다.

고객은 2007. 3.경 한국외환은행에게 미국의 컬럼비아스포츠웨어사로부터 2007년 상반기에 600만 달러 상당의, 하반기에 400만 달러 상당의 수주가 예상된다면서 수입신용장 발행 한도의 증액과 신규 여신을 요청하였다.

이에 따라 한국외환은행이 2007. 7.경 작성한 여신심사보고서에는 고객의 예상 매출액이 2007년 약 92억 원, 2008년 약 123억 원으로, 그 중 컬럼비아 회사에 대한 예상 매출액은 2007년 약 64억 원(전체 매출액의 70%), 2008년 약 74억 원(전체 매출액의 60%)으로 기재되어 있었다.

나. 키코 통화옵션계약의 체결 등

그 후 한국외환은행의 직원은 2007. 11. 20.경 고객의 외환·경리업무 담당자에게 키코 통화옵션계약의 체결을 제안하고, 이후 몇 차례 더 고객을 방문하여 키코 통화옵션계약의 구조 등을 설명하였다.

---

273) 대법원 2013. 11. 28. 선고 2013다23891 판결

그런데 대표이사의 남편이 2007. 11. 20.경 한국외환은행 직원에게 컬럼비아 회사와 추가 계약을 체결하지 못하였다는 사정을 알렸음에도 한국외환은행 직원은 컬럼비아 회사를 제외한 나머지 거래업체로부터 유입되는 수출대금에 대한 환위험 회피에 필요하다고 하면서 월 30만 달러의 키코 통화옵션계약을 체결할 것을 권유하여 결국 2007. 12. 10. 풋옵션 계약금액 월 30만 달러, 콜옵션 계약금액 월 60만 달러의 이 사건 통화옵션계약이 체결되었다.

이후 컬럼비아 회사에 대한 수출이 중단됨에 따라 고객은 2008년 상반기부터 수출실적이 급감하였고, 이 사건 통화옵션계약의 결제의무를 제대로 이행하지 못하였다.

다. 적합성원칙 위반 인정

고객이 영세한 수출기업으로 이 사건 통화옵션계약 체결 전 1, 2년 사이에 수출이 급증하였으나 매출의 60~70%를 컬럼비아 회사에 의존하는 상황이었고, 그 영업형태로 보아 수출대금의 상당 부분은 중국 현지업체의 임가공대금이나 자재대금으로 다시 지급되는 상황이었는데, 한국외환은행은 상당 기간 거래한 주거래은행으로서 고객의 영업형태나 실제 환전 필요액 등을 쉽게 파악할 수 있었고, 더구나 고객이 컬럼비아 회사와 추가 계약 체결이 불투명하다는 사실을 언급하였음에도 이 사건 통화옵션계약의 체결을 권유하여 적합성원칙을 위반하였다.[274)]

4. 삼코의 KIKO 사례

가. 통화옵션계약의 위험성[275)]

2007. 12. 20.자 통화옵션계약에 따라 고객은 만기의 시장환율이 녹인 환율

274) 대법원 2013. 11. 28. 선고 2013다23891 판결

275) 대법원 2013. 9. 26. 선고 2012다13637 전원합의체 판결

이상으로 상승하면 은행에게 풋옵션 계약금액의 2배를 행사환율에 매도할 의무가 있다.

따라서 고객이 콜옵션 계약금액을 기준으로 외환현물을 보유하지 아니하고 오버헤지가 되는 경우에는 시장환율이 녹인 환율 이상으로 상승함에 따라 외환현물 구입을 위한 추가 지출을 통하여 2배 매도의무를 이행하여야 하므로, 위 통화옵션계약에는 현실적인 손실이 발생할 위험성이 내재되어 있다.

그런데 고객의 2007년 수출실적에 기초한 달러화 유입액을 기준으로 하더라도 2007. 12. 20.자 통화옵션계약의 콜옵션 계약금액 480만 달러에 그 전에 체결된 두 건의 인핸스드 포워드 계약의 잔여 콜옵션 계약금액 70만 달러까지 고려하면 오버헤지가 될 가능성이 있었다.

또 콜옵션 계약금액 합계액 550만 달러가 2007년 수출실적 477여만 달러를 초과하는 약 72만 달러의 규모는 기록에 나타난 고객의 재산상태에 비추어 적은 금액으로 보기 어려운 측면도 있다.

나. 적합성 심사범위

금융투자업자가 ① 단지 과거 매출액과 주요 매출처 현황뿐만 아니라 ② 고객의 과거 수출실적 및 ③ 장래 예상 외화유입액과 ④ 그 밖의 재산상태, ⑤ 다른 환 헤지 계약 체결 여부 등의 경영상황을 미리 파악하여야 한다. 이후 2007. 12. 20.자 통화옵션계약이 고객의 경영상황에 비추어 고객에게 과대한 위험성을 초래하는 것인지를 따져 금융투자업자가 적합성 원칙을 위반하였는지를 가려야 한다.[276)]

원심은 ① 2007년 수출실적과 ② 두 건의 인핸스드 포워드 계약을 포함한 콜옵션 계약금액의 차액이 위 통화옵션계약의 콜옵션 계약금액에서 차지하는 비중과 ③ 당시 환율 하락의 전망만을 이유로 금융투자업자 적합성 원칙을 위반하였다고 볼 수 없다고 단정하였는바, 이는 심리미진의 위법이 있다고 판시한 사례가 있다.[277)]

---

276) 대법원 2013. 9. 26. 선고 2012다13637 전원합의체 판결
277) 대법원 2013. 9. 26. 선고 2012다13637 전원합의체 판결

다. 오버헤지에 따른 설명의무 위반

2007. 12. 20.자 통화옵션계약으로 인하여 오버헤지가 발생할 가능성이 있고, 위 통화옵션계약이 고객에게 어느 정도의 위험성을 초래하는 것인지 따져야 할 필요가 있는바, 금융투자업자가 위 통화옵션거래로 인한 위험성의 내용 및 정도에 대하여 충분히 설명하였는지를 따져 설명의무를 위반하였는지를 가려야 한다.[278)]

5. 모나미의 KIKO 사례

가. 투자자의 통화옵션계약의 구조와 위험성 인식[279)]

투자자는 환리스크 관리팀과 관련 규정을 두고 직원에게 환리스크 연수까지 받도록 하였고, 이 사건 각 통화옵션계약 체결 전에 이미 12건의 통화옵션계약을 체결하고 녹아웃 조건의 성취를 경험하였음은 물론, 2007. 8. 말 녹인 조건의 성취로 현실적인 손실을 경험한 바 있다.

투자자의 직원 소외 3은 이 사건 각 통화옵션계약 체결 당시 주요 계약조건을 스스로 제시하기도 하고 환율 상승 시기에 맞추어 먼저 계약 체결을 요청하기도 하였던 등의 사정을 고려하면, 투자자는 이 사건 각 통화옵션계약의 구조와 위험성을 잘 알고 있었다. 나아가 외환현물을 보유하고 있지 않은 상태에서 환율이 상승하면 현실적인 손실이 커질 것이라는 점을 충분히 이해하고 있었다고 볼 수 있다.

나. 투자자의 오버헤지

---

278) 대법원 2013. 9. 26. 선고 2012다13637 전원합의체 판결
279) 대법원 2013. 9. 26. 선고 2013다26746 전원합의체 판결

투자자는 금융투자업자와 체결한 기존의 통화옵션계약만으로도 2007. 8. 1. 현재 콜옵션 계약금액이 월 270만 달러로서 이미 이른바 오버헤지에 이른 상태에서 2007. 8.부터 2008. 1.까지 불과 6개월 사이에 금융투자업자를 포함하여 5개 은행과 차례로 이 사건 각 통화옵션계약을 포함한 무려 15건의 통화옵션계약을 추가로 체결함으로써 2007년 말 기준 콜옵션 계약금액이 총 월 950만 달러로 2007년 월 평균 달러 매출액 160만 달러의 약 6배에 이르렀고, 그 중 일부 통화옵션계약은 대부분 금융기관이 환율 하락을 전망하던 당시 환율이 일시적으로 상승한 시기에 체결된 것이다.

다. 투자자의 환투자 또는 환투기 목적

투자자는 장차 환율이 하락할 것이라는 예상을 한 나머지 그에 따른 환차익을 취득하려는 목적으로 장차 취득할 현물환 유입액을 훨씬 초과하여 단기간에 고위험 구조의 이 사건 각 통화옵션계약 등 총 15건의 통화옵션계약을 체결하였다.

즉 투자자는 장차 유입될 외환현물의 규모를 염두에 두고 환위험을 회피하기 위한 환 헤지 목적으로 계약을 체결한 것이 아니라 현물환 취득액과 상관없이 통화옵션계약을 통하여 환율 변동에 따른 환차익을 획득하려는 환투자 내지 환투기의 목적에서 이 사건 각 통화옵션계약을 체결하였다고 볼 수 있다.

또한 투자자는 종전의 거래경험 및 금융투자업자의 설명 등에 의하여 위와 같이 과도한 오버헤지 상태가 되는 통화옵션계약을 체결할 경우 거기에서 초래될 수 있는 위험성을 충분히 인식하고 있었던 것으로 보인다.

라. 금융투자업자의 적합성 위반 여부

위와 같은 사정에 비추어 보면 금융투자업자가 투자자와 이 사건 각 통화옵션계약을 체결한 것을 두고, 환 헤지 목적으로 계약을 체결하려는 고객에 대하여 거기에 내재된 과도한 위험성을 외면하고 그 목적에 맞지 않는 장외파생상품 거래를 적극적으로 권유한 경우에 해당한다고 할 수는 없다.

투자자가 스스로 선택하여 결정한 이 사건 각 통화옵션계약의 체결을 금융투자업자가 끝까지 저지하거나 거부하지 아니하였다고 하여 적합성의 원칙을 위반하고 고객 보호의무를 다하지 아니한 것이라고 볼 수도 없다.

이는 금융투자업자가 투자 목적의 금융기관이 아닌 시중은행이라는 점을 감안하더라도 마찬가지이다.[280)]

6. 수산중공업의 KIKO 사례

가. 적합성원칙 위배 여부[281)]

이 사건 ① 통화옵션계약은 투자자가 이미 여러 차례 경험한 통화선도거래와 비교하면 일정 환율 이하로 하락할 경우에 환 헤지 효과를 일정한 금액으로 제한하고 레버리지 조건을 부가하는 대신 행사환율을 높인 정도의 차이만 있다.

고객은 녹아웃 조건, 녹인 조건, 레버리지 조건이 부가된 이 사건 ② 내지 ⑥ 각 통화옵션계약을 체결하기 전에 이미 이 사건 ① 통화옵션계약의 레버리지 조건 성취에 따라 5회에 걸쳐 2배의 매도의무를 경험하였다.

고객은 한국씨티은행과 녹아웃 조건이 붙은 애니타임 코 타깃 포워드(Anytime KO Target Forward) 계약 등을 체결하고 녹아웃 조건 성취로 거래가 소멸되는 경험도 하였다.

이 사건 각 통화옵션계약에 따라 한국씨티은행이 가지는 콜옵션 계약금액은 이 사건 ⑥ 통화옵션계약 체결 이후 최대 월 350만 달러 규모로서 고객의 2007년과 2008년의 월 평균 달러 유입액 범위 내에 있었다.

고객은 이미 유사한 거래경험이 있는 상태에서 부분적 환 헤지 상품이라는 이 사건 각 통화옵션계약의 특성과 당시 국내외 기관의 장래 환율에 대한 전

---

280) 대법원 2013. 9. 26. 선고 2013다26746 전원합의체 판결

281) 대법원 2013. 9. 26. 선고 2011다53683 전원합의체 판결

망 등을 고려하여 시장환율보다 높은 행사환율이 보장되는 환 헤지거래의 목적으로 이 사건 각 통화옵션계약을 체결한 것으로 보인다.

콜옵션 계약금액이 고객의 예상 외화유입액의 범위를 넘지 않는 등 이 사건 각 통화옵션계약이 고객의 매출규모나 환 헤지 거래경험 등 경영상황에 비추어 과대한 위험을 초래하는 것이라고 볼 수도 없다.

따라서 이 사건 각 통화옵션계약을 고객에게 권유한 행위가 적합성의 원칙을 위반된다고 보기 어렵다.[282)]

나. 설명의무 위반여부

고객의 자금업무 담당자는 이 사건 각 통화옵션계약 체결 당시 이미 여러 차례 환 헤지 목적의 거래를 한 경험이 있었다.

이 사건 ① 계약은 고객의 담당자가 이미 거래한 경험이 있는 통화선도거래와 비교하면 일정 환율 이하로 하락할 경우에 환 헤지 효과를 일정한 금액으로 제한하고 레버리지 조건을 부가하는 대신 행사환율을 높인 차이만 있는 정도여서 고객의 담당자가 그 거래의 구조나 위험성을 이해하기 어렵지 아니하였다.

고객은 이 사건 ② 내지 ⑥ 계약을 체결하기 전에 다른 통화옵션계약을 통하여 레버리지 조건 성취에 따른 2배의 매도의무와 녹아웃 조건 성취를 경험하였다.

한국씨티은행의 담당직원이 고객의 담당자에게 옵션의 의미, 당해 통화옵션계약의 주된 내용과 거래조건, 만기환율에 따라 고객이 입게 되는 손익에 대한 시나리오 분석 및 녹인 조건, 녹아웃 조건, 레버리지 조건, 조기종결조건 등으로 인하여 고객이 입을 수 있는 위험에 대한 추가적인 고지항목이 기재되어 있는 거래제안서 등을 이메일로 보낸 다음 전화로 고객의 담당자와 이 사건 각 통화옵션계약의 구체적 거래조건들에 관하여 협의하면서 설명하였다.

위와 같은 사정에 비추어 보면 이 사건 각 통화옵션계약의 구조와 주요 내용, 고객이 이 사건 각 통화옵션계약을 통하여 얻을 수 있는 이익과 환율 변

282) 대법원 2013. 9. 26. 선고 2011다53683 전원합의체 판결

동으로 인하여 부담하게 될 우려가 있는 위험이나 발생 가능한 손실의 구체적 내용 등에 대하여는 고객이 이해할 수 있을 정도의 충분한 설명이 적절한 방법에 의하여 이루어졌다고 보는 것이 타당하다.[283)]

다. 설명대상 제외

이 사건 각 통화옵션계약에서 ① 녹인 또는 녹아웃될 확률, ② 개별 옵션의 이론가, ③ 환율이 급상승하는 최악의 시나리오를 가상한 결과 및 ④ 환율 변동에 영향을 미치는 근본 요소에 관한 분석 결과나, ⑤ 이 사건 각 통화옵션계약의 중도해지 가부와 ⑥ 중도청산금의 산정방법 등은 설명의무의 대상이 아니다.[284)]

이 사건 각 통화옵션계약의 구조 내에 포함된 수수료 및 그로 인하여 발생하는 마이너스 시장가치도 설명의무의 대상이 아니다.

7. 선물환계약과 보호의무위반 사례

선물환계약은 외화자산 등을 거래함으로써 환율 변동에 따른 손실 발생의 위험을 부담하게 되는 경우에 환 헤지를 하는 것을 목적으로 하는 것이다.

1차 선물환계약 중 기준일 당시에 보유할 외환을 약정 환율로 매도하기로 하는 부분은 환율의 상승에 따른 이익을 포기하는 대신에 환율의 하락에 따른 손실 발생에 대비하는 기능을 가진다.

그러나, 기준일 당시에 보유하고 있지 않을 외환을 약정 환율로 매도하기로 하는 부분은 실제 환율이 약정 환율 이상으로 상승하는 경우에는 매도하기로 하는 외환금액에 실제 환율과 약정 환율의 차이를 곱한 차액을 정산하여야 할 의무를 부담하게 된다. 따라서 특별한 위험성을 가지는 부분(보유하지 않은 외환부분)은 투기적 성격이 아주 강한 금융상품으로서 투자경험이 없는 일반

283) 대법원 2013. 9. 26. 선고 2011다53683 전원합의체 판결
284) 대법원 2013. 9. 26. 선고 2011다53683 전원합의체 판결

인이 쉽게 접할 수 있는 상품이 아니다.

선물환상품에 관한 기본적인 지식이 없는 고객으로서는 금융기관의 창구에서 이루어지는 개괄적인 설명만으로는 선물환계약의 구조나 특성, 특별한 위험성을 제대로 인식하지 못한 채 만연히 선물환계약을 체결하기에 이를 수 있다.

따라서 금융기관은 고객과 사이에 선물환계약을 체결함에 있어 고객의 직업, 연령, 투자경험 유무, 선물환계약에 관한 사전지식을 가지고 있는지 여부 등을 살펴 선물환계약과 같은 파생금융상품에 관한 상식이나 경험이 부족한 고객에게는 적어도 환율의 변동가능성, 선물환계약의 정산방법 및 선물환계약에 따르는 특별한 위험성 등에 관한 충실한 내용이 이해하기 쉽게 기재된 자료를 제공하는 등으로 선물환계약의 특성을 구체적으로 설명함으로써 고객이 선물환계약을 체결할지 여부에 관하여 합리적인 판단을 할 수 있도록 고객을 보호하여야 할 주의의무가 있다.

고객이 1차 선물환계약 이전에는 선물환거래를 한 경험이 없으며, 금융기관은 고객에게 1차 선물환계약의 기본적인 환 헤지의 기능에 관하여는 어느 정도 설명하였으나 앞에서 본 특별한 위험성에 관하여는 충분한 설명을 하지 않은 점 등에 비추어 보면, 금융기관은 1차 선물환계약을 체결함에 있어서 고객보호의무를 위반한 잘못이 있다.[285)]

8. 주가지수 선물거래의 포괄적 위임

고객의 대리인 송○호가 1997. 10. 12. 증권회사 직원 김○진의 권유로 같은 달 14일 증권회사 압구정지점에 주가지수 선물거래 계좌를 개설하고 김○진에게 선물거래에 관한 권한을 포괄적으로 위임한 후, 그 계좌에 1억 5,000만원을 입금하고 상당수의 주식을 대용증권으로 지정하였다.

선물거래상담사 자격도 없는 김○진이 선물거래에 대한 경험이나 지식이 없는 송○호에게 주가지수 선물거래의 특성과 위험성에 대한 충분한 설명을

---

285) 대법원 2010. 11. 11. 선고 2010다55699 판결

하지 않았다.

김○진은 여유자금을 확보해 두지 않은 채 예탁금의 거의 전부를 담보로 하여 매우 큰 위험을 초래하는 대규모의 거래를 수회 반복하였다.

대규모 선물거래 도중에 손실이 발생하자 송○호의 요구로 원금을 복구할 것을 약속하고도 같은 달 23일 정산차금 입금으로 예탁금 총액이 157,597,810원에 달하였는데도 미결제약정을 해소하는 등으로 원금보전에 주력하지 아니하고 이 사실을 송○호에게 알리지도 않은 채 다음날 또다시 대규모의 신규매수를 하고 그 후 선물지수가 대폭 하락함으로써 결국 고객에게 손실을 입혔다.

김○진은 송○호의 포괄위임 아래 같은 달 14일부터 27일까지 선물거래를 한 결과 예탁금이 9,217,150원만이 남았다.

위와 같은 점을 고려해 볼 때 김○진의 송○호에 대한 계좌개설 권유행위나 거래권한 위임에 의한 선물거래행위는 경험이 부족한 일반투자가인 투자자에게 거래행위에 필연적으로 수반되는 위험성에 대한 올바른 인식형성을 방해한 부당권유행위 및 고객에 대한 충실의무 내지 보호의무, 위험회피의무에 위반한 것이다.[286)]

9. 선물옵션거래의 포괄적 위임과 손실부담약정

투자자는 오랜 기간 동안 상당한 규모로 주식투자를 하여 왔으나, 직접 선물옵션거래를 한 적은 없고 선물옵션거래에 대하여는 잘 알지 못하였다.

금융투자업자의 직원은 투자자를 상대로 선물옵션거래를 취급할 수 있는 1종 투자상담사 자격이 없음에도, 투자자에게 자신에게 선물옵션거래를 일임해주면 자신이 알고 있는 외국계 증권회사 펀드매니저들로부터 정보와 조언을 얻어 단기간에 주식투자로 입은 손해를 원상복구시켜 주겠다고 말하면서, 투자자와 사이에 증권거래법 제52조에서 금지하고 있는 손실부담약정을 체결하고 투자자로부터 이 사건 각 계좌에 대한 선물옵션거래를 포괄적으로 위임받

286) 대법원 2001. 4. 27. 선고 2000다30943 판결

왔다.

직원은 2001. 10.경 고객이 투자손실 증가로 인하여 이 사건 약정을 해지하겠다고 하자, 오히려 펀드매니저 등을 통하여 알아낸 바에 의하면 미국에서 탄저균 등을 이용한 추가적 테러가 발생할 가능성이 높고 따라서 조만간 주식시장이 크게 폭락할 것이라는 정보가 있다고 말하면서 만일 손실이 발생하더라도 2001. 10. 말까지 자신과 펀드매니저 등이 위 약정에 따라 손실금의 85% 상당액을 보전해 줄 것이니 계속 자신에게 믿고 맡겨 줄 것을 요구하였다.

투자자는 직원의 위와 같은 약속을 믿고 직원에게 계속 일임하면서 직원의 요구에 따라 추가로 투자금을 입금하였으나 결과적으로 손실이 더 커졌다.

직원은 투자자가 투자손실이 증가함에 대하여 걱정을 할 때마다 투자자에게 펀드매니저 등의 정보력과 실력을 믿으라면서 충분히 원금을 회복할 수 있다고 말하였다.

직원은 자신의 사촌인 소외 1이 금융투자업자에 위탁한 주식거래대금을 횡령하여 2001. 11. 1.에 5천만 원, 2001. 11. 8.에 1억 원을 투자자의 아들인 소외 2 명의의 계좌에 각 입금하면서도 투자자에게는 펀드매니저 등이 손실금 보전약속에 따라 입금한 것처럼 말하였다.

위와 같은 거래경위와 거래방법, 고객인 투자자의 투자상황, 거래에 따르는 위험성 및 이에 대한 설명의 정도 등을 함께 고려하여 보면, 직원의 투자자에 대한 투자권유행위는 선물옵션거래에 수반되는 위험성에 관한 올바른 인식형성을 방해하고, 나아가 투자자의 투자상황에 비추어 과대한 위험성을 수반하는 거래를 적극적으로 권유한 경우에 해당하여 결국 고객에 대한 보호의무를 저버린 것으로서 그의 직무집행에 관한 위법한 행위라고 할 것이다.[287]

---

287) 대법원 2007. 4. 12. 선고 2004다62641 판결

10. 옵션 만기일 거래마감시간 직전 신규 옵션 대량매수

옵션 만기일에는 차익거래나 투기적 거래에 의한 옵션과 주식을 청산하기 위한 물량이 대량으로 쏟아져 나와 시세변동성이 커진다.

옵션거래는 이른바 제로섬게임의 성격을 띠고 있어 옵션을 보유한 세력들이 만기일 15:00에 결정되는 KOSPI200지수의 시세를 토대로 이익을 취하기 위해 그 지수를 서로 자기가 원하는 지수대에 놓아두려고 하는 시도가 치열하다.

심한 경우에는 15:00의 KOSPI지수가 14:50의 KOSPI지수보다 4 - 5포인트 높거나 낮게 형성되는 경우도 드물지 않다. 14:50이 임박하여 형성된 지수를 토대로 15:00에 형성될 지수를 예측하는 것은 거의 불가능하다.

따라서 일임업자의 콜옵션 매수거래옵션매수거래(옵션 만기일 거래마감시각 6분 전에 예수금 2/3을 투입하여 내가격 콜옵션 매수)는 투자자의 투자상황에 비추어 과대한 위험성을 수반하는 거래라고 볼 여지가 충분하다고 판시한 사례가 있다.[288]

11. 옵션만기일(2010. 11. 11.) 주가급락(옵션쇼크)

가. 사건개요

도이치은행 또는 계열사 소속인 甲(도이치은행㈜ 홍콩지점 지수차익거래 운용팀 팀장 겸 담당 상무, 국적 영국), 乙(담당 이사, 국적 프랑스), 丙(거래 및 리스크 담당 Head, 국적 호주), 丁(뉴욕 도이치은행증권㈜ 글로벌 지수차익거래 담당 Head, 국적 미국), 戊(한국 도이치증권 파생상품 담당 상무)는 상호 협의 또는 보고를 하고

- 당일 동시호가 직전인 **2010. 11. 11. 14:19:50 ~ 14:49:59** 시간 중 정상적인 지수차익거래[289] 포지션을 초과하여 당일 만기가 도래하는 2010. 11월

288) 대법원 2009. 5. 28. 선고 2006다58332 판결

289) 지수차익거래(index arbitrage trading)

물 KOSPI200 옵션으로 합성선물을 매도[290](Call option 매도 + Put option 매수)하고 Put-option을 매수하는 투기적 포지션을 구축한 후,

- 2010년 중 지수차익거래를 통해 보유하고 있던 삼성전자 등 KOSPI200 구성종목 199개 주식 전량(2조 4,424억원 규모)을 장마감 동시호가 시간에 직전가 대비 4.5% ~ 10.0% 낮은 가격으로 총 7회 분할 매도하는 방법 등으로
- KOSPI200 지수를 장마감 동시호가 직전 대비 2.79%(254.62p → 247.51p, -7.11p) 급락시킴으로써 총 448억 7,873만원의 부당이득을 취득하였다.

나. 손해배상책임 인정

사모투자증권신탁을 운용한 은행이 매도한 풋옵션(특정시점에 특정 가격으로 매도할 수 있는 권리)에 대해 손실을 입게 되었고, 이에 위 은행은 한국도이치증권을 상대로 손해배상청구소송을 제기하였다.

법원은 시세조작이 없었다면 은행이 매도한 풋옵션은 코스피200지수(252.55포인트)보다 행사가격이 낮아 매수자에 의해 행사되지 않았을 것이므로 한국도이치증권은 은행에게 풋옵션 행사로 손실한 금액 전부를 배상하라고 판시하였다.

일부 5개 금융사가 낸 다른 소송에서 피해금액의 80%를 배상하도록 법원의 화해권고결정이 있었고 피해 금융사들이 이를 수용한 사례가 있다.

- 동일상품(KOSPI200) 현·선물의 가격차이(베이시스)를 이용하여 현물을 매수(매도)하고 (합성)선물을 매도(매수)하여 무위험 이익(arbitrage)을 추구하는 거래
- 정상적인 지수차익거래의 경우 보유한 현물과 대응하는 파생상품의 명목금액(nominal amount)을 일치시켜 위험을 제거시키며, 이러한 상태를 Delta Neutral Position이라고 함

290) 지수차익거래에서 보유하고 있는 현물주식에 대한 반대포지션을 선물매도로 구축하는 것이 아니라 옵션을 합성시켜 선물매도와 동일한 효과를 가지게 하는 것으로, Put-option을 매수하고, 동일 행사가격의 Call-option을 매도함으로써 구축

12. 선물 · 옵션의 거래 경험있는 자

투자자는 현재 특별한 직업이 없는 가정주부이기는 하나 이화여대 영문과를 졸업한 이후 외국회사에 근무한 경력도 있고, 1992.경부터 금융투자업자 등을 비롯한 증권회사와 주식위탁거래계약을 체결한 후 주식 투자를 하여 왔다.

또한 투자자는 1997. 10. 23. 금융투자업자에 이 사건 선물 · 옵션거래계좌를 개설한 후 같은 날부터 1997. 12. 초순경까지 사이에 합계 금 4,000만원을 입금하고 주가지수 선물거래뿐만 아니라 이 보다도 훨씬 변동성이 커 예측이 힘들고 투자에 어려움이 있다고 하는 옵션거래까지 하였던 경험이 있다.

투자자는 1998. 1. 7.부터 이 사건 주가지수 선물거래를 금융투자업자의 직원을 통하여 다시 시작함에 있어서도 수시로 금융투자업자 사무실에 나와 거래내역과 진행상황을 확인하면서 직원과 상의하였다.

위와 같은 사정에 비추어 보면 금융투자업자가 투자자를 위하여 이 사건 선물거래를 처리함에 있어서 경험이 부족한 투자자에게 거래행위에 필연적으로 수반되는 위험성에 관한 올바른 인식형성을 방해하였다거나 혹은 투자자의 투자상황에 비추어 과대한 위험성을 수반하는 거래를 적극적으로 권유한 경우에 해당한다고 볼 수는 없다[291][292]

291) 대법원 2003. 1. 10. 선고 2000다50312 판결

292) 대법원 2007. 7. 12. 선고 2006다53344 판결은 “원고들은 이 사건 각 계좌 설정 당시 이미 선물·옵션거래 및 이른바 양매도 방식 거래의 특성과 위험성에 대하여 잘 알고 있었고, 이에 대한 충분한 경험도 가지고 있었으며, 그럼에도 불구하고 더 많은 수익을 얻기 위하여 그러한 위험을 감수하고 거래를 시작하였다고 봄이 상당하다.”라고 판시하면서 증권회사의 불법행위를 인정하지 않았다.

제3장 증권거래관련 분쟁

제1절 매매주문관련 분쟁

I. 매매거래계좌 설정

1. 매매거래계좌 설정

투자중개업이란 누구의 명의로 하든지 타인의 계산으로 ① 금융투자상품의 매도·매수, 그 중개나 청약의 권유, 청약, 청약의 승낙 또는 ② 증권의 발행·인수에 대한 청약의 권유, 청약, 청약의 승낙을 영업으로 하는 것을 말한다(법 제6조 제3항). 투자중개업을 영위하는 자는 투자중개업자라 한다(법 제8조 제3항). 실무상 투자중개업자는 증권회사를 말한다.

투자자가 증권회사와 증권매매거래를 위탁하기 위해 사전에 투자자 명의의 매매거래계좌를 설정하여야 한다. 파생상품의 매매거래를 위탁하는 경우 별도로 파생상품계좌를 설정하여야 하고, 증권회사는 투자자에게 파생상품거래위험고지서를 교부 및 설명하여야 한다. 금융투자협회는 '매매거래계좌설정약관' 및 '파생상품계좌설정약관'을 제정하여 보급하고 있고, 대부분의 증권회사는 위 표준약관을 사용하고 있다.

단주 이외의 상장주식의 장외거래가 자본시장법상 금지된 것이 아니어서 자본시장법에 따라 증권업을 영위하는 증권회사는 상장주식의 장외거래에 대하여 위탁매매, 그 대리 또는 중개를 할 수는 있다. 다만, 증권회사가 단주 이외의 상장주식의 장외거래에 대하여 관여하는 것은 예외적인 경우로서 증권회사는 이를 통상의 업무로 취급하고 있지 않고 있음을 알 수 있다. 따라서 증권회사가 단주 이외의 상장주식에 대한 장외거래에 대한 위탁매매업무를 취급하기 위하여는 투자자와 사이에 통상의 방법에 의한 주식의 위탁매매를 위하여 체결된 매매계좌설정계약 이외에 별도로 매매위탁약정이 필요하다.[293]

2. 위탁계약의 성립시기 등

위탁계약의 성립시기는 위탁금이나 위탁증권을 받을 직무상 권한이 있는 직원이 증권매매거래를 위탁한다는 의사로 이를 위탁하는 투자자로부터 금원이나 주식을 수령하면 곧바로 위탁계약이 성립한다. 그 이후에 그 직원의 금원 수납에 관한 처리는 위 계약의 성립에 영향이 없다.[294]

투자자의 대리인이 증권회사의 직원에게 주식의 현물 및 선물거래에 관한 권한을 포괄적으로 위임하였다고 볼 수 있는 경우 위 포괄위임된 권한 속에는 현물대용계좌에 위탁된 증권을 대용증권으로 지정하고 이를 대용매도하여 선물거래의 위탁증거금에 충당할 권한도 포함되어 있다고 해석된다. 따라서 증권회사의 직원이 대용증권을 매도함에 있어 선물·옵션 업무규정에 따라 사전에 증권회사의 투자자에게 위탁증거금 부족사실을 통지하지 않았다고 하더라도 그로 인한 손해배상책임을 질 수 있음은 별론으로 하고, 대용매도 자체의 효력을 부정할 수는 없다고 판시한 사례가 있다.[295]

3. 증권계좌 대여후 중개수수료 받는 경우[296]

가. 증권계좌의 대여 및 무인가 투자중개업행위로 인한 기소

피고인은 2009. 11. 16.경부터 2010. 11.경까지 서울 강남구 ○○에 있는 자신이 운영하는 ○○ 사무실에서 인터넷에 ○○의 홈페이지(www.○○.co.kr)를 개설하여 선물 및 옵션 투자 회원들을 모집하고, 그 회원들에게 피고인이 관리하는 증권계좌를 대여하는 한편, 그 계좌에 1,500만 원 내지 1,800만 원을 증거금으로 입금해주어 대여한 다음, 그 회원들로 하여금 대여 받은 증권계좌

293) 대법원 2003. 1. 10. 선고 2000다34426 판결
294) 대법원 1994. 4. 29. 선고 94다2688 판결, 대법원 1997. 2. 14. 선고 95다19140 판결, 대법원 2004. 2. 27. 선고 2001다38067 판결
295) 대법원 2006. 6. 27. 선고 2005다64484 판결
296) 서울남부지방법원 2011. 8. 26. 선고 2011고정1394 판결

를 통하여 자금을 투자하고 선물 및 옵션거래를 하게 해주고, 증거금에 대한 이자 및 계좌이용수수료 등의 명목으로 금융투자중개수수료를 받았다.

이로써 피고인은 관할 관청의 인가를 받지 아니하고 투자중개업을 영위하였다.

나. 법원의 판단

자본시장법 제7조 제6항 제2호에서는 '투자매매업자를 상대방으로 하거나 투자중개업자를 통하여 금융투자상품을 매매하는 경우'에는 제6조 제1항 각 호의 금융투자업으로 보지 아니한다고 규정하고 있다.

자본시장법 제7조 제6항 제2호는 '본인의 매매'가 자본시장법상 투자매매업의 개념에 해당하더라도 투자매매업자를 상대방으로 하거나 투자중개업자를 통하여 금융투자상품을 매매하는 경우에는 금융투자업으로 보지 않는다는 것이므로, 개인 등이 '투자매매업'이 아닌 '투자중개업'을 영위하는 경우에는 위 법 제7조 제6항 제2호가 적용되지 아니한다.

위 피고인들은 증거금을 고객들에게 대여하는 형식을 빌어 증권회사에 연결된 위 피고인들 명의의 계좌에 입금한 다음, 고객들로 하여금 위 계좌를 이용하여 위 피고인들 명의로 옵션 및 선물거래를 하도록 하였다.

형식상으로는 위 피고인들 명의의 계좌에 직접 옵션 및 선물거래에 따른 이익금이 들어오거나 손실이 발생하는 것처럼 되어 있으나, 손실이 발생하는 경우에는 고객들에게 변상을 받는 등으로 실제 선물 및 옵션거래에 따른 최종적인 이익 및 손실은 고객들에게 귀속하는 구조로 되어 있다.

위와 같은 점에 비추어 보면, 위 피고인들은 실질상 '자기의 계산'이 아닌 '타인의 계산'으로 금융투자상품의 매도·매수를 영업하는 하는 '투자중개업'(자본시장법 제6조 제3항)을 영위한 것으로 봄이 상당하다. 결국 자본시장법 제7조 제6항 제2호가 적용되지 아니한다.

4. 사설 선물거래 사이트 개설

가. 사실관계[297)]

피고인은 주식회사 하나대투증권에 선물거래 계좌를 개설한 뒤 이른바 홈트레이딩 시스템(Home Trading System, HTS)을 통하여 실제 거래시세정보를 제공받고, 프로그램 개발업자로부터 위 거래시세정보가 실시간으로 연동되고 증권회사의 HTS와 유사한 화면을 제공하는 사설 HTS 프로그램을 매수하여 ○○○를 개설한 뒤, 그 사이트의 회원들이 위 HTS 프로그램을 내려받을 수 있도록 설치하였다.

○○○의 운영 방식은 회원들이 가입하여 피고인의 계좌로 돈을 입금하면 피고인은 그들이 선택한 적용비율로 환산한 전자화폐를 적립시켜 주고, 회원들은 사설 HTS를 통하여 코스피200 지수 또는 유럽통화 지수의 변동에 따라 위 전자화폐로 선물거래를 하며, 피고인은 회원들이 거래할 때마다 수수료를 공제하고, 회원들이 전자화폐의 환전을 요구하면 원래의 적용비율에 따라 현금으로 환산하여 송금해 주며, 거래 결과 회원들에게 시세 차익이 발생하면 피고인의 손실이 되지만 회원들에게 손실이 발생하면 피고인의 이익이 되는 구조이다.

회원들이 위와 같이 ○○○에 가입하여 거래하는 이유는, 증권회사에 선물거래계좌를 개설하기 위해서는 위탁증거금 등 일정한 금액을 납부하여야 하지만, ○○○에서는 고액의 위탁증거금 등을 납부하지 않더라도 선물거래를 할 수 있기 때문이다.

한편 피고인이 ○○○에 게시한 이용약관 제12조 제1항에서는 사이트에서 제공하는 서비스의 내용으로 파생상품투자 관련 연습 서비스(제1호), 파생상품투자 관련 정보제공 서비스(제2호), 파생상품투자 관련 전문가 발굴 및 전략 서비스(제3호) 등을 들고 있다.

---

297) 대법원 2013. 11. 28. 선고 2012도4230 판결

나. 법원의 판단

위와 같은 사실관계를 앞서 본 법 규정에 비추어 살펴보면, ○○○에서 회원들이 거래한 대상이 자본시장법에서 정한 금융투자상품에 해당한다고 볼 수는 있다.

그러나, 자본시장법에서 정한 투자매매업의 행위 태양은 매도·매수, 발행·인수, 그 청약의 권유, 청약, 청약의 승낙(매도·매수 등)을 영업으로 하는 것인데, 피고인은 ○○○를 개설, 운영하면서 회원들로 하여금 한국거래소가 개설한 실제 시장에서 이루어지는 선물거래를 할 수 있게 한 것이 아니라 단지 회원들이 그 선물지수를 기준으로 모의 투자를 할 수 있는 서비스를 제공하고 그 거래 결과에 따라 환전을 해 준 것에 불과하다. 따라서 피고인이 회원들을 상대로 직접 매도·매수 등의 행위를 하였다고 볼 수는 없다.

나아가 ○○○와 같은 불법 금융투자 사이트를 운영하는 사람들이 회원들에게 투자금 편취, 전산오류를 빙자한 이익실현기회 박탈 등의 피해를 입히고 있어 처벌할 필요성이 있다고 하더라도, 그러한 사이트를 개설하여 운영하는 행위를 자본시장법 제444조 제1호, 제11조에서 정한 무인가 금융투자업 영위에 의한 자본시장법 위반죄로 처벌하는 것은 형벌법규의 확장해석 또는 유추해석으로서 죄형법정주의에 반하므로 허용될 수 없다.

5. 유사수신행위

피고인 박a1은 유사수신업체인 부산 ○○구 ○○동○ ◇빌딩 8층에 있는 주식회사 ◆ 대표이사, 피고인 박a2는 위 회사 관리이사, 피고인 부a3은 위 회사 전산실장이다.

누구든지 장래에 원금의 전액 또는 이를 초과하는 금액을 지급할 것을 약정하고 금전을 수입하여서는 아니됨에도 불구하고, 피고인 박a1은 위 회사를 설립한 후 투자자 모집 및 자금관리 등을 담당하면서 회사를 총괄 운영하고, 피고인 박a2는 위 회사 관리이사로서 사무실 행정업무 및 위탁계정신청서 보관 등 업무를 담당하고, 피고인 부a3은 회사 홈페이지 및 전산을 관리하면서 투자자들이 작성한 위탁계정신청서를 전산입력하고 투자자들이 홈페이지에서 투자금에 대한 배당이익금을 열람할 수 있는 id발급업무를 담당하는 등 불특정 다수의 투자자들로부터 외환 선물에 투자한다는 명목으로 자금을 교부받기로 공모하였다.

피고인들은 2008. 10. 12.경 부산 부산진구 양정동에 있는 주식회사 ◆ 사무실에서 피해자 서c1에게 "외환선물에 1회 100만 원 이상 투자하면 월 2%이상의 수익금을 지급하고 원금을 보장해준다"고 말하여 서c1로부터 90만 원을 수입한 것을 비롯하여 그 무렵부터 2009. 2. 12.까지 별지(생략) 범죄일람표 기재와 같이 총 437명으로부터 합계금 2,143,236,000원을 수입함으로써 유사수신 행위를 하였다.[298)]

298) 부산지방법원 2010. 1. 15. 선고 2009고단4107 판결

Ⅱ. 주문의 위탁·수탁

1. 증권거래 위탁(주문)

투자자는 매매거래계좌를 개설한 증권회사를 통하여 주문을 제출하고 증권회사는 해당 주문을 접수순서에 따라 거래소에 제출(호가)한다. 거래소시장에서 유가증권을 매매할 수 있는 자는 한국거래소의 회원인 증권회사에 한정되므로 일반투자자는 회원을 통하지 않고서는 거래소시장에서 매매거래를 할 수 없다.

우리 증권시장에서 투자자의 매매거래 의사표시를 '주문'으로, 증권회사의 매매거래 의사표시를 '호가'로 구분하고 있다.

투자자가 증권회사에게 주문을 위탁하는 방법은 ① 문서에 의한 방법, ② 전화·전신·모사전송 기타 이와 유사한 방법, ③ 컴퓨터 기타 이와 유사한 전자통신의 방법이 있다.

투자자와 증권회사 사이에 계속적인 거래관계에 적용될 기본계약인 주식매매거래계좌의 설정계약과 함께 구체적인 주식의 매매거래에 관한 위탁계약이 체결된 이상 증권회사의 직원은 위탁계약의 본지에 따라 투자자의 주문을 성실하게 이행하여야 할 의무를 부담하고, 이에 위반하여 투자자의 주문을 집행하지 아니할 경우에는 불법행위를 구성한다.[299)]

증권회사의 직원이 가격을 구체적으로 특정하여 한 투자자의 매수 주문을 처리함에 있어 고객이 지정한 가격보다 고가로 매수한 경우, 투자자로서는 거래 효과의 귀속은 인정하더라도 구체적인 지시 위반으로 인하여 발생한 손해배상책임을 물을 수 있다. 이 경우 통상손해는 지정된 가격과 실제 체결 가격과의 차액이다.[300)]

---

299) 대법원 2002. 12. 26. 선고 2000다56952 판결
300) 대법원 2006. 2. 10. 선고 2005다57707 판결

2. 증권회사의 수탁거부

증권회사는 공익과 투자자 보호 또는 시장에서의 거래질서의 안정을 위하여 필요하다고 인정하는 경우나 위탁자의 신용상태 및 재산상태 등을 감안하여 거래의 수탁이 부적절하다고 인정하는 경우에는 거래의 수탁을 거부할 수 있다.

증권회사는 ① 내부자의 단기매매차익 반환의무(법 제172조), 미공개정보 이용행위의 금지(법 제174조), 시세조종(법 제176조), 부정거래행위 금지(법 제178조), 시장질서 교란행위의 금지(법 제178조의2)의 규정에 위반하거나 위반할 가능성이 있는 매매거래의 주문의 수탁, ② 공매도호가 또는 공매도호가 가격제한 규정에 위반하는 주문의 수탁을 거부하여야 한다.

3. 매매체결 및 결제

거래소는 증권회사로부터 매매거래의 호가를 접수한 후 업무규정에서 정하는 매매체결원칙에 따라 매매거래를 체결하고, 그 결과를 즉시 해당 증권회사에 통보한다. 증권회사는 거래소가 통보한 체결결과를 다시 투자자에게 통보한다.

매매거래의 결제방법에 있어 우리나라는 보통거래제도를 채택하고 있고, 보통거래란 매매계약을 체결한 날로부터 3일째 되는 날(T+2, 휴장일 제외)에 수도결제하는 것을 말한다. 만약 수요일에 주식매도가 이루어졌을 경우 매매대금은 금요일에 받게 된다.

투자자는 체결결과에 따라 결제일에 매수대금 또는 매도증권을 증권회사에 납부하고, 반대로 증권회사는 투자자에게 매도대금을 지급하거나 매수증권을 계좌에 입고한다.

매매거래의 일반 흐름도

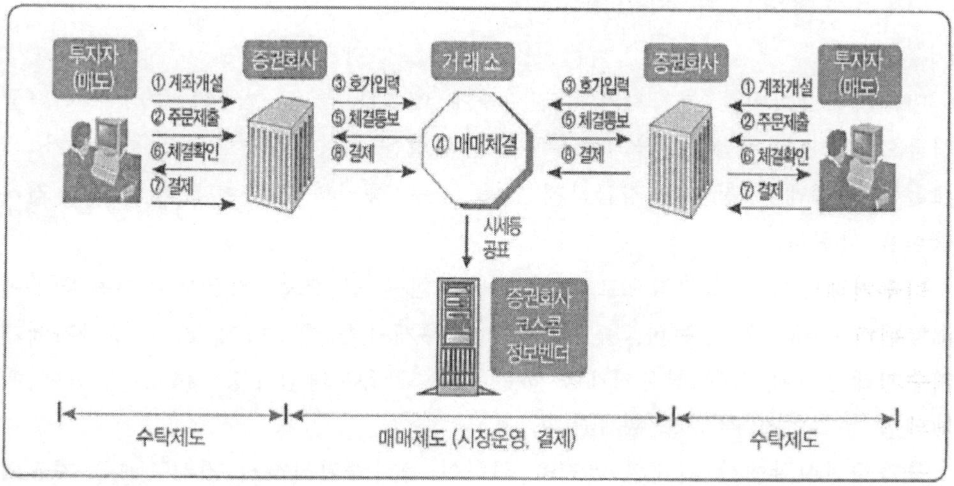

4. 결제불이행에 대한 조치

투자자가 결제일에 매수대금 또는 매도증권을 납입하지 않을 경우 미수가 발생하게 된다. 이때 주문을 수탁한 증권회사는 해당 투자자를 대신하여 거래소와의 결제를 완료함으로써 증권시장에서 결제불이행이 발생하지 않도록 조치한다.

증권회사는 투자자가 미수를 해소하지 않을 경우(예 : 매수증권을 매도하지 않거나 결제잔금을 납입하지 않을 경우) 결제일 익일에 반대매매를 실시하여 대납금액에 대한 채권을 회수할 수 있다.

T	T+1	T+2	T+3
매수		미수발생 (결제대금 미납)	반대매매

5. 미수거래방식의 적법성

미수거래방식이란 투자자가 증권회사에 예치해 놓은 현금과 주식을 위탁증거금으로 하여 위탁증거금의 2.5배까지 주식을 매수할 수 있고, 투자자가 결제일에 매매대금 전액을 지급하지 않을 경우 증권회사가 이를 대납하는 거래방식을 말한다.

미수거래방식이 실질적으로 투자자에 대한 대출 또는 지급보증(신용공여)에 해당된다고 볼 수 있는바, 증권회사가 신용계좌를 개설하지 않은 투자자에게 미수거래방식에 의해 신용거래를 하는 것은 금융투자업규정 제4-22조 등에 위배되어 무효인지 여부가 문제된다.

유가증권시장에서 거래의 안전을 위하여 유가증권시장의 거래주체를 자금력을 가진 증권회사 등으로 한정하고 있다. 수탁자인 증권회사는 투자자로부터 수탁한 유가증권의 매도 및 매수대금의 결제책임을 일차적으로 부담한다.

유가증권시장에서의 대량적, 반복적 증권매매와 그 이행의 신속·정확을 도모하기 위하여 결재방법은 원칙적으로 매매성립일과 그 매수대금 또는 매도증권의 결제일 사이에 3거래일의 기간을 두는 보통거래의 방법에 의하고 있다.

위탁자인 투자자가 결제시한인 위 3거래일 이내에 매수대금 또는 매도증권을 결제하지 못할 경우를 대비해서 증권회사는 투자자에 대하여 매매위탁한 주식의 매수대금 또는 매도증권의 결제에 대한 담보로서 위탁증거금을 요구할 수 있다.

한편 투자자가 결제시한 내에 매수대금 또는 매도증권을 납부하지 아니한 때에는 증권회사는 우선 담보로 제공된 위탁증거금으로 결제대금을 충당하고, 부족분이 있을 때는 주식위탁매매계약에 따라 증권회사가 투자자를 위하여 점유하게 된 매수증권 또는 매도대금을 처분하여 임의충당 할 수 있다.

투자자가 발생시킨 미수금에 대하여는 그 지급책임이 투자자에게 있음을 전제로 하여 미수금이 해소될 때까지의 연체기간에 대하여 연체료를 징수할 수 있도록 함으로써 증권회사의 부실을 방지하여 유가증권의 유통을 원활히 하고 있다. 아울러 투자자로 하여금 자기책임의 원칙에 따라 증권회사에 매매

위탁한 주식에 대한 결제책임을 최종적으로 부담하게 함으로써 과도한 투기거래를 방지하여 궁극적으로 투자자보호에 기여하고 있다.

따라서, 증권회사는 자신이 정한 위탁증거금징수율에 따라 투자자로 하여금 위탁증거금을 납부하도록 한 후 주식매매위탁을 하게 할 수 있고, 위탁자가 매수위탁한 주식의 매수대금을 결제하지 못한 경우 그 매수대금의 결제에 관하여 1차적인 책임을 지는 증권회사가 거래소 또는 예탁원에 매수대금을 지급하는 것은 자본시장법령에 따른 행위로서 정당하다.[301)]

매수위탁과정에서 증권회사가 투자자로 하여금 예치하도록 한 위탁증거금과 매수로 점유하게 된 주식의 처분대금으로도 매수대금을 다 충당하지 못하여 미수금이 남게 되었다 하더라도, 그러한 결과만을 두고 증권회사와 투자자가 탈법적인 신용공여행위를 한 것으로 평가할 수는 없다.

---

301) 서울남부지방법원 2008. 4. 18. 선고 2007가합9307 판결

Ⅲ. 위탁증거금

1. 유가증권시장

위탁증거금은 증권회사가 투자자로부터 증권의 매매거래를 수탁하는 경우 해당 투자자의 결제이행을 확보하기 위해 징수하는 현금 또는 증권을 말한다. 즉, 위탁주문이 체결된 후에 결제를 이행하지 않을 가능성에 대비하여 증권회사가 채권확보를 위한 담보를 해당 투자자로부터 미리 징수하는 것이다.

1998년 4월 1일부터 증권회사가 위탁증거금의 징수율과 그 징수방법을 자율적으로 정하고 있으며, 현재 대부분의 증권회사는 개인투자자의 경우 약 40%의 징수율로 위탁증거금을 징수하고 있다.

① 상장주식수가 5만주 미만인 종목의 매도주문을 수탁하는 경우, ② 시장감시위원회에서 투자경고종목 또는 투자위험종목으로 지정한 종목에 대해 매수주문을 수탁한 경우, ③ 결제일에 매수대금 또는 매도증권을 납부하지 않은 투자자의 주문을 수탁한 경우(미수동결계좌) 증권회사는 투자자로부터 위탁증거금을 100% 징수하여야 한다.

대용증권은 증권의 활용도를 높이기 위하여 현금에 갈음하여 위탁증거금으로 사용할 수 있도록 거래소가 별도로 지정한 증권으로, 위탁증거금은 물론 신용거래보증금으로 사용되며, 국가·지방자치단체 또는 정부투자기관에 납부하는 각종 보증금·공탁금으로 사용될 수 있다.

대용증권으로 사용할 수 있는 증권으로는 시장에서 환금성이 있는 증권은 대부분 지정되고 있는데, 상장주권, 상장외국주식예탁증권, 상장채권외에 상장외국주식예탁증권, 자산운용회사가 발행한 수익증권, 주택저당채권유동화회사가 발행한 수익증권 등이다. 다만 관리종목, 정리매매종목, 실질심사 대상종목, 투자위험종목, 투자경고종목의 주권은 제외된다.

증권의 대용가격은 증권별로 기준시세에 60 ~ 95%의 사정비율을 곱하는 방식으로 거래소가 산출·공표하고, 증권회사는 위 사정비율 이내에서 자율적으로 대용가격을 산정하여 적용한다.

2. 파생상품시장(유지위탁금)

투자자가 파생상품계좌 개설 후 최초로 파생상품거래의 주문을 하거나 기존에 있던 미결제약정을 모두 해소한 후 익일 12시이내에 다시 주문을 제출하는 때에는 투자자의 신용상태 등을 감안하여 증권회사가 자율적으로 정하는 단계별 파생상품기본예탁금을 납부하여야 하며, 위탁증거금으로 충당된다.

일반투자자는 헤지거래, 차익거래 또는 투기거래 등 미결제약정을 증가시키는 거래를 위해 주문을 제출할 경우 사전에 위탁증거금을 납부하여야 한다.

거래체결 후 일일정산에 의한 손실발생 및 위탁증거금의 증가 등으로 인해 유지위탁증거금[302)]수준 이하로 예탁총액이 내려갈 경우에는 다시 개시위탁증거금 수준까지 예탁총액이 보전되도록 위탁증거금을 추가 예탁하여야 한다(마진콜, 유지위탁증거금제도).

증권회사는 투자자가 위탁증거금을 추가로 예탁하여야 하는 때에는 그 내용을 투자자가 사전에 지정한 방법에 따라 지체 없이 투자자에게 통지하여야 한다. 투자자는 위탁증거금의 추가예탁을 그 부족액이 발생한 날의 다음 영업일 12시까지 이행하여야 한다. 다만 투자자가 12시전에 미결제약정을 소멸시키는 매도 또는 매수 등으로 위탁증거금 수준을 충족한 때에는 위탁증거금을 추가 예탁한 것으로 본다.

투자자가 위탁증거금을 추가로 예탁하지 아니하는 경우 증권회사는 ① 투자자의 미결제약정을 소멸시키는 매도 또는 매수, ② 위탁증거금으로 예탁받은 대용증권 또는 외화의 매도 등의 조치를 취할 수 있다.

증권회사는 투자자의 부족액 추가예탁시한 이후에 반대거래 주문을 내면 족하고, 만약 거래물량의 부족 등으로 당일 중에 거래가 성사되지 못한 경우에는 그 다음 거래일에 반대거래 주문을 다시 내면 그로써 증권회사의 의무를 다하였다할 것이다. 반드시 부족액 추가예탁시한 직후 계약을 체결시켜야 할 의무는 없다. 또한 증권회사가 반대거래 주문을 내어 최종적으로 계약이 체결된 경우 그 결제금액은 투자자의 책임으로 귀속된다.[303)]

302) 개시위탁증거금의 2/3 수준

3. 선물 · 옵션 위탁증거금 추가 납부의 통지위반

증권회사는 선물 · 옵션 위탁증거금의 추가징수사유가 발생하는 경우 지체 없이 당해 투자자와 사전에 합의한 연락방법 등으로 선물 · 옵션 위탁증거금의 추가납부를 요구하고, 그 요구사실 및 내용을 증빙할 수 있는 자료를 유지하여야 한다.

선물계좌는 일일정산을 하고 그에 따른 위탁증거금의 추가납부나 초과를 결정함으로써 손익이 매일매일 발생하는 특성을 가지고 있다. 투자자가 증권회사로부터 위탁증거금의 부족사실을 통보받게 될 경우 투자자는 위탁증거금을 추가 납부하여 거래를 계속하거나 혹은 보유하고 있는 선물 포지션을 처분함으로서 자신의 이익을 극대화하거나 손실을 최소화할 수 있는 기회를 가진다.

증권회사가 투자자의 계좌에서 위탁증거금을 추가로 납부할 사유가 발생하였음에도 이를 통보하지 않음으로써 투자자로부터 그러한 기회를 박탈하였다면 이는 증권회사로서 고객보호의무를 위반한 것이다.

다만, 투자자가 어떠한 경위로 이미 위탁증거금의 부족 사유를 알게 된 경우에는 비록 증권회사가 위탁증거금의 추가납부 통지를 게을리하였다고 할지라도 그로 인하여 투자자에게 어떠한 손해가 발생하였다고는 할 수 없을 것이므로, 투자자는 증권회사에 대하여 이를 이유로 손해배상을 청구할 수 없다.[304]

4. 선물정산대금 충당조치 의무 인정여부

위탁증거금의 추가 미납부로 인한 반대매매의 취지는 투자자의 무절제한 선물거래로 인하여 초래될 증권시장의 과당투기화를 억제하는 한편 증권회사로

303) 서울남부지방법원 2009. 7. 23. 선고 2009가단4156 판결
304) 대법원 2003. 1. 10. 선고 2000다50312 판결, 대법원 2009. 7. 9. 선고 2007다90395 판결

하여금 선물정산대금 채권회수를 신속히 하여 운영의 내실화를 도모하려는 것이다.

증권회사와 투자자 사이에 특별한 약정이 없는 한 위탁증거금의 추가 미납부로 인한 반대매매 관련 규정에 근거하여 증권회사가 투자자에게 선물정산대금 충당조치를 취하여야 할 의무를 직접 부담하는 것은 아니다.[305]

5. 반대매매에 의한 처분시점

투자자가 증권회사에 위탁증거금 부족분을 납부하지 않은 경우 증권회사는 투자가가 보유하고 있는 선물 포지션을 처분하여 그 처분대금을 선물정산대금에 충당할 수 있다. 이 경우 증권회사는 투자자의 손실이 최소한도에 그치도록 하여야 할 신의칙상의 주의의무가 있다.

그러나, 증권회사가 선물 포지션을 처분할 수 있었던 최초의 시점에 선물가격이 하락 혹은 상승하는 경향이 뚜렷하여 투자자의 손실 회복을 기대할 수 없는 특별한 사정이 인정된다면 모르되 그렇지 않은 한 증권회사가 그 시점에 처분하는 것이 반드시 투자자의 손실을 최소화하는 것이라고 단정할 수 없다.

따라서 증권회사가 미리 투자자로부터 선물 포지션을 처분할 수 있었던 최초의 시점에 선물 포지션을 처분하여 줄 것을 위임받았다는 등의 특별한 사정이 없는 한 증권회사가 위와 같은 시점에 선물 포지션을 지체 없이 처분하지 않았다고 하여 고객보호의무나 선량한 관리자로서의 주의의무를 위반하였다고 볼 수는 없다.[306]

다만, 미리 그러한 위임을 받지 않았다고 하더라도 반대매매를 할 수 있는 요건이 충족되었을 때 투자자가 증권회사에 대하여 명백한 의사로 반대매매를 요구하였을 경우에는 사적 자치의 원칙상 또는 투자자와 증권회사 사이의 증권매매위탁계약의 해석상 증권회사는 반대매매를 할 의무를 부담한다.[307]

---

305) 대법원 1992. 7. 10. 선고 92다6242, 6259 판결, 대법원 2009. 7. 9. 선고 2007다90395 판결

306) 대법원 2003. 1. 10. 선고 2000다50312 판결, 대법원 2009. 7. 9. 선고 2007다90395 판결

Ⅳ. 유가증권시장의 운영

1. 매매거래시간 및 호가접수시간

구분		매매거래시간	호가접수시간
정규시장		09:00-15:30	08:00-15:30
시간외 시장	장개시전	07:30-09:00	07:30-09:00
	장종료후	15:40-18:00	15:30-18:00

2. 호가와 매매수량단위

호가란 투자매매·중개업자가 거래소에 자기명의로 시장에서 매매거래를 하기 위한 매도 또는 매수의 의사표시를 말한다. 특정종목을 사거나 팔고자 할 때 제시하는 가격에는 기본단위인 호가단위가 있다. 1주당 주식가격에 따라 호가단위는 1원(주식가격 1,000원 미만), 5원(1,000원 - 5,000원), 10원(5000원 - 10,000원), 50원(10,000원 - 50,000원), 100원(50,000원 - 100,000원), 1,000원(500,000원 이상) 등으로 되어 있다.

거래수량의 기본단위, 즉 수량단위는 현재 주식(액면 5,000원 기준)에 대해서는 1주 단위이고, 일반채권에 대해서는 액면 10만원(소액채권은 액면 1,000원) 단위로 하고 있다.

3. 주문의 유형

307) 서울중앙지방법원 2004. 4. 28. 선고 2001가합22418 판결

주문의 유형으로는 ① 지정가주문, ② 시장가주문, ③ 조건부지정가주문, ④ 최유리지정가주문, ⑤ 최우선지정가주문, ⑥ 목표가주문, ⑦ 경쟁대량매매주문이 있다.

지정가주문은 시장에서 가장 일반적으로 이용되는 주문형태로서 투자자가 지정한 가격 또는 그 가격보다 유리한 가격으로 매매거래를 하고자 하는 주문이다. 즉 ① 매수 지정가주문의 경우 투자자가 지정한 가격이나 그 보다 낮은 가격, ② 매도 지정가주문의 경우 투자자가 지정한 가격이나 그 보다 높은 가격이면 어떠한 가격으로도 매매거래가 가능하다.

시장가주문은 종목과 수량은 지정하되 가격은 지정하지 않는 주문유형으로, 현 시점에서 가장 유리한 가격조건 또는 시장에서 형성되는 가격으로 즉시 매매거래를 하고자 하는 주문을 말한다. 일반적으로 시장가주문은 지정가주문에 우선하여 매매가 체결되고, 주문수량 전량이 해소될 때까지 가장 우선하는 상대방 주문부터 순차적으로 체결이 이루어진다.

조건부지정가주문은 매매거래시간 중에는 지정가주문으로 매매거래에 참여하지만 매매체결이 이루어지지 않은 잔여수량은 종가결정(장종료 전 10분간 단일가매매)시에 시장가주문으로 자동 전환되는 주문이다.

4. 매매체결방법

증권시장의 매매체결방법은 ① 경쟁매매, ② 상대매매, ③ 경매(입찰매매)로 구분되고, 국내 유가증권시장의 일반적인 매매체결은 경쟁매매방법을 채용하고 있으며, 경쟁매매는 단일가격에 의한 개별경쟁매매(단일가매매)와 복수가격에 의한 개별경쟁매매(접속매매)로 구분된다.

경쟁매매의 경우 가격우선의 원칙 및 시간우선의 원칙이 적용된다.

① **가격우선의 원칙** : 낮은 가격의 매도호가는 높은 가격의 매도호가에 우선하고, 높은 가격의 매수호가는 낮은 가격의 매수호가에 우선함.

② **시간우선의 원칙** : 가격이 동일한 호가 간에는 거래소에 먼저 접수된 호

가가 나중에 접수된 호가에 우선함. 상한가 및 하한가의 경우 예외 있음.

단일가격에 의한 개별경쟁매매(단일가매매)는 수요와 공급을 집중시켜 균형가격형성의 필요성이 큰 경우에 이용되는 매매방법으로서 일정시간동안 매도·매수호가를 접수하여 가격 및 시간우선원칙에 따라 우선하는 호가간에 하나의 가격으로 매매체결이 이루어진다. 모든 단일가매매는 마감시점으로부터 불공정거래 예방 등을 위해 30초 이내에서 거래소가 정하는 임의의 시간에 종료된다.

단일가매매에 참여한 호가의 경우 가격우선 및 시간우선원칙에 따라 우선하는 호가간에 전량을 체결하고, 동일가격대의 호가간에는 수량배분을 하지 않는다. 단, 시가가 상·하한가로 형성되는 때에 한하여 상한가의 경우 당해 가격대의 매수호가, 하한가의 경우 당해 가격대의 매도호가에 대해서만 체결수량을 배분한다.

단일가매매 적용 대상 및 참여호가의 접수시간은 아래와 같다.

(1) 장개시 시점의 최초가격 : 호가접수 개시부터 장개시까지(08:00-09:00)

(2) 장종료시의 가격 : 장종료 10분전부터 장종료시까지(15:20-15:30)

(3) 시장의 임시정지 후 재개시의 최초가격 : 매매거래 재개시점부터 10분간

매도수량	가격	매수수량
	15,400	● 1000
○ ○	15,350	● 300
○ ○	15,300	● 200
○ 2,000 ○ 1,000 ◑ 500 ● 100	15,250	● 200 ● 300
150 ●	15,200	○ ○
150 ● 500 ●	15,150	○
500 ●	15,100	○ ○ ○
150 ●	15,050	

복수가격에 의한 개별경쟁매매(접속매매)는 매매거래시간중에 매도호가와 매수호가의 경합에 의하여 가장 낮은 매도호가와 가장 높은 매수호가가 합치되는 경우 선행호가 즉 먼저 접수된 호가의 가격으로 매매거래를 성립시키는 매매방법이다. 가격우선의 원칙과 시간우선의 원칙에 따라 합치되는 호가간에 매매거래가 성립된다.

<table>
<tr><th>매도</th><th>가격</th><th>매수</th><th>체결결과</th></tr>
<tr><td></td><td>10,600</td><td>①100</td><td rowspan="9"><1>①-③ : 10,600원 100주
<2>②-④ : 10,100원 200주
<3>③-⑤ : 10,200원 100주</td></tr>
<tr><td></td><td>10,500</td><td></td></tr>
<tr><td></td><td>10,400</td><td>⑤300</td></tr>
<tr><td></td><td>10,300</td><td></td></tr>
<tr><td>③200</td><td>10,200</td><td></td></tr>
<tr><td></td><td>10,100</td><td>②200</td></tr>
<tr><td></td><td>10,000</td><td></td></tr>
<tr><td>④200</td><td>9,900</td><td></td></tr>
<tr><td></td><td>9,800</td><td></td></tr>
</table>

5. 배당락 및 권리락

배당락이란 이익배당을 받을 권리가 소멸되었음을 투자자에게 주지시켜 주기 위한 일련의 시장조치이다. 주식회사의 정기주주총회에서의 주주권 행사자를 확정하기 위하여 권리확정일을 매 사업년도 최종일로 하고, 사업년도 종료익일부터 주식을 새로이 보유하는 자는 전사업년도의 결산에 따른 이익배당을 받을 권리가 소멸되므로, 거래소는 이날부터 배당락조치를 취함으로써 합리적으로 주가가 형성되도록 관리하고 있다.

배당락 조치시기는 보통거래의 경우 매매체결일로부터 3일째 되는 날에 결제가 이루어지므로 명의개서정지 개시일인 사업년도 종료 익일에 결제되는 매매분, 즉 사업년도 종료일 전일 매매분부터 배당락조치를 한다.

12/28 6/28	12/29 6/29	12/30 6/30	12/31	1/1	1/2 7/1
배당부 종가	배당락 조치일	결산기말	연말 휴장일	공휴일	12/29 매매분 결제일

권리락 조치는 주식회사가 증자를 하는 경우 신주인수권을 받을 권리가 소멸됨을 조건으로 하는 매매임을 주지시켜 주는 시장조치이다. 보통거래 결제시한을 감안하여 신주배정기준일 전일에 권리락 조치를 취한다. 즉 신주배정기준일 이틀 전(권리부)까지 당해 주식을 매수한 투자자는 신주인수권을 가진다.

증권회사 직원은 무상증자를 받을 수 있는 신주배정기준일의 개념을 잘못 알고 있었다. 위 직원은 투자자에게 신주배정기준일이 지나 이미 권리락이 발생한 날에도 주식을 매입하면 무상증자를 받을 수 있는 것으로 설명하였고, 이를 믿은 투자자는 이미 권리락이 발생한 후에 주식을 매입하였다. 투자자는 위 직원의 잘못된 설명으로 인하여 신주배정기준일 전에 주식을 구입했다면 취득할 수 있었던 무상증자분 상당의 손해를 입었으므로, 증권회사는 투자자에게 위 손해를 배상하여야 한다.[308)]

6. 대규모착오매매의 구제

한국거래소는 정규시장의 매매거래시간 중에 일정한 요건을 충족한 대규모착오매매 대하여 증권회사의 구제신청이 있는 경우 결제가격을 변경할 수 있다. 이때 투자자는 대규모착오매매가 발생한 때부터 증권회사가 사전에 안내

308) 서울북부지방법원 2009. 5. 15. 선고 2008가단66235 판결

한 시간까지 증권회사에 구제를 신청하여야 한다.

투자자가 대규모착오매매의 거래상대방으로서 한국거래소의 대규모착오매매 신청의 접수 사실 공표 전에 실행한 재매매(대규모착오매매를 통해 매수 또는 매도한 종목을 다시 매도 또는 매수하여 체결된 거래로써 일정한 요건을 충족한 경우를 말함)에 대하여 한국거래소는 증권회사의 결제가격 변경신청이 있는 경우 결제가격을 다시 변경할 수 있다. 이때 증권회사는 재매매에 해당하는 투자자에게 재매매 관련 내용을 지체 없이 통보하며, 통보받은 투자자는 대규모착오매매 발생일까지 증권회사에 결제가격 변경을 신청하여야 한다.

7. 증권거래의 착오에 의한 취소여부

민법 제109조는 의사표시에 착오가 있는 경우 이를 취소할 수 있도록 하여 표의자를 보호하면서도, 그 착오가 법률행위의 내용의 중요 부분에 관한 것이 아니거나 표의자의 중대한 과실로 인한 경우에는 그 취소권 행사를 제한하는 한편, 표의자가 의사표시를 취소하는 경우에도 그 취소로 선의의 제3자에게 대항하지 못하도록 하여 거래의 안전과 상대방의 신뢰를 아울러 보호하고 있다.

민법 제109조의 법리는 그 적용을 배제하는 취지의 별도의 규정이 있거나 당사자의 합의로 그 적용을 배제하는 등의 특별한 사정이 없는 한 원칙적으로 모든 사법상의 의사표시에 적용된다고 보아야 한다.

따라서 자본시장법에 따라 거래소가 개설한 금융투자상품시장에서 이루어지는 증권이나 파생상품 거래의 경우 그 거래의 안전과 상대방의 신뢰를 보호할 필요성이 크다고 하더라도 거래소의 업무규정에서 민법 제109조의 적용을 배제하거나 제한하고 있는 등의 특별한 사정이 없는 한 그 거래에 대하여 민법 제109조가 적용되고, 거래의 안전과 상대방의 신뢰에 대한 보호도 민법 제109조의 적용을 통해 도모되어야 한다.[309)]

증권회사의 직원이 거래 당일 개장 전인 08:50경 선물스프레드 15,000계약

309) 대법원 2014. 11. 27. 선고 2013다49794 판결

의 매수주문을 입력하면서 주문가격란에 0.80원을 입력하여야 함에도 '.' 을 찍지 않아 80원을 입력하였고, 위 거래는 복수가격에 의한 개별경쟁거래의 방법으로 이루어진 사안에서 위 증권회사의 착오를 원인으로 취소가 인정되었다.[310)]

민법 제109조 제1항 단서는 의사표시의 착오가 표의자의 중대한 과실로 인한 때에는 그 의사표시를 취소하지 못한다고 규정하고 있는바, 위 단서 규정은 표의자의 상대방의 이익을 보호하기 위한 것이므로, 상대방이 표의자의 착오를 알고 이를 이용한 경우에는 그 착오가 표의자의 중대한 과실로 인한 것이라고 하더라도 표의자는 그 의사표시를 취소할 수 있다고 할 것이다.[311)]

다만, 단일가격에 의한 개별경쟁거래 방식에 의해 매매계약이 체결되는 주가지수옵션거래의 사안에서는 민법 제109조가 적용되지 않는다.[312)]

---

310) 대법원 2014. 11. 27. 선고 2013다49794 판결

311) 대법원 1955. 11. 10. 선고 4288민상321 판결, 대법원 2014. 11. 27. 선고 2013다49794 판결

312) 서울고등법원 2005. 6. 24. 선고 2004나68142 판결

V. 신용거래

1. 신용공여의 의의

신용공여란 투자매매업자 또는 투자중개업자가 증권에 관련하여 다음의 어느 하나에 해당하는 방법으로 투자자에게 금전을 대출하거나 증권을 대여하는 것을 말한다(법 제72조 제1항, 시행령 제69조 제1항, 금융투자업규정 4-21조 제1호).

① **청약자금대출** : 모집・매출, 주권상장법인의 신주발행에 따른 주식을 청약하여 취득하는데 필요한 자금의 대출

② **신용거래융자 또는 신용거래대주** : 증권시장에서의 매매거래(다자간매매체결회사에서의 매매거래를 포함함)를 위하여 투자자(개인에 한함)에게 제공하는 매수대금의 융자 또는 매도증권의 대여

③ **예탁증권담보융자** : 투자자의 예탁증권(매도되었거나 환매청구된 증권을 포함함)을 담보로 하는 금전의 융자

신용거래란 신용거래융자 또는 신용거래대주를 받아 결제하는 거래를 말한다.

자본시장법 및 금융투자업규정의 '신용공여규정'은 유가증권의 유통을 원활하게 하기 위하여 증권회사의 신용공여를 허용하되, 무절제한 신용거래로 인하여 초래될 수 있는 과당투기를 억제하고 신용거래질서를 안정시키기 위하여, 증권관계 기관의 감독기관인 금융위원회가 증권회사의 신용거래를 감독 통제하기 위한 규정이라고 할 것이다.[313]

313) 대법원 2002. 12. 26. 선고 2000다56952 판결

2. 신용공여약정의 체결

투자매매업자 또는 투자중개업자가 신용공여를 하고자 하는 경우에는 투자자와 신용공여에 관한 약정을 체결하여야 한다. 투자매매업자 또는 투자중개업자는 신용공여약정을 체결하는 경우 투자자 본인(법인투자자의 경우에는 그 대리인을 말함)의 기명날인 또는 서명을 받거나 전자서명법 제18조의2에 따라 본인임을 확인하여야 한다.

투자매매업자 또는 투자중개업자가 투자자로부터 신용거래를 수탁받은 때에는 신용거래계좌를 설정하여야 한다. 2015. 3. 3.부터 계좌설정보증금 100만원은 징구하지 않는다.

자본시장법 및 금융투자업규정의 신용공여에 관한 규정은 강행규정으로 볼 수 없으므로, 신용공여한도를 초과한 대출도 증권회사와 투자자간 관계에서는 효력이 있다.[314)]

3. 담보의 징구

투자매매업자 또는 투자중개업자는 청약자금대출을 함에 있어서는 청약하여 배정받은 증권을 담보로 징구하여야 한다. 다만 당해 증권이 교부되지 아니한 때에는 당해 증권이 교부될 때까지 그 납입영수증(청약증거금영수증을 포함함)으로 갈음할 수 있다.

투자매매업자 또는 투자중개업자는 신용거래융자를 함에 있어서는 매수한 주권(주권과 관련된 증권예탁증권을 포함함) 또는 상장지수집합투자기구의 집합투자증권을, 신용거래대주를 함에 있어서는 매도대금을 담보로 징구하여야 한다.

투자매매업자 또는 투자중개업자가 예탁증권담보융자를 함에 있어서는 가치산정이 곤란하거나 담보권의 행사를 통한 대출금의 회수가 곤란한 증권을 담

---

314) 대법원 1993. 12. 28. 선고 93다26632, 26649 판결

보로 징구하여서는 아니 된다.

4. 담보비율 등

투자매매업자 또는 투자중개업자는 투자자의 신용상태 및 종목별 거래상황 등을 고려하여 신용공여금액의 100분의 140 이상에 상당하는 담보를 징구하여야 한다. 다만 매도되었거나 환매청구된 예탁증권을 담보로 하여 매도금액 또는 환매금액 한도 내에서 융자를 하는 경우에는 그러하지 아니하다.

투자매매업자 또는 투자중개업자가 신용거래를 수탁하고자 하는 경우에는 투자자가 주문하는 매매수량에 지정가격(지정가격이 없을 때에는 상한가를 말함)을 곱하여 산출한 금액에 투자자의 신용상태 및 종목별 거래상황 등을 고려하여 정한 비율(100분의 40이상)에 상당하는 금액을 보증금으로 징수하여야 한다. 이 경우 보증금은 대용증권으로 대신할 수 있다.

5. 추가담보 납부 요구와 반대매매

투자매매업자 또는 투자중개업자는 신용공여금액에 대한 담보 평가금액의 비율이 투자매매업자 또는 투자중개업자가 정한 일정비율(담보유지비율)에 미달하는 때에는 지체 없이 투자자에게 추가담보의 납부를 요구하여야 한다. 다만, 투자자와 사전에 합의한 경우에는 담보의 추가납부를 요구하지 아니하고 투자자의 계좌에 담보로 제공하지 아니한 현금 또는 증권을 추가담보로 징구할 수 있다(금융투자업규정 4-25조).

증권회사가 주식의 신용거래약정을 체결한 투자자에게 담보부족액 발생 사실과 그에 따른 반대매매 예정일을 통보한 경우, 투자자는 증권회사의 추가담보 납부 요구일로부터 4영업일 이내에 날짜별 추가 요구금액을 납부하면 된다. 만약 4일간의 유예기간이 경과하지 아니하였다면 증권회사는 투자자가 추가담보 제공의무를 이행하지 아니하였다 하여 반대매매를 할 수 없다.

만약 추가담보 요구시와 반대매매시 사이에 담보주식의 가격에 변동이 있을 때에는 증권회사가 반대매매할 수 있는 주식의 수량은 주식가격의 변동을 반영하여 반대매매일 직전 거래일의 장 종료시를 기준으로 한 담보비율을 고려하여 결정되어야 한다.[315] 위 사례에 의하면 반대매매 통보 후에 발생한 담보부족액은 추가담보요구일로부터 소정의 유예기간이 경과하여야만 반대매매를 할 수 있다.

6. 담보로 제공된 증권의 평가등

신용공여와 관련하여 담보 및 보증금으로 제공되는 증권의 평가는 ① 청약하여 취득하는 주식 : 취득가액(당해 주식이 증권시장에 상장된 후에는 당일 종가), ② 상장주권 또는 상장지수집합투자기구의 집합투자증권 : 당일 종가, ③ 상장채권 및 공모파생결합증권(주가연계증권에 한함) : 2 이상의 채권평가회사가 제공하는 가격정보를 기초로 투자매매업자 또는 투자중개업자가 산정한 가격, ④ 집합투자증권 : 당일에 고시된 기준가격으로 한다.

매도되거나 또는 환매 신청된 증권을 담보로 하여 투자매매업자 또는 투자중개업자가 투자자에게 금전을 융자하는 경우에는 당해 증권의 매도가격 또는 융자일에 고시된 기준가격을 담보 평가금액으로 한다.

7. 임의상환방법

투자매매업자 또는 투자중개업자는 ① 채무상환, ② 추가담보납입, ③ 수수료납입을 하지 않았을 때 그 다음 영업일에 투자자계좌에 예탁된 현금을 투자자의 채무변제에 우선 충당하고, 담보증권, 그 밖의 증권의 순서로 필요한 수량만큼 임의처분하여 투자자의 채무변제에 충당할 수 있다. 투자매매업자 또

315) 대법원 2000. 10. 27. 선고 99다40067 판결

는 투자중개업자와 투자자가 사전에 합의한 경우에는 상환기일에도 투자자계좌에 예탁되어 있는 현금으로 채무변제에 충당할 수 있다(금융투자업규정 제4-27조 제1항).

주식신용거래의 당사자 사이에 특별히 다른 약정이 이루어진 것이 아닌 한, 증권회사가 투자자에 대한 관계에서 신용융자 만기의 경우 그 상환을 최고하고, 그 불이행의 경우 즉시 담보물 처분에 의한 신용거래의 청산결제조치를 마쳐야 할 의무를 직접 부담하지 않는다.[316]

원래 가격변동을 예견하는 일 자체가 매우 곤란한 주식의 신용거래에 있어서는, 어느 시점에서 담보물 처분을 위한 반대매매를 체결하여 그 신용거래관계를 종결하는 것이 결국에 있어 투자자의 이익을 실현하는 것으로 되는지의 여부에 관하여 예견, 판단하기가 사실상 불가능하다. 따라서 증권회사가 특별히 투자자로부터 위탁을 받지 아니하였음에도 불구하고 적극적으로 독자적인 판단에 따라 투자자를 위하여 반대매매를 체결하여 거래관계를 종결하여야 할 의무까지 부담하지 않는다.[317]

투자매매업자 또는 투자중개업자가 투자자와 사전에 합의가 있는 경우 시세의 급격한 변동 등으로 인하여 채권회수가 현저히 위험하다고 판단되는 때에는 투자자에 대하여 담보의 추가납부를 요구하지 아니하거나 추가로 담보를 징구하지 아니하고 필요한 수량의 담보증권, 그 밖에 예탁한 증권을 임의로 처분할 수 있다(금융투자업규정 제4-27조 제2항).

이 경우 투자매매업자 또는 투자중개업자는 처분내역을 지체 없이 투자자에게 내용증명우편, 통화내용 녹취 또는 투자자와 사전에 합의한 방법 등 그 통지사실이 입증될 수 있는 방법에 따라 통지하여야 한다.

투자매매업자 또는 투자중개업자가 증권시장에 상장된 증권을 처분하는 경우에는 투자자와 사전에 합의한 방법에 따라 호가를 제시하여야 한다. 처분대금은 처분제비용, 연체이자, 이자, 채무원금의 순서로 충당한다.

---

316) 대법원 1994. 1. 14. 선고 93다30150 판결, 대법원 2002. 12. 26. 선고 2000다56952 판결

317) 대법원 2002. 12. 26. 선고 2000다56952 판결

8. 신용거래종목 등

투자매매업자 또는 투자중개업자가 신용거래에 의해 매매할 수 있는 증권은 증권시장에 상장된 주권 및 상장지수집합투자증권으로 한다.

그러나, 투자매매업자 또는 투자중개업자는 ① 거래소가 투자경고종목, 투자위험종목 또는 관리종목으로 지정한 증권, ② 거래소가 매매호가전 예납조치 또는 결제전 예납조치를 취한 증권에 대해서는 신규의 신용거래를 할 수 없다.

VI. 위탁매매와 불법행위

1. 인감변경시 예금주 본인 확인의무

예금주가 주식회사인데 구 인감이 없는 경우의 인감변경신고를 한 자가 회사의 대표이사가 아닌 경우, 은행예금규정상 당해 인감변경신고는 예금주 본인임을 확인하거나 재산 또는 신용상태가 확실한 연대보증인 1인 이상을 입보시킨 후 처리토록 되어 있다.

은행거래에 있어 신고된 예금주의 인감은 극히 중요한 기능을 가지며, 주식회사는 대표이사만이 대외적으로 회사를 대표할 권한이 있다는 점 등에 비추어, 그 신고자가 예금주인 주식회사의 상무이사로서 평소 신고된 인감을 사용하는 거래의 담당 책임자임을 확인하는 것만으로는 예금주 본인임을 확인한 것으로 볼 수 없다.

인감변경신고를 수리하려는 은행으로서는 그 예금규정에 따라 적절한 방법으로 회사의 대표이사에 대하여 확인을 하는 등 예금주의 의사에 의하지 아니한 인감 변경으로 인한 부정행위의 발생을 방지할 주의의무를 다하였다고 볼 수 없다.[318]

2. 만기 1분 남긴 콜옵션 매수

투자자는 처음부터 주가지수가 상승할 것으로 확신하고 이에 대한 증권회사 직원의 의견을 물어본 후 직원으로부터도 긍정적인 답변을 듣자 장차 주가지수가 상승하면 반대매매를 통해 투자이익을 남기고 청산하겠다는 의도를 분명히 밝히고 직원에게 콜 옵션 매수거래를 의뢰하였다.

직원은 처음에 투자자가 풋 옵션 매도거래 의사를 밝히자 손실의 범위가 무

---

318) 대법원 1996. 8. 23. 선고 95다39472 판결

제한적인 풋 옵션 매도거래보다는 손실의 범위가 옵션가격인 프리미엄 범위 내로 제한되고 증거금도 낮은 콜 옵션 매수거래를 권유하였다.

풋 옵션 매도거래나 콜 옵션 매수거래는 모두 장차 주가지수가 상승할 것이 기대되는 상황에서 투자자들이 취하는 행동으로서, 직원 역시 투자자가 원하는 옵션상품이 장차 반대매매를 통한 청산이 가능한 상품임을 알고 있었다고 보인다.

만일 투자자가 2003년 10월물의 매수를 희망하였다면 그 투자 여부를 결정하기 위해서는 매수 당시 KOSPI200 지수가 얼마인지를 알아야 위 옵션상품을 어느 정도의 프리미엄으로 매수할 것인지 여부를 결정할 수 있음에도 불구하고 투자자는 직원에게 콜 옵션 매수거래를 의뢰하면서 당일의 KOSPI 200지수가 얼마인지 문의한 바 없고 직원도 투자자에게 이를 알려준 사실이 없다.

직원으로부터 이 사건 콜 옵션상품에 대한 계약이 체결된 사실을 통보받고 난 이후에도 투자자는 반대매매에 의하여 위 매수 포지션을 청산하겠다는 의사를 다시금 분명히 하면서 직원에게 돌아오는 월요일인 2003. 10. 13.부터 KOSPI 200 지수의 변동상황을 시간대별로 통지하여 줄 것을 요청하였고, 이에 대하여 직원은 투자자의 요청을 승낙하는 답변을 하였다.

그런데 직원이 매수한 이 사건 콜 옵션상품은 그 만기시점이 2003. 10. 9. 14:50으로서 위 매수시점으로부터 불과 57초 정도 밖에 남지 않아 2003. 10. 13.은 고사하고 매수 당일에도 반대매매를 통한 청산이 사실상 불가능한 상품이었다.

위와 같은 상황을 종합해 보면 이 사건 주가지수 옵션거래 당시 투자자는 구체적으로 옵션상품을 특정하지는 않았으나 장차 반대매매가 가능한 옵션상품 중에서 가장 최근의 상품인 2003년 11월물의 매수를 직원에게 의뢰한 것으로 보이고, 직원 역시 위와 같은 투자자의 의사를 잘 알면서도 당일이 2003년 10월물의 만기일이라는 사실을 간과한 채 실수로 이 사건 옵션상품을 매수한 것으로 보인다. 따라서 직원 및 증권회사는 투자자에 대한 불법행위로 인한 손해배상 책임을 부담한다.[319]

---

319) 서울고등법원 2005. 11. 25. 선고 2004나80672 판결

3. HTS 프로그램상 주문제한조치 미고지

투자자는 증권회사와 주식거래위탁계좌를 개설하고, 위 계좌에 주식회사 플랜티넷 주식을 매수하였다. 투자자는 주식회사 플랜티넷 주식을 증권회사의 홈트레이딩시스템(Home Trading System, HTS)에 접속하여 위 주식을 매도하려고 매도주문을 냈으나, 일부 매도주문이 주문제한조치로 인해 거부처리 되었다.

주문제한조치는 대량매매의 경우 주문의 진의성을 확인함으로써 온라인 거래를 통한 금융사고 발생을 방지하고자 하는 공익적인 목적에서 마련되었다. 위 주문제한조치 관련 프로그램으로 인해 10억원 이상 초과하는 대량매매 주문에 대해 주문처리가 거부된다.

증권회사는 투자자에게 계좌설정시에 위 주문제한조치를 알려주지 않았다. 투자자는 증권회사에게 주문제한조치로 인하여 매도하지 못한 물량에 대한 손해배상을 청구하였다.

증권회사가 투자자와 매매거래계좌설정약정을 하였다면 증권회사는 특별한 사정이 없는 한 투자자의 매도 또는 매수주문에 따라 주식거래시장에 거래의 주문을 내어 주식매매계약이 체결되도록 해 주어야 할 계약상 의무를 부담한다. 만약 증권회사가 투자자의 주식 매도주문을 정당한 이유없이 거부했다면 증권회사는 투자자에게 채무불이행으로 인한 손해배상책임을 부담한다.[320]

증권회사는 투자자로부터 수수료를 받고 주문을 내주는 것을 주 내용으로 하는 위탁업무를 수행하고, 일정금액 이상의 주문이 제한된다는 것은 계약의 중요한 내용이라고 할 것이므로, 증권회사가 투자자에게 위와 같은 주문제한조치를 고지하지 않았다면 증권회사는 투자자에게 그 손해를 배상하여야 한다.[321]

투자자가 당일 증권회사로부터 주문제한조치 해제를 통보받아 거부처리된 수량의 매매여부를 스스로 결정할 수 있게 된 점, 그럼에도 여전히 증권회사가 투자자에게 매도여부에 대한 지침을 주어야 한다고 볼 의무가 있다고 보기

320) 서울고등법원 2007. 7. 13. 선고 2006나119376 판결
321) 서울고등법원 2007. 7. 13. 선고 2006나119376 판결

는 어려운 점, 만약 이후 주가가 상승했다면 그 차익은 투자자에게 귀속되었을 것인 점 등을 종합하면, 손해의 범위는 주문거부 시점부터 주문제한조치 해제를 통보받은 시점까지 투자자의 주문제한조치로 인하여 투자자가 본건 주식을 매매하지 못하는 동안 주가가 하락하여 투자자에게 발생한 손실이라고 봄이 상당하다.322)

4. HTS의 자동 로스컷(loss - cut)에 의한 반대매매 미고지

투자자는 증권회사와 선물 · 옵션거래를 위한 계좌를 개설하면서 선물 · 옵션거래 위탁계약을 체결하였다.

투자자는 증권회사와 사이에 홈트레이딩시스템(Home Trading System, HTS)의 고객자기위험관리(Customer Self Risk Management, CSRM) 화면을 통해 5초 단위로 계산된 계좌의 평가예탁총액이 투자자가 정한 설정금액인 5,000만원 미만이 되는 경우 일괄반대매매가 자동으로 실행되도록 하는 약정(반대매매 약정, 반대매매 프로그램)을 체결하였다.

투자자는 수차례 선물 및 옵션을 거래하였는데, 투자자 계좌의 평가예탁총액이 5,000만원 미만이 되자 반대매매 약정에 따라 시장가 호가에 따른 전매(매수 포지션을 청산하는 매매) 및 환매(매도 포지션을 청산하는 매매)가 이루어졌고, 그 결과 투자자는 큰 손실을 입게 되었다.

투자자는 계좌설정시에 위 반대매매 약정을 고지하지 않았음을 이유로 증권회사에 대해 손해배상을 청구하였다.

① 이 사건 반대매매 프로그램은 이른바 로스컷(loss - cut)주문으로 투자자의 계좌의 가치가 투자자가 설정한 기준에 미치지 못하게 될 경우 반대매매를 통해 그 잔고를 청산할 수 있도록 하는 프로그램인 점, ② 이러한 프로그램을 둔 이유는 선물・옵션거래의 특성상 시장의 변동에 따라 예측할 수 없는 정도의 손실이 발생할 수 있는 위험을 축소 또는 해소하기 위함인 점, ③ 그런데 주식거래에서의 반대매매나 예탁증거금의 부족 등으로 인한 반대매매의 경우

---

322) 서울고등법원 2007. 7. 13. 선고 2006나119376 판결

와는 달리, 위와 같이 시장가 호가를 기준을 일괄적으로 반대매매를 실행할 경우에는 선물·옵션거래의 특성상 그와 같이 예상하지 못한 손실이 발생할 수 있는 점, ④ 이 사건 반대매매 프로그램의 경우에도 시장가 호가를 기준으로 일괄적인 반대매매가 이루어지도록 설계되어 있었기 때문에 종목별 보유량 및 유통량에 따라 큰 손실을 본 종목이 생기면서 결과적으로 8억원의 미수금이 발생하게 된 점, ⑤ 투자자는 반대매매 약정을 해지하거나 예탁현금을 증가시키는 등으로 이 사건 계좌의 평가예탁총액이 설정금액을 상회하도록 하여 반대매매가 실행되지 않도록 하는 조치를 취함으로써 그러한 결과를 피할 수 있는 점 등을 고려하여 볼 때 이 사건 반대매매 프로그램을 운용하는 증권회사로서는 투자자가 그 약정을 체결하려고 할 때 경우에 따라 예상하지 못한 손실이 발생할 수 있다는 점 및 이를 방지하기 이해서는 일정한 조치를 취하여야 한다는 점 등을 설명하고 실제 반대매매를 실행하기에 앞서 그러한 사실을 고지하여 이를 방지하기 위한 조치를 취할 기회를 부여하는 등 투자자를 보호하여야 할 주의의무가 있다.[323)]

5. 투자자의 범죄행위 방지의무

예금계좌 개설 단계의 경우 금융기관이 본인 또는 대리인을 자처하는 자에게 예금계좌를 개설하여 주는 과정에서 본인의 신분증을 확인하거나 위임장과 인감증명서를 제출받고 대리인의 신분증을 확인하는 등의 최소한의 확인절차마저 모두 생략한다면, 피모용자가 정당하게 성립한 원인계약상의 채무 이행 등에 의하여 수령하여야 할 돈을 피모용자 명의로 임의로 개설한 은행계좌로 송금하게 하는 방법으로 돈을 편취하는 범죄행위 등이 쉽게 이루어질 수 있음은 누구나 쉽게 예견할 수 있다.

위와 같은 유형의 피해를 방지하기 위하여 모용계좌의 출현을 막을 수 있는 적절한 지위에 있는 자는 바로 예금계좌 업무를 담당하고 있는 금융기관 이외에는 존재하지 아니하므로, 예금계좌의 개설에 임하는 금융기관으로서는 금융

323) 서울남부지방법원 2011. 6. 24. 선고 2010가합13481 판결

실명거래 및 비밀보장에 관한 법률에서 정한 설명확인의무와 무관하게 위와 같은 최소한의 조치를 취함으로써 피모용자가 수령하여야 할 돈을 피모용자 명의로 임의로 개설한 은행에 송금하게 하는 방법으로 금원을 편취하는 범죄행위 등에 도움을 주지 않아야 할 주의의무가 있다.[324]

현대 사회에서는 거래주체들 사이의 복잡한 이해관계에 따라 수많은 금융거래가 다양한 형태로 이루어지고 있다. 그 중 CD기기나 인터넷 등을 통해 금융기관의 직원을 거치지 않고 이루어지는 금융거래도 많다.

금융기관이 금융거래의 적법성 여부를 확인하기 위해 금융거래의 내역을 파악하기 위해서는 과다한 시간 및 비용이 소요되는 반면, 금융기관이 지급받는 수수료가 비교적 소액이다.

위와 같은 점을 고려해 볼 때 예금계좌가 적법하게 개설된 이후 금융기관이 적법하게 개설된 투자자의 예금계좌를 통하여 범죄행위로 취득한 돈이 입출금되는지를 감시하여 그 예금계좌를 통하여 범죄행위에 이용되지 않도록 하여야 할 일반적인 주의의무를 부담한다고 볼 수는 없다.[325]

다만, 금융기관이 예금계좌를 이용한 투자자의 범죄행위를 인지하게 되거나 이를 합리적으로 의심할 만한 특별한 사정이 있는 경우에는 사실 여부를 확인하거나 수사기관에 알리는 등 상황에 따른 적절한 조치를 취할 주의의무가 있다.

법인고객의 경리담당직원이 회사자금을 횡령하여 주식을 거래한 경우 계좌주의 직업과 수입에 비추어 대단히 큰 금액이 입금되어 거래되었다고 해서 증권회사가 범죄행위 등을 의심하여 투자자가 근무하는 회사에 통보하는 등 조치를 취할 의무가 있다고 보기는 어렵다.[326]

---

324) 대법원 2007. 7. 13. 선고 2005다23599 판결
325) 서울고등법원 2009. 1. 16. 선고 2007나118608 판결
326) 서울고등법원 2009. 1. 16. 선고 2007나118608 판결

Ⅶ. 전산장애

1. 전산장애 관련 분쟁

전산장애관련 분쟁이란 투자자가 HTS(Home Trading System) 또는 WTS(Web Trading System) 등을 통해 매매거래를 하는 과정에서 증권회사 또는 선물회사의 전산장애로 인해 투자자의 주문이 체결되지 않거나 잘못 체결됨에 따라 투자자가 예상 밖에 손해를 입음으로써 발생하는 분쟁을 말한다.

금융투자업자는 프로그램 오류와 같은 전산장애를 방지하기 위한 합리적인 대책을 수립하고, 투자자보호가 가능하고 업무를 영위하기에 충분한 전산설비를 갖추어야 한다.

홈트레이딩시스템(Home Trading System, HTS)에 장애현상이 나타날 수 있는 원인은 ① 금융투자회사의 서버 등 전산시스템의 장애, ② HTS 프로그램 자체의 오류, ③ 거래량 폭주로 인한 유관기관 시스템의 주문처리 지연, ④ 인터넷 회선장애, ⑤ 투자자 PC의 용량 부족 및 ⑥ 투자자 PC 다른 프로그램과 HTS의 충돌 등 여러 가지 원인에서 발생할 수 있다. 전산장애는 서로 복합적으로 또는 유사하게 발생하므로, 실제 어느 단계에서의 문제로 장애가 발생한 것인지 확인하는데 1차적인 어려움이 있다.

2. 불법행위책임

전산장애로 인한 민법상 불법행위책임을 묻기 위해서는 ① 전산장애가 발생할 것, ② 투자자에게 손해가 발생할 것, ③ 전산장애에 대한 금융투자업자의 관리책임이 인정될 것을 요한다.

금융투자업자의 고의 또는 과실에 의한 전산장애, 즉 금융투자업자의 관리책임이 성립되는 전산장애가 발생하여야 한다. 예를 들어 HTS 프로그램 오류나 서버 장애 등 금융투자업자 시스템의 유지·운영상의 문제로 전산장애가 발생한 경우에는 당연히 금융투자업자의 책임이 인정된다.

그러나 유관기관의 전산시스템이나 투자자 PC의 문제, 또는 인터넷 회선장애 등의 원인으로 전산장애가 발생하였다면 금융투자업자에게 귀책사유를 물을 수 없다.

또한 전산장애가 예측가능성이 없는 불가항력적인 원인에서 발생하였다면 금융투자업자가 아무리 최선의 노력을 다하여도 장애를 사전에 막을 수가 없기 때문에 장애에 대한 금융투자업자의 관리책임은 성립되지 않는다.

금융투자업자의 전산장애로 인한 투자자의 손해발생 사실이 인정되기 위해서는 ① 전산장애 발생 당시 투자자의 매매의사가 인정되고, ② 해당 주문이 시장에서 체결이 가능하였어야 한다.

장애가 발생하였더라도 고객이 매매하려는 의사가 전혀 없었다면 전산장애가 고객의 손해에 영향을 끼친 사실이 없으므로 문제가 되지 않는다. 그리고 호가상황에 비추어 고객의 주문이 원래 체결가능성이 없었던 가격대였다면 주문이 정상 처리되었다고 하더라도 어차피 체결되지 않았을 것이므로 전산장애로 손해가 발생하였다고 보기 어렵다.

투자자의 매매의사의 존재의 입증과 관련 투자자가 인터넷이나 HTS를 통하여 주문을 제출하고자 하였다면 이 주문이 전산장애로 제대로 처리되지 않았다고 하더라도 주문기록이 증권회사 시스템에 남아 있게 된다. 또는 주문기록이 없더라도 지점이나 콜센터를 통하여 유선으로 주문의사를 표시하였다면 통화기록이 남을 것이다. 따라서 이러한 자료를 확인하여 투자자의 매매의사를 확인할 수 있다.

금융투자업자는 법인이나 개인투자자에게 전자금융거래법 제9조 제1항[327]의

---

327) **제9조(금융회사 또는 전자금융업자의 책임)**
① 금융회사 또는 전자금융업자는 다음 각 호의 어느 하나에 해당하는 사고로 인하여 이용자에게 손해가 발생한 경우에는 그 손해를 배상할 책임을 진다.
1. 접근매체의 위조나 변조로 발생한 사고
2. 계약체결 또는 거래지시의 전자적 전송이나 처리 과정에서 발생한 사고
3. 전자금융거래를 위한 전자적 장치 또는 「정보통신망 이용촉진 및 정보보호 등에 관한 법률」 제2조제1항제1호에 따른 정보통신망에 침입하여 거짓이나 그 밖의 부정한 방법으로 획득한 접근매체의 이용으로 발생한 사고
② 제1항의 규정에 불구하고 금융회사 또는 전자금융업자는 다음 각 호의 어느 하나

사고로 손해가 발생한 경우 무과실책임을 부담한다. 다만 법 규정상 감면요건이 인정되면 책임의 전부 또는 일부를 투자자의 부담으로 돌릴 수 있다.

전자금융거래법 제9조 제1항에 따라 금융기관 또는 전자금융업자가 손해배상책임을 부담하는 '사고'는 권한 없는 제3자에 의하여 전자금융거래가 이행되거나 이용자의 거래지시가 없었음에도 전자금융거래가 이행되거나 이용자의 거래지시가 있었으나 그에 따라 전자금융거래가 이행되지 아니한 경우 등을 의미한다.

따라서 이용자가 거래지시를 하여 그 거래지시에 따라 이용자가 본래 의도한 대로 전자금융거래가 이행된 경우에는 특별한 사정이 없는 한 전자금융거래법 제9조 제1항에 따라 금융기관 또는 전자금융업자가 손해배상책임을 부담하는 '사고'에 해당하지 아니한다.[328)]

갑이 을 증권회사가 운영하는 홈트레이딩시스템을 이용하여 선물옵션거래를 하던 중 주문가능금액 부족으로 풋옵션 매도 주문이 접수될 수 없는 상태인데도 시스템 오류로 주문이 접수되자 수십 회에 걸쳐 주문을 하여 다수의 풋옵션 매도계약을 체결한 사안에서, 갑이 을 회사의 홈트레이딩시스템이 비정상적인 상태에 있음을 인식하고 오히려 이를 이용하여 스스로의 의사에 따라 매도 주문을 함으로써 갑이 의도한 대로 다수의 풋옵션 매도계약을 체결하였다고 볼 여지가 충분하므로, 위 계약 체결은 전자금융거래법 제9조 등에서 정한 '사고'에 해당하지 않는다고 판시한 사례가 있다.[329)]

3. 손해배상금의 산정

에 해당하는 경우에는 그 책임의 전부 또는 일부를 이용자가 부담하게 할 수 있다.

1. 사고 발생에 있어서 이용자의 고의나 중대한 과실이 있는 경우로서 그 책임의 전부 또는 일부를 이용자의 부담으로 할 수 있다는 취지의 약정을 미리 이용자와 체결한 경우
2. 법인(「중소기업기본법」 제2조제2항에 의한 소기업을 제외한다)인 이용자에게 손해가 발생한 경우로 금융회사 또는 전자금융업자가 사고를 방지하기 위하여 보안절차를 수립하고 이를 철저히 준수하는 등 합리적으로 요구되는 충분한 주의의무를 다한 경우

328) 대법원 2015. 5. 14. 선고 2013다69989 판결

329) 대법원 2015. 5. 14. 선고 2013다69989 판결

투자자의 매매의사가 인정되고 투자자의 매도하고자 하였던 가격을 알 수 있다면 이 가격에서 전산장애가 복구된 후에 매도가 가능하였던 가격과의 차액을 기준으로 손해금액을 산정할 수 있다.330)

반면 매도의사는 인정되지만 매도희망가격을 알 수 없다면 전산장애로 주문이 불가능하였던 동안의 가중 평균가격을 매도희망가격으로 보고 손해금액을 산정할 수 있다.

민법 제393조 및 제763조는 통상의 손해를 한도로 하며, 특별손해의 경우 채무자 또는 가해자가 그 사정을 알았거나 알 수 있었던 경우에 한하여 배상한다.

증권거래는 가격변동을 예견하는 것 자체가 곤란하다. 전산장애시 매수주문 불이행으로 인한 통상손해는 전산장애가 없었더라면 체결될 수 있었음에도 불구하고 전산장애로 주문이 거래소에 접수되지 못하였다가 장애가 복구된 이후 다시 동 종목을 매수하는데 지출된 추가적 비용이라 할 것이다.

그리고 전산장애가 발생했어도 실제로 동 종목을 매수한 사실이 없는 가운데 단순히 매수하지 못한 주식의 가격이 유리하게 되었다고 하는 등의 기회비용은 특별사정으로 인한 손해라 할 것이므로 예견가능성이 인정되는 경우에 손해배상책임이 인정된다.

주가지수콜옵션 매수주문을 하였음에도 전산장애로 매매거래가 이루어지지 않은 사안에서 주가지수옵션거래는 투기성과 위험성이 필연적으로 수반되는 점을 고려하면 정상적으로 매매가 이루어졌다 하더라도 투자자가 후에 이를 전매하여 이익을 얻었을 것이라고 추정하기 어렵다는 이유로 증권회사의 손해배상책임을 부정하였다.331)

---

330) 서울고등법원 2015. 6. 18. 선고 2014나38199 판결은 “손해액은 ‘이 사건 주문미처리가 없이 원고의 매도주문이 정상적으로 처리되었을 경우의 이 사건 주식의 예상 매도가액 합계액‘에서 '이 사건 주문미처리가 발생한 실제 상황에서의 이 사건 주식의 매도가액 합계액‘을 공제한 금원을 기준으로 산정함.”이라고 판시하였다.

331) 서울고등법원 1999. 12. 3. 선고 98나51680 판결

제2절 임의매매

I. 임의매매의 금지

투자중개업자는 투자자나 그 대리인으로부터 금융투자상품의 매매의 청약 또는 주문을 받지 아니하고는 투자자로부터 예탁받은 재산으로 금융투자상품의 매매를 하여서는 아니 된다(법 제70조).[332)]

금융투자업자 또는 투자중개업자가 고객과의 개별적 또는 포괄적 위임약정 없이 증권회사 임직원이 고객계좌에서 매매거래를 행할 경우 임의매매가 성립된다.

임의매매는 일임매매와 구별하여야 한다. 자본시장법에서는 일임매매를 금지하고, 만일 투자일임을 하고자 하는 경우에는 투자일임계약서를 작성하도록 요구하고 있다. 사적자치의 원칙상 일임계약은 서면 뿐만 아니라 구두로도 가능하여 경우에 따라서는 묵시적인 일임도 가능할 것이다. 구두 또는 묵시적으로 일임한 경우 해당 거래가 임의매매인지 일임매매인지 구별하기 어렵다.

임의매매와 일임매매의 가장 큰 차이점은 매매거래에 대한 계좌주의 위임이 있었는지 여부이다. 임의매매는 매매거래에 대한 위임이 없었음에도 직원이 자의적으로 매매를 한 경우인 반면 일임매매는 매매거래와 관련한 전부 또는 일부의 권한을 위임한 상태에서 직원이 매매한 경우이다.

임의매매의 경우에는 투자자가 손실의 전부 또는 대부분에 대해 손해배상을 받는 경우가 많으나, 투자자로부터 받은 매매권한을 가지고 매매한 일임매매의 경우에는 원칙적으로 손해배상책임이 발생되지 않고 직원의 충실의무위반 등이 인정되는 예외적인 경우에만 책임을 물을 수 있다.

---

332) 자본시장법 제444조 제7호 “5년 이하의 징역 또는 2억원 이하의 벌금”

Ⅱ. 임의매매의 인정

1. 위임약정의 부존재

임의매매가 인정되기 위해서는 금융중개업자가 투자자로부터 명시적 또는 묵시적 위임이 없이 증권의 매매를 거래하여야 한다. 임의매매의 분쟁에 있어 증권회사와 투자자간 매매권한의 위임여부에 집중되고, 금융중개업자와 투자자간 위임약정의 부존재 사실은 원고인 투자자가 입증하여야 한다.[333]

금융중개업자와 투자자간 위임약정 여부는 거래 당시의 투자자의 의사가 어떠하였는지를 객관적으로 살펴보아야 하고, 계약체결 당시의 권유방법, 투자목적 내지 동기, 투자자의 거래경험, 거래원장에 나타난 거래내역 등 여러 정황을 근거로 판단하여야 한다.

투자자가 위임의사가 없었다고 주장하는 경우라도 "알아서 잘 해 주십시오"라며 계좌번호와 비밀번호를 직원에게 알려주거나, 거래인감을 증권회사 또는 선물회사 등의 직원에게 건네준 경우[334]에는 직원에게 계좌관리를 포괄적으로 일임한 것으로 판단될 수 있다.

투자자가 거래내용을 확인하고도 즉각 해당 직원과 투자중개업자에게 이의를 제기하는 등의 조치를 취하지 않는 경우에도 일임매매에 해당할 가능성이 크다. 투자자의 이의제기 시점이 중요한바, 담당직원의 상급자로부터 해결해 주겠다는 말만 듣고 이의를 제기하지 않거나[335] 담당직원이 퇴사한 후 이의를 제기한 경우[336]에는 임의매매가 인정되지 않은 사례가 있다.

증권회사의 직원이 임의매매사실을 시인하고 인정각서 또는 손실보전각서 등을 교부한 경우 임의매매 성립이 용이하다.[337] 다만 임의로 신용거래를 하

---

333) 대법원 2001. 5. 29. 선고 2000다19656 판결, 대법원 2012. 12. 26. 선고 2012다77907 판결
334) 부산지방법원 1993. 11. 5. 선고 93나12081 판결
335) 대법원 2003. 1. 10. 선고 2000다50312 판결
336) 대법원 2001. 5. 15. 선고 2001다15484 판결
337) 서울고등법원 1995. 6. 22. 선고 93나13997 판결

였다는 사실확인서가 있으나, 이와 상반되는 내용의 녹취록의 존재, 신용거래 직후 매수량 등을 확인하였음에도 이를 문제 삼지 않았던 점 등에 비추어 임의매매가 부정된 사례도 있다.[338]

투자자가 과거에 매매거래 전반에 대해 직원에게 권한을 위임한 적이 있음에도 불구하고 단순히 사후보고를 누락한 것을 두고 임의매매로 주장하는 사례도 있으나, 이러한 경우에는 당초 매매권한이 위임된 사실이 있었기 때문에 개별 매매 건에 대해 임의매매가 인정되기 어렵다.

2. 위임의 범위를 벗어난 경우

금융중개업자의 직원이 투자자의 위임범위를 벗어나 증권을 매매[339][340]하거나 포괄적 일임매매가 해지된 후 투자자의 사전승낙 없는 직원의 매매행위도 임의매매에 해당한다.

투자자가 포괄적 일임을 하면서 신용거래에 대해서는 언급하지 않았음에도 불구하고 직원이 투자자의 의사를 확인하지 않고 신용거래를 하였다면 임의매매에 해당한다.[341]

증권회사 직원은 투자자로부터 선물·옵션에 대한 포괄적 일임매매를 위탁받으면서, "10% 이상 손실이 나는 경우에는 일단 매매를 중단하고 그 이후의 거래에 관하여 원고와 상의하겠다." 고 약속하였고, 위 직원은 2003. 6. 2. 종가를 기준으로 산정된 잔고평가 결과 10% 이상의 손실이 발생한 사실을 알 수 있으므로, 직원이 손실 발생 사실을 투자자에게 전혀 알리지 아니한 채 이

338) 서울고등법원 2012. 9. 7. 선고 2012나30757 판결

339) ① 회사채에 투자하라고 위임하였으나 주식에 투자한 경우 ② 투자자가 위임한 A전자, B증권 주식거래 이외의 주식거래를 한 경우

340) 대법원 2006. 2. 10. 선고 2005다57707 판결은 "투자자가 2003. 7. 2. 증권회사 직원에게 행사 가격 85인 7월물 풋옵션 5,000계약을 매수하라고 지시하였고, 위 직원은 투자자의 구체적 지시를 어기고 투자자가 설정한 매수가액인 0.5포인트보다 고가에 매수하였다. 위와 같은 직원의 고가 매수행위는 불법행위에 해당한다."라고 판시하였다.

341) 서울고등법원 2001. 11. 30. 선고 99나68432 판결

루어진 증권의 거래가 임의매매에 해당한다고 판시한 사례가 있다.[342)]

3. 포괄적 위임 인정사례

일부 종목은 투자자의 대리인이 먼저 증권회사 직원에게 요구하여 거래가 이루어졌고, 일부 종목은 직원의 추천으로 거래가 이루어졌으며, 일부 종목은 상황에 따라 직원이 먼저 매수를 한 후 투자자의 대리인에게 매수 사실을 알리는 방식으로 거래가 이루어지는 등 양자 간의 협의에 의하여 거래가 이루어졌는바, 이와 같은 주식거래의 경위 및 태양에 비추어 투자자는 대리인을 통하여 증권회사 직원에게 매매를 포괄적으로 위임하였다고 판시한 사례가 있다.[343)]

① 투자자가 당초부터 증권회사에 주식매매를 위임한 점, ② 투자자가 우편으로 잔고통보를 받고도 아무런 이의를 제기하지 않은 점, ③ 투자자가 2차례에 걸쳐 증권회사에 추가로 자산을 위탁한 점 등을 종합하여 볼 때 임의매매로 볼 수 없다고 판시한 사례가 있다.[344)]

① 투자자가 지인의 적극적인 소개로 증권회사의 직원을 만나 주식매매거래를 위탁하기로 하고 계좌를 개설한 사실, ② 투자자는 직원과 거래기간중 직접 만나거나 휴대전화로 통화한 사실, ③ 월간거래내용 및 잔고현황이 정상적으로 투자자에게 통지된 사실, ④ 투자자는 HTS를 통해 언제든지 거래현황을 확인할 수 있었던 사실, ⑤ 투자자는 영상의학과 전문의로 타 증권회사를 통해 주식거래를 하고 있었던 사실, ⑥ 투자자가 적극적으로 종목, 수량 및 가격 등을 정하여 증권회사 직원에게 거래를 요청한 바는 거의 없는 사실 등을 고려할 때, 임의매매라기 보다는 증권회사 직원에게 주식투자에 관한 결정권한을 포괄적으로 일임했다고 봄이 상당하다고 판시한 사례가 있다.[345)]

---

342) 대법원 2006. 2. 10. 선고 2005다57707 판결
343) 대법원 2003. 6. 27. 선고 2003다8848 판결
344) 서울중앙지방법원 2011. 6. 3. 선고 2010가합26870 판결
345) 서울동부지방법원 2009. 8. 20. 선고 2009가합2604 판결

Ⅲ. 사후 추인

1. 사후추인의 판단기준

투자자는 증권회사에게 임의매매로 인한 거래의 무효를 주장하거나 임의매매거래를 추인함으로써 임의매매거래를 유효로 할 수 있다. 임의매매를 사후에 추인한 경우 그 법률효과는 모두 고객에게 귀속되고 그 임의매매행위가 불법행위를 구성하지 않게 되어 임의매매로 인한 손해배상청구도 할 수 없다.

임의매매거래의 추인시 그로 인한 이득은 적법하게 투자자에게 귀속되는바, 투자자에게 귀속되는 이득은 손익상계의 대상에서 제외된다.[346)]

임의매매의 사후 추인은 투자자는 명시적으로 추인의 의사표시를 할 수 있으나 여러 사정을 고려하여 묵시적으로 투자자가 추인한 것으로 볼 수도 있다.

증권회사의 고객이 그 직원의 임의매매를 묵시적으로 추인하였다고 하기 위하여는 자신이 처한 법적 지위를 충분히 이해하고 진의에 기하여 당해 매매의 손실이 자기에게 귀속된다는 것을 승인하는 것으로 볼 만한 사정이 있어야 할 것이다.

묵시적 임의매매의 추인은 아래의 여러 사정을 종합적으로 검토하여 신중하게 판단되어야 한다.[347)]

① 고객이 임의매매 사실을 알고도 이의를 제기하지 않고 방치하였는지 여부

② 임의매수에 대해 항의하면서 곧바로 매도를 요구하였는지 아니면 직원의 설득을 받아들이는 등으로 주가가 상승하기를 기다렸는지

③ 임의매도로 계좌에 입금된 그 증권의 매도대금을 인출하였는지

④ 신용으로 임의매수한 경우 그에 따른 그 미수금을 이의 없이 변제하거

346) 대법원 2003. 1. 24. 선고 2001다2129 판결

347) 대법원 2002. 10. 11. 선고 2001다59217 판결, 대법원 2003. 12. 26. 선고 2003다49542 판결

나. 미수금 변제독촉에 이의를 제기하지 않았는지 여부

2. 사후추인 인정례

임의매수 사실을 알고 항의하던 고객이 손실만회가 가능하다고 설득을 당하여 향후 거래까지 포괄적으로 위임한 경우,[348] 직원이 임의거래에 따른 매도대금이 계좌입금될 때마다 고객이 이의없이 수시로 금액을 인출한 경우[349] 묵시적 사후추인을 인정하였다.

① 매수거래에 관하여는 증권회사 직원이 사전에 전화로 투자자의 동의를 얻었거나 매수직후 투자자의 승낙을 받은 사실, ② 매도거래에 관하여는 증권회사 직원이 주식을 매도한 직후 투자자에게 매도사실을 알렸음에도 투자자가 특별한 이의를 제기하거나 즉각적인 손해의 보전을 요구하는 등의 조치를 취하지 아니하였고, ③ 매도대금으로 다른 주식을 매수하거나 현금으로 인출한 사실이 인정되므로 매수부분에 대하여는 투자자의 사전 동의 또는 사후 승낙이 있었고, 매도부분에 대하여는 투자자의 묵시적 추인이 있었다고 판시한 사례가 있다.[350]

① 증권회사 담당직원으로부터 당일 임의매도 사실을 보고받은 영업팀장이 투자자에게 연락하여 지점으로 나와 줄 것을 요청하고 익일 내점한 투자자에게 사과하면서 손해배상을 하겠다고 한 사실, ② 그럼에도 투자자는 '수량은 맞출 필요 없고 돈대로 맞추어서 사놓으라' 고 지시하므로 영업팀장이 주식결제예정금액에 맞추어 동 주식을 분할 매수함으로써 주식수가 줄어들게 된 사실, ③ 한편 투자자가 같은 날 본건 계좌에 금원을 입금하여 동 주식을 추가 매수한 사실, ④ 이후 동주식을 전부 매도한 사실, ⑤ 그 후 투자자는 예탁금을 전부 출금하고 증권회사와의 거래를 종료할 때까지 임의매매에 대한 이의나 손해배상청구를 제기한 적이 없는 사실이 인정되므로 묵시적 추인에

---

348) 대법원 2000. 2. 25. 선고 99다62041 판결
349) 대법원 1995. 9. 29. 선고 94다36216 판결
350) 부산지방법원 2006. 5. 24. 선고 2005가단79765 판결

해당한다고 판시한 사례가 있다.[351]

3. 사후추인 부정례

임의매매사실을 알고 원상회복해 놓으면 문제삼지 않겠다고 하였으나 원상회복도 하지 않고 임의거래를 계속한 경우 추인으로 볼 수 없다고 판시한 사례가 있다.[352]

증권회사가 미수금 추가 입금을 투자자에게 요구하자 투자자가 미수거래를 인정하고 투자자의 주식위탁계좌에 있던 주식 및 잔금으로 미수금을 처리해 달라고 요구하였고, 이후에도 계속적으로 담당직원과 투자상담을 하였다는 사정만으로 투자자가 미수거래를 사후에 추인했다고 인정하기 곤란하다고 판시한 사례가 있다.[353]

① 투자자가 임의의 신용거래를 알게 된 이후에 신용거래의 결과인 신용매수된 주식을 처분할 의무가 투자자에게 있다고 볼 수 없고, ② 투자자가 자신의 계좌에서 4,000만원을 인출하였지만 이는 신용매수한 주식과 무관한 자신 계좌의 예탁금 중 일부를 인출한 것이며, ③ 투자자가 그 뒤 현금거래에 의한 주식거래의 재개를 허용하였지만 신용거래에 의한 주식매매를 불허하고 있는 점에 비추어 보면 투자자가 신용거래 결과를 추인한 것으로 볼 수 없다고 판시한 사례가 있다.[354]

투자자는 현재까지 케이디이컴 주식의 임의매수에 터잡아 하등의 처분행위를 한 바 없으며, 투자자가 처음부터 증권회사 직원에 의한 동 주식의 처분을 포함하여 자발적인 변상을 간접적으로 깨우치다가 임의매수 후 4일째 되는 날부터 그 변상조치 시한의 확정을 요청하였던 점에 비추어, 증권회사 직원의 변상을 채근하는 과정에서 그 부탁에 따라 관망할 수 있는 다소 상당한 유예기간을 허락하였다거나 그 변명과 같이 주식상승의 개연성이 수긍된다는 취지

351) 대구고등법원 2006. 1. 18. 선고 2005나6397 판결
352) 대법원 2003. 12. 26. 선고 2003다49542 판결
353) 서울고등법원 2010. 4. 29. 선고 2009나115245 판결
354) 서울고등법원 2001. 11. 30. 선고 99나68432 판결

의 말을 하였다고 하여 동 주식의 임의매수를 추인한 것으로 볼 수 없다고 판시한 사례가 있다.[355)]

355) 서울고등법원 2002. 7. 9. 선고 2001나58421 판결

Ⅳ. 임의매매와 손해배상

1. 손해배상액의 산정

불법행위로 인한 재산상의 손해는 위법한 가해행위로 인하여 발생한 재산상의 불이익, 즉 불법행위가 없었더라면 존재하였을 재산상태와 불법행위가 가해진 이후의 재산상태와의 차이를 말한다.

임의매매로 인한 손해배상액은 ① 임의매매 이전에 가지고 있던 투자자의 주식 및 예탁금 등의 잔고[356]와 ② 그 이후 투자자의 지시에 반하여 임의매매를 해 버린 상태, 즉 투자자가 그 임의매매 사실을 알고 문제를 제기할 당시[357]에 가지게 된 주식 및 예탁금의 잔고와의 차액이다.[358]

2. 옵션거래의 임의매매와 손해배상액

옵션거래는 만기 전에 미결제약정을 청산하거나 만기일에 권리행사 내지 권리배정을 통하여 청산한다. 위와 같은 옵션의 특징을 반영하여 옵션거래의 임

356) 대법원 1995. 10. 12. 선고 94다16786 판결은 임의처분에 의한 투자자의 배당금 미수령, 유무상증자 미참여로 인한 손해도 통상손해로 보았음

357) 대법원 2006. 1. 26. 선고 2002다12659 판결은 "투자자는 임의매매 당일인 2000. 4. 21. 오후에 증권회사 직원과 전화통화를 하면서 임의매매사실을 알게 되었으나, 증권회사 직원은 같은 날 여러 차례 이루어진 투자자와의 전화통화 과정에서 투자자에게 그 처리방침을 묻거나 임의매도된 주식의 회복을 원하는 투자자의 의사를 존중한 흔적을 찾아볼 수 없고 오히려 자신의 예측에 따른 운용방침만을 강변함으로써 임의매매를 계속할 뜻을 시사하고 있음을 알 수 있으며, 이에 투자자가 확고하게 증권회사 직원에게 항의를 하고 직원이 이에 승복, 이 사건 확약서를 작성한 것은 2000. 4. 26.이므로, 원심으로서는 고객인 투자자가 문제를 제기함으로써 임의매매가 완전히 종료된 시점이 과연 언제인지에 관해서도 충분히 심리하여야 한다."라고 판시하였다.

358) 대법원 2000. 11. 10. 선고 98다39633 판결, 대법원 2003. 12. 26. 선고 2003다49542 판결 대법원 2006. 1. 26. 선고 2002다12659 판결, 대법원 2006. 2. 10. 선고 2005다57707 판결, 대법원 2007. 6. 14. 선고 2004다45530 판결

의매매는 임의매매기간중 취득 내지 처분한 옵션만을 대상으로 하고, 옵션의 임의매매로 인한 손해배상은 새로이 이루어진 선물・옵션거래에 대하여 종목별 손익을 산정하여 이를 합한 금액으로 한다는 견해가 있었다.[359]

주가지수 선물・옵션상품의 임의매매로 인한 재산상의 손해 역시 그 포지션(선물이나 옵션의 매도 혹은 매수의 결과로 생긴 미결제 약정의 보유상태)의 평가액이 각 상품별 시장가에 의하여 산정될 수 있다.

따라서 선물・옵션의 임의매매로 인한 손해액은 ① 임의매매기간 이전 투자자 계좌의 포지션 평가액 및 예탁금의 잔고와 ② 임의매매 종료시의 투자자 계좌의 포지션평가액 및 예탁금 잔고의 차액으로 산정한다.[360]

3. 주가의 상승

임의매매 이전에 투자자가 가지고 있던 주식의 평가는 임의매매 당시의 주식의 시가를 기준으로 결정하여야 한다. 임의매매 이후 주식의 가격이 상승한 경우 주가상승으로 인한 추가적 손해는 특별손해에 해당한다. 따라서 불법행위자가 주식을 처분할 때 주가상승 같은 특별한 사정을 알았거나 알 수 있었고, 또 투자자가 주식의 가격이 올랐을 때 주식을 매도하여 그로 인한 이익을 확실히 취득할 수 있었던 경우에 한하여 투자자는 그와 같이 오른 가격에 의한 손해배상을 청구할 수 있다.[361]

---

359) 하급심인 서울고등법원 2005. 8. 26. 선고 2005나5159 판결은 임의매매기간내 옵션의 취득 내지 처분만을 임의거래로 보고, 임의매매기간 이전에 거래한 옵션이 임의매매기간중 만기에 권리행사한 경우 임의매매거래에서 제외하였음.

360) 대법원 2006. 2. 10. 선고 2005다57707 판결은 선물·옵션의 임의매매로 인한 손해액은 "<임의매매를 시작한 날인> 2003. 6. 2. 종가를 기준으로 한 원고 계좌의 포지션 평가액 및 예탁금 등의 잔고와, <임의매매 및 손해의 발생 사실을 안 날인> 2003. 7. 7. 종가를 기준으로 한 원고 계좌의 포지션 평가액 및 예탁금 등의 잔고의 차액"이라고 판시하였다.

361) 대법원 1995. 10. 12. 선고 94다16786 판결, 대법원 2006. 1. 26. 선고 2002다12659 판결, 대법원 2007. 6. 14. 선고 2004다45530 판결

제3절 일임매매와 과당매매

I. 일임매매

1. 일임매매의 약정

가. 투자일임업과 투자일임계약

투자일임업이란 투자자로부터 금융투자상품등에 대한 투자판단의 전부 또는 일부를 일임받아 투자자별로 구분하여 그 투자자의 재산상태나 투자목적 등을 고려하여 금융투자상품등을 취득・처분, 그 밖의 방법으로 운용하는 것을 영업으로 하는 것을 말한다(법 제6조 제7항). 투자일임업을 영위하는 자를 투자일임업자라고 한다(법 제8조 제6항).

투자일임업자는 일반투자자와 투자일임계약을 체결하고, 투자일임계약에 따라 투자일임업무를 수행할 수 있다(법 제97조).

투자중개업자는 투자자로부터 금융투자상품에 대한 투자판단의 전부 또는 일부를 일임받아 투자자별로 구분하여 금융투자상품을 취득・처분, 그 밖의 방법으로 운용하는 행위를 하여서는 아니 된다(법 제71조 제6호).

나. 일임매매가 허용되는 경우

투자중개업자가 투자자의 매매주문을 받아 이를 처리하는 과정에서 따로 대가 없이 금융투자상품에 대한 투자판단의 전부나 일부를 일임받는 경우로서 다음의 어느 하나에 해당하는 경우에는 예외적으로 일임매매가 허용된다(법 제7조 제4항, 시행령 제7조 제3항).

① 투자자가 금융투자상품의 매매거래일(하루에 한정함)과 그 매매거래일의

총매매수량이나 총매매금액을 지정한 경우로서 투자자로부터 그 지정 범위에서 금융투자상품의 수량·가격 및 시기에 대한 투자판단을 일임받은 경우

② 투자자가 여행·질병 등으로 일시적으로 부재하는 중에 금융투자상품의 가격 폭락 등 불가피한 사유가 있는 경우로서 투자자로부터 약관 등에 따라 미리 금융투자상품의 매도 권한을 일임받은 경우

③ 투자자가 금융투자상품의 매매, 그 밖의 거래에 따른 결제나 증거금의 추가 예탁 또는 신용공여와 관련한 담보비율 유지의무나 상환의무를 이행하지 아니한 경우로서 투자자로부터 약관 등에 따라 금융투자상품의 매도권한(파생상품인 경우에는 이미 매도한 파생상품의 매수권한을 포함)을 일임받은 경우

④ 투자자가 투자중개업자가 개설한 계좌에 금전을 입금하거나 해당 계좌에서 금전을 출금하는 경우에는 따로 의사표시가 없어도 자동으로 단기금융집합투자기구의 집합투자증권 등을 매수 또는 매도하거나 증권을 환매를 조건으로 매수 또는 매도하기로 하는 약정을 미리 해당 투자중개업자와 체결한 경우로서 투자자로부터 그 약정에 따라 해당 집합투자증권 등을 매수 또는 매도하는 권한을 일임받거나 증권을 환매를 조건으로 매수 또는 매도하는 권한을 일임받은 경우

⑤ 그 밖에 투자자 보호 및 건전한 금융거래질서를 해칠 염려가 없는 경우로서 금융위원회가 정하여 고시하는 경우

2. 포괄적 위임과 일임매매의 성립여부

일임매매에 관한 규정은 투자자를 보호하기 위한 규정으로서 증권거래에 관한 절차를 규정하여 거래질서를 확립하려는 데 그 목적이 있다. 만약 투자자가 매매를 위임하는 의사표시를 명백히 한 경우 위 일임매매약정은 사법상 효력을 부인할 이유가 없고 그 효력을 부인할 경우 거래 상대방과의 사이에서 법적 안정성을 심히 해하게 되는 부당한 결과가 초래된다. 따라서 자본시장법

에 위반한 일임매매 약정도 사법상으로는 유효하다.362) 또한 자본시장법에 위반한 일임매매 약정만으로 투자자에 대한 관계에서 불법행위가 성립된다고 볼 수는 없다.363)

자본시장법 시행이후 자본시장법에 위반한 일임매매약정은 무효라는 견해도 있으나, 자본시장법상 일임매매 전체를 명시적으로 금지한다고 볼 수 없으므로 자본시장법에 위반한 일임매매 약정도 사법상 효력이 있다할 것이다.

증권회사와 투자자간 일임매매 또는 포괄적 위임이 있었는지 여부는 거래가 있었던 전체 기간 동안 투자자와 담당직원 사이에 있었던 주식거래에 대한 의견교환의 구체적인 내용, 방법과 매 거래행위에 대한 투자자의 인식여부 및 이에 대한 관리, 통제의 가능여부, 거래과정 전반에 대하여 투자자가 보인 태도 등을 종합적으로 고려하여야 한다.364)

증권회사의 직원이 투자자의 대리인으로부터 포괄적으로 위임받은 권한 속에는 현물대용계좌에 위탁된 증권을 대용증권으로 지정하고 이를 대용매도하여 위탁증거금에 충당할 권한도 포함되어 있다고 할 것이고, 투자자가 대용증권을 매도함에 있어 선물·옵션 업무규정에 따라 사전에 증권회사에게 위탁증거금 부족사실을 통지하지 않았다고 하더라도, 그로 인한 손해배상책임을 질 수 있음은 별론으로 하고, 대용매도 자체의 효력을 부정할 사유로 삼을 수는 없다고 판시한 사례가 있다.365)

3. 일임업자의 선관의무 및 충실의무

투자일임업자는 투자자에 대하여 선량한 관리자의 주의로써 투자일임재산을 운용하여야 하고, 투자자의 이익을 보호하기 위하여 해당 업무를 충실하게 수

362) 대법원 1993. 12. 28. 선고 93다26632, 26649 판결, 대법원 1996. 8. 23. 선고 94다38199 판결, 대법원 2002. 3. 29. 선고 2001다49128 판결, 서울남부지방법원 2013. 7. 12. 선고 2012가합8476 판결

363) 대법원 2005. 10. 7. 선고 2005다11541 판결

364) 서울고등법원 2006. 5. 19. 선고 2005나65533판결

365) 대법원 2006. 6. 27. 선고 2005다64484 판결

행하여야 한다(법 제96조).

일임업자의 전문적인 투자판단에 의해 일임재산을 운영하는 경우라도 ① 투자자의 투자 목적 및 거래내용에 비추어 투자자를 현저한 위험에 노출시키고, ② 그러한 투자가 합리적이라는 점을 납득시킬 만한 충분한 사정을 판단의 주체인 일임업자가 제시하지 못하는 등 전문가의 판단이라고 보기 곤란한 경우에는 일임업자는 불법행위책임을 부담한다.

주가지수 선물·옵션 거래에서는 현물 거래와 달리 지수가 하락하더라도 포트폴리오 구성 여하에 따라 수익을 낼 수도 있고, 종목이 다양하게 구성되어 있으며, 지수의 변동방향에 관하여 외부 시장의 영향뿐만 아니라 시장참여자들의 심리적 요인에 의해서도 지수의 변동방향이나 변동폭이 달라질 수 있는 점 등에 비추어 보면 전문가로서의 적합한 판단을 일의적으로 정할 수는 없다.

그러나 투자자의 투자목적, 기존의 포지션 구성의 방법, 그 위험분산의 정도 및 거래의 규모 등을 종합적으로 판단하여 기존의 거래내용보다 현저히 위험한 거래를 하게 되는 경우라면 포괄적 일임매매라고 하더라도 투자자에게 사전에 설명하거나 동의를 구해야 하고 그렇지 못한 경우에도 이를 합리적으로 설명할 수 있을 정도의 사정이 있어야 할 것이다.[366]

증권회사의 담당직원은 선물·옵션거래 결과 계좌 평가액이 보전을 약속한 원금을 넘는 금액에 이르게 되었는데 그렇다면 투자자에 대하여 선관주의의무를 부담하는 담당직원으로서는 즉시 투자자에게 이를 알리고 원금을 투자자에게 반환하거나 최소한 투자자의 선택에 따라 계속 투자 여부를 결정하였어야 함에도 불구하고 이에 위반하여 투자자에게 아무런 통지도 하지 아니한 채 독단적으로 위험한 선물거래를 계속함으로써 고객보호의무를 위반하였다.[367]

---

366) 서울중앙지방법원 2004. 8. 27. 선고 2003가합4049 판결은 "이 사건에서 피고직원의 2000. 4. 14. 거래는 그 규모나 포지션 구성에 있어 그 이전의 거래내용과 비교하여 전혀 위험 분산이 되지 아니한 것으로서 현저한 위험을 수반하다고 할 것이고, 종합주가지수의 변동을 정확히 예측하는 것이 어렵다고 하더라도 당일 800선을 지켰다는 사정만으로 위와 같이 위험이 큰 거래를 할 정도로 합리적인 사정이 있다고 보기 어렵고, 이와 같은 거래에 관해 원고에게 그 사정을 설명한 사실도 없는 점 등에 비추어 피고직원 및 그 사용자인 피고회사는 특별한 사정이 없는 한 위와 같은 적합성 원칙에 어긋나는 거래로 인한 손해를 배상할 의무가 있다."라고 판시하였다.

Ⅱ. 과당매매의 해당 여부

1. 과당매매 판단기준

일임업자와 투자자 사이에 주식의 포괄적 일임매매의 약정이 있는 경우에 일임업자의 직원이 결과적으로 수익성 없는 주식 거래를 반복하였다는 사정만으로 선량한 관리자로서의 주의의무(충실의무)를 위배하였다고 할 수는 없다.

그러나 일임업자가 투자자와 포괄적 일임매매 약정을 하였음을 기화로 그 일임업자의 직원이 충실의무를 위반하여 고객의 이익을 무시하고 회사의 영업실적만을 증대시키기 위하여 무리하게 빈번한 회전매매를 함으로써 투자자에게 손해를 입힌 경우에는 과당매매행위로서 불법행위가 성립된다.[368)]

과당매매행위를 한 것인지의 여부는 다음의 제반 사정을 참작하여 주식 매매의 반복이 전문가로서의 합리적인 선택이라고 볼 수 있는지의 여부를 기준으로 판단하여야 한다.[369)][370)]

① 투자자 구좌에 대한 증권회사의 지배 여부

② 주식 매매의 동기 및 경위

---

367) 광주고등법원 2007. 7. 11. 선고 2006나7289 판결

368) 대법원 2007. 7. 12. 선고 2006다53344 판결

369) 대법원 1997. 10. 24. 선고 97다24603 판결, 대법원 2007. 4. 12. 선고 2004다4980 판결, 대법원 2007. 7. 12. 선고 2006다53344 판결

370) **금융투자업규정 제4-20조(불건전 영업행위의 금지)** ① 영 제68조제5항제14호에서 "금융위원회가 정하여 고시하는 행위"란 다음 각 호의 어느 하나에 해당하는 행위를 말한다.

5. **투자권유와 관련**하여 다음 각 목의 어느 하나에 해당하는 행위
   가. 일반투자자를 대상으로 빈번한 금융투자상품의 매매거래 또는 과도한 규모의 금융투자상품의 매매거래를 권유하는 행위. 이 경우 특정거래가 빈번한 거래인지 또는 과도한 거래인지 여부는 다음의 사항을 감안하여 판단한다.
   (1) 일반투자자가 부담하는 수수료의 총액
   (2) 일반투자자의 재산상태 및 투자목적에 적합한지 여부
   (3) 일반투자자의 투자지식이나 경험에 비추어 당해 거래에 수반되는 위험을 잘 이해하고 있는지 여부
   (4) 개별 매매거래시 권유내용의 타당성 여부

③ 거래기간과 매매횟수 및 양자의 비율
④ 매입 주식의 평균적 보유기간
⑤ 매매 주식 중 단기매매가 차지하는 비율
⑥ 동일 주식의 매입 · 매도를 반복한 것인지의 여부
⑦ 수수료 등 비용을 공제한 후의 이익 여부
⑧ 운용액 및 운용기간에 비추어 본 수수료액의 과다 여부
⑨ 손해액에서 수수료가 차지하는 비율
⑩ 단기매매가 많이 이루어져야 할 특별한 사정이 있는지의 여부

선물거래에서의 과당매매 판단기준은 다음의 사항을 추가적으로 고려하여야 한다.
① 투기성이 강한 주가지수선물거래의 특성
② 선물거래기간
③ 선물거래의 횟수
④ 1회당 거래금액
⑤ 고객의 투자금액
⑥ 고객이 지급한 수수료 금액의 과다여부
⑦ 예탁금의 수배 이상을 거래할 수 있는 거래특성
⑧ 선물거래 일평균 거래대금 및 주식시장의 일평균 거래대금의 비율

일임업자가 일정 기간 동안 투자자의 계좌를 지배하였다고 하여 반드시 그 계좌 지배 기간 전체의 거래를 기준으로 과당매매 성립 여부를 판단하여야 하는 것은 아니다. 만약 그 중 일부 기간의 거래는 전문가로서의 합리적인 선택이라고 볼 수 없을 정도로 과도한 거래가 반복되었음이 인정되지만 나머지 기간의 거래는 그렇지 아니한 경우에는, 그 일부 기간의 거래만을 기준으로 과당매매 성립 여부를 판단할 수도 있다.[371)][372)]

---

371) 대법원 2007. 4. 12. 선고 2004다38907 판결
372) 의정부지방법원 고양지원 2009. 12. 18. 선고 2008가합9938 판결은 "피고의 담당직원이 포괄위임을 받아 주식을 매매한 기간 중 매매회전율은 4, 5회, 손실액 대비 수수료율은 30.4%로 동 기간 전체 매매가 과당매매로 보기는 어려우나, 일부

같은 종목의 주식을 같은 날에 여러 차례에 나누어 매도하거나 매수한 것으로 기재된 것은 하나의 매도·매수 주문 수량에 대하여 그 수량 전부가 같은 가격으로 동시에 거래되는 것이 아니라 가격우선의 원칙, 시간우선의 원칙 등 거래소에서의 거래원칙에 따라 조건에 합치하는 수량만큼 거래가 이루어짐에 따른 것이므로 같은 종목의 주식에 대한 같은 일자거래중 수수료가 기재된 거래를 1회의 거래로 산정하여야 한다.[373)]

2. 과당매매 인정례

① 피고들이 포괄적 일임매매 약정에 따라 이 사건 계좌를 지배하고 있었던 점, ② 1년 3개월간 1,010회에 이르는 빈번한 매매횟수, ③ 3,966.96%에 이르는 과도한 연평균 거래회전율, ④ 동일한 종목에 대한 매수·매도를 반복하면서 매수한 당일 혹은 적어도 3일 이내에 매수한 가격보다도 저렴하거나 거의 같은 가격 또는 수수료 등을 공제하면 거의 이익이 남지 않는 가격에 매도하는 형태의 거래가 대부분인 점, ⑤ 14개월 만에 총 입금액 790,368,837원 중 733,016,726원의 손실이 생겼을 뿐만 아니라 지출된 주식거래수수료와 증권거래세 등 거래비용이 전체 손실금 중 40% 정도에 이르는 점, ⑥ 피고 2가 위 계좌를 운용함에 있어 단기매매와 빈번한 회전매매가 필요하였던 특별한 사정을 찾아볼 수 없는 점 등을 고려하여 과당매매에 해당한다고 판시한 사례가 있다.[374)]

① 피고 2가 사실상 이 사건 계좌를 지배하면서 1일 평균 2.23회에 이를 정도의 무리한 매수·매도 행위를 반복하였고, ② 더욱이 그 거래의 상당 부분이 수익성 없는 단기매매로서 그러한 거래가 이루어져야 할 특별한 사정도 보

기간 중 주식매매의 경우 매매회전율이 12.4회(월평균 회전율 1,341%)에 달하고 손실액 대비 수수료율이 34.1%에 달하는 점, 단기매매와 빈번한 회전매매를 하여야 할 특별한 사정을 찾아볼 수 없는 점 등으로 볼 때 해당 기간 중 주식매매는 과당매매에 해당한다."라고 판시하였다.

373) 서울서부지방법원 2009. 8. 28. 선고 2009가합1801 판결

374) 대법원 2007. 4. 12. 선고 2004다4980 판결

이지 않는 점, ③ 위 계좌에 입금한 총액은 188,050,000원인데 거래를 중단할 무렵 잔액은 27,625,000원만 남게 되었고, 주식거래로 인한 수수료 등 각종 거래비용이 그 차액의 약 50%를 차지하는 점, ④ 이에 반해 피고 1 주식회사가 얻은 수수료 수익은 53,080,840원, 피고 2가 지급받은 성과급은 15,924,252원에 이른 점 등에다가 ⑤ 원고가 주식투자 경험이 많지 않은 점, ⑥ 피고 2의 거래 경위와 방법, 거래에 따르는 위험성 및 이에 대한 설명의 정도 등 제반 사정을 종합하여 보면 과당매매에 해당한다고 판시한 사례가 있다.[375)]

주식 1종목만을 대상으로 32개월간 총 629회의 거래를 하고 연평균 매매회전율이 766%, 손해액 대비 수수료율이 12.85%인 경우 과당매매를 인정한 사례가 있다.[376)]

① 주식거래의 대부분이 투자자로부터 포괄적으로 일임받은 증권회사의 담당직원에 의해 이루어진 점, ② 월 매매회전율이 최고 11,567%에 이르는 점, ③ 손실금 대비 수수료율이 115%에 이르는 점, ④ 단기매매에 치중하여 수수료를 공제하고 나면 수익성이 없는 거래가 상당수인 점, ⑤ 당시 종합주가지수는 27.2% 상승한 점, ⑥ 수 회에 걸쳐 피고의 손실을 보상해 주겠다는 의사를 표명한 점 등을 고려하면 증권회사 담당직원의 행위는 과당매매에 해당된다고 판시한 사례가 있다.[377)]

3. 과당매매 부정례

이 사건 각 계좌의 운용액, 운용기간, 거래의 방식, 매매횟수와 손익 및 수수료의 규모 등에 비추어 볼 때, 비록 투자자의 계좌를 운용한 증권회사 직원이 주가지수의 변동을 잘못 예측하고 운용하여 사후에 결과적으로 투자자가 투자 손실을 입었다고 하더라도 그러한 사정과 투자자가 주장하는 사유만으로는 증권회사 직원의 조치가 전문가로서의 합리적인 선택에 따른 것이 아니었

375) 대법원 2007. 4. 12. 선고 2004다6122 판결
376) 대법원 2012. 6. 14. 선고 2011다65303 판결
377) 서울중앙지방법원 2009. 4. 15. 선고 2008가합76278 판결

다거나 투자자의 이익을 무시하고 증권회사의 수수료 수입만을 증대시키기 위한 목적 아래 이루어진 과당매매라고 단정하기 어렵다고 판시한 사례가 있다.[378]

① 약 4년 5개월 동안 약 200회 매도·매수 반복은 그 횟수가 많다고 볼 수 없는 점, ② 동 기간 중 발생한 수수료 비중이 투자자가 예치한 금액의 약 26%로 과도하다고 볼 수 없는 점, ③ 월별 매매회전율이 높을 때에는 수익을 낼 경우도 많았던 점 등을 종합하여 보면 충실의무를 위반하여 고객의 이익을 무시하고 회사의 영업실적만을 증대시키기 위하여 무리하게 과당매매를 하였다고 인정하기에 부족하다고 판시한 사례가 있다.[379]

① 1일 5회 내지 50회, 1회 수백만원에서 1억원 이상에 이르기까지 하루 거래 규모가 매우 컸으며, 그러한 거래 방식으로 인하여 다소 많은 수수료의 발생은 불가피하였으나 단기매매 등의 방식으로 더 큰 수익을 얻기 위하여 투자자가 증권회사 직원의 거래방식을 용인했던 것으로 보이는 점, ② 선물·옵션 거래 자체가 상당한 투기성을 내포하고 있고, 고위험·고수익 및 빈번한 거래를 특성으로 하는 점, ③ 주가지수가 예측하기 어려운 다양한 요소에 의하여 변동된다는 점 등에 비추어 대규모 손실에 대한 투자자의 주장은 결국 증권회사 직원이 사후적으로 분석 가능한 최선책을 취하지 아니한 점을 탓하는 것으로서 이런 사유만으로는 직원의 거래가 전문가로서의 합리적인 선택에 따른 것이 아니었다거나 투자자의 이익을 무시한 과당매매라고 단정하기 어렵다고 판시한 사례가 있다.[380]

증권회사의 직원이 투자자 계좌를 지배하였고, 거래기간 중 월 평균 실질회전율이 약 1,582% 정도인 점 및 증권회사 직원이 2000. 4. 17. 이후 손실 만회를 위해 선물거래를 더욱 빈번하게 하다가 손실을 확대시킨 사실은 인정되나, ① 증권회사 직원의 거래로 인한 수수료가 2억 8천만원으로 일임금액 대비 11.3% 정도이고, 투자자의 손실액 대비 17% 정도의 규모로 그다지 크다고 할 수는 없는 점, ② 또한 투자자는 과거 선물옵션 거래의 경험이 있어 그 위험성에 대해 잘 알고 있는 점, ③ 투자자는 2000. 4. 17. 큰 손실을 본 후에도

378) 대법원 2007. 7. 12. 선고 2006다53344 판결
379) 서울중앙지방법원 2011. 6. 3. 선고 2010가합26870 판결
380) 서울남부지방법원 2005. 6. 16. 선고 2003가합16246 판결

추가로 자금을 지원하여 주었고 이후의 거래과정에서도 증권회사 직원으로부터 대략적인 설명을 듣고도 별다른 이의를 제기하지 아니한 점 등에 비추어 보면 과당매매라고 보기 어렵다고 판시한 사례가 있다.[381]

381) 서울중앙지방법원 2004. 8. 27. 선고 2003가합4049 판결

Ⅲ. 과당매매와 손해배상금

1. 손해배상금의 산정

과당매매의 불법행위로 인한 재산상의 손해는 위법한 가해행위로 인하여 발생한 재산상의 불이익, 즉 과당매매가 없었더라면 존재하였을 재산상태와 과당매매가 종료된 이후의 재산상태의 차이를 말한다.[382)]

과당매매는 포괄적 일임매매의 약정 등 증권업자에 의한 고객의 계좌 지배가 그 성립요건이므로, 과당매매가 없었더라도 최초의 예탁금이 그대로 잔존해 있는 것이 아니라 증권업자에 의한 정상적인 일임거래가 이루어졌을 것으로 보아야 한다. 따라서 과당매매 기간 동안 주가가 변동한 경우에는 특별한 사정이 없는 한 과당매매가 없었더라도 주가 변동에 따라 재산상태의 변동이 있었을 것으로 보아야 한다.

따라서 과당매매가 없었더라면 존재하였을 재산상태는, 정상적인 일임거래가 이루어졌을 경우의 투자위험이 반영되어야 하므로, 과당매매가 시작되는 시점의 예탁금 및 주식 등의 평가액으로부터, 주가지수 변동률 등을 사용하여 정상적인 일임거래가 이루어졌을 경우 발생되었을 것으로 예상되는 손실과 거래비용을 적절히 평가하여 이를 공제한 금액(정상거래 후 잔고)이라고 할 것이다. 결국 ① 정상거래 후 잔고와 ② 과당매매가 종료된 시점의 잔고(과당매매 후 잔고)의 차액을 과당매매로 인한 손해로 보아야 한다.[383)]

손해액 = 정상거래 후 잔고 - 과당매매 후 잔고

---

382) 대법원 1992. 6. 23. 선고 91다33070 판결, 2006. 1. 26. 선고 2002다12659 판결, 대법원 2007. 4. 12. 선고 2004다6122 판결, 대법원 2007. 4. 12. 선고 2004다38907 판결

383) 대법원 2007. 4. 12. 선고 2004다6122 판결, 대법원 2007. 4. 12. 선고 2004다38907 판결, 대법원 2007. 4. 12. 선고 2004다4980 판결

실제로는 개별 주식거래의 다양성과 주식시장의 변동성 등으로 인하여, 주가지수 변동률 등의 통계자료만으로 '정상적인 일임거래가 이루어졌을 경우에 발생되었을 것으로 예상되는 손실이나 거래비용' 을 정확히 추산하는 것이 매우 어렵다.

따라서 증권업자가 부담할 최종적인 손해배상액을 정하는 법원으로서는, 과당매매로 인한 손해를 산정함에 있어서 당해 거래관계에 특수한 상황이 있을 때에는 이를 참작하여 손해배상책임을 조정할 필요가 있을 뿐만 아니라, 나아가 사안에 따라서는 경험칙이나 논리칙 또는 공평의 원칙에 어긋나지 아니하는 한 아예 ① '과당매매가 시작되는 시점의 계좌상태' 와 '과당매매 종료 시점의 계좌 잔고' 와의 차액에 의해 손해를 산정한 다음, ② 정상적인 일임거래가 이루어졌을 경우에도 그에 상응한 수수료 등 거래비용이 지출되리라는 사정 및 ③ 전반적인 주가하락추세 등의 요소로 인해 과당매매가 없었더라도 어느 정도의 손실을 피할 수 없었으리라는 사정 등을 적절히 참작하여 합리적인 범위 내에서 책임을 감경하는 방법으로 손해배상액을 결정할 수도 있다.[384)][385)]

---

384) 대법원 2007. 4. 12. 선고 2004다6122 판결, 대법원 2007. 4. 12. 선고 2004다38907 판결

385) 서울중앙지방법원 2009. 4. 15. 선고 2008가합76278 판결은 "이 사건의 경우, 피고가 주식예탁금을 몇 차례에 걸쳐 나누어져 입금함으로써 입금시기에 따라 주식거래기간이 달라지고 이로 인한 주가지수 변동률의 차이로 정상거래시의 손실을 정확하게 산정하기 어렵고, 주가지수 변동률 등의 통계자료만으로 정상적인 일임거래가 이루어졌을 경우에 발생되었을 것으로 예상되는 손실이나 거래비용을 정확히 추산하는 것이 매우 어렵기 때문에 정상거래 후 잔고를 계산하는 것이 사실상 불가능하므로, '과당매매가 시작되는 시점의 계좌 상태'와 '과당매매 종료 시점의 계좌 잔고'와의 차액에 의해 손해를 산정한 다음 여러 가지 사정 등을 적절히 참작하여 합리적인 범위 내에서 책임을 감경하는 방법으로 손해배상액을 산정할 수밖에 없는바, 이 사건 제1계좌상의 주식거래로 인하여 피고가 입은 손해는 총 예탁금 2,056,746,000원에서 총 출금액 1,647,774,000원, 이 사건 제1계좌의 잔고액 222,365원을 공제한 나머지 408,749,635원이 된다."라고 판시하였다.

손해액 = [과당매매가 시작되는 시점의 계좌상태 - 과당매매 종료 시점의 계좌 잔고 - 과당매매가 아니었더라도 발생하였을 제비용이나 예탁금 손실 등[386]] × 과실상계

주가하락으로 인한 영향을 반영하여 거래 순손실 중 과당매매로 인한 손해만을 산정할 경우 아래 산식에 의할 수 있다.[387]

손해액(C) = 지수변동을 반영한 거래순손실(A) + 거래비용(B) (A) = (예탁금 × 지수변동 × 투자비중) - 최종잔액 - 거래비용 (B) = 수수료 + 세금

386) i) 정상적인 거래가 이루어졌을 경우에 그에 상응하여 지출되었을 것으로 예상되는 비용
ii) 전반적인 주가하락추세 등의 요소로 인해 과당매매와 무관하게 발생할 것으로 볼 수 있는 손해

387) 대법원 2007. 4. 12. 선고 2004다6122 판결, 대법원 2007. 4. 12. 선고 2004다4980 판결
파기환송 이전 항소심의 산식
손해액(C) = 지수변동을 반영한 거래순손실(A) + 거래비용(B)
(A) = {(최초예수금 - 최종잔액 - 거래비용) - (최초예수금 - 최종잔액 - 거래비용) × 지수변동 × 투자비중)}
(B) = 수수료 + 세금

과당매매로 인한 손해액은 다음과 같이 산정할 수 있다.[388]

손해액 = 계좌 입금총액 - 정상거래 후 예상손실(A) - 정상거래시 예상 거래비용(B) (A) : 계좌입금액 × [(코스피지수 변동률) × 코스피 종목 거래대금 비중) + [(코스피지수 변동률) × 코스피 종목 거래대금 비중)] (B) : (총거래비용) × (상장주식 연평균 회전율) / (원고 계좌 연평균 회전율)

과당매매에 해당하는지 여부는 일정 기간 동안에 걸친 일련의 거래 행위 전체를 일체로 평가하여 그것이 고객의 신뢰를 남용한 비합리적 거래 행위인지 여부에 따라 판단하는 것이므로, 위법한 과당매매로 인정되면 특별한 사정이 없는 한 그 일련의 거래 행위 전체가 불법행위를 구성한다. 따라서 과당매매의 불법행위로 평가된 일련의 거래 행위 안에 결과적으로 고객에게 이익이 된 거래 등이 포함되어 있을지라도, 증권업자는 과당매매로 평가된 일련의 거래 행위로 인하여 발생한 손해 전부를 배상하여야 한다.[389]

2. 손해배상청구권의 포기

투자자는 과당매매로 인한 손해배상청구권을 명시적으로 포기할 수 있고, 여러 가지 사정에 비추어 묵시적 포기로 인정되는 경우도 있다.

과당매매로 인한 손해배상청구권의 묵시적 포기는 다음과 같은 여러 사정을 종합적으로 검토하여 신중하게 판단하여야 한다.[390]

① 투자자가 이의를 제기하지 않은 경위나 계좌를 이관하게 된 동기 등 그

388) 서울고등법원 2007. 9. 19. 선고 2007나39422 판결
389) 대법원 2007. 4. 12. 선고 2003다63067 판결
390) 대법원 2007. 4. 12. 선고 2004다38907 판결

러한 행위를 하게 된 전후 사정

② 계좌 이관시 투자자가 증권업자에 대하여 손해배상청구권을 행사할 수 있음에도 불구하고 이를 포기한다는 점을 충분히 인식할 수 있는 상황에 있었는지

③ 고객이 손해배상청구권을 포기할 만한 동기나 형평상의 이유가 있었는지 여부

단순히 투자자가 계좌의 거래 내용과 손실 발생 여부를 알고서도 증권업자에게 아무런 이의를 제기하지 않았다거나, 오히려 담당 직원의 권유에 따라 다른 증권회사로 계좌를 이관하여 주었다는 사정만으로는 손해배상청구권의 묵시적 포기가 인정되지 않는다.

투자자는 2000. 2.경 증권회사 직원이 동수원계좌 및 산본 1계좌를 이용하여 과다한 거래를 하여 손실을 입힌 것을 확인하였다. 투자자는 직원의 책임을 추궁하는 대신 ○○○ 명의로 계좌를 새로 개설하여 주식을 이관하여 두었다. 투자자는 다시 증권회사 직원의 권유에 따라 산본 3계좌를 개설한 후 주식을 이관하여 위 증권회사에게 그 관리를 맡기었다. 나아가 투자자는 증권회사의 직원이 수지지점으로 근무처를 변경하게 되자 그 주식을 다시 이관하여 주면서 그 거래에 관하여 포괄위임을 하여 주었다. 위와 같은 사정에 비추어 보면 위 증권회사의 동수원계좌, 산본 1계좌를 통한 과당매매거래는 투자자가 그 손해배상청구권을 포기하였다고 봄이 상당하다라고 판시한 사례가 있다.[391]

391) 대법원 2005. 10. 7. 선고 2005다11541 판결

제4장 증권의 발행과 공시규제

제1절 증권의 모집 및 매출

I. 모집, 매출, 사모

1. 사모(private placement, direct placement)

사모(private placement, direct placement)는 직접모집, 연고모집이라고도 하는데, 발행주체가 특정 기관투자가나 소수의 투자자에게만 발행된 증권을 소화시키는 방법이다. 자본시장법상 사모는 새로 발행되는 증권의 취득의 청약을 권유하는 것으로서 모집에 해당하지 아니하는 것으로 정의하고 있다(법 제9조 제8항).

채권발행시 소수의 기관투자자에게 채권을 인수시키는 경우나 주식회사가 새로 설립될 때 사모의 방법이 이용된다. 유상증자가 구주할당(주주배정방식)의 방법으로 이루어지면 비공개 사모의 방법이 된다. 사모의 발행은 발행절차가 간편하고 발행비용이 적게 드는 이점이 있다. 사모는 발행자 스스로가 발행위험을 부담하고 발행실무의 모든 것을 담당하는 직접발행의 방법을 주로 이용한다.

2. 공모(모집, 매출)

공모는 일반적으로 증권을 일반투자자에게 분산취득시키기 위한 행위를 말한다. 자본시장법에서는 공모를 모집과 매출로 정의하고 있다.

모집이란 일정한 방법에 따라 산출한 50인 이상의 투자자에게 새로 발행되는 증권의 취득의 청약을 권유하는 것을 말한다(법 제9조 제7항). 즉 신규로 발행되는 증권의 취득청약의 권유를 하는 날부터 과거 6개월 이내에 해당 증권과 동일한 종류의 증권에 대하여 모집이나 매출에 의하지 아니하고 청약의 권유를 받은 자를 합산하여 50인 이상의 투자자를 대상으로 취득의 청약을 권유하는 행위를 말한다.

매출이란 증권시장 밖에서 일정한 방법에 따라 산출한 50인 이상의 투자자에게 이미 발행된 증권의 매도의 청약을 하거나 매수의 청약을 권유하는 것을 말한다(법 제9조 제9항). 즉 매도청약이나 매수청약의 권유를 하는 날로부터 과거 6개월 이내에 해당증권과 동일한 종류의 증권에 대하여 모집이나 매출에 의하지 아니하고 청약의 권유를 받은 자를 합산하여 50인 이상의 투자자를 대상으로 청약을 권유하는 행위를 말한다.

모집과 매출의 차이는 공모대상인 증권이 신규로 발행되는 것인지(모집), 아니면 이미 발행된 것인지(매출)에 있다. 또한 모집을 하는 주체는 발행인임에 반해 매출을 하는 주체는 증권의 보유자가 된다. 그리고 모집과 매출에 해당하는지 여부를 따지는 실익은 증권신고서 제출과 같은 발행공시의무를 부과할 것인지를 결정하는데 필요하다.

< 모집 해당 여부를 판단하는 방법 >

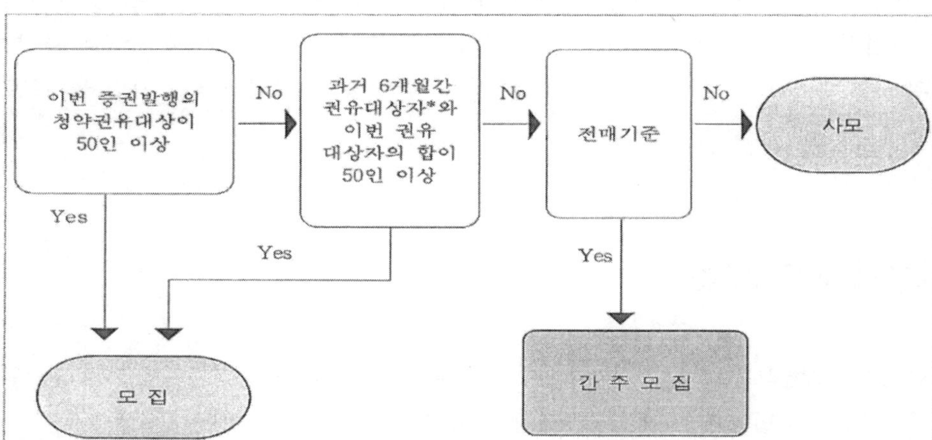

* 같은 종류의 증권에 대해 모집이나 매출에 의하지 아니하고 청약의 권유를 받은 자

II. 청약권유의 수단

1. 투자설명회 등의 개최

자본시장법상 증권의 모집 또는 매출에 해당하기 위해 해당 증권에 대한 청약의 권유가 있어야 한다. 청약의 권유에 있어 모집의 경우 신규로 발행되는 증권에 대한 취득의 청약의 권유를 의미하고, 매출의 경우에는 이미 발행된 증권에 대한 매도의 청약이나 매수청약의 권유를 하는 행위를 말한다.

청약의 권유는 권유받는 자에게 증권을 취득하도록 하기 위하여 신문·방송·잡지 등을 통한 광고, 안내문·홍보전단 등 인쇄물의 배포, 투자설명회의 개최, 전자통신 등의 방법(법 제249조의5에 따른 투자광고의 방법을 포함함)으로 증권을 발행 또는 매도한다는 사실을 알리거나 취득의 절차를 안내하는 활동을 말한다. 서면뿐만 아니라 구두에 의하여 청약을 권유하는 것도 자본시장법상 청약의 권유에 해당한다(시행령 제2조 제2호).

발행인이 직접 또는 순차로 주식에 대한 청약을 권유하여 그에 응하여 주금을 납입하고 주권을 교부받은 자가 55인에 이르렀다고 해도 위 청약의 권유 또는 모집에 해당하지 않는다고 판시한 사례가 있다.392)

증권신고서 대상이 되는 증권거래를 위한 청약의 권유는 반드시 투자설명서, 예비투자설명서 또는 간이투자설명서를 사용해야 한다. 투자설명서 등 법정 청약 권유문서를 사용하지 않을 경우에는 자본시장법에 따라 거래가 정지 또는 금지(법 제132조)되거나 관련 임원에 대해 해임권고 등의 조치(시행령 제138조)가 부과될 수 있다.

2. 청약의 권유에서 제외되는 경우

392) 대법원 2004 2. 13. 선고 2003도7554 판결 : 위 판결에 의하면 50인 이상의 투자자와 각각 일대일 면담을 통하여 구두도 증권 취득 청약을 권유하되, 안내문 등의 문서를 사용하지 않는 경우에는 증권의 모집에 해당하지 않게 됨.

청약의 권유는 금융위원회에 증권신고서가 제출된 이후에나 가능하다. 그러나 증권의 발행인이나 인수인은 신고서 제출 이전에도 증권의 매각을 촉진하기 위하여 사전활동을 하는 경우가 많다. 이에 자본시장법은 일정한 요건하에 사전 홍보활동을 허용하고 있다.

인수인의 명칭과 증권의 발행금액을 포함하지 아니하는 등 금융위원회가 정하여 고시하는 기준[393]에 따라 다음의 사항 중 전부나 일부에 대하여 광고 등의 방법으로 단순히 그 사실을 알리거나 안내하는 경우는 청약의 권유로 보지 않는다(시행령 제2조 제2호).

① 발행인의 명칭

② 발행 또는 매도하려는 증권의 종류와 발행 또는 매도 예정금액

③ 증권의 발행이나 매도의 일반적인 조건

④ 증권의 발행이나 매출의 예상 일정

⑤ 그 밖에 투자자 보호를 해칠 염려가 없는 사항으로서 금융위원회가 정하여 고시하는 사항

---

393) **증발공 규정 1-3조(청약권유 제외기준 등)** 영 제2조제2호 단서에서 "금융위원회가 정하여 고시하는 기준"이란 청약의 권유에서 제외되는 단순 사실의 광고 또는 안내 방법으로서 다음 각 호에 따라야 한다.

1. 인수인의 명칭을 표시하지 않을 것
2. 증권의 발행금액 및 발행가액을 확정하여 표시하지 않을 것
3. 증권신고의 대상이 되는 증권의 거래를 위한 청약의 권유는 투자설명서, 예비투자설명서 또는 간이투자설명서에 따른다는 뜻을 명시할 것

Ⅲ. 50인의 산정기준 및 간주모집

1. 50인의 산정기준

모집 및 매출 해당 여부는 50인 이상으로 판단하고, 이때 50인은 청약을 권유받은 자를 기준으로 산정한다. 따라서 실제로 청약하는 자가 50인 미만이더라도 권유받은 자가 50인 이상이면 모집·매출에 해당한다.

모집 및 매출과 관련하여 50인을 산출하는 경우에는 청약의 권유를 하는 날 이전 6개월 이내에 해당 증권과 같은 종류의 증권에 대하여 모집이나 매출에 의하지 아니하고 청약의 권유를 받은 자를 합산한다(시행령 제11조 제1항).[394]

'같은 종류의 증권' 은 ① 채무증권, ② 지분증권, ③ 수익증권, ④ 투자계약증권, ⑤ 파생결합증권, ⑥ 증권예탁증권 별로 같은 종류의 증권 여부를 판단한다. 다만, 주식의 경우 상법상 다른 종류의 주식(보통주, 우선주, 혼배주 등)은 같은 종류의 증권에 해당되지 않는다.

50인을 산출함에 있어 ① 전문가[395]와 ② 연고자[396]는 합산 대상자에서 제

394) 금융위원회의 2017. 3. 8.자 과징금 20억원 부과사례 : 미래에셋대우는 2016년 베트남 소재 랜드마크 72 빌딩을 인수한 후 투자금 4000억원중 선순위 대출 3천원을 기초자산으로 ABS를 발행한 후 투자자들에게 판매함(모집규모는 2500억원, 최소가입액 2억원). 미래에셋대우는 15개의 특수목적법인(SPC)을 만들어 SPC 1곳당 사모 방식으로 최대 인원인 49명 이하의 투자자(총 771명)를 모집하였음에도 서류상 15개의 법인이 투자한 것으로 보아 증권신고서를 제출하지 않음.

395) 가. 전문투자자
나. 삭제 <2016.6.28.>
다. 「공인회계사법」에 따른 회계법인
라. 신용평가회사(법 제335조의3에 따라 신용평가업인가를 받은 자를 말한다. 이하 같다)
마. 발행인에게 회계, 자문 등의 용역을 제공하고 있는 공인회계사·감정인·변호사·변리사·세무사 등 공인된 자격증을 가지고 있는 자
바. 그 밖에 발행인의 재무상황이나 사업내용 등을 잘 알 수 있는 전문가로서 금융위원회가 정하여 고시하는 자

396)가. 발행인의 최대주주[금융회사의 지배구조에 관한 법률 제2조제6호가목에 따른 최대주주를 말함]와 발행주식 총수의 100분의 5 이상을 소유한 주주
나. 발행인의 임원(상법 제401조의2제1항 각 호의 자를 포함함) 및 근로복지기본

외한다(시행령 제11조 단서).

전문가와 연고자를 50인의 청약권유 대상자 수에서 제외하는 것은 발행인으로부터 설명을 듣지 아니하고도 발행인의 재무상황이나 사업내용 등의 정보에 충분히 접근할 수 있는 위치에 있을 뿐만 아니라, 그것을 판단할 수 있는 능력을 갖추고 있어 스스로 자기이익을 방어할 수 있기 때문이다.

따라서 50인의 청약권유 대상자 수에서 제외되는 전문가 등에 관한 시행령 제11조 제1항, 증발공 규정 제2-1조 각항의 규정은 제한적으로 해석되어야 한다.397)

코넥스시장에 주권을 상장한 법인(해당 시장에 주권을 상장하려는 법인을 포함함)이 발행한 주권 등의 경우에는 다음의 어느 하나에 해당하는 자를 합산 대상자에서 제외한다(시행령 제11조 제2항).

① 전문투자자
② 회계법인, 신용평가회사, 공인회계사・감정인・변호사・변리사・세무사 등 공인된 자격증을 가지고 있는 자
③ 연고자
④ 부동산투자회사법 등에 따라 설립되거나 설정된 집합투자기구
⑤ 그 밖에 중소기업에 대한 투자의 전문성 등을 고려하여 금융위원회가 정하여 고시하는 자

매출에 대하여 합산하는 경우에는 증권시장 및 다자간매매체결회사 밖에서 청약의 권유를 받은 자를 기준으로 그 수를 산출한다(시행령 제11조 제4항).

법에 따른 우리사주조합원
다. 발행인의 계열회사와 그 임원
라. 발행인이 주권비상장법인(주권을 모집하거나 매출한 실적이 있는 법인은 제외함)인 경우에는 그 주주
마. 외국 법령에 따라 설립된 외국 기업인 발행인이 종업원의 복지증진을 위한 주식매수제도 등에 따라 국내 계열회사의 임직원에게 해당 외국 기업의 주식을 매각하는 경우에는 그 국내 계열회사의 임직원
바. 발행인이 설립 중인 회사인 경우에는 그 발기인
사. 그 밖에 발행인의 재무상황이나 사업내용 등을 잘 알 수 있는 연고자로서 금융위원회가 정하여 고시하는 자

397) 대법원 2005. 9. 30. 선고 2003두9053 판결은 유가증권의 모집에 응한 의사들에 대해 전문가 또는 연고자에 해당하지 않는다고 판시하였음.

2. 간주모집

가. 간주모집(전매가능성)

증권의 모집의 경우 청약의 권유를 받는 자의 수가 50인 미만으로서 증권의 모집에 해당되지 아니할 경우에도 해당 증권이 발행일부터 1년 이내에 50인 이상의 자에게 양도될 수 있는 경우로서 증권의 종류 및 취득자의 성격 등을 고려하여 금융위원회가 정하여 고시하는 전매기준에 해당하는 경우에는 모집으로 본다(시행령 제11조 제3항). 이를 간주모집이라 한다.

간주모집제도는 모집을 위한 신고의무를 회피하기 위하여 처음에는 50인 이내의 자에게 모집행위를 하고, 일단 모집이 완료된 이후에 50인 이상의 자에게 전매하는 것을 방지하기 위한 것이다.[398]

해당 증권이 자본시장법 제165조의10 제2항에 따라 사모의 방법으로 발행할 수 없는 사채인 경우(신주인수권증권만을 양도할 수 있는 사채)에는 간주모집 대상에서 제외한다.

매출의 경우 증권의 유통성을 위해 간주모집의 대상에서 제외된다.

간주 모집에 해당하는지 여부는 '청약의 권유를 받은 자의 수' 가 아니라 '전매 가능성의 유무' 를 기준으로 판단하여야 한다. 청약의 권유가 없었더라도 증발공 규정 제2-2조(증권의 모집으로 보는 전매기준) 및 제2-2조의2(해외증권 발행시 증권의 모집으로 보는 전매기준)에서 정한 전매 가능성 기준을 충족하는 경우에는 간주모집에 해당한다.[399]

398) 대법원 2014. 2. 27. 선고 2012두25712 판결
399) 대법원 2014. 2. 27. 선고 2012두25712 판결

[증권종류별 전매기준 및 전매제한조치]
(증발공 규정 제2-2조, 제2-2조의2)

※ 공통사항(전매기준에 해당하지 않는 경우)

① 증권 등을 발행한 후 지체 없이 한국예탁결제원에 예탁하고 그 예탁일부터 1년간 해당 증권을 인출하거나 매각(매매의 예약 등을 통해 사실상 매각이 이루어진 경우를 포함함)하지 않기로 하는 내용의 예탁계약을 예탁결제원과 체결한 후 그 예탁계약을 이행하는 경우

② 금융산업의 구조 개선에 관한 법률 제12조 제1항에 의하여 정부 또는 예금보험공사가 부실금융기관에 출자하여 취득하는 지분증권에 대하여 취득일부터 1년 이내에 50인 이상의 자에게 전매되지 않도록 필요한 조치를 취하는 경우

구분	전매기준	전매제한조치
지분증권400)	같은 종류의 증권이 증권시장(코넥스 시장 제외)에 상장 또는 모집·매출된 사실이 있는 경우401)	
지분증권이 아닌 경우402) **(기업어음 제외)**	50매 이상으로 발행되거나 발행 후 50매 이상으로 권면 분할되어 거래될 수 있는 경우	권면의 50매 미만으로 하고 발행 후 1년 이내 권면분할 금지특약을 증권의 권면에 기재하는 경우 전매 기준에 해당되지 않는 것으로 인정
기업어음	① 50매 이상으로 발행되는 경우, ② 만기가 365일 이상인 경우, ③ 특정금전신탁에 편입되는 경우	특정금전신탁 위탁자를 합산하여 50인 이상이 될 수 없다는 뜻을 인수계약서와 취득계약서에 기재하고 이행담보 장치를 마련한 경우
전환권,	○ 권리의 목적이 되는	권리행사금지기간을 발행 후 1년

신주인수권 등	증권이 지분증권인 경우 - 같은 종류의 증권이 상장 또는 모집·매출된 사실이 있는 경우 ○ 권리의 목적이 되는 증권이 지분증권이 아닌 경우 - 50매 이상으로 발행되거나 발행 후 50매 이상으로 권면분할되어 거래될 수 있는 경우	이상으로 정하는 경우 ※ 지분증권으로서 전매제한조치와 지분증권 외의 증권으로서 전매제한조치 병행
파생결합 증권	특정금전신탁에 편입되는 경우	특정금전신탁 위탁자를 합산하여 50인 이상이 될 수 없다는 뜻을 인수계약서와 취득계약서에 기재하고 이행담보장치를 마련한 경우
적격기관 투자자 (QIB) 증권		적격기관투자자가 발행인 또는 인수인으로부터 직접 취득하고, 감독원장이 정하는 바에 따라 적격기관투자자 사이에서만 양도·양수되는 채무증권 또는 유동화증권으로서 증발공 규정 제2-2조 제2항 제4호 또는 제5호 각 목의 요건을 모두 충족하는 경우
해외에서 발행되는 증권	해당 증권의 발행 당시	가. 발행일부터 1년 이내에 해당 증권 등을 거주자에게 양도할 수 없다는 뜻을 증권의 권면, 인수계약서, 취득계약서 및 청약권유문서에 기재하고, 발행

	또는 증권의 발행일부터 1년 이내에 거주자가 취득가능한 조건으로 발행하는 경우	인 또는 인수한 금융투자업자가 취득자로부터 그러한 발행조건을 확인·서명한 동의서를 징구하고, 해당 동의서의 이행을 담보할 수 있는 장치를 강구한 후 발행하는 경우 나. 발행 후 지체없이 발행지의 예탁결제기관에 예탁하고 그 예탁일부터 1년 이내에는 이를 인출하지 못하며, 거주자에게 해당 증권등을 양도하지 않는다는 계약을 체결한 후 그 예탁계약을 이행하는 경우 다. 전환사채권·신주인수권부사채권·교환사채권이 아닌 사채권으로서 제2-2조 제2항 제4호(나목은 제외한다)에 따라 적격기관투자자가 취득(발행시점에서 발행인 또는 인수인으로부터 취득하는 것을 포함한다)하고, 적격기관투자자 사이에서만 양도·양수되는 경우로서 증발공 규정 제2-2조의2 제3호 각목의 요건을 모두 충족하는 경우 라. 기타 발행일부터 1년 이내에 거주자가 해당 증권 등을 취득할 수 없는 구조로 발행되는 경우

400) 예 : 주권, 출자증권 등

401) 분할 또는 분할합병(물적 분할의 경우를 제외)으로 인하여 설립된 회사가 발행하

나. 증권의 해외발행

상장회사가 해외에서 해외투자자를 상대로 전환사채를 공모함에 있어서 내국인이 최초 인수자인 해외투자자로부터 재매수하기로 하는 이면계약을 체결하였다 할지라도 해외투자자와 발행회사 사이의 투자계약은 여전히 유효하다. 유가증권발행신고서 제출의무는 국내 발행시장에서 모집에 응하는 투자자를 보호하기 위한 것이다. 따라서 국내 투자자가 유통시장에서 그 이면약정에 따라 이를 다시 인수하였는지 여부를 불문하고 해외에서 발행된 전환사채에 대하여는 유가증권발행신고서 제출의무가 인정되지 아니한다.[403)]

대법원 2006. 4. 27. 선고 2003도135 판결도 동일한 취지로 판시하였다.[404)]

위 대법원 판례이후 정부는 2007. 10. '해외일반공모 실무가이드라인'을 제정하였고, 2009. 7. 9. 증발공 규정 제2조 제1항 제6호(해외증권발행 전매기준)[405)]을 신설하였다.

는 증권은 분할되는 회사가 발행한 증권과 같은 종류의 증권으로 본다.

402) 예 : 일반사채, 전환사채 등

403) 대법원 2004. 6. 17. 선고 2003도7645 전원합의체 판결의 사실관계 : 갑은 2000. 12. 24. 갑이 주간사를 케이지아이증권 (주)로 선정하여 그 주간사를 통해 미화 900만 달러 상당의 삼애인더스의 해외전환사채를 해외법인 앞으로 발행하면 한국산업은행 외화유가증권 팀장이 그 인수 해외법인들로부터 한국산업은행이 즉시 전량 인수하기로 약속하였다.
갑은 그 대가로 한국산업은행이 보유하고 있던 한국디지털라인의 전환사채 100만 달러 상당을 매입하고, 갑이 내세운 내국인 매입자들이 한국산업은행으로부터 그 중 800만 달러 상당을 재매입하기로 하였다.
갑은 한국산업은행에게 케이이피전자 주식회사 발행의 액면 합계 102억 9,250만 원권 당좌수표 2장, 지엔지 소유의 삼애인더스 주식 30만 주를 담보로 한국산업은행에 제공하기로 이면약정을 체결하였다.
갑은 2000. 12. 26. 케이지아이 증권(주)에서 삼애인더스의 해외전환사채 900만 달러 상당을 실질적으로 한국산업은행에 발행하면서 홍콩 소재 노무라증권으로 하여금 500만 달러 상당, 싱가폴 소재 니탄 에이피로 하여금 400만 달러 상당을 각각 인수되게 하였다.

404) 대법원 2006. 4. 27. 선고 2003도135 판결 : 형식적으로는 아일랜드 소재 법인인 FRP, 말레이시아 소재의 CCMI, 일본 소재의 JJ가 해외전환사채를 인수하는 해외발행 전환사채로서의 형식을 취함.
실질에 있어서는 해외전환사채의 취득 권유나 취득 결정 등이 국내에서 이루어지는 등 국내 법인인 엘지증권, 현대투자신탁증권, 메리츠증권이 각 유관 외국 소재 법인의 명의를 빌려 인수함

405) 현재 증발공 규정 제2-2조의2(해외증권 발행시 증권의 모집으로 보는 전매기준)

Ⅳ. 증권의 인수

1. 인수의 의의

인수란 제삼자에게 증권을 취득시킬 목적으로 다음의 어느 하나에 해당하는 행위를 하거나 그 행위를 전제로 발행인 또는 매출인을 위하여 증권의 모집·사모·매출을 하는 것을 말한다(법 제9조 제11항).

① 그 증권의 전부 또는 일부를 취득하거나 취득하는 것을 내용으로 하는 계약을 체결하는 것

② 그 증권의 전부 또는 일부에 대하여 이를 취득하는 자가 없는 때에 그 나머지를 취득하는 것을 내용으로 하는 계약을 체결하는 것

현행 자본시장법에서는 인수의 범위에 총액인수와 잔액인수만을 포함하고, 주선을 인수에서 제외하고 있다.

인수인이란 증권을 모집·사모·매출하는 경우 인수를 하는 자를 말한다(법 제9조 제12항). 인수를 영업으로 하는 경우에는 투자매매업에 해당한다.

주선인이란 인수에 따른 행위 외에 발행인 또는 매출인을 위하여 해당 증권의 모집·사모·매출을 하거나 그 밖에 직접 또는 간접으로 증권의 모집·사모·매출을 분담하는 자를 말한다(법 제9조 제13항). 이러한 주선을 영업으로 하는 경우에는 투자중개업에 해당한다.[406]

매출인이란 증권의 소유자로서 스스로 또는 인수인이나 주선인을 통하여 그 증권을 매출하였거나 매출하려는 자를 말한다(법 제9조 제14항).

---

406) 대법원 2006. 4. 27. 선고 2003도135 판결에서 해외전환사채 발행과 관련한 용역계약을 체결한 회계법인과 그에 관한 제반 업무를 실제로 담당한 상무이사의 행위가 위 용역계약과 수행업무의 구체적 내용에 비추어 증권거래법 제2조 제8항에 정한 유가증권 모집의 주선으로서 증권업 영업에 해당한다고 본 사례가 있다.

2. 투자매매업(인수업 포함)

투자매매업이란 누구의 명의로 하든지 자기의 계산으로 금융투자상품의 매도·매수, 증권의 발행·인수 또는 그 청약의 권유, 청약, 청약의 승낙을 영업으로 하는 것을 말한다. 증권의 인수에 관한 영업은 투자매매업에 해당하므로, 투자매매업을 인가받은 자만이 증권의 인수업무를 수행할 수 있다.

자본시장법 제12조에서 투자매매업(인수업 포함)을 인가제로 하고 있는 이유는 일반 투자자를 보호하고 국민경제의 발전에 기여하기 위하여 증권업자의 인적, 물적, 재산적 요건을 심사하고 재무건정성과 건전한 영업질서의 준수여부를 감독하기 위한 것이다.

투자매매업(인수업 포함)에 해당하는지 여부를 판단하기 위하여는 ① 영리의 목적과 동종의 행위를 반복하는지 여부 외에 ② 위 영업형태에 따라 증권발행 여부, ③ 판매단에 참가하거나 증권인수 여부, ④ 주문에 응하기 위하여 증권의 재고를 유지하는지 여부, ⑤ 상대방의 청약을 유인하는지 여부, ⑥ 스스로 매매업자나 시장조성자로 광고하는지 여부, ⑦ 부수적으로 투자자문을 제공하는지 여부, ⑧ 타인의 돈이나 증권을 취급하거나 타인을 위하여 증권거래를 수행하는지 여부, ⑨ 지속적인 고객을 확보하는지 여부, ⑩ 타인을 위하여 거래에 참가하는지 여부 등의 제반 사정을 종합적으로 고려하여 판단하여야 할 것이다.[407)]

유가증권의 매매영업에 있어서는 영리목적으로 불특정 일반고객을 상대로 하는 반복적인 영업행위가 그 요건이라 할 것이고, 유가증권의 인수영업에 있어서는 유가증권의 발행회사와 인수회사와의 관계상 일반고객을 상대로 할 수 없어 영리목적으로 인적·물적시설을 갖추고 시장조성자로서 반복적인 인수행위가 있으면 "인수업"에 해당한다.[408)]

---

407) 대법원 2002. 6. 11. 선고 2000도357 판결

408) 대법원 2002. 6. 11. 선고 2000도357 판결은 "피고인 1이 실제 발행회사로부터 회사채를 직접 인수하였음에도 형식상 증권회사나 종합금융회사가 위 회사채를 인수한 것처럼 외형을 갖추고 영리목적으로 19회에 걸쳐 합계 금 5,460억 원 상당의 회사채를 인수하고 회사채를 최종적으로 매입하여 줄 일반 고객들인 투자신탁회사들과 직접 접촉하여 형식상 증권회사를 통하여 위 회사채를 다시 투자신탁회사에 매도한 일련의 과정에 비추어 피고인 1은 공소외 1 주식회사나 공소외 2 주식회사

기업인수의 중개업무는 투자매매업자의 이른바 기업의 인수·합병(M&A)의 업무범위에 속하는 것일 뿐 투자자문업자가 취급하는 투자자문업과는 구별되는 별개의 업무이다. 기업의 인수·합병(M&A)에 주식매매의 중개가 포함되어 있다 하더라도 이는 어디까지나 기업의 인수·합병(M&A)에 수반하여 이루어진 것에 불과하다고 할 것이므로 그 부분만을 따로 떼어 투자자문업과 관련하여 유가증권매매의 중개행위를 한 것이라고 할 수는 없다.[409]

피고인 갑은 투자자문회사로서 금융감독위원회에 투자자문업과 투자일임업을 등록한 사실이 있을 뿐, 그 외에 별도로 그 등록한 업무와 관련된 업무로서 금융감독위원회의 승인을 얻은 업무는 없으므로, 그 등록한 업무인 투자자문업과 투자일임업의 범위를 벗어난 기업인수·합병의 중개 업무를 할 수 없고, 그에 수반하여 이루어지는 주식매매의 중개업무 역시 할 수 없다.[410]

3. 직접발행과 간접발행

직접발행은 발행회사가 일반공중에게 직접 증권을 발행하고 발행예정액이 전액 소화될 때 야기되는 자금조달 계획의 차질이라는 위험(발행위험)을 자신이 부담하는 방법이다.

직접발행은 발행사무를 누가 담당하느냐에 따라서 발행회사가 스스로 발행사무를 담당하는 자기모집과 증권회사와 같은 제3자에게 발행사무를 대행시키는 위탁모집으로 나누어 진다.

반면에 간접발행은 증권의 발행위험이나 발행사무를 계약에 의해 제3의 인수기관이 맡는 방법이다. 인수업무를 전문적으로 취급하는 기관으로서는 미국

을 운영하면서 사실상 회사채 인수업무 및 매매업무를 하였다."라고 판시하였다.

409) 투자자문업만을 영위하는 투자자문회사의 임원들(피고인들)이 투자매매업(기업인수 포함)을 인가받은 증권회사의 팀과 공동으로 기업인수의 중개행위를 하고 그에 대한 수수료를 수령한 사안에서, 대법원 1997. 4. 22. 선고 96도3393 판결은 기업인수에 따른 주식매매 중개업무는 위 증권회사의 업무범위에 속할 뿐 피고인들이 임원으로 근무하는 투자자문회사가 취급하는 투자자문업과 관련하여 행하여진 것으로 볼 수 없음을 이유로 피고인들에게 무죄를 선고하였다.

410) 대법원 2013. 2. 14. 선고 2010도11507 판결

의 투자은행이나 우리나라의 금융투자회사(투자매매업자) 등이 있다. 인수업자는 인수기능을 통하여 발행자의 증권발행에 따른 위험을 회피하게 할 뿐만 아니라 증권의 발행시기, 발행규모, 증권의 종류 및 발행조건에 대한 조언을 행하고 나아가서는 경영전반에 대한 자문에 응하기도 한다.

4. 증권의 인수방법

간접발행은 인수기관의 인수방법에 따라서 총액인수, 잔액인수, 모집주선의 세가지로 나눌 수 있다.

총액인수(firm-commitment underwriting)란 인수기관이 증권발행에 대한 모든 위험을 부담하고 증권발행 총액을 인수하여 인수회사가 자기책임하에 이를 투자자에게 매출하는 방법이다. 만약 증권가격이 발행가격 이하로 떨어질 경우 이로 인한 모든 손실을 인수회사가 떠안게 된다.

잔액인수(stand-by-underwriting)란 일정기간 동안은 발행자를 대신하여 신규로 발행되는 증권의 모집 혹은 매출을 위탁판매하지만 일정기간이 경과한 후 신규 발행 증권의 미매각분이 있을 경우 이를 발행자로부터 미리 정해진 발행가액으로 인수하여 자기책임하에 투자자에게 매각하는 방법이다.

모집주선(best-effort underwriting)이란 인수기관이 발행에 따른 위험을 부담하지 않고 모집에 대한 주선과 발행업무만을 담당하여 단순히 발행증권의 매출을 도와주는 방법이다. 발행증권의 미매각분은 인수회사가 떠안는 것이 아니라 발행주체가 부담한다.

5. 주관회사, 인수단, 청약기관

증권 발행에 있어서 발행기관의 역할은 매우 중요한데, 이는 증권의 발행에 따르는 책임과 위험을 지며, 불특정 다수인으로부터 증권을 모집·매출하는 일을 수행하는 등 간사기능·인수기능·청약대행기능 등을 수행하기 때문이다. 이러한 책임과 위험을 분산하고 발행증권의 매출을 원활히 하기 위하여 여러 발행기관이 공동으로 하나의 증권의 발행에 참여하는 것이 보통인데, 이와 같이 공동으로 참여한 발행기관의 집단을 인수단(syndicate)이라고 하며, 발행기관은 주관회사, 좁은 의미의 인수단, 청약기관으로 그 역할을 달리하고 있다.

주관회사는 증권의 발행자와 투자자 사이에서 원활한 증권의 이전 및 배분이 이루어지도록 인수단을 구성하고 증권발행에 따른 사무처리, 발행자에 대한 조언 및 사무절차를 대행하는 기관을 말한다. 주관회사는 그 역할에 따라 주무를 담당하는 대표주관회사와 주관회사로 구분되는데, 현재 금융투자업자(투자매매업자), 한국산업은행이 주관회사의 자격을 갖고 있다.

좁은 의미의 인수단은 발행기관의 가장 중요한 기능을 하는 발행기관의 집단으로서 증권을 발행자로부터 직접 매입하는 인수기능을 수행하고 있다. 현재 인수단의 자격은 주관회사군의 자격을 가진 기관과 은행의 신탁계정에게 부여하고 있다.

청약기관(청약단)은 불특정 다수를 대상으로 모집하여 청약을 대행해 주는 기관이다. 따라서 청약기관은 단순히 청약만을 대행하며 모집내역을 집계하여 인수단에게 직접청약하는 역할을 수행한다. 청약기관에는 특별한 자격이 없으며 불특정 다수인을 모집할 수 있는 기관이면 청약단의 자격을 부여받을 수 있는데, 현재 실제로는 금융투자업자(투자매매·중개업자)가 청약단의 역할을 대행하고 있다.

제2절 증권신고서

I. 증권신고서의 제출기준과 제출면제

1. 의의

모집가액 또는 매출가액 각각의 총액이 일정한 금액(10억원) 이상인 경우 증권의 모집 또는 매출[411]은 발행인이 그 모집 또는 매출에 관한 신고서를 금융위원회에 제출하여 수리되지 아니하면 이를 할 수 없다(법 제119조 제1항, 시행령 제120조 제1항).

증권신고서 제도는 증권을 새로이 발행하거나 이미 발행된 증권을 분매하는 경우 투자자인 청약권유 대상자에게 발행인의 재무상황이나 사업내용 등에 관한 정보를 충분히 제공함으로써 투자자를 보호함과 아울러 유가증권 시장의 건전한 발전을 도모하기 위한 것이다.[412]

증권신고서의 제출의무자는 모집 또는 매출하려는 대상이 되는 증권의 발행인(즉, 회사, 설립중의 회사인 경우 발기인)을 말한다. 따라서 매출의 경우에도 증권신고서 제출의무자는 증권의 매도하려는 자가 아니라 당해 발행인(회사)이 증권신고서를 제출하여야 한다. 집합투자증권의 경우 회사형·조합형 집합투자기구 뿐만 아니라 비법인형 집합투자기구(투자신탁, 투자익명조합)도 해당 집합투자기구가 증권신고서제출의무자인 발행인으로 본다(법 제119조 제3항).

발행인은 증권을 모집·매출하기 전에 증권신고서를 제출해야 하며, 제출된 증권신고서가 수리되어야만 투자자를 상대로 증권의 청약을 권유할 수 있다(법 제119조).

---

411) 실무상 모집 또는 매출 대신 '공모'라는 용어를 사용함.

412) 대법원 2005. 9. 30. 선고 2003두9053 판결, 서울고등법원 2011. 8. 26. 선고 2011노183 판결

2. 신고대상 모집 또는 매출금액(10억원 이상)

모집 또는 매출하려는 증권의 모집가액 또는 매출가액과 해당 모집일 또는 매출일부터 과거 1년 동안 이루어진 증권의 모집 또는 매출로서 그 신고서를 제출하지 아니한 모집가액 또는 매출가액 각각의 합계액이 10억원 이상인 경우 증권신고서의 제출대상이 된다(시행령 제120조 제1항 제1호).

청약권유를 하는 날 이전 6개월 이내 50인 이상에게 청약권유시 그 합산의 대상이 되는 모든 청약의 권유 각각의 합계액이 10억원 이상인 경우 증권신고서의 제출대상이 된다(시행령 제11조 제1항, 시행령 120조 제1항 제2호).

<10억원 산정방법 : 공모 또는 간주모집에 해당하는 경우>
현재 공모예정금액 + 과거 1년간 증권신고서를 제출하지 아니한 공모금액 또는 과거 6개월간 50인 이상에게 청약권유시 합산대상이 되는 모든 청약의 권유 각각의 합계액

매출가액을 합산함에 있어 소액출자자(그 증권의 발행인과 인수인은 제외함)가 장외거래 방법에 따라 증권을 매출하는 경우에는 해당 매출가액은 제외한다.

소액출자자란 해당 법인이 발행한 지분증권총수의 100분의 1에 해당하는 금액과 3억원 중 적은 금액 미만의 지분증권을 소유하는 자를 말한다. 다만 그 법인의 최대주주 및 그 특수관계인은 소액출자자로 보지 아니한다(시행령 제120조 제2항).

3. 증권신고서 제출대상 증권의 범위

자본시장법에서 증권신고서 제출대상인 증권에 대해 열거식이 아닌 포괄식으로 정의하고 있으며, 기본적으로 주식, 회사채 등 투자자보호 필요성이 있는 모든 증권은 증권신고서 제출대상이 된다.

합병, 분할·합병, 주식의 포괄적 교환·이전, 영업·자산양수도의 경우에도 증권 발행이 수반되고 동시에 모집·매출에 해당하는 때에는 증권신고서 제출 의무가 부과된다.

① 투자계약증권, ② 합자회사·유한책임회사·합자조합·익명조합의 출자지분이 표시된 것의 모집 또는 매출의 경우에는 증권신고서를 제출하여야 한다(법 제4조 제1항, 시행령 제3조의2).

4. 증권신고서 제출 면제 증권

국채증권(국고채, 외국환평형기금채권 등)과 지방채증권(서울도시철도공채, 지방도시철도공채, 도로공채 등)은 발행인의 신용도가 높기 때문에 투자자를 보호할 필요성이 낮아 증권신고서 제출이 면제된다(법 제118조).

자본시장법 시행령 제119조 제1항 각호에서 정하는 법률에 따라 직접 설립된 법인이 발행한 채권은 특수채라 한다. 특수채는 국책은행과 공기업이 발행하는 채권으로서 공익을 위하여 발행하고, 특별법에 의해 관계 감독기관의 감독을 받기 때문에 증권신고서의 제출을 면제하고 있다(법 제118조, 시행령 119조 제1항). 일반 시중은행이 발행하는 은행채는 면제증권에 포함되지 않는다.

투자자 보호가 이루어지고 있다고 인정되는 다음의 증권도 증권신고서의 제출이 면제된다(법 제118조, 시행령 119조 제2항).

① 국가 또는 지방자치단체가 원리금의 지급을 보증한 채무증권
② 국가 또는 지방자치단체가 소유하는 증권을 미리 금융위와 협의하여 매출의 방법으로 매각하는 경우의 증권
③ 지방공기업법 제68조 제1항부터 제6항까지의 규정에 따라 발행되는 채권 중 도시철도의 건설 및 운영과 주택건설사업을 목적으로 설립된 지방공사가 발행하는 채권

④ 국제금융기구에의 가입조치에 관한 법률 제2조 제1항에 따른 국제금융기구가 금융위와 협의를 거쳐 기획재정부 장관의 동의를 받아 발행하는 증권

⑤ 한국주택공사법에 따라 설립된 한국주택금융공사가 채권유통화계획에 의하여 발행하고 권리금 지급을 보증하는 주택저당채권 및 학자금 대출증권

⑥ 전자단기사채등의 발행 및 유통에 관한 법률 제2조 제2호에 따른 전자단기사채등으로서 만기가 3개월 이내인 증권

은행이 투자성 있는 외화예금계약을 체결하는 경우와 보험회사가 투자성 있는 보험계약을 체결하는 경우 증권신고서의 제출대상에서 제외하고 있다(법 제77조 제1항, 제2항).

사모의 경우 또는 소액공모의 경우에도 증권신고서 제출의무가 면제된다.

무상증자, 주식배당, 전환사채권자의 전환권의 행사, 신주인수권부사채권자의 신주인수권의 행사 등 청약의 권유가 없는 경우에도 증권신고 의무가 없다.

5. 매출신고서 면제대상 증권

발행인 및 같은 종류의 증권에 대하여 충분한 공시가 이루어지고 있는 경우로서 다음의 요건을 모두 충족하였을 때에는 매출에 관한 증권신고서를 제출하지 아니할 수 있다(법 제119조 제6항, 시행령 제124조의2 제1항).

① 발행인이 사업보고서 제출대상법인으로서 최근 1년간 사업보고서·반기보고서 및 분기보고서를 기한 내에 제출하였을 것

② 발행인이 최근 1년간 공시위반으로 과징금을 부과받거나 시행령 제138조·제175조에 따른 조치를 받은 사실이 없을 것

③ 최근 2년 이내에 매출하려는 증권과 같은 종류의 증권에 대한 증권신고서가 제출되어 효력이 발생한 사실이 있을 것

④ 증권시장에 상장하기 위한 목적의 매출이 아닐 것

⑤ 투자매매업자 또는 투자중개업자를 통하여 매출이 이루어질 것

⑥ 그 밖에 금융위원회가 정하여 고시하는 요건을 충족할 것

외국정부가 발행한 국채증권으로서 다음의 요건을 모두 충족한 경우에는 매출에 관한 증권신고서를 제출하지 아니할 수 있다(시행령 제124조의2 제2항).

① 해당 외국정부의 신용등급 등이 금융위원회가 정하여 고시하는 기준을 충족할 것

② 투자매매업자 또는 투자중개업자를 통하여 매출이 이루어질 것

③ ②에 따른 투자매매업자 또는 투자중개업자가 해당 증권 및 증권의 발행인에 관한 정보를 금융위원회가 정하여 고시하는 방법에 따라 인터넷 홈페이지 등에 게재할 것

④ 그 밖에 금융위원회가 정하여 고시하는 요건을 충족할 것

Ⅱ. 증권신고서의 기재사항과 첨부서류

증권신고서는 본문과 첨부서류로 구성되어 있고, 본문은 '모집 또는 매출에 관한 사항'과 '발행인에 관한 사항'으로 나누어 진다. 자본시장법 시행령은 증권신고서에 관하여 일반적인 규정과 집합투자증권 및 자산유동화증권에 대한 특칙을 규정하고 있다(시행령 제125조, 제127조, 제128조).

1. 기재사항

증권신고서(집합투자증권 및 유동화증권 제외)에는 다음의 사항을 기재하여야 한다(법 제119조 제6항, 시행령 제125조 제1항).

① 대표이사 및 신고업무를 담당하는 이사의 서명

② 모집 또는 매출에 관한 다음의 사항

- 모집 또는 매출에 관한 일반사항
- 모집 또는 매출되는 증권의 권리내용
- 모집 또는 매출되는 증권의 취득에 따른 투자위험요소
- 모집 또는 매출되는 증권의 기초자산에 관한 사항(파생결합증권 및 금융위원회가 정하여 고시하는 채무증권의 경우만 해당함)
- 모집 또는 매출되는 증권에 대한 인수인의 의견(인수인이 있는 경우만 해당함)
- 자금의 사용목적
- 그 밖에 투자자를 보호하기 위하여 필요한 사항으로서 금융위원회가 정하여 고시하는 사항[413]

③ 발행인에 관한 다음의 사항(설립 중인 법인의 경우에는 금융위원회가 정

---

413) **증발공규정 제2-6조(증권신고서의 기재사항 및 첨부서류)** ①
1. 시장조성 또는 안정조작에 관한 사항
2. 증권금융회사 또는 신탁업자에 예치 또는 신탁한 금전(예치자금등)의 주주에 대한 지급에 관한 사항[기업인수목적회사에 한함]
3. 그 밖에 투자자 보호를 위하여 필요한 사항

하여 고시하는 사항을 말함)

- 회사의 개요
- 사업의 내용
- 재무에 관한 사항
- 회계감사인의 감사의견
- 이사회 등 회사의 기관 및 계열회사에 관한 사항
- 주주에 관한 사항
- 임원 및 직원에 관한 사항
- 이해관계자와의 거래내용
- 그 밖에 투자자를 보호하기 위하여 필요한 사항으로서 금융위원회가 정하여 고시하는 사항[414]

2. 증권신고서 기재사항의 특례

가. 참조방식에 의한 증권신고서 제출

발행인은 증권신고서 작성시 신고서에 기재하여야 할 사항이나 첨부서류가 이미 제출한 신고서나 첨부서류, 사업보고서, 분・반기보고서, 주요사항보고서

414) **증발공규정 제2-6조(증권신고서의 기재사항 및 첨부서류) ③**
1. 부속명세서
2. 주요사항보고서 및 거래소 공시사항 등의 진행·변경상황
3. 우발채무 등
4. 자금의 사용내역에 관한 사항
5. 발기인 및 주주인 지분증권 투자매매업자에 관한 사항(기업인수목적회사에 한함)
6. 영 제6조제4항제14호(기업인수목적회사)에서 정하는 요건의 충족 여부에 관한 사항
7. 그 밖에 투자자 보호를 위하여 필요한 사항
가. 주주총회 의사록 요약
나. 제재현황
다. 결산기이후 발생한 주요사항
라. 중소기업기준검토표 등
마. 장래계획에 관한 사항의 추진실적

의 기재내용 및 첨부서류와 동일한 부분이 있을 때에는 그 부분을 적시하여 이를 참조하라는 뜻을 기재함으로써 갈음할 수 있다(법 제119조 제4항, 증발공 규정 제2-12조 제5항).

나. 일부사항에 대해서는 미확정으로 기재 가능

발행인은 증권신고서 기재사항중 발행가액 등 일부 사항에 대해 그 기준 또는 결정방식 등 예정내용만을 기재하여 제출할 수 있다(증발공 규정 제2-12조).

지분증권의 경우 : 발행가액, 청약증거금, 인수증권수, 인수조건, 인수인(단, 주관회사는 제외)

전화사채, 신주인수권부사채, 교환사채의 경우 : 전환가액, 행사가액, 교환가액 등

채무증권의 경우 : 발행가액과 발행이자율

이후 발행가액, 인수인, 전환가액 등이 구체적으로 확정된 때에는 지체없이 정정신고서를 제출하여야 하며, 이처럼 정정신고서를 제출한 경우에도 이미 제출한 증권신고서의 효력발생일에는 영향을 미치지 아니한다.

3. 예측정보의 기재

발행인은 증권신고서에 발행인(투자신탁의 수익증권 및 투자익명조합의 지분증권의 경우에는 그 투자신탁 및 투자익명조합을 말함)의 예측정보를 기재 또는 표시할 수 있다(법 제119조 제3항, 시행령 제123조).

① 매출규모·이익규모 등 발행인의 영업실적, 그 밖의 경영성과에 대한 예측 또는 전망에 관한 사항

② 자본금규모·자금흐름 등 발행인의 재무상태에 대한 예측 또는 전망에 관한 사항

③ 특정한 사실의 발생 또는 특정한 계획의 수립으로 인한 발행인의 경영성

과 또는 재무상태의 변동 및 일정시점에서의 목표수준에 관한 사항

④ 예측정보에 관하여 평가요청을 받은 경우에 그 요청을 받은 자가 그 예측정보의 적정성에 관하여 평가한 사항

4. 첨부서류

발행인은 증권신고서에 다음의 서류를 첨부하여야 한다(법 제119조 제6항, 시행령 제125조 제2항).

① 정관 또는 이에 준하는 것으로서 조직운영 및 투자자의 권리의무를 정한 것

② 증권의 발행을 결의한 주주총회(설립 중인 법인인 경우에는 발기인 총회를 말함) 또는 이사회의사록[415] 사본, 그 밖에 증권의 발행결의를 증명할 수 있는 서류

③ 법인 등기사항증명서에 준하는 것으로서 법인 설립을 증명할 수 있는 서류(법인 등기사항증명서로 확인할 수 없는 경우로 한정함)

④ 증권의 발행에 관하여 행정관청의 허가·인가 또는 승인 등을 필요로 하는 경우에는 그 허가·인가 또는 승인 등이 있었음을 증명하는 서류

⑤ 증권의 인수계약을 체결한 경우에는 그 계약서의 사본

⑥ 다음의 증권을 증권시장에 상장하려는 경우에는 거래소로부터 그 증권이 상장기준에 적합하다는 확인을 받은 상장예비심사결과서류(코넥스시장에 상장하려는 경우에는 상장심사결과서류를 말함)

- 지분증권(집합투자증권은 제외함)
- 증권예탁증권(지분증권과 관련된 것만 해당함)
- 파생결합증권[416]

---

415) 증권의 발행이 주주 외의 자에게 신주를르 배정하기 위한 경우에는 그 증권의 발행의 구체적인 경영상 목적, 그 주주 외의 자와 발행인과의 관계 및 그 주주 외의 자의 선정경위를 이사회 의사록에 포함하여야 함

416) 증권시장이나 해외 증권시장에서 매매거래되는 지분증권 또는 증권예탁증권의 증권의 가격이나 이를 기초로 하는 지수의 변동과 연계하여 미리 정하여진 방법에 따

⑦ 예비투자설명서

⑧ 간이투자설명서

⑨ 그 밖에 투자자를 보호하기 위하여 필요한 서류로서 금융위원회가 정하여 고시하는 서류417)

금융위원회는 전자정부법 제36조제1항에 따른 행정정보의 공동이용을 통하

라 지분증권 또는 증권예탁증권의 증권의 매매나 금전을 수수하는 거래를 성립시킬 수 있는 권리가 표시된 것만 해당함

417) **증발공규정 제2-6조(증권신고서의 기재사항 및 첨부서류) ⑧**

1. 기존 법인이 지분증권을 모집 또는 매출하는 경우
   가. 회계감사인의 감사보고서(기업인수목적회사가 설립된 후 최초사업연도가 경과하지 아니한 경우에는 회사 설립 시점의 회계감사인의 감사보고서를 말함)
   나. 회계감사인의 연결감사보고서
   다. 회계감사인의 반기감사보고서 또는 반기검토보고서(증권시장에 주권을 상장하기 위한 모집 또는 매출의 경우 반기재무제표가 확정된 이후에는 반기감사보고서 또는 반기검토보고서를 첨부하여야 함)
   라. 회계감사인의 분기감사보고서 또는 분기검토보고서
   마. 주권비상장법인의 경우에는 주주명부
   바. 부동산투자회사법에 따른 부동산투자회사(기업구조조정부동산투자회사를 포함함. 부동산투자회사)가 같은 법에 따라 그 자산의 투자·운용에 관한 업무를 위탁하는 계약(업무위탁계약서)을 체결한 경우에는 업무위탁계약서 사본
   사. 증권의 모집·매출의 주선계약을 체결한 경우에는 그 계약서의 사본
   아. 기업인수목적회사 설립 후 주권의 최초 모집 전에 영 제139조제1호 각 목의 증권 및 의결권 없는 주식에 관계 된 증권(주식등)을 취득한 자(주주등)의 주식등에 대한 계속보유확약서 및 보호예수증명서의 사본(기업인수목적회사에 한함)
   자. 주주등의 의결권 및 주식매수청구권 행사 제한에 관한 약정서의 사본
   차. 주주등이 「금융투자업규정」 제1-4조의2제5항제2호 각 목의 어느 하나에 해당되어 해산되는 경우 증권금융회사 또는 신탁업자의 예치자금등의 반환과 관련하여 정관에서 정하는 방법 및 절차를 준수하겠다는 내용의 약정서의 사본
   카. 기업인수목적회사 또는 당해 주주 등의 손해배상책임 부담에 관한 약정서의 사본
   타. 증권금융회사 또는 신탁업자와 체결한 주권발행대금의 예치·신탁계약서의 사본
   파. 영 제68조제5항제4호가목에 따른 주관회사의 적절한 주의의무 이행 서류
   하. 증권시장에 주권 상장시 증권신고서에 기재된 재무관련사항이 기업의 재무상황을 적정하게 반영하였다는 것을 증명하는 회계감사인의 확인서 등 서류
2. 설립중인 법인이 지분증권을 모집하는 경우 <생략>
3. 보증사채권을 모집 또는 매출하는 경우 <생략>
4. 담보부사채권을 모집 또는 매출하는 경우 <생략>
5. 무보증사채권을 모집 또는 매출하는 경우 <생략>
6. 파생결합증권을 모집 또는 매출하는 경우 제1호 가목부터 라목까지의 서류 및 사목의 서류
7. 투자계약증권을 모집 또는 매출하는 경우 <생략>

여 법인 등기사항증명서를 확인하여야 한다(법 제119조 제6항, 시행령 제125조 제2항).

5. 직접 공모의 경우 기재사항 및 첨부서류

주권비상장법인(설립 중인 법인을 포함함)이 인수인의 인수 없이 지분증권(지분증권과 관련된 증권예탁증권을 포함함)의 모집 또는 매출에 관한 신고서를 제출하는 경우에는 증권신고서의 '모집 또는 매출에 관한 사항'에 증권분석기관[418]의 평가의견을 기재하여야 한다(시행령 제125조 제1항 제2호 바목). 다만, 금융위원회가 정하여 고시하는 경우[419]에는 이를 생략할 수 있다.

---

418) **증발공규정 제2-5조(증권분석기관 등)** ③ 증권분석기관이 영 제125조제1항제2호바목에 따른 공모를 하려는 법인과 다음 각 호의 어느 하나의 관계가 있는 경우에는 제1항에 따른 평가를 할 수 없다.
1. 증권분석기관이 해당 법인에 그 자본금의 100분의 3 이상을 출자하고 있는 경우 및 그 반대의 경우
2. 증권분석기관에 그 자본금의 100분의 5 이상을 출자하고 있는 주주와 해당 법인에 100분의 5 이상을 출자하고 있는 주주가 동일인이거나 특수관계인인 경우. 다만, 그 동일인이 전문투자자로서 증권분석기관 및 해당 법인과 제5호의 관계에 있지 아니한 경우에는 그러하지 아니하다.
3. 증권분석기관의 임원이 해당 법인에 그 자본금의 100분의 1 이상을 출자하고 있거나 해당 법인의 임원이 증권분석기관에 100분의 1 이상을 출자하고 있는 경우
4. 증권분석기관 또는 해당 법인의 임원이 해당 법인 또는 증권분석기관의 주요주주의 특수관계인인 경우
5. 동일인이 증권분석기관 및 해당 법인에 대하여 임원의 임면 등 법인의 주요경영사항에 대하여 사실상 영향력을 행사하는 관계가 있는 경우

419) **증발공 규정 제2-5조**
⑤ 영 제125조제1항제2호바목 단서에서 "금융위원회가 정하여 고시하는 경우"란 소액공모(제2-17조에 따른 소액공모를 말한다)를 하는 경우 또는 모집설립의 경우로서 다음 각 호의 어느 하나에 해당하는 경우를 말한다.
1. 은행법에 따라 금융위의 금융기관 신설을 위한 예비인가를 받은 경우
2. 금융지주회사법에 따라 금융위의 금융지주회사 신설을 위한 예비인가를 받은 경우
3. 회사설립시에 발행하는 지분증권 중 상당부분(최대주주로서 설립시 총지분의 100분의 25 이상을 취득하는 경우를 말함)을 정부 또는 지방자치단체가 취득할 예정인 경우
4. 특별법에 따라 정부로부터 영업인가 또는 허가를 받은 경우
5. 그 밖에 사업의 내용 등에 비추어 국민경제 발전을 위하여 필요하다고 감독원장

직접공모의 경우에는 다음의 서류의 서류를 첨부하여야 한다(시행령 제125조 제2항 제9호).

- 증권분석기관의 평가의견서
- 증권분석기관의 평가와 관련하여 기밀이 새지 아니하도록 하겠다는 증권분석기관 대표자의 각서
- 청약증거금관리계약에 관한 계약서 사본 및 같은 계약에 따라 청약증거금을 예치하기 위하여 개설한 계좌의 통장 사본

6. 대표이사 등의 확인·검토

증권신고서를 제출하는 경우 신고 당시 해당 발행인의 대표이사(집행임원 설치회사의 경우 대표집행임원을 말함) 및 신고업무를 담당하는 이사(대표이사 및 신고업무를 담당하는 이사가 없는 경우 이에 준하는 자를 말함)는 다음의 사항을 확인·검토하고 이에 각각 서명하여야 한다(법 제119조 제5항, 시행령 제124조).

① 증권신고서의 기재사항 중 중요사항에 관하여 거짓의 기재 또는 표시가 없고, 중요사항의 기재 또는 표시가 빠져 있지 아니하다는 사실
② 증권신고서의 기재 또는 표시 사항을 이용하는 자로 하여금 중대한 오해를 일으키는 내용이 기재 또는 표시되어 있지 아니하다는 사실
③ 증권신고서의 기재사항에 대하여 상당한 주의를 다하여 직접 확인·검토하였다는 사실
④ 외부감사대상 법인인 경우에는 내부회계관리제도가 운영되고 있다는 사실

이 인정하는 경우

7. 종속회사 관련 자료 제출요구

외감법상 종속회사가 있는 법인(연결재무제표 작성대상법인) 중 증권신고서를 제출하여야 하는 법인은 증권신고서의 작성을 위하여 필요한 범위에서 종속회사에게 관련 자료의 제출을 요구할 수 있다(법 제119조의2 제1항).

연결재무제표 작성대상법인 중 증권신고서를 제출하여야 하는 법인은 증권신고서의 작성을 위하여 필요한 자료를 입수할 수 없거나 종속회사가 제출한 자료의 내용을 확인할 필요가 있는 때에는 종속회사의 업무와 재산상태를 조사할 수 있다(법 제119조의2 제2항).

8. 증권신고서의 효력발생

금융위원회는 발행인이 제출한 증권신고서를 수리하여야 하고, 다만 ① 증권신고서의 형식을 제대로 갖추지 아니한 경우 또는 ② 그 증권신고서 중 중요사항에 관하여 거짓의 기재 또는 표시가 있거나 중요사항이 기재 또는 표시되지 아니한 경우에 한해서 증권신고서의 수리를 거부할 수 있다(법 제120조 제2항).

금융위원회가 증권신고서를 수리하면 접수된 날에 수리된 것으로 본다. 이 경우 금융위원회가 증권신고서를 수리 또는 수리거부를 한 때에는 신고서를 제출한 발행인에게 서면, 전자문서 등의 방법으로 통지한다.

금융위원회는 제출된 증권신고서를 수리 전과 수리 후 효력발생 전까지 심사할 수 있고, 심사결과 수리를 거부하거나 정정요구를 할 수 있다.

금융위원회에 증권신고서가 수리된 이후부터 신고서의 효력이 발생되기 이전까지의 기간을 대기기간 또는 숙고기간이라고 한다. 대기기간중에는 증권신고서의 효력이 발생하지 않기 때문에 그 증권의 발행인, 매출인과 그 대리인은 청약의 승낙을 할 수 없다(법 제121조 제1항).

일괄신고추가서류를 제출하여야 하는 경우 그 일괄신고추가서류가 제출되지 아니한 경우에도 그 증권의 발행인, 매출인과 그 대리인은 그 증권에 관한 취득 또는 매수의 청약에 대한 승낙을 할 수 없다(법 제121조 제2항).

대기기간 동안 청약의 권유는 ① 예비투자설명서(증권신고서 효력발생 전까지) 또는 ② 간이투자설명서(증권신고서 효력발생 전, 후 모두 가능)에 의할 수 있다.

효력발생기간은 증권신고서의 기재내용에 대한 심사기간일 뿐만 아니라 투자자에게는 해당 증권에 관하여 투자판단을 할 수 있는 주지기간의 의미가 있으므로, 증권의 성격 및 발행인의 유형에 따라 그 기간을 차등하여 적용한다.

증권신고는 그 증권신고서가 수리된 날부터 다음의 기간이 경과한 날에 효력이 발생한다(시행규칙 제12조 제1항).

<table>
<tr><th rowspan="2"></th><th colspan="2">주식</th><th colspan="3">채권</th><th rowspan="2">기타</th></tr>
<tr><th>일반공모
주주우선</th><th>주주배정
제3자배정</th><th>보증
ABS</th><th>무보증</th><th>환매
금지
펀드</th></tr>
<tr><td>주권상장</td><td>10일</td><td rowspan="2">7일</td><td rowspan="2">5일</td><td rowspan="2">7일</td><td rowspan="2">10일</td><td rowspan="2">15일</td></tr>
<tr><td>일반법인</td><td>15일</td></tr>
</table>

증권신고서의 효력발생기간이 단축되거나(시행규칙 제12조 제2항, 제3항), 연장되는 경우도 있다(시행규칙 제12조 제4항).

효력발생의 의미는 금융위원회가 제출된 신고서 및 첨부서류에 근거하여 심사한 결과, 형식상 또는 내용상 문제가 없다는 의미로서 그 증권신고서의 기재사항이 진실 또는 정확하다는 것을 인정하거나 정부에서 그 증권의 가치를 보증 또는 승인하는 효력을 가지지 아니한다(법 제120조 제3항).

Ⅲ. 일괄신고서

1. 일괄신고서 제도

일괄신고서 제도는 같은 종류의 증권을 지속적으로 발행하는 회사가 향후 일정기간 동안 발행예정인 증권을 일괄하여 신고하고, 실제 발행시 추가서류의 제출만으로 증권신고서를 제출한 것과 동일한 효과를 갖도록 하여 증권의 발행 또는 매도를 원활하게 할 수 있도록 하는 제도이다.

일괄신고서를 금융위원회에 제출하여 수리된 경우에는 그 기간 중에 그 증권을 모집하거나 매출할 때마다 제출하여야 하는 신고서를 따로 제출하지 아니하고 그 증권을 모집하거나 매출할 수 있다. 이 경우 그 증권(개방형집합투자증권 및 금적립계좌는 제외)을 모집하거나 매출할 때마다 일괄신고추가서류를 제출하여야 한다.

합병, 분할, 분할합병, 주식의 포괄적 교환·이전, 자산·영업양수도에 따라 신주를 발행하는 경우는 일괄신고서를 이용할 수 없고, 기재사항을 별도로 정한 합병 등 증권신고서를 제출하여야 한다.

2. 제출가능법인

가. 일반법인

일반사채권, 파생결합증권(금적립계좌등은 제외함)의 증권에 대한 일괄신고서를 제출할 수 있는 자는 다음의 요건을 모두 갖춘 자로 한다(시행령 제121조 제4항).

① 다음의 어느 하나에 해당하는 자로서 일반사채권, 파생결합증권에 따른 증권 중 같은 종류에 속하는 증권을 최근 1년간 모집 또는 매출한 실적

이 있을 것
- 최근 1년간 사업보고서와 반기보고서를 제출한 자
- 최근 1년간 분기별 업무보고서 및 월별 업무보고서를 제출한 금융투자업자

② 최근 사업연도의 재무제표에 대한 회계감사인의 감사의견이 적정일 것
③ 최근 1년 이내에 금융위원회로부터 증권의 발행을 제한하는 조치를 받은 사실이 없을 것

나. 잘 알려진 기업(WKSI : Well-Known Seasonde Issuers)

일괄신고서에 기재된 발행예정기간 동안 다음의 요건을 모두 갖추어야 한다(시행령 제121조 제6항).

① 주권상장법인으로서 주권이 상장된 지 5년이 경과하였을 것
② 최근 사업연도의 최종 매매거래일 현재 시가총액이 5천억원 이상일 것.
- 시가총액 계산시 기준가격은 정규매매시간(오후 3시)의 최종 거래가격을 기준으로 하며, 시간외대량매매시의 거래가격은 고려하지 않음
- 시가총액은 최근 사업연도말 기준으로만 판단하며, 발행예정기간 중 시가총액이 5천억원 미만으로 하락하더라도 증권발행이 가능하며, 다음 사업연도말 기준 시가총액이 5천억원 미만일 경우 철회신고서를 제출하여야 함

③ 최근 3년간 사업보고서·반기보고서 및 분기보고서를 기한 내에 제출하였을 것
④ 최근 3년간 공시위반으로 금융위원회 또는 거래소로부터 금융위원회가 정하여 고시하는 제재를 받은 사실이 없을 것
⑤ 최근 사업연도의 재무제표에 대한 회계감사인의 감사의견이 적정일 것
⑥ 최근 3년간 자본시장법에 따라 벌금형 이상의 형을 선고받거나 외감법에 따른 회계처리기준의 위반과 관련하여 같은 법에 따라 벌금형 이상의 형을 선고받은 사실이 없을 것

3. 일괄신고 제출가능 증권

일반법인은 ① 사채권(전환사채권, 신주인수권부사채, 교환사채 및 이익참가부사채 제외), ② 파생결합증권, ③ 개방형 집합투자증권[420] 발행시 일괄신고서를 제출할 수 있다.

잘 알려진 기업은 ① 주권, ② 사채권(전환사채권, 신주인수권부사채, 교환사채 및 이익참가부사채 포함) 발행시 일괄신고서를 제출할 수 있다.

4. 발행예정기간 및 발행회수

일괄신고서의 발행예정기간은 일괄신고서의 효력발생일부터 2개월 이상 1년 이내의 기간으로 한다. 다만, 개방형 집합투자증권 또는 금적립계좌등인 경우에는 해당 집합투자규약 또는 발행계약에서 정한 존속기간 또는 계약기간(집합투자규약 또는 발행계약에서 존속기간 또는 계약기간을 정하지 아니한 경우에는 무기한으로 함)을 발행예정기간으로 한다(시행령 제121조 제2항).

잘 알려진 기업은 일괄신고서를 제출할 수 있고, 발행예정기간은 2년 이내로 한다(시행령 제121조 제6항)

일괄신고서를 제출한 자는 발행예정기간 중 3회 이상 그 증권을 발행하여야 한다(시행령 제121조 제3항). 잘 알려진 기업은 주권 및 사채권을 발행하는 경우에는 위 3회 발행의 제한을 받지 않는다(시행령 제121조 제6항).

---

420) 환매금지형집합투자기구가 아닌 집합투자기구의 집합투자증권, 개방형 집합투자증권으로서 외국 집합투자증권

Ⅳ. 정정신고서

1. 정정신고서

정정신고란 증권신고서의 형식을 제대로 갖추지 아니한 경우 또는 중요사항이 부실표시된 경우, 기재내용의 변경이 있는 경우, 또는 투자자 보호를 위하여 필요한 경우 등 그 기재사항이 적당하지 아니한 경우에 이를 수정하여야 하므로, 증권의 청약일 개시 전까지 증권신고서를 제출한 발행인이 기 제출한 신고서를 수정하여 제출하는 것을 말한다.

2. 금융위원회의 요구에 의한 정정

금융위원회는 다음의 경우 그 이유를 제시하고 그 증권신고서의 기재내용을 정정한 신고서(정정신고서)의 제출을 요구할 수 있다(법 제122조 제1항).

① 증권신고서의 형식을 제대로 갖추지 아니한 경우
② 그 증권신고서 중 중요사항에 관하여 거짓의 기재 또는 표시가 있는 경우
③ 중요사항이 기재 또는 표시되지 아니한 경우
④ 중요사항의 기재나 표시내용이 불분명하여 투자자의 합리적인 투자판단을 저해하거나 투자자에게 중대한 오해를 일으킬 수 있는 경우

금융위원회는 증권신고서에 기재된 증권의 취득 또는 매수의 청약일 전일까지 정정신고서의 제출을 요구할 수 있다.

3. 자발적인 정정

증권신고서(일괄신고추가서류 포함)를 제출한 자는 그 증권신고서의 기재사항을 정정하고자 하는 경우에는 정정신고서를 제출할 수 있다(법 제122조 제3항). 이 경우 정정신고서 제출기한은 그 증권신고서에 기재된 증권의 취득 또는 매수의 청약일 전일까지이다.

4. 의무정정

가. 증권신고서 기재사항중 중요한 사항을 정정하고자 하는 경우(법 제122조 제3항, 시행령 제130조 제1항, 증발공 규정 2-13조).

① 집합투자증권을 제외한 증권
- 모집가액 또는 매출가액 · 발행이율 등 발행조건
- 배정기준일 · 청약기간 또는 납입기일
- 자금의 사용목적
- 인수인 · 보증기관 또는 수탁회사
- 그 밖에 투자자의 합리적인 투자판단이나 해당 증권의 가치에 중대한 영향을 미칠 수 있는 사항으로서 금융위원회가 정하여 고시하는 사항

② 집합투자증권
- 모집가액 또는 매출가액, 발행예정기간, 발행예정금액 등 발행조건
- 인수인(인수인이 있는 경우만 해당함)
- 법 제182조제1항에 따라 등록한 사항을 변경하는 경우
- 그 밖에 투자자의 합리적인 투자판단이나 해당 집합투자증권의 가치에 중대한 영향을 미칠 수 있는 사항으로서 금융위원회가 정하여 고시하는 사항

나. 투자자보호를 위해 증권신고서의 기재내용을 정정할 필요가 있는 경우(법 제122조 제3항, 시행령 제130조 제2항).

① 증권신고서의 기재나 표시내용이 불분명하여 그 증권신고서를 이용하는 자로 하여금 중대한 오해를 일으킬 수 있는 내용이 있는 경우
② 발행인(투자신탁의 수익증권이나 투자익명조합의 지분증권인 경우에는 그 투자신탁이나 투자익명조합을 말함)에게 불리한 정보를 생략하거나 유리한 정보만을 강조하는 등 과장되게 표현된 경우
③ 집합투자증권을 제외한 증권인 경우에는 다음의 어느 하나에 해당하는 사실이 발생한 때
- 최근 사업연도의 재무제표 또는 반기보고서, 분기보고서가 확정된 때
- 발행인의 사업목적이 변경된 때
- 영업의 양도·양수 또는 합병계약이 체결된 때
- 발행인의 경영이나 재산 등에 중대한 영향을 미치는 소송의 당사자가 된 때
- 발행한 어음이나 수표가 부도로 되거나 은행과의 당좌거래가 정지되거나 금지된 때
- 영업활동의 전부나 중요한 일부가 정지된 때
- 회생절차개시의 신청이 있은 때
- 해산사유가 발생한 때
④ 집합투자증권인 경우에는 다음의 어느 하나에 해당하는 사실이 발생한 때
- 최근 결산기의 재무제표가 확정된 때
- 집합투자기구 간의 합병계약이 체결된 때
- 집합투자재산 등에 중대한 영향을 미치는 소송이 제기된 때

5. 일괄신고서의 정정신고서

일괄신고서를 제출한 자는 그 발행예정기간 종료 전까지 정정신고서를 제출할 수 있다. 이 경우 개방형 집합투자증권을 제외하고는 발행예정금액 및 발행예정기간은 이를 정정하여서는 아니 된다. 다만, 발행예정금액의 100분의

20의 범위 이하로 감액되는 발행예정금액은 정정할 수 있다(법 제122조 제4항, 시행령 제130조 제4항).

6. 정정신고서 제출에 따른 효과

금융위원회의 정정요구가 있는 경우 그 증권신고서는 그 요구를 한 날부터 수리되지 아니한 것으로 보고, 그 정정신고서가 수리된 날에 그 증권신고서가 수리된 것으로 본다(법 제122조 제2항). 따라서 이전에 제출한 증권신고서의 효력발생기간의 진행이 중지되므로, 증권의 모집, 매출을 할 수 없다.

정정신고서가 제출된 경우에는 그 정정신고서가 수리된 날에 그 증권신고서가 수리된 것으로 본다(법 제122조 제5항). 따라서 효력발생기간도 원칙적으로 정정신고서(회사의 자발적인 정정신고서 포함)가 수리된 날부터 다시 기산된다.

금융위원회의 요구를 받은 후 3개월 이내에 발행인이 정정신고서를 제출하지 아니하는 경우에는 해당 증권신고서를 철회한 것으로 본다(법 제122조 제6항, 시행령 제130조 제5항).

7. 정정신고서 제출시 효력발생기간

증권신고서에 대한 정정신고서의 경우 정정신고서 수리일부터 효력발생기간을 다시 기산하는 것이 원칙이다. 예외적인 경우 효력발생기간이 다시 기산되지 않거나 정정신고서가 수리된 날부터 3일이 경과한 날에 효력이 발생하는 경우가 있다(시행규칙 제12조, 증발공 규정 제2-3조, 제2-12조).

<정정신고서의 효력발생일>

<table>
<tr><th>정정신고서 제출사유</th><th>효력발생일</th></tr>
<tr><td>모집가액, 매출가액, 발행이자율 및 이와 관련된 사항의 변경</td><td>정정신고서 수리일부터 3일 경과일</td></tr>
<tr><td>사채거래수익률 등의 변동으로 인한 발행가액 변경 또는 발행이자율 변경을 위하여 정정신고서를 제출하는 경우</td><td>정정신고서 수리일의 다음날</td></tr>
<tr><td>파생결합증권의 지급금액 결정방식을 변경하는 경우</td><td>정정신고서 수리일부터 3일(공휴일 불포함) 경과일</td></tr>
<tr><td>발행가액이나 발행이율 등의 산정방법을 기재한 경우로서 그 내용이 확정되어 정정신고서를 제출하는 경우</td><td rowspan="6">당초 효력발생일에 영향을 미치지 아니함.</td></tr>
<tr><td>상장을 위한 경우로서 공모주식수를 예정 공모주식수의 80-120% 범위 내에서 변경하는 경우</td></tr>
<tr><td>초과배정옵션계약을 추가체결하거나 초과배정수량을 변경하는 경우</td></tr>
<tr><td>공개매수의 대가로 교부하기 위하여 신주를 발행함에 있어서 발행예정 주식수가 변경되는 경우</td></tr>
<tr><td>채권 발행총액을 기존 증권신고서상 금액의 80-120% 수준에서 변경하는 경우</td></tr>
<tr><td>사소한 문구수정 등 투자자의 투자판단에 크게 영향을 미치지 아니하는 경미한 사항을 정정하는 경우</td></tr>
</table>

V. 소액공모 공시제도(10억원 미만)

1. 소액공모의 개요

과거 1년 동안 이루어진 증권의 모집 또는 매출(증권의 종류 불문)로서 신고서를 제출하지 않은 모집가액 또는 매출가액 각각의 합계약이 10억원 미만인 경우에는 증권신고서를 제출하지 아니한다.

증권신고서 제출의무가 없는 모집 또는 매출의 경우에도 발행인은 투자자 보호를 위하여 재무상태에 관한 사항등 일정한 사항을 공시하는 등의 조치를 취해야 한다(법 제130조).

2. 재무상태와 영업실적 제출

증권의 모집 또는 매출 전에 발행인[421]의 재무상태와 영업실적을 기재한 서류를 소액공모 개시 3일전 금융위원회에 제출하여야 한다. 이 경우 해당 서류(집합투자증권인 경우는 제외함)는 금융위원회가 정하여 고시하는 바에 따라 회계감사인의 회계감사를 받거나 공인회계사의 확인과 의견표시를 받은 것이어야 한다(시행령 제137조 제1항 제1호, 증발공 규정 제2-17조 제1항).

3. 청약의 권유시 인쇄물 등 기재사항

청약의 권유를 하는 경우에는 다음의 사항을 인쇄물 등에 기재하거나 표시하여야 한다. 이 경우 재무상태와 영업실적에 관하여 금융위원회에 제출된 서

421) 투자신탁의 수익증권이나 투자익명조합의 지분증권인 경우에는 그 투자신탁이나 투자익명조합을 말하며, 법 제159조제1항에 따른 사업보고서 제출대상법인 및 제176조제1항 각 호에 따른 외국법인등은 제외한다.

류의 내용과 다른 내용이나 거짓의 사실을 기재하거나 표시하여서는 아니 된다(시행령 제137조 제1항 제2호).

① 모집 또는 매출에 관한 사항 및 발행인에 관한 사항
② 해당 증권의 모집가액 또는 매출가액, 청약기간, 납부기간

4. 인쇄물 등의 금융위 제출

증권의 모집 또는 매출의 개시일 3일 전까지 청약의 권유방법과 인쇄물 등에 기재하거나 표시한 내용을 금융위원회에 제출하여야 한다. 증권의 모집 또는 매출을 시작한 후 청약의 권유방법이나 인쇄물 등에 기재하거나 표시한 내용을 변경한 경우에도 또한 같다(시행령 제137조 제1항 제3호).

5. 청약증거금관리계좌 개설

다음의 어느 하나에 해당하는 자와 청약증거금의 예치, 보관 및 투자자에 대한 반환 등에 관한 사항을 포함하는 청약증거금관리계약을 체결하고 계좌를 개설하여야 한다(시행령 제137조 제1항 제3의2호).

① 증권에 관한 투자매매업자 또는 투자중개업자
② 은행법에 따라 인가를 받아 설립된 은행, 신용사업부문, 농협은행, 한국산업은행, 중소기업은행
③ 증권금융회사

6. 모집 또는 매출실적 보고

증권의 모집 또는 매출이 끝난 경우에는 지체 없이 그 모집 또는 매출 실적에 관한 결과를 금융위원회에 보고하여야 한다.

7. 결산에 관한 서류 제출

소액공모의 경우 발행인은 다음의 결산에 관한 서류를 매 사업연도 경과 후 90일 이내에 금융위원회에 제출하여야 한다(시행령 제137조 제1항 제5호).

① 대차대조표와 그 부속 명세서

② 손익계산서와 그 부속 명세서

③ 이익잉여금처분계산서 또는 결손금처리계산서

④ 회계감사인의 감사보고서(회계감사인의 회계감사를 받은 법인만 해당함)

다만, ① 사업보고서 제출대상법인, ② 외국법인등, ③ 모집 또는 매출한 증권의 상환 또는 소각을 완료한 법인 및 ④ 보증사채권만을 발행한 법인의 경우에는 결산에 관한 서류를 제출하지 않아도 된다.

제3절 투자설명서 제도

1. 투자설명서의 의의

투자설명서는 모집 또는 매출하고자 하는 증권의 청약을 권유하기 위하여 투자자들에게 해당 증권의 발행과 관련한 내용을 설명하고 교부하기 위한 서류이다. 투자설명서에 기재되는 내용은 기본적으로 금융위원회에 제출한 증권신고서의 내용과 거의 유사하다.

증권신고서와 투자설명서는 그 목적에 의해 구별된다. 증권신고서는 발행시장규제를 위하여 금융위원회에 제출하는 것인데 반하여, 투자설명서는 투자자에게 청약의 권유를 하는 경우 그 내용을 알리기 위한 것이다. 증권신고서는 증권의 모집과 매출에 앞서 제출하는 서류로서 모든 청약의 권유문서의 기초가 되는 서류인 데 반하여, 투자설명서는 증권신고서의 수리 이후 청약권유를 위하여 투자자에게 교부하려고 만들어진 서류이다.

2. 투자설명서의 종류

투자설명서는 이용시점, 형식, 기재내용 등에 따라 투자설명서, 예비투자설명서, 간이투자설명서가 있다.

투자설명서는 증권신고의 효력이 발생한 후 모집 또는 매출의 조건이 확정된 경우 청약의 권유 및 승낙을 위하여 사용하는 청약권유문서이다(법 제124조 제2항 제1호).

예비투자설명서는 증권신고서가 신고된 후 신고의 효력이 발생하기 전에 발행인이 증권의 청약을 권유하기 위하여 신고의 효력이 발생되지 아니한 사실을 덧붙여 적은 투자설명서를 말한다(법 제124조 제2항 제2호). 증권신고의 효력이 발생하지 않은 시점이므로 예비투자설명서에 따라 청약의 권유를 할 수 있지만 승낙을 할 수는 없다.

간이투자설명서는 증권신고서가 수리된 후 신문·방송·잡지 등을 이용한 광고, 안내문·홍보전단 또는 전자전달매체를 통하여 발행인이 청약을 권유하는 경우 투자설명서에 기재하는 사항 중 그 일부를 생략하거나 중요한 사항만을 발췌하여 기재 또는 표시한 문서, 전자문서, 그 밖에 이에 준하는 기재 또는 표시한 문서를 말한다(법 제124조 제2항 제3호). 간이투자설명서에 의해서도 청약의 권유는 할 수 있지만 승낙을 할 수는 없다.

3. 투자설명서의 작성

투자설명서에는 증권신고서(일괄신고추가서류 포함)에 기재된 내용과 다른 내용을 표시하거나 그 기재사항을 누락할 수 없다. 다만, ① 군사기밀보호법 제2조에 따른 군사기밀에 해당하는 사항, ② 발행인의 업무나 영업에 관한 것으로서 금융위원회의 확인을 받은 사항에 대하여는 그 기재를 생략할 수 있다(법 제123조 제2항, 시행령 제131조 제5항).

4. 제출시기 및 공시

발행인은 증권을 모집하거나 매출하는 경우 투자설명서 및 간이투자설명서(모집 또는 매출하는 증권이 집합투자증권인 경우로 한정함)를 그 증권신고의 효력이 발생하는 날(일괄신고추가서류를 제출하여야 하는 경우에는 그 일괄신고추가서류를 제출하는 날로 함)에 금융위원회에 제출하여야 한다(법 제123조 제1항).

증권신고서의 효력이 발생하기 전에 청약의 권유를 위하여 예비투자설명서나 간이투자설명서를 사용하고자 하는 경우에는 증권신고서에 첨부하여 제출해야 한다(시행령 제125조 제2항).

발행인은 투자설명서 및 간이투자설명서를 ① 해당 증권의 발행인의 본점,

② 금융위원회, ③ 한국거래소, ④ 청약사무를 취급하는 장소에 비치하고 일반인이 열람할 수 있도록 하여야 한다(법 제123조 제1항, 시행규칙 제13조).

5. 개방형집합투자증권 및 파생결합증권에 대한 특례

개방형 집합투자증권 및 파생결합증권(금적립계좌등)의 발행인은 다음의 구분에 따라 투자설명서 및 간이투자설명서를 금융위원회에 추가로 제출하여야 한다(법 제123조 제3항, 시행령 제131조 제6항).

① 투자설명서 및 간이투자설명서를 제출한 후 1년마다 1회 이상 다시 고친 투자설명서 및 간이투자설명서를 제출할 것

② 변경등록을 한 경우 변경등록의 통지를 받은 날부터 5일 이내에 그 내용을 반영한 투자설명서 및 간이투자설명서를 제출할 것

발행인은 추가로 제출한 투자설명서 및 간이투자설명서를 ① 해당 증권의 발행인의 본점, ② 금융위원회, ③ 한국거래소, ④ 청약사무를 취급하는 장소에 비치하고 일반인이 열람할 수 있도록 하여야 한다(법 제123조 제3항, 시행령 제131조 제6항, 시행규칙 제13조 제1항).

개방형 집합투자증권 및 파생결합증권(금적립계좌)의 모집 또는 매출을 중지한 경우에는 제출·비치 및 공시를 하지 아니할 수 있다(법 제123조 제3항, 시행령 제131조 제6항).

6. 교부의무

누구든지 증권신고의 효력이 발생한 증권을 취득하고자 하는 자에게 투자설명서를 미리 교부하지 아니하면 그 증권을 취득하게 하거나 매도할 수 없다(법 제124조 제1항).

집합투자증권의 경우 투자자가 투자설명서의 교부를 별도로 요청하지 아니하는 경우에는 간이투자설명서를 투자설명서로 본다(법 제124조 제1항).

다만, ① 전문투자자 및 발행인의 연고자[422], ② 투자설명서 수령 거부의사를 서면 등으로 표시한 자, ③ 이미 투자설명서를 교부받고 취득한 집합투자증권과 동일한 집합투자증권을 추가로 취득하려는 자(해당 집합투자증권의 투자설명서의 내용이 직전에 교부한 투자설명서의 내용과 같은 경우만 해당함)를 대상으로 증권을 발행하는 경우에는 투자설명서의 교부의무가 면제된다(시행령 제132조).

투자설명서가 전자문서의 방법에 따르는 때에는 다음의 요건을 모두 충족하는 때에 이를 교부한 것으로 본다(법 제124조 제1항).

① 전자문서에 의하여 투자설명서를 받는 것을 전자문서를 받을 자(전자문서수신자)가 동의할 것

② 전자문서수신자가 전자문서를 받을 전자전달매체의 종류와 장소를 지정할 것

③ 전자문서수신자가 그 전자문서를 받은 사실이 확인될 것

④ 전자문서의 내용이 서면에 의한 투자설명서의 내용과 동일할 것

투자설명서의 내용이 예비투자설명서의 내용과 같은 경우에는 증권신고서의 효력발생 후 예비투자설명서의 표제부를 투자설명서의 표제부로 교체하여 투자설명서로 사용할 수 있다(시행령 제131조 제4항).

7. 투자설명서의 사용방법

누구든지 증권신고의 대상이 되는 증권의 모집 또는 매출, 그 밖의 거래를 위하여 청약의 권유등을 하고자 하는 경우에는 다음의 어느 하나에 해당하는 방법에 따라야 한다(법 제124조 제2항).

① 증권신고의 효력이 발생한 후 투자설명서를 사용하는 방법

---

422) 시행령 제132조(투자설명서의 교부가 면제되는 자)
1. 시행령 제11조제1항제1호다목부터 바목(회계법인, 신용평가업자, 용역제공 공인회계사·감정인·변호사·변리사·세무사)까지 및 같은 항 제2호(연고자) 각 목의 어느 하나에 해당하는 자
1의2. 시행령 제11조제2항제2호 및 제3호에 해당하는 자

② 증권신고서가 수리된 후 신고의 효력이 발생하기 전에 발행인이 예비투자설명서를 사용하는 방법(투자권유는 가능하나 승낙이 안됨)
③ 증권신고서가 수리된 후 신문·방송·잡지 등을 이용한 광고, 안내문·홍보전단 또는 전자전달매체를 통하여 발행인이 대통령령으로 정하는 방법에 따라 작성한 간이투자설명서를 사용하는 방법

집합투자증권의 경우 투자자가 투자설명서의 교부를 별도로 요청하지 아니하는 경우에는 판매자는 간이투자설명서를 미리 교부하고 증권을 취득하게 하거나 매도할 수 있다(법 제124조 제3항). 집합투자증권의 간이투자설명서를 교부하거나 사용하는 경우에는 투자자에게 투자설명서를 별도로 요청할 수 있음을 알려야 한다(법 제124조 제4항).

제4절 증권의 발행가액 산정 등

1. 주식의 공모가격 결정

기업공개를 위한 주식의 공모가격은 다음의 어느 하나에 해당하는 방법으로 결정한다(증권 인수업무 등에 관한 규정 제5조 제1항).

① 인수회사와 발행회사가 협의하여 단일가격으로 정하는 방법

② 기관투자자를 대상으로 수요예측을 실시하고 그 결과를 감안하여 인수회사와 발행회사가 협의하여 정하는 방법

③ 대표주관회사가 사전에 정한 방법에 따라 기관투자자로부터 경매의 방식으로 입찰가격과 수량을 제출받은 후 일정가격(최저공모가격) 이상의 입찰에 대해 해당 입찰자가 제출한 가격으로 정하는 방법

④ 대표주관회사가 사전에 정한 방법에 따라 기관투자자로부터 경매의 방식으로 입찰가격과 수량을 제출받은 후 산정한 단일가격으로 정하는 방법

2. 유상증자의 발행가액 결정

주권상장법인이 주주배정방식으로 증자를 할 경우 주권상장법인은 발행가액을 자율적으로 결정할 수 있다. 일반공모증자방식 및 제3자배정증자방식으로 유상증자를 하는 경우(액면가액 이상 발생시만 해당함) 아래의 표에 따라 발행가액을 결정한다(법 제165조의6, 제165조의8, 시행령 176조의8, 제176조의10, 증발공규정 제5-18조).

구분	제3자배정증자		일반공모증자
	일반	증자후 1년간 예탁시 다음의 방법도 가능	
기산일	청약일전 제3거래일부터 제5거래일	이사회결의일 전일	청약일전 제3거래일부터 제5거래일
기준 주가	가중산술평균 주가 (총 거래금액/ 총거래량)	①, ②중 낮은 가액 ① [1개월 가중산술 평균주가 + 1주일 가중산술평균주가 + 최근일 가중산술평균주가] ÷ 3 ② 최근일 가중산술 평균주가	가중산술평균 주가 (총 거래금액/ 총거래량)
발행 가액	기준주가 × (1-할일율)	기준주가 × (1-할일율)	기준주가 × (1-할일율)
할인율	10% 이내	10%이내	30%이내

3. 전환사채(CB) 및 신주인수권부사채(BW)

주권상장법인이 전환사채, 신주인수권부사채를 발행하는 경우 그 전환 또는 행사가액은 이사회결의일 전일을 기산일로 하여 산정된 아래 3가지 시가중 높은 가액 이상이어야 한다(증발공 규정 제5-22조, 제5-23조, 제5-23조의2, 제5-24조).

① 1개월 가중산술평균주가, 1주일 가중산술평균주가 및 최근일 가중산술평균주가를 산술평균한 가액

② 최근일 가중산술평균주가

③ 청약일전(청약일이 없는 경우에는 납입일) 제3거래일 가중산술평균주가

전환가액 또는 행사가액 등을 하향조정하고자 할 경우에는 미리 전환사채, 신주인수권부사채 발행을 위한 이사회에서 증자·주식배당(Adjustment) 또는 시가변동(Refixing) 등 조정하고자 하는 각 사유별로 조정할 수 있다는 내용, 조정의 기준이 되는 조정일, 구체적인 조정방법 등을 정하여야 한다.

4. 무보증사채 발행금리 결정

무보증사채의 공모금리는 수요예측을 실시하고 그 결과를 감안하여 주관회사와 발행회사가 협의하여 정한다(증권 인수업무 등에 관한 규정 제12조 제1항).

다음의 어느 하나에 해당하는 무보증사채의 공모금리를 결정하고자 하는 경우에는 수요예측을 실시하지 아니할 수 있다.

① 공모예정금액이 100억원 미만인 무보증사채

② 전환사채, 교환사채 또는 신주인수권부사채를 발행하는 경우

③ 시행령 제121조에 따라 무보증사채를 발행하는 경우(일괄신고서를 통한 발행)

④ 자산유동화증권을 발행하는 경우

⑤ 공모예정금액이 모두 일반청약자에게 배정되는 무보증사채

5. 직접공모와 공모가액 결정

가. 발행인의 공모가액 결정

비상장회사가 인수인을 통하지 않고 일반공모를 하는 경우에 공모가액의 적정성에 대하여 유가증권분석 전문기관(분석기관)의 평가를 거칠 의무가 있다 하더라도 나아가 비상장회사는 공모에 참여하는 투자자들을 보호하기 위하여

그러한 평가를 거쳐 산정된 주당 본질가치에 따라 공모가액을 결정하여야 할 주의의무까지 부담하지 않는다.

그러나, 비상장회사가 실제 주당 본질가치보다 공모가액을 높게 정한 것에 그치지 않고 ① 회사의 주당 본질가치가 부(-)의 가치임에도 공모가액을 이보다 현저히 높게 결정한 후에 ② 분석기관이 회사의 주당 본질가치를 부당하게 높게 평가한 사정을 알았거나 알 수 있었음에도 불구하고 ③ 유가증권신고서에 분석기관이 잘못 평가한 주당 본질가치를 감안하여 주당 공모가액을 정한 것처럼 기재하거나 ④ 그 밖에 주당 공모가액이 적정하게 결정된 것으로 투자자들이 오인할 수 있는 기재를 하여 공모절차를 진행하였다면, 특별한 사정이 없는 한 이를 신뢰한 투자자들에 대하여 불법행위책임이 성립한다.[423]

나. 직접공모시 증권분석기관의 공모가액

분석기관이 비상장법인의 모집가액 또는 매출가액의 적정성에 대하여 평가를 할 경우 재무에 관한 사항은 원칙적으로 기업회계기준을 따라야 하고, 그 이외의 사항 또한 유가증권 분석 전문가로서의 평균적 지식에 비추어 객관적이고 합리적이라고 볼 수 있는 방법에 따라 평가할 주의의무가 있다.

분석기관이 자신의 평가의견이 비상장법인의 주식공모에 참가하는 투자자들의 이용에 제공된다는 사정을 인식하면서도 기업회계기준에 반하여 불합리하게 유가증권을 평가하거나 지나치게 합리성이 결여되고 객관적 정당성을 상실한 방법에 따라 평가를 한 경우에는 위법하다.[424]

---

423) 대법원 2010. 1. 28. 선고 2007다16007 판결, 대법원 2010. 1. 28. 선고 2007다15981 판결

424) 대법원 2010. 1. 28. 선고 2007다15981 판결, 대법원 2010. 1. 28. 선고 2007다16007 판결은 "① 기업회계기준에 따르면 이미 발생하였으나 금액이 확정되지 않아 회계적 추정을 필요로 하는 상황은 확정적 사건으로서 우발상황에 포함되지 아니하고, 이 경우에는 이용가능한 모든 증거자료에 기초하여 손실 또는 이득의 금액을 합리적으로 추정하여 재무제표에 반영하여야 한다.
대우채 관련 손실부담은 피고 삼일회계법인이 이 사건 주식가치평가를 할 당시인 1999. 11.경에는 이미 발생하였으나 그 금액이 확정되지 않아 회계적 추정을 필요로 하는 확정적 사건이라 할 것이고, 1999. 11. 4. 정부에서 피고 푸르덴셜증권의 손실부담을 3,643억 원으로 추정한 바 있으므로, 피고 삼일회계법인은 이용가능한 모든 증거자료에 기초하여 대우채 관련 손실액을 합리적으로 추정하여 피고 푸르덴

분석기관이 유가증권 평가과정에서 주의의무를 위반하여 부당한 평가를 함으로써 위법한 행위를 한 경우에, 그 부당한 평가의견이 유가증권신고서나 청약안내공고 등에 의하여 투자자들에게 일반적으로 제공된다. 또한 유가증권 공모회사가 분석기관의 평가의견이 기재된 유가증권신고서 등을 이용하여 투자자들에게 개별적으로 투자권유를 함에 따라 투자자들의 투자에 관한 의사결정에 영향을 미친다.

따라서 실질적인 주식가치를 제대로 평가한 분석기관의 평가의견이 유가증권신고서나 청약안내공고 등에 기재되었더라면 투자자들이 그와 상당히 차이가 있는 공모가액으로는 공모에 응하지 않았을 것이라는 사정이 인정되는 경우에는 다른 특별한 사정이 없는 한 분석기관의 부당한 평가와 그 평가의견을 제공받은 투자자들이 공모에 응하여 입은 손해 사이에는 상당인과관계가 인정된다.[425)]

셜증권의 이 사건 주식가치평가에 반영하여야 함에도 평가일 현재 손실부담액을 추정하기 위한 제반 변수의 불확실성을 들어 주식가치 산정시 이를 전혀 반영하지 않은 잘못이 있다.

② 분석기관이 기업의 향후 매출액을 추정하는 경우 업계의 상황, 업계 또는 기업 상품의 향후 전망, 그 기업이 업계에서 차지하고 있는 시장점유율이나 신뢰도, 영업력, 재정능력 등을 종합적으로 검토하여 산정하여야 한다.

피고 삼일회계법인이 이 사건 주식가치평가를 하면서, 피고 푸르덴셜증권의 투자신탁보수를 추정함에 있어 피고 푸르덴셜증권이 바이코리아펀드의 판매로 수탁고가 많이 증가한 시기인 과거 6개월만을 자료로 삼아 장래 수탁고 실적의 추정에 사용하였으며, 1999년 하반기 투신권 전체의 수탁고가 감소하고 있었던 점이나 증권사 등의 경제전망에 따른 투신권 전체의 수탁고 증가율 및 총수탁고를 산정한 후에 이를 토대로 하여 피고 푸르덴셜증권이 업계에서 차지하는 비율에 따라 수탁고를 산정하는 등의 방법을 전혀 사용하지 않아 피고 푸르덴셜증권의 장래 신탁보수 및 푸르덴셜자산운용 주식회사에 대한 지분의 지분법 평가이익을 과다하게 산정하고, 주당 추정이익을 산정하면서 유상증자로 인하여 증가된 주식수를 제외한 발행주식수를 이용하여 산정하는 등의 잘못을 범하였다.

피고 삼일회계법인이 이와 같은 평가방법상의 잘못으로 부당한 평가를 하여 피고 푸르덴셜증권의 주당 본질가치가 장래의 수탁고의 추정상의 잘못을 제외하더라도 -2,441원에 불과함에도 이를 3,937원으로 과다하게 산정한 것은 주식공모절차의 신뢰를 해하는 불법행위에 해당한다.

425) 대법원 2010. 1. 28. 선고 2007다16007 판결은 "피고 삼일회계법인이 평가방법상의 잘못으로 부당한 평가를 하여 피고 푸르덴셜증권의 주당 본질가치가 장래의 수탁고의 추정상의 잘못을 제외하더라도 -2,441원에 불과함에도 이를 3,937원으로 과다하게 산정한 반면 이 사건 실권주는 발행가액 6,000원에 공모되었다.

제5절 증권의 발행과 손해배상책임

I. 자본시장법 제125조에 의한 손해배상책임

1. 손해배상 일반

자본시장법은 증권의 발행시 공시규제의 실효성을 확보하기 위하여 ① 금융위원회의 행정조치(법 제132조), ② 과징금 부과(법 제429조 제1항), ③ 과태료 부과(법 제449조 제2항 제7호, 제8호), ④ 형사제재(법 제444조), ⑤ 손해배상에 관한 특칙(법 제125조)을 두고 있다.

민법상 거래는 대면거래를 통해 이루어지는 민법상 불법행위와 달리 불특정 다수인간에 비대면거래로 위반행위가 발생하는 증권시장의 특성상 자본시장법에서는 손해배상책임자 및 손해배상책임 발생 요건을 특정하고, 입증책임을 전환하였을 뿐만 아니라 손해배상액도 추정하고 있다.

증권신고서와 투자설명서중 중요사항에 관하여 거짓의 기재 또는 누락이 있을 경우 증권의 취득자는 신고인 등에게 손해배상책임을 청구할 수 있다.

이와 같이 주당 본질가치와 발행가액 사이에 현저한 차이가 있는 사실을 알았더라면 원고들이 이 사건 공모에 응하지 않았을 것이라는 점은 쉽사리 추인할 수 있다. 또한 피고 삼일회계법인의 부당한 평가의견이 기재된 유가증권신고서가 금융감독위원회에 제출되고 피고 푸르덴셜증권의 각 지점 객장에 비치되어 투자자들이 수시로 열람하였으며 피고 푸르덴셜증권의 직원들이 이를 이용하여 투자자들에게 이 사건 실권주의 공모를 권유하였다.
따라서 피고 삼일회계법인이 이 사건 주식가치를 합리적으로 평가하였다면 피고 푸르덴셜증권의 주당 본질가치는 부(-)여서 원고들이 피고 푸르덴셜증권의 이 사건 실권주 공모에 응하지 아니하였을 것이라고 봄이 상당하다고 인정하고, 피고 삼일회계법인의 부당한 주식가치평가와 원고들의 이 사건 실권주 취득 사이에는 인과관계가 있다."라고 판시하였다.

2. 자본시장법 제125조의 법적 성격

자본시장법 제125조 제1항에서 정한 손해배상책임은 민법상 불법행위책임과는 별도로 인정되는 법정책임이지만[426] 그 실질은 민법상 불법행위책임과 다르지 아니하고, 제126조 제1항은 증권의 취득자가 입은 손해액의 추정 규정에 불과하다.[427]

3. 자본시장법 제125조와 민법 제750조의 불법행위 책임

자본시장법 제125조는 손해배상책임자 및 손해배상책임 발생 요건이 특정되어 있고, 그에 대한 입증책임이 전환되어 있을 뿐만 아니라 손해배상액도 추정되어 선의의 투자자가 보다 신속하게 구제받을 수 있다. 한편 유가증권 시장의 안정을 도모하기 위하여 그 책임을 물을 수 있는 기간이 단기간으로 제한되어 있다.

자본시장법 제125조의 손해배상책임은 민법상의 불법행위책임과는 별도로 인정되는 법정책임이므로, 투자자는 손해배상책임자를 상대로 자본시장법 제125조에 의한 손해배상책임뿐만 아니라 민법 제750조에 의한 손해배상책임을 다 함께 물을 수 있다.[428]

투자자가 제척기간의 도과 때문에 자본시장법에 따른 책임을 묻지 못하게 되는 경우 투자자는 손해배상의무자(회계법인 등)를 상대로 민법상 불법행위책임을 물을 수 있다. 대법원은 감사인의 감사보고서에 대하여 보호범위(예견가능한 이용자의 범위)와 인과관계를 넓게 인정하고 있다.[429]

---

426) 대법원 1998. 4. 24. 선고 97다32215 판결
427) 대법원 2015. 11. 27. 선고 2013다211032 판결
428) 대법원 1998. 4. 24. 선고 97다32215 판결
429) 대법원 2008. 7. 10. 선고 2006다79674 판결, 대법원 2008. 6. 26. 선고 2007다90647 판결, 대법원 2007. 1. 11. 선고 2005다28082 판결 등

Ⅱ. 손해배상 청구권자

자본시장법이 증권의 발행시장에서의 공시책임과 유통시장에서의 공시책임을 엄격하게 구분하면서 그 손해배상청구권자와 책임요건을 따로 정하고 있다. 자본시장법 제125조의 손해배상책임 규정은 법이 특별히 책임의 요건과 손해의 범위를 정하고, 책임의 추궁을 위한 증명책임도 전환시켜 증권 발행시장에 참여하는 투자자를 보호하기 위하여 규정한 조항이다.

자본시장법 제3편 제1장의 다른 조에서 말하는 '청약'은 모두 발행시장에서의 증권의 취득 또는 매수의 청약을 의미하므로 같은 장에 속한 자본시장법 제125조 제1항 단서에서 증권 취득자의 악의를 판단하는 기준 시로 정한 '취득의 청약을 할 때'도 발행시장에서 증권의 취득 또는 매수의 청약을 할 때로 보는 것이 자연스럽다.

위와 같은 점에 비추어 보면 자본시장법 제125조에 정한 손해배상청구권자인 증권 취득자의 범위에는 발행시장에서 모집 또는 매출을 통하여 증권을 취득한 자만이 포함된다.[430]

증권의 유통시장에서 해당 증권을 인수한 자는 자본시장법 제125조의 손해배상청구권자에서 제외되고, 증권신고서와 투자설명서의 거짓의 기재 등으로 해당 관여자에게 민법상 불법행위책임을 물을 수 있을 뿐이다.

일부 견해는 대법원 2008. 11. 27. 선고 2008다31751 판결을 근거로 유통시장에서의 취득자도 포함된다고 주장하나, 위 판결은 사업보고서의 거짓기재 등에 관한 것으로서 증권공모시 증권신고서의 거짓기재와 관련된 판결이 아니다.

증권신고서의 거짓기재 또는 기재 누락에 따른 책임을 발행시장에서 취득한 투자자로 한정하는 경우 증권공모 후 정기공시(사업보고서, 반기·분기보고서)를 하기 이전의 기간 동안 유통시장에서 거래하는 투자자들의 보호에 공백이

---

430) 대법원 2002. 5. 14. 선고 99다48979 판결, 대법원 2002. 9. 24. 선고 2001다9311, 9328 판결, 대법원 2015. 12. 23. 선고 2013다88447 판결

발생한다.

이 기간 동안 발행회사에 대한 정보는 결국 증권신고서에 의존할 수 밖에 없는데, 거짓기재 또는 기재 누락이 있는 증권신고서에 의존하여 유통시장에서 거래하더라도 자본시장법에 따른 책임을 물을 수 없게 되기 때문이다. 최소한 위 기간 동안의 투자자들은 자본시장법 제125조의 보호대상에 포함시키는 것이 합리적일 것이다.[431)]

431) 자본시장법 기본 판례(박준, 정순섭) 76면

Ⅲ. 손해배상의무자

1. 신고인과 신고 당시의 이사

증권신고서의 신고인과 신고 당시의 발행인의 이사는 증권신고서와 투자설명서 중 중요사항에 관하여 거짓기재 또는 기재 누락에 따른 책임을 부담한다(법 제125조 제1항 제1호). 이사가 없는 경우 이에 준하는 자를 말하고, 법인의 설립 전에 신고된 경우에는 그 발기인을 말한다.

증권의 모집 및 매출시 증권신고서의 신고인은 발행인이다. 발행인은 해당 회사를 의미한다. 모집의 경우 당연히 발행인 자신이 증권의 신고인이고, 구주를 매출하는 경우에도 구주의 소유자가 아닌 발행인이 신고인이 된다. 매출을 위한 신고서에 부실표시가 있는 경우 발행인과 매출인인 함께 손해배상책임을 부담한다.

해당 증권신고서의 작성에 관여한 이사뿐만 아니라 관여하지 않은 이사도 손해배상책임을 부담한다. 이사는 상근이사뿐만 아니라 사외이사도 포함한다. 이사는 등기이사만을 의미하는바, 등기이사가 아닌 자가 신고서 작성에 부당한 영향력을 미친 경우 증권신고서 작성을 지시한 자에 해당할 경우에 한해 손해배상책임을 부담한다.

'신고 당시'는 신고서의 제출·수리·효력발생의 단계에서 어느 단계를 말하는지 불분명하지만, 정정신고서를 통해서 중요사항의 부실표시 또는 누락이 정정되지 않는 한 최초 신고서 제출시의 이사로 보아야 할 것이다.[432)]

감사는 손해배상의무자에서 제외되어 있다.

발행인이 분식회계한 재무제표를 증권신고서와 투자설명서에 첨부한 것은 중요사항에 관하여 거짓기재한 때에 해당하고 발행인이 자본시장법 제125조에 따른 손해배상책임을 진다.[433)]

---

432) 김정수 '자본시장법 원론' 562명

433) 서울고등법원 2016. 4. 15. 선고 2014나2000572 판결, 서울중앙지방법원 2013. 11. 8. 선고 2011가합56779 판결

2. 업무집행지시자 등

회사에 대한 자신의 영향력을 이용하여 이사에게 업무집행을 지시한 자는 그 지시한 업무에 관하여 이사로 본다. 회사에 대한 영향력을 수단으로 하여 업무집행의 실질적인 주체가 되면서도 법상의 책임체계에서 잠복하는 자를 조직법적인 책임주체로 부상시키기 위하여 이사로 간주하는 것이다.

업무집행지시자는 다음에 해당하는 자를 말한다(상법 제401조의2 제1항).

① 회사에 대한 자신의 영향력을 이용하여 이사에게 업무집행을 지시한 자
② 이사의 이름으로 직접 업무를 집행한 자
③ 이사가 아니면서 명예회장 · 회장 · 사장 · 부사장 · 전무 · 상무 · 이사 기타 회사의 업무를 집행할 권한이 있는 것으로 인정될 만한 명칭을 사용하여 회사의 업무를 집행한 자

업무집행지시자로서 그 증권신고서의 작성을 지시하거나 집행한 자는 증권신고서와 투자설명서 중 중요사항에 관하여 거짓기재 또는 기재 누락에 따른 책임을 부담한다(법 제125조 제1항 제2호).

업무집행지시자의 '지시'라 함은 교사행위의 한 유형으로서 주식의 보유관계, 직위 또는 전문성 등에 의하여 지시를 받은 자가 이를 받아들이지 않으면 안 될 정도로 강력한 힘이 작용하는 것을 의미한다. 단순하면서도 일반적인 지시는 이에 해당하지 않는다.

또한 '집행'이라 함은 업무집행지시자가 증권신고서를 직접 작성하거나 적어도 이사를 거치지 않고 증권신고서의 작성실무를 수행하는 것을 의미한다. 여기서 업무집행지시자는 부실표시를 알았거나 알 수 있어야만 책임 주체가 된다.[434]

434) 최정식, 338 - 339쪽, 유가증권신고서 등의 부실기재로 인한 배상책임에 관한 고찰, 비교사법 제15권 제1호(비교사법학회 2008).

3. 공인회계사, 감정인, 신용평가를 전문으로 하는 자 등

증권신고서의 기재사항 또는 그 첨부서류가 진실 또는 정확하다고 증명하여 서명한 공인회계사, 감정인, 신용평가를 전문으로 하는 자, 변호사, 변리사 또는 세무사 등 공인된 자격을 가진 자는 증권신고서와 투자설명서 중 중요사항에 관하여 거짓기재 또는 기재 누락에 따른 책임을 부담한다(법 제125조 제1항 제3호).

공인회계사 등이 소속한 단체는 회계법인, 감정평가법인, 신용평가회사, 법무법인, 특허법인, 세무법인 등을 말하며, 손해배상의무자에는 공인회계사 등이 소속된 단체도 포함된다.

증권신고서에 첨부된 공인회계사 등의 서류는 전문적인 서류에 해당하므로, 전문가는 합리적인 조사를 수행한 후 기업정보를 성실하게 평가하고 보고서나 설명서를 작성하여야 하며, 만일 전문가가 합리적인 조사를 하지 않았거나 불성실한 설명으로 투자자에게 오해를 불러일으켰다면 그로 인한 손해배상책임이 있다는 취지이다.

4. 기재내용을 확인한 자

증권신고서의 기재사항 또는 그 첨부서류에 자기의 평가·분석·확인 의견이 기재되는 것에 대하여 동의하고 그 기재내용을 확인한 자는 증권신고서와 투자설명서 중 중요사항에 관하여 거짓기재 또는 기재 누락에 따른 책임을 부담한다(법 제125조 제1항 제4호).

이는 전문가의 의견이나 연구성과를 회사가 유용하는 것을 방지하고, 동시에 자기 의견이나 연구성과를 회사가 이용하는 것에 동의하고 그 기재내용을 확인한 전문가에게 책임을 부과함으로서 기재내용의 진실성을 담보하여 투자자를 보호하기 위한 것이다.

5. 인수인 또는 주선인

증권의 인수인 또는 주선인은 증권신고서와 투자설명서 중 중요사항에 관하여 거짓기재 또는 기재 누락에 따른 책임을 부담한다(법 제125조 제1항 제5호).

인수인은 발행인으로부터 증권을 인수하여 매각하고 그 이후 시장을 조성하는 기능이 중심이지만, 인수인은 공모서류에 대한 실사의 책임을 담당함으로써 발행시장규제의 한 축을 담당해 왔다. 인수인은 발행인의 공시에 대한 진실성 검증을 위하여 실사의무를 부담하고, 부실실사에 대한 책임을 부여하고 있다.

주선인은 2013년 자본시장법 개정으로 손해배상의무자에 포함시켰다.

인수인 또는 주선인이 2인 이상인 경우에는 다음의 자를 말한다(법 제125조 제1항, 시행령 제135조 제2항).

① 발행인 또는 매출인으로부터 직접 증권의 인수를 의뢰받아 인수조건 등을 정하는 인수인

② 발행인 또는 매출인으로부터 인수 외의 방법으로 그 발행인 또는 매출인을 위하여 해당 증권의 모집·사모·매출을 할 것을 의뢰받거나 그 밖에 직접 또는 간접으로 증권의 모집·사모·매출을 분담할 것을 의뢰받아 그 조건 등을 정하는 주선인

금융투자협회에서 정한 '증권 인수업무 등에 관한 규정' 제2조 제5호는 "주관회사란 증권을 인수함에 있어서 인수회사를 대표하여 발행회사와 인수조건 등을 결정하고 인수 및 청약업무를 통할하며, 기타 이 규정에서 정하는 업무를 수행하는 금융투자회사를 말하며, 대표주관회사란 발행회사로부터 증권의 인수를 의뢰받은 자로서 주관회사를 대표하는 금융투자회사를 말한다."라고 규정하고 있다.

•손해배상 의무자의 범위가 반드시 '대표주관회사'에 한정된다고 볼 수는 없고, 자본시장법 및 시행령 규정에 따라 ① 증권의 발행인으로부터 직접 인수의뢰를 받고, ② 인수조건 등을 직접 결정하는 자이면 손해배상의무자에 해당된다.[435]

인수조건 등을 정하지 않은 인수인의 경우 과징금 부과대상자에 해당하지 않는다고 판시한 사례가 있다.436)

6. 투자설명서의 작성자 또는 교부자

투자설명서를 작성하거나 교부한 자는 증권신고서와 투자설명서 중 중요사항에 관하여 거짓기재 또는 기재 누락에 따른 책임을 부담한다(법 제125조 제1항 제6호)

투자설명서의 작성자는 당해 증권의 발행인이다. 발행인을 제외한 자가 증권을 취득하게 하거나 매도하는 경우에는 투자설명서의 작성자와 교부자는 일

---

435) 서울고등법원 2013. 10. 16. 선고 2012나80103 판결은 "① 이 사건 주식의 발행인인 갑회사와 체결한 인수계약에서 피고 A증권은 '대표주관회사', 피고 B증권은 '공동주관회사'로서 60:40의 비율로 이 사건 주식을 각각 인수하기로 한 점, ② 피고들이 인수 및 모집가액, 청약기간, 납입기일 등 인수 및 모집에 관한 구체적 사항, 투자설명서의 교부, 모집일정, 인수수수료 및 공고비 등에 관한 사항을 결정한 점, ③ 피고 A증권과 피고 B증권이 지급받게 될 인수 수수료율이 동일한 점, ④ 이 사건 증권신고서 및 투자설명서에 피고 A증권이 피고 B증권과 함께 갑회사에 대한 실사를 시행하였고, 그에 대한 의견을 표시한 것으로 기재되어 있는 점 등의 사정을 알 수 있다. 이에 의하면 피고 B증권은 '대표주관회사'가 아니라 '공동주관회사'라고 하더라도 자본시장법 제125조 제1항 제5호의 '인수계약을 체결한 자'로서 손해배상의무자에 해당한다고 보아야 할 것이다."라고 판시하였다.
상급심인 대법원 2015. 12. 23. 선고 2013다88447 판결은 발행인 및 인수인의 손해배상책임을 인정하지 않았고, 서울고등법원 2016. 4. 14.자 2016나983 화해권고 결정에 의해 확정되었다.

436) 서울행정법원 2015. 2. 5. 선고 2013구합65090 판결은 "이 사건 인수계약서 등에 따르면 갑법인으로부터 직접 이 사건 증권의 총액인수를 위탁받는 주체는 A증권(대표주관회사) 일 뿐, 원고(B증권)와 나머지 인수회사는 A증권(대표주관회사)의 협의에 따라 이 사건 증권을 배정받는 것에 불과하고, A증권(대표주관회사)만이 발행회사와 협의하여 확정 공모가액을 결정한 것으로 기재되어 있다. 또한 A증권(대표주관회사)은 인수비율에 따른 수수료 외에 주관업무에 관한 수수료를 별도로 지급받는 반면, 원고(B증권)는 다른 인수회사와 동일하게 인수비율에 따른 수수료만을 지급받고, 이 사건 증권신고서의 제1부 모집 또는 매출에 관한 사항/ IV. 인수인의 의견(분석기관의 평가의견)의 작성주체로 대표주관회사인 A증권만이 명시되어 있다. 따라서 원고(B증권)는 자본시장법 제125조 제1항 제5호, 자본시장법 시행령 제135조 제2항에서 정하는 증권의 인수를 의뢰받아 인수조건 등을 정하는 인수인으로 볼 수 없다."라고 판시하였다. 서울고등법원 2015. 12. 19. 선고 2015누36623 판결, 대법원 2016두30750 계류중임.

치하지 않는다. 이 경우에는 작성자와 교부자가 연대책임을 부담한다.

7. 매출신고 당시의 매출인

매출의 방법에 의한 경우 매출신고 당시의 매출인은 증권신고서와 투자설명서 중 중요사항에 관하여 거짓기재 또는 기재 누락에 따른 책임을 부담한다(법 제125조 제1항 제7호).

매출의 주체는 주주이지만 신고서의 공시주체는 발행인이므로, 다량의 주식을 소유하여 회사에 영향을 행사하는 주주가 매출을 목적으로 신고서에 부실표시를 할 가능성이 있으므로 이를 방지하려는 규정이다.

8. 창업투자회사

중소기업창업지원법을 준거법으로 하여 설립된 창업투자회사는 운용자금과 업무집행조합원으로 있는 투자조합의 운용자금을 유망중소기업에 자본합작의 방법으로 출자한 후 이를 장외등록 또는 상장시켜 그 출자지분을 처분함으로써 투자금을 회수하고 이익을 얻는 것을 전문으로 하는 회사이다.

중소기업창업지원법상 창업투자회사는 그 영업에 관하여 자금차입, 사채발행 등 금융상의 혜택과 세제상의 특례 등이 인정되고 있다.

갑 개발금융은 신정제지와 사이에 합작투자계약을 체결함에 있어, ① 신정제지로 하여금 월별, 분기별, 반기별, 연차 및 수시 보고사항 등의 형식으로 그 생산, 판매현황, 공장건설 진행상황, 사업계획 진행상황, 재무제표, 사업계획서, 결산보고서, 등기부 기재사항 및 주주명부의 변동사항 등을 보고하도록 하고, ② 필요한 경우 합작투자자인 갑 개발금융이 주주자격으로 신정제지의 회계 및 업무 전반에 대하여 감사를 할 수 있으며, ③ 감사 결과 시정을 요하는 사항에 대하여는 그 시정을 요구할 수 있고, ④ 이때 신정제지는 이를 시정하고 그 결과를 보고하여야 하며, ⑤ 신정제지는 갑 대신개발금융이 지정한

회계법인과 같은 갑 개발금융의 입회하에 감사계약을 체결하여야 하도록 약정하였다.[437)]

갑 개발금융이 중소기업창업지원법에 근거하여 설립된 창업투자회사이기는 하나 기업공개와 관련하여 부실공개를 막아야 할 의무를 지고 있다고 볼만한 규정은 중소기업창업지원법 기타 어느 법령에서도 찾아볼 수 없다.

갑 개발금융이 신정제지와 체결한 합작투자계약상의 권한은 갑 개발금융이 신정제지에 대하여 거액의 투자를 한 회사로서 그 이익을 보호하기 위하여 확보한 것이지 투자자 및 제3자에 대한 의무로서 확보한 것이 아니다. 따라서 투자자 및 제3자는 갑 개발금융의 위와 같은 계약상 권한행사의 해태사실을 들어 갑 개발금융에 손해배상을 구할 수 없다.[438)]

9. 공무원의 손해배상의무 여부

공무원이 법령에서 부과된 직무상 의무를 위반한 것을 계기로 제3자가 손해를 입은 경우에 제3자에게 손해배상청구권이 인정되기 위하여는 공무원의 직무상 의무 위반행위와 제3자의 손해 사이에 상당인과관계가 있어야 한다.

상당인과관계의 유무를 판단함에 있어서는 일반적인 결과발생의 개연성은 물론 직무상 의무를 부과한 법령 기타 행동규범의 목적이나 가해행위의 태양 및 피해의 정도 등을 종합적으로 고려하여야 할 것이다.

공무원에게 직무상 의무를 부과한 법령의 목적이 사회 구성원 개인의 이익과 안전을 보호하기 위한 것이 아니고 단순히 공공일반의 이익이나 행정기관 내부의 질서를 규율하기 위한 것이라면, 설령 공무원이 그 직무상 의무를 위반한 것을 계기로 하여 제3자가 손해를 입었다고 하더라도 공무원이 직무상 의무를 위반한 행위와 제3자가 입은 손해 사이에 상당인과관계가 있다고 할

437) 서울지방법원 남부지원 1994. 5. 6. 선고 92가합11689 판결에서는 갑 개발금융은 신정제지에게 경영 지도에 관한 포괄적 권한이 있고, 갑 개발금융이 신정제지에 대한 실질적 감사권한을 게을리 했다는 이유로 투자자에 대한 손해배상책임을 인정하였다.

438) 서울고등법원 1995. 6. 14. 선고 94나21162 판결

수 없다.[439)]

금융위원회의 설치 등에 관한 법률의 입법 취지 등에 비추어 볼 때, 금융감독원에 금융기관에 대한 검사·감독의무를 부과한 법령의 목적이 금융상품에 투자한 투자자 개인의 이익을 직접 보호하기 위한 것이라고 할 수 없으므로, 금융감독원 및 그 직원들의 위법한 직무집행과 부산2저축은행의 후순위사채에 투자한 원고들이 입은 손해 사이에 상당인과관계가 있다고 보기 어렵다.[440)]

---

439) 대법원 2001. 4. 13. 선고 2000다34891 판결
440) 대법원 2015. 12. 23. 선고 2015다210194 판결

Ⅳ. 외부감사인

1. 감사인의 손해배상책임

감사인이 중요한 사항에 관하여 감사보고서에 기재하지 아니하거나 거짓으로 기재를 함으로써 이를 믿고 이용한 제3자에게 손해를 발생하게 한 경우에는 그 감사인은 제3자에게 손해를 배상할 책임이 있다(법 제170조 제1항, 외감법 제17조 제2항).[441]

다만, 연결재무제표에 대한 감사보고서에 중요한 사항을 기재하지 아니하거나 거짓으로 기재를 한 책임이 종속회사 또는 관계회사의 감사인에게 있는 경우에는 해당 감사인은 이를 믿고 이용한 제3자에게 손해를 배상할 책임이 있다(법 제170조 제1항, 외감법 제17조 제2항).

외부감사인에 의해서 작성된 감사보고서는 투자자의 투자판단에 매우 중요한 역할의 한다. 주가의 적정성에 대한 판단은 궁극적으로 회사의 재무상황을 통해 평가되고, 회사의 재무상황은 재무제표를 통해서 반영되기 때문에 외부감사인이 작성한 감사보고서의 정확성은 투자자들의 투자결정 판단에 있어서 결정적인 중요성을 가지고 있다. 이에 자본시장법 제170조 및 외감법 제17조에서 감사인에게 손해배상책임을 부과하는 것이다.

2. 감사인과 해당 회사의 이사 연대책임

감사인이 회사 또는 제3자에게 손해를 배상할 책임이 있는 경우에 해당 회사의 이사 또는 감사(감사위원회가 설치된 경우에는 감사위원회위원을 말함)도 그 책임이 있으면 그 감사인과 해당 회사의 이사 및 감사는 연대하여 손해

441) 대법원 2016. 12. 15. 선고 2015다243163 판결, 대법원 2016. 12. 15. 선고 2015다241228 판결, 대법원 2016. 12. 15. 선고 2015다60597 판결

를 배상할 책임이 있다. 다만, 손해를 배상할 책임이 있는 자가 고의가 없는 경우에 그 자는 법원이 귀책사유에 따라 정하는 책임비율에 따라 손해를 배상할 책임이 있다(법 제170조 제1항, 외감법 제17조 제4항).

3. 감사인의 면책항변

감사인 또는 감사에 참여한 공인회계사가 손해배상책임을 면하기 위하여는 그 임무를 게을리하지 아니하였음을 증명하여야 한다(법 제170조 제1항, 외감법 제17조 제7항).

다음의 어느 하나에 해당하는 자가 감사인 또는 감사에 참여한 공인회계사에 대하여 손해배상 청구의 소를 제기하는 경우에는 그 자가 감사인 또는 감사에 참여한 공인회계사가 임무를 게을리하였음을 증명하여야 한다(법 제170조 제1항, 외감법 제17조 제7항).

① 감사인을 선임한 회사
② 은행
③ 보험회사
④ 종합금융회사
⑤ 상호저축은행

4. 감사인의 손해배상액 산정

감사인이 배상할 금액은 청구권자가 그 증권(그 증권과 관련된 증권예탁증권, 그 밖에 대통령령으로 정하는 증권을 포함함)을 취득 또는 처분함에 있어서 실제로 지급한 금액 또는 받은 금액과 다음의 어느 하나에 해당하는 금액(처분의 경우에는 ①에 한함)과의 차액으로 추정한다(법 제170조 제2항).

① 손해배상을 청구하는 소송의 변론이 종결될 때의 그 증권의 시장가격(시장가격이 없는 경우에는 추정처분가격을 말함)

② ①의 변론종결 전에 그 증권을 처분한 경우에는 그 처분가격

손해배상책임을 질 자는 청구권자가 입은 손해액의 전부 또는 일부가 중요사항에 관하여 거짓의 기재 또는 표시가 있거나 중요사항이 기재 또는 표시되지 아니함으로써 발생한 것이 아님을 증명한 경우에는 그 부분에 대하여 배상책임을 지지 아니한다(법 제170조 제3항).

5. 손해배상의 제척기간

손해배상책임은 그 청구권자가 해당 사실을 안 날부터 1년 이내 또는 감사보고서를 제출한 날부터 3년 이내에 청구권을 행사하지 아니하면 소멸한다. 다만, 감사인의 선임을 할 때 계약으로 그 기간을 연장할 수 있다(법 제170조 제1항, 외감법 제17조 제9항).

6. 감사인의 자본시장법 제1항 제3호 및 제4호 해당 여부

자본시장법 제125조 제1항 제3호의 공인회계사에 외부감사인이 포함되는지에 관하여 대부분의 학자들은 외부감사인도 포함된다고 보고 있으나 최근 하급심에서는 공인회계사에 외부감사인이 포함되지 않는다고 판시한 사례[442]가 있다.

하급심[443]에서 감사인(회계법인)의 책임에 대하여 ① 증권신고서의 첨부서류로 제출된 감사보고서·검토보고서에 회계법인이나 그 대표이사의 서명이 되어 있지 않다는 점, ② 회계법인이 증권신고서의 첨부서류에 감사보고서·검토보고서에 기재되어 있는 자기의 평가·분석·확인 의견이 기재되는 것에 동

442) 서울고등법원 2016. 4. 15. 선고 2014나2000572 판결에 대한 검토사항은 박준, 정순섭, 자본시장법 기본판례(2016년) 60쪽 내지 64면 참조, 서울고등법원 2016. 11. 24. 선고 2014나2004505 판결

443) 서울고등법원 2016. 4. 15. 선고 2014나2000572 판결(항소하지 않아 확정됨)

의하였다거나 그 기재 내용을 확인하였다는 취지의 기재를 찾아볼 수 없다는 점을 근거로 자본시장법 제125조 제1항 제3호 및 제4호에서 규정하고 있는 손해배상책임을 부담하는 자에 해당된다고 볼 수 없다고 판시하였다.

감사인(회계법인)이 분식회계된 발행회사의 재무제표에 대한 감사보고서에 적정의견을 기재한 것은 자본시장법 제170조와 외감법 제17조의 '중요한 사항에 관하여 감사보고서에 거짓으로 기재한 경우에'에 해당한다. 다만 회계법인이 감사인으로서의 임무를 게을리 하지 아니하였다고 하여 외감법 제17조 제5항에 따라 동조 제2항의 손해배상책임이 면제된다고 인정하였다.[444]

제출인 등은 사업보고서등 및 그 첨부서류중 중요사항에 관한 거짓기재 또는 기재누락으로 인하여 투자자가 입은 손해를 배상하여야 하나, 첨부서류에 회계감사인의 감사보고서를 제외함으로써 손해배상의무자에 감사인이 제외되어 있다(법 제162조 제1항).

자본시장법 제162조 제1항에서 감사인을 손해배상의무자에서 제외하고, 자본시장법 제170조에서 회계감사인의 손해배상책임을 명시하고 있음에 비추어, 회계감사인은 자본시장법 제125조에 의한 손해배상의무자에서 제외된다고 보이며, 위 하급심 판결에 동의한다.

7. 공인회계사의 책임[445]

공인회계사는 신정제지가 외부 감사대상 법인이 된 1987. 사업연도 이후 기업공개에 이르기까지 줄곧 외부감사를 담당하여 온 공인회계사이다.

공인회계사는 신정제지가 매 사업연도마다 막대한 적자가 발생한 사실을 잘 알면서도 그 대표이사로부터 매월 일정액의 보수를 지급받는 대가로 매 사업연도 결산시 그 회계 담당자로 하여금 대차대조표상의 재고자산, 외상매출금 및 받을 어음 등을 과대계상하고, 지급어음 및 외상매입금 등 부채를 과소계상하는 한편 손익계산서상의 당기제품 제조원가를 과소계상하는 등의 방법으

444) 서울고등법원 2016. 4. 15. 선고 2014나2000572 판결(항소하지 않아 확정됨)
445) 대법원 2016. 12. 15. 선고 2015다241228 판결

로 당기순이익이 발생한 것처럼 허위로 분식하도록 지도하였다.

공인회계사는 허위의 재무제표에 대하여 '적정'의견으로 허위의 감사보고서를 작성하였으며, 특히 1989. 2. 이후에는 신정제지가 설립 이래 막대한 적자가 누적되어 온 부실기업이어서 기업공개의 요건을 갖추지 못한 회사인데도 신정제지의 대표이사가 기업공개를 추진하고 있다는 사실을 인식하게 되었음에도, 여전히 분식결산을 지도하고 허위의 내용으로 된 감사보고서를 작성하였다.

공인회계사의 지도에 따라 분식결산된 허위의 재무제표 및 공인회계사가 작성한 허위의 감사보고서가 없었다면 신정제지의 기업공개는 사실상 불가능하였던 것으로 보아야 할 것이다.

공인회계사는 신정제지의 분식결산을 지도하고 허위의 감사보고서 작성을 주도하여 신정제지의 주식이 불법으로 상장되게 한 불법행위자로서 위 주식의 매수로 말미암아 투자자가 입은 손해를 배상할 책임이 있다.[446]

회계법인은 한솔신텍의 제9기, 제10기 재무제표에 대한 외부감사를 수행할 당시 충분하고 적합한 감사증거를 수집하여 이를 대조·확인하는 절차를 소홀히 하여 원심 판시와 같은 피고 회사의 분식회계 사실을 발견하지 못한 채 피고 회사의 제9기, 제10기 재무제표에 대한 감사보고서에 적정의견을 표시함으로써 감사인으로서의 임무를 게을리하였다고 판단하였다.[447]

8. 분식회계와 회계감사인의 책임

가. 분식회계와 회사정리절차 개시[448]

코오롱TNS의 재무상태가 실제로는 기업어음 할인을 비롯한 단기차입금이

---

446) 서울지방법원남부지원 1994. 5. 6. 선고 92가합11689 판결
447) 대법원 2016. 12. 15. 선고 2015다241228 판결
448) 대법원 2008. 6. 26. 선고 2007다13985 판결, 대법원 2008. 6. 26. 선고 2007다90647 판결(동일사안임)

899억 1,424만원인데도 이를 누락하는 등 부채를 실제보다 808억 5,993만원, 자산을 실제보다 193억 6,287만원 각 과소계상하고, 당기순이익을 실제보다 148억 9,939만원 과대계상하는 방식으로 재무제표를 분식처리함으로써, 자산총계 85,411,390,042원, 부채총계 60,206,876,178원(이 중 단기차입금은 40억원이다), 자본총계 25,204,513,864원으로 기재하였다.

코오롱TNS가 그 동안의 사업부진을 만회하기 위하여 2002. 1. 8. 월드컵 휘장사업을 담당할 자회사로서 코오롱티엔에스월드를 설립하고, 2002 월드컵 휘장사업권을 획득한 코오롱티엔에스월드에 약 250억원을 투자 또는 대여하였으나, 월드컵 휘장사업의 실패로 인하여 그 자금 역시 회수하지 못하게 되었고, 2002년 5월 현재 1,360억원에 이르게 된 단기차입금에 대한 상환능력이 결국 한계에 이르게 되어 2002. 7. 24. 최종 부도를 내고 2002. 8. 21. 회사정리절차 개시결정을 받았다.

나. 감사보고서의 중요성

기업체의 재무제표 및 이에 대한 외부감사인의 회계감사 결과를 기재한 감사보고서는 대상 기업체의 정확한 재무상태를 드러내는 가장 객관적인 자료로서 증권거래소 등을 통하여 일반에 공시되고 기업체의 신용도와 상환능력 등의 기초자료로서 그 기업체가 발행하는 회사채 및 기업어음의 신용등급평가와 금융기관의 여신제공 여부의 결정에 중요한 판단 근거가 된다.

그 결과 해당 기업체의 자기자본 규모와 비교하여 회계처리기준에 위반되는 분식회계의 규모가 심각한 수준임을 알면서도 외견상의 분식회계 내용 및 그에 기초한 회사채 또는 기업어음의 신용등급평가에 맞추어 그대로 대규모의 여신을 제공하는 것과 같은 사례는 극히 이례적이라고 할 수 있다.[449]

다. 민법상 불법행위와 손해 인과관계의 입증

감사인의 부실감사로 손해를 입게 된 투자자가 민법상의 불법행위책임에 기

449) 대법원 2007. 1. 11. 선고 2005다28082 판결

하여 배상을 청구할 경우, 투자자인 유가증권의 취득자는 배상의무자의 허위 기재 등의 위법행위와 손해 발생 사이의 인과관계 등의 요건사실을 스스로 모두 입증하여야 한다.450)

그러나, 특별한 사정이 없는 한 분식회계를 밝히지 못한 감사보고서의 내용은 기업어음의 가치를 결정하는 데 영향을 주어 부당하게 가격을 형성하게 하는 원인이 되고, 이로 인하여 기업어음을 매입한 원고는 손해를 입었다고 보아야 한다.

라. 거래인과관계의 인정

가항의 분식규모에 비추어 볼 때 원고가 코오롱TNS 발행의 이 사건 기업어음을 매입할 당시 그러한 사정을 제대로 알고 있었다면 이 사건 기업어음을 매입하지 않았을 것이다.

따라서 위 재무제표의 감사와 관련하여 분식회계사실을 밝히지 못한 과실의 결과로 이 사건 기업어음이 신용평가기관으로부터 적정한 신용등급을 얻었고 그에 따라 원고가 이 사건 기업어음을 매입하였다.

이 사건 감사보고서가 공시된 후 공개시장에서 이 사건 기업어음을 취득한 원고는 이를 진실한 것으로 신뢰하고 그에 기초하여 거래하였다고 봄이 상당하다.451)

---

450) 대법원 2007. 10. 25. 선고 2006다16758, 16765 판결

451) 대법원 2008. 6. 26. 선고 2007다90647 판결 :
원고가 이 사건 각 기업어음을 매수하기 전 코오롱TNS의 재무제표와 추정손익계산서만을 받아 보았을 뿐 직접 이 사건 감사보고서를 검토하고 이를 신뢰하여 이 사건 각 기업어음을 매입하기로 결정한 것은 아니고, 원고가 이 사건 각 기업어음 매입 당시 고려한 이 사건 각 기업어음의 신용평정은 이 사건 감사보고서가 공시되기 이전에 이루어진 점은 인정됨.
그러나, ① 코오롱TNS의 분식회계 규모와
② 신용평가사들이 기업어음의 신용평가에 있어 발행기업의 단기 채무상환능력을 중점적으로 평가하고, 신용등급 유효기간 내에 평가대상기업의 채무이행 및 원리금 상환에 영향을 줄 수 있는 환경변화요인이 있는 경우 수시평정을 통하여 기평정등급을 변경하고 있으므로, 코오롱TNS의 분식규모에 비추어 볼 때 신용평가사들이 코오롱TNS의 단기 채무상환능력에 대한 평가를 달리하여 수시평정을 통해 그 기업어음에 대한 등급을 변경하는 등의 절차를 진행하였을 것으로 보이며, 그러한 절차 후 이 사건 각 기업어음이 금융기관인 한화증권 주식회사를 통하여 중개되지 아니

마. 손해배상액 산정

민법상 불법행위책임에 기하여 손해배상을 청구하는 경우 손해액의 산정에 관하여 증권거래법 제197조 제2항 및 제15조가 적용될 수 없다.

분식회계 및 부실감사로 인하여 기업어음의 가치 평가를 그르쳐 기업어음을 매입한 원고가 종국적으로 입게 되는 손해액은 기업어음의 매입대금 상당액에서 기업어음의 실제가치, 즉, 분식회계 및 부실감사가 없었더라면 형성되었을 기업어음의 가액을 공제한 금액이라고 할 것이다.[452)]

따라서 원고(투자자)는 이 사건 각 기업어음의 실제가치를 입증하여야 하고, 이 사건 각 기업어음을 매수하면서 지급한 금원을 원고가 입은 손해라고 단정할 수 없다.[453)]

바. 손해액 산정시 고려사항

코오롱TNS의 분식규모, 이 사건 재무제표의 허위기재 내용 및 이 사건 감사보고서의 재무제표와 월드컵 휘장사업에 관한 부실기재 내용, 이 사건 기업어음을 처음 매입한 지 약 3개월만에 코오롱TNS가 부도를 낸 점에 비추어 보면, 위 월드컵 휘장사업의 실패, 부도 및 회사정리절차의 개시 역시 이 사건 분식회계 당시 내재하였던 코오롱TNS의 부실한 재무상태와 신용도의 위험이 외부적으로 현실화된 것에서 비롯되었다고 할 것이다.

이 사건 감사보고서의 내용은 기업어음의 가치를 결정하는 데 영향을 주어 부당한 가격으로 기업어음을 매입하는 원인이 되었음을 전제로 하여 원고가 입은 손해액을 산정한 것은 정당하며, 위 월드컵 휘장사업의 실패 등의 사유

하였을 것이므로, 원고가 코오롱TNS의 분식회계사실과 분식규모를 제대로 알고 있었다면 이 사건 각 기업어음을 매입하지 않았을 것이다.
따라서 위 재무제표의 감사와 관련하여 분식회계사실을 밝히지 못한 과실의 결과로 이 사건 각 기업어음이 신용평가기관으로부터 적정한 신용등급을 얻었고 그에 따라 원고가 이 사건 각 기업어음을 매입하였다고 봄이 상당하다(이 사건 감사보고서의 허위기재와 이 사건 각 기업어음의 매입 사이에 인과관계가 인정됨)

452) 대법원 1980. 2. 26. 선고 79다1746 판결

453) 대법원 2008. 6. 26. 선고 2007다90647 판결

를 손해액 산정시 별도로 고려하지 않은 것을 잘못이라고 할 수 없다.

9. 삼화저축은행 후순위채와 분식회계

가. 사실관계454)

㈜▲▲저축은행은 2009. 6. 23. 총 160억원 상당의 제1회 후순위채를, 2009. 12. 21. 총 95억원 상당의 제2회 후순위채를 발행했다.

당시 ㈜▲▲저축은행은 "6년 연속 당기순이익 흑자, 3년 연속 8/8 클럽 유지(2008년 12월 기준)" (제1회 후순위채), "7년 연속 당기순이익 흑자, 4년 연속 8/8 클럽 유지(2009년 6월 기준)" (제2회 후순위채)라고 광고했다.

그리고 후순위채 판매 담당 직원들은 ㈜▲▲저축은행의 내부지침에 따라 고객들에게 위 후순위채에 대해 BIS 기준 자기자본비율(BIS 비율) 8% 이상, 고정이하 여신 비율(부실대출비율) 8% 이하(위 두 조건을 "8/8" 이라고 함)임을 강조한 반면, 연체율, PF 여신 비율, PF 대출 연체율 등에 대해서는 고객이 알려달라고 하기 전까지는 묵비하며 ㈜▲▲저축은행의 파산가능성이 없음을 자신한다고 설명했고, ㈜▲▲저축은행의 예금채권자를 상대로는 예금 중도해지이자율을 적용하지 않는다며 예금을 후순위채에 투자하도록 권유했다.

① 제1회 후순위채 증권신고서에는 ㈜▲▲저축은행의 38기 재무제표(회계기간 2007. 7. 1.부터 2008. 6. 30.까지)에 대한 감사보고서 및 39기 반기 재무제표(회계기간 2008. 7. 1.부터 2008. 12. 31.까지)에 대한 검토보고서가, ② 제2회 후순위채 증권신고서에는 39기 재무제표(회계기간 2008. 7. 1.부터 2009. 6. 30.까지)에 대한 감사보고서 및 39기 반기 재무제표에 대한 검토보고서, 40기 1분기 재무제표(회계기간 2009. 7. 1.부터 2009. 9. 30.까지)에 대한 검토보고서가 첨부되어 있었다.

위 각 감사보고서 및 검토보고서는 ㈜▲▲저축은행의 외부감사인인 피고 ◇◇회계법인이 작성한 것으로 감사보고서의 경우 적정의견이, 검토보고서의 경

454) 서울중앙지방법원 2013. 11. 8. 선고 2011가합56779 판결, 서울고등법원 2016. 4. 15. 선고 2014나2000572 판결(확정)

우 "상기 재무제표가 중요성의 관점에서 회계처리기준에 위배되어 작성되었다는 점이 발견되지 않았다"는 취지의 의견이 기재되어 있었다.

원고들은 ㈜▲▲저축은행으로부터 이 사건 후순위채를 매입했다.

그런데 그로부터 약 1년 후인 2011. 1. 14. ㈜▲▲저축은행은 금융위원회에서 부채가 자산을 504억원 초과하고 BIS 비율이 -1.42%임을 이유로 부실금융기관으로 지정되고, 6개월간 영업정지 등을 명하는 경영개선명령을 받았으며, 결국 2011. 6. 24. 서울중앙지방법원에서 파산 결정을 받았다.

2005. 2. 11.부터 ㈜▲▲저축은행의 대표이사로 근무한 이○○은 2011. 4. 18. 자산 건전성을 기준보다 상향 분류하여 350억원 상당의 대손충당금을 설정하지 않는 방법으로 39기 재무제표를 분식했다는 공소사실로 기소되었고, 위 공소사실은 1심, 항소심, 상고심을 거쳐 2013. 10. 24. 유죄로 확정되었다.

한편, ㈜▲▲저축은행에 대해 2007년 부문검사(검사기간 2007. 1. 22.부터 2007. 2. 7.까지)를 한 피고 금융감독원의 직원 이□□, 홍○○, 2008년 부문검사(검사기간 2008. 3. 17.부터 2008. 4. 1.까지)를 한 이□□, 윤○○은 2012. 1. 19. 허위공문서작성죄 등으로 기소되었다.

나. 회계법인의 자본시장법 제170조에 의한 손해배상책임

피고 ◇◇회계법인은 ㈜▲▲저축은행의 38기, 39기 재무제표에 대해 감사보고서를 작성했고, 이는 ㈜▲▲저축은행의 38기, 39기 사업보고서에 첨부되어 금융위원회와 ㈜한국거래소에 제출되었으며, 앞에서 본 바와 같이 이 사건 각 후순위채의 증권신고서에 첨부되었다.

39기 재무제표는 350억원 상당의 대손충당금을 설정하지 않았고, 38기 재무제표 역시 위 대손충당금의 설정내역[서울중앙지방법원 2011고합338 등 사건의 판결문 별지 범죄일람표(5)]에 비추어 340억원 상당의 대손충당금을 설정하지 않은 것으로 보임에도, 위 각 재무제표에 대해 피고 ◇◇회계법인은 그 감사보고서에 적정의견을 기재했다.

BIS 비율이나 부실대출비율 등은 후순위채의 투자자들이 투자를 결정함에 있어 중요하게 참작하는 사항인 점, 이 사건 각 후순위채 발행 당시 실제 BIS

비율은 증권신고서나 투자설명서에 기재된 것에 비해 약 3% 정도 감소하고, 부실대출비율은 약 5% 정도 증가하는 것으로 보이는 점 등을 고려하면, 이는 사업보고서 및 그 첨부서류 중 중요사항에 관해 거짓의 기재를 한 때에 해당한다. 따라서 피고◇◇회계법인은 자본시장법 제170조, 외부감사 법 제17조에 따라 감사보고서를 신뢰한 원고들이 입은 손해를 배상할 책임이 있다.

다. 회계법인의 면책주장

외부감사인이 자본시장법 제170조, 외감법 제17조의 손해배상책임을 면하기 위해서는 그 임무를 게을리하지 않았음을 입증해야 한다(외부감사 법 제17조 제5항 본문).

저축은행에 대해서는 그 감독 업무를 담당하는 금융감독원이 자료제출 요구권, 계좌추적권 등을 가지고 종합검사, 부문검사 등을 통해 정기적으로 저축은행의 재무상태 등을 검사하고 있다.

그렇다고 하더라도 재무제표에 대한 외부감사인은 금융감독원과는 독립적인 위치에서 주식회사의 회계처리가 기준에 맞게 되었는지를 자신에게 주어진 권한 내에서 조사 · 확인할 의무가 있다.

그런데 이 사건에서 피고 ◇◇회계법인은 금융감독원의 조사 결과를 참고하여 감사 업무를 성실히 수행했다는 막연한 주장을 하고 있을 뿐, 구체적으로 대손충당금 설정에 관해 어떠한 방법으로 감사 업무를 수행했는지는 밝히지 않고 있고, 이에 대한 감사조서의 제출을 거부하고 있다.

이러한 사정을 고려하면, 피고 ◇◇회계법인이 외부감사인으로서의 임무를 게을리하지 않았음을 인정할 만한 정황이나 증거가 부족하다고 할 것이다. 따라서 위 각 재무제표에 대한 외부감사인으로서의 임무를 게을리하지 않았다는 피고 ◇◇회계법인의 주장은 받아들이지 않는다.

V. 중요사항에 관한 거짓의 기재 또는 기재누락

1. 판단기준

자본시장법 제125조의 중요사항이란 투자자의 합리적인 투자판단 또는 해당 금융투자상품의 가치에 중대한 영향을 미칠 수 있는 사항(법 제47조 제3항)을 말하는 것으로서, 이는 합리적인 투자자가 금융투자상품과 관련된 투자판단이나 의사결정을 할 때에 중요하게 고려할 상당한 개연성이 있는 사항을 의미한다.[455][456]

어떠한 사항이 합리적인 투자자가 중요하게 고려할 상당한 개연성이 있는 사항에 해당하는지는 그 사항이 거짓으로 기재·표시되거나 그 기재·표시가 누락됨으로써 합리적인 투자자의 관점에서 이용할 수 있는 정보의 전체 맥락을 상당히 변경하는 것으로 볼 수 있는지에 따라 판단하여야 한다.[457]

중요사항에 관하여 거짓의 기재·표시 또는 그 기재·표시의 누락이 있는지 여부는 그 기재·표시나 누락이 이루어진 시기를 기준으로 판단하여야 한다.[458]

모집 당시에는 전혀 예측할 수 없었던 기업 외적인 사항이나 그 후의 사정

---

455) 대법원 2006. 2. 9. 선고 2005도8652 판결, 대법원 2015. 12. 23. 선고 2013다88447 판결

456) 대법원 2016. 2. 18. 선고 2014두36259 판결은 "자본시장법이 증권신고서 제출제도를 통하여 증권발행시장을 규제하는 것은 증권의 공모 시에 발행회사와 증권에 관한 정확한 정보를 투자자에게 제공함으로써 발행회사와 투자자 사이에 발생할 수 있는 정보의 비대칭을 해소하여 투자자를 보호하기 위한 것이다. 이러한 취지에 비추어 볼 때, 위 조항(제429조 제1항 제2호)에서 말하는 '중요사항'이란 증권의 공정한 거래와 투자자 보호를 위하여 필요한 사항으로서 투자자의 합리적인 투자 판단 또는 증권의 가치에 중대한 영향을 미칠 수 있는 사항을 의미한다고 할 것이다."라고 판시하였다.

457) 대법원 2015. 12. 23. 선고 2013다88447 판결, 서울남부지방법원 2009. 6. 26. 선고 2008가합12300판결

458) 대법원 2015. 12. 10. 선고 2012다16063 판결

변경 등에 의하여 발생할 수 있는 상황까지 예상하고 그에 대비하여 기재할 것을 요구하는 것은 아니다.459)

2. 중요사항의 심리방법

가. 2008년 사업보고서460)

완제된 채무에 대한 담보제공 사실을 재무제표에 대한 주석에 기재하지 아니하면 기업회계기준 위반에 해당하는지는 별론으로 하고, 2008년 말 당시까지 임차보증금반환채권 및 주식의 피담보채무가 완제되었다면 경제적인 실질은 위 임차보증금반환채권 및 주식이 담보로 제공되지 아니한 것과 다르지 않다.

그리고 이와 관련한 정보를 2008년 사업보고서에 추가로 공시하더라도, 이는 대영상호저축은행에 대한 차입금채무에 위 임차보증금반환채권 및 주식이 담보로 제공되었다는 사실과 그 채무가 완제된 채무라는 사실을 재무제표에 대한 주석에 기재한다는 것을 의미한다.

합계 31억 8,600만원 상당의 임차보증금반환채권 및 주식이 이미 완제된 채무에 담보로 제공되었다는 사실이 가지는 경제적인 실질과 아울러 그 사실이 5억원 상당의 타인 채무에 대한 지급보증 사실과 함께 공시되었더라면 합리적인 투자자의 투자판단에 어떠한 의미를 가질 수 있는지를 심리하여야 한다.

그런 후에 원고가 주장하는 2008년 사업보고서의 부실표시가 과연 합리적인 투자자가 투자판단을 할 때에 중요하게 고려할 상당한 개연성이 있는 사항에 해당하는지를 판단하였어야 한다.

---

459) 대법원 2015. 12. 23. 선고 2013다88447 판결은 "대한해운이 이 사건 유상증자를 위한 증권신고서 및 투자설명서를 처음 제출한 날이나 정정신고서 제출기한 이전부터 회생절차개시 신청을 준비하고 있었다거나 용선료 재조정을 위한 협상을 진행하여 왔음을 인정할 증거가 부족하다."라고 판시하면서 판단시점을 증권신고서 제출일 또는 청약일 이전이라고 판시하였다. 서울고등법원 1999. 7. 23. 선고 98나50335 판결 동일취지

460) 대법원 2015. 12. 10. 선고 2012다16063 판결

나. 2009년 1분기 분기보고서

2008년 사업보고서에서 누락된 합계 36억 8,600만원 상당의 임차보증금반환채권 및 주식의 담보제공 사실과 소외 3의 채무에 대한 지급보증 사실 외에 추가로 합리적인 투자자의 투자판단에 문제가 되는 새로운 누락 사항은 24억 2,000만원의 양도성예금증서 담보제공 사실이다.

그런데 설령 위 양도성예금증서가 전환사채권자들에게 담보로 제공된 것이 사실이고 이를 재무제표에 대한 주석에 기재하지 아니한 것이 기업회계기준에 위배된 것이라고 하더라도, 그 피담보채무인 사채금상환채무가 종국적으로 변제하여야 할 채무라면 위 양도성예금증서에 의하여 향후 변제가 이루어져도 회사 재산 총액에 차이가 없으므로 담보제공으로 인한 현금 활용 기회의 상실 외에 실질적으로 회사의 재산상태에 큰 영향이 있다고 할 수 없다.

그렇다면 합계 31억 8,600만원 상당의 임차보증금반환채권 및 주식이 이미 완제된 채무에 담보로 제공되었다는 사실과 5억원 상당의 타인 채무에 대한 지급보증 사실이 공시되었더라면 합리적인 투자자의 투자판단에 어떠한 의미를 가질 수 있는지를 심리하여야 한다.

아울러, 하이스마텍이 종국적으로 변제하여야 할 자신의 채무, 즉 사채금상환채무에 관하여 담보를 제공한 사실이 공시되는 것이 합리적 투자자의 투자판단에 어떠한 의미를 가지는지도 심리하여야 한다.

그런 뒤에 과연 원고가 주장하는 2009년 1분기 분기보고서의 부실표시가 합리적인 투자자가 투자판단을 할 때에 중요하게 고려할 상당한 개연성이 있는 사항에 해당하는지를 판단하였어야 한다.

3. 후순위사채와 분식회계

가. 후순위사채의 매입[461)]

제일저축은행은 청약기간을 2009. 10. 19. - 21.로 하여 연 8.5퍼센트의 이자를 2009. 11. 22.부터 매월 후지급하고, 2015. 2. 22.에 원금 100퍼센트를 일시 상환하는 조건으로 권면총액 300억원의 제3회 무기명식 이권부 무보증 후순위사채를 모집공고하였다.

원고는 2009. 10. 19. 제일저축은행에서 위 후순위사채 4,000만원의 매수를 청약하여 2009. 10. 22. 2,400만원 상당의 후순위사채를 배정받고 위 돈을 납입하였다.

원고는 이 사건 후순위사채의 이자로 2009. 11. 22.부터 2011. 8. 22.까지 22회에 걸쳐 매월 14만 4,438원씩 합계 317만 7,636원을 수령하였다.

나. 후순위사채의 후순위특약사항

① 본 사채에 관한 원리금지급청구권은 발행회사에 대하여 파산절차, 회생절차, 기업구조조정절차, 청산절차 및 외국에서 이와 유사한 도산절차가 개시되는 경우에는 (i) 발행회사에 대한 모든 무보증, 비후순위채권보다 후순위이고, (ii) 본 사채보다 열후한 후순위특약이 부가된 채권 및 주주의 권리(보통주 및 우선주 포함)보다는 선순위로 한다.

② 발행회사에 대하여 파산절차, 회생절차, 기업구조조정절차, 청산절차 및 외국에서 이와 유사한 도산절차가 개시되는 경우, 본 사채와 동일하거나 열후한 후순위 특약이 부가된 채권 및 위 (i), (ii) 주주의 권리를 제외한 다른 모든 채권이 그 잔액에 대하여 변제가 완료되는 것을 정지조건으로 하여 본 사채를 상환한다.

③ 본 사채는 후순위사채의 본질을 해할 우려가 있는 담보의 제공, 만기 전 상환(금융감독원장의 사전승인에 의한 만기 전 상환 제외), 채무보증 등을 할 수 없다.

④ 본 사채 소지자는 위 2에 따라 상환받을 수 없음에도 불구하고 원리금의 전부 또는 일부를 상환받은 경우 그 수령한 금액을 즉시 발행회사에 반

461) 서울남부지방법원 2013. 8. 22. 선고 2013나50522 판결, 사실관계는 자본시장법 기본 판례(박준, 정순섭) 78쪽 - 80쪽을 인용하였음.

환하여야 하며, 위 2의 조건이 충족될 때까지 본 사채에 관한 권리를 자동채권으로 하여 발생회사에 대하여 상계할 수 없다.

다. 영업정지처분 및 파산선고

제일저축은행은 분식회계 사실 등이 밝혀져 2011. 9. 18. 금융위원회로부터 6개월간 영업정지처분을 받았고, 이 사건 후순위사채는 2011. 10. 6. 상장 폐지되었다.

서울중앙지방법원은 2012. 9. 7. 제일저축은행에 대하여 파산을 선고하고, 같은 날 예금보험공사를 제일저축은행의 파산관재인으로 선임하였다.

라. 대표이사의 형사처벌

제일저축은행은 2009. 10. 9. 이 사건 후순위사채 공모를 위한 증권신고서를 전자공시하면서 '2009. 6.말 현재 BIS비율이 8.19퍼센트(2,617억 3,900만원/3조 1,947억 1,500만원 × 100)를 기록하고 있어 통상적인 건전성기준인 8.0퍼센트를 상회하고 있다.' 고 기재하였다.

그런데 제일저축은행의 대주주 겸 회장인 갑, 대표이사인 을은 2013. 5. 16. 외감법에 위반하여 허위의 재무제표를 작성·공시하고, 자본시장법에 위반하여 부정거래행위 등을 하였다는 범죄사실로 각각 징역형을 선고받았다.

마. 발행인의 손해배상책임

제일저축은행이 이 사건 후순위사채의 증권신고서에 고정 이하 부실대출채권을 정상채권으로 가장하여 자산건전성을 허위로 분류하는 분식행위를 하여 작성한 재무제표를 기준으로 BIS비율과 자산건전성을 허위로 기재하였다.

이와 같은 재무제표와 BIS비율은 파산절차 등이 개시될 경우 사실상 변제받기 어려운 상호저축은행의 후순위사채를 매입하려고 하는 투자자의 합리적인 투자판단에 중대한 영향을 미칠 중요한 사항에 해당한다.

따라서 특별한 사정이 없는 한 제일저축은행은 자본시장법 제125조 제1항에 의하여 위 증권신고서의 기재를 믿고 이 사건 후순위사채를 취득한 원고가 입은 손해를 배상할 책임이 있다.

4. 자금사용목적 허위기재

가. 자금사용목적의 중요사항 해당여부

자본시장법 제119조 제6항, 같은 법 시행령 제125조 제1항 제2호 사.목에 따르면 증권의 모집 또는 매출에 있어 발행인은 그 모집 또는 매출에 관한 신고서를 금융위원회에 제출하여야 하고 그 증권신고서의 기재사항에는 '자금의 사용목적'이 포함되어 있다.

자본시장법 제122조 제1항, 제3항에 따르면, 금융위원회는 증권신고서 중 중요사항에 관하여 거짓의 기재 또는 표시가 있거나 중요사항의 기재나 표시내용이 불분명하여 투자자의 합리적인 투자판단을 저해하거나 투자자에게 중대한 오해를 일으킬 수 있는 등의 경우 그 정정신고서의 제출을 요구할 수 있고, 증권신고서를 제출한 자는 대통령령으로 정하는 중요한 사항을 정정하고자 하는 경우에 있어서는 반드시 정정신고서를 제출하여야 하는바, 같은법 시행령 제130조 제1항 제1호 다.목에는 그러한 중요한 사항의 하나로 '자금의 사용목적'이 규정되어 있다.

자본시장법 제123조에 따르면 증권의 모집이나 매출에 있어서 그 발행인은 대통령령으로 정하는 방법에 따라 작성한 투자설명서를 금융위원회에 제출하여야 하는바 같은 법 시행령 제131조 제3항 제1호에는 같은 시행령 제125조 제1항 각호의 사항이 규정되어 있어 결국 투자설명서의 경우에도 '자금의 사용목적'이 필수 기재사항으로 되어 있다.

위와 같은 점에 비추어 볼 때, 유상증자로 조달될 자금의 사용목적은 증권의 모집에 있어 투자자의 합리적인 투자판단에 영향을 미칠 수 있는 매우 중요한 사항이라 할 수 있다.[462]

나. 의료바이오사업 시설투자 목적 허위 기재463)

피고인 1과 피고인 2 등은 유헬스케어사업에 사용하기로 예정된 금액은 10억원가량에 불과하였고, 여기에다가 운영자금 약 20억원과 위 부채 변제 예정액 50억원을 제외한 나머지 유상증자대금 전부는 공소외 20 주식회사나 공소외 4 주식회사가 아닌 공소외 15 박사 관련 공소외 24 주식회사나 공소외 5 주식회사의 우회상장을 위한 출자자금으로 사용하기로 합의하였음에도, 피고인 1이 양수인 측과 만나기 이전인 2009년 초에 유상증자로 조달하려고 자체적으로 계획하였던, 공소외 20 주식회사, 공소외 4 주식회사 출자에 36억원, 유헬스케어사업 진출을 위한 부지매입, 시설투자 및 개발생산에 110억원이라는 자금목적을 그대로 기재한 점 역시 중요한 사항에 관한 허위의 기재임이 인정된다.

따라서 피고인 1, 2가 이 사건 유가증권신고서상 자금의 사용목적에 관하여 실제로 그렇게 사용할 의사나 능력도 없이 판시와 같이 사실과 다른 내용을 기재한 것은 투자자의 합리적인 투자판단에 영향을 미칠 수 있는 매우 중요한 사항의 허위 기재라 할 것이다.

다. 허위의 투자계획464)

① 갑회사의 경영권을 실질적으로 행사한 A는 갑회사의 주가를 인위적으로 부양하여 시세차익을 얻을 의도를 가지고 있었던 것으로 보이는 점, ② 이 사건 투자계획상 을회사에 투입되는 금액이 무려 150억원에 이르는데도 갑회사 직원들이 을회사의 직원들과 직접 접촉하거나 현지를 방문한 적이 전혀 없는 점, ③ 갑회사는 이 사건 투자계획과 관련하여 주간사계약을 체결한 적이 없음에도 증권신고서에 B증권회사를 주간사로 기재한 점, ④ 갑회사는 증권신고

---

462) 서울고등법원 2011. 8. 26. 선고 2011노183 판결

463) 서울고등법원 2011. 8. 26. 선고 2011노183 판결, 대법원 2011. 12. 22. 선고 2011도12041 판결로 확정됨.

464) 서울행정법원 2010. 5. 20. 선고 2009구합36316 판결

서를 제출한 이후 이 사건 투자계획과 관련하여 금융감독원이 요구하는 자료를 제출하지 못하였고, 결국 2007. 6. 27. 에 이르러 위 투자계획을 자금의 사용목적에서 삭제한 점 등에 비추어 볼 때, 이 사건 투자계획은 장내에서 주식거래를 유인할 목적으로 공시한 것으로 보일 뿐 실제로 이행할 의사가 있었다고 보기 어렵다.

갑회사가 유상증자대금으로 을회사에 투자할 계획이 없음에도 불구하고 증권신고서에 이 사건 투자계획을 허위기재하였다는 이유로 갑회사에 과징금 부과처분을 한 것은 적법하다.

라. 사채업자의 손실보장을 위한 담보명목[465]

금융감독원에 90억원 상당의 유상증자 유가증권신고서를 제출하면서 사실은 유상증자 대금 중 35억원을 유상증자 청약자들인 사채업자 등에게 주가 하락에 따른 손실보장을 위한 담보 명목으로 제공하기로 하였음에도, 유가증권신고서에 '자금의 사용목적으로 해외시장개척비용 50억원, 마케팅비용 20억원 등'으로만 기재한 것은 유가증권신고서의 중요한 사항에 관하여 허위의 기재를 한 경우에 해당한다.

마. 신약개발사업이 아닌 다른 용도 사용[466]

피고인 A는 2009. 11. 경 (주) 갑의 제3자배정 유상증자를 통해 자금을 조달한 다음 그 자금을 자회사인 (주) 을의 신약개발사업에 사용하지 않고 자회사를 통한 비료제조업체인 (주) 병의 주식인수 등을 통해 경영권 인수자금을 조달하고, 전기차 제조업체인 (주) 정 및 LED 전광판 제작업체 (주) 무 등 비상장기업의 주식을 취득하는데 사용할 계획이었다.

피고인 A는 신약개발사업을 명목으로 제3자 배정 유상증자를 실시한다고 공시하여 위 유상증자 직후 (주) 갑의 주식 시세가 오르게 함으로써 유상증자

465) 서울고등법원 2005. 5. 25. 선고 2006노262 판결
466) 서울중앙지방법원 2014. 2. 12. 선고 2013고합977 판결

참여자들이 증자로 취득한 주식을 즉각 처분하여 투자금을 회수할 수 있도록 해주는 한편 (주) 갑의 경영권을 안정적으로 확보하려고 마음먹었다.

피고인 A는 B[(주) 갑의 부사장]로 하여금 2009. 12. 21.경, 2009. 12. 30.자로 실시한 (주)갑의 제3자 배정 유상증자 자금을 자회사 (주) 을의 BA 임상비용 등 56억원 2,800만원 등 자회사 신약개발자금으로 173억원 1,153만원을 사용할 계획인 것처럼 허위 내용의 증권(정정)신고서 및 투자설명서를 작성하여 제출·공시하도록 하여 증권신고서 및 투자설명서의 각 중요사항에 관하여 거짓의 기재 또는 표시를 하였다.

5. 최대주주의 허위기재

가. 사실관계[467]

신고인(회사)는 코스닥상장기업으로 신고인의 최대주주가 2007. 4. 20. 갑에서 병으로 변경되었음에도 을로 변경되었다고 거래소에 공시하고, 이후 제출한 정기보고서 및 증권신고서에 최대주주를 을로 기재하였다. 이에 증권선물위원회는 2007. 4. 20. 최대주주가 을로 변경되었다고 허위공시한 이유로 신고인에게 과징금부과처분을 하였다.

나. 법원의 판단

다음의 사실 등에 비추어 보면 회사의 주식을 갑으로부터 양수한 실제 소유자는 병으로서 단지 을 명의로만 계약이 체결되었을 뿐이고, 신고인(회사)으로서는 그 대표이사인 갑을 통해 이 사건 주식에 관하여 공시 내지 신고서를 제출하는 과정에서 이러한 사실을 충분히 인식하였다고 봄이 상당하므로, 신고인(회사)이 을을 이 사건 주식의 소유자로서 최대주주로 공시하거나 신고서에

467) 서울행정법원 2010. 5. 20. 선고 2009구합36316 판결, 서울고등법원 2010. 11. 24. 선고 2010누18859 판결로 확정됨.

기재한 행위는 과징금부과사유에 해당한다.

① 병은 신고인을 인수하고자 하였으나, 다만 신용불량자인 점 등을 감안해 을명의로 경영권 양수도계약을 체결하고자 하였으며, 그 후 이 사건 주식인수에 관한 일체의 자금이 병에 의해 조달되었던 것과 맞물려 신고인의 경영권이 실질적으로 병에게 귀속된 것으로 보인다.

② A는 동서관계인 병을 통하여 신고인의 유상증자에 직접 관여하였고, 신고인으로 하여금 H법인에 출자하도록 주도하였다.

③ B와 C역시 금융감독원 조사과정에서 병 또는 A가 신고인의 경영권을 행사하는 것이고, 을은 신고인의 사업에 관여한 바가 없다거나 이 사건 주식의 실질적인 소유자가 아니라는 취지로 일관되게 진술하였다.

④ 갑은 이 사건 주식 및 경영권 양수도계약 당시 병 명의로 체결할 것을 권유하였다거나, 더욱이 병과 A가 신고인의 주가를 인위적으로 부양하리라는 사정을 알고 있었다는 취지로 진술하였다.

6. 외국법인의 최대주주

가. 사실관계[468]

원고A(원고 갑법인의 대표이사)는 중국 국적자로 중국 기업 ○○어업을 거래소에 상장하고자 하였으나, 중국 증권감독관리위원회의 허가를 받아야 하는 규제를 피하기 위하여 싱가포르 국적을 B명의로 홍콩에 지주회사 갑법인(홍콩법인)를 설립하여 ○○어업의 주식 전부를 인수하게 한 후 한국거래소에 상장하는 역외지주회사 방식으로 갑법인을 상장하기로 하였다.

이에 따라 2007. 8. 20. A와 B는 '옵션계약'(B가 갑법인의 등기주주를 맡고 옵션 행사기간에 다다르면 A는 직접 B에게 1홍콩달러를 대가로 지불하고 B가 갑법인의 등기주주로서 전부 보유하고 있는 모든 주주권을 얻을 권리를

468) 서울행정법원 2013. 8. 23. 선고 2012구합22041 판결, 서울고등법원 2014. 5. 29. 선고 2013누27090 판결, 대법원 2014두9271 계류중임.

부여하는 내용)을 체결하고, A는 2007. 8. 27. 갑법인을 설립한 뒤 자본금을 전액 납입하였다. 그러나 홍콩 법인등기부상 B가 단독 주주로 등재되었다.

원고 을증권은 갑법인의 증권거래소 상장을 위한 주간사로서, 실사하던 중 옵션계약을 알게 되었고, A와 B증권의 지적에 따라 2008. 7. 24. 옵션계약을 합의해제하였다. 갑법인은 국내 상장하기 위해 2008. 7. 30. 한국거래소에 예비심사청구를 하였고, 2008. 11. 7. 상장심사를 통과하였으며, 2009. 4. 14. 피고 금융위원회에 '증권신고서'를 제출하여 2009. 5. 12. 수리되었다. 이에 따라 갑법인은 2009. 5. 22. 증권거래소에 상장되었다. 그 후 2009. 8. 18. A와 B는 '신탁성명'(수탁자를 B, 수익자를 A로 하여 수익자 대신 수탁자가 갑법인의 주식을 소지, 수익자의 지시대로 수탁자는 의결권 행사하는 등의 내용)을 체결하였다.

원고 갑법인은 증권신고서 및 6회의 정기보고서를 제출하였는데, 여기에 최대주주를 B로 기재하였고, 위 증권신고서에 원고 을증권이 작성한 '인수인의 의견' 란에도 갑법인의 최대주주를 B로 기재하였다. 금융위원회는 2011. 11. 21. '최대주주가 A임에도 증권신고서 및 정기보고서에 B를 최대주주로 거짓 기재 하였다' 는 이유로 원고 A에게 과징금 3000만원을 부과하고, 원고 갑법인에게 20억원을 부과하였다. 그리고 증권선물위원회는 최대주주가 실제로도 A임에도 불구하고 원고 을증권이 증권신고서에 최대주주가 B인 것처럼 거짓 기재 하였다는 이유로 31억원을 부과하였다.

나. 최대주주 해당성 판단기준

자본시장법 시행령 제129조에 따라 제정된 작성기준에 의하면 증권신고서, 사업보고서 등에 최대주주를 기재하여야 하고, 이때 최대주주는 자본시장법 제9조 제1항 및 금융회사의 지배구조에 관한 법률 제2조 제6호 가목의 "금융회사의 의결권 있는 발행주식(출자지분을 포함함) 총수를 기준으로 본인 및 특수관계인이 누구의 명의로 하든지 자기의 계산으로 소유하는 주식(그 주식과 관련된 증권예탁증권을 포함함)을 합하여 그 수가 가장 많은 경우의 그 본인" 을 의미한다.

위와 같은 관련 규정의 내용, 자본시장법 등 관련 법령이 증권신고서 및 사업보고서 등에 당해 법인이 지배력과 영향력을 미칠 수 있는 최대주주를 표시하도록 함으로써 투명성을 확보하고 투자자의 투자판단에 필요한 정보를 제공하여 투자자를 보호하려는 취지 등을 고려할 때, 증권신고서, 사업보고서 등에 기재하여야 하는 최대주주는 '주주명부 등의 기재와 관계없이 실제 주식을 취득하여 의결권 등 주주로서의 권리를 행사하는 실질주주'를 의미한다.[469)]

다. 원고 A가 최대주주에 해당하는지

다음의 사항 등을 고려할 때, 원고 A는 자본시장법 제9조 제1항 및 금융회사의 지배구조에 관한 법률 제2조 제6호 가목의 '최대주주'에 해당한다.

① B를 최대주주로 기재한 경위 : 원고 A는 중국 정부의 역외상장 규제를 회피하기 위하여 싱가포르 국적의 B명의로 지주회사인 원고 갑법인을 설립하여 증권거래소에 상장하였다.

② 근거법령 : 원고들은 홍콩법에 따라 법인등기부에 기재된 B을 최대주주로 주장하나, 증권거래소에 상장하기 위하여 자본시장법 등에서 요구하는 요건을 갖추어야 하므로, 최대주주도 대한민국 법령을 기준으로 정의하여야 한다.

홍콩증권선물법상으로도 실질적으로 의결권을 행사할 수 있는 자를 주요주주로 보고 있으므로, 법인등기부상 주주만을 최대주주로 보기 어렵다.

③ 옵션계약 및 해제 경위 : 옵션계약에 의하면 B는 등기상 주주이고, 원고 A가 실질 주주권을 행사하는 것으로 되어 있으며, 옵션계약의 해제는 상장을 위해 형식적으로 이루어진 것이므로, 주식이 B에게 양도되었다고 볼 수 없다.

④ 신탁성명의 내용 : 형식상 옵션계약을 해제한 후 원고 A의 실제 지분을 보증하는 내용의 신탁성명이 체결되었고, 신탁성명에 의하면 B는 명의상

---

469) 서울행정법원 2013. 8. 23. 선고 2012구합22041 판결, 서울고등법원 2014. 5. 29. 선고 2013누27090 판결, 대법원 2014두9271 계류중임.

주식을 소유하고, 배당금이나 주식에 따른 권리는 형식적으로 B에게 귀속되나, 주식의 소유권은 원고 A의 요구에 따라 언제든지 이전되며, 의결권은 원고 A의 지시 없이 행사될 수 없으므로, 형식상 주주배당을 받거나 주주총회에서 의결권을 행사한다는 사정만으로 B가 '자기의 계산으로' 주식을 소유한다고 볼 수 없다.470)

라. 주요주주의 중요사항 해당성 471)

최대주주는 기업의 의사결정을 지배하고 영향력을 미치는 자이므로, 투자자들의 투자 여부 등 판단에 큰 영향을 미치는 요소이다. 자본시장법이나 작성기준에서도 이러한 관점에서 증권신고서나 사업보고서에 최대주주와 관련된 사항을 상세히 기재하도록 규정하고 있다. 특히 원고와 같이 외국기업의 경우 투자자들이 정보를 얻기 어렵고, 역외지주회사 방식의 상장은 해당 기업을 증권거래소에 직접 상장하는 경우에 비하여 시장위험도가 증가하므로, 투자자들에게 충분하고 정확한 정보를 제공하여야 할 필요성이 더욱 크다.

위와 같은 점에 비추어 보면 최대주주의 기재는 자본시장법 제125조 제1항, 제430조 제1항, 제3항의 '중요사항'에 해당한다.

마. 인수인의 면책주장472)

다음과 같은 사정을 종합하면, 원고 을증권(인수인)이 이 사건 증권신고서의 최대주주에 관하여 거짓 기재를 함에 있어 고의 또는 중대한 과실이 있었던 것으로 보인다.

① 원고는 실사 과정에서 B 명의의 주식 전부를 단 1홍콩달러의 대가로 A

470) 서울행정법원 2013. 8. 23. 선고 2012구합22041 판결, 서울고등법원 2014. 5. 29. 선고 2013누27090 판결, 대법원 2014두9271 계류중임.
471) 서울행정법원 2013. 8. 23. 선고 2012구합22041 판결, 서울고등법원 2014. 5. 29. 선고 2013누27090 판결, 대법원 2014두9271 계류중임.
472) 서울행정법원 2014. 11. 14. 선고 2012구합22638 판결, 서울고등법원 2015. 6. 16. 선고 2015누82 판결, 대법원 2015두2994 계류중임

가 전부 취득할 수 있는 옵션계약의 존재를 알게 되었는바, 전문적 지식과 경험을 갖춘 증권회사인 원고로서는 A가 갑법인의 실질주주라는 점을 설사 몰랐다 하더라도 위 옵션계약으로부터 갑법인의 실질주주가 누구인지에 관해 의심을 갖고 이에 관해 보다 주의 깊게 조사할 의무가 있다.

② 원고는 B 명의로 된 갑법인의 주식의 소유자를 누구로 보아야 하는지에 관하여 법률자문을 모두 거쳤으므로 자신의 의무를 다하였다는 취지로 주장하며 해당 의견서를 제출하고 있다. 그런데 증권신고서에는 대한민국의 자본시장법상의 해석에 따른 최대주주를 기재하여야 하므로, 원고가 대한민국 법에 관하여 전문가라고 볼 수 없는 홍콩 현지 변호사들로부터 자문을 받았다는 사정만으로 원고가 증권신고서의 기재사항의 진실성 여부확인에 관하여 충분한 주의의무를 기울였다고 할 수 없다.

③ 한편, 위 옵션계약이 해제되자 한국거래소 측에서 갑법인 발행 주식의 상장을 승인하였다고는 하나 한국거래소에의 상장요건과 증권거래소의 기재사항이 동일하다고 볼 수 없고, 한국거래소가 증권신고서의 기재사항에 관한 유권해석기관이라 볼 수도 없다. 따라서 위와 같이 B명의로 된 주식의 보유자가 누구인지에 관해 의심스러운 사정이 다분한 상황에서 갑법인이 한국거래소의 상장심사를 통과하였다는 사정만으로는 원고의 위 주식의 실질주주가 누구인지 여부에 관한 조사의무가 없어진다고 볼 수 없다.

7. 회계감사인 의견의 거짓 기재 관련

대한해운의 2010년도(제44기) 3분기 재무제표에 대한 검토보고서에는 '검토결과 재무제표가 중요성의 관점에서 한국채택국제회계기준에 위배되어 작성되었다는 점이 발견되지 아니하였습니다.' 라는 취지의 검토의견이 기재되어 있다.

이 사건 증권신고서 등의 제2부(발행인에 관한 사항) Ⅳ.(감사인의 감사의견

등) 항목에는 성도회계법인의 공인회계사가 한국채택국제회계기준을 적용하여 작성된 2010년도(제44기) 3분기 재무제표에 대하여 검토를 수행하였다.

공인회계사는 기존의 기업회계기준으로 작성된 제43기 및 제42기의 재무제표에 대하여는 감사를 수행하였다는 취지를 기재하고, 이어서 "감사인의 감사(또는 검토)의견은 다음과 같습니다." 라고 하면서 그 아래 표의 '감사(또는 검토)의견' 란에 제44(당)분기에 대하여 '적정' 으로, '지적사항 등 요약' 란에 '지적사항 없음' 으로 기재하였다.

이러한 사실관계에 의하면, 이 사건 증권신고서 등은 대한해운의 2010년 3분기 재무제표에 대하여 외부감사인이 검토를 수행하였다는 점과 그 검토의견을 기재하였다는 점을 분명하게 표시하고 있다.

그리고 그 검토의견으로서 '적정' 이라고 기재한 부분은 2010년 3분기 재무제표에 대한 외부감사인의 검토결과 중요성의 관점에서 회계기준에 위배되어 작성되었다는 점이 발견되지 않았다는 취지를 표시한 것이다.

일반적으로 분기재무제표 검토보고서에 감사의견이 기재되지 않는다는 점을 알고 있는 시장의 합리적 투자자라면 위 검토의견이 위와 같은 취지를 표시한 것임을 충분히 알 수 있을 것이다. 따라서 위 기재를 중요사항의 거짓 기재에 해당한다고 보기는 어렵다.473)

8. 계속기업으로서의 존속 가능성 여부

가. 감사보고서의 특기사항 및 감사인의 감사의견란 기재474)

발행회사에 대한 38기(1997. 4. 1.부터 1998. 3. 31.까지) 연간 감사보고서의 특기사항에는 "다음은 본 감사인의 의견에는 영향을 미치지 아니하나 감사보고서 이용자의 합리적인 의사결정에 참고가 될 것이라고 판단되는 사항입니다. (1) 영업환경의 중요한 변화 : 주석 21에서 설명하고 있는 바와 같이 회사

473) 대법원 2015. 12. 23. 선고 2013다88447 판결
474) 서울중앙지방법원 2000. 11. 23. 선고 2000나32740 판결(상고취하로 확정)

의 영업환경은 국내외 외환위기로부터 발생한 불안정한 경제상황에 중대한 영향을 받아오고 있으며 이러한 영향은 당분간 계속될 전망입니다. 특히 지속되는 고금리와 원화가치의 약세 그리고 금융기관의 조정 등에 따른 자금조달에의 어려움 등으로 인하여 회사의 현재 이후의 영업활동과 재무상태 및 계속기업으로서의 존속 여부에 불확실성이 존재할 수 있으나 그 최종 결과는 현재로서 예측할 수 없습니다." 라고 기재되어 있다.

제39기 반기(1998. 4. 1.부터 1998. 9. 30.까지) 재무제표에 대한 검토보고서의 참고사항에도 위 (1) 기재와 동일한 문구가 기재되어 있다.

발행회사는 이 사건 유가증권신고서 '2부 발행인에 관한 사항' 중 'Ⅳ. 감사인의 감사의견 등'(유가증권신고서, 61쪽)에 '감사(또는 검토)의견' 항목에서 제37기 연간, 제38기 연간에 대하여는 각 '적정의견', 제38기 반기, 제39기 반기에 대하여는 각 '반기 검토보고서 참조'로 기재하였으나, '특기사항 요약' 항목에는 제36기 내지 제38기 연간, 제38기 반기, 제39기 반기 전부에 관하여 각 '해당사항 없음'으로 기재하였다.

나. 감사보고서의 특기사항으로 기재된 '계속기업으로서의 존속 가능성 여부'가 '중요한 사항'에 해당하는지 여부

일반적으로 회사의 경우 계속기업으로 존속된다는 가정하에 영업활동, 재무활동 등 그 모든 활동이 이루어지기 때문에, 감사인은 감사의 실시과정에서 회사가 계속기업으로서 존속할지의 여부에 대하여 관심과 주의를 기울여야 하며, 이에 대한 중요한 의문이 있는지를 확인하기 위하여 결손 누적 및 운전자본의 부족, 재무상 어려움을 보여 주는 제반 지표, 산업의 전반적인 경기침체 등 외부환경 문제 등을 검토하여야 한다.

감사인은 계속기업으로서 존속 여부가 감사보고서 이용자의 합리적인 의사결정에 중요한 영향을 미칠 것이라고 판단되는 경우에는 감사보고서에 특기사항으로 기술하여야 한다.

또한 유가증권신고서는 그 제출회사 및 발행대상 유가증권의 내용을 완전하고 적정하게 공시할 수 있도록 작성하고, 특히 투자자 등 이용자가 회사 및 발행대상 유가증권에 대한 합리적인 의사결정을 할 수 있도록 작성하여야 한다.

신고인은 유가증권신고서에 투자자 등 이용자의 의사결정에 필요한 중요한 사항을 모두 기재하되, 회사에 대하여 불리한 사항 또는 불리한 결과를 유발할 수 있는 내용 등의 기재를 생략하거나 누락시켜서는 아니되고, 그 신고서에 최근 3사업연도 감사인의 감사보고서에 기재된 특기사항을 사업연도별로 요약하여 기재하여야 한다.

이러한 점에 비추어 보면, 계속기업으로서 존속 여부, 특히 감사인이 감사보고서에 특기사항으로 기술한 경우의 그것은, 평균적인 신중한 투자자가 증권을 매수하기 전에 당연히 알아야 하는 것이 합리적인 사항, 또는 모든 정황을 고려하여 합리적인 투자자가 당해 증권의 취득 여부를 결정함에 있어서 중요하다고 생각할 상당한 가능성이 있는 사항에 해당한다고 할 것이다.

그러므로 감사보고서상 특기사항으로 '계속기업으로서 존속 여부에 불확실성이 존재할 수 있다.' 고 기재되어 있었음에도 발행회사가 이 사건 유가증권신고서에 이를 표시하지 아니하고 '해당사항 없음' 으로 기재한 것은, 이 사건 유가증권신고서 중 허위의 기재 또는 표시가 있거나 발행인이 중요한 사항을 기재 또는 표시하지 아니한 경우에 해당한다.

9. 용선·대선계약의 구체적 내용 기재 누락

① 정보의 부족뿐만 아니라 범람 또한 피하기 위하여 '중요사항' 이라는 개념으로 의무적 공시의 범위를 설정하고 있는 공시제도의 취지와 ② 이미 체결된 용선·대선계약의 체결시점과 계약기간, 향후 지급해야 하는 용선료의 액수와 지급시기, 체결된 대선계약에 따라 받게 될 대선료의 액수가 공시되더라도 투자자가 이를 토대로 용선·대선계약으로 인한 손익 규모와 재무상황에 미치는 영향을 분석하는 것은 쉽지 않으리라는 점 등에 비추어 보면, 용선계약 및 대선계약의 개별적·구체적 내용이 합리적인 투자자가 투자판단에 중요하게 고려할 상당한 개연성이 있는 중요사항이라고 보기는 어렵다.[475)]

다만, 용선·대선계약이 대한해운의 수익구조 및 재무상황에 미치는 영향과 전체적인 용선료·대선료의 규모나 그로부터 발생하는 손익 규모가 중요사항에 해당될 수 있다.

① 용선·대선계약이 대한해운의 수익구조 및 재무상황에 미치는 영향에 대하여는 이 사건 증권신고서 등에 충분히 기재되어 있고, ② 2010년 3분기 분기보고서 제출에 따른 기재사항 정정을 원인으로 하는 2010. 11. 16.자 2차 정정신고서의 첨부서류인 2010년 3분기 재무제표에 대한 검토보고서 별첨 분기재무제표에 대한 주석사항에 벌크선 부문의 매출, 매출원가, 영업손실 규모와 용선계약에서 지불하는 용선료(리스료) 규모와 대선계약에서 발생하는 대선수입(리스수익) 규모가 기재되어 있다.

따라서 합리적인 투자자로서는 이 사건 증권신고서 등의 공시내용에 의하여 전체적인 용선료·대선료의 규모뿐만 아니라 그로부터 발생하는 손익 규모에 대하여도 알 수 있다. 용선료·대선료의 구체적 수치가 이 사건 증권신고서 등의 본문에 직접 기재되지 않았다고 하여 정보의 전체 맥락에서 중요사항의 기재 누락이 있다고 보기 어렵다.[476]

또한 향후 체결이 예상되는 대선계약에 따른 대선료 수입 전망은 벌크운임지수(Baltic Dry Index, BDI 지수)의 변동에 따라 달라질 수 있는 예측정보에 해당하므로 발행시장에서 이를 공시할 의무가 있다고 보기 어렵다.

10. 담보제공 등

가. 최대주주의 위하여 담보제공[477]

상장법인 A사의 대표이사인 갑은 2003. 5. 12. 사무실에서, 위 회사 소유의 B사 주식 200만주 12억원 상당을 위 회사의 최대주주 을의 채권자 병에 대한

475) 대법원 2015. 12. 23. 선고 2013다88447 판결
476) 대법원 2015. 12. 23. 선고 2013다88447 판결
477) 서울중앙지방법원 2006. 6. 30. 선고 2006고합346 판결

채무금 25억원의 담보로 제공한 것을 비롯하여 그때부터 2003. 11. 20. 까지 총 32회에 걸쳐 최대주주인 을을 위하여 위 회사 재산을 담보로 제공하거나 금전을 대여한 사실을 금융감독원과 한국거래소에 신고하지 않았다.

갑이 2003. 5. 29. 사무실에서, 금융감독원 전자공시시스템을 통하여 총액 25억 2,000만원 상당의 보통주 350만주 발행을 위하여 위 회사의 유가증권신고서를 제출함에 있어 총 6회에 걸쳐 재무에 관한 중요사항인 최대주주 을을 위하여 담보로 제공한 사실이 있음에도 유가증권신고서상의 담보제공 내역란에 '해당사항 없음'으로 기재하였다.

위와 같은 갑의 행위는 유가증권신고서의 허위기재에 해당한다.

나. 대출금채무 대위변제 및 주채무자의 파산사실[478)]

신고인(회사)이 갑법인의 대출금 채무를 대위변제한 사실 및 주채무자인 갑법인의 파산 사실은 보통의 신중한 투자자가 신고인의 주식을 매수하거나 신고인에 대하여 투자하기 앞서 당연히 알아야 할 회사의 영업 및 손익상황, 재무구조 등 일반인이 투자를 하기 전에 파악해야 할 사항에 해당한다. 따라서 이는 신고인이 증권신고서 및 분·반기보고서에 반드시 기재하여야 할 중요사항에 해당한다.

갑법인의 파산 또는 신고인의 대위변제로 인하여 신고인에게 현실적으로 손실이 발생하였거나 손실을 입을 가능성이 있어야만 증권신고서 및 분·반기보고서에 기재하여야 할 중요사항에 해당한다고 볼 수는 없다.

다. 가장납입과 공시책임[479)]

유상증자에 의한 유가증권을 발행함에 있어 ① 사채업자의 자금을 일시 유상증자를 위한 주금납입 계좌에 입금한 다음 주금납입금보관증명서를 발급받아 증자등기 경료 직후 이를 인출하여 사채업자에게 반환하는 방법으로 주금

---

478) 서울행정법원 2010. 10. 8. 선고 2010구합26834 판결

479) 대법원 2006. 10. 26. 선고 2006도5147 판결

납입을 가장하거나, ② 실제로는 주금납입이 이루어지지 않았음에도 위조된 주금납입금보관증명서를 제출하여 증자등기가 경료되게 하였다.

이 경우, 비록 형식상으로는 유상증자의 외형을 갖추었다 하더라도 실질적으로는 자금을 조달할 의도나 목적이 없어 납입한 주금이 전혀 자본금으로 편입되지 않았다.

따라서 주금의 가장납입 또는 위조된 주금납입금보관증명서에 의한 증자등기를 경료할 의도하에 마치 실질적인 자금조달에 의하여 유상증자를 할 것처럼 유가증권신고서를 작성하여 금융감독위원회에 제출하는 행위는 증권거래법 제207조의3 제2호(자본시장법 제444조 제13호)소정의 유가증권신고서의 중요한 사항에 관하여 허위의 기재를 한 경우에 해당한다고 봄이 상당하다.

VI. 면책사유

1. 면책사유

손해배상의 책임을 질 자가 ① 상당한 주의를 하였음에도 불구하고 이를 알 수 없었음을 증명하거나 ② 그 증권의 취득자가 취득의 청약을 할 때에 그 사실을 안 경우에는 배상의 책임을 지지 아니한다(법 제125조 제1항 단서).

여기서 '상당한 주의를 하였음에도 불구하고 이를 알 수 없었음'을 증명한다는 것은 '자신의 지위에 따라 합리적으로 기대되는 조사를 한 후 그에 의하여 거짓의 기재 등이 없다고 믿었고 그렇게 믿을 만한 합리적인 근거가 있었음'을 증명하는 것을 말한다.[480]

2. 입증책임의 전환

민법상 손해배상의 일반 원칙에 의하자면, 사업보고서의 허위기재 등으로 인하여 입은 손해의 배상을 청구하고자 할 경우 투자자인 주식 취득자는 배상의무자의 고의나 과실, 허위기재 등의 위법행위와 손해 발생 사이의 인과관계 등의 요건사실을 스스로 모두 입증하여야 한다.

그런데 증권거래소에서 집중적·대량적으로 이루어지는 매매에 따라 형성되는 주식의 가격은 주식시장 내부에서의 주식물량의 수요·공급과 주식시장 외부의 각종 여건 등 매우 다양한 요인에 의하여 결정되는 지극히 가변적인 성질을 지니고 있기 때문에, 주가의 등락분 중 허위기재 등으로 인한 하락분을 가려내어 그 인과관계를 입증한다는 것은 결코 쉬운 일이 아니다.

---

480) 대법원 2002. 9. 24. 선고 2001다9311 판결, 대법원 2007. 9. 21. 선고 2006다81981 판결, 대법원 2014. 12. 24. 선고 2013다76253 판결, 대법원 2015. 12. 23. 선고 2015다210194 판결

이와 같이 어려운 손해의 입증책임을 손해배상의 일반원칙에 따라 주식 취득자에게 부담시키는 것은 사실상 손해배상의 청구를 곤란하게 만드는 셈이 된다.

그래서 자본시장법은 투자자 보호의 측면에서 투자자가 손해배상청구를 가능한 한 쉽게 할 수 있도록 입증책임을 전환하여 손해배상의무자에게 무과실의 입증책임을 부담시키고 있다.[481)]

3. 증권의 취득자가 청약을 할 때 부실기재 등을 안 경우

가. 횡령사실 및 분식회계 사실이 공지된 경우[482)]

피고 구□현의 횡령 사실 및 이에 따른 분식회계 사실이 공지된 2010. 5. 14. 이후 원고들이 피고 회사 주식을 매수한 것은 선의의 매수로 볼 수 없는지에 관하여 본다.

① 한국거래소는 2010. 5. 14. 오전 피고 회사에 피고 구□현 횡령 혐의 보도의 사실 여부 및 구체적인 내용에 관한 조회공시를 요구한 사실, ② 이에 대해 피고 회사가 같은 날 피고 구□현의 횡령 혐의에 관한 검찰 조사가 진행 중이라고 답변한 사실, ③ 한국거래소의 조회공시 요구에 대해 피고 회사는 그 후에도 피고 구□현에 대한 검찰 조사가 진행중이라는 답변을 여러 차례 재공시하였고, ④ 2011. 3. 14. 피고 구□현에 대한 사전구속영장이 청구되었다고 답변한 사실을 인정된다.

그러나, 이러한 사실만으로는 일반투자자인 원고들이 위 2010. 5. 14. 이후 피고 회사의 주식을 취득할 당시 피고 구□현이 횡령 혐의로 검찰의 수사를 받고 있다는 사실 외에 피고 구□현의 횡령금을 감추기 위해 피고 회사의 사업보고서 등에 허위 기재가 이루어졌다는 사실까지 알았다는 피고들의 주장사

481) 대법원 2007. 9. 21. 선고 2006다81981 판결, 대법원 2007. 10. 25. 선고 2006다16758 판결, 서울지방법원남부지원 1994. 5. 6. 선고 92가합11689 판결

482) 서울중앙지방법원 2012. 8. 10. 선고 2011가합83917 판결

실을 인정하기에 부족하다.

나. 회계법인의 감사거절 공시[483)]

피고 a의 2010회계연도 반기재무제표에 대하여 피고 **회계법인이 감사의견을 거절하였고 이와 같은 내용이 금융감독원의 전자공시시스템을 통해 공시되었으며, 원고들은 그 이후 피고 a의 주식을 매수하였다. 원고들이 피고 a의 주식을 취득할 당시 피고 a의 주식은 관리종목으로 지정된 상태였다.

① 2010회계연도 재무제표에 대한 감사의견거절은 그 재무제표에 대하여 자료가 충분하지 못하여 감사의견을 거절한다는 것에 불과하여 그에 앞서 작성된 이 사건 사업보고서 및 이 사건 분기보고서에 기재된 내용이 허위라는 것을 밝히거나 이를 정정하는 내용이라고 볼 수 없다.

② 원고들이 주식을 매수할 당시 이 사건 사업보고서와 이 사건 분기보고서의 허위 기재 사실이 밝혀지지 않은 상태였다.

따라서 회계법인의 감사의견거절 공시만으로 원고들이 피고 a의 주식을 취득하면서 이 사건 사업보고서 및 이 사건 분기보고서를 투자판단의 자료로사용하지 않았다거나 이 사건 사업보고서 및 이 사건 분기보고서가 허위로 기재되었다는 사실을 알고서도 주식을 취득하였다고 인정하기 부족하다.

4. 해당 법인의 이사

가. 합리적으로 기대되는 조사의무

주식회사의 이사는 이사회의 일원으로서 이사회에 상정된 의안에 대하여 찬부의 의사표시를 하는데 그치지 않고, 담당업무는 물론 다른 업무담당이사의 업무집행을 전반적으로 감시할 의무가 있다.

---

483) 서울서부지방법원 2013. 5. 23. 선고 2012가합5834 판결, 서울고등법원 2014. 9. 19. 선고 2013나43699 판결, 대법원 2014다73831 심리불속행기각

상법상 재무제표는 이사회의 승인을 얻도록 되어 있고, 이러한 이사의 의무는 사외이사 또는 보수를 받지 않는 이사라고 하여 면할 수 있는 것이 아니어서, 이사들이 실질적으로 이사의 임무를 전혀 수행하지 않았다면, 이는 그 자체로서 임무해태가 될 뿐이다. 이사의 임무해태는 이사의 지위에 따라 합리적으로 기대되는 조사를 한 후 그에 의하여 허위 기재가 없다고 믿을 만한 합리적인 근거가 없다.[484]

나. 주식을 양도한 이사의 경우[485]

이사가 재무제표의 승인을 위한 이사회에 참석하지도 않았고 또한 공시 대상인 재무제표 및 사업보고서의 내용에 대하여 아무런 조사를 한 바가 없다면, 그와 같이 이사의 직무를 수행하지 아니한 이유가 보유주식을 제3자에게 모두 양도한 때문이었다는 사정만으로는 면책사유에 대한 입증이 있었다고 볼 수 없다.

다. 사외이사의 경우[486]

주식회사의 이사는 선량한 관리자의 주의로써 대표이사 및 다른 이사들의 업무집행을 전반적으로 감시하고 특히 재무제표의 승인 등 이사회에 상정된 안건에 관하여는 이사회의 일원으로서 의결권을 행사함으로써 대표이사 등의 업무집행을 감시·감독할 지위에 있으며, 이는 사외이사라고 하여 달리 볼 것이 아니다.

사외이사인 갑이 회사에 출근하지도 않고 이사회에 참석하지도 않았다는 것은 사외이사로서의 직무를 전혀 수행하지 아니하였음을 나타내는 사정에 불과하다. 갑이 회사에 출근하지 않고 이사회에 참석하지 않았다는 사정은 사외이사 갑이 그의 지위에 따른 상당한 주의를 다하였다는 사정이 아님은 물론이며

484) 서울중앙지방법원 2012. 8. 10. 선고 2011가합83917 판결
485) 대법원 2007. 9. 21. 선고 2006다81981 판결
486) 대법원 2014. 12. 24. 선고 2013다76253 판결

상당한 주의를 다하였더라도 허위기재 사실을 알 수 없었다고 볼 사정도 되지 아니한다.

라. 채권 양수 및 사임한 이사487)

피고 김%%이 2009. 11. 17. 손**으로부터 피고 a에 대한 10억원의 채권을 양수한 사실, 피고 김%%이 2010. 3. 30. 피고 a의 이사로 취임하였다가 2010. 7. 4. 사임한 사실은 인정된다.

① 피고 김%%은 이사로 취임하기 약 4개월 전 이미 피고 a에 대한 10억원의 채권을 양수하였던 사실에 비추어 피고 김%%은 그 무렵부터 피고 a의 주요 재무정보에 대하여 상당한 관심을 갖고 있었을 것으로 보인다.

② 이 사건 분기보고서 작성 당시인 2010. 5. 14.에는 이미 이사로 취임한 때로부터 상당한 시간이 경과된 때였고, 이 사건 분기보고서 허위기재의 토대가 된 양**과의 63억원 거래와 그 이후 최**와의 70억원 거래가 모두 피고 김%%이 이사로 재직하던 시기에 이루어졌다.

③ 피고 김@@의 경우 이 사건 사업보고서 제출 당시 대표이사로서 사업보고서에 직접 서명하였을 뿐만 아니라 피고 변**으로부터 경영권을 대금 90억원에 양수하는 내용의 계약을 2010. 2. 10.경 체결하기도 하였으므로 그 무렵부터 피고 a의 재무 현황을 상당 부분 인식하고 있었을 것으로 보인다.

위와 같은 사실을 고려할 때, 10억원의 채권양수와 사임한 사실만으로 피고 김@@, 김%%이 상당한 주의를 하였음에도 불구하고 이 사건 사업보고서와 이 사건 분기보고서의 허위 기재 사실을 알 수 없었다고 인정하기 부족하다.

5. 회계법인의 면책항변

가. 감사인의 주의의무 판단기준

487) 서울서부지방법원 2013. 5. 23. 선고 2012가합5834 판결

감사인은 외감법에 따라 주식회사에 대한 감사업무를 수행함에 있어서 일반적으로 공정·타당하다고 인정되는 회계감사기준에 따라 감사를 실시함으로써 피감사회사의 재무제표에 대한 적정한 의견을 표명하지 못함으로 인한 이해관계인의 손해를 방지하여야 할 주의의무가 있다(외감법 제1조, 제5조 제1항).

외감법 제5조 제2항에 의하면 회계감사기준은 한국공인회계사회가 정하며, 그에 따라 마련된 회계감사기준은 특별한 사정이 없는 한 일반적으로 공정·타당하다고 인정되는 것으로서 감사인의 위와 같은 주의의무 위반 여부에 대한 판단의 주요한 기준이 된다. 따라서 회계법인이 감사인으로서 주의의무를 다하였는지 여부도 회계감사기준을 주요한 판단 기준을 삼을 수 있을 것이다.

한국공인회계사회가 정한 회계감사기준 100 총칙 4.4.는 '감사의 고유한계' 라는 표제하에 '감사인은 감사를 위하여 회사로부터 열람·등사·제출받은 회계에 관한 장부, 서류, 자료 등의 문서가 진실하다고 신뢰한다. 따라서 회사의 임직원에 의한 내부공모, 위조 또는 변조 등 문서의 허위성 여부에 대한 조사·판단은 재무제표 감사의 범위가 아니다' 라고 정하고 있다.

회계감사기준에는 감사인의 책임 등에 관하여 다음과 같이 규정되어 있다.

① '240. 부정과 오류에 대한 감사인의 책임' 에 관하여, 감사인은 감사를 계획·수행하여 그 결과를 평가하고 보고할 때 재무제표가 부정과 오류에 의하여 중요하게 왜곡 표시될 위험을 고려하여야 하고(1.3.), 부정이나 오류에 의하여 재무제표가 중요하게 왜곡 표시되어 있을 가능성이 존재하는 상황에 직면한 경우 감사인은 재무제표가 실제로 중요하게 왜곡 표시되었는지 여부를 결정하는데 적합한 감사절차를 수행하여야 한다(3.).

② '500. 감사증거' 에 관하여는, 감사인은 감사의견 형성의 기초가 될 합리적인 감사결론을 도출할 수 있도록 충분하고 적합한 감사증거를 확보하여야 하고(1.2.), 감사인이 경영자 주장에 대하여 충분하고 적합한 감사증거를 수집하지 못하는 경우 한정의견을 표명하거나 감사의견 표명을 거절하여야 하며(2.3.), 감사인은 실물자산이나 문서의 검사, 관찰, 질문과 조회, 계산 및 분석적 절차 등 하나 이상의 절차를 적용하여 감사증거를 수집하여야 한다(3.).

③ '505. 외부조회'에 관하여는, 감사인은 경영자 주장을 입증하기 위한 충분하고 적합한 감사증거를 입수하는데 외부조회를 통한 확인이 필요한지에 대하여 중요성과 고유위험 및 통제위험의 평가결과, 이미 계획된 타 감사절차로부터 입수될 증거가 경영자 주장의 감사위험을 수용가능한 수준 이하로 감소시킬 수 있는지 여부를 고려하여 결정하여야 하고(1.2.), 감사인은 회수된 조회서의신뢰성이 결여되어 있을 가능성을 고려하고 이에 대한 의문이 존재하면 확인절차를 실시하며(4.2.), 조회절차와 대체적 절차로도 경영자 주장에 대해 충분하고 적합한 감사증거를 얻지 못했다고 판단한 경우 감사인은 그러한 증거를 입수하기 위하여 추가적 감사절차를 수행하여야 하고(4.3.), 조회결과의 평가에 있어서는 감사인은 외부조회 및 기타의 감사절차를 수행한 결과 재무제표의 경영자 주장에 대하여 충분하고 적합한 감사증거를 입수했는지 평가하여야 한다(5.).

나. 송현회계법인의 면책항변을 기각한 사례[488)]

일반적으로 회계감사인이 특정 회사와 처음으로 감사계약을 맺는 초도감사일 경우 계속감사보다 그 업무량이 증가하며, 해당 회사가 타감사인으로부터도 감사를 받은 사실이 없는 경우 기초잔액을 확인할 수 있는 별도의 감사절차가 수행되어야 하므로 충분한 시간을 요한다고 할 것이다.

옌트의 경우 협회중개시장 등록을 위하여 최초로 외부감사를 받게 되는 점을 고려하면 송현회계법인으로서는 충분한 시간을 가지고 실질적인 감사를 하였어야 함에도 송현회계법인과 주식회사 옌트 사이의 정식 감사계약 체결은 1998. 2. 24.이고, 감사보고서 완성과 제출시기는 1998. 2. 27.이어서 이 정도의 기간으로는 실질적인 감사가 이루어졌다고는 인정하기 어렵다.

송현회계법인도 표본조사만을 시행하고 전체적이고 실질적인 감사는 하지 않은 사실을 인정하고 있다.

송현회계법인이 감사를 맡은 시점 이전의 재무제표의 진실성 및 그 기초자료의 객관성에 대하여 위 송현회계법인은 옌트의 재무제표가 기업회계기준에

488) 대법원 2002. 9. 24. 선고 2001다9311 판결

따라 정당하게 작성되었다는 점에 대한 책임은 옌트측에 있고 이러한 점을 확인한다는 취지의 재무확인서를 옌트로부터 받은 이외 다른 조치는 취하지 않았다.

송현회계법인이 감사보고서상 옌트의 매출을 계산한 근거는 옌트의 계정별 보조원장, 부가가치세신고서, 수출서류철과 입금증빙 등, 선수금명세서의 각 서류들 정도인데 그 이외 객관적으로 매출을 조사하였다는 다른 자료는 발견되지 않았다.

송현회계법인은 옌트로부터 당시 회사의 자산규모에 비추어 상당한 액수의 대표이사 대여금이 있다는 사실을 듣고서도 단지 대표이사로부터 그 채무를 확인한다는 정도의 확인서만 받은 채 그 진실성 및 실질적인 내용은 전혀 파악하지 않았다.

위와 같이 여러 가지 정황에 비추어 송현회계법인이 옌트에 대한 외부감사를 실시하고 나아가 위 유가증권신고서에 첨부된 감사보고서를 작성함에 있어 상당한 주의를 다하였다고 인정하기는 어렵다.

다. 선급금의 금융거래기록 확인[489)]

① 피고 a은 2009. 8. 7.경 유상증자 자금 76억 9,000만원이 납입된 지 불과 6일 뒤인 2009. 8. 13.부터 2009. 8. 17.까지 5일 동안(공휴일인 2009. 8. 15.과 일요일인 2009. 8. 16.을 제외하면 3일 동안) 4회에 걸쳐 납입된 유상증자 자금의 약 75%에 해당하는 49억 9,050만원의 선급금을 종전에 전혀 거래가 없던 4개 업체에 지급하였고, 이는 당시 피고 a의 재무구조나 영업이익 규모 등으로 고려할 때 매우 이례적 거래라고 보인다.

② 더욱이 위 49억 9,050만원의 선급금 중 1억원을 제외한 나머지 48억 9,050만원의 선급금이 2009회계연도 기말 무렵인 2009. 12. 21.부터 2009. 12. 23.까지의 3일 동안 전액 회수되었는데 그와 같이 급박하게 자금을 회수할 별다른 이유가 없었다.

---

489) 서울서부지방법원 2013. 5. 23. 선고 2012가합5834 판결, 서울고등법원 2014. 9. 19. 선고 2013나43699 판결, 대법원 2014다73831 심리불속행기각

③ 피고 **회계법인은 특별한 용처도 없이 위와 같이 회수된 선급금을 다시 2010. 1. 8. 및 2010. 2. 11. 2회에 걸쳐 양도성예금증서의 형태로 인출하여 보관하고 있었고 피고 **회계법인은 회계감사 과정에서 이러한 사실을 인지하고 있었다.

④ 피고 a의 2008회계연도 대차대조표상 총 자산인 59억 42만 141원이었고 현금 및 현금성 자산이 39,267,831원이었던 것을 고려할 때 위 선급금과 양도성예금증서의 액수는 상당한 거액이다.

⑤ 위와 같은 이례적 사정에도 불구하고 피고 **회계법인은 2009회계연도 재무제표에 대한 회계감사시 선급금을 지급받은 것으로 되어 있는 4개의 거래업체에 대하여 실제 선급금을 지급받았는지 여부, 지급 및 반환의 경위, 그 자금의 출처 등에 대하여 금융거래 내역을 확인한 것 외에 별다른 확인조치를 취하지 않았는데, 피고 a에서는 2008년에도 전 대표이사가 약 158억 원을 횡령한 사건이 발생하였다.

위와 같은 사실들을 고려할 때, 앞서 인정한 사실만(선급금의 금융거래기록 확인, 양도성예금증서 실물 보관 확인)으로 피고 **회계법인이 이 사건 감사보고서 작성 과정에서 기업회계기준에서 정하고 있는 회계장부의 부정과 오류, 감사증거 수집, 외부조회 절차의 수행과 관련한 주의의무를 다하였다고 인정하기 부족하다.

라. 가공매출 및 매입이 의심되는 경우[490)]

다음과 같은 사정을 종합하면 피고 회계법인이 이 사건 각 감사보고서를 작성할 당시 그 임무를 게을리하지 않았다는 사실을 인정하기 어렵다.

① 일반적인 회계 관리 절차에 관해, A사의 세금계산서가 발행된 매출액과 재무상태표상 매출액은 2007년부터 2009년까지 3년간 총 236억원(전체 매출액의 약 36%), 세금계산서가 발행된 매입액과 발행되지 않은 매입액은 2007년부터 2009년까지 3년간 207억원(전체 매입액의 약 45%)에 달할 정도로 그 규모

---

490) 서울중앙지방법원 2013. 10. 31. 선고 2012가합20272 판결, 서울고등법원 2017. 2. 7. 선고 2014나5533 판결(확정)

가 크고, 매출 대부분이 분기말로 집중되어 있었으며, 이러한 매출·매입의 상당 부분이 지배회사인 B사 및 관계회사 또는 자회사인 ◆◆◆엔지니어링, ◆◆◆재팬 간에 이루어져 가공매출, 매입임을 의심할 합리적 정황이 있었으므로, 실제 매출·매입이 발생하였는지를 최종 매수인에 해당하는 △△△이나 삼성전자에 직접 문의하는 등의 방법으로 보다 심층적인 감사를 할 필요가 있었다.

② 삼성전자 PFC 처리장치 매출에 관해, A사는 2005. 7.경 삼성전자에 3억원 상당의 PFC 처리장치를 납품한 이후로는 삼성전자에 이를 납품한 사실이 없음에도, ▤▤건설 및 □□□□건설과의 가공계약서 등을 통해 마치 삼성전자 생산라인에 PFC 처리장치를 납품한 것처럼 조작하여 총 404억원의 가공매출을 계상하였는데, 삼성전자에 대한 매출채권과 비교하여 ▤▤건설이나 □□□□건설에 대한 매출채권은 상대적으로 회수 가능성이 작음에도 채권자인 A사가 이러한 채무인수에 동의하였다는 것은 이례적이고, ▤▤건설로부터 58억원의 채무를 인수한 □□□□건설은 자본금이 5억원에 지나지 않아 그 채무를 인수하게 된 경위가 의심되는바, 피고 회계법인으로서는 삼성전자에 PFC 처리장치를 구입하였는지 여부를 직접 물어보는 등의 방법으로 실제 매출채권의 존재 여부를 확인하였어야 함에도, 이러한 감사절차를 밟지 않았다.

③ ◆◆◆재팬 허위 매출채권에 관해, A사의 자회사인 ◆◆◆재팬에 대한 매연저감장치 매출이 A사의 주요 매출이어서 이 두 회사가 공모하여 가공매출을 만들 가능성이 있으므로 피고 회계법인으로서는 매출의 진위를 확인하기 위해 단순히 ◆◆◆재팬에 대해서뿐만 아니라 ◆◆◆재팬이 최종적으로 매연저감장치를 납품하는 C사에 ◆◆◆재팬에 대한 매출채무의 존부를 확인할 필요가 있었음에도, 피고 회계법인은 주소 확인조차 제대로 하지 않고 B사에서 알려준 C사의 주소지로만 채권조회서를 보냄으로써 결국 C사 본사에 채권조회서가 도달하지 않았다.

채권 회수가 장기간 지연되자 피고 회계법인 소속회계사인 곽○○은 2010. 3.경 피고 이○○와 함께 일본으로 현지실사를 갔는데, 피고 이○○의 잘못된 안내를 받고 목적지인 C사 본사가 아닌 ◆◆◆재팬으로 실사를 나간 데다가 ◆◆◆재팬의 고문인 유▣▣ ▣▣▣▣를 C사의 직원으로 오인하여 유▣▣ ▣

■■■와 질의응답을 하는 방식으로 조사를 하였는바, 피고 회계법인으로서는 C사의 정확한 주소지를 직접 파악하고, 피고 이○○의 안내만을 따를 것이 아니라 합리적 의구심을 가지고 독립적으로 현지실사를 진행하였다면 허위 사업장이라는 사실을 알 수 있었을 것임에도 이러한 절차를 소홀히 하였다.

또한, 피고 회계법인은 대손충당금 설정과 관련하여 채무자인 C사가 아니라 그보다 규모가 큰 별개 법인인 ◀◀◀◀◀의 자력을 평가하여 C사에 대한 ◆◆◆재팬의 매출채권 회수가 가능하다고 보았고, 매연저감장치에 대해 일본정부의 보조금 지급규정에 대해서도 제대로 검토하지 않은 채 보조금 지급을 기다리느라 채권 회수가 지연됐다는 피고 이○○ 측의 설명만 믿고 채권 회수가 확실시된다고 판단하여 대손충당금을 설정하지 않았는바, 결과적으로 2010년에 가서야 ◆◆◆재팬에 대한 매출채권 680억원 전액이 대손처리 되었다.

B사는 매출채권이 장기 미회수된 사유에 대해 피고 회계법인에 일본정부로부터 보조금이 지급되어야 매매대금이 지급된다고 설명하였다고 하나, 이는 쉽게 납득하기 어려운 설명일 뿐만 아니라 ◆◆◆재팬과 C사간 계약서 상에도 이러한 대금 지급 조건이 기재된 바가 없음에도, 피고 회계법인은 이에 대하여 합리적 의구심조차 갖지 않았다.

④ ▷▷▷▷▷, ◆◆◆엔지니어링으로부터의 매입에 관해 비록 진정한 거래 중에도 대금 중 일부를 선급금과 상계하는 경우가 일부 있으나 상당수의 거래에 있어서 대금 전액을 선급금과 상계하는 것은 이례적임에도, 피고 회계법인은 이에 대해 면밀한 감사를 하지 않았고, ▷▷▷▷▷와의 거래과정에서 대부분 세금계산서의 수수가 없었음에도 이에 대해 의심하지 않았으며, A사의 관계기업인 ◆◆◆엔지니어링에 대해 면밀한 감사절차를 진행하지 않았다.

⑤ ▽▽▽으로부터의 촉매수입에 관해 정상거래의 경우 대금 지급이 외화송금의 방식으로 이루어지지만, 가공거래는 국내 수표인출, 선급금 처리 후 상계 방식으로 이루어져 회계상 차이가 있었으므로, 피고 회계법인으로서는 수입신고필증의 신고번호를 관세청 홈페이지에서 조회하는 방법 등으로 그 진위 여부를 확인함이 가능함에도 이를 검증해 보지 않았다.

⑥ A사는 2008. 9. 30. ◆◆◆재팬으로부터 엔진다이나모 설비 가격인 53억원을 미착기계계정의 자산으로 인식한 후 매입대가는 ◆◆◆재팬에 대한 외화

매출채권 45억원과 상계처리하고 차액 8억원은 당해 매출채권에 대한 외환차익으로 인식하였는데, 실제 ◆◆◆재팬은 엔진다이나모 설비를 직접 제조하거나 다른 제3자로부터 매입하여 A사에 납품하지 않았다. 위 엔진다이나모 설비에 관해, A사가 53억원 상당의 설비를 매수함에 있어 미리 인력확보나 제조사로부터의 교육, 설치공간 마련 등의 준비를 전혀 하지 않았고 2년 넘게 ◆◆◆재팬에 이 설비를 방치하고 있었다고 하는 것은 쉽게 이해하기 어려울뿐더러 회계기준에 비추어 볼 때 아직 일본에서 인도받지도 않은 이 설비를 자산으로 인식하기 어려운 상황임에도, 피고 회계법인은 이에 대해 충분히 검증하지 않았다.

마. 회계법인의 면책항변을 인정한 사례[491)]

회계감사기준 및 회계감사기준 적용지침은 특별한 사정이 없는 한 일반적으로 공정·타당하다고 인정되는 것으로서 감사인이 외감법에 따라 주식회사에 대한 감사업무를 수행함에 있어서의 주의의무 위반여부 판단의 주요한 기준이 된다. 외감법에 따른 감사업무가 아닌 경우에도 감사인이 감사업무를 함에 있어 주의의무 위반 여부 판단의 주요한 기준이 된다. 반기재무제표의 검토와 관련하여 마련한 반기재무제표검토준칙 역시 감사인이 검토업무를 함에 있어 주의의무 위반 여부에 대한 판단의 주요한 기준이 된다.

이 사건의 경우 A회계법인이 중국회사인 갑법인의 2009년 감사보고서 작성 당시 싱가포르 회계법인과 함께 또는 싱가포르 회계법인을 통하여 2009. 12. 31. 기준 현금 및 현금성 자산 등 예금 잔고의 실재 여부를 확인하기 위하여 갑법인의 종속회사의 거래은행에 방문하여 잔액조회를 요청하고, 각 은행으로부터 잔액조회서를 직접 또는 밀봉된 우편으로 교부받아 재무제표와의 동일성을 확인하였다.

A회계법인이 2010년 반기검토보고서 작성 당시 싱가포르 회계법인을 통하여 2010. 6. 30. 기준 현금 및 현금성자산 등 예금 잔고의 실재 여부를 확인하

491) 서울남부지방법원 2014. 1. 17. 선고 2011가합18490 판결, 서울고등법원 2016. 11. 2.4 선고 2014나2004505 판결(확정).

기 위하여 갑법인의 종속회사의 거래은행 중 잔액이 큰 은행에 잔액조회를 하여 각 해당은행으로부터 잔액조회서를 직접 또는 미봉된 우편으로 교부받아 재무제표상 금액의 99.4%에 해당하는 잔액을 확인한 사실이 있다.

금융기관에 대한 잔액조회는 갑법인이나 그 종속회사가 보관하고 있는 예금통장의 원본 또는 사본보다 신뢰성이 더 높다고 할 것이고, 회계감사기준과 그 적용지침에서도 외부증거가 내부증거보다 신뢰성이 높다고 규정하면서 계정잔액에 대한 입증절차의 예시로 감사인으로 하여금 가능한 모든 증거를 조사하도록 요구하고 있지 않다.

A회계법인이 금융기관에 대한 잔액조회 외에 예금통장이나 입출금 내역에 대한 실사 등을 비롯한 추가적인 조사를 시행했어야 할 사정이 보이지 않는다.

위와 같은 사정에 비추어 보면 A회계법인으로서는 상당한 주의를 하였음에도 이 사건 감사보고서와 그 대상인 2009. 12. 31. 기준 현금 및 현금성자산 등에 존재하는 거짓기재를 알 수 없었다고 할 것이다.

6. 인수인 및 주선인의 실사의무 범위

가. 인수인의 실사의무 범위[492)]

증권의 공모절차에서 인수인은 '증권신고서나 투자설명서 중 중요사항에 관하여 거짓기재 또는 기재누락을 방지하는데 필요한 적절한 주의'를 기울여야 한다.

이를 위하여 인수인은 단순히 신주 발행회사가 제공하는 정보에만 의존할 것이 아니라 선량한 관리자로서의 주의를 가지고 일반정보의 수집, 발행회사의 면담이나 질문을 통한 추가정보의 확인, 객관적 정보를 제공하는 제3자로부터 의견청취 및 발행회사가 제시한 중요자료에 대한 독립적인 검증의 실시

492) 서울남부지방법원 2014. 1. 17. 선고 2011가합18490 판결, 서울고등법원 2016. 11. 2.4 선고 2014나2004505 판결(확정).

등 개별 정보의 특성에 맞는 합리적인 노력을 기울여야 할 의무가 있다.

이때 인수인이 발행회사로부터 제공받은 정보에 대한 적절한 검증을 실시함에 있어 전문가 의견이나 분석이 반영된 정보, 즉 전문정보에 대해서는 그 내용이 진실하지 않다고 의심할 만한 합리적인 근거가 없다면 인수인으로서 적절한 검증을 하였다고 볼 수 있다.

다만, 비전문정보에 대해서는 그 내용이 진실하다고 믿을 만한 합리적인 근거가 있어야 인수인으로서 적절한 검증을 하였다고 볼 수 있다.

기업공개 주간사회사로서는 공개 예정 기업이 기업공개의 요건을 갖추었는지 여부를 분석하는 데 필요한 재무사항에 관하여는 외감법에 의하여 엄격한 자격기준 및 감사기준이 마련되고 허위감사에 대한 제재에 의하여 그 진실성이 담보되는 외부감사인의 감사보고서와 그 감사를 받은 재무제표를 진실한 것으로 믿고 이를 기준으로 분석을 하는 것으로 족하다고 판시한 사례가 있다[493].

나. 주선인의 심사의무 범위[494]

모집주선인은 단순히 전환사채 등 발행회사가 제공하는 정보에만 의존할 것이 아니라, 선량한 관리자로서의 주의를 가지고 일반정보의 수집, 발행회사와의 면담이나 질문을 통한 추가정보의 확인, 객관적 정보를 제공하는 제3자로부터의 의견청취 및 발행회사가 제시한 중요자료에 대한 독립적인 검증의 실시 등 개별 정보의 특성에 맞는 합리적인 노력을 기울여야 할 의무가 있다.

모집주선인이 발행회사로부터 제공받은 정보에 대한 적절한 검증을 실시함에 있어 전문가 의견이나 분석이 반영된 정보에 대해서는 그 내용이 진실하지 않다고 의심할 만한 합리적 근거가 없고, 비전문정보에 대해서는 그 내용이 진실하다고 믿을 만한 합리적 근거가 있다면 모집주선인으로서는 적절한 검증을 하였다고 볼 수 있다.

---

493) 서울지방법원남부지원 1994. 5. 6. 선고 92가합11689 판결, 서울남부지방법원 1997. 5. 21. 선고 96가단35006 판결

494) 서울고등법원 2012. 7. 26. 선고 2012나2165 판결

그러나, 모집주선인은 발행회사가 자금사정에 어려움을 겪고 있거나 경영이 불투명한 때에는 그렇지 않은 회사에 비하여 더욱 엄격한 조사와 검증을 실시하여 투자설명서 등에 중요사항이 누락되거나 거짓의 기재가 없도록 하여야 할 주의의무가 있다.

모집주선인이 부담하는 투자자 보호의무라 함은 투자자가 알아야 할 중요한 사항이 투자설명서 등에 누락되거나 허위로 기재되는 것을 방지함으로서 투자자들이 발행회사에 대한 중요사항을 정확하게 인식한 상태에서 투자 여부를 결정할 수 있도록 하여야 한다는 의미한다.

따라서 모집주선인은 객관적인 정보 전달의 수준을 넘어 모집주선인 스스로 이러한 정보들을 바탕으로 투자에 따른 손익 가능성까지 분석·예측하여 그 의견을 표명함으로써 투자자들이 올바른 투자결정을 할 수 있도록 도와주어야 한다는 의미로 해석할 수는 없다.

다. 상장관련 지침

'증권회사의 인수업무 등에 관한 적절한 주의 이행을 위한 유의사항'(금융감독원, 2009. 2. 5.), '금융투자회사의 기업실사(Due Diligence) 모범규준'(금융감독원 2011. 12.), '대표주관업무모범기준'(금융투자협회, 2014. 12. 3.)은 상장 실사에 대한 참고사항이나 일반적인 기준으로서 법규적 효력이 없으나, 자본시장법 제125조 제1항 단서에 규정된 '상당한 주의'의 구체적인 내용을 해석하는 기초가 된다.

증권회사의 인수업무 등에 관한 적절한 주의 이행을 위한 유의사항'(금융감독원, 2009. 2. 5.)중 주요 내용은 아래와 같다.

나. 조사는 "분별있는 자가 자기재산을 관리할 때 기대되는 정도의 주의"를 갖고 수행할 것
마. 발행회사가 신고서에 기재하고자 하는 내용이 진실한 지를 확인하기 위하여 발행회사로부터 제공받은 정보에 대한 적정한 검증을 실시할 것
- 다음과 같은 기준을 충족하는 경우에 적절한 검증이 이루어졌다고 봄
i) 전문가 의견이나 분석*이 반영된 정보에 대해서는 그 내용이 진실하지 않다고 의심할 만한 합리적 근거가 없을 것
* 적정 감사의견을 받은 재무제표, 전문평가기관의 평가를 받은 광물 매장량 등
ii) 비전문정보에 대해서는 그 내용이 진실하다고 믿을 만한 합리적 근거가 있을 것
* 외부감사인의 감사나 검토를 받지 않은 재무제표(분기재무제표 등)는 비전문정보에 해당되므로 발행인의 외부감사인으로부터 당해 비감사 재무제표 및 최근 회사의 재무상황에 대한 의견을 듣는 등의 방법으로 이에 대한 검증을 실시(필요시 comfort letter 확보)

7. 인수인의 전문정보 또는 비전문정보에 대한 실사

가. 전문정보에 대한 검증[495)]

이 사건의 경우 현금 및 현금성 자산의 거짓기재 중 2009. 12. 31. 기준 현금 및 현금성 자산과 2010. 6. 30. 기준 현금 및 현금성자산은 전문가의 의견이나 분석이 반영된 전문정보로서 외부감사인이 각 은행에 대한 잔액조회서를 통하여 확인한 자료에 기초한 것이고, 달리 위 기재가 진실하지 않다고 의심

495) 서울남부지방법원 2014. 1. 17. 선고 2011가합18490 판결, 서울고등법원 2016. 11. 2.4 선고 2014나2004505 판결(확정)

할 만한 합리적인 근거가 없으므로, 위 각 기재에 대하여 인수인으로서 적절한 검증을 수행하였다. 따라서 위 각 기재의 경우에는 A증권회사가 상당한 주의를 하였음에도 불구하고 거짓기재 또는 기재누락을 알 수 없었던 경우에 해당하므로 위 각 거짓기재에 대한 A증권회사 책임은 면책된다.

나. 비전문정보에 대한 검증

2010. 9. 30. 기준 현금 및 현금성자산 등은 외부감사인의 감사나 검토를 거치지 않은 재무제표에 기재된 것으로서 전문가 의견이나 분석이 반영되지 않은 비전문정보인데, 이에 대하여는 A증권회사가 인수인으로서 적절한 검증을 수행하였다고 볼 수 없다.

인수인이 3개월 전인 2010. 6. 30.을 기준으로 한 예금 잔고에 대한 은행의 잔액조회서가 있었고, A증권회사 스스로도 2010년 반기까지의 현금 원장 및 명세서를 제공받아 대조하여 확인하였으며, 2010년 3분기 재무제표에 대한 재무비율분석, 계정별 증감 분석을 실시한 사실은 인정된다.

그러나, ① 비전문정보 중 현금 및 현금성자산 등 예금 잔고의 경우에는 예금 통장이나 외부 은행조회 등을 통하여 그 실재성을 조사하여야 한다고 해석할 수 있다.

② 2010. 9. 30. 기준 현금 및 현금성자산 등의 실재성과 관련하여서는 재무제표에 대한 외부감사인의 감사가 이루어지지 않은 것임에도 불구하고 재무제표에 대한 재무비율 분석 및 계정별 증감 분석만을 실시하고 가법인 종속회사의 거래은행으로부터 잔액조회서를 제공받거나 갑법인으로부터 현금 원장 및 명세서조차 제공받지 않았다.

위와 같은 사정에 비추어 보면 거짓기재 된 2010. 9. 30. 기준 현금 및 현금성자산 등이 진실하다고 믿을 만한 합리적 근거가 있었다고 보기는 어렵고, 갑법인이 인수인으로서 적절한 검증을 수행하였다고 볼 수 없다.

따라서 2010. 9. 30. 기준 현금 및 현금성자산은 A증권회사가 상당한 주의를 하였음에도 불구하고 거짓기재 또는 기재누락을 알 수 없었음이 증명되었다고 할 수 없으므로, A증권사의 책임이 면제된다고 할 수 없다.

8. 인수인의 의견란에 거짓 자본금 전환 기재

이 사건 증권신고서가 제출될 당시 씨모텍의 최대주주인 나무이쿼티의 자본금 변동이 없었음에도 인수인이 이 사건 증권신고서 중 '인수인의 의견' 부분에 '나무이쿼티가 씨모텍을 인수하기 위하여 차입한 270억원 중 220억원이 2010. 9. 14. 기준 자본금으로 전환되었다'는 기재(이 사건 기재)를 하였음.

① 씨모텍의 최대주주인 나무이쿼티는 Buy-out을 목적으로 30억원의 자본금과 270억원의 차입금을 통해 씨모텍의 주식 및 경영권을 인수하였는데, 270억원의 차입금 중 220억원이 자본금으로 전환되었는지 여부는 씨모텍의 지배구조의 안정성과 직결되는 요소로서 씨모텍 주식의 가치에 영향을 미칠 수 있는 사항으로 보인다.

② 발행회사의 최대주주는 주주총회 또는 이사회에서 결의되는 회사 운영의 중요한 사항에 관하여 영향력을 행사할 수 있는 여지가 많고, 최대주주가 자신에게 유리한 방향으로 의결권 내지 경영권을 행사하는 경우 그로 인하여 소액투자자에게 손해를 가할 수 있는 우려도 높다 할 것이다. 따라서 투자자로서는 발행회사 최대주주의 재무건전성 및 회사운영방향 등도 주식투자 여부를 결정함에 있어 중요한 요소로 고려할 수 있다.

③ i) 자본시장법 제119조 제1항, 같은 법 시행령 제125조 제1항 제3호 (바)목은 증권신고서에 발행회사의 주주에 관한 사항을 기재하도록 규정하고 있다.

ii) 금융감독원이 투자자 보호와 건전한 자본시장 발전을 목적으로 제정한 '금융투자회사의 기업실사(Due Diligence) 모범규준' 제11조 제6항은 주관회사가 발행회사의 지배구조에 대하여 검증을 실시하는 경우 반드시 포함하여야 할 사항으로 최대주주의 지분율 및 주식 보유 형태, 경영권 분쟁 등으로 인하여 경영권 불안전성이 대두될 가능성이 있는지 여부, 최근 최대주주가 변경된 경우 지분인수조건 및 인수자금 조달방법 등이 타당한지 여부 등을 열거하고 있다.

따라서 발행회사뿐만 아니라 발행회사의 최대주주에 관한 사항도 주관회사가 실사하여 증권신고서에 기재하여야 하는 필수적인 사항에 해당한다.

④ 투자자들의 가장 큰 관심사는 투자로 인하여 이득을 얻을 수 있는지 여부이므로 주식 투자와 관련하여서는 주가수익비율, 주가순자산비율, 자기자본이익률 등의 재무지표와 투자하려는 회사의 성장가능성 등을 가장 우선적으로 고려할 것이다.

그러나 씨모텍의 최대주주인 나무이쿼티는 Buy-out을 목적으로 한 특수목적법인으로 씨모텍을 인수할 때 인수금액 300억원 중 무려 270억원을 차입하였으므로 그 차입금의 채권자가 급작스럽게 상환요구를 할 때는 회사를 계속 경영하지 못하고, 할 수 없이 씨모텍 주식을 매각할 수밖에 없다. 이에 따라 씨모텍 주식의 주가가 하락할 수 있음을 충분히 예견할 수 있으므로 씨모텍의 투자자들에게 나무이쿼티의 차입금 중 대부분이 자본금으로 전환되었는지 여부는 투자판단에 있어 고려될 사항으로 보인다.

⑤ 원고(인수인)는 이 사건 유상증자 이전에 이미 나무이쿼티의 씨모텍 인수자금이 대부분 차입금이었고, 그것을 자본금으로 전환하는지 여부가 이 사건 유상증자에 따른 위험 요소 중 하나라는 것을 인식하면서 이 사건 기재를 한 것으로 보인다.

위와 같은 사정을 종합적으로 고려하여 보면, 이 사건 기재는 자본시장법 제429조 제1항 제1호 소정의 중요사항에 해당하고, 원고(인수인)는 나무이쿼티의 법인등기부등본을 확인하는 간편한 방법에 의해 나무이쿼티의 차입금의 자본금 전환 여부에 관한 사실을 알 수 있었음에도 씨모텍 담당자의 진술이나 나무이쿼티가 일방적으로 작성한 '주식 등의 대량보유상황보고서'만을 근거로 만연히 나무이쿼티의 차입금의 자본금 전환 사실을 진실이라고 믿고 증권신고서에 거짓의 기재를 하였으므로, 원고에게 중대한 과실이 인정된다.[496]

496) 대법원 2016. 2. 18. 선고 2014두36259 판결

9. 투자설명서의 작성자 또는 교부자 등의 면책항변 인용사례

피고 교보증권은 자본시장법 제125조 제1항 제4호, 제6호(투자설명서의 작성자 또는 교부자)에, 피고 한국신용평가 주식회사, 한국기업평가 주식회사는 자본시장법 제125조 제1항 제4호(기재내용 확인자)에 각 해당하나, 위 피고들이 자신의 지위에서 요구되는 상당한 주의를 다하였음에도 불구하고 증권신고서와 그 첨부서류, 투자설명서에 거짓의 기재 등이 있음을 알지 못하였으므로 자본시장법 제125조 제1항에 따른 손해배상책임을 지지 않는다. [497]

또한 제출된 증거만으로는 위 피고들이 고의 또는 과실로 위법한 행위를 하여 원고들에게 손해를 입혔다는 사실을 인정하기에 부족하므로 민법 제750조에 따른 손해배상책임도 인정되지 않는다.

497) 대법원 2015. 12. 23. 선고 2015다210194 판결

Ⅶ. 손해배상액

1. 손해배상액의 추정

가. 자본시장법상 손해배상액의 추정

배상할 금액은 청구권자가 해당 증권을 취득함에 있어서 실제로 지급한 금액에서 다음의 어느 하나에 해당하는 금액을 뺀 금액으로 추정한다(법 제126조 제1항).

① 손해배상을 청구하는 소송의 변론이 종결될 때의 그 증권의 시장가격(시장가격이 없는 경우에는 추정처분가격을 말함)

② 변론종결 전에 그 증권을 처분한 경우에는 그 처분가격

자본시장법은 증권분쟁의 특징 및 투자자보호의 측면에서 투자자가 손해배상청구를 가능한 한 쉽게 할 수 있도록 입증책임을 전환하여 배상의무자에게 무과실의 입증책임을 부담시키고 있을 뿐만 아니라 나아가 손해액에 관한 추정규정을 두어 배상의무자가 손해와 인과관계의 부존재를 입증하지 못하는 한 투자자는 원칙적으로 법정 추정액의 손해배상을 받을 수 있다.[498]

서울중앙지방법원 2012. 8. 10. 선고 2011가합83917 판결에서는 "이 사건 변론종결일에 가까운 2012. 6. 19. 피고 회사 주식의 종가는 1,215원인 사실을 인정할 수 있으며, 이 사건 변론종결일 당시 피고 회사 주식의 시장가격도 같은 금액일 것으로 추인된다." 라고 판시하였다.

자본시장법 제170조 제2항[499]에서는 회계감사인의 손해배상액에 관하여 추

---

498) 대법원 2007. 9. 21. 선고 2006다81981 판결, 대법원 2007. 10. 25. 선고 2006다16758 판결, 서울지방법원남부지원 1994. 5. 6. 선고 92가합11689 판결

499) 제1항에 따라 배상할 금액은 청구권자가 그 증권(그 증권과 관련된 증권예탁증권, 그 밖에 대통령령으로 정하는 증권을 포함한다. 이하 이 조에서 같다)을 취득 또는 처분함에 있어서 실제로 지급한 금액 또는 받은 금액과 다음 각 호의 어느 하나에 해당하는 금액(처분의 경우에는 제1호에 한한다)과의 차액으로 추정한다.

1. 제1항에 따라 손해배상을 청구하는 소송의 변론이 종결될 때의 그 증권의 시장가격(시장가격이 없는 경우에는 추정처분가격을 말한다)

정규정을 두고 있다.

나. 민법에 의한 손해배상액 산정

주식을 매수한 원고가 소외 회사의 분식결산 및 피고의 부실감사로 인하여 입은 손해액은 분식결산 및 부실감사로 인하여 상실하게 된 주가 상당액이라고 봄이 상당하다. 이 사건의 경우 분식결산 및 부실감사로 인하여 상실하게 된 주가 상당액은 특별한 사정이 없는 한 분식결산 및 부실감사가 밝혀져 거래가 정지되기 전에 정상적으로 형성된 주가와 분식결산 및 부실감사로 인한 거래정지가 해제되고 거래가 재개된 후 계속된 하종가를 벗어난 시점에 정상적으로 형성된 주가의, 또는 그 이상의 가격으로 매도한 경우에는 그 매도가액과의 차액 상당이라고 볼 수 있다.500)

증권신고서와 투자설명서의 중요사항에 관한 부실 기재로 사채권의 가치평가를 그르쳐 사채권 매입으로 인하여 손해를 입게 되었다는 이유로 민법의 불법행위에 기한 손해배상을 청구하는 경우에, 그 손해액은 사채권의 매입대금에서 사채권의 실제가치 즉 증권신고서와 투자설명서의 중요사항에 관한 부실기재가 없었더라면 형성되었을 사채권의 가액을 공제한 금액으로서, 원칙적으로 불법행위 시인 사채권의 매입 시를 기준으로 산정하여야 한다.501)

감사인의 부실감사로 인하여 비공개기업의 가치 평가를 그르쳐 해당 기업의 주식을 매수하여 손해를 입게 된 제3자가 외감법 제17조 제2항에 따라 감사인에게 손해배상을 구할 경우, 특별한 사정이 없는 한, 그 손해액은 해당 주식의 매입대금에서 해당 주식의 실제 가치, 즉 분식회계 및 부실감사가 없었더라면 형성되었을 주식의 가액을 공제한 금액이다.502)

---

2. 제1호의 변론종결 전에 그 증권을 처분한 경우에는 그 처분가격

500) 대법원 1997. 9. 12. 선고 96다41991 판결

501) 대법원 2008. 6. 26. 선고 2007다90647 판결, 대법원 2015. 11. 27. 선고 2013다211032 판결, 대법원 2016. 9. 28. 선고 2014다221517 판결

502) 대법원 2008. 6. 26. 선고 2007다90647 판결, 대법원 2016. 4. 15. 선고 2013다97694 판결

2. 손해인과관계 부존재의 입증

배상책임을 질 자는 청구권자가 입은 손해액의 전부 또는 일부가 중요사항에 관하여 거짓의 기재 또는 표시가 있거나 중요사항이 기재 또는 표시되지 아니함으로써 발생한 것이 아님을 증명한 경우에는 그 부분에 대하여 배상책임을 지지 아니한다(법 제126조 제2항).

취득자가 주권상장법인 등에 대하여 증권신고서의 허위기재 등으로 인하여 입은 손해의 배상을 청구하는 경우 주식의 취득자는 증권신고서의 허위기재 등과 손해 발생 사이의 인과관계의 존재에 대하여 입증할 필요가 없고, 주권상장법인 등이 책임을 면하기 위하여 이러한 인과관계의 부존재를 입증하여야 한다.[503)]

손해 인과관계 부존재의 증명은 ① 직접적으로 문제 된 사업보고서 등이나 감사보고서의 거짓 기재가 손해 발생에 아무런 영향을 미치지 아니하였다는 사실이나 ② 부분적 영향을 미쳤다는 사실을 증명하는 방법 또는 ③ 간접적으로 문제 된 사업보고서 등이나 감사보고서의 거짓 기재 이외의 다른 요인에 의하여 손해의 전부 또는 일부가 발생하였다는 사실을 증명하는 방법으로 가능하다.[504)]

이 경우 특정한 사건이 발생하기 이전의 자료를 기초로 하여 특정한 사건이 발생하지 아니하였다고 가정하였을 경우 예상할 수 있는 기대수익률을 추정하고 기대수익률과 시장에서 관측된 실제수익률의 차이인 초과수익률의 추정치를 이용하여 특정한 사건이 주가에 미친 영향이 통계적으로 의미가 있는 수준인지를 분석하는 사건연구(event study) 방법을 사용할 수도 있다.[505)]

---

503) 대법원 2002. 10. 11. 선고 2002다38521 판결, 대법원 2007. 10. 25. 선고 2006다16758 판결

504) 대법원 2007. 9. 21. 선고 2006다81981 판결, 대법원 2007. 10. 25. 선고 2006다16758 판결, 대법원 2015. 1. 29. 선고 2014다207283 판결, 대법원 2016. 10. 27. 선고 2015다218099 판결, 대법원 2016. 12. 15. 선고 2015다243163 판결

505) 대법원 2007. 10. 25. 선고 2006다16758 판결, 대법원 2015. 1. 29. 선고 2014다207283 판결, 대법원 2016. 10. 27. 선고 2015다218099 판결, 대법원 2016. 12. 15. 선고 2015다243163 판결, 대법원 2015. 1. 29. 선고 2014다207283 판결

그러나, 투자자 보호의 측면에서 손해액 추정조항을 둔 자본시장법 제162조 제3항의 입법 취지에 비추어 볼 때 예컨대 허위공시 등 위법행위 이후 매수한 주식의 가격이 하락하여 손실이 발생하였는데 허위공시 등 위법행위 이후 주식 가격 형성이나 그 위법행위 공표 이후 주식 가격 하락의 원인이 문제된 해당 허위공시 등 위법행위 때문인지 여부가 불분명하다는 정도의 증명만으로는 위 손해액의 추정이 깨진다고 볼 수 없다.[506)]

제일저축은행이 파산에 이르게 된 것은 상호저축은행법을 위반한 불법 대출, 적정한 담보 없이 이루어진 부실대출로 인한 대출채권의 부실화 때문이다. 원고가 이 사건 후순위사채의 가격 하락으로 경제적 손실을 입은 것은 제일저축은행이 위와 같은 경영상 부실로 파산에 이르게 되었고, 이 사건 후순위사채가 일반 파산채권보다 배당에 있어 후순위이기 때문이다. 따라서 증권신고서에 허위의 기재를 한 것과 원고의 손해 사이에는 인과관계가 없다는 피고의 주장에 대해 손해액의 추정을 깨뜨릴 정도의 인과관계 부존재의 증명이 없다고 판시한 사례가 있다.[507)]

3. 정상주가 형성일 이후 매도한 경우

가. 정상주가 형성일 이후 인과관계 부정

일반적으로 증권신고서 등이나 감사보고서의 거짓 기재 사실이 밝혀진 이후 그로 인한 충격이 가라앉고 허위정보로 인하여 부양된 부분이 모두 제거되어 일단 정상적인 주가가 형성되면 정상주가 형성일 이후의 주가변동은 특별한 사정이 없는 한 증권신고서 등이나 감사보고서의 거짓 기재와 인과관계가 없다.

506) 대법원 2007. 10. 25. 선고 2006다16758 판결, 대법원 2010. 8. 19. 선고 2008다92336 판결, 대법원 2015. 1. 29. 선고 2014다207283 판결, 대법원 2016. 10. 27. 선고 2015다218099 판결, 대법원 2016. 12. 15. 선고 2015다241228 판결, 대법원 2016. 12. 15. 선고 2015다243163 판결

507) 서울남부지방법원 2013. 8. 22. 선고 2013나50522 판결

따라서 정상주가 형성일 이후에 주식을 매도하였거나 변론종결일까지 계속 보유 중인 사실이 확인되는 경우 자본시장법 제162조 제3항, 제170조 제2항이 정하는 손해액 중 정상주가와 실제 처분가격(또는 변론종결일의 시장가격)의 차액 부분에 대하여는 자본시장법 제126조 제2항, 제162조 제4항, 제170조 제3항의 손해 인과관계 부존재의 증명이 있다고 보아야 하고, 이 경우 손해액은 계산상 매수가격에서 정상주가 형성일의 주가를 공제한 금액이 된다.[508)]

나. 주식매매가 재개된 시점 이후의 인과관계 부정 여부[509)]

피고들은, 피고 구□현이 기소된 이후 피고 회사에 대한 상장폐지 실질심사가 이루어지고 피고 회사 주식의 매매거래가 재개된 2011. 5. 18.은 피고회사의 분식회계사실이 충분히 밝혀진 후 그로 인한 충격이 가라앉아 정상적인 주가가 형성된 날이라고 보아야 한다고 주장하였다.

① 피고 구□현이 기소되었다는 사정만으로 피고 회사 사업보고서 등의 중요사항이 허위 기재되었는지, 그 내용이나 규모는 어떠한지 까지 알 수 있었다고 보기 어려운 점, ② 피고 회사에 대한 코스닥시장 상장폐지실질심사위원회의 상장폐지 실질심사가 있기는 하였으나, 결과적으로 상장폐지 기준에 해당하지 않아 상장폐지가 되지 아니하고, 오히려 피고 회사 주식의 매매거래가 재개된 점, ③ 피고 회사 사업보고서 등의 허위 기재 내용이 수정 또는 정정되어 공시되었다고 볼 자료가 없는 점, ④ 피고 회사 주식의 매매거래가 재개된 2011. 5. 18. 이후에도 상당 기간 동안 피고 회사의 주가가 하락하여 2011. 5. 18. 당시 피고 회사의 분식회계사실로 인한 충격이 가라앉은 상태였다고 단정하기 어려운 점 등에 비추어 보면, 위에서 인정한 바와 같이 피고 구□현이 2011. 3. 31. 기소된 사실, 그 후 피고 회사의 주권매매거래가 정지되고, 상장폐지 실질심사가 이루어진 사실만으로는 위와 같은 손해액의 추정을 뒤집어 2011. 5. 18. 피고 회사의 정상적인 주가가 형성되었다는 피고들의 주장사실을

508) 대법원 2007. 10. 25. 선고 2006다16758 판결, 대법원 2016. 10. 27. 선고 2015다218099 판결, 2016. 12. 15. 선고 2015다243163 판결, 대법원 2016. 12. 15. 선고 2015다60597 판결

509) 서울중앙지방법원 2012. 8. 10. 선고 2011가합83917 판결

인정하기에 부족하다.

4. 공표 전 매각 분

허위공시 등의 위법행위가 있었던 사실이 정식으로 공표되기 이전에 투자자가 매수한 주식을 그 허위공시 등의 위법행위로 말미암아 부양된 상태의 주가에 모두 처분하였다고 하더라도(공표 전 매각분) 그 공표일 이전에 허위공시 등의 위법행위가 있었다는 정보가 미리 시장에 알려진 경우에는 주가가 이로 인한 영향을 받았을 가능성을 배제할 수 없다.

이 경우 손해배상의무자는 ① 그와 같이 미리 시장에 알려지지 아니하였다는 점을 입증하거나 ② 다른 요인이 주가에 미친 영향의 정도를 입증하거나 또는 ③ 매수시점과 매도시점에 있어서 허위공시 등의 위법행위가 없었더라면 존재하였을 정상적인 주가까지 입증함으로써 인과관계 부존재를 입증할 수 있다.

그러나 위와 같은 특별한 사정이 없는 한 공표 전 매각분이라는 사실의 입증만으로 자본시장법 제126조 제2항이 요구하는 인과관계 부존재의 입증이 있다고 할 수는 없다.[510)]

특히 문제된 허위공시의 내용이 분식회계인 경우에는 그 성질상 주가에 미치는 영향이 분식회계 사실의 공표에 갈음한다고 평가할 만한 유사정보(예컨대 외부감사인의 한정의견처럼 회계투명성을 의심하게 하는 정보, 회사의 재무불건전성을 드러내는 정보 등)의 누출이 사전에 조금씩 일어나기 쉽다는 점에서 더더욱 공표 전 매각분이라는 사실 자체의 입증만으로 법 제15조 제2항이 요구하는 인과관계 부존재의 입증이 있다고 보기는 어렵다.

510) 대법원 2007. 9. 21. 선고 2006다81981 판결

5. 거래인과관계의 간주

가. 거래인과관계의 간주

자본시장법 제170조 제1항, 외감법 제17조 제2항에 의하여 투자자 또는 제3자가 감사인에 대하여 감사보고서의 거짓 기재 등으로 인한 손해배상을 청구하기 위하여는 감사보고서를 믿고 이용하였어야 한다.

그런데 주식거래에서 대상 기업의 재무상태는 주가를 형성하는 가장 중요한 요인 중의 하나이고, 대상 기업의 사업보고서의 재무제표에 대한 외부감사인의 회계감사를 거쳐 작성된 감사보고서는 대상 기업의 재무상태를 드러내는 가장 객관적인 자료로서 투자자에게 제공·공표되어 주가형성에 결정적인 영향을 미친다.

따라서 주식투자를 하는 투자자로서는 대상 기업의 재무상태를 가장 잘 나타내는 사업보고서의 재무제표와 이에 대한 감사보고서가 정당하게 작성되어 공표된 것으로 믿고 주가가 당연히 그에 바탕을 두고 형성되었으리라는 생각 아래 대상 기업의 주식을 거래한 것으로 보아야 한다.[511)]

나. 거래인과관계 인정 사례

원고가 상당한 규모의 자본잠식상태를 알았다면 태주의 미래가치만을 보고 이 사건 주식을 약 30억원에 매수하였을 것으로는 보이지 않고, 특히 이 사건 계약의 경우 매도인들인 피고 아샘 등이 태주의 재무상태를 보장하지 않았기 때문에 원고는 이 사건 주식의 가치를 파악하기 위해 이 사건 감사보고서에 더 의존할 수밖에 없어서, 이 사건 감사보고서의 허위 또는 부실 기재가 없었다면 원고는 이 사건 계약을 체결하지 않았을 것이라고 봄이 타당하므로, 이

511) 대법원 1997. 9. 12. 선고 96다41991 판결, 대법원 2007. 10. 25. 선고 2005다10364 판결, 대법원 2007. 10. 25. 선고 2006다16758 판결, 대법원 2007. 10. 25. 선고 2005다10364 판결, 대법원 2016. 4. 15. 선고 2013다97694 판결, 대법원 2016. 12. 15. 선고 2015다243163 판결, 대법원 2016. 12. 15. 선고 2015다60597 판결, 대법원 2016. 12. 15. 선고 2015다241228 판결

사건 감사보고서가 정당하게 작성되어 공표된 것으로 믿고 이 사건 주식을 취득한 것으로 보아야 한다.[512]

다. 저축은행 후순위채 사건[513]

피고는 원고가 이 사건 후순위사채를 취득할 당시 이미 상호저축은행의 BIS 비율을 믿을 수 없다는 자료가 있음을 인식하고 제일저축은행의 재정의 위험성을 충분히 예상한 상태에서 제일저축은행의 재무제표에 관한 사항과 BIS비율에 근거하여 합리적인 판단을 통해 이 사건 후순위사채를 취득한 것이 아니라 후순위사채가 가지고 있는 위험성에도 불구하고 일반 예금채권보다 높은 수익을 얻을 수 있다는 점 때문에 투기목적으로 이 사건 후순위사채를 취득한 것이므로, 증권신고서의 거짓기재와 원고의 후순위사채 취득 사이에는 인과관계가 없다고 주장한다.

자본시장법은 유가증권 등 금융투자상품의 매매 등에 있어서 증권신고서에 중요사항에 관한 기재가 누락되거나 허위사실을 기재하는 것을 금지하고 있고, 회사의 재무제표는 외부감사인의 회계감사를 거쳐 회사의 재무상태를 가장 객관적으로 드러내는 자료로 일반적으로 인식되고 있는 점 등에 비추어 보면, 신문기사가 게재된 사실이 있다거나 원고가 2회에 걸쳐 이 사건 후순위사채와 같은 종류의 후수위사채를 취득한 사실이 있다는 것만으로는 피고의 위 주장은 인정하기에 부족하다.

6. 과실상계 또는 책임의 제한

가. 과실상계 또는 책임의 제한 법리

불법행위로 인한 손해의 발생 또는 확대에 관하여 피해자에게도 과실이 있

512) 대법원 2016. 4. 15. 선고 2013다97694 판결
513) 서울남부지방법원 2013. 8. 22. 선고 2013나50522 판결

거나 가해자의 책임을 제한할 사유가 있는 때에는 가해자의 손해배상의 범위를 정함에 있어 당연히 이를 참작하여야 한다.

다만 가해행위가 사기, 횡령, 배임 등의 영득행위인 경우 등 과실상계나 책임의 제한을 인정하게 되면 가해자로 하여금 불법행위로 인한 이익을 최종적으로 보유하게 하여 공평의 이념이나 신의칙에 반하는 결과를 가져오는 경우에만 예외적으로 과실상계나 책임의 제한이 허용되지 않는다.[514)]

사채 발행과 관련한 자본시장법 제125조, 제126조에 의한 손해배상청구소송에서 사채 발행회사의 신용위험이나 사채 가격의 변동요인은 매우 다양하고 여러 요인이 동시에 복합적으로 영향을 미치는 것이어서 어느 특정 요인이 언제 어느 정도의 영향력을 발휘한 것인지를 가늠하는 것이 극히 어렵다.

따라서 증권신고서에 거짓의 기재를 하는 등의 위법행위 외에 사채의 취득시점 이후 손실이 발생할 때까지의 기간 동안 발행회사나 채권시장의 전반적인 상황 변화, 경기 변동 등도 손해 발생에 영향을 미친 것으로 인정되는 경우, 그러한 사정에 의하여 생긴 손해액을 일일이 증명하는 것이 성질상 곤란한 점에 비추어 그러한 사정을 들어 손해배상액을 제한할 수 있다.[515)]

과실상계 또는 책임제한사유에 관한 사실인정이나 그 비율을 정하는 것은 원칙적으로 사실심의 전권사항이지만, 그것이 형평의 원칙에 비추어 현저히 불합리하여서는 안 된다.[516)]

나. 저축은행 후순위채 사안

부산2저축은행이 후순위사채를 발행하면서 증권신고인으로서 증권신고서 중 중요사항에 관하여 거짓의 기재를 한 행위가 사기, 횡령, 배임 등 영득행위에 해당한다고 할 수 없다.

---

514) 대법원 2013. 9. 26. 선고 2012다1146 전원합의체 판결

515) 대법원 2007. 10. 25. 선고 2006다16758, 16765 판결, 대법원 2015. 1. 29. 선고 2014다207283 판결, 대법원 2015. 12. 23. 선고 2015다210194 판결, 대법원 2016. 10. 27. 선고 2015다218099 판결, 대법원 2016. 12. 15. 선고 2015다60597 판결, 대법원 2016. 12. 15. 선고 2015다243163 판결, 대법원 2016. 12. 15. 선고 2015다241228 판결

516) 대법원 2010. 3. 11. 선고 2007다76733 판결

부산2저축은행이 원고들에게 후순위사채 원리금을 변제하지 못하게 된 데에는 분식회계로 인하여 드러나지 않았던 부산2저축은행의 재무상태의 불건전성 외에도 경기 침체나 부동산 경기 하강 등과 같은 외부적인 요인들도 복합적으로 영향을 미친 것으로 보인다.

이러한 외부적인 요인들은 소액신용대출과 부동산 프로젝트 파이낸스 대출에 대한 의존도가 높은 부산2저축은행이 발행하는 후순위사채의 특성상 그 취득 당시 이미 내재되어 있던 위험으로서 투기적 요소가 있는 'BB' 신용등급의 후순위사채에 투자하는 원고들 스스로가 감수한 위험이라고 할 수 있다.

따라서 부산2저축은행의 손해배상의 범위를 정함에 있어서도 손해분담의 공평이라는 손해배상제도의 이념에 비추어 위와 같은 사정을 참작하여 그 책임을 제한함이 타당하다.[517]

다. 과실상계사유 여부[518]

허위공시 등의 위법행위로 인하여 주식 투자자가 입은 손해의 배상을 구하는 이 사건에 있어서 자금사정이나 재무상태에 문제가 있다는 점이 알려진 회사의 주식을 취득하였다는 사정은 투자자의 과실이라고 할 수 없다.

또한 재무상태가 공시내용과 다르다는 사실이 밝혀진 후 정상주가를 형성하기 전까지 주가가 계속 하락하였음에도 그 중간의 적당한 때에 증권을 처분하지 아니하고 매도를 늦추어 매도가격이 낮아졌다는 사정은 장래 시세변동의 방향과 폭을 예측하기 곤란한 주식거래의 특성에 비추어 특별한 사정이 없는 한 과실상계의 사유가 될 수 없다.

정상주가가 형성된 이후의 주가변동으로 인한 매도가격의 하락분은 일반적으로 허위공시와의 인과관계 자체를 인정할 수 없어 손해배상의 대상에서 제외될 것이고 그 경우 그 주가변동에 관한 사정은 손해에 아무런 영향을 주지 못하므로 이 단계에서 주식의 매도를 늦추었다는 사정을 과실상계의 사유로 삼을 수도 없다.

---

517) 대법원 2015. 12. 23. 선고 2015다210194 판결
518) 대법원 2007. 10. 25. 선고 2006다16758 판결

7. 소멸시효 또는 제척기간

자본시장법 제125조에 의한 손해배상책임은 그 청구권자가 해당 사실을 안 날부터 1년 이내 또는 해당 증권에 관하여 증권신고서의 효력이 발생한 날부터 3년 이내에 청구권을 행사하지 아니한 경우에는 소멸한다(법 제127조).

이때 "1년" 또는 "3년"은 소멸시효기간이 아닌 제척기간에 해당한다.[519] 제척기간은 소멸시효기간과 달리 시효의 중단·정지라는 제도가 없고, 재판과정에서 당사자의 주장이 없어도 법원이 직권으로 조사하여 적용할 수 있다. 제척기간은 재판상 또는 재판외의 권리행사기간이며 재판상청구를 위한 출소기간이 아니다.[520]

제척기간은 단기로 정한 것은 증명책임을 전환으로 인하여 강화된 책임을 장기간 인정하기보다는 대량으로 신속하게 이루어지는 증권거래에 있어서 증권관계분쟁의 조기타결과 거래의 안정을 위한 것이다.

'당해 사실을 안 날'이란 청구권자가 사업보고서의 허위기재나 기재누락의 사실을 현실적으로 인식한 때라고 볼 것이고, 일반인이 그와 같은 사업보고서의 허위 기재나 기재 누락의 사실을 인식할 수 있는 정도라면 특별한 사정이 없는 한 청구권자도 그러한 사실을 현실적으로 인식하였다고 봄이 상당하다.[521]

대법원 1997. 9. 12. 선고 96다41991 판결(한국강관)에서는 발행회사(한국강관)에 대한 증권감독원의 결과공개 및 일간지 보도시점인 1993. 11. 8.경을,[522] 대법원 2008. 7. 10. 선고 2006다79674 판결에서는 분식회계에 관한 금융감독

---

519) 대법원 2007. 10. 25. 선고 2006다16758 판결, 다수 학자 견해

520) 대법원 1985. 11. 12. 선고 84다카2344 판결, 대법원 1990. 3. 9. 선고 88다카31866 판결

521) 대법원 1997. 9. 12. 선고 96다41991 판결, 대법원 2007. 10. 25. 선고 2006다16758 판결

522) 증권감독원은 1993. 11. 5. 기자실에서 한국강관의 분식결산 사실과 감사인의 부실감사실을 발표함. 증권거래소는 1993. 11. 6. - 8. 한국강관 주식거래 정지함, 증권업협회는 한국강관 분식결산 및 감사인의 부실감사 사실을 1993. 11. 5.자 증권시장지에 게제함. 그 무렵 각종 일간지와 경제신문에 보도됨. 이에 늦어도 원고는 1993. 11. 8.경 감사인의 부실감사 사실을 인식하였다고 판단함.

원의 조사 결과가 발표된 2002. 3. 14.경을, 대법원 2010. 8. 19. 선고 2008다92336 판결(대우중공업)에서는 원고들을 포함한 일반인들은 대우중공업에 대한 분식회계가 본격적으로 보도된 1999. 10. 26.경을, 각각 '당해 사실을 안 날'로 판단하였다.

손해배상청구 전에 금융감독원 등에 진정서를 제출하는 예가 많은데, 이는 민법이 규정하는 소멸시효중단사유가 될 수 없다.[523)]

8. 지연손해금

불법행위로 인한 손해배상채무에 대하여는 원칙적으로 별도의 이행 최고가 없더라도 공평의 관념에 비추어 불법행위로 그 채무가 성립함과 동시에 지연손해금이 발생한다.[524)]

자본시장법 제125조 제1항에서 정한 손해배상책임은 민법상 불법행위책임과는 별도로 인정되는 법정책임이지만[525)] 그 실질은 민법상 불법행위책임과 다르지 아니하고, 제126조 제1항은 증권의 취득자가 입은 손해액의 추정 규정에 불과하다. 따라서 자본시장법 제125조 제1항에서 정한 손해배상채무의 지연손해금도 그 채무가 성립함과 동시에 발생한다.[526)]

9. 공동불법행위책임

공동불법행위책임은 가해자 각 개인의 행위에 대하여 개별적으로 그로 인한 손해를 구하는 것이 아니라 그 가해자들이 공동으로 가한 불법행위에 대하여

523) 대법원 2000. 3. 28. 선고 98다48934 판결
524) 대법원 2011. 1. 13. 선고 2009다103950 판결
525) 대법원 1998. 4. 24. 선고 97다32215 판결
526) 대법원 2015. 11. 27. 선고 2013다211032 판결

그 책임을 추궁하는 것이다. 따라서 공동불법행위로 인한 손해배상책임의 범위는 피해자에 대한 관계에서 가해자들 전원의 행위를 전체적으로 함께 평가하여 정하여야 하고, 그 손해배상액에 대하여는 가해자 각자가 그 금액의 전부에 대한 책임을 부담하는 것이다.

가해자의 1인이 다른 가해자에 비하여 불법행위에 가공한 정도가 경미하다고 하더라도 피해자에 대한 관계에서 그 가해자의 책임 범위를 위와 같이 정하여진 손해배상액의 일부로 제한하여 인정할 수 없다.[527]

527) 대법원 1998. 6. 12. 선고 96다55631 판결 및 대법원 1998. 10. 20. 선고 98다31691 판결, 대법원 2005. 10. 13. 선고 2003다24147 판결

제5장 증권의 유통과 공시규제

제1절 유통공시

I. 사업보고서

1. 개요

정보의 열위에 있는 증권 투자자들에게 합리적인 투자판단 자료를 제공하여 투자자를 보호하고, 시장에서 공정한 가격이 형성되도록 하기 위해서는 증권의 발행시 당해 증권에 대한 정보를 중심으로 공시하는 발행시장 공시 뿐만 아니라, 증권이 상장되거나 공모된 경우 그 증권의 발행회사의 내용을 정기적으로 또는 중요한 사항이 발생할 때마다 공시하도록 하는 기업내용공시 또는 유통시장공시도 필요한바, 자본시장법에서는 사업보고서, 반기보고서 및 분기보고서의 정기공시와 주요사항보고서 제도를 두고 있다.

종전 증권거래법상 중요경영사항공시제도는 자본시장법에서 법률상의 공시인 주요사항보고서와 거래소가 시장운영자로서 자율적으로 운영하는 수시공시 제도를 이원화되었다. 그리하여 거래소의 수시공시 위반행위에 대해서는 법적인 제재가 불가능하게 되었고, 거래소 차원의 시장조치만 가능하게 되었다.

2. 사업보고서 등 제출대상법인

주권상장법인과 다음의 법인은 사업보고서, 반기보고서, 분기보고서(사업보고서등)를 일정한 기한 내에 금융위와 거래소에 제출하여야 한다(법 제159조, 제160조, 시행령 제167조 제1항).

① 다음의 어느 하나에 해당하는 증권을 증권시장에 상장한 발행인

- 주권 외의 지분증권[집합투자증권과 자산유동화계획에 따른 유동화전문회사등(자산유동화에 관한 법률 제3조에 따른 유동화전문회사등을 말함)이 발행하는 출자지분은 제외함]
- 무보증사채권(담보부사채권과 제362조제8항에 따른 보증사채권을 제외한 사채권을 말함)
- 전환사채권·신주인수권부사채권·이익참가부사채권 또는 교환사채권
- 신주인수권이 표시된 것
- 증권예탁증권(주권 또는 가목부터 라목까지의 증권과 관련된 증권예탁증권만 해당함)
- 파생결합증권

② ① 외에 다음의 어느 하나에 해당하는 증권을 모집 또는 매출(법 제117조의10제1항에 따른 모집과 법 제130조 본문에 따른 모집 또는 매출은 제외한다)한 발행인(주권상장법인 또는 제1호에 따른 발행인으로서 해당 증권의 상장이 폐지된 발행인을 포함한다)

- 주권
- ①의 어느 하나에 해당하는 증권

③ ① 및 ② 외에 주식회사의 외부감사에 관한 법률 제2조에 따른 외부감사 대상 법인으로서 ②의 어느 하나에 해당하는 증권별로 그 증권의 소유자 수(금융위원회가 정하여 고시하는 방법에 따라 계산한 수를 말함)가 500인 이상인 발행인(증권의 소유자 수가 500인 이상이었다가 500인 미만으로 된 경우로서 300인 미만으로 되지 아니하는 발행인을 포함함)

3. 사업보고서등 제출면제법인

사업보고서의 제출대상법인에 포함되나 파산, 그 밖의 사유로 인해 사업보고서등 제출이 사실상 불가능하거나 실효성이 없는 경우로서 다음의 어느 하

나에 해당하는 법인의 경우 사업보고서등 제출이 면제된다(법 제159조 단서, 시행령 제167조 제2항).

① 파산한 경우
② 상법 제517조, 그 밖의 법률에 따라 해산사유가 발생한 경우
③ 주권상장법인 등 일정한 증권을 상장한 발행인의 경우에는 상장의 폐지요건에 해당하는 발행인으로서 해당 법인에게 책임이 없는 사유로 사업보고서의 제출이 불가능하다고 금융위원회의 확인을 받은 경우
④ 일정한 증권을 모집 또는 매출한 발행인의 경우에는 같은 증권별로 각각의 증권마다 소유자 수가 모두 25인 미만인 경우로서 금융위원회가 인정한 경우. 다만, 그 소유자의 수가 25인 미만으로 감소된 날이 속하는 사업연도의 사업보고서는 제출하여야 한다.
⑤ 주주수 500인 기준에 해당된 발행인의 경우에는 시행령 제167조 제1항 제2호 각 목의 어느 하나에 해당하는 증권으로서 각각의 증권마다 소유자의 수가 모두 300인 미만인 경우. 다만, 그 소유자의 수가 300인 미만으로 감소된 날이 속하는 사업연도의 사업보고서는 제출하여야 한다.

4. 사업보고서의 기재사항 등

가. 사업보고서 기재사항

사업보고서 제출대상법인은 사업보고서에 다음의 사항을 기재하여야 한다(법 제159조 제2항, 시행령 제168조 제1항, 제2항, 제3항).

① 회사의 목적, 상호, 사업내용
② 임원보수(상법, 그 밖의 법률에 따른 주식매수선택권을 포함함, 임원 모두에게 지급된 그 사업연도의 보수 총액)
③ 임원 개인별 보수와 그 구체적인 산정기준 및 방법(임원 개인에게 지급된 보수가 5억원 이상인 경우에 한함)

④ 재무에 관한 사항
⑤ 대표이사와 제출업무를 담당하는 이사의 확인ㆍ검토에 대한 서명
⑥ 회사의 개요
⑦ 이사회 등 회사의 기관 및 계열회사에 관한 사항
⑧ 주주에 관한 사항
⑨ 임원 및 직원에 관한 사항
⑩ 회사의 대주주(그 특수관계인을 포함함) 또는 임직원과의 거래내용
⑪ 재무에 관한 사항과 그 부속명세
⑫ 회계감사인의 감사의견
⑬ 그 밖에 투자자에게 알릴 필요가 있는 사항으로서 금융위원회가 정하여 고시하는 사항[528]

---

528) **증발공 규정 제4-3조(사업보고서등의 기재사항)** ① 법 제159조제4항 및 영 제168조제3항제9호에 따라 사업보고서에는 다음 각 호의 사항을 기재하여야 한다.
1. 사업의 내용 (제조·서비스업 및 금융업으로 구분함)
2. 이사의 경영진단 및 분석의견
3. 그 밖에 투자자 보호를 위하여 필요한 사항
가. 주요사항보고서 및 거래소 공시사항 등의 진행·변경상황
나. 주주총회 의사록 요약
다. 우발채무 등
라. 제재현황
마. 결산기이후 발생한 주요사항
바. 중소기업기준검토표 등
사. 장래계획에 관한 사항의 추진실적
아. 자금의 사용내역
자. 영 제6조제4항제14호(기업인수목적회사)에서 정하는 요건의 충족 여부에 관한 사항
차. 저탄소 녹색성장 기본법제42조제5항에 따른 관리업체 지정 및 취소에 관한 사항, 온실가스 배출량 및 에너지 사용량에 관한 사항(저탄소 녹색성장 기본법제42조제5항에 따른 관리업체에 한함)
카. 녹색기술·녹색산업 등에 대한 인증에 관한 사항(저탄소 녹색성장 기본법제32조제2항에 따라 정부로부터 인증을 받은 법인에 한함) 및 녹색기업 지정에 관한 사항(환경기술 및 환경산업 지원법제16조의2에 따라 환경부장관으로부터 지정을 받은 자에 한함)
타. 영 제176조의12 및 제 176조의13에 따라 조건부자본증권을 발행한 경우 전환 또는 상각의 사유가 되는 가격·지표·단위·지수의 현황에 관한 사항

나. 예측정보 기재

사업보고서 제출대상법인은 사업보고서에 그 법인의 예측정보를 기재 또는 표시할 수 있다(법 제159조 제6항, 법 제125조 제2항).

① 그 기재 또는 표시가 예측정보라는 사실이 밝혀져 있을 것
② 예측 또는 전망과 관련된 가정이나 판단의 근거가 밝혀져 있을 것
③ 그 기재 또는 표시에 대하여 예측치와 실제 결과치가 다를 수 있다는 주의문구가 밝혀져 있을 것

다. 사업보고서 첨부서류

사업보고서 제출대상법인은 사업보고서에 다음의 서류를 첨부하여야 한다(법 제159조 제2항, 시행령 제168조 제6항).

① 회계감사인의 감사보고서(그 법인의 재무제표에 대한 감사보고서와 연결재무제표에 대한 감사보고서를 말함)
② 감사의 감사보고서(상법 제447조의4에 따른 감사보고서를 말함)
③ 법인의 내부감시장치[이사회의 이사직무집행의 감독권과 감사(감사위원회가 설치된 경우에는 감사위원회를 말함)의 권한, 그 밖에 법인의 내부감시장치를 말함]의 가동현황에 대한 감사의 평가의견서
④ 그 밖에 금융위원회가 정하여 고시하는 서류[529)]

라. 대표이사 등의 확인·검토

사업보고서를 제출하는 경우 제출 당시 그 법인의 대표이사(집행임원 설치

529) **증발공규정 제4-3조(사업보고서등의 기재사항)** ③ 영 제168조제6항제5호에서 "금융위원회가 정하여 고시하는 서류"란 다음 각 호에서 정하는 것을 말한다.
1. 법 제162조제1항제4호에서 정한 자[공인회계사, 감정인, 신용평가를 전문으로 하는 자, 변호사, 변리사 또는 세무사 등 공인된 자격을 가진 자(그 소속 단체 포함)]의 동의서
2. 「상법」 제447조의2에 따른 영업보고서
3. 정관 등 영 제125조제2항 제1호의 서류

회사의 경우 대표집행임원을 말함) 및 제출업무를 담당하는 이사는 다음의 사항을 확인·검토하고 이에 각각 서명하여야 한다(법 제159조 제7항, 시행령 제169조).

① 사업보고서의 기재사항 중 중요사항에 관하여 거짓의 기재 또는 표시가 없고, 중요사항의 기재 또는 표시를 빠뜨리고 있지 아니하다는 사실
② 사업보고서의 기재 또는 표시 사항을 이용하는 자로 하여금 중대한 오해를 일으키는 내용이 기재 또는 표시되어 있지 아니하다는 사실
③ 사업보고서의 기재사항에 대하여 상당한 주의를 다하여 직접 확인·검토하였다는 사실
④ 주식회사의 외부감사에 관한 법률 제2조에 따른 외부감사대상 법인인 경우에는 같은 법 제2조의2 및 제2조의3에 따라 내부회계관리제도가 운영되고 있다는 사실

5. 제출기한

사업보고서등 제출대상법인은 다음의 제출기한 내에 금융위원회와 한국거래소에 사업보고서를 제출하여야 한다(법 제159조 제1항, 시행령 제168조 제5항).

<table>
<tr><th colspan="3">구분</th><th>제출기한</th></tr>
<tr><td colspan="3">K-IFRS 적용</td><td rowspan="3">사업연도 종료 후 90일 이내</td></tr>
<tr><td rowspan="3">K-IFRS 미적용</td><td colspan="2">종속회사 미보유</td></tr>
<tr><td rowspan="2">종속회사 보유</td><td>자산총액 2조원 이상</td></tr>
<tr><td>자산총액 2조원 미만</td><td>개별기준 : 90일이내
연결기준 : 120일 이내
추가제출</td></tr>
</table>

최초로 사업보고서를 제출하여야 하는 법인은 사업보고서 제출대상법인에 해당하게 된 날부터 5일(사업보고서의 제출기간 중에 사업보고서 제출대상법인에 해당하게 된 경우에는 그 제출기한으로 제출하면 됨) 이내에 그 직전 사업연도의 사업보고서를 금융위와 거래소에 제출하여야 한다(법 제159조 제3항).

Ⅱ. 분기 · 반기보고서

사업보고서 제출대상법인은 반기보고서와 분기보고서를 각각 그 기간 경과 후 45일 이내에 금융위원회와 거래소에 제출하여야 한다(법 제160조). 연결기준의 분기·반기보고서를 최초로 제출하는 경우에는 연결공시하는 최초 사업연도와 그 다음 사업연도에 한하여 그 기간 경과 후 60일 이내에 제출할 수 있다.

반기보고서와 분기보고서는 사업보고서의 기재사항을 준용하되, 회계감사인의 감사의견은 회계감사인의 확인 및 의견표시(검토의견)로 갈음할 수 있다(시행령 제170조 제1항).

사업보고서의 기재사항을 준용하므로, 종속회사가 있는 K-IFRS 적용법인은 분기·반기 보고서에도 연결제무제표를 기재하는 등 연결기준으로 작성하여야 한다.

또한 이사회의 경영진단 및 분석의견, 부속명세서에는 분기·반기 모두 생략할 수 있고, 분기보고서의 경우에는 검토의견도 생략할 수 있다.

회계감사인의 검토(또는 감사)보고서, K-IFRS를 적용하는 연결제무제표작성대상법인의 경우에는 연결제무제표에 대한 검토(또는 감사)보고서를 함께 제출하여야 한다(시행령 제170조 제2항).

분기 검토의견 기재의무가 없는 법인은 분기검토보고서(개별 및 연결 모두 해당)를 첨부하지 않는다.

Ⅲ. 주요사항보고제도

1. 주요사항보고제도의 의의

자본시장법 시행과 함께 기존에 금융위원회 보고와 한국거래소 보고로 혼재되어 있던 수시공시(주요경영사항 신고)의 제출대상기관을 거래소로 일원화 하였다.

법적 규제와 자율규제의 범위와 운영을 명확하게 구분하고, 사업보고서 심사, 불공정거래 적발 등 시장감독에 반드시 필요한 중요사항을 금융위원회의 직접 규제영역으로 편입하고 나머지 사항은 한국거래소의 자율공시사항으로 이관하였다.

또한 종전 주요경영사항 신고 중 회사존립, 조직 재편성, 자본 증감 등의 사항과 특수공시사항을 주요사항보고 항목으로 지정하여 그 사유발생 익일까지 금융위원회에 제출하도록 하였다.

2. 주요사항보고서 제출사유 및 첨부서류

가. 제출사유 및 첨부서류

사업보고서 제출대상법인은 다음의 어느 하나에 해당하는 사실이 발생한 경우 주요사항보고서 및 첨부서류를 금융위원회에 제출하여야 한다(법 제161조 제1항, 제2항, 시행령 제171조 제3항, 제4항).

제출사유	첨부서류
어음 또는 수표의 부도, 은행 당좌거래의 정지 또는 금지	부도확인서, 당좌거래정지 확인서 등 증명서류
영업활동의 전부 또는 중요한 일부 정지	이사회의사록, 영업정지 처분명령서 등 증명서류
회생절차개시 또는 간이회생절차개시의 신청	법원에 제출한 회생절차개시신청서 등 증명서류
해산사유가 발생한 때	이사회의사록, 파산결정문 등
자본증가 또는 감소, 조건부자본증권의 발행에 따른 부채의 증가에 관한 이사회 결의(예외 증권신고서를 제출하는 경우 면제)	이사회회의록 등 증명서류
합병, 주식교환, 이전, 분할, 분할합병 등의 결정	이사회회의록 등 증명서류, 계약서(계획서)
중요한 영업 또는 자산의 양수도 결정	이사회의사록 등 증명서류, 계약서
자기주식을 취득(신탁계약 체결) 또는 처부(신탁계약 해지)의 결의	이사회회의록 등 증명서류
기업구조조정 촉진법 제5조제2항 각 호의 어느 하나에 해당하는 관리절차가 개시되거나 같은 법 제19조에 따라 공동관리절차가 중단된 때	주채권은행의 결정서, 계약서, 합의서 등 증빙서류
증권에 관한 중대한 소송제기	소장부본 등 법원송달서류 등
해외 증권시장 상장 또는 상장폐지 결정, 매매거래정지 조치 등	외국정부 등에 제출하였거나 통지받은 서류와 한글요약본
CB, BW, EB의 발행 결정(예외 증권신고서를 제출하는 경우 면제)	이사회의사록 등 증빙서류
중요한 자산양수·양도를 권리행사의 내용으로 하는 풋백옵션 등의 계약 체결	해당사실을 증명할 수 있는 서류
조건부자본증권이 주식으로 전환되는 사유가 발생하거나 그 조건부자본증권의 상환과 이자지급 의무가 감면되는 사유가 발생하였을 때	해당사실을 증명할 수 있는 서류

나. 중요한 영업 또는 자산의 양수도 결의

중요한 영업 또는 자산을 양수하거나 양도할 것을 결의한 때란 다음의 어느 하나에 해당하는 것을 결의한 때를 말한다(법 제161조 제1항 제7호, 시행령 171조 제2항).

① 양수·양도하려는 영업부문의 자산액(장부가액과 거래금액 중 큰 금액을 말함)이 최근 사업연도말 현재 자산총액(한국채택국제회계기준을 적용하는 연결재무제표 작성대상법인인 경우에는 연결재무제표의 자산총액을 말함)의 100분의 10 이상인 양수·양도

② 양수·양도하려는 영업부문의 매출액이 최근 사업연도말 현재 매출액(한국채택국제회계기준을 적용하는 연결재무제표 작성대상법인인 경우에는 연결재무제표의 매출액을 말함)의 100분의 10 이상인 양수·양도

③ 영업의 양수로 인하여 인수할 부채액이 최근 사업연도말 현재 부채총액(한국채택국제회계기준을 적용하는 연결재무제표 작성대상법인인 경우에는 연결재무제표의 부채총액을 말함)의 100분의 10 이상인 양수

④ 양수·양도하려는 자산액(장부가액과 거래금액 중 큰 금액을 말함)이 최근 사업연도말 현재 자산총액(한국채택국제회계기준을 적용하는 연결재무제표 작성대상법인인 경우에는 연결재무제표의 자산총액을 말함)의 100분의 10 이상인 양수·양도. 다만, 일상적인 영업활동으로서 상품·제품·원재료를 매매하는 행위 등 금융위원회가 정하여 고시하는 자산의 양수·양도는 제외한다.

다. 법인의 경영·자산 등에 중대한 영향을 미치는 사실

법인의 경영·재산 등에 관하여 중대한 영향을 미치는 사실이 발생한 때란 다음 어느 하나에 해당하는 것을 말한다(법 제161조 제1항 제9호, 시행령 171조 제3항).

① 기업구조조정 촉진법 제5조제2항 각 호의 어느 하나에 해당하는 관리절차가 개시되거나 같은 법 제19조에 따라 공동관리절차가 중단된 때

② 시행령 제167조제1항제2호 각 목의 어느 하나에 해당하는 증권에 관하여 중대한 영향을 미칠 소송이 제기된 때
③ 해외 증권시장에 주권의 상장 또는 상장폐지가 결정되거나, 상장 또는 상장폐지된 때 및 외국금융투자감독기관 또는 법 제406조제1항제2호에 따른 외국 거래소(외국 거래소) 등으로부터 주권의 상장폐지, 매매거래 정지, 그 밖의 조치를 받은 때
④ 전환사채권, 신주인수권부사채권 또는 교환사채권의 발행에 관한 결정이 있은 때. 다만, 해당 주권 관련 사채권의 발행이 증권의 모집 또는 매출에 따른 것으로서 법 제119조제1항에 따라 증권신고서를 제출하는 경우는 제외한다.
⑤ 다른 법인의 지분증권이나 그 밖의 자산(지분증권등)을 양수하는 자에 대하여 미리 정한 가액으로 그 지분증권등을 양도(제2항제1호・제5호에 해당하는 양수・양도로 한정함)할 수 있는 권리를 부여하는 계약 또는 이에 상당하는 계약 체결에 관한 결정이 있은 때
⑥ 조건부자본증권이 주식으로 전환되는 사유가 발생하거나 그 조건부자본증권의 상환과 이자지급 의무가 감면되는 사유가 발생하였을 때
⑦ 그 밖에 그 법인의 경영・재산 등에 관하여 중대한 영향을 미치는 사항으로서 금융위원회가 정하여 고시하는 사실이 발생한 때

3. 주요사항보고서의 제출기한 등

사업보고서 제출대상법인은 그 사실이 발생한 날의 다음 날까지(익일) 그 내용을 기재한 보고서(주요사항보고서)를 금융위원회에 제출하여야 한다(법 제161조 제1항). 상법 제360조의2, 제360조의15, 제522조 및 제530조의2에 규정된 사실이 발생한 때(제6호) 그 사실이 발생한 날부터 3일 이내에 주요사항보고서를 제출하여야 한다.

금융위원회는 주요사항보고서가 제출된 경우 이를 거래소에 지체 없이 송부하여야 한다(법 제161조 제5항).

4. 행정기관 등에 대한 정보제공요청

금융위원회는 제출된 주요사항보고서가 투자자의 투자판단에 중대한 영향을 미칠 우려가 있어 그 내용을 신속하게 알릴 필요가 있는 경우에는 행정기관, 그 밖의 관계기관에 대하여 필요한 정보의 제공 또는 교환을 요청할 수 있다. 이 경우 요청을 받은 기관은 특별한 사유가 없는 한 이에 협조하여야 한다(법 제161조 제4항, 시행령 제172조).

금융위원회는 다음의 기관에 정보의 제공을 요청하는 사유를 기재한 문서(전자문서를 포함함) 또는 모사전송의 방법으로 필요한 정보의 제공을 요청할 수 있다(시행령 제172조).

① 법 제161조제1항제1호의 사항에 관하여는 어음법 제38조 및 수표법 제31조에 따른 어음교환소로 지정된 기관

② 법 제161조제1항제3호·제4호 및 제171조제3항제2호의 사항에 관하여는 관할 법원

③ 제171조제3항제1호의 사항에 관하여는 기업구조조정 촉진법 제2조제5호에 따른 주채권은행 또는 같은 법 제22조에 따른 금융채권자협의회

④ 그 밖의 사항에 관하여는 해당 정보를 소유하고 있는 행정기관, 그 밖의 관계 기관

5. 자산양수도의 공시시점관련

가. 사실관계[530)]

원고 회사는 2007. 8. 16. 이사회를 열어 A, B 회계법인으로부터 받은 주식가치평가보고서를 근거로 하여 갑 회사 지분인수계약을 체결하였으나 전자공

530) 서울행정법원 2009. 4. 24. 선고 2008구합37855 판결(확정됨)

시시스템 자산양수도 신고서를 제출하지 아니하다가 2008. 2. 4.에 이르러서야 비로소 전자문서형태의 자산양수도신고서와 B회계법인의 평가의견서를 제출하였고, 2008. 3. 초순경 이 사건 지분인수계약의 승인여부를 묻는 임시주주총회를 2008. 3. 27. 개최할 것임을 공고하였다.

금융위원회(피고)는 2008. 6. 30. 원고 회사가 최근 사업연도 말 기준 자산총계의 10/100 이상에 해당하는 자산을 양수하는 이 사건 지분인수계약을 체결하였음에도 지체없이 신고하지 아니하였다는 이유로 과징금부과처분을 하였다.

나. 자산양수도의 공시시점

자산양수도에 관하여 주주총회의 승인을 받을 경우에는 주주확정을 위한 주주명부의 폐쇄 또는 기준일을 공고하고자 하는 날의 전일까지 신고하도록 규정하고 있는바, 원고회사가 주주총회의 주주확정일인 2008. 3. 3. 이전 자산양수도 신고를 하였으므로 적법하다고 주장하였다.

① 이 사건 지분인수계약체결에 관한 원고 회사의 2007. 8. 16.자 이사회결의는 계약체결을 위한 주주총회의 승인절차를 예정하고 있지 않다. ② 나아가 이 사건 지분인수계약은 원고 회사의 이사회가 적법하게 소집되어 유효한 이사회결의가 있을 것을 그 유효요건으로 약정하였을 뿐 원고 회사의 주주총회 승인 결의가 있을 것을 유효요건으로 약정하지 아니하였다. ③ 원고 회사의 정관에서 이 사건 지분인수계약에 관하여 주주총회의 승인 결의를 받을 것을 규정하지도 않으며, 이 사건 지분인수계약과 같은 유가증권의 매수에 대하여 상법 기타 법령에서 주주총회의 승인결의를 받을 것을 요구하고 있지 않다.

따라서 이 사건 지분인수계약은 위 규정상 '주주총회의 승인절차를 거치지 않은 자산양수'에 해당하고, 원고회사는 그 계약체결 또는 이를 위한 이사회결의를 한 때 지체없이 자산양수도신고서를 제출하여야 할 것이므로, 원고 회사의 이 부분 주장은 이유없다.

다. 고의·중과실 존재여부

A, B 회계법인이 이 사건 자산양수도 신고에 반드시 필요한 전자문서형태의 평가의견서를 원고 회사에게 제공하지 않아 신고가 지연된 것이므로, 원고 회사의 자산양수도 신고의무 위반에 대한 고의나 중과실이 없다고 원고 회사는 주장하였다.

원고 회사와 주식가치평가 용역계약을 체결한 회계법인들이 이 사건 자산양수도 신고에 필수적으로 첨부하여야 하는 전자문서형태의 평가의견서를 제공하지 아니한 것은, 원고 회사가 지분인수대상인 갑회사가 보유한 유전개발광구에 대한 면밀한 조사와 경제성 분석이 이루어지지 아니한 상태에서 위 회계법인들에게 광구매장량과 성공가능성을 매우 높게 평가한 자료만을 제공함과 동시에 향후 변동가능성이 있어 그 신뢰성이 훼손될 수 있는 관세절감계획을 주식가치평가에 반영하게 하여, 그 결과 원고 회사가 인수하고자 하는 갑회사 지분의 가치를 의도적으로 높게 평가하도록 유도함으로써, 위 회계법인들로 하여금 주식가치평가보고서에 나타나는 평가의견이 공개되는 것을 주저하게 만든 원고 회사에게 그 근본적인 귀책사유가 있다고 할 것이다.

6. 대차거래가 자기주식의 처분에 해당하는지

가. 사실관계[531)]

A회사는 2008. 8. 경 원고 회사가 발행한 신주인수권부사채의 상환을 요구하여 원고 회사와 그 상환방법을 논의한 결과, 신주인수권을 행사하는 대신 그 행사시부터 실제 신주를 발행받을 때까지 사이에 주가가 급락할 위험에 대비하여 원고 회사가 보유하고 있던 자기주식을 차용하기로 합의하고 원고 회사와 A회사는 2009. 5. 14. 주식대차거래계약을 체결하였으며, 그에 따라 원고 회사는 이 사건 주식의 실물을 A 회사에 넘겨주었고, A회사는 2009. 5. 15.부터 같은 달 19.까지 이를 전량 매도하였다.

531) 서울행정법원 2011. 8. 19. 선고 2011구합5889 판결(확정됨)

증권선물위원회(피고)는 주권상장법인인 원고 회사가 A 회사와 자기주식 130만주에 대한 대차거래 계약을 체결하고서도 이와 관련하여 주요사항보고서를 금융위원회에 제출하지 아니하였다는 이유로 과징금 3억 4,430만원을 부과하는 처분을 하였다.

나. 대차거래가 자기주식의 처분에 해당하는지

자본시장법 제161조 제8호에 규정된 자기주식의 '처분'은 '취득'과 반대되는 개념인 점, 자기주식의 처분과 취득에 관하여 주요사항보고서의 제출의무를 정한 취지, 위 규정은 침익적 행정행위의 근거가 되므로 되도록 제한적으로 해석되어야 하는 점 등을 고려하면, 위 규정에서 말하는 '처분'은 '대외적으로 소유권 이전의 효과를 가져오는 모든 거래행위'를 일컫는다할 것이다. 담보권을 설정하는 행위는 제외된다고 할 것이나, 소유권이 이전되는 거래행위 중에서도 원고 주장과 같이 대가를 받고 매각하는 것이나, 증여, 포기 등과 같은 확정적이고 영구적인 소유권 상실만 이에 해당한다고 해석할 근거는 없다.

일단 이 사건 주식의 대차거래를 처분문서의 문언대로 고유한 의미의 대차계약으로 파악하면, 그 목적물이 주권상장법인 발행의 주식으로서 대체물인 점이나 원고 스스로 주가 급락 등의 사정이 발생하더라도 A회사가 신주인수권을 행사하여 받게 될 원고 회사 주식중에서 같은 수량을 반환받으면 된다고 생각하였다고 주장하는 점 등에 비추어 볼 때, 그 법적 성격은 소비대차로 볼 수 밖에 없다.

소비대차는 당사자 일방이 금전 기타 대체물의 소유권을 상대방에게 이전할 것을 약정하고 상대방은 그와 같은 종류, 품질 및 수량을 반환할 것을 약정함으로써 효력이 생기는 계약이어서 그 목적물인 이 사건 주식의 소유권은 그 상대방인 A 회사에 이전되는 것으로 보아야 하므로, 자기주식의 처분에 해당한다.

다음으로, 계약의 명칭보다 내용(원고가 A회사에 대한 채무상환을 목적으로 이 사건 주식을 직접 또는 제3자를 통하여 A회사에 대여하고, A회사는 자신의 선택에 따라 대차기간 만료 후 위 주식을 반납하거나 스스로 이를 취득하여 채권과 상계한다는 것)에 착안하여 이를 양도담보계약과 유사한 무명의 담보계약으로 보더라도, 그로 인하여 최소한 외부적 소유권이 양수인(채권자)에게 이전되는 이상 역시 자기주식의 처분에 포함된다.

다. 고의 또는 중과실 존재 여부

① 원고는 주권상장법인으로서 주요사항보고서의 제출 등 법이 규정한 각종 의무에 관하여 전문적 지식을 갖출 것이 요구되는 점, ② 원고는 특별한 사정이 없 한 이 사건 주식을 모두 돌려받을 것으로 생각해서 자기주식의 '처분'에 해당하지 않을 것으로 생각했다고 주장하지만 계약 내용상 A회사는 자신의 선택에 의하여 이를 취득하여 자신의 채권과 상계할 권리가 있고, ③ 실제로 주식을 넘겨받은 즉시 이를 타에 매각하기까지 하였으므로, 계약기간 만료 시 이를 모두 돌려받으리라고 생각했다는 원고의 주장은 합리성이 없는 점, ④ 원고는 사전에 금융감독원 등 감독관청에 이 사건 주식의 대차거래가 주요사항으로서 보고의 대상인 자기주식의 처분에 해당하는지 문의한 바 없고, ⑤ 오히려 이와 같은 거래 사실 자체를 원칙상 외부에 공개하지 않기로 A회사와 약속한 점 등에 비추어 최소한 의무위반에 대한 중과실이 인정된다할 것이다.

7. 중요한 자산의 양도에 해당하지 않다고 판시한 사례

가. 사실관계[532)]

원고 회사는 2006. 3. 20. A회사와 B회사 주식을 18억원에 양수하는 계약을 체결하였고, 같은 날 원고 회사의 당시 대표이사 박○성의 주재 하에 이사회

532) 서울고등법원 2011. 6. 23. 선고 2010누44247 판결(확정됨)

를 개최하여 B회사 주식의 양수에 관하여 출석이사 전원의 찬성 결의를 거쳤다. 이에 따라 원고 회사는 A회사에게 2006. 3. 20. 1억 8천만원, 2006. 4. 20. 7억 2천만원, 2006. 4. 27. 9억원 등 대금 합계 18억원을 모두 지급하였다.

그 후 원고 회사의 대표이사는 박○근으로 교체되었고, 박○근은 B회사 주식의 양수와 관련하여 B회사의 자산가치 등에 관하여 문제를 제기하였고, 이에 따라 원고 회사는 2006. 4. 21. A회사와 3개월 내에 B회사 주식을 A회사가 소개하는 제3자에게 매각하거나, A회사에게 다시 양도하는 계약을 체결(이 사건 계약)하였다.

원고 회사는 2006. 8. 4. A회사에게 2006. 8. 10.까지 B회사 주식에 관한 양도계약이 체결될 수 있도록 하여 달라는 취지로 이 사건 계약의 이행을 촉구하였고, 2006. 9. 12. A회사가 완전자본잠식 상태인 B회사가 마치 자산가치가 있는 것처럼 원고 회사를 기망하여 2006. 3. 20.자 계약 및 이 사건 계약을 체결한 것이라는 점을 들어, A회사가 이 사건 계약을 통하여 약정한 18억원 등을 지급하여 줄 것을 재차 촉구하였다.

A회사는 2006. 9. 29.경 원고 회사에게, 이○복 등이 B회사 주식을 대금 21억 78,000원에 양수하는 것을 내용으로 하는 주식 및 경영권 양수도 계약을 체결하고자 한다는 취지를 알리면서 이에 협조하여 줄 것을 요청하였고, 이에 원고 회사는 위 계약의 내용이 기재된 계약서 서식에 날인을 하여 주었으며, 같은 날 A회사에게 위 계약의 이행에 관하여 보증을 하여 줄 것을 요구함에 따라, A회사의 대표이사는 원고 회사에게, 원고 회사가 이○복 등으로부터 위 계약에서 정한 B회사 주식의 매매대금을 지급받지 못할 경우 이를 대신하여 변제하겠다는 내용의 보증확약서를 작성하여 주었다.

이에 대하여 피고(증권선물위원회)는 2008. 10. 22. 원고 회사에게, 원고 회사가 A회사에게 B회사 주식을 18억원(원고 자본금의 103.%, 2005년말 원고 자산총액의 12%)에 매각하는 내용의 계약을 체결하고도, ① 상장법인 등의 신고・공시의무를 위반하여 신고를 하지 않았고, ② 자산양수도 신고서 제출의무를 위반하여 자산양수도 신고서를 제출하지 않았다는 이유로 과징금 61,900,000원을 부과하였다.

나. 타법인의 주식 및 출자증권의 취득 또는 처분 공시 위반

이 사건 계약을 체결할 당시의 원고 회사의 대표이사인 박○근 등은 적어도 이 사건 계약의 체결일 무렵에는 더 이상 B회사에 대한 경영권 인수 및 B회사의 사업분야 진출을 포기하고 이 사건 계약의 체결을 통하여 B회사 주식을 처분하기로 결정하였다고 봄이 상당하므로, 원고 회사에게 상장법인 등의 신고·공시의무(타법인의 주식 및 출자증권의 취득 또는 처분)가 있었음에도 이를 위반하였다.

다. 자산양수도 신고서 제출의무 위반 여부

① 원고 회사와 A회사는 이 사건 계약의 성격을 원고 회사와 A회사 사이의 2006. 3. 20자 주식 양도계약에 대한 '이행합의서'로서 정하고 있고, 이 사건 계약의 제1조에서 이 사건 계약은 원고 회사가 보유하고 있는 B회사 주식을 제3자에게 재매각하거나 A회사가 재인수할 것을 '보증'하는 것을 목적으로 하고 있다.

② 이 사건 계약은 원고 회사와 A회사 사이에 체결되었던 2006. 3. 20.자 주식양도계약의 문언, 체계 등에 비추어 보더라도 B회사 주식의 양수인이 확정되어 있지 않고, 경영권 이전 방법이 규정되어 있지 않으며, 양도대금의 액수, 지급시기 및 방법마저도 특정되어 있지 않아, 이 사건 계약의 체결만으로는 B회사 주식의 종국적인 양도에 관하여 계약을 체결하였다고 보기 어렵다.

③ 원고 회사는 B회사 주식의 재매각과 관련하여 A회사에 대하여 부담하는 보증채무를, 그것이 확정된 재매매계약이 아니라는 이유에서 확정채무가 아닌 우발채무로 회계처리를 하였다.

④ 관계법령 및 규정에 따른 자산양수도 신고서에는, 그 중 당사자에 관한 사항으로서, 양수인 회사의 회사 개황, 사업내용, 재무에 관한 사항, 감사인의 감사의견 등, 이사회 등 회사의 기관 및 계열회사에 관한 사항, 주주에 관한 사항, 임원 및 직원 등에 관한 사항 등의 법정 사항을 기재하도록 하고 있음에도 이 사건 계약상으로는 양수인과 매매가격이 특정되지 않았다.

⑤ 원고 회사와 이○복 등 사이에 B회사 주식에 관한 주식 양도계약이 체결되지 못하였고, A회사가 위 주식 양도계약에 대한 보증채무를 부담하는 것으로 반기보고서에 기재하는 등의 행위를 하였다고 하여, A회사가 B회사 주식의 실질적인 양수인이라거나, 이 사건 계약이 공시의무를 회피하기 위한 가장행위를 한 것으로 단정할 수 없다.

위와 같은 여러 사정에 비추어 보면 원고 회사와 A회사 사이에 체결된 이 사건 계약을 구 증권거래법 제190조의2 제2항 제1호, 법 시행령 제84조의8 제1항 제5호, 구 유가증권의 발행 및 공시 등에 관한 규정 제88조 제3항에 따라 신고의무가 있는 중요한 자산의 양도에 관한 계약이라고 볼 수 없다.

8. 전환사채인수 시 주요사항보고서 제출 여부

가. 사실관계[533]

피고인은 2012. 3. 30. A회사의 대표이사로 취임한 후 회사의 실소유자인 망 갑, 비등기 사장인 을과 함께 회사 경영을 담당하고 있었다.

법인의 대표자는 양수·양도하려는 법인의 자산액이 최근 사업연도말 현재 연결제무제표상 자산 총액의 100분의 10 이상인 양수·양도를 결의한 때에는 그 사실이 발생한 날의 다음 날까지 그 내용을 기재한 주요사항보고서를 금융위원회에 제출하여야 한다.

피고인과 위 갑, 을은 2012. 4. 3.경 인천 남동구 소재 A회사의 회의실에서 B회사가 발행하는 150억원 상당의 전환사채를 인수하고, 24억원을 단기대여하기로 결의하고 당일에 이를 집행하였다.

그런데 A회사의 2011. 12. 31. 기준 연결재무제표상 자산총액은 308억원으로서 위 174억원은 자산 총액의 100분의 10을 넘어 56.51%에 달하는 금액이었다. 그럼에도 불구하고 피고인 등은 위와 같은 결의를 한 다음날 까지 그 내용을 기재한 주요사항보고서를 금융위원회에 제출하지 아니하였다.

---

533) 인천지방법원 2014. 6. 26. 선고 2014고정 1560 판결(확정됨)

나. 법원의 판단

피고인 및 변호인은 병이 피고인에게 H법무법인의 법률검토보고서를 제기하면서 전환사채 인수회사의 경우 금융위원회에 보고의무가 없다고 이야기를 하였고, 피고인도 증권거래소와 금융감독원에 전화하여 전환사채 인수회사의 경우에도 보고의무가 있는지 문의하였는데 금융감독원으로부터 보고서를 제출하지 않아도 된다는 취지의 답변을 들어 금융위원회에 주요사항보고서를 제출하지 않아도 된다고 판단할 수 밖에 없었다고 주장한다.

그러나, 피고인이 이와 같은 확정과정 등을 거쳤다는 점을 인정하기 어렵고, 설령 피고인이 H법무법인의 법률검토보고서를 기초로 그와 같은 판단을 하였다고 하더라도 그와 같은 사정만으로는 피고인이 이 사건 범죄사실에 대한 고의 내지는 위법성의 인식이 없었다고 볼 수 없어 피고인은 주요사항보고서 미제출에 따른 자본시장법 위반죄를 범한 경우에 해당한다.

9. 제출의무 면제 여부

가. 사실관계[534)]

원고 회사는 실내공사업 등을 영위할 목적으로 설립되어 코스닥시장에 상장된 주권상장법인으로 2006. 6. 26. 갑법인의 A은행에 대한 대출금채무를 연대보증한 이후 2007. 9. 4.부터 2009. 5. 8.까지 사이에 위 보증금채무금 161억원을 대위변제하였고, 갑법인은 2009. 2. 19. 파산선고 되었다.

원고회사는 2009. 7. 3. 갑법인 소유로서 B신탁회사에 담보신탁되어 소유권이전등기가 마쳐진 서울 마포구 소재 토지(이 사건 토지)를 상기 대위변제에 따른 구상금채권의 변제조로 16,500백만원에 양수하였는데, 위 금액은 원고

---

534) 서울행정법원 2010. 10. 8. 선고 2010구합26834 판결(확정됨)

회사의 2008년 사업연도말 자산총액의 14.48%에 해당하는 금액임에도 불구하고 자산양수에 관하여 주요사항보고서를 제출하지 않았다.

나. 법원의 판단

원고 회사는 '일상적인 영업활동으로 인한 자산의 양수'에 해당하므로 주요사항보고서 제출의무가 면제된다고 주장하였다.

이에 대해 법원은 원고 회사의 주된 영업은 실내건축 공사업, 디자인 설계 용역업 등으로 투자목적의 부동산 매매는 원고 회사의 주된 영업이 아니고, 원고 회사의 2005년부터 2009년까지의 사업내용 중에는 부동산개발 시공 및 매출 실적이 없으므로, 이 사건 토지 취득이 주요사항보고서 제출의무가 면제되는 '일상적인 영업활동으로 인한 자산의 양수'에 해당한다고 볼 수 없다.

제2절 유통공시위반과 손해배상

I. 손해배상책임

1. 손해배상책임 일반

사업보고서·반기보고서·분기보고서·주요사항보고서(사업보고서등) 및 그 첨부서류 중 중요사항에 관하여 거짓의 기재 또는 표시가 있거나 중요사항이 기재 또는 표시되지 아니함으로써 사업보고서 제출대상법인이 발행한 증권의 취득자 또는 처분자가 손해를 입은 경우에는 제출인 등은 그 손해에 관하여 배상의 책임을 진다(법 제162조 제1항). 첨부서류에 회계감사인의 감사보고서는 제외된다.

증권거래소에서 집중적·대량적으로 이루어지는 매매에 따라 형성되는 주식의 가격은 주식시장 내부에서의 주식물량의 수요·공급과 주식시장 외부의 각종 여건 등 매우 다양한 요인에 의하여 결정되는 지극히 가변적인 성질을 지니고 있기 때문에, 주가의 등락분 중 허위기재 등으로 인한 하락분을 가려내어 그 인과관계를 입증한다는 것은 결코 쉬운 일이 아니다.

이에 자본시장법은 투자자 보호의 측면에서 투자자가 손해배상청구를 가능한 한 쉽게 할 수 있도록 입증책임을 전환하여 손해배상의무자에게 무과실의 입증책임을 부담시키고 있을 뿐만 아니라(법 제162조 제1항), 나아가 손해액에 관한 추정규정을 두어 손해배상의무자가 손해와 사이의 인과관계의 부존재를 입증하지 못하는 한 투자자는 원칙적으로 법정 추정액의 손해배상을 받을 수 있도록 하고 있는 것이다(법 제162조 제3항, 제4항).[535)]

535) 대법원 2007. 10. 25. 선고 2006다16758 판결

2. 손해배상의무자

사업보고서 등의 거짓 기재 또는 기재 누락으로 인한 손해배상의무자는 다음에 해당하는 자이다.

① 사업보고서등의 제출인과 제출당시의 그 사업보고서 제출대상법인의 이사

② 업무집행지시자(상법 제401조의2제1항)로서 사업보고서등의 작성을 지시하거나 집행한 자

③ 사업보고서등의 기재사항 및 그 첨부서류가 진실 또는 정확하다고 증명하여 서명한 공인회계사, 감정인, 신용평가를 전문으로 하는 자, 변호사, 변리사 또는 세무사 등 공인된 자격을 가진 자

④ 사업보고서등의 기재사항 및 그 첨부서류에 자기의 평가·분석·확인 의견이 기재되는 것에 대하여 동의하고 그 기재내용을 확인한 자

첨부서류에 회계감사인의 감사보고서가 제외되므로, 회계감사인은 자본시장법 제162조에 의한 손해배상책임을 부담하지 않고, 자본시장법 제170조에 의한 손해배상책임을 부담한다.

3. 증권의 범위

사업보고서 제출대상법인이 발행한 증권중 법 제162조에 의거 손해배상책임이 인정되는 증권은 다음과 같다(법 제162조 제1항, 시행령 제173조 제1항).

① 제출대상법인이 발행한 증권

② 그 증권과 관련된 증권예탁증권

③ 해당 증권(그 증권과 관련된 증권예탁증권을 포함함)과 교환을 청구할 수 있는 교환사채권

④ 해당 증권 및 ③에 따른 교환사채권만을 기초자산으로 하는 파생결합증권

부실정보 유통시점을 A, 진실정보 유통시점을 B라 하고, A이후에는 시장가격이 정상가격보다 높게 형성되었다가 다시 B 이후에는 정상가격으로 되었음을 전제로 한다.[536]

위 경우 A 이전에 매수하여 A와 B 사이에 매도한 경우에는 오히려 부실공시로 이익을 얻었고, A 이전에 매수하여 B 이후에 매도하거나, A와 B 사이에 매수와 매도가 이루어진 경우에는 매도가격과 매수가격이 동일하여 손해가 발생하지 않는다. A와 B 사이에 매수하여 B 이후에 매도한 경우만 손해가 발생한다.

만일 A 이전부터 주식을 보유하던 사람이 A와 B 사이에 추가로 주식을 매수한 후 보유 지분을 A와 B 사이에 또는 B 이후에 매도한 경우 손해배상청구의 대상인 주식을 어떻게 특정해야 하는지 문제된다.

위와 같은 경우 소송실무상 먼저 매수된 지분이 먼저 매도된 사실 또는 안분비례방식을 당사자간 다툼이 없는 것으로 정리하기도 한다.

서울중앙지방법원 2012. 8. 10. 선고 2011가합83917 판결에서는 투자자의 손해액을 산정할 때 먼저 취득한 주식을 먼저 처분한 것으로 의제하였다.

4. 중요사항에 관한 거짓기재 또는 기재누락

사업보고서・반기보고서・분기보고서・주요사항보고서(사업보고서등) 및 그 첨부서류(회계감사인의 감사보고서는 제외함) 중 중요사항에 관하여 거짓의 기재 또는 표시가 있거나 중요사항이 기재 또는 표시되지 아니한 경우에 자본시장법 제162조에 의한 손해배상책임이 인정된다.

중요사항이란 투자자의 합리적인 투자판단 또는 해당 금융투자상품의 가치에 중대한 영향을 미칠 수 있는 사항' 을 말하며(법 제47조 제3항), 이는 합리적인 투자자가 금융투자상품과 관련된 투자판단이나 의사결정을 할 때에 중요하게 고려할 상당한 개연성이 있는 사항을 의미한다.[537]

---

536) 임재연 자본시장법(2012년) 575면 인용

중요사항에 관하여 거짓의 기재·표시 또는 그 기재·표시의 누락이 있는지 여부는 그 기재·표시나 누락이 이루어진 시기를 기준으로 판단하여야 한다.[538]

5. 면책사유

배상의 책임을 질 자가 상당한 주의를 하였음에도 불구하고 이를 알 수 없었음을 증명하거나 그 증권의 취득자 또는 처분자가 그 취득 또는 처분을 할 때에 그 사실을 안 경우에는 배상의 책임을 지지 아니한다.

손해배상의무자인 이사가 책임을 면하기 위하여는 ① 자신이 상당한 주의를 하였음에도 불구하고 이를 알 수 없었음을 증명하거나 ② 그 주식의 취득자가 그 취득을 할 때에 그 사실을 알았음을 증명하거나 또는 ③ 그 주식의 취득자가 입은 손해액의 전부 또는 일부가 위 허위표시 등에 의하여 발생한 것이 아님을 증명하여야 한다(법 제162조 제1항 단서, 제4항).

여기서 '상당한 주의를 하였음에도 불구하고 이를 알 수 없었음'을 증명한다는 것은 '자신의 지위에 따라 합리적으로 기대되는 조사를 한 후 그에 의하여 허위기재 등이 없다고 믿을 만한 합리적인 근거가 있었고 또한 실제로 그렇게 믿었음'을 증명하는 것을 말한다.[539]

6. 손해배상액

가. 손해배상액의 추정

537) 대법원 2015. 12. 10. 선고 2012다16063 판결
538) 대법원 2015. 12. 10. 선고 2012다16063 판결
539) 대법원 2002. 9. 24. 선고 2001다9311, 9328 판결, 대법원 2007. 9. 21. 선고 2006다81981 판결, 대법원 2014. 12. 24. 선고 2013다76253 판결

배상할 금액은 청구권자가 그 증권을 취득 또는 처분함에 있어서 실제로 지급한 금액 또는 받은 금액과 다음의 어느 하나에 해당하는 금액(처분의 경우에는 ①에 한함)과의 차액으로 추정한다(시행령 제162조 제3항).

① 손해배상을 청구하는 소송의 변론이 종결될 때의 그 증권의 시장가격(시장가격이 없는 경우에는 추정처분가격을 말함)

② ①의 변론종결 전에 그 증권을 처분한 경우에는 그 처분가격

나. 손해인과관계 부존재의 입증

손해배상책임을 질 자는 청구권자가 입은 손해액의 전부 또는 일부가 중요사항에 관하여 거짓의 기재 또는 표시가 있거나 중요사항이 기재 또는 표시되지 아니함으로써 발생한 것이 아님을 증명한 경우에는 그 부분에 대하여 배상책임을 지지 아니한다(법 제162조 제4항).

주식의 취득자 또는 처분자는 자본시장법 제162조 제4항의 규정에 따라 사업보고서의 거짓 기재 등과 손해 발생 사이의 인과관계의 존재에 대하여 증명할 필요가 없고, 주권상장법인 등이 책임을 면하기 위하여 이러한 인과관계의 부존재를 증명하여야 한다.[540)]

그리고 자본시장법 제162조 제4항이 요구하는 '손해 인과관계의 부존재 사실'의 증명은 ① 직접적으로 문제된 해당 허위공시 등 위법행위가 손해 발생에 아무런 영향을 미치지 아니하였다는 사실이나 ② 부분적 영향을 미쳤다는 사실을 증명하는 방법 또는 ③ 간접적으로 문제된 해당 허위공시 등 위법행위 이외의 다른 요인에 의하여 손해의 전부 또는 일부가 발생하였다는 사실을 증명하는 방법으로 가능하다.[541)]

이 경우 특정한 사건이 발생하기 이전의 자료를 기초로 하여 특정한 사건

---

540) 대법원 2007. 10. 25. 선고 2006다16758 판결, 대법원 2016. 12. 15. 선고 2015다243163 판결

541) 대법원 2007. 10. 25. 선고 2006다16758 판결, 대법원 2015. 1. 29. 선고 2014다207283 판결, 대법원 2016. 10. 27. 선고 2015다218099 판결, 대법원 2016. 12. 15. 선고 2015다243163 판결, 대법원 2015. 1. 29. 선고 2014다207283 판결

이 발생하지 아니하였다고 가정하였을 경우 예상할 수 있는 기대수익률을 추정하고 기대수익률과 시장에서 관측된 실제수익률의 차이인 초과수익률의 추정치를 이용하여 특정한 사건이 주가에 미친 영향이 통계적으로 의미가 있는 수준인지를 분석하는 사건연구(event study) 방법을 사용할 수도 있다.

거짓 기재가 포함된 사업보고서 등이나 감사보고서가 공시된 이후 매수한 주식의 가격이 하락하여 손실이 발생하였는데 사업보고서 등이나 감사보고서의 공시 이후의 주식 가격 형성이나 사업보고서 등이나 감사보고서의 거짓 기재가 공표된 이후의 주식 가격 하락이 문제 된 사업보고서 등이나 감사보고서의 거짓 기재 때문인지가 불분명하다는 정도의 증명만으로는 손해액의 추정이 깨진다고 볼 수 없다.[542)]

다. 정상주가 형성일 이후의 주가변동

일반적으로 사업보고서 등이나 감사보고서의 거짓 기재 사실이 밝혀진 이후 그로 인한 충격이 가라앉고 허위정보로 인하여 부양된 부분이 모두 제거되어 일단 정상적인 주가가 형성되면 정상주가 형성일 이후의 주가변동은 특별한 사정이 없는 한 사업보고서 등이나 감사보고서의 거짓 기재와 인과관계가 없다.

따라서 정상주가 형성일 이후에 주식을 매도하였거나 변론종결일까지 계속 보유 중인 사실이 확인되는 경우 자본시장법 제162조 제3항, 제170조 제2항이 정하는 손해액 중 정상주가와 실제 처분가격(또는 변론종결일의 시장가격)의 차액 부분에 대하여는 자본시장법 제162조 제4항, 제170조 제3항의 손해 인과관계 부존재의 증명이 있다고 보아야 하고, 이 경우 손해액은 계산상 매수가격에서 정상주가 형성일의 주가를 공제한 금액이 된다.[543)]

---

542) 대법원 2007. 10. 25. 선고 2006다16758 판결, 대법원 2010. 8. 19. 선고 2008다92336 판결, 대법원 2015. 1. 29. 선고 2014다207283 판결, 대법원 2016. 10. 27. 선고 2015다218099 판결, 대법원 2016. 12. 15. 선고 2015다241228 판결, 대법원 2016. 12. 15. 선고 2015다243163 판결

543) 대법원 2007. 10. 25. 선고 2006다16758 판결, 대법원 2016. 10. 27. 선고 2015다218099 판결, 2016. 12. 15. 선고 2015다243163 판결, 대법원 2016. 12. 15. 선고 2015다60597 판결

Ⅱ. 중요한 사항에 관한 거짓기재 또는 기재누락 사례

1. 명의상 주주의 거짓기재

가. 사실관계[544)]

증권선물위원회(피고)는 원고 갑회사의 최대주주가 2006. 12. 24.자로 김○우 등에서 이○용으로 변경되었음에도 정기보고서에 최대주주를 김○우 등으로 거짓기재하였다는 이유로 갑회사에 과징금 4억 4천만원을 부과하였다.

이에 대해 원고 갑회사는 최대주주가 이○용이 아니라 김○우 등이었으므로, 피고의 처분은 위법하고, 가사 이○용이 최대주주라 하더라도 당시 갑회사의 대표이사인 임○희는 증권예탁결제원으로부터 명의개서 확인서를 받아 그대로 공시 및 신고하였을 뿐 이○용이 갑회사의 최대주주라는 사실을 전혀 인식하지 못하였는바, 임○희가 갑회사의 실질적인 최대주주가 누구인가를 인식하였음을 전제로 한 증권선물위원회(피고)의 처분은 위법하다고 주장하였다.

나. 법원의 판단.

① 이○민 등은 당초 김○주 등으로부터 갑회사 주식을 인수하려 하였으나, 자금사정이 여의치 않아 이○용으로부터 인수자금을 조달하고자 하였고, 그 후 이 사건 주식인수에 관한 일체의 자금이 이○용에 의해 조달되었던 것과 맞물려 이○용이 직접 갑회사를 경영하기로 함에 따라 갑회사의 경영권이 실질적으로 이○용에게 귀속된 것으로 보인다.

② 반면, 임○희는 과거에 이○용의 형사사건을 수임하였던 변호사로서 시종일관 이○용과 긴밀한 관계를 유지하면서 이 사건 주식의 인수과정에 관여하였고, 갑회사의 최대주주 이○숙과 김○우는 각각 이○용의 여동생과 그 매

---

544) 서울행정법원 2009. 5. 8. 선고 2008구합20383 판결 (확정됨)

제인바, 이들이 이 사건 주식 중 각자의 명의로 된 부분을 인수하게 된 경우 내지 자금의 원천에 대한 어떠한 구체적 자료도 이 사건 변론종결일까지 제출되지 아니하였다.

③ 이 사건 주식 중 103,000주를 소유하는 것으로 공시·신고된 박○정 역시 금융감독원의 조사과정에서 자신은 위 주식을 인수하는 과정에서 어떠한 자금도 납입한 바가 없었으므로 위 주식의 실질적인 소유주가 아니라는 취지로 일관되게 진술하였다.

④ 이 사건 주식을 양도한 김○주 역시 금융감독원의 조사과정에서 이 사건 주식 중 박○정과 김○우 명의로 된 부분 역시 이○용의 소유로 알고 있다는 취지로 진술하였다.

위와 같은 점에 비추어 보면, 이 사건 주식을 김○주 등으로부터 양수한 실제 소유자는 이○용로서 단지 주주명부상으로만 김○우 등으로 명의개서가 이루어졌을 뿐이고, 갑회사로서는 그 대표이사인 임○회를 통해 이 사건 주식에 관하여 공시 내지 신고서를 제출하는 과정에서 이러한 사실을 충분히 인식하였다고 봄이 상당하다.

따라서 갑회사가 김○우 등을 이 사건 주식의 소유자로서 최대주주로 공시하거나 신고서에 기재한 행위는 증권거래법 제206조의11 제1, 3, 4항에 규정된 과징금 부과사유(정기보고서 거짓기재)를 충족한다할 것이다.

2. 허위 매매계약에 의한 명의신탁

가. 사실관계[545)]

증권선물위원회(피고)는 원고 갑회사가 정기보고서를 금융위원회에 제출하면서 위 보고서에 최○호가 유○석, 이○경에게 합계 1,000만주를 매도한 것을 전제로 주식분포내역을 허위로 기재하였다는 이유로 2009. 9. 2. 갑회사에 과징금 2억원의 부과처분을 하였다.

---

545) 서울행정법원 2010. 8. 13. 선고 2009구합40858 판결 (확정됨)

이에 대해 원고 갑회사는 최○호와 유○석, 이○경 사이의 주식매매계약은 진정한 것으로서, 위 당사자 사이에 명의신탁 약정이 없음에도 이와 다른 전제에서 증권선물위원회(피고)가 한 이 사건 처분은 위법하다고 주장하였다.

나. 법원의 판단

최○호의 배우자인 문○주는 2007. 7. 6.경 최○호를 상대로 이혼소송을 제기하면서 재산분할로서 397억원 상당의 지급을 구하자, 유○석, 이○경은 최○호로부터 위 재산분할 청구에 의하여 원고 주식이 가압류될 것을 우려하여 명의를 대여하여 줄 것을 부탁받아 이를 수락하였다고 금융감독원에서의 조사시에 진술하였다.

그리고, 이 사건 매매계약에 따른 매매대금의 자금 조성 및 지급 경위에 관하여 보면 매매대금 전부가 최○호에 의하여 조성되고, 최○호의 지시에 따라 입출금이 된 자금임을 확인할 수 있다.

따라서 이 사건 매매계약은 허위이고, 최○호는 유○석, 이○경에게 원고 갑회사 주식 1,000만주를 명의신탁한 것에 불과하다고 할 것이고, 피고 증권선물위원회가 한 처분은 적법하다.

3. 파생상품계약사실 기재누락

일반적으로 수출의존도가 높은 기업에 투자하는 투자자로서는 당시 환율의 변동상황, 투자대상 기업의 거래 규모 등에 비추어 대상 기업이 외환위험을 어떻게 관리하고 있는지, 이로 인한 환차손을 얼마인지, 당기순이익에 미치는 영향이 어느 정도인지 여부가 투자 판단에 있어서 중요한 사항이다.

A회사가 수출의 비중이 높고 2008. 1.경부터 환율이 지속적으로 상승하는 상황이었고 2007년 회계연도 사업보고서상 200억원이 넘는 당기순이익에서 이 사건 각 파생금융상품의 평가손실을 모두 반영한 2008년 회계 연도 사업보고서상에는 260억원의 당기순손실로 전환되었다.

위와 같은 점에 비추어 볼 때, 만약 이 사건 각 파생금융상품 내용 및 이로 인한 평가손실을 제대로 공시하였다면 원고들의 투자 판단 역시 달라졌을 것으로 보이므로, 이 사건 각 파생금융상품의 기재는 공시 당시 사정에 비추어서도 중요한 사항에 해당한다.

또한 A회사가 금융감독원에 제출한 공시 대상 보고서에 파생상품 등에 관한 항목이 별도로 있고, A회사가 이에 대해 적극적으로 '해당사항이 없다'는 취지의 기재를 한 것을 보더라도 파생금융상품은 투자자에게 알릴 필요가 있는 중요한 사항임을 추단할 수 있다. 이 사건 각 파생금융상품은 그 거래규모 합계가 A회사의 매출 및 수출규모에 비하여 과다할 뿐만 아니라 환율이 약정환율을 넘어 서게 될 경우 A회사가 큰 손실을 입을 수 있는 상품(소위 SNOW BALL 또는 KIKO 상품)인 점을 고려하면 더욱 그러하다.

따라서 A회사가 2008. 2. 내지 3.경 이 사건 각 파생금융상품계약사실을 공시하지 아니한 것은 중요한 사항의 기재 누락에 해당한다.[546]

4. 회사자금 횡령 후 자금대여 허위 작성

가. 사업보고서 등의 중요사항에 관한 허위 기재 여부[547]

피고 구□현이 피고 회사의 돈을 임의로 사용한 후 이를 변제하지 못해서 피고 회사의 돈이 피고 회사 외부로 유출되었음에도, 피고 구□현은 이를 감추기 위해 2008. 1.경과 2009. 1.경 허위의 금전소비대차계약서와 위조된 송금증을 이용하여 다른 직원 또는 다른 회사에 대한 정상적인 대여금이 존재하는 것처럼 회계처리를 하도록 함으로써 피고 회사의 2007, 2008년도 각 재무제표에 허위 또는 왜곡된 표시를 한 것으로 봄이 상당하다.

주식거래에서 대상 기업의 재무상태는 주가를 형성하는 가장 중요한 요인

---

546) 서울고등법원 2011. 2. 16. 선고 2009나72232 판결, 서울남부지방법원 2009. 6. 26. 선고 2008가합12300판결

547) 서울중앙지방법원 2012. 8. 10. 선고 2011가합83917 판결

중의 하나이다.

대표이사에 대한 단기대여금의 존재와 규모만으로 대표이사의 횡령 사실이 밝혀지는 것은 아니라 하더라도, 회사 경영 상태를 판단하는 데 기초가 되는 자료가 될 수 있는 것이다.

외부감사인에게 제출된 허위의 금전소비대차계약서가 2008. 1.경에는 합계 2,600,000,000원(위조된 송금증은 합계 2,130,000,000원), 2009. 1.경에는 합계 8,594,000,000원(위조된 송금증도 동액)에 이를 정도로 그 규모가 적지 않다.

위와 같은 점 등 종합하여 보면, 피고 구□현이 피고 회사의 돈을 횡령하였음에도, 다른 직원 또는 다른 회사에 대한 대여금이 존재하는 것처럼 작성된 2007, 2008년도 각 재무제표가 포함된 제17, 18기 각 사업보고서에는 투자자의 합리적인 투자판단에 중대한 영향을 미칠 수 있는 중요사항에 관하여 허위의 기재가 포함되어 있는 것으로 봄이 상당하다.

나. 과거의 재무상태의 중요사항 해당 여부

① 제18기 반기보고서, 3분기보고서, 사업보고서에는 제17기 사업보고서의 재무제표와 요약재무정보가 포함되어 있고, ② i) 제19기 1분기보고서, 반기보고서, 3분기보고서, ii) 제20기 1분기보고서, 반기보고서, 3분기보고서에는 제17기 또는 제18기 각 사업보고서의 재무제표 또는 요약재무정보가 포함되어 있다.

주식거래에서 대상 기업의 재무상태는 주가를 형성하는 가장 중요한 요인 중의 하나이고, 그러한 재무상태는 현재의 재무상태뿐만 아니라 과거의 재무상태도 포함되며, 과거의 재무상태도 투자자들의 합리적인 투자판단에 중대한 영향을 미칠 수 있는 중요사항에 해당하는 것으로 볼 수 있다.

가사 위 각 보고서에 해당 사업연도에 관한 중요사항에 대하여 새로운 내용의 허위 기재가 없다 하더라도, 중요사항에 관한 허위의 기재가 포함된 제17기 또는 제18기 각 사업보고서의 재무제표 등 내용이 수정 또는 정정됨이 없이 그대로 포함되어 공시된 이상 위 각 보고서에도 그 중요사항에 관하여 허위의 기재가 포함되어 있는 것으로 봄이 상당하다.

가사 피고들의 주장과 같이 제17, 18기 각 사업보고서가 제출된 이후 피고 구□현의 횡령금이 모두 변제된 것이 사실이라 하더라도, 과거의 재무정보가 수정 또는 정정되어 공시되지 않았다면, 여전히 위 각 보고서에는 그 중요사항에 관한 허위 기재가 포함되어 있는 것이다.

5. 재무제표 거짓기재 사례

가. 매도가능증권 등의 과대계상[548)]

상장법인 갑 주식회사가 사업보고서, 분기보고서, 반기보고서(사업보고서등)의 대차대조표에 매도가능증권, 매출채권, 선급금, 재고자산, 이연법인세자산(매도가능증권 등 자산)을 과대 계상하였다.

한국증권선물거래소에 상장된 주권을 발행한 상장법인이 구 증권거래법에 따라 작성·제출하여 공시되는 사업보고서의 재무제표는 일반투자자가 회사의 재무상황을 가늠할 수 있는 가중 중요한 투자의 지표이다.

사업보고서의 재무제표는 기업회계기준에 따라 작성되어야 하는데 기업회계기준은 회계처리 및 재무제표를 작성할 때 경제적 사실과 거래의 실질을 반영하여 회사의 재무상태 및 경영성과 등을 공정하게 표시하도록 규정하고 있다.

위와 같은 점을 고려하면, 기업회계기준에서 허용하는 합리적·객관적 범위를 넘어 자산을 과대평가하여 사업보고서의 재무제표에 기재하는 것은 가공의 자산을 계상하는 것과 마찬가지로 경제적 사실과 다른 허위의 기재에 해당한다.

위 사업보고서 등의 재무제표에는 기업회계기준이 허용하는 합리적·객관적 범위를 넘어 자산이 과대 계상되어 있으므로, 위 사업보고서 등은 구 증권거래법 제186조의5, 제14조 제1항에서 정한 '허위기재'가 있는 경우에 해당한다.

---

548) 대법원 2012. 10. 11. 선고 2010다86709 판결

나. 횡령 후 단기대여금으로 처리[549)]

주식회사 A의 실제 경영자인 피고인 갑이 2006. 3. 경 A사 사무실에서 A사에 대한 2005 회계연도 회계감사를 위한 재무제표를 작성하면서 피고인 갑이 22억 3,000만원을 횡령하여 회사자금이 부족하게 되자, 직원 27명에게 생활안정자금으로 지원한 것처럼 허위의 금전소비대차계약서를 작성한 다음 재무제표인 대차대조표에 단기대여금으로 허위기재하는 방법으로 회계처리기준을 위반하여 허위의 재무제표를 작성하여 정기보고서를 제출한 경우 정기보고서의 거짓기재에 해당한다.

다. 가공채권을 허위계상[550)]

A사 대표이사 갑이 2002. 3.경 사무실에서 B회계법인 회계사로 하여금 A사에 대한 사업보고서의 부속명세서상에 '예금'을 기재하였다.

부석명세서상 '예금' 기재시 사실은 A사에서 C은행 명동지점에 30억원의 예금채권을 갖고 있지 않고 사채업자의 자금 30억원을 입금하게 하여 잔고 증명서를 발급받은 직후 이를 인출하여 가도록 하였다. D상호저축은행 및 E상호저축은행에도 가장납입 된 100억원의 자본금이 곧바로 인출되었다.

이에 예금이 없음에도 불구하고 C은행 명동지점의 계좌에 30억원, D저축은행 강남지점에 70억원, E저축은행 강남지점에 30억원 등 합계 130억원 상당의 예금을 갖고 있는 것처럼 가공채권을 허위 계상하는 방식으로 제5기 사업보고서를 허위로 작성한 다음 공시한 경우 정기보고서의 거짓기재에 해당한다.

라. 대여금 등을 과대계상[551)]

---

549) 서울고등법원 2008. 10. 15. 선고 2008노1447 판결 (확정됨)
550) 서울중앙지방법원 2003. 12. 4. 선고 2003고합1064 판결 (확정됨)
551) 서울중앙지방법원 2011. 11. 30. 선고 2011고단5066 판결 (확정됨)

2008. 5. 15.경 A회사 사무실에서 A회사 제9기 1분기(사업연도 : 2008. 1. 1. - 2008. 3. 31.) 분기보고서를 작성, 공시함에 있어 회사 자산이 부족한 것을 은폐하기 위하여 실제는 2008. 3. 31.자 자산이 약 469억원에 불과함에도 회사 회계담당자 등으로 하여금, B에 대한 대여금 24억 5,000만원, C에 대한 선급금 33억원, D에 대한 건설 중인 자산 85억 5,000만원, E회사에 대한 건설중인 자산 25억원, 단기금융상품(보통예금) 30억 6,000만원, 단기금융상품(보통예금) 13억 1,600만원 등 합계 134억 7,600만원 상당의 자산을 과대계상하게 하여 자산을 604억 1,438만원이라고 허위로 기재하고 분기보고서의 중요한 사항에 관하여 허위로 기재하였다.

2008. 8. 14.경 위 장소에서 A회사 제9기 반기보고서(사업연도 2008. 1. 1. - 2008. 6. 30.)를 작성, 공시함에 있어 회사 자산이 부족한 것을 은폐하기 위하여 실제는 2008. 6. 30.자 자산이 약 294억원에 불과함에도 회사 회계담당자 등으로 하여금 B에 대한 대여금 6억 5,000만원, C에 대한 대여금 32억원, D에 대한 대여금 24억 5,000만원, 임직원에 대한 대여금 2억 8,000만원, E에 대한 선급금 33억원, 매도가능증권(주식) 18억원, F에 대한 기타보증금 15억원, 단기금융상품(보통예금) 30억 6,000만원, 단기금융상품(정기예적금) 47억원 등 합계 209억 4,000만원 상당의 자산을 과대계상하여 자산을 503억 5,000만원이라고 허위로 기재하여 반기보고서의 중요한 사항에 관하여 허위로 기재하였다.

2008. 11. 14.경 A회사 제9기 3분기(사업연도 : 2008. 1. 1. - 2008. 9. 30.) 분기보고서를 작성, 공시함에 있어 회사 자산이 부족한 것을 은폐하기 위하여 실제는 2008. 9. 30.자 자산이 약 294억원에 불과함에도 회사 회계담당자 등으로 하여금 B에 대한 대여금 29억 5,000만원, C에 대한 대여금 24억 5,000만원, 임직원에 대한 대여금 2억 8,000만원, D에 대한 선급금 33억원, 매도가능증권(주식) 18억원, E에 대한 기타보증금 15억원, 단기금융상품(정기예적금) 47억원 등 합계 약 169억원 8,000만원 상당의 자산을 과대계상하게 하여 자산을 464억 1,314만원이라고 허위로 기재하여 분기보고서의 중요한 사항에 관하여 허위로 기재하였다.

마. 양도성예금증서 등을 허위계상[552)]

피고인 갑은 코스닥상장법인 A사가 B사에게 자금을 지원함으로써 발생한 누적손실을 은폐하기 위하여 허위의 재무제표를 작성, 공시하기로 마음먹고, 2005. 2. 하순경 사무실에서 A사의 제10기(2004. 1. 1. - 2004. 12. 31.) 재무제표를 작성함에 있어, 양도성예금증서 99억 4,400만원 및 '투자일임 계약 자산' 83억 4,000만원을 가공계상하여 자산 및 자기자본을 각 182억 8,400만원 과대계상하고, 자회사인 주식회사 C로부터 16억 700만원을 차입하여 이중 5억 2,300만원을 C사의 지분매입 등에 사용하였음에도 '관계회사 차입금' 16억 700만원을 계상하지 아니하고, '지분법적용 투자주식'을 5억 2,300만원을 과소계상하는 방법으로 자산 및 자기자본을 각 10억 8,400만원 과대계상하고, 같은 해 3. 28.경 금융감독원 전자공시시스템을 이용하여 위 재무제표를 공시함으로써 허위의 재무제표를 작성·공시하고, 2005. 5. 초순경 같은 장소에서 A사의 제11기 1분기(2005. 1. 1 - 2005. 3. 31.) 재무제표를 작성함에 있어, 위와 같이 허위로 작성된 제10기 재무제표의 위반사항을 정정하지 않고 그대로 작성한 다음, 같은 달 13. 경 금융감독원 전자공시시스템을 이용하여 위 재무제표를 공시함으로써 허위의 재무제표를 작성·공시하였다.

552) 서울중앙지방법원 2007. 10. 5. 선고 2006고합1424 판결 (확정됨)

제3절 공시위반의 실효성 확보장치

I. 형사처벌 및 양벌규정

1. 형사처벌

가. 5년 이하의 징역 또는 2억원 이하의 벌금[553)]

① 증권신고서를 제출하지 않고 증권을 모집 또는 매출한 자
② 증권신고서 등[554)]의 서류중 중요사항을 거짓기재·기재 누락한 자
③ ②항 사실을 알고서 서명한 자
④ ②항 사실을 알고도 진실 또는 정확하다고 증명·기재한 공인회계사, 감정인, 신용평가사 등

나. 1년 이하의 징역 또는 3천만원 이하의 벌금[555)]

① 증권신고서 효력발생 전 증권의 취득 또는 매수 청약을 승낙한 자
② 투자설명서 미제출자 및 교부의무를 위반한 자
③ 정당한 투자설명서 사용의무 위반자
④ 정기보고서, 주요사항보고서를 제출하지 않은 자

---

553) 자본시장법 제444조 제12호, 제13호
554) ① 제119조에 따른 증권신고서 또는 일괄신고추가서류, ② 제122조에 따른 정정신고서, ③ 제123조에 따른 투자설명서(집합투자증권의 경우 제124조제2항제3호에 따른 간이투자설명서를 포함함), ④ 제159조에 따른 사업보고서, ⑤ 제160조에 따른 반기보고서 또는 분기보고서, ⑥ 제161조에 따른 주요사항보고서, ⑦ 제164조제2항에 따른 정정명령에 따라 제출하는 사업보고서등
555) 자본시장법 제446조 제20호 내지 제28호

2. 이사가 아닌 자가 대표이사 신분을 이용

사업보고서를 금융위원회와 거래소에 제출할 당시 대표이사나 제출업무를 담당하는 이사가 아닌 자는 이 사건 자본시장과 금융투자업에 관한 법률 위반죄의 주체가 될 수 없다.

따라서 대표이사나 제출업무를 담당하는 이사가 아닌 자는 고의 없는 대표이사나 제출업무를 담당하는 이사를 이용하여 간접정범의 형태로 위 죄를 범할 수도 없다.[556]

3. 징역과 벌금의 병과

자본시장법 제444조부터 제446조까지의 규정에 해당하는 죄를 범한 자에게는 징역과 벌금을 병과할 수 있다(법 제447조 제2항).

법정형에 징역형과 벌금형을 병과할 수 있도록 규정되어 있는 경우 법원은 공소장에 기재된 적용법조의 유무나 검사의 구형 여부와 관계없이 그 심리·확정한 사실에 대하여 재량으로 벌금형의 병과 여부를 정할 수 있다.[557]

4. 양벌규정

가. 자본시장법 규정

법인(단체를 포함함)의 대표자나 법인 또는 개인의 대리인, 사용인, 그 밖의

---

556) 대법원 2012. 8. 23. 선고 2011도14045 판결

557) 대법원 2000. 12. 22. 선고 2000도4267 판결, 대법원 2010. 4. 29. 선고 2009도14993 판결, 대법원 2011. 2. 24. 선고 2010도7404 판결

종업원이 그 법인 또는 개인의 업무에 관하여 제443조부터 제446조까지의 어느 하나에 해당하는 위반행위를 하면 그 행위자를 벌하는 외에 그 법인 또는 개인에게도 해당 조문의 벌금형을 과(科)한다(법 제448조).

다만, 법인 또는 개인이 그 위반행위를 방지하기 위하여 해당 업무에 관하여 상당한 주의와 감독을 게을리하지 아니한 경우에는 그러하지 아니하다(법 제448조).

나. '법인의 대리인, 사용인, 그 밖의 종업원'의 의미[558)]

자본시장법 제448조(양벌규정) 소정의 법인의 종업원에는 법인과 정식의 고용계약이 체결되어 근무하는 자뿐만 아니라 그 법인의 대리인, 사용인 등이 자기의 보조자로서 사용하고 있으면서 직접 또는 간접으로 법인의 통제・감독하에 있는 자도 포함한다.

기록에 의하면 피고인 회사의 안동지점 대리 공소외 1은 위 지점의 업무가 폭주하자 위 지점에 상시 출입하는 고객이었던 공소외 2으로 하여금 위 지점의 업무인 투자상담・주식매도・매수주문수령・전화받기, 그 밖의 심부름 등을 하게 하여 위 지점의 업무를 보조하게 하였으며, 공소외 2가 위 지점장이하 직원들의 통제・감독하에 있음으로써 피고인 회사의 간접적 통제・감독하에 있었음이 인정된다.

따라서 원심이 공소외 2가 피고인 회사의 직원 또는 임원으로 채용된 적은 없다 하더라도 이 사건 범행기간 동안 피고인 회사의 명시적 또는 묵시적 승인하에 피고인 회사의 직원과 동일한 업무를 수행하면서 사실상 그 직원으로 행세하여 온 사실을 인정한 다음, 위 법조 소정의 "법인의 대리인, 사용인 기타의 종업원"이라 함은 반드시 법인의 내부규정에 따라 정식 채용절차를 거친 직원 또는 임원에 한정되는 것이라고 할 수 없다는 이유로 피고인을 유죄로 인정한 1심판결을 유지하였음은 위 법리에 비추어 정당하다.

---

558) 대법원 1993. 5. 14. 선고 93도344 판결

다. '법인의 업무에 관하여'의 의미

'법인의 업무에 관하여' 행한 것으로 보기 위하여는 객관적으로 법인의 업무를 위하여 하는 것으로 인정할 수 있는 행위가 있어야 하고, 주관적으로는 피용자 등이 법인의 업무를 위하여 한다는 의사를 가지고 행위함을 요한다.

위 요건을 판단함에 있어서는 법인의 적법한 업무의 범위, 피용자 등의 직책이나 직위, 피용자 등의 범법행위와 법인의 적법한 업무 사이의 관련성, 피용자 등이 행한 범법행위의 동기와 사후처리, 피용자 등의 범법행위에 대한 법인의 인식 여부 또는 관여 정도, 피용자 등이 범법행위에 사용한 자금의 출처와 그로 인한 손익의 귀속 여하 등 여러 사정을 심리하여 결정하여야 할 것이다.[559]

라. 합병으로 소멸한 법인의 양벌규정에 따른 책임

회사합병이 있는 경우 피합병회사의 권리·의무는 사법상의 관계나 공법상의 관계를 불문하고 모두 합병으로 인하여 존속하는 회사에 승계되는 것이 원칙이지만, 그 성질상 이전을 허용하지 않는 것은 승계의 대상에서 제외된다.[560]

양벌규정에 의한 법인의 처벌은 어디까지나 형벌의 일종으로서 행정적 제재처분이나 민사상 불법행위책임과는 성격을 달리하는 점, 형사소송법 제328조가 '피고인인 법인이 존속하지 아니하게 되었을 때'를 공소기각결정의 사유로 규정하고 있는 것은 형사책임이 승계되지 않음을 전제로 한 것이라고 볼 수 있는 점 등에 비추어 보면, 합병으로 인하여 소멸한 법인이 그 종업원 등의 위법행위에 대해 양벌규정에 따라 부담하던 형사책임은 그 성질상 이전을 허용하지 않는 것으로서 합병으로 인하여 존속하는 법인에 승계되지 않는다고 봄이 상당하다.[561]

---

559) 대법원 1983. 3. 22. 선고 80도1591 판결, 대법원 1997. 2. 14. 선고 96도2699 판결
560) 대법원 2004. 7. 8. 선고 2002두1946 판결
561) 대법원 2007. 8. 23. 선고 2005도4471 판결

마. 양벌규정으로 행위자 처벌가부

산업안전보건법 제67조 제1호제23조 제1항, 제69조 제4호, 제42조 제1항 소정의 벌칙규정의 적용대상은 사업자임이 그 규정 자체에 의하여 명백하나, 한편 같은 법 제71조는 법인의 대표자 또는 법인이나 개인의 대리인, 사용인(관리감독자를 포함한다) 기타 종업원이 그 법인 또는 개인의 업무에 관하여 제67조 내지 제70조의 위반행위를 한 때에는 그 행위자를 벌하는 외에 그 법인 또는 개인에 대하여도 각 본조의 벌칙규정을 적용하도록 양벌규정을 두고 있다.

위 양벌규정의 취지는 각 본조의 위반행위를 사업자인 법인이나 개인이 직접하지 않은 경우에는 그 행위자와 사업자 쌍방을 모두 처벌하려는 데에 있으므로, 이 양벌규정에 의하여 사업자가 아닌 행위자도 사업자에 대한 각 본조의 벌칙규정의 적용대상이 되는 것이다.[562]

피고인 1이 상피고인 주식회사 의 근로자의 안전 및 보건에 관한 모든 책임을 지고 있는 대표이사로서 작업환경 측정을 실시하지 아니하고, 방호조치 등을 이행하지 아니한 사실을 인정한 다음, 위 피고인에 대하여 같은 법 제71조에 의하여 같은 법 제67조 제1호, 제69조 제4호의 벌칙규정을 적용, 처단하였음은 옳다.[563]

562) 대법원 1991. 11. 12. 선고 91도801 판결
563) 대법원 1995. 5. 26. 선고 95도230 판결

Ⅱ. 과징금부과

1. 공시위반에 대한 과징금 부과대상자

가. 발행공시의 경우(법 제429조 제1항)

① 증권신고서를 제출하지 않은 자
② 중요사항을 거짓기재 · 기재누락한 신고인, 발행인의 이사
③ 업무집행지시자
③ 기재사항 등이 진실 · 정확하다고 서명한 공인회계사, 감정인, 신용평가사 등
④ 평가 · 분석 · 확인의견이 기재되는 것을 동의하고 확인한 자
⑤ 인수인, 주선인
⑥ 투자설명서 작성 · 교부자
⑦ 매출인

나. 유통공시의 경우(법 제429조 제3항)

① 사업보고서등 제출인 및 이사
② 업무집행지시자로서 사업보고서등의 작성을 지시하거나 집행한 자
③ 기재사항 등이 진실 · 정확하다고 서명한 공인회계사, 감정인, 신용평가사 등
④ 평가 · 분석 · 확인의견이 기재되는 것을 동의하고 확인한 자

2. 과징금 법정한도

증권의 발행관련 거짓 공시의 경우 증권신고서상의 모집가액 또는 매출가액의 100분의 3(20억원을 초과하는 경우에는 20억원)을 초과하지 아니하는 범위에서 과징금을 부과할 수 있다(법 제429조 제1항).

유통공시관련 거짓 공시의 경우 직전 사업연도 중에 증권시장에서 형성된 그 법인이 발행한 주식의 일일평균거래금액의 100분의 10(20억원을 초과하거나 그 법인이 발행한 주식이 증권시장에서 거래되지 아니한 경우에는 20억원)을 초과하지 아니하는 범위에서 과징금을 부과할 수 있다(법 제429조 제3항).

금융위원회는 위법행위가 법 제429조(공시위반)규정에 따른 과징금의 부과대상에 해당하는 경우에는 과징금을 부과할 수 있고(자본시장조사 업무규정 제25조), 과징금 부과에 관한 세부사항은 자본시장조사 업무규정 별표 제2호에서 규정하고 있다.

3. 실제로 수리된 증권신고서임을 요하는지

가. 원고의 주장

2007. 5. 14. 유가증권신고서를 제출한 이후 증권선물위원회(피고)의 거듭된 정정・보완요구에 의하여 그 후 6회에 걸쳐 새로 유가증권신고서를 제출하였고, 결국 2007. 7. 4. 최종적으로 수리되었는데 그 최종신고서에는 허위기재사항이 기재되어 있지 않으므로, 유가증권신고서를 허위기재한 것이 아니다.

나. 법원의 판단[564]

증권거래법은 유가증권신고서에 허위사실을 기재하거나 중요한 사실을 누락

---

564) 서울행정법원 2010. 5. 20. 선고 2009구합36316 판결 (확정됨)

한 경우에는 당해 유가증권의 발행인에게 과징금을 부과하도록 규정하고 있는데, 이는 상법에 의해 요구되는 주식청약서 등만으로는 투자자에 대한 공시자료로 부족하다는 면에서 투자자를 보호하기 위한 장치임과 동시에 유가권시장의 건전한 발전을 도모하기 위한 것이다.

위와 같은 유가증권신고서제도의 취지에 ① 원고 회사가 2007. 6. 27. 에 이르러 자진하여 허위기재된 부분을 삭제한 것은 피고의 소명자료 제출 요구 때문인 점, ② 증권신고서의 수리 여부는 당해 신고에 따른 법적 효력이 언제부터 부여되는가의 문제로서 투자자 보호의 필요성은 이와 별개의 문제인 점, ③ 이 사건 증권신고서는 1달 이상 투자자들에게 공시됨으로써 투자자들의 판단에 사실상 영향력을 미쳤거나 적어도 그러한 가능성이 있었다고 보아야 하는 점, ④ 실제로 원고 회사의 주가는 유상증자신고서 제출일 다음날인 같은 달 15. 그 종가가 3,710원에 이른 점, ⑤ 만약 증권신고서에 일단 허위사항이 기재되었다 하더라도 추후에 정정공시가 되기만 하면 허위기재로 인한 제재를 면할 수 있다고 해석할 경우 공시제도가 시세조정의 수단으로 악용되는 것을 방치하게 되는 점 등의 사정을 종합하면, 실제로 수리된 증권신고서에 허위사항이 기재되어 있지 않았다는 사정은 증권신고서의 거짓기재를 인정하는데 아무런 영향이 없다.

4. 발행인의 거짓기재와 대표주관사의 책임

가. 사실관계[565)]

중국회사인 갑법인은 유가증권시장에 발행주식을 상장하기 위하여 2010. 5. 31. 원고(증권회사)와 대표주관계약을 체결하였다. 원고(증권회사)는 위 계약에 따라 발행되는 갑법인 주식의 인수인이 되었고, 2010. 6. 1.부터 갑법인에 대한 실사를 하였으며, 갑법인은 2010. 12. 15. 이 사건 증권의 공모에 관한 증

565) 서울행정법원 2015. 2. 5. 선고 2013구합29513 판결, 대법원 2016두42258 계류중임

권신고서를 제출하였다. 이에 대해 피고(금융위원회)는 2013. 10. 1. 아래와 같은 처분사유를 들어 원고(증권회사)에 대하여 20억원의 과징금을 부과하였다.

○ 증권신고서 중요사항 거짓의 기재 등 신고 공시의무 위반 - 원고는 한국거래소 상장을 위한 대표주관회사로서 실사의무를 적절히 수행하여야 함에도, 갑법인의 외부감사인인 B회계법인이 2010. 6.말 기준 재무제표와 관련하여 수행한 검토에 의존하여, 2010. 9. 말 기준 총자산의 31.6%에 상당하는 갑법인의 중요 자산항목이자 주요 투자위험요소인 현금 및 현금성자산에 대한 확인절차(예금통장, 예금조회서 등 증빙서류 확인)를 수행하지 않는 등 대표주관회사로서 현저히 부실한 실사를 함으로서, 갑법인이 2010. 12. 15. 피고에 대하여 제출한 이 사건 증권신고서상 중요사항의 거짓 기재를 방지하지 못한 중대한 과실이 있음 - 또한 원고는 갑법인으로 하여금 2010. 경 추진 중에 있던 화상프로젝트 관련 주요 투자위험을 증권신고서의 '투자위험요소', '인수인의 의견' 등에 기재하여 투자자가 투자 판단 시 고려할 수 있도록 함에도, 갑법인이 2010. 12. 15. 제출한 이 사건 증권신고서에 2009. 12. 16. 중국 H시 정부와 체결한 투자협약(4,500백만 위안) 및 중국 E기술유한공사 등 총 7개의 회사와 체결한 12건의 계약(1,251백만 위안) 등 화상프로젝트 등 관련 주요 계약내용, 소요예산 및 자금조달방안 등 중요 투자위험요소의 기재누락을 방지하지 못한 중대한 과실이 있음.

나. 법원의 판단

이 사건 처분의 근거법령은 자본시장법 제429조 제1항 제1호이고, 처분사유는 '원고는 갑법인이 2010. 12. 15. 피고에 대하여 제출한 이 사건 증권신고서상 중요사항의 거짓 기재를 방지하지 못한 중대한 과실이 있다' 및 '원고는 갑법인이 2010. 12. 15. 제출한 이 사건 증권신고서에 중국 H시 정부와 체결한 투자협약 등 화상프로젝트 등 관련 주요 계약내역, 소요예산 및 자금조달방안 등 중요 투자위험요소의 기재누락을 방지하지 못한 중대한 과실이 있다.' 는 것이다.

그런데, 다음과 같은 사정에 비추어 보면 피고가 들고 있는 이 사건 처분사유는 자본시장법 제429조 제1항 제1호에서 규정하고 있는 '신고서·설명서, 그 밖의 제출서류 중 중요사항에 관하여 거짓기재 또는 표시를 하거나 중요사항을 기재 또는 표시하지 아니한 때' 에 해당하지 아니한다고 봄이 타당하다.

① 침익적 행정처분의 근거가 되는 행정법규는 엄격하게 해석·적용하여야 하고, 행정처분의 상대방에게 불리한 방향으로 지나치게 확장해석하거나 유추해석하여서는 아니 된다(대법원 2007. 9. 20. 선고 2006두11590 판결 참조).

② 자본시장법 제429조 제1항 제1호에서는 과장금 부과대상으로 '거짓의 기재 또는 표시를 하는' 행위와 '기재 또는 표시를 하지 아니하는' 행위만을 규정하고 있을 뿐이고, 그러한 행위를 방지하는 데에 필요한 적절한 주의를 기울이지 아니한 행위를 규정하고 있지는 않다.

③ 오히려, 자본시장법 제449조, 제71조 제7호, 같은 법 시행령 제68조 제5항 제4호 가목에서 '발행인이 증권신고서와 투자설명서 중 중요사항에 관하여 거짓의 기재 또는 표시를 하거나 중요사항을 기재 또는 표시하지 아니하는 것을 방지하는 데에 필요한 적절한 주의를 기울이지 아니한 행위' 에 대하여는 과태료를 부과하도록 규정하고 있다.

④ 원고와 같은 인수인도 자본시장법 제429조 제1항 제1호에서 규정하고 있는 과징금 부과대상이 되는 행위의 주체가 될 수 있기는 하나, 인수인이 자본시장법 제119조 제6항, 같은 법 시행령 제125조 제1항 제2호 마목에 따라 증권신고서 중 '인수인 의견' 란에 중요사항에 관하여 직접 거짓의 기재 또는 표시를 하거나 중요사항을 기재 또는 표시하지 아니한 때와 같은 경우에만 과징금 부과의 대상이 될 뿐이다.

따라서 이 사건 처분사유가 자본시장법 제429조 제1항 제1호에 규정된 과징금 부과대상이 됨을 전제로 하는 이 사건 처분은 더 나아가 살필 필요 없이 위법하다.

Ⅲ. 시정조치

1. 발행공시의 경우

가. 금융위원회의 조사권한

금융위원회는 투자자 보호를 위하여 필요한 경우에는 증권신고의 신고인, 증권의 발행인·매출인·인수인, 그 밖의 관계인에 대하여 참고가 될 보고 또는 자료의 제출을 명하거나, 금융감독원장에게 그 장부·서류, 그 밖의 물건을 조사하게 할 수 있다(법 제131조 제1항).

나. 금융위원회의 정정 명령

금융위원회는 다음의 어느 하나에 해당하는 경우에는 증권신고의 신고인, 증권의 발행인·매출인·인수인 또는 주선인에 대하여 이유를 제시한 후 그 사실을 공고하고 정정을 명할 수 있다(법 제132조).

① 증권신고서·정정신고서 또는 증권발행실적보고서를 제출하지 아니한 경우

② 증권신고서·정정신고서 또는 증권발행실적보고서 중 중요사항에 관하여 거짓의 기재 또는 표시가 있거나 중요사항이 기재 또는 표시되지 아니한 경우

③ 법 제121조를 위반하여 증권의 취득 또는 매수의 청약에 대한 승낙을 한 경우

④ 투자설명서에 관하여 제123조 또는 제124조를 위반한 경우

⑤ 예비투자설명서 또는 간이투자설명서에 의한 증권의 모집·매출, 그 밖의 거래에 관하여 제124조제2항을 위반한 경우

⑥ 법 제130조에 따른 조치를 하지 아니한 경우

다. 금융위원회의 증권의 발행 제한 등

금융위원회는 필요한 때에는 그 증권의 발행·모집·매출, 그 밖의 거래를 정지 또는 금지하거나 일정한 행정조치를 할 수 있다. 이 경우 그 조치에 필요한 절차 및 조치기준은 총리령으로 정한다(법 제132조, 시행령 제138조).

일정한 행정조치에는 ① 1년의 범위에서 증권의 발행 제한, ② 임원에 대한 해임권고, ③ 자본시장법을 위반한 경우에는 고발 또는 수사기관에의 통보, ④ 다른 법률을 위반한 경우에는 관련 기관이나 수사기관에의 통보, ⑤ 경고 또는 주의가 있다.

2. 유통공시의 경우

가. 금융위원회의 조사권한

금융위원회는 투자자 보호를 위하여 필요한 경우에는 사업보고서 제출대상법인, 그 밖의 관계인에 대하여 참고가 될 보고 또는 자료의 제출을 명하거나, 금융감독원장에게 그 장부·서류, 그 밖의 물건을 조사하게 할 수 있다(법 제164조 제1항).

나. 금융위원회의 정정명령

금융위원회는 다음의 어느 하나에 해당하는 경우에는 사업보고서 제출대상법인에 대하여 이유를 제시한 후 그 사실을 공고하고 정정을 명할 수 있다(법 제164조 제2항).

① 사업보고서등을 제출하지 아니한 경우

② 사업보고서등 중 중요사항에 관하여 거짓의 기재 또는 표시가 있거나 중요사항이 기재 또는 표시되지 아니한 경우

다. 금융위원회의 임원해임권고 등

금융위원회는 필요한 때에는 증권의 발행, 그 밖의 거래를 정지 또는 금지하거나 일정한 행정조치를 할 수 있다. 이 경우 그 조치에 필요한 절차 및 조치기준은 총리령으로 정한다(법 제164조 제2항).

일정한 행정조치에는 ① 1년 범위에서 증권의 발행제한, ② 임원에 대한 해임권고, ③ 자본시장법 위반의 경우 고발 또는 수사기관에의 통보, ④ 다른 법률을 위반한 경우에는 관련기관이나 수사기관에의 통보, ⑤ 경고 또는 주의가 있다.

참 고 자 료

1. ○○○ 증권자투자신탁1호(주식)의 신탁계약

2. 매매거래계좌설정약관

3. 파생상품계좌설정약관

4. 금융투자회사의 기업실사(Due Diligence) 모범규준

○○○ 증권자투자신탁1호(주식)

(금융투자협회 펀드코드 : B○○○)

제1장 총칙

제1조(목적) 이 신탁계약은 자본시장과 금융투자업에 관한 법률(이하 "법"이라 한다)에 의한 집합투자기구로서 법이 정하는 바에 따라 투자신탁의 설정, 투자신탁재산의 운용 및 관리를 함에 있어 집합투자업자인 ○○자산운용㈜와 신탁업자인 ㈜○○씨티은행이 수행하여야 할 업무 등 필요한 사항과 수익자의 권리 및 의무에 관한 사항을 정함을 목적으로 한다.

제2조(용어의 정의) 이 신탁계약에서 사용하는 용어의 정의는 다음 각 호와 같다. 다만, 각 호에서 정하지 아니하는 용어에 관하여는 관련법령과 규정에서 정하는 바에 의한다.

1. **"수익자"** 라 함은 이 투자신탁의 수익증권을 보유하는 자를 말한다.
2. **"영업일"** 이라 함은 판매회사의 영업일을 말한다.
3. **"투자신탁"** 이라 함은 집합투자업자인 위탁자가 신탁업자에게 신탁한 재산을 신탁업자로 하여금 그 집합투자업자의 지시에 따라 투자·운용하게 하는 신탁 형태의 집합투자기구를 말한다.
4. **"증권집합투자기구"** 이라 함은 집합투자재산의 100분의 50을 초과하여 법 제4조제1항의 규정에 의한 증권에 투자하는 집합투자기구를 말한다.
5. **"개방형"** 이라 함은 환매가 가능한 집합투자기구를 말한다.
6. **"추가형"** 이라 함은 추가로 자금 납입이 가능한 집합투자기구를 말한다.
7. **"종류형"** 이라 함은 판매보수의 차이로 인하여 기준가격이 다르거나 판매수수료가 다른 여러 종류의 집합투자증권을 발행하는 집합투자기구를 말한다.
8. **"모자형"** 이라 함은 다른 집합투자기구(모집합투자기구)가 발행하는 집합투자증권을 자집합투자기구가 취득하는 구조의 집합투자기구를 말한다.

제3조(집합투자기구의 종류 및 명칭 등) ①이 투자신탁은 증권투자신탁으로서, 투자신탁의 명칭은 "○○○ 증권자투자신탁1호(주식)" 로 한다.
②이 투자신탁은 다음 각 호의 형태를 갖는 집합투자기구로 한다.

1. 투자신탁
2. 증권(주식형)
3. 개방형
4. 추가형
5. 종류형
6. 모자형

③이 투자신탁은 종류형 집합투자기구로 종류는 다음 각 호와 같다

구분	투자금액 및 투자자자격	판매수수료 부과여부 (제40조 참조)	환매수수료 부과여부 (제41조 참조)
1. 종류 A	제한없음	있음	해당사항 없음
2. 종류 A-e	온라인 투자자	있음	해당사항 없음
3. 종류 C1	제한없음	해당사항 없음	해당사항 없음
4. 종류 C2	C1최초 매수일로부터 1년 이상된 수익자	해당사항 없음	해당사항 없음
5. 종류 C3	C1최초 매수일로부터 2년이상된 수익자	해당사항 없음	해당사항 없음

④집합투자업자는 제3항 각호의 수익증권 이외에 다른 종류의 수익증권을 추가할 수 있으며 이 경우 제43조의 규정을 적용한다.

⑤이 투자신탁은 자투자신탁으로서 모투자신탁은 다음 각 호와 같다.

1. ○○○포커스증권모투자신탁(주식)

제4조(집합투자업자 및 신탁업자의 업무) ①집합투자업자는 투자신탁의 설정・해지, 투자신탁재산의 운용・운용지시 업무를 수행한다. 집합투자업자는 투자신탁재산에 대한 의결권을 행사할 수 있다. 다만, 이 투자신탁재산으로 보유하는 모투자신탁 수익증권에 대한 의결권을 행사함에 있어서는 이 투자신

탁의 수익자가 의결권을 행사한 내용에 비례하여 집합투자업자가 행사한다.
②신탁업자는 투자신탁재산을 보관 및 관리하는 자로서 집합투자업자의 투자신탁재산 운용지시에 따른 자산의 취득 및 처분의 이행, 해지대금 및 이익금의 지급, 집합투자업자의 투자신탁재산 운용지시에 대한 감시업무, 투자신탁재산의 평가의 공정성 및 기준가격산정의 적정성 여부 등의 확인업무를 수행한다.
③투자신탁재산의 운용지시에 관한 방법 및 절차, 각종 세금 및 공과금의 공제업무 기타 신탁업자의 수탁업무처리에 관한 사항 등으로서 이 신탁계약에서 정하지 아니한 사항에 대하여는 관련법령과 규정이 정하는 범위 내에서 집합투자업자와 신탁업자 사이에 별도로 정할 수 있다. 다만, 이 신탁계약과 위약정 사이에 상충하는 사항이 있는 경우에는 이 신탁계약이 우선한다.

제5조(신탁계약의 효력 및 신탁계약기간) ①이 신탁계약은 각 당사자가 서명날인함으로써 즉시 효력이 발생한다.
②수익자는 이 신탁계약에서 정한 사항 중 법령 및 투자설명서 등에서 정한 사항의 범위내에서 이 신탁계약을 수락한 것으로 본다.
③이 투자신탁의 계약기간은 투자신탁의 최초설정일부터 신탁계약의 해지일까지로 한다.

제6조(신탁원본의 가액 및 수익증권의 총좌수) 이 투자신탁을 최초로 설정하는 때의 원본의 가액은 1좌당 1원을 기준으로 설정하는 수익증권 좌수를 곱한 금액으로 하고, 설정할 수 있는 수익증권의 총 좌수는 10조좌로 한다.

제7조(추가신탁) 집합투자업자는 제6조의 규정에 의한 수종의 수익증권의 총좌수의 범위 내에서 추가설정을 할 수 있으며, 추가설정의 규모 및 시기 등은 집합투자업자가 결정하되, 관련 절차는 법령이 정하는 바에 따른다.

제8조(신탁금의 납입) ①집합투자업자는 이 투자신탁을 최초로 설정하는 때에 제6조의 신탁원본액에 해당하는 투자신탁금을 현금 또는 수표로 신탁업자에 납입하여야 한다.
②집합투자업자는 제7조의 규정에 따라 이 투자신탁을 추가로 설정하는 때에는 추가투자신탁금을 현금 또는 수표로 신탁업자에 납입하여야 한다. 이 경우 추가투자신탁금은 추가설정하는 날에 공고되는 당해종류 수익증권 기준가격에

추가로 설정하는 수익증권좌수를 곱한 금액을 1,000으로 나눈 금액으로 한다.
③제2항의 규정에 의한 추가투자신탁금 중 추가로 설정하는 수익증권좌수에 최초설정시 공고된 기준가격을 곱한 금액을 1,000으로 나눈 금액은 원본액으로, 이익 또는 손실에 상당하는 금액은 수익조정금으로 처리한다.

제2장 수익증권 등

제9조(수익권의 분할) ①이 투자신탁의 수익권은 1좌의 단위로 균등하게 분할하며, 수익증권으로 표시한다.
②이 투자신탁의 수익자는 투자신탁원본의 상환 및 투자신탁이익의 분배 등에 관하여 수익증권의 종류별로 수익증권의 좌수에 따라 균등한 권리를 가지며, 설정일이 다른 경우에도 그 권리의 내용에는 차이가 없다.

제10조(수익증권의 발행 및 예탁) ①집합투자업자는 제6조 및 제7조의 규정에 의한 투자신탁의 최초설정 및 추가설정에 의한 수익증권 발행가액 전액이 납입된 경우 신탁업자의 확인을 받아 한국예탁결제원을 명의인으로 하여 다음 각호의 1에 해당하는 기명식 수익증권을 발행하여야 한다.
1. 종류A 수익증권
2. 종류A-e 수익증권
3. 종류C1 수익증권
4. 종류C2 수익증권
5. 종류C3 수익증권

②판매회사는 다음 각 호의 사항을 기재하여 법 제310조제1항의 규정에 의한 투자자계좌부("수익증권투자자계좌부" 라 한다. 이하 같다)를 작성 · 비치하여야 한다.
1. 고객의 성명 및 주소
2. 예탁 수익증권의 종류 및 수

③제2항의 규정에 의한 수익증권투자자계좌부에 기재된 수익증권은 그 기재시에 법 제309조의 규정에 따라 한국예탁결제원에 예탁된 것으로 본다.
④수익증권투자자계좌부에 기재된 자("실질수익자" 라 한다. 이하 같다)는 예탁 수익증권을 점유하며, 예탁 수익증권에 대한 공유지분을 가지는 것으로 추정한다.

⑤제1항 각 호의 수익증권 이외의 다른 종류의 수익증권을 추가하거나 수익증권의 종류 변경 또는 특정 종류의 수익증권을 폐지하고자 하는 경우에는 제43조 제1항의 규정을 적용한다.

제11조(예탁 수익증권의 반환 등) ①실질수익자는 당해 수익증권을 판매한 판매회사에 대하여 언제든지 예탁 수익증권의 반환을 청구할 수 있다.
②집합투자업자는 제1항의 규정에 의한 예탁 수익증권의 반환청구가 있는 경우 1,000좌권, 10,000좌권, 100,000좌권, 1,000,000좌권, 10,000,000좌권, 100,000,000좌권, 1,000,000,000좌권의 7종으로 수익증권을 발행하여 교부한다. 이 경우 집합투자업자는 수익증권 교부에 따른 실비를 실질수익자에게 청구할 수 있다.
③실질수익자는 수익증권의 반환을 요구함에 있어 수익증권 수량을 최소화하는 방법으로 수익증권의 반환을 요구하여야 한다.

제12조(수익증권의 재교부) ①실질수익자가 아닌 수익자("현물보유수익자" 라 한다. 이하 같다)는 분실 · 도난 등의 사유로 인하여 수익증권을 멸실하는 경우에 공시최고에 의한 제권판결의 정본 또는 등본을 첨부하여 집합투자업자가 정하는 절차에 따라 이 수익증권을 판매한 판매회사를 경유하여 집합투자업자에 수익증권의 재교부를 청구할 수 있다.
②현물보유수익자는 수익증권이 훼손 또는 오손된 경우에 이 수익증권을 첨부하여 집합투자업자가 정하는 절차에 따라 집합투자업자에 수익증권의 재교부를 청구할 수 있다. 다만, 훼손 또는 오손의 정도가 심하여 그 진위를 판별하기 곤란한 때에는 제1항의 규정을 준용한다.
③집합투자업자는 제1항 및 제2항의 규정에 의하여 수익증권을 재교부하는 경우 현물보유수익자에게 실비를 청구할 수 있다.

제13조(수익증권의 양도) ①수익권의 양도에 있어서는 수익증권을 교부하여야 하며, 수익증권의 점유자는 이를 적법한 소지인으로 추정한다.
②수익증권투자자계좌부에의 대체의 기재가 수익증권의 양도 또는 질권설정을 목적으로 하는 경우에는 수익증권의 교부가 있었던 것과 동일한 것으로 본다.
③수익권의 이전은 집합투자업자가 정하는 절차에 따라 취득한 자가 그 성명과 주소를 수익자명부에 기재하지 아니하면 집합투자업자에게 대항하지 못한다.

제14조(수익자명부 및 실질수익자명부) ①집합투자업자는 수익자명부 작성에 관한 업무를 한국예탁결제원에 위탁하여야 한다.
②집합투자업자는 한국예탁결제원과 수익자명부 작성 등을 위한 위탁계약을 체결하고, 한국예탁결제원은 관련법령 · 신탁계약서 · 위탁계약서 및 관련규정 등에 따라 업무를 처리하여야 한다.
③집합투자업자는 의결권을 행사하거나 이익금등을 받을 자 기타 수익자 또는 질권자로서 권리를 행사할 자를 정하기 위하여 일정한 기간을 정하여 수익자명부의 기재변경을 정지하거나 일정한 날에 수익자명부에 기재된 수익자 또는 질권자를 그 권리를 행사할 수익자 또는 질권자로 볼 수 있다.
④집합투자업자는 전항의 기간 또는 일정한 날을 정한 경우 지체 없이 이를 한국예탁결제원에 통지하여야 한다.
⑤한국예탁결제원은 제4항의 규정에 따라 통보를 받은 경우 판매회사에 대하여 실질수익자에 관한 다음 각 호의 사항의 통보를 요청할 수 있다.
1. 실질수익자의 성명, 주소 및 전자우편 주소
2. 실질수익자가 보유한 수익권의 종류 및 수
⑥제5항의 규정에 따라 판매회사로부터 통보를 받은 한국예탁결제원은 그 통보받은 사항과 통보년월일을 기재한 명부("실질수익자명부" 라 한다 이하 같다)를 작성하여야 하며, 집합투자업자가 수익자명부 기재사항의 통보를 요청하는 경우 수익자 및 실질수익자의 성명과 수익권의 좌수를 통보하여야 한다.
⑦제6항의 규정에 의한 실질수익자명부에의 기재는 집합투자업자에 대하여 수익자명부에의 기재와 동일한 효력을 가지 ○○○증권자투자신탁1호(주식)며, 실질수익자는 수익자로서의 권리행사에 있어서는 제10조제4항의 규정에 의한 공유지분에 상당하는 수익증권을 가지는 것으로 본다.
⑧집합투자업자가 제3항의 날을 정한 경우에는 상법 제354조제4항의 전단을 준용한다. 다만, 다음 각 호에 의한 기준일을 설정하는 경우에는 그러하지 아니하다.
1. 부분환매 결정에 의한 정상자산과 환매연기자산으로 분리를 위한 기준일을 설정하는 경우
2. 수익자총회 합병승인에 따른 투자신탁의 합병기준일을 설정하는 경우
3. 투자신탁해지에 따른 상환금지급을 위해 기준일을 설정하는 경우
4. 투자신탁 회계기간종료에 따른 이익분배금 지급을 위해 기준일을 설정하는 경우

제3장 투자신탁재산의 운용

제15조(자산운용지시 등) ①집합투자업자는 투자신탁재산을 운용함에 있어 신탁업자에 대하여 투자신탁재산별로 투자대상자산의 취득·처분 등에 관하여 필요한 지시를 하여야 하며, 신탁업자는 집합투자업자의 지시에 따라 자산의 취득·처분 등을 하여야 한다. 다만, 집합투자업자는 투자신탁재산의 효율적 운용을 위하여 불가피한 경우로서 법 시행령 제79조제2항에 정하는 방법으로 투자대상자산을 운용하는 경우 자신의 명의로 직접 투자대상자산의 취득·처분 등을 할 수 있다.

②집합투자업자 또는 신탁업자가 제1항에 따라 투자대상자산의 취득·처분 등을 한 경우 그 투자신탁재산으로 그 이행책임을 부담한다. 다만, 그 집합투자업자가 법 제64조제1항에 따라 손해배상책임을 지는 경우에는 그러하지 아니하다.

③집합투자업자는 제1항 본문의 규정에 의하여 지시를 하는 경우 전산시스템에 의하여 객관적이고 정확하게 관리할 수 있는 방법을 통하여 지시를 하여야 한다.

④집합투자업자는 제1항 단서에 따라 지시를 하는 경우에는 투자신탁재산별로 미리 정하여진 자산배분명세에 따라 취득·처분 등의 결과를 공정하게 배분하며, 자산배분명세, 취득·처분 등의 결과, 배분결과 등에 관한 장부 및 서류를 작성하고 유지 관리한다.

제16조(투자목적) 이 투자신탁은 인도주식에 주로 투자하는 모투자신탁을 법 시행령 제94조제2항제4호에서 규정하는 주된 투자대상자산으로 하여 수익을 추구하는 것을 목적으로 한다.

제17조(투자대상자산 등) ①집합투자업자는 투자신탁재산을 다음 각 호의 투자대상 및 투자방법으로 운용한다.

1. 제3조제5항의 모투자신탁 수익증권
2. 신탁업자 고유재산과의 거래

②제1항의 규정에 불구하고 집합투자업자는 환매를 원활하게 하고 투자대기자금을 효율적으로 운용하기 위하여 필요한 경우 다음 각 호의 방법으로 운용할

수 있다.

1. 단기대출(30일 이내의 금융기관간 단기자금거래에 의한 자금공여를 말한다)
2. 금융기관에의 예치(만기 1년 이내인 상품에 한한다)
3. 환매조건부매수(증권을 일정기간 후에 환매도할 것을 조건으로 매수하는 경우를 말한다. 이하 같다)

第18조(투자대상자산 취득한도) 집합투자업자는 제17조의 규정에 의하여 투자신탁재산을 운용 함에 있어 다음 각 호에서 정하는 바에 따라 따른다.

1. 제3조제5항제1호에의 투자는 투자신탁 자산총액의 100% 이하로 한다.
2. 제17조제2항 각호 방법으로의 운용은 투자신탁 자산총액의 10% 이하로 한다. 다만, 본항의 규정에도 불구하고 집합투자업자가 수익자들에게 최선의 이익이 된다고 판단하는 경우에는 투자신탁 자산총액의 40%이하의 범위내에서 10%를 초과할 수 있으며, 이 경우에는 제1호의 투자한도를 적용하지 아니한다.

第19조(운용 및 투자 제한) ①집합투자업자는 투자신탁재산을 운용함에 있어 이 투자신탁 자산총액의 10%를 초과하여 법 시행령 제84조에서 정하는 집합투자업자의 이해관계인에게 다음 각 호의 방법으로 운용하는 행위를 신탁업자에게 지시할 수 없다. 다만, 집합투자업자의 대주주나 계열회사인 이해관계인과는 다음 각 목의 방법으로 운용할 수 없다.

1. 법 제83조제4항에 따른 단기대출
2. 환매조건부매수

②제1항의 규정에도 불구하고 법령 및 규정에서 예외적으로 인정한 경우에는 그러하지 아니하다.

第20조(한도 및 제한의 예외) 다음 각 호의 어느 하나에 해당하는 경우에는 제18조제1호 내지 제2호의 규정은 그 투자한도를 적용하지 아니한다. 다만, 다음 제4호 및 제5호의 사유에 해당하는 경우에는 투자비율을 위반한 날부터 15일 이내에 그 투자한도에 적합하도록 하여야 한다.

1. 투자신탁 최초설정일부터 1월간
2. 투자신탁 회계기간 종료일 이전 1월간
3. 투자신탁 계약기간 종료일 이전 1월간
4. 3영업일 동안 누적하여 추가설정 또는 해지청구가 각각 투자신탁 자산총액

의 10%를 초과하는 경우
5. 투자신탁재산인 증권 등 자산의 가격변동으로 제18조제1호 내지 제2호의 규정을 위반하게 되는 경우

제4장 투자신탁재산의 보관 및 관리

제21조(신탁업자의 선관주의 의무) 신탁업자는 선량한 관리자의 주의의무로써 신탁재산을 보관·관리하여야 하며, 수익자의 이익을 보호하여야 한다.

제22조(신탁업자의 업무제한 등) ①신탁업자는 다음 각 호의 어느 하나에 해당하는 자의 계열회사여서는 아니된다.
1. 해당 집합투자기구
2. 그 신탁재산을 운용하는 집합투자업자

②신탁업자는 신탁재산을 자신의 고유재산, 다른 집합투자재산 또는 제3자로부터 위탁 받은 재산과 구분하여 관리하여야 한다. 이 경우 집합투자재산이라는 사실과 위탁자를 명기하여야 한다.
③신탁업자는 신탁재산 중 증권, 그 밖에 법 시행령 제268조제1항에 정하는 것을 자신의 고유재산과 구분하여 집합투자기구 별로 한국예탁결제원에 예탁하여야 한다. 다만, 해당증권의 유통 가능성, 다른 법령에 따른 유통방법이 있는지 여부, 예탁의 실행 가능성 등을 고려하여 법 시행령 제268조제2항이 정하는 경우에는 그러하지 아니한다.
④신탁업자는 집합투자업자가 그 신탁업자에 대하여 자산의 취득·처분의 이행 또는 보관·관리 등에 필요한 지시를 하는 경우 이를 각각의 집합투자재산별로 이행하여야 한다.
⑤집합투자재산을 보관·관리하는 신탁업자는 자신이 보관·관리하는 집합투자재산을 자신의 고유재산, 다른 집합투자재산 또는 제3자로부터 보관을 위탁받은 재산과 거래하여서는 아니 된다. 다만, 집합투자재산을 효율적으로 운용하기 위하여 필요한 경우로서 법 시행령으로 정하는 경우에는 그러하지 아니하다.
⑥집합투자재산을 보관·관리하는 신탁업자는 자신이 보관·관리하는 집합투자재산을 그 이해관계인의 고유재산과 거래하여서는 아니 된다.
⑦집합투자재산을 보관·관리하는 신탁업자는 그 집합투자기구의 집합투자재

산에 관한 정보를 자기의 고유재산의 운용, 자기가 운용하는 집합투자재산의 운용 또는 자기가 판매하는 집합투자증권의 판매를 위하여 이용하여서는 아니 된다.

제23조(운용행위 감시 의무 등) ①신탁업자는 그 신탁재산을 운용하는 집합투자업자의 운용지시 또는 운용행위가 법령, 신탁계약 또는 투자설명서(예비투자설명서 및 간이투자설명서를 포함한다. 이하 이조에서 같다) 등을 위반하였는지 여부에 대하여 확인하고, 위반사항이 있는 경우에는 집합투자업자에 대하여 그 운용지시 또는 운용행위의 철회 · 변경 또는 시정을 요구해야 한다.
②신탁업자는 집합투자업자가 제1항에 따른 요구를 제3영업일 이내에 이행하지 아니하는 경우에는 그 사실을 금융위원회에 보고하여야 하며 법 시행령제269조제2항이 정하는 사항을 공시하여야 한다,
③집합투자업자는 제1항의 요구에 대하여 금융위원회에 이의를 신청할 수 있다. 이 경우 관련당사자는 금융위원회의 결정을 따라야 한다.
④신탁업자는 집합투자재산과 관련하여 다음 각 호의 사항을 확인하여야 한다,
1. 투자설명서가 법령 및 신탁계약에 부합하는지 여부
2. 법 제88조제1항 · 제2항에 따른 자산운용보고서의 작성이 적정한지 여부
3. 법 제93조제2항에 따른 위험관리방법의 작성이 적정한지 여부
4. 법 제238조제1항에 따른 집합투자재산평가가 공정한지 여부
5. 법 제238조제6항에 따른 기준가격의 산정이 적정한지 여부
6. 제1항 또는 제2항의 시정요구 등에 대한 집합투자업자의 이행명세
7. 그 밖에 투자자 보호를 위하여 필요한 사항으로서 법 시행령으로 정하는 사항

⑤신탁업자는 제1항에 따른 요구를 하거나 제2항에 따른 보고를 하기 위하여 필요한 경우 또는 제4항 각 호의 사항을 확인하기 위하여 필요한 경우에는 집합투자업자에 대하여 관련된 자료의 제출을 요구할 수 있다. 이 경우 집합투자업자는 정당한 사유가 없는 한 이에 응하여야 한다.

제5장 수익증권의 판매 및 환매

제24조(수익증권의 판매) ①이 투자신탁의 집합투자업자는 본 수익증권을 판

매하기 위해 판매회사와 판매계약 또는 위탁판매계약을 체결한다.
②투자자는 판매회사를 통하여 이 수익증권을 취득할 수 있다.
③판매회사는 판매보수 또는 판매수수료와 관련하여 판매회사가 투자자에게 제공하는 용역 또는 서비스에 관한 내용이 기재된 자료를 제공하고 그 내용을 설명하여야 한다.

제25조(판매가격) ①수익증권의 판매가격은 투자자가 이 수익증권의 취득을 위하여 판매회사에 자금을 납입한 영업일의 제3영업일에 공고되는 기준가격으로 한다. 다만, 이 투자신탁을 최초로 설정하는 때에는 투자신탁 최초설정일에 공고되는 기준가격으로 한다.
②제1항 본문의 규정에 불구하고 투자자가 17시 경과 후에 자금을 납입한 경우 수익증권의 판매가격은 자금을 납입한 영업일부터 제4영업일에 공고되는 기준가격으로 한다.

제25조의2(모투자신탁 수익증권의 매수) 집합투자업자는 투자자가 이 투자신탁 수익증권의 취득을 위하여 판매회사에 자금을 납입한 경우 달리 운용하여야 할 특별한 사유가 없는 한 자금을 납입한 당일에 모투자신탁 수익증권의 매수를 신청하여야 한다.

제25조의3(수익증권의 전환) ①이 투자신탁의 수익증권은 수익자의 전환청구와 관계없이 수익증권의 보유기간(당해 수익증권의 매수일 또는 최초 취득일을 기산일로 하여 다른 종류 수익증권으로 전환하기 위해 전환시 적용되는 당해 수익증권의 기준가격 적용일까지를 말한다)에 따라 다음 각호에서 정하는 종류의 수익증권으로 자동으로 전환된다. 다만, 수익자가 최초로 매입하는 수익증권은 종류C1 수익증권에 한한다.

1. 수익자가 종류 C1 수익증권을 최초 매수한 날로부터 1년이 경과하는 경우 당해 종류 C1 수익증권을 종류 C2 수익증권으로 전환
2. 수익자가 종류 C1 수익증권을 최초 매수한 날로부터 2년이 경과하는 경우 당해 종류 C2 수익증권을 종류 C3 수익증권으로 전환
3. 보유기간에 따른 종류별 수익증권간 전환은 판매수수료 체계가 동일한 종류의 수익증권간으로 한한다.

②제1항의 규정에 따라 전환되는 경우에는 위의 각 해당 전환일에 전환처리된다. 다만, 전환일이 영업일이 아닌 경우에는 익영업일에 전환처리된다.

③제1항의 규정에 따라 전환되는 경우에 적용되는 기준가격은 해당 전환일의 당해 종류 수익증권의 기준가격으로 한다.
④제1항에도 불구하고 수익자의 요청에 따른 환매청구가 진행 중인 경우에는 수익증권이 전환되지 아니한다.
⑤제41조의 규정에도 불구하고 판매회사는 다음 각호의 1의 사유가 발생하는 경우 수익증권 환매에 따른 환매수수료를 징구하지 아니한다.

1. 수익자가 제1항의 규정에 따라 수익증권의 전환을 위하여 환매청구하는 경우
2. 수익자가 수익증권을 전환한 후 환매청구하는 경우. 다만, 전환 후 추가 납입분에 대해서는 이를 적용하지 아니한다.

제26조(수익증권의 환매) ①수익자는 언제든지 수익증권의 환매를 청구할 수 있다.
②수익자가 수익증권의 환매를 청구하고자 하는 경우에는 수익증권을 판매한 판매회사에 청구하여야 한다. 다만, 판매회사가 해산, 허가취소, 업무정지 등 법령에서 정하는 사유(이하 "해산 등"이라 한다)로 인하여 환매청구에 응할 수 없는 경우에는 법 시행규칙에서 정하는 바에 따라 집합투자업자에 직접 청구할 수 있으며, 집합투자업자가 해산 등으로 인하여 환매에 응할 수 없는 경우에는 신탁업자에 직접 청구할 수 있다.
③제2항의 본문의 규정에 의하여 수익자로부터 수익증권의 환매청구를 받은 판매회사는 지체없이 집합투자업자에게 환매에 응할 것을 요구하여야 한다.
④실질수익자가 수익증권의 환매를 청구하고자 하는 경우에는 판매회사를 통하여 한국예탁결제원에 제2항의 규정에 따라 환매를 청구할 것을 요구하여야 한다.
⑤현물보유수익자가 환매를 청구하고자 하는 경우에는 수익증권에 기재된 판매회사를 경유하여 집합투자업자에 수익증권을 제출하여야 한다.
⑥집합투자업자(집합투자재산을 보관·관리하는 신탁업자를 포함한다)는 본 조에 따라 수익증권을 환매한 경우 그 수익증권을 소각하여야 한다.

제26조의2(모투자신탁 수익증권의 환매청구) 집합투자업자는 수익자가 이 투자신탁 수익증권의 환매를 청구한 경우 모투자신탁 수익증권의 환매대금으로 환매에 응하지 않을 특별한 사유가 없는 한 수익자가 환매를 청구한 날에 모투자신탁 수익증권의 환매를 청구하여야 한다. 다만, 이 투자신탁이 보유중인

현금 등으로 환매에 충분히 응할 수 있는 경우에는 그러하지 아니할 수 있다.

제27조(환매가격 및 환매방법) ①수익증권의 환매가격은 수익자가 판매회사에 환매를 청구한 날(실질수익자의 경우 제26조제4항의 규정에 따라 판매회사에 환매청구를 요구한 날을 말한다. 이하 이 조에서 같다)부터 제4영업일 (17시 경과 후에 환매청구시 제5영업일)에 공고되는 기준가격으로 한다.
②제26조에 따라 환매청구를 받거나 환매에 응할 것을 요구받은 집합투자업자(집합투자재산을 보관 · 관리하는 신탁업자를 포함한다)는 수익자가 환매를 청구한 날부터 제8영업일(17시 경과 후에 환매청구시 제9영업일)에 수익자에게 환매대금을 지급한다.
③판매회사는 제2항의 규정에 의하여 집합투자업자 또는 신탁업자로부터 지급받은 환매대금에서 환매수수료 및 관련세금 등을 공제한 금액을 수익자에게 지급한다.
④환매대금은 투자신탁재산으로 보유중인 금전 또는 투자신탁재산을 매각하여 조성한 금전으로 지급한다. 다만, 이 투자신탁 수익자 전원의 동의와 이 투자신탁이 투자한 모투자신탁의 자투자신탁 수익자 전원의 동의를 얻은 경우에는 이 투자신탁의 모투자신탁재산으로 지급할 수 있다.

제28조(환매연기) ①제26조의 규정에 의하여 수익증권의 환매에 응하여야 하는 집합투자업자(신탁업자를 포함한다. 이하 이 조에서 같다)는 투자신탁재산인 자산의 처분이 불가능한 경우 등 법 시행령 제256조에서 정하는 사유로 인하여 환매일에 환매대금을 지급할 수 없게 된 경우 그 수익증권의 환매를 연기할 수 있다. 이 경우 집합투자업자는 환매를 연기한 날부터 6주 이내에 수익자총회에서 수익증권의 환매에 관한 사항으로서 법 시행령 제257조제1항에서 정하는 사항을 결의하여야 한다.
②집합투자업자는 수익자총회에서 수익증권의 환매에 관한 사항을 정하지 아니하거나 환매에 관하여 정한 사항의 실행이 불가능한 경우에는 계속하여 환매를 연기할 수 있다.
③수익자총회에서 환매에 관한 사항이 의결되거나 환매를 계속 연기하는 경우 집합투자업자는 지체 없이 다음 각 호의 구분에 따라 정한 사항을 수익자 및 자투자신탁의 판매회사에게 통지하여야 한다.
1. 수익자총회에서 환매에 관한 사항을 의결한 경우
  가. 환매에 관하여 의결한 사항

나. 기타 법 시행령 제257조제2항에서 정한 사항
2. 환매연기를 계속하는 경우
가. 환매를 연기하는 사유
나. 환매를 연기하는 기간
다. 환매를 재개하는 경우 환매대금의 지급방법
라. 기타 법 시행령 제257조제3항에서 정한 사항

④환매연기사유의 전부 또는 일부가 해소되어 환매를 재개할 수 있을 경우 집합투자업자는 환매가 연기된 수익자 및 자 투자신탁의 판매회사에 대하여 환매한다는 뜻을 통지하고 법 시행령 제258조에서 정하는 바에 따라 환매대금을 지급한다.

⑤집합투자업자는 투자신탁재산의 일부가 제1항에 의한 환매연기사유에 해당하는 경우 환매연기자산에 해당하지 아니하는 자산(이하 "정상자산"이라 한다)에 대하여는 수익자가 보유하는 수익증권의 지분에 따라 환매에 응할 수 있다.

⑥집합투자업자는 제5항에 따라 환매가 연기된 투자신탁재산만으로 별도의 투자신탁을 설정할 수 있다.

⑦집합투자업자는 다음 각 호의 어느 하나에 해당하는 경우에는 제26조의 규정에도 불구하고 환매청구에 응하지 아니할 수 있다.
1. 수익자 또는 질권자로서 권리를 행사할 자를 정하기 위하여 일정한 날을 정하여 수익자명부에 기재된 수익자 또는 질권자를 그 권리를 행사할 수익자 또는 질권자로 보도록 한 경우로서 이 일정한 날의 제6영업일전일(17시 경과 후에 환매청구를 한 경우 제7영업일전일)과 그 권리를 행사할 날까지의 사이에 환매청구를 한 경우
2. 법령 또는 법령에 의한 명령에 의하여 환매가 제한되는 경우

제6장 투자신탁재산 평가 및 회계

제29조(투자신탁재산 평가) ①집합투자업자는 법 제238조제1항에 따라 투자신탁재산을 시가에 따라 평가하되, 평가일 현재 신뢰할 만한 시가가 없는 경우 공정가액으로 평가하여야 한다.

②집합투자업자는 제1항에 따른 투자신탁재산의 평가업무를 수행하기 위하여 법 제238조제 2항에서 정하는 집합투자재산평가위원회를 구성 · 운영하여야 한

다.
③집합투자업자는 투자신탁재산에 대한 평가가 공정하고 정확하게 이루어질 수 있도록 신탁업자의 확인을 받아 법 제238조 제3항에서 정하는 집합투자재산의 평가와 절차에 관한 기준(이하 이조에서 "집합투자재산평가기준"이라 한다)을 마련하여야 한다.
④집합투자업자는 제2항에 따른 평가위원회가 투자신탁재산을 평가한 경우 그 평가명세를 지체없이 신탁업자에게 통보하여야 한다.
⑤신탁업자는 집합투자업자의 투자신탁재산의 평가가 법령 및 집합투자재산평가기준에 따라 공정하게 이루어졌는지 확인하여야 한다.

제30조(기준가격 산정 및 공고) ①집합투자업자는 제29조의 규정에 따른 투자신탁재산의 평가결과에 따라 기준가격을 산정한다. 기준가격[당해 종류 수익증권의 기준가격]은 제2항의 기준가격의 공고·게시일 전날의 대차대조표상에 계상된 투자신탁[당해 종류 수익증권의 상당액] 자산총액에서 부채총액을 차감한 금액(이하 "순자산총액"이라 한다)을 그 공고·게시일 전날의 수익증권[당해 종류 수익증권] 총좌수로 나누어 산정하며, 1,000좌 단위로 원미만 셋째자리에서 4사5입하여 원미만 둘째자리까지 계산한다.
②집합투자업자는 제1항에 따라 산정된 기준가격(모투자신탁의 기준가격 포함)을 매일 공고·게시하되, 투자신탁을 최초로 설정하는 날[신규 종류 수익증권을 발행하는 날 또는 특정 종류의 수익증권이 전부 환매된 후 다시 발행하는 날]의 기준가격은 1좌를 1원으로 하여 1000원으로 공고한다.
③집합투자업자는 기준가격 산정업무를 일반사무관리회사에 위탁할 수 있으며, 이 경우 그 수수료는 이 투자신탁재산에서 부담한다.

제31조(투자신탁의 회계기간) 이 투자신탁의 회계기간은 투자신탁의 최초설정일부터 매 1년간으로 한다. 다만, 신탁계약 해지시에는 투자신탁회계기간 초일부터 신탁계약의 해지일까지로 한다.

제32조(투자신탁의 회계감사) ①집합투자업자는 이 투자신탁의 결산기마다 다음 각 호의 서류 및 부속서류(이하 "결산서류"라 한다)를 작성하여야 한다.
1. 재무상태표
2. 손익계산서
3. 자산운용보고서

②집합투자업자는 다음 각 호의 날부터 2월 이내에 이 투자신탁재산에 대하여 회계감사인의 회계감사를 받아야 한다. 다만, 법 시행령 제264조에 해당하는 경우에는 그러하지 아니하다.
1. 회계기간의 말일
2. 투자신탁의 해지일

제33조(이익분배) ①집합투자업자는 이 투자신탁재산의 운용에 따라 발생한 이익금을 투자신탁회계기간 종료시 분배한다.
②집합투자업자는 제1항의 규정에 의한 이익금을 판매회사를 경유하여 수익자에게 현금 또는 새로이 발행되는 수익증권으로 분배한다.
③제1항에도 불구하고 집합투자업자는 다음 각 호의 어느 하나에 해당하는 이익금은 분배를 유보하며, 이익금이 0보다 적은 경우에도 분배를 유보한다.
1. 법 제238조에 따라 평가한 집합투자재산의 평가이익
2. 법 제240조제1항의 회계처리기준에 따른 매매이익

제34조(이익분배금에 의한 재투자) ①수익자는 이익분배금에서 세액을 공제한 금액의 범위 내에서 분배금 지급일의 기준가격으로 당해 수익증권을 매수 할 수 있다.
②이익분배금으로 수익증권을 매수하는 경우 집합투자업자는 당해 수익증권 매수금액의 납입이 완료 된 때에 제10조제1항의 방법으로 수익증권을 발행하여야 한다.

제35조(상환금등의 지급) ①집합투자업자는 신탁계약기간이 종료되거나 투자신탁을 해지하는 경우 지체없이 신탁업자로 하여금 투자신탁원본의 상환금 및 이익금(이하 "상환금 등"이라 한다)을 판매회사를 경유하여 수익자에게 지급한다.
②집합투자업자가 제45조의 규정에 따라 이 투자신탁을 해지하는 경우에는 수익자 전원의 동의를 얻어 투자신탁재산인 자산으로 수익자에게 상환금 등을 지급할 수 있다.
③집합투자업자는 투자신탁재산인 증권 등 자산의 매각지연 등의 사유로 인하여 상환금 등의 지급이 곤란한 경우에는 한국예탁결제원을 통하여 그 사실을 통지하여야 한다.

제36조(이익분배금 및 상환금 등의 시효 등) ①이익분배금 또는 상환금 등을 수익자가 그 지급개시일(제33조 및 제35조의 규정에 따라 판매회사가 수익자에게 이익분배금 또는 상환금 등을 지급하는 날을 말한다)부터 5년간 지급을 청구하지 아니한 때에는 판매회사가 취득할 수 있다.
②신탁업자가 이익분배금 또는 상환금 등을 판매회사에게 인도한 후에는 판매회사가 수익자에 대하여 그 지급에 대한 책임을 부담한다.

제7장 수익자총회

제37조(수익자총회) ①이 투자신탁에는 전체 수익자로 구성되는 수익자총회를 두며, 수익자총회는 법령 및 모투자신탁의 수익자총회 개최 사유 중 이 투자신탁 수익자의 이해관계에 영향을 미치는 사항 및 이 신탁계약에서 정한 사항에 한하여 결의할 수 있다.
②수익자총회는 투자신탁을 설정한 집합투자업자가 소집한다.
③제1항의 규정에 불구하고 수익자총회의 의결을 요하는 경우로서 특정 종류의 수익증권 수익자에 대하여만 이해관계가 있는 때에는 그 종류의 수익자로 구성되는 수익자총회를 개최할 수 있다.
④투자신탁을 설정한 집합투자업자는 투자신탁재산을 보관, 관리하는 신탁업자 또는 발행된 수익증권의 총좌수의 100분의 5 이상을 소유한 수익자가 수익자총회의 목적과 소집의 이유를 기재한 서면을 제출하여 수익자총회의 소집을 그 집합투자업자에 요청하는 경우 1개월 이내에 수익자총회를 소집하여야 한다. 이 경우 집합투자업자가 정당한 사유 없이 수익자총회를 소집하기 위한 절차를 거치지 아니하는 경우에는 그 신탁업자 또는 발행된 수익증권 총좌수의 100분의 5 이상을 소유한 수익자는 금융위원회의 승인을 받아 수익자총회를 개최할 수 있다.
⑤『상법』제363조제1항 및 제2항은 수익자총회의 소집통지에 관하여 준용한다. 이 경우 "주주"는 각각 "수익자"로, "주주명부"는 "수익자명부"로, "회사"는 "집합투자업자"로 본다.
⑥수익자총회는 출석한 수익자의 의결권의 과반수와 발행된 수익증권 총좌수의 4분의 1이상의 수로 결의한다. 다만, 이 법에서 정한 수익자총회의 결의사항 외에 신탁계약으로 정한 수익자총회의 결의사항에 대하여는 출석한 수익자의 의결권의 과반수와 발행된 수익증권의 총좌수의 5분의 1 이상의 수로 결의

할 수 있다.

⑦수익자는 법 제190조제6항 및 법 시행령 제221조에 의하여 수익자총회에 출석하지 아니하고 서면에 의하여 의결권을 행사할 수 있다. 다만, 다음 각호의 요건을 모두 충족하는 경우에는 수익자총회에 출석한 수익자가 소유한 수익증권의 총좌수의 결의내용에 영향을 미치지 아니하도록 의결권을 행사(이하 이 항에서 "간주의결권행사"라 한다) 한 것으로 본다.

1. 수익자에게 집합투자규약에 기재된 간주의결권행사의 방법에 따라 집합투자규약에 기재된 내용을 서면, 전화 · 전신 · 팩스, 전자우편 및 이와 비슷한 전자통신의 방법으로 의결권 행사에 관한 통지가 있었으나 의결권이 행사되지 아니하였을 것
2. 간주의결권행사의 방법이 집합투자규약에 기재되어 있을 것
3. 수익자총회에서 의결권을 행사한 수익증권의 총좌수가 발행된 수익증권의 총좌수의 10분의 1 이상일 것
4. 그 밖에 수익자를 보호하기 위하여 수익자의 이익보호와 수익자총회 결의의 공정성 등을 위하여 간주의결권행사의 결과를 수익자에게 제공하는 방법 등 금융위원회가 정하여 고시하는 간주의결권행사의 방법과 절차를 따를 것

⑧투자신탁을 설정한 집합투자업자(법 제190조제3항 후단에 따라 수익자총회를 소집하는 신탁업자 또는 발행된 수익증권 총좌수의 100분의 5 이상을 소유한 수익자를 포함한다. 이하 이 항에서 같다)는 법 제190조제5항에 따른 수익자총회의 결의가 이루어지지 아니한 경우 그 날부터 2주이내에 연기된 수익자총회(이하 "연기수익자총회"라 한다)를 소집하여야 한다.

⑨연기수익자총회의 결의는 법 제190조제8항에 따라 출석한 수익자의 의결권의 과반수와 발행된 수익증권 총좌수의 8분의 1이상의 수로 결의한다. 다만, 이 법에서 정한 수익자총회의 결의사항 외에 신탁계약으로 정한 수익자총회의 결의사항에 대하여는 출석한 수익자의 의결권의 과반수와 발행된 수익증권의 총좌수의 10분의 1 이상의 수로 결의할 수 있으며, 연기수익자총회의 결의에도, 법 제190조제6항의 수익자의 서면에 의한 의결권 행사 및 간주의결권행사에 관한 내용을 준용한다.

⑩모투자신탁의 수익자총회가 개최되고, 모투자신탁의 수익자총회의 목적이 이 투자신탁의 수익자의 이해관계에 영향을 미치는 경우 집합투자업자는 모투자신탁의 수익자총회와 동일한 시간 및 장소에서 이 투자신탁의 수익자총회를 소집하여야 한다.

⑪제3항의 규정에 의한 수익자총회는 제4항, 제6항, 제7항, 제8항 및 제9항의 규정을 준용함에 있어 "발행된 수익증권의 총좌수"는 "발행된 당해 종류 수익증권의 총좌수"로 본다.

第38조(반대수익자의 매수청구권) ①수익자는 다음 각호의 어느 하나에 해당하는 경우 집합투자업자에게 수익증권의 수를 기재한 서면으로 자기가 소유하고 있는 수익증권의 매수를 청구할 수 있다.

1. 법 제188조제2항 각 호 외의 부분 후단에 따른 신탁계약의 변경 또는 제193조제2항에 따른 투자신탁의 합병에 대한 수익자총회의 결의에 반대(수익자총회 전에 해당 집합투자업자에게 서면으로 그 결의에 반대하는 의사를 통지한 경우로 한정한다)하는 수익자가 그 수익자총회의 결의일부터 20일 이내에 수익증권의 매수를 청구하는 경우
2. 법 제193조제2항 각 호 외의 부분 단서에 따른 투자신탁의 합병에 반대하는 수익자가 집합투자업자가 법 시행령 제225조의2제2항에 따른 통지를 한 날부터 20일 이내에 그 집합투자업자에게 서면으로 합병에 반대하는 의사를 통지하여 수익증권의 매수를 청구하는 경우

②투자신탁을 설정한 집합투자업자는 제1항에 따른 청구가 있는 경우 해당 수익자에게 수익증권의 매수에 따른 수수료, 그 밖의 비용을 부담시켜서는 아니된다.
③투자신탁을 설정한 집합투자업자는 제1항에 따른 청구가 있는 경우에는 매수청구기간이 만료된 날부터 15일 이내에 그 투자신탁재산으로 수익증권을 매수하는 경우에는 매수청구기간의 종료일에 환매청구한 것으로 보아 집합투자규약에서 정하는 바에 따라 그 수익증권을 매수하여야 한다. 다만, 매수자금이 부족하여 매수에 응할 수 없는 경우에는 금융위원회의 승인을 받아 수익증권의 매수를 연기할 수 있다.
④투자신탁을 설정한 집합투자업자는 제3항 본문에 따라 수익증권을 매수한 경우에는 지체 없이 그 수익증권을 소각(消却)하여야 한다.

제8장 보수 및 수수료 등

第39조(보수) ①투자신탁재산의 운용 및 관리 등에 대한 보수(이하 "투자신탁보수"라 한다)는 투자신탁이 부담하며, 그 종류는 다음 각 호와 같다.

1. 집합투자업자가 취득하는 집합투자업자보수
2. 판매회사가 취득하는 판매회사보수
3. 신탁업자가 취득하는 신탁업자보수
4. 일반사무관리회사가 취득하는 일반사무관리회사보수

②투자신탁보수의 계산기간(이하 "보수계산기간"이라 한다)은 최초설정일로부터 매 3개월간으로 하되, 보수계산기간중 투자신탁회계기간 종료일이 도래하는 경우 당해 보수계산기간 초일부터 당해 투자신탁회계기간 종료일까지로 하고, 이후 매 3개월간으로 하며 보수계산기간 중 투자신탁보수를 매일 재무상태표상에 계상하고 다음 각 호의 어느 하나에 해당하는 경우가 발생하는 때에 집합투자업자의 지시에 따라 신탁업자가 투자신탁재산에서 인출한다.

1. 보수계산기간의 종료
2. 투자신탁의 일부해지(해지분에 상당하는 투자신탁보수 인출에 한한다)
3. 투자신탁의 전부해지

③제1항의 규정에 의한 투자신탁보수는 다음 각 호의 보수율에 당해 종류 수익증권에 해당하는 투자신탁재산의 연평균 가액(매일의 투자신탁 순자산총액을 연간 누적하여 합한 금액을 연간 일수로 나눈 금액)에 보수계산기간의 일수를 곱한 금액으로 한다.

(종류A)

1. 집합투자업자보수율 : 연 1000분의 9.0
2. 판매회사보수율 : 연 1000분의 7.2
3. 신탁업자보수율 : 연 1000분의 0.5
4. 일반사무관리회사보수율 : 연 1000분의 0.3

(종류A-e)

1. 집합투자업자보수율 : 연 1000분의 9.0
2. 판매회사보수율 : 연 1000분의 3.6
3. 신탁업자보수율 : 연 1000분의 0.5
4. 일반사무관리회사보수율 : 연 1000분의 0.3

(종류C1)

1. 집합투자업자보수율 : 연 1000분의 9.0
2. 판매회사보수율 : 연 1000분의 13.0
3. 신탁업자보수율 : 연 1000분의 0.5
4. 일반사무관리회사보수율 : 연 1000분의 0.3

(종류C2)

1. 집합투자업자보수율 : 연 1000분의 9.0
2. 판매회사보수율 : 연 1000분의 11.0
3. 신탁업자보수율 : 연 1000분의 0.5
4. 일반사무관리회사보수율 : 연 1000분의 0.3

(종류C3)

1. 집합투자업자보수율 : 연 1000분의 9.0
2. 판매회사보수율 : 연 1000분의 8.5
3. 신탁업자보수율 : 연 1000분의 0.5
4. 일반사무관리회사보수율 : 연 1000분의 0.3

제39조의2(업무위탁에 대한 보수 지급) 집합투자업자는 해외위탁집합투자업자에 위탁한 모투자신탁업무에 대한 보수를 자투자신탁에서 발생한 집합투자업자 보수에서 지급할 수 있다.

제40조(판매수수료) ①판매회사는 종류A, 종류A-e 수익증권의 판매행위에 대한 대가로 수익자가 수익증권을 매수하는 시점에 수익자로부터 선취판매수수료를 취득할 수 있다.

②선취판매수수료는 납입금액(수익증권 매수시 적용하는 기준가격에 매수하는 수익증권의 좌수를 곱한 금액을 1,000으로 나눈 금액)에 다음 각 호의 종류 수익증권별 선취판매수수료율을 곱한 금액으로 한다.

1. 종류A 수익증권 : 1000분의 10.0 이내
2. 종류A-e 수익증권 : 1000분의 5.0 이내

③종류A,종류A-e 수익증권 이외의 다른 종류의 수익증권에는 선취판매수수료를 부과하지 아니한다.

④판매회사는 집합투자증권의 판매행위에 대한 대가로 집합투자증권을 환매하는 시점에 수익자로부터 후취판매수수료를 취득할 수 있다. 다만, 제34조 제2항의 규정에 의해 이익분배금으로 매수한 집합투자증권의 경우에는 이를 적용하지 아니하며 제52조의 규정에 의한 수익증권통장거래약관에서 정한 바에 따라 목적식 투자고객 등에 대하여 후취판매수수료를 면제할 수 있다.

⑤후취판매수수료는 집합투자증권을 환매하는 시점에 환매금액(집합투자증권 환매시 적용하는 기준가격에 환매하는 집합투자증권 좌수를 곱한 금액을 1,000으로 나눈 금액)을 집합투자증권을 보유한 기간(당해 집합투자증권의 매수일을 기산일로 하여 환매시 적용되는 당해 집합투자증권의 기준가격 적용일

까지를 말한다)별로 다음 각 호의 종류 집합투자증권별 후취판매수수료율을 곱한 금액으로 한다.
1. 종류 S 수익증권 : 3년 미만 환매시 환매금액의 0.15% 이내
2. 종류 S 수익증권 이외의 다른 종류의 수익증권 : 해당사항 없음

제41조(환매수수료) 판매회사는 수익증권을 환매하는 경우에 환매수수료를 받지 아니한다

제42조(기타 운용비용 등) ①투자신탁재산의 운용 등에 소요되는 비용은 전체 수익자의 부담으로 하며, 집합투자업자의 지시에 따라 신탁업자가 투자신탁재산에서 인출하여 지급한다. 다만, 특정 종류 수익증권의 수익자에 대하여만 이해관계가 있는 경우에는 특정 종류 수익증권의 수익자에게만 비용을 부담시켜야 한다.
②제1항에서 "전체 수익자의 부담으로 하는 비용"이라 함은 투자신탁재산과 관련된 다음 각 호의 비용을 말한다.
1. 증권 등 자산의 매매수수료
2. 증권 등 자산의 예탁 및 결제비용
3. 투자신탁재산의 회계감사비용
4. 수익자명부 관리비용
5. 전체 수익자로 구성되는 수익자총회 관련 비용
6. 투자신탁재산에 관한 소송비용
7. 증권 등 자산의 가격정보비용
8. 투자신탁재산의 운용에 필요한 지적재산권비용
9. 기타 이에 준하는 비용으로 투자신탁재산의 운용 등에 소요되는 비용
③제1항 단서규정에서 "특정 종류 수익증권의 수익자에게 부담시키는 비용"이라 함은 당해 종류 수익증권의 수익자에 대하여 이해관계가 있는 투자신탁재산과 관련된 다음 각 호의 비용을 말한다.
1. 특정 종류 수익증권의 수익자로 구성되는 수익자총회 관련비용

제9장 신탁계약의 변경 및 해지 등

제43조(신탁계약의 변경) ①집합투자업자는 신탁계약을 변경하고자 하는 경우

에는 신탁업자와 변경계약을 체결하여야 한다. 이 경우 신탁계약 중 다음 각 호의 어느 하나에 해당하는 사항을 변경하는 경우에는 미리 제37조제6항 본문에 따른 수익자총회의 결의를 거쳐야 한다.

1. 집합투자업자 · 신탁업자 등이 받는 보수, 그 밖의 수수료의 인상
2. 신탁업자의 변경(제44조 제3항 각 호의 경우는 제외한다)
3. 신탁계약기간의 변경 (단, 투자신탁을 설정할 당시에 그 기간변경이 신탁계약서에 명시되어있는 경우에는 제외한다)
4. 그 밖에 수익자의 이익과 관련된 중요한 사항으로서 법 시행령 제217조에서 정하는 사항

②집합투자업자는 제1항에 따라 신탁계약을 변경한 경우에는 인터넷 홈페이지 등을 이용하여 공시하여야 하며, 제1항 후단에 따라 신탁계약을 변경한 경우에는 공시 외에 이를 수익자에게 통지하여야 한다.

③이 신탁계약에 규정된 사항 중 법령 등의 변경으로 그 적용이 의무화된 경우에는 그 변경된 바에 따른다.

④수익자가 제2항의 규정에 의한 공시일(모투자신탁의 신탁계약 변경의 경우 제2항에 의하여 공시 또는 통지된 날을 말한다)부터 1월 이내 판매회사에 이의신청서를 제출하고 수익증권의 환매를 청구할 수 있고, 이 경우 판매회사는 제41조의 규정과는 관계없이 환매수수료를 받지 아니한다. 다만, 제3항 및 신탁계약의 단순한 자구수정 등 경미한 사항 변경 및 투자운용인력의 변경이 있는 경우로서 법 제123조제3항제2호에 따라 투자설명서를 변경하거나 법령 또는 금융위원회의 명령에 따라 신탁계약을 변경하는 경우에는 그러하지 아니하다.

제44조(집합투자업자 및 신탁업자의 변경) ①이 투자신탁의 집합투자업자나 신탁업자를 변경하는 경우에는 수익자총회 결의를 거쳐야 한다.

②집합투자업자 변경의 경우에는 제1항에도 불구하고 다음 각 호의 어느 하나에 해당하는 경우에는 수익자총회 결의를 거치지 아니하고 변경할 수 있다.

1. 합병 · 분할 · 분할합병
2. 법 제420조제3항제1호 및 제2호에 따른 금융위원회의 조치에 따라 집합투자업자가 변경되는 경우
3. 「금융산업의 구조개선에 관한 법률」제10조제1항제6호부터 제8호까지의 규정에 따른 금융위원회의 명령에 따라 집합투자업자가 변경되는 경우

③신탁업자 변경의 경우에는 제1항의 규정에도 불구하고 다음 각 호의 어느

하나에 해당하는 경우에는 수익자총회 결의를 거치지 아니하고 변경할 수 있다.
1. 합병 · 분할 · 분할합병
2. 영업양도 등으로 신탁계약의 전부가 이전되는 경우
3. 법 제184조제4항, 법 제246조제1항 등 관련 법령의 준수를 위하여 불가피하게 신탁계약의 일부가 이전되는 경우
4. 법 제420조제3항제1호 및 제2호에 따른 금융위원회의 조치에 따라 신탁업자가 변경되는 경우
5. 「금융산업의 구조개선에 관한 법률」제10조제1항제6호부터 제8호까지의 규정에 따른 금융위원회의 명령에 따라 신탁업자가 변경되는 경우
6. 법시행령 제245조 제5항에 따라 둘 이상의 집합투자기구의 자산을 다른 모집합투자기구로 이전함에 따라 그 집합투자기구의 신탁업자가 변경되는 경우

제45조(집합투자기구의 해지) ①투자신탁을 설정한 집합투자업자는 금융위원회의 승인을 받아 투자신탁을 해지할 수 있다. 다만, 다음 각 호의 어느 하나에 해당하는 경우에는 금융위원회의 승인을 얻지 아니하고 이 투자신탁을 해지할 수 있으며, 이 경우 집합투자업자는 그 해지사실을 지체 없이 금융위원회에 보고하여야 한다.
1. 수익자 전원이 동의한 경우
2. 수익증권 전부에 대한 환매의 청구를 받아 신탁계약을 해지하려는 경우
3. 투자신탁을 설정한 후 1년 경과시점에서 설정원본이 50억원 미만인 경우
4. 투자신탁을 설정하고 1년이 경과한 이후 1개월간 계속하여 투자신탁의 설정원본이 50억원 미만인 경우

②투자신탁을 설정한 집합투자업자는 다음 각 호의 어느 하나에 해당하는 경우에는 지체 없이 투자신탁을 해지하여야 한다. 이 경우 집합투자업자는 그 해지사실을 지체 없이 금융위원회에 보고하여야 한다.
1. 신탁계약에서 정한 신탁계약기간의 종료
2. 수익자총회의 투자신탁 해지 결의
3. 투자신탁의 피흡수합병
4. 투자신탁의 등록 취소
5. 수익자의 총수가 1인이 되는 경우. 다만, 건전한 거래질서를 해할 우려가 없는 경우로서 법 시행령 제224조의2에서 정하는 경우는 제외

③제1항제2호의 규정에 따라 신탁계약을 해지하는 경우에는 제41조의 규정과는 관계없이 환매수수료를 받지 아니한다.
④제1항제3호및제4호의 규정에 해당하는 경우 집합투자업자는 1개월 이내에 해지, 합병 및 모자형 전환, 존속 등 처리계획을 신탁업자와 협의하여 정한다.
⑤제1항제3호및제4호의 규정에 의하여 이 투자신탁을 해지하고자 하는 경우 집합투자업자는 해지사유, 해지일자, 상환금 등의 지급방법 및 기타 해지관련 사항을 인터넷 홈페이지 등을 이용하여 공시하거나 한국예탁결제원을 통하여 수익자에게 개별통지하여야 한다.

제46조(미수금 및 미지급금의 처리) ①집합투자업자는 제45조에 따라 투자신탁을 해지하는 경우 미수금 채권이 있는 때에는 금융투자업규정 제7-11조제1항이 정하는 공정가액으로 투자신탁을 해지하는 날에 그 미수금 채권을 양수하여야 한다. 다만, 그 미수금 채권을 법 시행령 제87조제1항제3호에 따라 거래하는 경우에는 그 거래에 의할 수 있다.
②집합투자업자는 제45조에 따라 투자신탁을 해지하는 경우 미지급금 채무가 있는 때에는 제1항의 공정가액으로 투자신탁을 해지하는 날에 그 미지급금 채무를 양수하여야 한다. 다만, 그 미지급금 채무가 확정된 경우로서 법 시행령 제87조제1항제3호에 따라 거래하는 경우에는 그 거래에 의할 수 있다.

제10장 보칙

제47조(투자신탁의 합병) ①투자신탁을 설정한 집합투자업자는 그 집합투자업자가 운용하는 다른 투자신탁을 흡수하는 방법 등으로 투자신탁을 합병할 수 있다.
②투자신탁을 설정한 집합투자업자는 제1항에 따라 투자신탁을 합병하고자 하는 경우 법 제193조제2항 각 호에서 정하는 사항을 기재한 합병계획서를 작성하여 합병하는 각 투자신탁의 수익자총회의 결의를 거쳐야 한다. 다만, 건전한 거래질서를 해할 우려가 적은 소규모 투자신탁의 합병 등 법 제193조제2항 각 호 외의 부분 단서 및 법 시행령 제225조의2 제1항에서 정하는 경우는 제외한다.

제48조(자기집합투자증권의 취득 제한 등) ①집합투자업자는 투자신탁의 계산

으로 그 투자신탁의 수익증권을 취득하거나 질권의 목적으로 받지 못한다. 다만, 다음 각 호의 어느 하나에 해당하는 경우에는 투자신탁의 계산으로 그 투자신탁의 수익증권을 취득할 수 있다.
1. 담보권의 실행 등 권리 행사에 필요한 경우.
2. 제38조의 규정에 따라 수익증권을 매수하는 경우
②집합투자업자는 제1항제1호 전단에 따라 취득한 수익증권을 취득일부터 1개월 이내에 다음 각 호의 어느 하나에 해당하는 방법으로 처분하여야 한다.
1. 소각
2. 판매회사를 통한 매도

제49조(금전차입 등의 제한) ①집합투자업자는 투자신탁재산을 운용함에 있어서 투자신탁의 계산으로 금전을 차입하지 못한다. 다만, 다음 각 호의 어느 하나에 해당하는 경우에는 이 투자신탁의 계산으로 금전을 차입할 수 있다.
1. 제26조에 따른 수익증권의 환매청구가 대량으로 발생하여 일시적으로 환매대금의 지급이 곤란한 때
2. 제38조에 따른 매수청구가 대량으로 발생하여 일시적으로 매수대금의 지급이 곤란한 때
②제1항에 따라 투자신탁의 계산으로 금전을 차입하는 경우 그 차입금의 총액은 차입 당시 투자신탁 순자산총액의 100분의 10을 초과하여서는 아니 된다.
③제1항에 따른 금전차입의 방법, 차입금 상환 전 투자대상자산의 취득 제한 등은 법시행령이 정하는 바에 따라야 한다.
④집합투자업자는 투자신탁재산 중 금전을 대여(제17조제2항제1호의 단기대출을 제외한다)하여서는 아니된다.
⑤집합투자업자는 투자신탁재산을 운용함에 있어서 투자신탁재산으로 이 투자신탁 외의 자를 위하여 채무보증 또는 담보제공을 하여서는 아니 된다.

제50조(공시 및 보고서 등) ①집합투자업자, 신탁업자가 수익자에 대하여 일간신문에 공고를 하는 때에는 매일경제신문에 공고하되, 2이상의 일간신문에 공고하는 때에는 한국경제신문에도 공고한다.
②집합투자업자는 다음 각 호의 어느 하나에 해당하는 사항(모투자신탁의 경우를 포함한다)이 발생하는 경우 제3항에서 정하는 방법에 따라 공시하여야 한다.
1. 투자운용인력의 변경이 있는 경우 그 사실과 변경된 투자운용인력의 운용

경력(운용한 집합투자기구의 명칭, 집합투자재산의 규모와 수익률을 말한다)

2. 환매연기 또는 환매재개의 결정 및 그 사유
3. 법 시행령 제93조제2항이 정하는 부실자산이 발생한 경우 그 내역 및 상각율
4. 수익자총회의 의결내용
5. 그 밖에 투자자를 보호를 위하여 필요한 사항으로서 법 시행령 제93조제3항에서 정하는 사항

③제2항에 따른 수시공시는 다음 각 호의 방법으로 공시하여야 한다.

1. 집합투자업자, 수익증권을 판매한 판매회사 및 한국금융투자협회의 인터넷 홈페이지를 이용하여 공시하는 방법
2. 수익증권을 판매한 판매회사로 하여금 전자우편을 이용하여 자투자신탁 수익자에게 알리는 방법
3. 집합투자업자, 수익증권을 판매한 판매회사의 본점과 지점, 그 밖의 영업소에 게시하는 방법

④집합투자업자는 법 제119조에 의하여 공모의 방법으로 수익증권을 발행하는 경우에는 법령에 따라 증권신고서, 정정신고서, 투자설명서, 간이투자설명서 및 발행실적보고서 등을 금융위원회를 통해 공시하여야 하며, 투자설명서 및 간이투자설명서의 경우 법 제123조의 규정에 따라 금융위원회에 제출하고 법 시행규칙 제13조 제1항 각 호의 장소에 비치하고 일반인이 열람할 수 있도록 하여야 한다.

⑤집합투자업자는 투자신탁의 최초 설정일부터 매3개월마다 법 제88조에서 규정한 자산운용보고서(모투자신탁의 내용을 포함)를 작성하여 수익자에게 교부하여야 한다. 다만, 투자자가 수시로 변동되는 등 투자자의 이익을 해할 우려가 없는 경우로서 다음 각 호의 어느 하나에 해당하는 경우에는 그러하지 아니할 수 있다.

1. 수익자가 자산운용보고서의 수령을 거부한다는 의사를 서면, 전화 · 전신 · 팩스, 전자우편 및 이와 비슷한 전자통신의 방법으로 표시한 경우
2. 수익자가 보유하고 있는 수익증권의 평가금액이 10만원 이하인 경우

⑥신탁업자는 투자신탁의 회계기간 종료 등 법 제90조제2항에서 정하는 사유가 발생한 후 2월 이내에 법 제248조에서 규정한 자산보관 · 관리보고서(모투자신탁의 내용을 포함)를 작성하여 수익자에게 제공하여야 한다. 다만, 투자자가 수시로 변동되는 등 투자자의 이익을 해할 우려가 없는 경우로서 다음 각

호의 어느 하나에 해당하는 경우에는 그러하지 아니할 수 있다.
1. 수익자가 자산보관·관리보고서의 수령을 거부한다는 의사를 서면으로 표시한 경우
2. 수익자가 보유하고 있는 수익증권의 평가금액이 10만원 이하인 경우
⑦제5항 및 제6항의 규정에 의하여 자산운용보고서, 자산보관·관리보고서를 교부하는 경우 판매회사 또는 한국예탁결제원을 통하여 직접 또는 전자우편의 방법으로 교부하여야 한다. 다만, 자산운용보고서를 교부하는 경우 투자자가 해당 집합투자기구에 투자한 금액이 100만원 이하이거나 투자자에게 전자우편 주소가 없는 등의 경우에는 법 제89조제2항 제1호의 방법에 따라 공시하는 것으로 갈음할 수 있으며, 투자자가 우편발송을 원하는 경우에는 그에 따라야 하고, 자산보관·관리보고서를 교부하는 경우 투자자에게 전자우편 주소가 없는 등의 경우에는 법 제89조제2항제1호 및 제3호의 방법에 따라 공시하는 것으로 갈음할 수 있으며, 투자자가 우편발송을 원하는 경우에는 그에 따라야 한다.
⑧집합투자업자는 다음 각 호의 서류를 본점에 비치하여야 하며, 판매회사에게 이를 송부하여 그 영업소에 비치하도록 하여야 한다.
1. 결산서류
2. 회계감사보고서
3. 수익자총회 의사록
⑨수익자는 영업시간 중 언제든지 제8항에 따라 비치된 서류를 열람할 수 있으며, 그 서류의 등본 또는 초본의 교부를 청구할 수 있다.
⑩집합투자업자는 투자신탁재산에 관한 매 분기의 영업보고서를 작성하여 매 분기의 종료 후 2개월 이내에 금융위원회 및 금융투자협회에 제출하여야 한다
⑪집합투자업자는 다음 각 호의 어느 하나에 해당하는 사유가 발생한 경우 그 사유가 발생한 날부터 2개월 이내에 결산서류를 금융위원회 및 금융투자협회에 제출하여야 한다.
1. 투자신탁의 회계기간 종료
2. 신탁계약기간의 종료
3. 투자신탁의 해지
⑫금융위원회 및 금융투자협회는 제10항 및 제11항에 따라 제출받은 서류를 인터넷 홈페이지 등을 이용하여 공시하여야 한다.

제51조(손해배상책임) ①집합투자업자, 신탁업자는 법령·신탁계약·투자설명

서에 위반하는 행위를 하거나 그 업무를 소홀히 하여 수익자에게 손해를 발생시킨 경우 그 손해를 배상할 책임이 있다.
②이 투자신탁의 집합투자업자와 신탁업자는 판매회사 · 일반사무관리회사 · 집합투자기구평가회사(법 제258조에 따른 집합투자기구평가회사를 말한다) 및 채권평가회사(법 제263조에 따른 채권평가회사를 말한다)와 함께 법에 따라 수익자에 대하여 손해배상책임을 부담하는 경우 귀책사유가 있는 경우 연대하여 손해배상책임을 진다.

제52조(수익증권의 통장거래) 수익자는 한국금융투자협회가 제정한 "수익증권통장거래약관"에 따라 통장거래 등을 할 수 있다.

제53조(관련법령 등의 준용) 이 신탁계약에서 정하지 아니한 사항은 관련법령 및 규정에서 정하는 바에 따른다.

제54조(관할법원) ①집합투자업자, 신탁업자 또는 판매회사가 이 신탁계약에 관하여 소송을 제기한 때에는 소송을 제기하는 자의 본점소재지를 관할하는 법원에 제기한다.
②수익자가 소송을 제기하는 때에는 수익자의 선택에 따라 수익자의 주소지 또는 수익자가 거래하는 집합투자업자, 신탁업자 또는 판매회사의 영업점포 소재지를 관할하는 법원에 제기할 수 있다. 다만, 수익자가 외국환거래법 제3조 제1항제15호의 규정에 의한 비거주자인 경우에는 수익자가 거래하는 집합투자업자, 신탁업자 또는 판매회사의 영업점포 소재지를 관할하는 법원에 제기하여야 한다.

부칙
제1조(시행일) 이 신탁계약은 2010년 8월 9일부터 시행한다.

매매거래계좌설정약관

시행 2016. 06. 27.

제1조(약관의 적용) 이 약관은 고객과 ○○○○금융투자회사(이하 "회사"라 한다)가 다음 각 호의 어느 하나에서 행하는 매매거래에 대하여 적용한다.

1. 한국거래소(이하 "거래소" 라 한다)가 개설한 유가증권시장, 코스닥시장 및 코넥스시장
2. 한국금융투자협회가 비상장 주권의 중개업무를 위하여 설치한 전산매매시스템(이하 "호가중개시스템" 이라 한다)

제2조(위탁의 방법 등) ① 고객은 다음 각 호의 방법으로 매매거래를 위탁한다.

1. 문서에 의한 방법
2. 전화·전신·모사전송 기타 이와 유사한 방법
3. 컴퓨터 기타 이와 유사한 전자통신의 방법

② 고객이 제1항제2호 및 제3호의 방법으로 매매거래를 위탁하고자 하는 경우에는 회사가 고객 본인임을 확인할 수 있는 방법에 의하여야 한다.

③ 고객이 호가접수시간 개시 전에 유가증권시장 또는 코스닥시장 상장증권의 매매 주문을 위탁할 수 있는 경우 회사는 호가제출의 우선순위에 관한 세부기준과 그 기준의 변동내용을 지체 없이 고객에게 고지하여야 한다.

④ 회사는 위탁내용에 대하여 서면확인, 녹음 기타의 방법으로 그 내용을 확인할 수 있는 자료를 관계법규에서 정하는 바에 따라 보관·유지하여야 한다.

제3조(위탁증거금 납부) 고객은 매매거래를 위탁함에 있어 <별첨>에서 정하는 위탁증거금을 회사에 납부하여야 한다.

제4조(유가증권시장 주식워런트증권의 기본예탁금 납부) ① 주식워런트증권의 보유잔고가 없는 고객이 주식워런트증권 거래를 회사에 위탁하는 경우 거래소의 유가증권시장 업무규정에 따라 회사로부터 고지 받은 기본예탁금을 현금 또는 대용증권(한국거래소의 규정에서 정한 것으로서 현금 대신에 납입할 수 있는 증권을 말한다. 이하 같다)으로 회사에 납부하여야 한다.

② 회사는 고객의 예탁총액(예탁된 현금과 대용증권 대용가액의 합계액을 말

한다. 이하 같다)이 제1항에 따른 기본예탁금을 초과하는 경우에는 해당 초과하는 금액 이하의 금액을 지급할 수 있다. 다만, 예탁총액이 기본예탁금에 미달하는 경우에도 주식워런트증권 보유잔고가 없는 경우에는 예탁총액 이하의 금액을 지급할 수 있다.

第5조(코넥스시장 상장주권의 기본예탁금 납부) 고객이 코넥스시장에 상장된 주권을 매수하는 경우 거래소의 코넥스시장 업무규정에 따라 회사로부터 고지받은 기본예탁금을 현금 또는 대용증권으로 회사에 납부하여야 한다.

第6조(수탁의 거부) ① 회사는 고객의 매매거래의 위탁에 관하여 공익과 투자자 보호 또는 거래질서의 안정을 위하여 필요하다고 인정할 때에는 매매거래의 수탁을 거부하여야 한다.
② 회사는 거래소의 유가증권시장 업무규정, 코스닥시장 업무규정 또는 코넥스시장 업무규정을 위반하는 고객의 공매도주문에 대하여 수탁을 거부하여야 한다.
③ 회사는 주권발행 전에 투자자계좌부 또는 예탁자계좌부에 기재되지 아니한 주식에 대한 주문의 수탁을 거부하여야 한다.
④ 회사는 증권 매매와 관련하여 미수금을 발생시킨 고객에 대하여 새로운 주문의 수탁 또는 고객자산의 인출을 거부하거나 제한할 수 있다.
⑤ 회사는 제4조 또는 제5조에 따른 기본예탁금을 납부하지 않는 고객의 주문에 대하여 수탁을 거부하여야 한다.

第7조(임의매매의 금지) 회사는 고객 또는 그 대리인으로부터 금융투자상품의 매매의 청약 또는 주문을 받지 아니하고는 고객으로부터 예탁받은 재산으로 금융투자상품의 매매를 하여서는 아니 된다.

第8조(예탁금 이용료의 지급 등)
① 회사는 고객이 회사에 맡긴 예탁금에 대하여 고객에게 고지한 지급기준에 따른 예탁금 이용료를 지급하여야 한다.
② 고객은 회사로부터 지급받는 예탁금이용료의 지급기준을 영업점, 인터넷 홈페이지(≫ ≫ ≫), 온라인 거래를 컴퓨터 화면, 그 밖에 이와 유사한 전자통신매체를 통하여 확인할 수 있다.
③ 회사는 운용수익, 예금자 보험료, 감독부담금 등을 감안하여 예탁금이용료

를 합리적으로 산정하고, 투자자예탁금이용료 산정에 영향을 미치는 요인의 변동상황을 주기적으로 점검하여 이를 반영한다.
④ 고객은 제3항에 따라 예탁금이용료의 지급기준이 변경되는 경우 제2항의 방법을 통하여 확인할 수 있다. 다만, 고객에게 불리한 예탁금이용료 지급기준 변경에 대하여 고객이 그 내용을 예탁금이용료 변경 전에 자신이 지정한 전자우편 또는 휴대폰 문자서비스(SMS, MMS 등) 등의 방법으로 안내받기를 원하는 경우 회사는 그 방법으로 사전에 알려준다.
⑤ 회사는 예탁금이용료의 지급기준이 변경되는 경우 제14조에 따른 월간 매매내역 등을 통지할 때 그 변경내용을 함께 고객에게 알려준다.

제9조(사고증권의 교환) ① 예탁한 증권이 사고증권인 경우에는 고객은 이를 지체 없이 교환하여 예탁한다.
② 예탁한 사고증권과 동일한 종목의 예탁잔량이 있는 경우에는 회사는 사고증권의 수량만큼 뺄 수 있다.

제10조(결제불이행 등에 대한 처리) ① 고객이 결제시한까지 매수대금 또는 매도증권을 납부하지 아니한 때에는 회사는 그 다음 영업일에 현금 또는 동일내용의 증권으로 결제정리하고, 부족액이 있는 경우에는 해당 미수발생 매수증권 또는 매도대금, 기타 고객을 위하여 점유한 현금 및 증권의 순으로 필요한 수량을 처분하여 임의충당할 수 있다. 이 경우 회사가 임의처분할 수 있는 증권의 수량은 〈별첨〉에서 정하는 방법으로 산정하며, 고객을 위하여 점유하고 있는 기타 증권의 처분은 〈별첨〉에서 정하는 순서에 의한다.
② 제1항에 따라 증권을 처분하는 경우 매도호가는 다음 각 호에 따른다.
1. 유가증권시장 : 유가증권시장에서 시가결정에 참여하는 호가
2. 코스닥시장 : 코스닥시장에서 시가결정에 참여하는 호가
3. 코넥스시장 : 코넥스시장에서 시가결정에 참여하는 호가
4. 호가중개시스템 : 호가중개 개시 후 30분이내의 호가(당일 기준가격의 100분의 70이상의 가격)

③ 고객은 매수대금을 납부하지 아니하는 등 미수를 발생시킨 때에는 그 연체기간에 대하여 〈별첨〉에서 정하는 요율로 계산한 연체료를 부담한다. 또한 회사가 연체료율을 변경하고자 하는 경우에는 변경내용을 변경예정일 전에 고객이 확인할 수 있도록 회사의 영업점에 마련해 두거나 인터넷 홈페이지, 온라인 거래를 위한 컴퓨터 화면, 그 밖에 이와 유사한 전자통신매체를 통하여 게

시한다.
④ 제3항의 연체료율 변경내용이 고객에게 불리한 것일 때에는 이를 서면 등 고객과 사전에 합의한 방법으로 통지하여야 한다. 다만, 기존 고객에게 변경 전 연체료율이 그대로 적용되는 경우 또는 고객이 변경내용에 대한 통지를 받지 아니하겠다는 의사를 명시적으로 표시한 경우에는 그러하지 아니하다.

제11조(예탁증권의 집중예탁 등) ① 회사는 고객의 예탁증권을 한국예탁결제원에 집중예탁하고, 한국예탁결제원으로부터 해당 예탁증권에 관한 배당금 및 원리금(수익증권의 원본 및 분배금 포함)과 준비금 또는 재평가적립금의 자본전입, 주식배당, 신주인수권·전환청구권 또는 교환청구권의 행사 등에 의하여 신규로 발행되는 주권을 고객을 위하여 수령할 수 있다.
② 회사는 고객의 예탁증권으로부터 발생한 현금배당, 주식배당 등에 대하여 배당소득세를 원천징수한다. 이때 고객의 계좌에 현금이 부족하여 회사가 고객을 대신하여 배당소득세를 납부하는 경우 고객은 회사가 대신 납부한 금액에 대하여 (   )%에 해당하는 이자를 회사에 납부하여야 한다.
③ 제2항에 따라 회사가 고객을 대신하여 배당소득세를 납부해야 하는 경우 회사는 이 사실을 고객에게 지체없이 알려야 한다.

제12조(예탁증권의 혼합보관 등) ① 회사는 고객의 예탁증권을 다른 예탁자가 예탁한 동일종목의 증권과 혼합보관할 수 있다.
② 회사는 고객의 청구에 의하여 예탁증권을 반환할 경우 고객의 예탁증권과 종목 및 권리가 동일한 증권을 반환할 수 있다.

제13조(매매거래 등의 통지) ① 회사는 금융투자상품의 매매가 체결된 경우에는 그 명세를 고객에게 통지함에 있어 다음 각 호에서 정하는 방법에 따라야 한다.

1. 매매가 체결된 후 지체 없이 매매의 유형, 종목·품목, 수량, 가격, 수수료 등 모든 비용, 그 밖의 거래내용을 통지한다.
2. 다음 각 목의 어느 하나에 해당하는 방법 중 회사와 고객 간에 미리 합의된 방법(계좌부 등에 의하여 관리·기록되지 아니하는 매매거래에 대하여는 가목만 해당한다)으로 통지할 것. 다만, 고객이 통지를 받기를 원하지 아니하는 경우에는 영업점에 고객이 확인할 수 있도록 마련해 두거나 인터넷 홈페이지에 접속하여 수시로 확인이 가능하게 함으로써 통지를 대신할 수

있다.

가. 서면 교부

나. 전화, 전신 또는 모사전송

다. 전자우편, 그 밖에 이와 비슷한 전자통신

라. 한국예탁결제원의 기관결제참가자인 고객에 대하여 한국예탁결제원의 전산망을 통하여 매매확인서를 교부하는 방법

마. 인터넷 또는 모바일시스템을 통해 수시로 확인할 수 있도록 하는 방법

② 회사는 고객이 거래를 시작하기 전에 고객이 원하는 매매성립내용의 통지방법을 확인하여 이를 기록·유지하여야 한다.

제14조(월간 매매내역 등의 통지) 회사는 월간 매매내역·손익내역, 월말 잔액·잔량현황(이하 "월간 매매내역등"이라 한다)을 다음 달 20일까지, 반기동안 매매, 그 밖의 거래가 없는 계좌에 대하여는 반기말 잔액·잔량현황을 그 반기 종료 후 20일까지 제13조제1항제2호의 방법으로 고객에게 통지하여야 한다. 다만, 다음 각 호의 어느 하나에 해당하는 경우에는 월간 매매내역등 또는 반기말 잔액·잔량현황을 통지한 것으로 본다.

1. 통지한 월간 매매내역등 또는 반기말 잔액·잔량현황이 3회 이상 반송된 고객계좌에 대하여 고객의 요구시 즉시 통지할 수 있도록 영업점에 이를 마련해 둔 경우
2. 반기동안 매매, 그 밖의 거래가 없는 계좌의 반기말 현재 예탁재산 평가액이 금융감독원장이 정하는 금액을 초과하지 않는 경우에 그 계좌에 대하여 투자자 요구시 즉시 통지할 수 있도록 영업점에 반기말 잔액·잔량현황을 마련해 둔 경우
3. 매매내역을 고객이 수시로 확인할 수 있도록 통장 등으로 거래하는 경우

제15조(위탁수수료) ① 회사는 매매거래의 위탁을 받아 매매거래가 성립되었을 때에는 결제시 고객으로부터 <별첨>에서 정하는 위탁수수료를 받는다.

② 특정조건에 해당하는 매매거래의 위탁의 경우에는 수수료를 고객과의 협의에 의하여 정할 수 있다.

제16조(계좌의 통합 및 폐쇄) ① 회사는 현금 및 금융투자상품 등 예탁자산의 합계가 10만원 이하이고 최근 6개월간 고객의 매매거래 및 입출금·입출고 등이 중단된 계좌를 타계좌와 구분하여 통합계좌로 별도관리 할 수 있다.

② 회사는 고객계좌의 잔액·잔량이 "영"이 된 날로부터 6개월이 경과한 경우 또는 고객이 계좌의 폐쇄를 요청한 경우에는 해당 계좌를 폐쇄할 수 있다.

第17조(약관의 변경 등) ① 회사는 약관을 변경하고자 하는 경우 변경내용을 변경되는 약관의 시행일 ( )[1]일 전에 고객이 확인할 수 있도록 회사의 영업점에 갖추어 두거나 인터넷 홈페이지, 온라인 거래를 위한 컴퓨터 화면, 그 밖에 이와 유사한 전자통신매체를 통하여 게시한다. 다만, 자본시장법 등 관계법령 또는 거래소 업무규정의 제·개정에 따른 제도변경 등으로 약관이 변경되는 경우로서 본문에 따라 안내하기가 어려운 급박하고 부득이한 사정이 있는 경우에는 변경내용을 앞의 문장과 같은 방법으로 개정 약관의 시행일 전에 게시한다.
② 제1항의 변경내용이 고객에게 불리한 것일 때에는 이를 서면 등 고객과 사전에 합의한 방법으로 변경되는 약관의 시행일 ( )[566] 일 전까지 통지하여야 한다. 다만, 기존 고객에게 변경 전 내용이 그대로 적용되는 경우 또는 고객이 변경내용에 대한 통지를 받지 아니하겠다는 의사를 명시적으로 표시한 경우에는 그러하지 아니하다.
③ 회사는 제2항의 통지를 할 경우 "고객은 약관의 변경에 동의하지 아니하는 경우 계약을 해지할 수 있으며, 통지를 받은 날로부터 변경되는 약관의 시행일 전의 영업일까지 계약해지의 의사표시를 하지 아니한 경우에는 변경에 동의한 것으로 본다" 라는 취지의 내용을 통지하여야 한다.
④ 고객이 제3항의 통지를 받은 날로부터 변경되는 약관의 시행일 전의 영업일까지 계약해지의 의사표시를 하지 아니하는 경우에는 변경에 동의한 것으로 본다.
⑤ 회사는 약관을 회사의 영업점에 고객이 확인할 수 있도록 마련해 두거나 게시하여 고객이 요구할 경우 이를 교부하여야 하며, 인터넷 홈페이지, 온라인 거래를 위한 컴퓨터 화면, 그 밖에 이와 유사한 전자통신매체에 게시하여 고객이 약관을 확인하고 다운로드(화면출력 포함)받을 수 있도록 하여야 한다.

第18조(기재내용 변경 시 통지) 고객은 자신의 주소, 전화번호 등과 대리인이 있는 경우 대리인의 성명, 주소, 대리권의 범위 등 매매거래계좌개설신청서상의 내용에 변경이 있는 때에는 지체 없이 그 변경내용을 회사에 통지하여야

566) 금융투자회사가 20일 이상의 기간으로 정한다.

한다.

제19조(면책) 회사는 회사의 책임 있는 사유가 없는 경우로서 다음 각 호의 어느 하나에 해당하는 사유로 인하여 고객에게 발생하는 손해에 대하여 책임을 지지 아니한다.

1. 천재지변, 전시·사변 또는 이에 준하는 불가항력이라고 인정되는 사유에 의한 매매의 집행, 매매대금의 수수 및 예탁, 보관의 지연 또는 불능
2. 고객에게 책임 있는 사유가 있는 경우

제20조(양도 및 질권설정) 고객은 회사의 동의를 얻어 현금 및 금융투자상품 등 예탁자산을 양도하거나 질권(채무자가 돈을 갚을 때까지 채권자가 담보물을 보유할 수 있고, 채무자가 돈을 갚지 않을 때는 그 담보물에 대하여 우선적으로 변제를 받을 수 있는 권리를 말한다)을 설정할 수 있다.

제21조(거래제한) ① 계좌가 「전기통신금융사기 피해금 환급에 관한 특별법」에 따른 사기이용계좌로 사용될 경우, 회사는 해당 계좌명의인에 대해 계좌개설 등 금융거래를 제한할 수 있다.
② 제1항에 따라 계좌개설 등 금융거래가 제한될 경우 회사는 지체 없이 해당 계좌명의인에게 그 사실을 통지한다.

제22조(비실명계좌에 대한 해지 등) ① 고객은 「금융실명거래 및 비밀보장에 관한 법률」에 따라 실명으로 매매거래를 위탁하여야 한다.
② 회사는 제1항에 위반하여 개설된 계좌에 대하여는 고객에게 사전통보 없이 회사가 해당 매매거래계약을 해지하거나 거래정지 등의 조치를 취할 수 있다.

제23조(일중매매거래관련 위험 고지) 회사는 일중매매거래(같은 날에 동일 종목을 매수한 후 매도하거나, 매도한 후 매수함으로써 하루 동안의 가격 변동을 활용하여 이익을 얻을 목적으로 행하는 매매거래를 말한다)와 관련한 위험을 고객에게 고지하여야 한다.

제24조(대규모착오매매의 구제) ① 거래소는 유가증권시장 또는 코스닥시장 업무규정 및 같은 규정 시행세칙(이하 "세칙"이라 한다)에 따라 정규시장의 매매거래시간 중에 세칙이 정한 요건을 충족한 대규모착오매매 대하여 회사의

구제신청이 있는 경우 결제가격을 변경할 수 있다. 이때 고객은 대규모착오매매가 발생한 때부터 회사가 사전에 안내한 시간까지 회사에 구제를 신청하여야 한다.

② 회사는 거래소로부터 구제 여부, 구제를 위해 변경한 결제가격 등을 통지받은 경우 그 내용을 지체 없이 해당 고객에게 통보한다.

③ 고객이 대규모착오매매의 거래상대방으로서 거래소의 대규모착오매매 신청의 접수 사실 공표 전에 실행한 재매매(대규모착오매매를 통해 매수 또는 매도한 종목을 다시 매도 또는 매수하여 체결된 거래로써 세칙이 정한 요건을 충족한 경우를 말한다. 이하 같다)에 대하여 거래소는 회사의 결제가격 변경신청이 있는 경우 제2항에 따른 결제가격을 다시 변경할 수 있다. 이때 회사는 재매매에 해당하는 고객에게 재매매 관련 내용을 지체 없이 통보하며, 통보받은 고객은 대규모착오매매 발생일까지 회사에 결제가격 변경을 신청하여야 한다.

제25조(관계법규등 준수) 고객과 회사는「자본시장과 금융투자업에 관한 법률」, 같은 법 시행령 및 시행규칙, 금융투자업규정 및 같은 규정 시행세칙, 한국금융투자협회 업무규정, 한국거래소 업무규정 등(이하 "관계법규등"이라 한다)을 준수한다.

제26조(분쟁조정) 고객은 회사와 분쟁이 발생하는 경우 회사의 민원처리기구에 그 해결을 요구하거나 금융감독원, 한국금융투자협회, 한국거래소 등에 분쟁조정을 신청할 수 있다.

제27조(관할법원) 이 약관에 의한 거래와 관련하여 발생된 분쟁에 대하여 회사와 고객 사이에 소송의 필요가 생긴 경우에는 그 관할법원은「민사소송법」이 정한 바에 따른다.

제28조(기타) ① 이 약관에서 정하지 아니한 사항은 별도의 약정이 없는 한 관계법규등에서 정하는 바에 따르며 관계법규등에도 정함이 없는 경우에는 일반적인 상관례에 따른다.

② 이 약관에 의한 거래 중 전자금융거래에 관하여는 '전자금융거래이용에 관한 기본약관' 및 전자금융거래법령이 우선 적용된다.

<별첨>

1. 제3조의 "<별첨>에서 정하는" 위탁증거금은 다음(예시)과 같다.

<table>
<tr><td rowspan="6">주식</td><td>매매종류</td><td>거래소/코스닥</td></tr>
<tr><td rowspan="4">매수</td><td>일반증거금</td></tr>
<tr><td>위탁금액의 40%(현금 20%. 대용 20%)</td></tr>
<tr><td>위탁금액의 50%(현금 25%, 대용 25%)</td></tr>
<tr><td>위탁금액의 60%(현금 30%, 대용 30%)</td></tr>
<tr><td>매도</td><td>매도증권 전량</td></tr>
<tr><td>채권</td><td colspan="2">매수 : 현금 100%
매도 : 매도증권 전량</td></tr>
</table>

※ 이상급등종목, 관리종목, 회사가 지정한 종목 : 100%

2. 제10조제1항의 "<별첨>에서 정하는" 방법은 다음과 같다.

예) 매도예정 증권 처분일의 전일 종가 대비 -15%인 가격을 기준으로, 거래단위 수량을 감안하여 산정

3. 제10조제1항의 "<별첨>에서 정하는" 순서(예시)는 다음과 같다.

① 미수금 발생 당해 유가증권 ② 거래소 종목중 최근매입종목 ③ 거래소 종목중 종목번호 순

4. 제10조제3항의 "<별첨>에서 정하는" 요율은 다음과 같다.

(세부내용을 회사별로 기술)

5. 제15조제1항의 "<별첨>에서 정하는" 위탁수수료는 다음과 같다.

(세부내용을 회사별로 기술)

6. 기타 특약사항

파생상품계좌설정약관

시행 2017. 03. 27.

제1조(약관의 적용) 이 약관은 고객과 ○○○○금융투자회사(이하 "회사"라 한다)가 한국거래소(이하 "거래소"라 한다)가 개설한 파생상품시장(이하 "시장"이라 한다)에서 행하는 파생상품거래(이하 "거래"라 한다)에 대하여 적용한다.

제2조(설명의무 등) ① 회사는 파생상품계좌 개설신청에 응하기 전에 장내파생상품 거래설명서를 고객에게 교부하고 이를 충분히 설명하며, 고객은 자신의 판단과 책임으로 거래를 한다.
② 회사는 일중매매거래(같은 날에 동일 종목을 매수한 후 매도하거나, 매도한 후 매수함으로써 하루 동안의 가격 변동을 활용하여 이익을 얻을 목적으로 행하는 매매거래를 말한다)와 관련한 위험을 고객에게 고지한다.
③ 회사는 고객 또는 그 대리인으로부터 금융투자상품의 매매주문을 받지 아니하고는 고객으로부터 예탁받은 재산으로 금융투자상품의 매매를 하여서는 아니 된다.
④ 고객은 글로벌거래(시장의 정규거래시간 거래 이외에 해당일 18시부터 다음 날 5시까지 거래를 말한다. 이하 같다)에 참가하기 위해서 이 약관과 함께 <별첨 2> 글로벌거래의 수탁에 관한 약정서에 동의하여야 한다.

제3조(지정결제회원 지정) 회사가 거래소 매매전문회원인 경우 회원간 결제를 담당할 회사로서 사전에 결제업무에 관한 계약이 체결된 거래소 지정결제회원인 다른 회사를 지정할 수 있다.

제4조(위탁의 방법) ① 고객은 다음 각 호의 방법으로 거래를 위탁한다.
1. 문서에 의한 방법
2. 전화·전신·모사전송 기타 이와 유사한 방법
3. 컴퓨터 기타 이와 유사한 전자통신의 방법
② 고객이 제1항제2호 및 제3호의 방법으로 거래를 위탁하고자 하는 경우 회사가 고객 본인임을 확인할 수 있는 방법에 의하여야 한다.
③ 회사는 서면확인, 녹음 기타의 방법으로 고객의 위탁 내용을 확인할 수 있

는 자료를 관계법규에서 정하는 바에 따라 보관·유지한다.

제5조(위탁증거금의 예탁) ① 고객은 거래를 위탁하고자 하는 경우 <별첨 1>에서 정하는 위탁증거금을 예탁하여야 한다. 이 경우 <별첨 1>에서 정하는 현금예탁필요액(현금으로 예탁하여야 하는 위탁증거금을 말한다. 이하 같다)을 제외한 위탁증거금은 현금을 대신하여 대용증권(거래소의 규정에서 정한 것으로서 현금 대신에 납입할 수 있는 증권을 말한다. 이하 같다) 또는 외화로 예탁할 수 있다.

② 제1항에 불구하고 시행세칙이 정하는 요건을 충족하는 기관투자자인 고객 중 회사가 재무건전성, 신용상태, 미결제약정의 보유상황 및 시장상황 등에 비추어 결제이행능력이 충분하다고 인정하는 자(이하 "적격기관투자자"라 한다)는 <별첨 1>에서 정하는 시간까지 시행세칙이 정하는 금액 이상을 위탁증거금(이하 "사후위탁증거금"이라 한다)으로 예탁할 수 있다. 다만, 차익거래 또는 헤지거래에 대하여는 그 밖의 거래보다 낮은 수준으로 시행세칙이 정하는 금액 이상을 사후위탁증거금으로 회사에 예탁할 수 있다.

③ 파생상품계좌는 사전위탁증거금계좌(사전위탁증거금을 예탁하는 파생상품계좌를 말한다. 이하 같다)와 사후위탁증거금계좌(사후위탁증거금을 예탁하는 파생상품계좌를 말한다. 이하 같다)로 구분한다.

④ 사후위탁증거금계좌는 다음 각 호의 파생상품계좌로 구분한다.

1. 사후위탁증거금일반계좌(제2항 본문의 규정에 따라 사후위탁증거금을 예탁하는 파생상품계좌를 말한다. 이하 같다)
2. 사후위탁증거금할인계좌(제2항 단서의 규정에 따라 낮은 수준의 사후위탁증거금을 예탁하는 차익거래 또는 헤지거래를 위한 파생상품계좌를 말한다. 이하 같다)

⑤ 사후위탁증거금을 적용받으려는 고객은 요건을 확인하는 자료를 회사에 제출하여야 하며 회사는 확인이 가능한 자료를 제출하지 않은 고객에 대하여 사후위탁증거금을 적용하지 아니한다.

제6조(수탁의 거부) ① 회사는 다음 각 호의 어느 하나에 해당하는 경우에는 수탁을 거부한다.

1. 기본예탁금을 예탁하지 아니한 고객으로부터 거래의 위탁을 받는 경우
2. 위탁증거금의 추가예탁 또는 결제를 이행하지 아니하거나 사후위탁증거금의 예탁시한까지 사후위탁증거금을 예탁하지 아니한 고객으로부터 새로운

거래 또는 위탁증거금이나 현금예탁필요액을 증가시키는 반대거래(거래가 체결되는 경우 위탁증거금액이 증가하는 거래를 말한다)의 위탁을 받는 경우

3. 거래소 파생상품시장 업무규정(이하 "규정"이라 한다) 및 파생상품시장 업무규정 시행세칙(이하 "시행세칙"이라 한다)에 따라 회사가 고객에게 사전 통지한 미결제약정수량의 보유한도를 초과하게 되는 거래의 위탁을 받는 경우
4. 주문가격이 가격제한폭을 벗어나는 등 규정 등에 위반하는 거래의 위탁을 받는 경우
5. 제5조제3항 및 제4항에 따른 파생상품계좌의 구분에 일치하지 아니하는 거래의 위탁을 받은 경우
6. 차익거래(규정에 따라 상장증권의 가격과 장내파생상품의 가격과의 차이를 이용하여 이익을 얻고자 하는 거래 또는 상장증권의 거래와 동시 또는 근접하여 손익구조가 상장증권과 반대인 장내파생상품을 매매하는 거래방법을 말한다. 이하 같다) 또는 헤지거래(규정에 따라 고객자산의 가치변동으로 인한 손실을 회피 또는 경감하기 위하여 장내파생상품을 매매하는 거래방법을 말한다. 이하 같다)에 대한 확인서류를 제출하지 아니하고 제5조제4항제1호에 따른 사후위탁증거금일반계좌에 적용되는 수준의 위탁증거금도 예탁하지 아니한 제5조제4항제2호에 따른 사후위탁증거금할인계좌로부터 거래의 위탁을 받는 경우
7. 글로벌거래의 수탁에 관한 계약을 사전에 체결하지 아니한 고객으로부터 글로벌거래의 위탁을 받은 경우
8. 제8조에 따라 회사가 고객에게 사전에 안내한 사후위탁증거금계좌의 위험노출액한도(고객이 장중에 보유할 수 있는 최대위험노출액을 말한다. 이하 같다)를 초과한 고객으로부터 거래의 위탁을 받은 경우
9. 한국금융투자협회 금융투자회사의 영업 및 업무에 관한 규정 및 시행세칙(이하 "협회규정"이라 한다) 및 거래소 규정에 따라 파생상품교육과정{1단계: 코스피200변동성지수선물을 제외한 선물거래 및 옵션매수거래를 하고자 하는 경우 협회가 개설·운영하는 20시간 이상(이하 "기본교육"이라 한다), 2단계: 코스피200변동성지수선물거래 및 옵션매도거래를 하고자 하는 경우 10시간 이상의 교육(이하 "추가교육"이라 한다)의 파생상품 관련 교육을 말한다. 이하 같다} 및 모의거래과정(거래소가 개설하여 운영하는 50시간 이상의 파생상품 모의거래과정을 말한다. 이하 같다)을 이수하지 아

니한 일반개인투자자(전문투자자로 대우받는 개인 및 비거주 외국인을 제외한 개인을 말한다. 이하 같다)로부터 신규거래(선물스프레드거래의 종목을 제외한 각 종목의 매수와 매도별로 미결제약정수량을 증가시키게 되는 거래를 말한다. 이하 같다)의 위탁을 받는 경우

10. 다음 각 호의 어느 하나에 해당하는 일반개인투자자(투자일임업자와 장내파생상품에 대한 투자일임계약을 체결한 자는 제외한다)로부터 코스피200변동성지수선물거래 또는 옵션매도거래의 신규거래의 위탁을 받은 경우
    가. 파생상품계좌를 개설한 날(그날에 투자일임계약을 체결한 계좌의 경우에는 투자일임계약이 종료된 날의 다음 날로 한다)부터 1년이 지나지 아니한 자
    나. 매 거래일을 기준으로 직전 1년간 회사를 포함한 금융투자회사별로 산출한 미결제약정(투자일임계약이 체결된 파생상품계좌의 미결제약정은 제외한다. 이하 제11호 및 제12호에서 같다)을 10거래일 이상 보유한 경험이 없는 자
    다. 제9호에 따른 추가교육을 이수하지 아니한 자
11. 거래의 위탁을 받은 날을 기준으로 최근 2년 이내에 회사를 포함한 금융투자회사별로 산출한 미결제약정의 보유 일수가 20거래일 미만인 자로서 해당 기간 동안 기본교육 및 모의거래과정을 이수하지 아니한 일반개인투자자(해당 기간 동안 코스피200변동성지수선물거래 및 옵션매도거래를 제외한 파생상품거래의 수탁이 거부되지 않는 자로서 추가교육을 이수한 자는 제외한다)로부터 신규거래의 위탁을 받은 경우
12. 거래의 위탁을 받은 날을 기준으로 최근 2년 이내에 회사를 포함한 금융투자회사별로 산출한 미결제약정 보유 일수가 20거래일 미만인 자로서 해당 기간 동안 추가교육을 이수하지 아니한 일반개인투자자로부터 코스피200변동성지수선물거래 또는 옵션매도거래의 신규거래의 위탁을 받은 경우
13. 투자일임계약이 체결된 파생상품계좌에서 해당 투자일임업자 이외의 자로부터 신규거래의 위탁을 받은 경우

② 제1항제2호에 불구하고 회사는 다음 각 호의 어느 하나에 해당하는 거래(제1호부터 제3호까지의 거래 중 글로벌거래를 제외한다)의 수탁은 거부하지 아니할 수 있다. 이 경우 제1호부터 제3호까지에 해당하는 거래의 위탁을 받을 때에는 주문의 체결가능성 등을 감안한다.

1. 동시에 또는 이에 준하여 연속적으로 위탁을 받는 다수의 주문이 체결될 경우에 위탁증거금을 증가시키지 아니하는 반대거래

2. 예탁총액(예탁된 현금과 대용증권의 대용가액 및 외화의 평가가액의 합계액을 말한다. 이하 같다)만 부족한 경우에는 위탁증거금을 증가시키지 않고 예탁현금 이내에서 현금예탁필요액만 증가시키는 반대거래
3. 예탁현금만 부족한 경우에는 현금예탁필요액을 증가시키지 않고 예탁총액 이내에서 위탁증거금만 증가시키는 반대거래
4. 사후위탁증거금의 예탁시한이 완전히 지난 후 사후위탁증거금을 예탁한 고객으로부터 거래의 위탁을 받는 경우
5. 해외 외국환은행의 공휴일로 인해 사후위탁증거금의 예탁 또는 결제를 이행하지 아니한 해외 적격기관투자자로부터 거래의 위탁을 받는 경우
6. 사후위탁증거금의 예탁 또는 결제를 위해 국내 외국환은행에 전송한 지급지시서 사본을 회사에게 제출한 해외 적격기관투자자로부터 거래의 위탁을 받는 경우

③ 회사는 제1항제3호에 따른 미결제약정수량 또는 매도·매수의 위탁수량을 계산함에 있어 동일한 고객이 다른 회사에 새로 만든 파생상품계좌에 미결제약정수량 또는 위탁수량이 있음을 알게 된 경우에는 그 수량을 합산한다.

④ 제1항제8호에 불구하고 회사는 위험노출액한도를 초과한 고객으로부터 위험노출액을 감소시키는 반대거래의 수탁은 거부하지 아니할 수 있다.

⑤ 회사는 협회규정 및 거래소 규정에 따라 파생상품교육과정 및 모의거래과정을 이수한 것으로 인정되는 일반개인투자자의 경우에는 제1항제9호를 적용하지 아니한다.

⑥ 회사는 공익과 투자자보호 또는 시장에서의 거래질서의 안정을 위하여 필요하다고 인정되는 경우 또는 고객의 신용상태 및 재산상태 등을 감안하여 계좌설정계약 체결 당시 고객에게 서면으로 고지한 수탁의 거부 사유가 발생한 경우에는 거래의 수탁을 거부할 수 있다.

⑦ 회사가 제1항, 제2항 및 제6항에 따라 거래의 수탁을 거부한 때에는 그 이유를 주문표, 전산주문표 기타 위탁내용을 기록하는 문서 등에 기재하고 그 사실을 즉시 고객에게 통지한다.

제7조(기본예탁금의 예탁) ① 미결제약정이 없는 고객이 거래를 위탁하고자 하는 경우 고객은 회사가 고객의 재무건전성 및 신용상태 등을 감안하여 <별첨 1>에서 정하는 금액 이상의 현금, 대용증권 또는 외화를 사전에 선물·옵션 기본예탁금으로 예탁하여야 한다.

② 제1항에 불구하고 고객이 사후위탁증거금을 예탁하는 파생상품계좌를 통하

여 거래를 위탁하는 경우에는 기본예탁금을 예탁하지 아니할 수 있다.

제8조 (적격기관투자자 위험관리 등) ① 회사는 규정 및 시행세칙에 따라 적격기관투자자의 선정요건, 사후위탁증거금계좌별 위험노출액한도 설정방법 및 위험노출액한도 초과시 수탁 거부 등 적격기관투자자의 위험 관리에 관하여 필요한 사항(이하 "적격기관투자자위험관리기준"이라 한다)을 정하여 고객이 준수해야 할 사항을 고객에게 서면 등으로 사전에 통지한다.
② 고객은 제1항에 따라 사전에 통지받은 사후위탁증거금 계좌별 위험노출액한도를 초과하여서는 아니 된다.
③ 회사는 위험노출액이 위험노출액한도를 초과할 우려가 있거나 초과하는지를 파악하고 초과한 때에는 그 사실을 고객에게 서면 등으로 지체 없이 통지한다.
④ 회사가 적격기관투자자위험관리기준을 변경하고자 하는 경우 이를 사전에 서면 등 고객과 합의한 방법으로 고객에게 통지 및 안내한다.

제9조(위탁증거금의 지급 등) 회사는 고객의 예탁총액이 위탁증거금액을 초과하거나 예탁현금이 현금예탁필요액을 초과하는 경우에는 해당 초과하는 금액 이하의 금액을 지급하거나 고객으로부터 예탁받아야 하는 위탁증거금에 사용할 수 있다.

제10조(위탁증거금의 일별 추가예탁) ① 고객(사후위탁증거금계좌는 제외한다)은 정규거래시간 종료(이하 "장종료"라 한다) 시점을 기준으로 예탁총액 또는 예탁현금이 <별첨 1>에서 정하는 금액보다 적은 때에는 위탁증거금을 추가로 예탁하여야 한다.
② 회사는 제1항에 따라 고객이 위탁증거금을 추가로 예탁하여야 하는 때에는 그 내용을 고객이 사전에 지정한 방법에 따라 지체 없이 고객에게 통지한다.
③ 고객은 제1항 및 제2항에 따른 위탁증거금의 추가예탁을 그 부족액이 발생한 날의 다음 영업일 12시까지 이행하여야 한다. 다만 고객이 12시전에 미결제약정을 소멸시키는 매도 또는 매수 등으로 위탁증거금 수준을 충족한 때에는 위탁증거금을 추가 예탁한 것으로 본다.
④ 제3항에 불구하고 고객은 다음 각 호의 어느 하나에 해당하는 사유가 발생하는 경우 그에 따라 위탁증거금을 예탁하여야 한다.
1. 위탁증거금의 추가예탁일 또는 추가예탁시한을 거래소가 변경한 경우

2. 고객의 투자목적, 투자경험, 자산 및 소득수준, 신용상태, 미결제약정의 보유상황 또는 시장상황 등에 따라 결제불이행 가능성 여부를 고려하여 계좌설정계약 체결 당시 위탁증거금의 추가예탁시한을 앞당길 수 있다고 회사가 고객에게 서면으로 고지한 사유가 발생한 경우

제10조의2(위탁증거금의 장중 추가예탁) ① 회사는 시행세칙에 따라 정규거래시간 중 장중위탁증거금 산출기준시점을 기준으로 코스피200의 수치가 전일의 최종 코스피200 수치 대비 코스피200선물거래의 유지위탁증거금률의 100분의 80 이상 변동하는 경우 거래소가 제공하는 증거금 산출변수를 이용하여 장중위탁증거금 및 장중유지위탁증거금을 산출한다. 이 경우 장중위탁증거금 산출기준시점은 9시1분, 10시, 11시, 12시, 13시, 14시 중 이항 앞의 문장에서 정하는 요건을 가장 먼저 충족하는 시점을 말한다.
② 고객은 제1항의 장중유지위탁증거금액보다 고객의 예탁총액이 적은 경우에는 위탁증거금을 추가로 예탁하여야 한다.
③ 회사는 제2항에 따라 고객이 위탁증거금을 장중에 추가로 예탁하여야 하는 때에는 그 내용을 고객이 사전에 지정한 방법에 따라 지체 없이 고객에게 통지한다.
④ 고객은 제2항 및 제3항에 따른 위탁증거금의 장중 추가예탁을 <별첨 1>에서 정하는 시한까지 이행하여야 한다.

제10조의3(위탁증거금의 장중 추가예탁 해제) ① 회사는 장종료 이전에 다음 각 호의 어느 하나에 해당하는 경우로서 장중 추가예탁이 불필요할 경우에는 추가예탁의 해제를 통지할 수 있다.
1. 예탁총액이 사전위탁증거금액 이상인 경우
2. 예탁총액이 장중유지위탁증거금액 이상인 경우
3. 장중위탁증거금 산출기준시점 이후에 직전거래일의 장종료 시점 증거금 산출변수를 이용하여 산출한 장중예탁총액부족액(장중위탁증거금에서 예탁금액을 뺀 금액을 말한다. 이하 같다)이 제10조의2제2항 및 제3항에 따라 장중 추가예탁 통지 시 산출한 장중예탁총액부족액 이상 감소한 경우
② 회사는 장종료 이후에 다음 각 호의 어느 하나에 해당하는 경우로서 장중 추가예탁이 불필요할 경우에는 추가예탁의 해제를 통지할 수 있다.
1. 예탁총액이 사전위탁증거금액 이상인 경우(글로벌 거래시간은 제외한다)
2. 사전위탁증거금을 적용받는 고객이 제10조 제1항에 해당하지 아니하거나

제10조 제1항에 따라 위탁증거금을 추가로 예탁하는 경우
3. 사후위탁증거금을 적용받는 고객이 제5조 제2항에 해당하지 아니하거나 제5조 제2항에 따라 사후위탁증거금을 예탁하는 경우
4. 장종료 직전의 장중예탁총액부족액에 대하여 위탁자가 추가예탁, 반대거래 또는 대용증권 매도로 해당 부족액을 충족하는 경우. 다만 글로벌거래시간 동안의 반대거래 또는 대용증권 매도는 제외한다.

제11조(위탁증거금의 추가예탁 등 불이행시의 조치) ① 회사는 고객이 제10조 제3항, 제10조제4항 및 제10조의2제4항에서 정하는 예탁시한까지 위탁증거금을 추가로 예탁하지 아니하거나 사후위탁증거금을 예탁하지 아니하는 경우에는 선량한 관리자의 주의로써 다음 각 호의 어느 하나에 해당하는 조치를 취할 수 있다.
1. 고객의 미결제약정을 소멸시키는 매도 또는 매수
2. 위탁증거금으로 예탁받은 대용증권 또는 외화의 매도

② 회사가 제1항에 따른 거래를 하는 경우 호가는 다음 각 호의 가격으로 한다. 다만, 상장채권의 경우 회사가 별도로 공시하는 기준수익률로 매도할 수 있다.
1. 미결제약정을 소멸시키게 되는 매도 또는 매수를 하고자 하는 경우 정규거래 시간 중에 다음 각 목에 해당하는 지정가호가(종목, 수량 및 가격을 지정하는 호가로 지정한 가격 또는 그 가격보다 유리한 가격으로 거래를 하려는 호가를 말한다) 또는 조건부지정가호가[최종약정가격을 결정하는 경우에 시장가호가(종목 및 수량은 지정하되 가격은 지정하지 아니한 호가를 말한다. 이하 같다)로 전환되는 것을 조건으로 하는 지정가호가를 말한다]. 다만, 미국달러플렉스선물거래(가격, 수량, 최종거래일과 최종결제방법을 거래당사자간에 협의로 결정하는 거래를 말한다)의 경우에는 플렉스협의거래로 반대거래를 한다.
가. 매도호가의 경우 최우선매수호가(주문접수시점에 가장 높은 매수주문의 가격으로 주문하는 호가를 말한다)의 가격(최우선매수호가의 가격이 없는 경우에는 최우선매도호가의 가격으로 한다) 및 그 가격에서 호가가격단위를 순차적으로 뺀 9개의 가격
나. 매수호가의 경우 최우선매도호가(주문접수시점에 가장 낮은 매도주문의 가격으로 주문하는 호가를 말한다)의 가격(최우선매도호가의 가격이 없는 경우에는 최우선매수호가의 가격으로 한다) 및 그 가격에 호가가격단위를

순차적으로 더한 9개의 가격

2. 거래소의 유가증권시장 또는 코스닥시장에 상장된 주권 매도의 경우 시장가호가

③ 제2항제1호에도 불구하고 단일가격에 의한 개별경쟁거래에 참여하는 경우 및 접속거래시간 중에 호가가 없는 경우에는 제2항제1호 각 목의 가격 이외의 지정가호가 또는 조건부지정가호가로 할 수 있다.

④ 제2항제1호 및 제3항에도 불구하고 고객이 동의하거나 요구하는 경우 회사는 시장가호가에 의한 거래를 할 수 있다.

⑤ 고객은 제1항에 따른 업무처리 이후에도 부족액이 남아있는 경우에는 해당 부족액을 회사에 납부하여야 한다.

제12조(고객의 결제불이행시 조치) ① 회사는 고객이 차감결제현금(결제시점에 고객이 지급할 총금액과 수령할 총금액을 차감한 금액을 말한다) 또는 차감결제기초자산(결제시점에 동일한 기초자산별로 지급할 기초자산과 수령할 기초자산을 차감한 기초자산을 말한다)을 납부하지 아니하는 경우에는 선량한 관리자의 주의로써 제11조제2항 및 제3항에서 정하는 바에 따라 제11조제1항 각 호의 어느 하나에 해당하는 조치를 취할 수 있다.

② 고객은 제1항에 따른 조치를 한 후에도 부족액이 남아있는 경우에는 해당 부족액을 회사에 납부하여야 한다.

③ 회사는 결제를 이행하지 아니한 고객에게 결제의 불이행으로 인하여 회사가 책임 있는 사유 없이 부담한 손실 및 모든 비용을 고객으로부터 받을 수 있다.

제13조(미납수수료 등 발생시 연체료 부담) ① 회사는 고객이 위탁증거금 또는 결제대금을 <별첨 1>에서 정하는 기간 내에 예탁하지 아니하여 회사가 대신 내어 주었거나 고객이 회사에 납부하여야 할 수수료를 납부하지 아니한 경우 해당 금액에 대하여 고객에게 <별첨 1>에서 정하는 요율의 연체료를 받을 수 있다. 또한 회사가 요율을 변경하고자 하는 경우 변경내용을 변경예정일 전에 고객이 확인할 수 있도록 회사의 영업점에 마련해 두거나 인터넷 홈페이지, 온라인 거래를 위한 컴퓨터 화면, 그 밖에 이와 유사한 전자통신매체를 통하여 게시한다.

② 제1항의 요율 변경내용이 고객에게 불리한 것일 때에는 이를 서면 등 고객과 사전에 합의한 방법으로 통지한다. 다만, 기존 고객에게 변경 전 요율이

그대로 적용되는 경우 또는 고객이 변경내용에 대한 통지를 받지 아니하겠다는 의사를 명시적으로 표시한 경우에는 그러하지 아니하다.
③ 회사는 제1항에 따라 발생된 고객의 미수금 등에 대하여 처분비용, 연체료, 미수금 등의 순서로 채무변제에 사용한다.

第14조(과다호가부담금) ① 고객이 코스피200선물거래(선물스프레드거래를 포함한다) 또는 미니코스피200선물거래(선물스프레드거래를 포함한다), 코스피200옵션거래 또는 미니코스피200옵션거래를 함에 있어 당일 정규거래시간 동안 규정 및 시행세칙에서 정한 기준 이상으로 과도한 호가건수를 제출한 경우 거래소에 과다호가부담금을 납부하여야 한다. 이 경우 회사는 고객으로부터 과다호가부담금을 받아 거래소에 납부한다.
② 회사는 제1항의 과다호가부담금에 관한 사항을 사전에 서면 등 고객과 합의한 방법으로 고객에게 통지 및 안내한다.

第15조(대용증권의 관리) ① 회사는 고객이 예탁한 대용증권의 관리와 관련한 업무를 한국예탁결제원에 위임하여 관리할 수 있다.
②고객이 예탁한 대용증권에 대하여 유상, 무상 또는 주식배당 등으로 새롭게 발행되는 증권에 대해서는 대용증권으로 처리한다.

第16조(대용증권의 이용제한) 회사는 고객이 "고객은 현재 또는 장래에 예탁받는 대용증권을 회사가 거래증거금으로 거래소에 예탁하거나 매매전문회원증거금으로 지정결제회원에 예탁함에 동의한다"는 취지의 문서를 회사에 사전에 제출한 때에는 예탁받은 대용증권을 거래에 관한 거래증거금 또는 매매전문회원증거금으로 이용할 수 있다.

第17조(대용증권의 질권 설정 등) ① 회사는 제5조에 따른 위탁증거금을 대용증권으로 예탁받은 때에는 고객 계좌부에 대용증권이 질물인 뜻과 회사가 질권자임을 기재하여 질권(채무자가 돈을 갚을 때까지 채권자가 담보물을 보유할 수 있고, 채무자가 돈을 갚지 않을 때는 그 담보물을 사용하여 우선적으로 변제를 받을 수 있는 권리를 말한다. 이하 같다)을 취득한다.
② 고객이 지정된 대용증권을 매도 또는 출고하거나 지정을 해제하는 때에는 회사가 설정한 질권은 자동으로 소멸된다. 다만, 해당 질권의 소멸로 인하여 위탁증거금 필요액이 충족되지 않을 경우에는 해당 질권은 소멸되지 아니한

다.
③ 질권 설정된 대용증권에 대한 배당, 유무상등 권리에 관한 사항은 고객의 현물위탁계좌에 귀속된다.

제18조(대용증권의 혼합보관 및 대용증권 매도시 결제금액 처리) ① 회사는 대용증권을 종목별로 혼합하여 보관할 수 있다.
② 회사는 고객에게 대용증권을 반환하는 때에는 동일 종목으로 반환할 수 있다.
③ 회사는 고객이 위탁증거금으로 지정한 대용증권을 매도하는 경우에는 수수료 등 모든 비용을 뺀 결제금액을 고객의 파생상품계좌에 입금 처리한다.

제19조(대용증권의 교환) ① 권리에 하자가 있는 대용증권을 예탁한 고객은 이를 하자가 없는 대용증권으로 교환하여야 한다.
② 고객이 위탁증거금 등을 예탁하지 않아 회사가 대용증권을 매도함에 있어 유동성부족 등으로 즉시 매도가 불가능하거나 곤란한 경우 회사는 고객에게 대용증권의 교환을 요구할 수 있으며, 고객은 회사의 요구에 성실히 응하여야 한다.

제20조(예탁재산의 담보제공) ① 회사는 고객의 거래를 위하여 필요한 범위 내에서 거래소, 다른 회사 또는 외국환은행 등에 고객의 예탁재산을 담보로 제공하거나 예치한다.
② 회사는 고객의 귀책사유로 추가예탁시한 이전에 고객에게 위탁증거금 또는 결제대금의 추가예탁요구를 하지 못한 경우 제1항에 따라 담보로 제공되거나 예치된 예탁재산을 임의로 처분하여 위탁증거금 또는 결제대금에 충당할 수 있다.
③ 제2항에 따라 고객의 재산을 임의로 처분한 경우 회사는 해당 사실 및 그 내역을 지체 없이 고객에게 통지한다.
④ 고객이 회사에 예탁한 재산은 예금자보호법에 의한 보호대상이 아니다.

제21조(예탁금이용료의 지급 등) ① 회사는 고객이 맡긴 예탁금에서 현금예탁필요액을 차감한 금액에 대하여 고객에게 고지한 지급기준에 따른 예탁금 이용료를 지급한다.
② 고객은 회사로부터 지급받는 예탁금이용료의 지급기준을 영업점, 인터넷

홈페이지(　　≫　　≫　　≫), 온라인 거래를 컴퓨터 화면, 그 밖에 이와 유사한 전자통신매체를 통하여 확인할 수 있다.

③ 회사는 운용수익, 예금자 보험료, 감독부담금 등을 감안하여 예탁금이용료를 합리적으로 산정하고, 투자자예탁금이용료 산정에 영향을 미치는 요인의 변동상황을 주기적으로 점검하여 이를 반영한다.

④ 고객은 제3항에 따라 예탁금이용료의 지급기준이 변경되는 경우 제2항의 방법을 통하여 확인할 수 있다. 다만, 고객에게 불리한 예탁금이용료 지급기준 변경에 대하여 고객이 그 내용을 예탁금이용료 변경 전에 자신이 지정한 전자우편 또는 휴대폰 문자서비스(SMS, MMS 등) 등의 방법으로 통하여 안내받기를 원하는 경우 회사는 그 방법으로 사전에 알려준다.

⑤ 회사는 예탁금이용료의 지급기준이 변경되는 경우 제22조제3항에 따른 월간 매매내역 등을 통지할 때 그 변경내용을 함께 고객에게 알려준다.

제22조(매매거래 등의 통지) ① 회사는 고객의 주문에 의하여 거래가 성립된 경우 다음 각 호에서 정하는 방법에 따라 그 명세를 고객에게 통지한다.

1. 매매가 체결된 후 지체 없이 매매의 유형, 종목 · 품목, 수량, 가격, 수수료 등 모든 비용, 그 밖의 거래내용을 통지할 것
2. 다음 각 목의 어느 하나에 해당하는 방법 중 회사와 고객 간에 미리 합의된 방법(계좌부 등에 의하여 관리 · 기록되지 아니하는 매매거래에 대하여는 가목만 해당한다)으로 통지할 것. 다만, 통지를 받기를 원하지 아니하는 경우에는 영업점에 고객이 확인 할 수 있도록 마련해 두거나 인터넷 홈페이지에 접속하여 수시로 확인이 가능하게 함으로써 통지를 대신할 수 있다.
   가. 서면 교부
   나. 전화, 전신 또는 모사전송
   다. 전자우편, 그 밖에 이와 비슷한 전자통신
   라. 한국예탁결제원의 기관결제참가자인 고객에 대하여 한국예탁결제원의 전산망을 통하여 매매확인서를 교부하는 방법
   마. 인터넷 또는 모바일시스템을 통해 수시로 확인할 수 있도록 하는 방법

② 회사는 고객이 거래를 시작하기 전에 고객이 원하는 매매성립내용의 통지방법을 확인하여 이를 기록·유지한다.

③ 회사는 월간 매매내역 · 손익내역, 월말 현재 파생상품의 미결제약정현황·예탁재산잔고·위탁증거금 필요액 현황 등(이하 "월간 매매내역등" 이라 한다)을 다음 달 20일까지, 반기동안 매매, 그 밖의 거래가 없는 계좌에 대하여는 반

기말 잔액·잔량현황을 그 반기 종료 후 20일까지 제1항제2호의 방법으로 고객에게 통지한다. 다만, 다음 각 호의 어느 하나에 해당하는 경우에는 월간 매매내역등 또는 반기말 잔액·잔량현황을 통지한 것으로 본다

1. 통지한 월간 매매내역등 또는 반기말 잔액·잔량현황이 3회 이상 반송된 고객계좌에 대하여 고객의 요구시 즉시 통지할 수 있도록 지점, 그 밖의 영업소에 이를 마련해 둔 경우
2. 반기동안 매매, 그 밖의 거래가 없는 계좌의 반기말 현재 예탁재산 평가액이 금융감독원장이 정하는 금액을 초과하지 않는 경우에 그 계좌에 대하여 고객 요구시 즉시 통지할 수 있도록 영업점에 반기말 잔액·잔량현황을 마련해 둔 경우
3. 매매내역을 고객이 수시로 확인할 수 있도록 통장 등으로 거래하는 경우

제23조(기재내용 변경 시 통지) 고객은 자신의 주소, 전화번호 등의 인적사항과 대리인이 있는 경우 대리인의 성명, 주소, 전화번호, 대리권의 범위 등 파생상품계좌개설신청서상의 내용에 변경이 있는 때에는 지체 없이 그 변경내용을 회사에 통지하여야 한다.

제24조(대량투자자착오거래의 구제) ① 거래소는 규정 및 시행세칙에 따라 대량투자자착오거래를 구제하는 경우 약정가격을 구제가격으로 정정할 수 있으며 고객과 회사는 이에 따른다.

② 제1항에 따라 고객이 대량투자자착오거래를 초래하거나 대량투자자착오거래의 상대방이 되는 경우 회사는 구제가격을 적용하여 결제금액 및 위탁증거금을 산출한다.

③ 회사는 고객의 거래에 대해 착오거래 구제가 신청된 사실, 대량투자자착오거래 구제 여부 등을 거래소로부터 통지받은 때에는 이를 지체 없이 고객에게 안내한다.

제25조(결제조건 변경 등) ① 거래소는 천재지변, 전시·사변, 경제사정의 급격한 변동 기타 불가피한 사유가 있거나 시장관리상 필요하다고 인정하는 경우에는 증거금 등 결제조건이나 방법을 변경할 수 있으며 고객과 회사는 이에 따른다.

② 거래소는 천재지변, 전시·사변 및 이에 준하는 부득이한 사유로 거래소 파생상품시스템의 거래기록이 멸실되고 거래기록을 복구하는 것이 곤란하다고 인

정하는 경우에는 거래를 취소할 수 있으며 고객과 회사는 이에 따른다.

第26조(고객의 권리행사의 신고) ① 고객은 옵션거래에 따른 권리행사를 하고자 하는 경우 권리행사일의 장 종료 후부터 30분 이내에서 <별첨 1>에서 정하는 시간까지 회사에 권리행사의 신고를 하여야 한다.
② 제1항에 불구하고 현금을 수수하는 옵션거래의 경우에는 외가격옵션(위탁수수료 및 권리행사에 다른 기타 비용을 뺀 후 손실이 발생하는 옵션을 말한다)에 해당하는 종목에 대하여 권리행사의 신고를 하여서는 아니 된다.
③ 내가격옵션(위탁수수료 및 권리행사에 따른 기타 비용을 뺀 후 이익이 발생하는 옵션을 말한다)의 경우 고객이 최종거래일의 권리행사 신고 종료시점까지 신고하지 아니하여도 권리행사의 신고를 한 것으로 본다. 다만, 기초자산을 수수하는 옵션거래의 경우에 고객이 권리행사를 하지 아니한다는 신고를 한 경우에는 그러하지 아니하다.
④ 실물인수도에 따른 인도물품에 하자가 있거나 하자의 의혹이 있을 경우 인수자인 고객은 최종결제일로부터 7거래일 이내에 회사에게 이의신청을 할 수 있다.

第27조(현금결제) ① 금리선물거래, 주가지수선물거래, 주식선물거래, 변동성지수선물거래 및 일반상품선물거래의 최종결제는 최종결제수량에 대하여 최종결제차금(최종거래일의 정산가격과 최종결제가격과의 차이에서 최종결제수량 및 거래승수를 곱하여 산출되는 금액을 말한다. 이하 같다)을 수수하는 방법으로 한다.
② 주가지수옵션거래, 주식옵션거래 및 통화옵션거래의 최종결제는 권리행사결제수량에 대하여 권리행사차금(최종거래일의 행사가격과 권리행사시 결제를 위한 기준가격과의 차이에서 권리행사시 결제수량 및 거래승수를 곱하여 산출되는 금액을 말한다)을 수수하는 방법으로 한다.
③ 미국달러플렉스선물거래의 경우 고객과 상대방 거래자는 협의에 따라 최종결제를 최종결제수량에 대하여 최종결제차금을 수수하는 방법으로 할 수 있다

第28조(통화선물거래의 인수도결제) ① 회사는 최종거래일의 장종료 후부터 당일 중 <별첨 1>에서 정하는 시간까지 통화선물거래의 최종결제수량·통화의 수수액·최종결제대금(최종결제가격에 최종결제수량 및 거래승수를 곱한 금액을 말한다. 이하 같다) 그 밖에 인수도 내역을 고객에게 통지한다.

② 회사와 고객은 통화선물거래의 최종결제에 따른 통화와 최종결제대금을 인수도결제시한까지 수수하여야 한다.
③ 제2항에 따른 회사와 고객의 인수도결제시한은 최종결제일의 12시 이내에서 <별첨 1>에서 정하는 시간까지로 한다.
④ 회사는 고객의 신용도 하락 등으로 결제불이행 위험이 우려되는 경우로서 계약체결당시 회사가 고객에게 서면으로 고지한 사유가 발생한 경우에는 고객에게 인수도 대상물을 최종결제일 전에 회사에게 예탁할 것을 요구할 수 있다.
⑤ 미국달러플렉스선물거래의 경우 고객과 상대방 거래자와의 협의에 따라 최종결제를 최종결제수량에 대하여 최종결제대금을 수수하는 방법으로 할 수 있다. 이때 통화와 최종결제대금의 수수하는 방법은 제1항부터 제4항까지 정한 바에 따른다.

제29조(기초자산 수수의 책임) 회사는 규정에 따라 거래소로부터 기초자산의 인도에 해당하는 금액을 지급받은 경우에는 해당 금액을 고객에게 지급함으로써 기초자산의 인도를 대신할 수 있다.

제30조(약관의 변경 등) ① 회사는 약관을 변경하고자 하는 경우 변경내용을 변경되는 약관의 시행일 ( )[1]일 전에 고객이 확인할 수 있도록 회사의 영업점에 갖추어 두거나 인터넷 홈페이지, 온라인 거래를 위한 컴퓨터 화면, 그 밖에 이와 유사한 전자통신매체를 통하여 게시한다. 다만, 자본시장법 등 관계법령 또는 거래소 업무규정의 제·개정에 따른 제도변경 등으로 약관이 변경되는 경우로서 본문에 따라 안내하기가 어려운 급박하고 부득이한 사정이 있는 경우에는 변경내용을 앞의 문장과 같은 방법으로 개정 약관의 시행일 전에 게시한다.
② 제1항의 변경내용이 고객에게 불리한 것일 때에는 이를 서면 등 고객과 사전에 합의한 방법으로 변경되는 약관의 시행일 ( )[1]일 전까지 통지한다. 다만, 기존 고객에게 변경 전 내용이 그대로 적용되는 경우 또는 고객이 변경내용에 대한 통지를 받지 아니하겠다는 의사를 명시적으로 표시한 경우에는 그러하지 아니하다.
③ 회사는 제2항의 통지를 할 경우 "고객은 약관의 변경에 동의하지 아니하

1)금융투자회사가 20일 이상의 기간으로 정한다.

는 경우 계약을 해지할 수 있으며, 통지를 받은 날로부터 변경되는 약관의 시행일 전의 영업일까지 계약해지의 의사표시를 하지 아니한 경우에는 변경에 동의한 것으로 본다" 라는 취지의 내용을 통지한다.
④ 고객이 제3항의 통지를 받은 날로부터 변경되는 약관의 시행일 전의 영업일까지 계약해지의 의사표시를 하지 아니하는 경우에는 변경에 동의한 것으로 본다.
⑤ 회사는 약관을 회사의 영업점에 고객이 확인할 수 있도록 마련해 두거나 게시하여 고객이 요구할 경우 이를 교부하며, 인터넷 홈페이지, 온라인 거래를 위한 컴퓨터 화면, 그 밖에 이와 유사한 전자통신매체에 게시하여 고객이 약관을 확인하고 다운로드(화면출력 포함)받을 수 있도록 한다.

제31조(통지의 효력 등) 고객에 대한 통지의 효력은 도달한 때로부터 발생한다. 다만, 회사의 책임 있는 사유 없이 통지가 주소이전 등 고객의 책임 있는 사유로 연착하거나 또는 도착하지 아니하는 때에는 보통 도착하여야 하는 때에 도착된 것으로 본다.

제32조(위탁수수료 등) 회사는 거래의 위탁을 받아 거래가 성립되거나 선물거래의 최종결제 또는 옵션거래의 권리행사에 의한 결제가 이루어지는 때에는 고객으로부터 <별첨 1>에서 정하는 위탁수수료를 받는다.

제33조(계좌의 통합 및 폐쇄) ① 회사는 현금 및 금융투자상품 등 예탁자산의 합계가 10만원 이하이고 최근 6개월간 고객의 매매거래 및 입출금·입출고 등이 중단된 계좌를 다른 계좌와 구분하여 통합계좌로 별도관리 할 수 있다.
② 회사는 고객계좌의 잔액·잔량이 "영"이 된 날로부터 6개월이 완전히 지난 경우 또는 고객이 폐쇄를 요청한 경우에는 해당 계좌를 폐쇄할 수 있다.

제34조(양도 및 질권설정) 고객은 회사의 동의를 얻어 현금 및 금융투자상품 등 예탁자산을 양도하거나 질권(채무자가 돈을 갚을 때까지 채권자가 담보물을 보유할 수 있고, 채무자가 돈을 갚지 않을 때는 그 담보물에 대하여 우선적으로 변제를 받을 수 있는 권리를 말한다)을 설정할 수 있다.

제35조(거래제한) ① 계좌가 「전기통신금융사기 피해금 환급에 관한 특별법」에 따른 사기이용계좌로 사용될 경우, 회사는 해당 계좌명의인에 대해 계

좌개설 등 금융거래를 제한할 수 있다.
② 제1항에 따라 계좌개설 등 금융거래가 제한될 경우 회사는 지체 없이 해당 계좌명의인에게 그 사실을 통지한다.

제36조(면책) 회사는 회사의 책임 있는 사유가 없는 경우로서 다음 각 호의 어느 하나에 해당하는 사유로 인하여 고객에게 발생하는 손해에 대하여 책임을 지지 아니한다.

1. 천재지변, 전시·사변 또는 이에 준하는 불가항력이라고 인정되는 사유에 의한 업무(거래의 집행, 거래대금의 수수 및 예탁, 보관 및 반환 등)의 지연 또는 불능
2. 고객에게 책임 있는 사유가 있는 경우

제37조(최종결제가격 등의 재산출) 고객은 거래소가 결제시한 전에 정산가격, 최종결제 가격, 권리행사결제가격 또는 권리행사결제기준가격 등에 잘못이 있어 재산출하는 경우에는 이에 따라야 한다.

제38조(미결제약정의 인계) ① 고객은 회사에 있는 자신의 미결제약정을 다른 회사로 인계할 수 있다.
② 회사가 거래소 매매전문회원인 경우 회사는 제3조에 따라 결제위탁계약을 체결한 지정결제회원인 회사에게 있는 미결제약정을 다른 지정결제회원인 회사에게 인계할 수 있다.
③ 제1항 및 제2항에 따른 미결제약정의 인계는 인계하고자 하는 미결제약정과 동일한 수량을 인계하는 회사와 인계받는 회사간에 거래에 관한 계약을 체결하는 방법으로 한다.

제39조(관계법규등 준수) 고객과 회사는「자본시장과 금융투자업에 관한 법률」, 같은 법 시행령 및 시행규칙, 금융투자업규정 및 같은 규정 시행세칙, 한국금융투자협회 업무규정, 한국거래소 업무규정 등(이하 "관계법규등"이라 한다)을 준수한다.

제40조(분쟁조정) 고객은 회사와 분쟁이 발생하는 경우 회사의 민원처리기구에 그 해결을 요구하거나 금융감독원, 한국금융투자협회, 한국거래소 등에 분쟁조정을 신청할 수 있다.

제41조(관할법원) 이 약관에 의한 거래와 관련하여 발생된 분쟁에 대하여 회사와 고객 사이에 소송의 필요가 생긴 경우에는 그 관할법원은「민사소송법」이 정한 바에 따른다.

제42조(기타) ① 이 약관에서 정하지 아니한 사항은 별도의 약정이 없는 한 관계법규등에서 정하는 바에 따르며 관계법규등에도 정함이 없는 경우에는 일반적인 상관례에 따른다.

② 이 약관에 의한 거래 중 전자금융거래에 관하여는 '전자금융거래이용에 관한 기본약관' 및 전자금융거래법령이 우선 적용된다.

금융투자회사의 기업실사(Due Diligence) 모범규준

2011. 12

금융감독원

제1장 총칙

제1조(목적) 이 규준은「자본시장 및 금융투자업에 관한 법률」제71조제7호 및「자본시장 및 금융투자업에 관한 법률 시행령」제68조제5항4호에 따라 금융투자회사가 증권의 인수업무 또는 모집·매출의 주선업무와 관련하여 적절한 주의(이하 'Due Diligence' 라 한다)를 기울이는데 있어 준수하여야 할 절차와 내용에 관한 사항을 정함으로써 투자자보호와 건전한 자본시장 발전 제고를 목적으로 한다.

제2조(용어정의) 이 규준에서 사용하고 있는 용어의 정의는 다음 각 호와 같다. 다만, 이 규준에서 정의하지 아니한 용어는 자본시장과 금융투자업에 관한 법률(이하 '법' 이라 한다), 동법시행령(이하 '시행령' 이라 한다), 동법시행규칙(이하 '시행규칙' 이라 한다) 및 금융위원회 규정(이하 '감독규정' 이라 한다) 등 관련 법령에서 정하는 바에 따른다.

1. **"금융투자회사"** 라 함은 법 제8조의 규정에 의한 '투자매매업자', '투자중개업자' 및 법 제12조에 의해 증권의 인수업무 및 모집·매출의 주선업무와 관련한 인가를 받은 겸영금융투자업자를 말한다.
2. **"주관회사"** 라 함은 증권의 인수 또는 모집·매출의 주선업무를 수행함에 있어서 인수 및 주선회사를 대표하여 발행회사와 인수·주선 조건 등을 결정하고 인수·주선 및 청약업무를 통할하며, 기타 이 규준에서 정하는 업무를 영위하는 금융투자회사를 말하고, "대표주관회사" 라 함은 주관회사가 다수인 경우 주관회사를 대표하는 금융투자회사를 말한다.
4. **"주관계약"** 이라 함은 증권을 발행하는 회사(이하 '발행회사' 이라 한다)와 주관회사간 체결하는 인수계약, 모집주선계약 등을 말한다.
5. **"발행주관부서"** 라 함은 발행회사에 대한 실사, 임직원면담, 자료징구 및 검증 등 주관계약 내용을 실제로 이행하는 금융투자회사의 조직을 말한다.

제3조(적용범위 등) ①이 규준은 법 제119조제3항의 규정에 의한 증권신고서 및 법 제122조의 규정에 의한 정정신고서를 제출하는 경우에 적용하며, 영업의 실체가 있는 발행회사가 제출하는 지분증권, 채무증권 증권신고서를 대상으로 하고 자산유동화증권 등은 적용대상에서 제외된다.

②이 규준은 주관회사가 업무수행 중 참고해야 할 기본적인 지침으로 발행회

사의 재무 및 영업 현황, 사업 환경, 투자위험, 인수 형태 등을 감안하여 강화하거나 완화하는 등 탄력적으로 운용할 수 있다.

③기업공개의 경우 기업공개 실사절차의 특성을 감안하여 이 규준의 내용중 한국거래소의 상장심사지침 등에서 의무사항으로 규정하고 있는 내용과 중복되는 부분에 대해서는 이를 생략하거나 완화할 수 있다.

④채무증권의 경우 i)보증유무, 상환조건(만기, 옵션유무), 특약 등 해당 사채의 특성, ii)법 제119조제2항에서 규정하고 있는 일괄신고서에 의한 발행인지 여부, iii)발행회사가 시행령 제121조제6항의 요건을 충족하고 있는지 여부, iv)해당 사채권에 대한 신용평가등급(외부 및 내부) 등을 감안하여 합리적인 기준에 따라 이 규준을 완화할 수 있다.

⑤제2항 내지 제4항에 따라 이 규준을 생략하거나 강화 또는 완화하는 경우에는 이사회나 리스크관리위원회(이하 '리스크관리위원회 등')의 의사결정을 거쳐야 한다.

제2장 주관회사의 의무 및 금지행위

제4조(의무) ①주관회사는 신의성실의 원칙에 따라 Due Diligence를 성실하게 수행하여야 한다.

②주관회사는 업무를 수행함에 있어 공정성과 객관성을 유지해야 한다. 객관성을 유지한다함은 이해관계에 있어 중립적이고 이해상충이 없어야 함을 의미한다.

③주관회사는 Due Diligence를 실시하기 전 발행회사에게 Due Diligence가 투자자를 위해 정확한 공시정보를 제공함으로써 궁극적으로 발행회사의 이익에도 부합할 수 있다는 취지를 설명하여야 한다. 또한 증권신고서의 거짓 기재 등으로 인한 민·형사상책임과 금융위원회의 조치 내용에 대해서도 설명하여야 한다.

④주관회사는 대표주관회사가 선정된 경우 대표주관회사를 중심으로 Due Diligence가 성실히 수행되도록 적극 협조하여야 한다.

제5조(금지행위) ①금융투자회사 및 임직원은 업무수행중 취득한 정보를 정당한 사유없이 누설하거나 의뢰받은 목적 이외에 사용하여서는 아니되며, 특히 개인정보가 유출 또는 누설되지 않도록 각별히 주의하여야 한다.

②금융투자회사는 발행주관부서 임직원이 직무를 공정하게 수행할 수 있도록 업무의 독립성을 보장하여야 하며, 직무 수행과 관련한 사유로 부당한 인사상의 불이익을 주어서는 아니된다.
③금융투자회사는 주관계약 수수료 외 업무수행과 관련하여 사적인 대가를 요구 또는 수취하거나, 인수 및 주선회사 선정을 위해 발행회사 또는 발행회사의 임직원들에게 부당한 이익을 제공하여서는 아니된다.
④금융투자회사는 향후 다른 건의 주관계약을 조건으로 다른 금융투자회사에 주관계약을 양보하는 행위 등 주관시장의 질서를 문란하게 할 수 있는 행위를 하여서는 아니된다.
⑤금융투자회사가 증권의 모집·매출의 주선업무를 하는 경우에는 청약사무를 제3자에게 위탁하여서는 아니된다.

제3장 Due Diligence 일반원칙

제6조(계약) ①주관회사는 발행회사와 주관계약을 체결하고자 하는 경우 계약서에 다음 각 호의 사항을 포함하여야 한다.
1. 금융투자협회의 증권 인수업무에 관한 규정 제3조제2항 각 호에서 정하는 사항
2. 발행회사의 자료제출에 관한 사항
3. 계약의 해지 및 변경에 관한 사항(주관회사의 요청에도 불구하고 발행회사가 납득할만한 설명 없이 자료제출을 거부하는 경우에는 계약을 해지하거나 정지할 수 있다는 사항 포함)
4. 계약에서 정하지 아니한 내용의 처리에 관한 사항
5. 주관회사 임직원의 비밀유지의무 관련 사항
6. 분쟁발생시 관할법원 관련 사항
7. 수수료에 관한 사항
8. 기타 주관계약에 있어 필요한 사항

②주관회사는 발행회사가 당해 발행증권과 관련하여 기존에 체결된 주관계약을 변경한 경우 변경사유에 대해 소명할 수 있어야 한다.
③주관회사는 발행회사의 적격기준을 수립하여 주관업무를 의뢰 받는 즉시 해당 발행회사의 적격 여부를 확인하고, 발행회사가 적격기준에 미달하는 경우 계약체결을 거부할 수 있다.

제7조(조직 및 인력) ①주관회사는 Due Diligence 원칙과 이론에 대한 충분한 지식, 관련 자료를 파악·수집·분석할 수 있는 능력, 전문가적 판단을 할 수 있는 능력을 갖추어야 한다.
②주관회사는 적절한 Due Diligence 수행을 위해 Due Diligence방법 및 절차 등에 관한 자체적인 내부통제시스템을 구축하고 운영하여야 한다.
③발행주관부서는 관련 업무를 수행하는데 필요한 경력과 지식을 갖춘 인력을 확보하여야 한다.
④발행주관부서 임직원은 직무를 수행함에 있어 자신의 역할을 이해하고 관련법규, 내규 및 윤리강령, 주관계약 등을 충실히 이행하여야 한다.
⑤Due Diligence를 수행하는 직원과 관련하여 다음 각호의 요건을 모두 만족하여야 한다.
1. 발행회사의 주식 및 주식연계증권 등을 보유하고 있는 경우에는 당해 Due Diligence 업무수행시 배제될 것
2. 발행회사의 최대주주와 시행령 제84조에서 정하는 이해관계자의 범주에 해당하지 않을 것
3. 인수 또는 주선의 경우 금융투자협회의 증권 인수업무에 관한 규정에서 정한 요건(발행인과의 관계, 자격제한해당 여부)에 위배되지 않을 것
4. 주관회사가 별도로 지정하는 기타 부적격사유가 없을 것
⑥제5항의 요건을 완화하는 경우에는 리스크관리위원회 등의 사전확인이나 심사절차를 거쳐야 한다.

제8조(실시방법) ①Due Diligence는 다음 각 호의 방법을 포함하여 수행하되 발행회사의 상황과 일정 등 제반여건을 감안하여야 한다.
1. 현장방문을 통한 실사
2. 인터뷰, 유선통화 등을 통한 면담
3. FAX, E-mail 등을 통한 발행회사 제공자료에 대한 검토
4. 공시자료, 대법원, 인터넷등기소, 발행회사 홈페이지 및 홍보브로셔 등 공개된 자료에 대한 검토
5. 언론보도 및 풍문을 통해 수집한 정보에 대한 검토
6. 발행회사가 영위하는 사업에 관한 객관적 정보를 제공할 수 있는 제3자(제품구입처, 경쟁업체 등)로부터의 의견 청취
7. 발행회사가 속한 산업과 관련하여 복수의 외부 전문기관이 발행한 공식적

인 분석보고서에 대한 검토

②주관회사는 충분한 시간과 인력을 투입하여 Due Diligence가 체계적으로 수행될 수 있도록 하여야 한다.

③주관회사가 발행회사에게 자료를 요청할 경우 [별지]의 자료제출 요청목록을 참고하되 발행회사의 특성 및 상황 등을 감안하여 목록을 추가 또는 보완할 수 있다.

④주관회사는 발행회사로부터 제공받은 자료에 대해서 합리적인 검증 및 확인 절차를 거쳐야 한다.

⑤주관회사는 재무상태가 취약하거나, 신규사업 추진 등으로 투자리스크가 크다고 판단되는 발행회사에 대해서는 더욱 면밀하게 실사절차를 거쳐야 한다.

⑥주관회사는 발행회사의 경영진 등을 상대로 면담을 실시할 필요가 있으며, 특히 다음 각호의 경우에는 반드시 면담을 실시하여야 한다.

1. 최근 발행회사의 최대주주가 변경되었거나 경영권양수도계약 체결 등으로 경영권이 불안정하다고 판단하는 경우
2. 신규사업 추진이나 타법인주식 취득을 위해 자금을 조달하는 경우
3. 기타 발행회사의 투자리스크가 크다고 판단되는 경우

⑦주관회사가 제⑥항의 면담을 실시할 때는 경영진의 주장에 대해 합리적인 의구심(reasonable skepticism)을 갖고 검증하여야 하며, 필요시 다음 각 호의 방식을 참고하도록 한다.

1. 발행회사의 직급별, 분야별로 동일한 질문을 하여 상충되는 답변이 나올 경우에는 의구심을 갖고 사실관계 파악
2. 주요 공급처 및 거래처 등과 면담하는 경우에는 발행회사 임직원을 배제하고 면담 실시
3. 발행회사의 외부감사인과 면담을 실시하여 감사보고서 주석사항, 특기사항, 타법인 평가방법 등에 대하여 정확한 사실관계 등을 파악

⑧주관회사가 제⑥항의 면담을 실시한 후에는 면담일지를 작성하여야 한다.

⑨주관회사가 합리적인 사유로 발행회사에 대한 실사절차의 일부를 수행하지 않은 경우 리스크관리위원회 등의 사전확인이나 심사를 거쳐 대체할 수 있는 검증 절차를 수행하여야 한다.

제4장 Due Diligence 수행시 일반 준수사항

제9조(모집 또는 매출 증권에 관한 사항) ①주관회사는 모집 또는 매출 증권에 관한 사항에 대해 검증을 실시하는 경우 다음 각호의 내용을 포함하여야 한다.

1. 당해 증권발행 관련 법규 등의 준수
2. 당해 증권발행에 대한 정관상 근거 및 이사회 결의 내용 등
3. 당해 증권발행 가액(전환가액, 행사가액 등 포함)의 적정성
4. 일반공모의 경우 공모기간과 청약방식, 최저청약금액 등이 일반 투자자에게 충분한 청약기회를 제공하는지 여부
5. 주주배정의 경우 신주인수권증서 상장 등 주주보호방안이 있는지 여부
6. 우리사주조합 배정 비율 및 절차의 관련 법규 준수 여부

②주관회사는 발행회사 주식의 최근 시세가 액면가 이하이고 발행예정가액이 액면가 이상인 때에는 발행회사 또는 발행회사의 대주주 등과 청약예정자 사이에 손실보전 등의 약정이 있는지 확인하여야 한다.

제10조(사업관련 위험에 관한 사항) ①주관회사는 발행회사가 영위하는 사업이 속한 산업의 현황에 대해 검증을 실시하는 경우 다음 각호의 내용을 포함하여야 한다.

1. 발행회사가 속한 산업의 경쟁상황, 시장규모, 성장주기(Life Cycle), 정부규제 등에 비추어 산업의 지속가능성이 있는지 여부
2. 발행회사가 속한 산업에 대한 기재내용이 경쟁업계가 제출한 정기보고서 등의 기재내용과 부합하는지 여부
3. 신성장산업, 바이오산업, 녹색기술산업 등 기술평가가 기업의 가치에 중요한 영향을 미치는 경우 외부전문기관에 기술평가를 위탁할 필요성이 있는지 여부
4. 발행회사가 업종의 특성상 평판리스크의 판단이 중요한 업종인 경우에는 평판위험에 대해서 검토할 필요성이 있는지 여부

②주관회사는 발행회사가 영위하는 사업의 수익성에 대해 검증을 실시하는 경우 다음 각호의 내용을 포함하여야 한다.

1. 사업의 수주현황, 수주조건 변경 추이에 비추어 영업활동이 악화될 가능성이 있는지 여부
2. 사업과 관련된 매출채권과 재고자산의 증가 추이, 주요 거래처의 신용등급 변동내역, 채권회수 추이등에 비추어 영업활동이 악화될 가능성이 있는지 여부

3. 주된 사업의 전부 또는 상당부분을 특정거래처에 의존하는 경우 거래기간, 조건, 마진율 및 거래의 불가피성 등을 고려할 때 거래의 지속가능성 여부
4. 발행회사가 유전사업, 바이오사업, 대체에너지사업 등 투자기간이 길고 수익성이 불확실한 사업을 영위하는 경우 동 사업의 경제성을 입증할 수 있는 증빙자료 존재 여부
5. 발행회사가 기존에 제출한 정기보고서나 주요사항보고서에 기재된 사업추진계획이 현재 진행중인지 여부

③주관회사는 발행회사의 주된 사업이 해외시장에 진출되어 있는 경우 다음 각호의 내용을 추가적으로 검증하여야 한다.

1. 해당국가의 시장현황을 감안하여 해외시장 진출을 위해 필요한 인허가 사항이나 인적·물적요건 구비 여부
2. 해외현지에 위치한 생산 및 영업시설의 실재성 여부(필요시 세금납부 증빙 등을 확인할 필요)

④주관회사는 발행회사의 주된 사업이 수출입 거래 규모가 크거나 파생상품계약이 체결되어 있는 경우 다음 각 호의 내용을 추가적으로 검증해야 한다.

1. 환위험 관리지침 존재 여부와 실제 이행실태
2. 파생상품 계약의 내용과 헷지대상에 비추어 적절한 규모인지 여부
3. 과거 체결한 파생상품거래로 인하여 손익 변동이 큰 경우 그에 대한 대응방안 여부

제11조(회사관련 위험에 관한 사항) ①주관회사는 발행회사의 재무상태에 대해 검증을 실시하는 경우 다음 각호의 내용을 포함하여야 한다.

1. 주요 재무지표(안정성지표, 수익성지표, 성장성지표, 활동성지표 등)의 연간추이를 동일·유사업종의 타 기업들과 비교하여 발행회사의 재무 위험요인을 검토
2. 발행회사의 규모에 비추어 중요성이 있는 투자가 있었거나 있을 예정인 경우 투자의 진정성과 투자자금 사용내역이 구체적인지 여부
3. 차입금(회사채포함) 규모가 클 경우 차입금 만기구조(조기상환 포함), 유동성, 차입금 상환일정 등을 고려하여 채무상환 불이행위험 가능성(가장 비관적인 시나리오도 가정할 것)을 검토
4. 발행회사가 지급보증, 담보제공, 파생상품, 어음 등으로 인해 우발채무가 현실화될 우려가 있는 경우 재무안정성의 악화 가능성 검토
5. 자본잠식이 진행되고 있거나 진행될 우려가 있는 경우 자본구조의 개선을

위한 구체적인 대응방안 존재 여부
6. 자본잠식 해소등을 위해 출자전환을 하거나 채무면제, 채무재조정등이 발생한 경우 별도의 이면약정이 있는지 여부
7. 현금흐름 구조에 비추어 유동성이 급격히 악화될 가능성이 있는 경우 대응방안 존재 여부
8. 신용등급이 최근 3년내 1단계 이상 하락한 경우 이로 인해 향후 자금조달계획 및 손익에 미치는 영향 검토
9. 재무정보에 활용된 재무제표의 기준일 및 단위, 기준통화가 통일되었는지 여부

②주관회사는 발행회사의 대여금, 선급금등 자금거래에 대해서는 다음 각호의 내용을 추가적으로 검증하여야 한다.
1. 출자회사 등 관계회사와 발행회사의 특수관계인 등에게 대여금, 선급금을 지급한 경우 지급사유와 충당금설정 추이에 비추어 회수가능성이 있는지 여부
2. 자금 대여처가 원리금을 미상환하고 있음에도 불구하고, 추가로 자금대여를 하는 경우 발행회사와 대여처간 관계 파악 및 채권회수 방안이 적절히 수립되었는지 여부

③주관회사는 제2항의 내용을 확인하기 위해 발행회사의 경영자 및 내부통제관리자, 감사와의 면담을 하거나 서면 의견서를 확보하여야 한다.

④주관회사는 발행회사가 타법인 주식을 보유하고 있는 경우 다음 각호의 내용을 검증하여야 한다.
1. 타법인 주식 취득가액 산정근거가 합리적인지 여부
2. 타법인이 비상장회사이거나 해외소재 회사인 경우 기존 회사운영 자금의 사용내역과 재무정보에 대해 신뢰할만한 자료가 존재하는지 여부

⑤전항의 타법인이 발행회사의 계열회사인 경우 다음 각호의 내용을 추가적으로 검증하여야 한다.
1. 지분을 보유중인 회사의 재무구조가 취약한 경우 손상차손 등의 예상추이에 비추어 발행회사의 재무상태에 미치는 영향이 중대한지 여부
2. 계열사 투자가 복잡하게 이루어진 경우 투자자금 사용내역(최종 투자처 포함)에 대한 검토
3. 자회사 등 특수관계인에 대한 매출의존도가 높은 경우 특수관계자의 재무위험이 전이될 가능성에 대한 검토

⑥주관회사는 발행회사의 지배구조에 대해 검증을 실시하는 경우 다음 각호의 내용을 포함하여야 한다.
1. 최대주주의 지분율 및 주식보유형태(담보제공여부 포함), 잦은 경영진 변경, 경

영권 분쟁, 주식관련증권 전환 또는 주식매수선택권 행사 등으로 인하여 경영권 불안정성이 대두될 가능성이 있는지 여부

2. 경영진의 불법행위가 있고 이에 대한 형집행이 종료되지 않은 경우 불법행위의 중요성과 업무 관련성에 비추어 회사경영에 불리한 영향을 미칠 가능성이 있는지 여부
3. 최대주주 등이 법인인 경우 직접 방문하거나 국세청시스템(조회시점의 과세유형 및 휴면여부, 폐업일자 등) 등을 통해 실재성을 확인할 것
4. 최근 최대주주가 변경된 경우(경영권 양수도계약이 체결된 경우 포함) 지분인수조건 및 인수자금 조달방법 등이 타당한지 여부
5. 사외이사 선임, 경영지배인 선임, 이사진의 계열회사 이사 겸직 등과 관련하여 상법상 절차를 준수하였는지 여부
6. 최근 경영진이 변경된 경우 선임배경과 과거 근무경력(근무한 회사의 상장폐지 등 특기사항 포함), 형사처벌 내역 등에 비추어 회사경영에 불리한 영향을 미칠 가능성이 있는지 여부
7. 정관상 이사회 의결정족수 강화, 이사 해임요건 강화 등 경영권 보호장치가 도입된 경우 효율적인 경영이 제한받을 가능성이 있는지 여부
8. 공시된 임원외 고문, 회장, 부회장, 부사장 등 사실상 회사의 임직원으로 근무하는 사람이 있는지 여부(있을 경우 구체적인 역할과 보수의 적정성 등 확인)
9. 발행회사가 최근 3년중 최대주주등과의 거래가 있는 경우 내부통제절차 등에 명시된 관련근거가 있고 거래사유가 타당하며 거래조건이 제3자와의 거래와 비교하여 합리적인지 여부
10. 발행회사와 겸직회사간 거래내역이 있는 경우 관련 이사회 의결 절차를 준수하는등 거래의 적절성이 확보되었는지 여부

⑦주관회사는 발행회사의 내부통제제도에 대해 검증을 실시하는 경우 다음 각 호의 내용을 포함하여야 한다.

1. 사내규정(금고관리규정, 인장관리규정, 접대비지급규정 등) 등 내부통제절차가 관행적으로 이뤄지지 않고 문서화되어 있는지 여부
2. 사내 자금관리에 대한 내부통제제도 마련 및 운영이 타 기업사례에 비추어 적정한 수준인지 여부
3. 법인인감, 통장, 어음용지, 수표 등의 관리책임이 특정인에게 집중되지 않고 업무분장 원칙에 따라 관리되는지 여부
4. 과거에 횡령 및 배임이 발생한 경우 유출 자금의 회수방안, 재발방지를 위해 내부통제시스템이 개선되어 운영되는지 여부

5. 이사회운영실태 관련하여 이사회의사록 원본관리자와 관리대장 관리자가 분장되어 적절히 작성 및 관리되고 있는지 여부
6. 회사의 재무상태, 경영실적 등을 적시에 공시할 수 있는 관리조직이 구비되었는지 여부

⑧주관회사는 발행회사의 이해관계자 거래내역에 대해 검증하는 경우 다음 각호의 내용을 확인하여 상법 등 관련법규 위반사실을 확인해야 한다.

1. 감사보고서상 관련거래 내역 기재 내용
2. 거래조건이 다른 거래와 비교할 때 비정상적이라고 보여지는지 여부
3. 금전거래의 경우 자금 회수가 지연되거나, 적정한 충당금이 설정되었는지 여부
4. 비상장 당시 지급한 대여금이 상장후 만기 연장되었는지 여부

⑨주관회사는 K-IFRS 적용으로 인해 기존의 재무구조와 상당한 차이가 발생하거나 발생될 것으로 예상되는 경우 다음 각호의 계정내용을 추가적으로 검증하여야 한다.

1. 연결대상범위의 확대, 자산의 공정가치 측정, 금융자산의 충당부채 측정, 영업권 등 개별자산 손상검토, 개별재무제표의 지분법 회계처리 변경 등과 관련된 사항
2. 건설업의 경우 건설공사 수익인식 방법 변경, 시행사 등에 대한 지급보증의 부채인식 등과 관련된 사항
3. 금융업의 경우 자본적정성 확보, 자산유동화 방식에 의한 부실채권 매각거래의 부인 등과 관련된 사항
4. 기타 발행사의 재무구조에 중요한 영향을 미치는 계정과 관련된 사항

⑩주관회사는 발행회사가 최근 3년간 회계변경 및 오류수정을 통해 매출, 이익 등이 변경된 사실이 있는 경우, 변경사유가 유사업계 회계처리방식과 비춰볼 때 적절한지 여부를 검증하여야 한다.

제12조(기타 위험에 관한 사항) ①주관회사는 발행회사의 주가희석화에 대해 검증을 실시하는 경우 다음 각호의 내용을 포함하여야 한다.

1. 유통주식수 증가(전환 및 행사가능 주식 포함) 및 자기주식 처분등에 따른 주식가치 하락 가능성 검토
2. 최근 특수관계자 등에 대해 발행한 주식, 주식관련증권, 주식매수선택권 등과 관련하여 별도 약정이나 옵션부여 여부
3. 최근 제3자배정자가 시가보다 높은 가격으로 유상증자에 참여하는 등의 경

우, 제3자배정자의 실재성 및 증자참여의 진정성 등 검토

②주관회사는 발행회사의 관리종목 및 상장폐지 요건 해당 가능성을 충실히 확인하여야 한다.

③주관회사는 발행회사가 금융당국 등으로부터 관련법령에 따른 제재조치를 받은 경우 관련 내용 및 증빙자료를 확인하여야 한다.

④주관회사는 발행회사의 임금체불 등 근로기준법 위반행위 여부 등을 확인하고 위반사실이 기재되었는지 확인한다.

⑤주관회사는 발행회사의 정기보고서가 연결기준으로 작성된 경우 주요 종속회사와 관련된 위험요인 등이 충실하게 기재되었는지 확인한다.

제13조(기타 투자자보호에 필요한 사항) ①주관회사는 발행회사의 소송 및 분쟁 내역 등에 대해 검증을 실시하는 경우 다음 각호의 내용을 포함하여야 한다.

1. 법률대리인, 법규담당를 통해 소송 등 내역 확인
2. 재무담당 부서 등을 통해 법률비용 지출내역 확인
3. 소송 등 관련 통지를 받았거나 합의가 진행중인 사항이 있는지 여부
4. 회사 세무대리인을 통해 확인한 미납세금 및 세무조사 진행여부
5. 금융 및 조세 관련 법령 위반 혐의로 자료제출요구, 소명요구 등을 받고 있는지 여부
6. 중요자산의 경매 진행여부 및 경매가 예정된 경우 세부내용 확인

②주관회사는 발행회사의 횡령·배임 등 회사의 재무에 직접적 영향을 끼치는 소송에 대해 검증을 실시하는 경우 다음 각호의 내용을 추가적으로 포함하여야 한다.

1. 관련 재판 진행상황 및 결과
2. 횡령자금의 환수여부, 환수를 위한 법적조치, 구상권 행사 내역

③주관회사는 발행회사 및 임직원의 제재현황에 대해 검증을 실시하는 경우 경영진 면담, 확인서 징구 등을 통해 관련 내용을 적절하게 확인하여야 한다.

④주관회사는 투자자의 합리적인 투자판단이나 의사결정에 중요한 영향을 미칠 수 있는 기존 정보(과거 공시나 언론보도 등)가 검증시점에 잘못 알려져 있거나 그 내용이 변동된 경우 증권신고서 등을 통해 적절히 바로잡도록 하여야 한다.

제14조(자금의 사용목적) ①주관회사는 발행회사가 조달할 자금의 사용목적에 대해 검증을 실시하는 경우 다음 각호의 내용을 포함하여야 한다.

1. 투자대상의 실재성이 있고 자금사용 예정시기, 소요자금 산출근거, 청약미달시 자금집행 우선순위, 미달자금 충원계획 등이 구체적인지 여부
2. 기존에 공모를 통해 조달한 자금이 공시서류에 기재된 대로 사용되었는지 여부(필요시 법인통장 확인)

②주관회사는 발행회사가 과거에 횡령 등이 발생했거나, 조달자금 사용계획을 변경한 사실이 있는 경우 다음 각호의 내용을 추가적으로 확인하여야 한다.

1. 조달자금의 소진시까지 신뢰할만한 자금 보관 및 운영방안이 수립되었는지 여부
2. 조달자금을 신뢰할 수 있는 제3자에게 예치하는 방안의 필요성 여부

③주관회사는 자금사용처가 신규사업진출이나 타법인주식 취득의 경우 더욱 면밀하게 확인절차를 거쳐야 한다.

제5장 Due Diligence 수행시 별도 준수사항

제15조(채무증권) ①주관회사는 채무증권에 대한 Due Diligence를 수행하는 경우 다음의 사항을 포함하여 추가적인 검증을 실시하여야 한다.

1. 발행회사의 증권 발행 전후 유동성, 현금흐름, 부채비율, 이자보상비율 등 부채성 자금조달에 따른 재무적 위험 변화 검토
2. 수탁계약을 체결하지 않은 경우 원리금미지급시 투자자보호방안이 마련되어 있는지 여부 확인
3. 증권신고서 1건으로 다수의 사채가 발행되는 경우 개별 사채별 특성(이율, 만기, 옵션유무 등)을 감안하여 Due Diligence를 적절히 수행할 것

②주관회사는 채무증권 발행절차 수행과정에 법규 위배가능성이 없도록 하여야 하며 이 경우 다음 각호의 내용을 포함한다.

1. 주관회사는 증권신고서 제출 전 사전 수요조사를 하는 등 사실상의 청약행위가 이루어지지 않도록 하여야한다.
2. 주관회사가 수요예측시 특정 투자자들에게 실제 발행금리보다 높은 금리로 판매하기로 약정하지 않아야 한다.
3. 상품광고가 법상 단순광고의 요건을 벗어나서 투자자에게 혼란을 초래할 수 있는 내용을 포함하지 않아야 한다.
4. 주관회사 및 인수회사는 증권신고서 효력발생전 사전 매수예약에 의한 판매를 협의하거나 발행금리와 상이한 조건의 판매금리적용 등을 협의하지

않아야 한다.

③주관회사는 발행회사가 전환사채, 신주인수권부사채, 교환사채 등 주식관련사채를 발행하는 경우 전환·행사·교환조건의 규정준수 여부, 교환대상 증권의 내용 등에 대해 확인하여야 한다.

제16조(기업공개) ①주관회사는 기업공개의 특성을 감안하여 공모가격 결정 시에는 다음 각호의 절차를 수행하여야 한다.

1. 발행회사가 속한 산업동향, 발행회사의 재무상태 및 영업실적 등 주식가치에 영향을 미치는 중요사항을 사전에 분석하여 공정한 시장가치 탐색
2. 증권의 평가방법에 대해 제한하지 아니하나 적용 평가방법의 적용근거 및 평가논리와 관련된 근거는 충분히 확인한 후 문서로 구비
3. 필요시 업종 담당 애널리스트에게 증권의 평가를 의뢰(단, 애널리스트에게 평가를 의뢰할 경우 이해상충 방지를 위해 준법감시인의 사전합의를 얻어야 함)

②주관회사는 수요예측 참여자별 공모주식의 배정시 내부적인 공모주식 배정기준을 준수하여야 하며, 참여자의 양적, 질적인 측면 등을 종합적으로 고려하여야 한다.

제17조(외국기업 기업공개) ①주관회사는 외국기업을 국내증권시장에 상장하고자 할 경우 추가적으로 다음 각호의 내용을 확인, 검토하여야 한다.

1. 발행회사가 속한 나라의 국가신용도, 지정학적 리스크 등을 검토
2. 기업에 관한 법률, 증권거래에 관한 법률 등 국가별 법률차이로 인해 발생가능한 위험요인에 대한 검토
3. 국내 일반투자자가 해당 외국에서 손해배상을 청구할 가능성 등을 고려하여 해당 외국에서의 손해배상청구 창구 및 관련 절차 등이 마련되었는지 여부
4. 발행회사가 속한 국가의 회계투명성이 낮은 것으로 판단되는 경우 재무정보의 신뢰성을 확보할 수 있는 보완적 방안 마련 검토
5. 발행회사의 명목상 최대주주와 실제 사주에 대해 확인절차를 거쳤는지 여부

②언어 및 물리적 위치로 인하여 관련 자료의 입수 및 인터뷰가 어려울 수 있으므로 국내기업보다 충분한 시일을 확보하여 일정을 수립하여야 한다.

제18조(지주회사 등) ①주관회사는 지주회사의 규모에 비추어 자회사의 영업 현황, 재무자료, 배당내역 등을 확보하고 적절한 검증절차를 수행하여야 한다.
②주관회사는 발행회사의 사업전망을 비롯하여 회사가 속한 기업집단의 전반적인 사업 현황 등에 대하여 검토하여야 한다.

제19조(재무구조 개선약정회사) 주관회사는 발행회사 또는 발행회사가 속한 기업집단이 주채권은행과 재무구조 개선약정 대상인 경우 추가적인 검증절차를 실시하여야 하며 이 경우 다음 각 호의 내용을 포함하여야 한다.

1. 주채권은행과 체결한 재무구조 개선 약정서를 입수하여 자구계획 및 이행 결과가 진정성이 있는지 여부
2. 금번 자금조달의 목적이 기존 약정서 내용과 부합하고 다른 자구계획과의 상충 가능성은 없는지 여부

제20조(정정신고서) ①정정요구 또는 정정명령에 따른 정정신고서 제출의 경우에는 주관회사는 정정을 요구 또는 명령받은 사항에 대해서도 최초 증권신고서 제출시와 동일한 수준의 Due Diligence 절차를 거쳐야 한다.
②주관회사는 발행회사가 증권신고서에 대한 정정신고서를 제출하는 경우 정정신고 내용이 충실하게 반영되었는지 점검하여야 한다.
③주관회사는 증권신고서 제출 후에도 투자자 등의 의사결정에 중요한 사항이 변경되거나 새로 발생하였는지 여부를 충실하게 모니터링 하여, 필요한 경우 발행회사로 하여금 증권신고서를 보완하도록 하여야 한다.

제6장 Due Diligence 내역의 증권신고서 기재 등에 관한 책임

제21조(증권신고서 및 투자설명서 확인) ①주관회사는 Due Diligence 이행과정 중 취득한 발행회사의 정보가 진실하고 정확하게 증권신고서 및 투자설명서(이하 '증권신고서 등')에 기재될 수 있도록 발행회사를 지도하고 관련 서류를 점검하여야 한다.
②주관회사는 증권신고서 등이 투자자 등 이용자가 이해하기 쉽도록 알기 쉬운 용어를 사용하여 간단하고 명료하게 작성되었는지 확인하여야 하며, 증권신고서 등의 각 항목별 기재내용이 기업공시서식 작성기준에 따라 기재되었는지 여

부를 확인하여야 한다.

③주관회사는 증권신고서 등의 모든 기재사항이 객관적인 자료와 사실 또는 합리적 추론과 분석에 근거하여 작성되었는지 여부와 투자자 등 이용자의 오해를 불러일으키거나 이를 유도할 우려가 있는 표현, 예측·추정·전망·계획 등에 대한 단정적 주장, 추상적이거나 애매모호한 표현 등을 사용하지 않았는지 여부를 확인하여야 한다.

④주관회사는 증권신고서 등의 기재내용이 증권신고서 내에서 상호 불일치하지 않도록 확인하고, 불필요하거나 혼돈을 초래할 수 있는 내용은 정확하게 표현할 수 있도록 하여야 한다.

⑤주관회사는 증권신고서 등에 투자자의 의사결정에 중요한 사항의 기재여부를 확인하되, 특히 발행회사에게 불리한 사항이나 불리한 결과를 유발할 수 있는 내용 등의 기재가 생략되거나 누락되었는지 여부를 확인하여야 한다.

⑥주관회사는 증권신고서 등의 핵심투자설명서와 요약정보가 본문의 내용중 중요하고 핵심적인 사항을 재구성하여 투자자들이 알기 쉽게 기재되었는지 확인하여야 한다.

⑦주관회사는 대표이사와 신고업무를 담당하는 이사가 각각 증권신고서 기재사항에 대해 확인·검토 후 각각 서명하였는지 확인하여야 한다.

⑧주관회사는 증권신고서에 법 제125조에 따라 인수회사 등이 증권신고서 중 중요사항에 관한 거짓 기재, 표시 또는 누락에 대해 부담하는 책임의 범위와 면책요건이 기재되었는지 확인하여야 한다.

⑨주관회사는 증권신고서에 예측정보를 기재하는 경우에는 법 제125조제2항에 따른 면책요건을 준수하고 인수회사 등의 배상책임이 발생하기 위한 요건이 기재되었는지 확인하여야 한다.

제22조(증권신고서 등의 첨부서류 등 확인) ①주관회사는 연결감사보고서, 개별감사보고서, 분·반기검토보고서 등의 첨부서류가 법규를 준수하여 첨부되었는지 확인하여야 한다.

②주관회사는 첨부서류의 제목과 실제 내용이 부합하는지 여부를 확인하여야 한다.

③주관회사는 첨부된 회사의 정관이 표준정관과 위배되는 내용이 있는 경우 위배사유, 향후 정관개정 계획(계획이 있는 경우에 한함) 등이 기재되었는지 확인하여야 한다.

④주관회사는 결산재무제표가 주주총회에서 확정되지 않았으나 이미 공시된 경

우에는 공시된 감사보고서를 첨부하였는지 확인하여야 한다.

제23조(Due Diligence 이행 내역의 기재 등 확인) 주관회사는 발행회사에 대한 Due Diligence 이행내역이 관련 법규 및 서식 등에서 정한 바에 따라 증권신고서에 등에 기재 및 첨부되었는지 확인하여야 한다.

제7장 Due Diligence의 이행결과 보고 등

제24조(Due Diligence 이행결과 보고) ①Due Diligence를 수행한 해당 담당자는 관련 업무수행을 완료한 경우, 체크리스트와 이행내역서 및 검토의견 등을 포함한 Due Diligence 이행결과보고서를 작성하여야 한다.
②발행주관부서는 Due Diligence 이행결과보고서를 회사에서 정하는 전결규정에 따라 보고하고 결재를 받아야 하며, 발행주관부서장은 Due Diligence 담당자의 조사검증이 충실히 이행되었는지에 대해 확인하여야 한다.
③감사부서나 준법감시부서 등은 Due Diligence 담당 부서장의 확인에 대하여 점검하여야 한다.
④제1항내지 제2항의 보고는 증권신고서 제출전에 이루어져야 한다.
⑤주관회사는 Due Diligence 이행결과보고서 및 관련 자료(발행회사에 대한 질의서, 경영진과의 면담기록, 외부감사인 등 전문가로부터의 의견서, 수정보완요청서, 발행회사 제출 신고서 기재내용의 검증자료 등)를 Due Diligence 수행 후 5년간 보관하여야 한다. 다만, 주관업무를 수행하지 아니한 인수·주선회사의 경우 인수·주선업무와 관련된 사항에 한한다.

부칙

제1조(시행일) 이 규준은 2012년 2월 1일부터 시행한다.

-----------------[판례색인]-----------------

[대법원]

[고등법원]

[지방법원]

저자 약력

I. 법무법인 (유한) 동인(www.donginlaw.co.kr)

◎ 설립년도 : 2004년 2월

◎ 대표변호사 : 이 철, 김진권, 정진호

◎ 변호사 수 : 120명

◎ 위치 : 서울 서초구 서초대로 74길 4, 17층(서초동, 삼성생명 서초타워)

◎ 전화 : 02-2046-0641, 팩스 : 02-3482-1177

II. 맹신균 변호사

◎ 성균관대학교 정치외교학과 졸업(1996년)

◎ 사법연수원 30기 수료

◎ 한국가스공사 법무팀 상근(2001-2003)

◎ 법무법인 동인 구성원 변호사(2004년 - 현재)

◎ 한국주택정비사업조합협회 전문위원

◎ 자본시장법 전문가 과정 수료(2013년, 금융법전략연구소)

◎ 투자자산운용사, 금융투자분석사 합격(2014년, 한국금융투자협회)

◎ 정비사업 연계 기업형임대사업자 제안서 평가위원(한국금융투자협회)

자본시장법과 금융투자분쟁

저 자 맹 신 균 　　　　2017년 5월 1일 인쇄
발행인 양 갑 수 　　　　2017년 5월 08일 발행
발행처 법률&출판

서울 서초구 법원로2길 7-4, 104호(서초동, 동용빌딩)
전 화 : 02-521-8199 팩스 : 02-598-0332
홈페이지 : **www.법률서적.한국**
등록번호 : 25100-2005-000110

인지

정가 39,000원

ISBN : 978-89-97476-52-7 93360